OCÉANO ATLÁNTICO

Miami •

LAS BAHAMAS

Estrecho de Florida

La Habana ★
• Matanzas
• Pinar del Río
• Cienfuegos

CUBA

• Camagüey

Santiago de Cuba • • Guantánamo

REPÚBLICA
DOMINICANA

HAITÍ

PUERTO RICO

Port-au-Prince
Santo Domingo
San Juan ★

Mayagüez • Ponce

ISLAS VÍRGENES

★ Kingston

JAMAICA

ANTIGUA

GUADALUPE

DOMINICA

MARTINICA

SANTA LUCÍA

SAN VICENTE

ANTILLAS MENORES

BARBADOS

Canal de Yucatán

HONDURAS

Tegucigalpa
★
vador

MAR DEL CARIBE

ARUBA

CURAÇAO

BONAIRE

GRANADA

E

án

NICARAGUA

OR

León •
★ Managua

• L. de Nicaragua

ISLA DE MARGARITA

TRINIDAD
Y
TOBAGO

★ Caracas

Port of Spain ★

COSTA RICA

Puntarenas • ★ San José

Canal de Panamá

• Colón

★ Panamá

PANAMÁ

VENEZUELA

R. Orinoco

R. Magdalena

GOLFO
DE
PANAMÁ

COLOMBIA

★ Bogotá

GUYANA

BRASIL

Expresiones útiles

Greetings

Hola.	*Hi.*
Buenos días.	*Good morning.*
Buenas tardes.	*Good afternoon.*
¿Cómo está Ud.?	*How are you? (Formal)*
¿Cómo estás?	*How are you? (Familiar)*
Bien, gracias.	*Fine ("good"), thanks.*
Adiós.	*Good-bye.*
Hasta luego.	*See you later.*
Hasta mañana.	*See you tomorrow.*
Que tenga(s) un buen día.	*Have a nice day.*
Que pase(s) un buen fin de semana.	*Have a good weekend.*
Igualmente.	*Same to you./You too.*

Introductions

Me llamo...	*My name is . . ./I'm . . .*
¿Cómo se llama Ud.?	*What's your name? (Formal)*
¿Cómo te llamas?	*What's your name? (Familiar)*
Mucho gusto.	*Nice to meet you.*
Igualmente.	*Same here.*
Éste (Ésta) es mi amigo(a)...	*This is my friend . . .*

Courtesy

Por favor.	*Please.*
Gracias.	*Thanks.*
De nada.	*You're welcome. ("No problem.")*
Perdón.	*Excuse me.*
Con permiso.	*Excuse me (May I . . .)*
Lo siento.	*I'm sorry*
No pasa nada.	*Don't worry./It's nothing. ("No problem.")*
¡Salud!	*Bless you! (After sneezing)*
Que se mejore.	*I hope you get well soon. (Formal)*
Que te mejores.	*I hope you get well soon. (Familiar)*

Classroom expressions

Tengo una pregunta.	*I have a question.*
No comprendo.	*I don't understand.*
¿Qué quiere decir...?	*What does . . . mean?*
¿Cómo se dice...?	*How do you say . . . ?*
¿En qué página?	*On what page?*
¿Cómo?	*What (did you say)?*
No sé.	*I don't know.*
Repita, por favor.	*Repeat that, please.*
Más despacio, por favor.	*More slowly, please.*
¿Vamos a tener una prueba/un examen?	*Are we going to have a quiz/test?*
¿Debemos escribir...?	*Should we write out . . . ?*
De acuerdo.	*Okay.*

Working together

¿Quieres trabajar conmigo?	*Do you want to work with me?*
¿Tienes compañero(a)?	*Do you have a partner?*
Sí, ¡cómo no!	*Yes, of course!*
¿Quién empieza?	*Who's going to start?*
Empieza tú.	*You start.*
Empiezo yo.	*I'll start.*
¿A quién le toca?	*Whose turn is it?*
Te toca a ti.	*It's your turn.*
Me toca a mí.	*It's my turn.*
¡Vamos!	*Come on!*
Un momento.	*Just a second.*
Tienes razón	*You're right.*
Creo que...	*I think that . . .*
¿Qué te parece?	*What do you think?*

Avenidas

Patti J. Marinelli
University of South Carolina

Mirta Oramas
University of South Carolina

Beginning a Journey in Spanish

THOMSON

HEINLE ™

Australia ◆ Canada ◆ Mexico ◆ Singapore ◆ Spain ◆ United Kingdom ◆ United States

Avenidas
Marinelli • Oramas

Publisher: Wendy Nelson
Senior Developmental Editor: Glenn A. Wilson
Senior Production & Development Editor Supervisor: Esther Marshall
Marketing Manager: Jill Garrett
Associate Marketing Manager: Kristen Murphy-LoJacono
Manufacturing Manager: Marcia Locke
Editorial/Production Assistant: Diana Baczynskyj
Compositor: Pre-Press Company, Inc.
Project Manager: Angela Castro
Interior Illustrator: Dave Sullivan
Cover Illustration: Nicholas Wilton / SIS©
Text Designer: Versal Group & Sue Gerould
Cover Designer: Diane Levy
Printer: C&C Offset Printing Co., Ltd.

Printed in China.
5 6 7 8 9 10 09 08 07

For more information contact Heinle, 25 Thomson
Place, Boston, Massachusetts 02210 USA, or you can visit
our Internet site at http://www.heinle.com

For permission to use material from this text or product
contact us:
Tel   1-800-730-2214
Fax   1-800-730-2215
Web   www.thomsonrights.com

Library of Congress Cataloging-in-Publication Data

Marinelli, Patti J.
    Avenidas: Beginning a journey in Spanish / Patti J.
Marinelli, Mirta Oramas.—Instructor's annotated ed.
        p. cm.
    English and Spanish.
    Includes index.
    ISBN-10: 0-8384-2312-4 (Instructor's annotated ed.)
    ISBN-13: 978-0-8384-2839-9
    ISBN-10: 0-8384-1126-6 (student text)
        1. Spanish language—Textbooks for foreign speakers—
English. I. Oramas, Mirta, II. Title.

    PC4129.E5 M35 2002
    468.2'421—dc11   2001051977

Dedication

For my mother, Gilda Marinelli, and in memory of my father,

Albert Marinelli, with much love and admiration.

P.J.M.

Con eterna admiración a mis padres, Emilio y Mirta Oramas,

EPD, cuyo valor y fuerza de espíritu atesoro como su

más valioso legado. Y a mi adorada Katherine, mi mayor

orgullo, quien tiene por delante un prometedor futuro colmado

de triunfos.

M.O.

Contents

Note to the student

The study of another language is truly the journey of a lifetime. With each step, we learn more about the object of our study, and about ourselves. Sometimes we are startled by the striking differences in cultures; other times, we are amazed at the similarities.

> I speak Spanish to God, Italian to women, French to men, and German to my horse.
> —Attributed to Emperor Charles V

For some this journey can be a bit daunting, since we are called to leave the comfort zone of our own language and culture as we learn new ways to communicate and explore different ways of living. Others immediately embrace the adventure and are eager for the trip to begin.

No matter how you might be feeling now, we are delighted that you are taking this trip with us! We hope that *Avenidas* will make the start of your journey a bit easier, and that you will find it a memorable experience.

Patti J. Marinelli
Mirta Oramas

> An idea does not pass from one language to another without change.
> —Miguel de Unamuno

What will we be studying in this class?

> The limits of my language mean the limits of my world.
> —Ludwig Wittgenstein

Most people who study another language want to be able to speak it. Much of the work you do inside and outside of class will lead you towards this objective. You will also learn how to read and understand the gist of newspaper and magazine articles in Spanish, and even some short literary works. You will learn to write notes, postcards, letters and short compositions.

> Wherever you go, speak the language of that place.
> —Chinese proverb

At the same time, keep in mind that in order to establish genuine interaction with Spanish-speaking peoples, we must also familiarize ourselves with their culture. To that end, we will also spend considerable time learning about the history, customs and everyday life of Spanish speakers around the world.

> Whoever is not acquainted with foreign languages knows nothing of his own.
> —Johann Wolfgang von Goethe

How fluent will I be at the end of this course of study?

If you are diligent about your studies, you will most likely end up with "tourist-level" proficiency in Spanish. This means that you could take a trip to a Spanish-speaking country and be able to handle most of your immediate needs, such as getting a hotel room, ordering a meal in a restaurant, getting directions around a city, making purchases in a store or market, and striking up simple conversations with people you meet. You may not always be able to do these things with perfect grammar or pronunciation, but you should be able to make yourself understood and to understand the gist of what others are telling you.

> Language is by its very nature a communal thing; that is, it expresses never the exact thing but a compromise—that which is common to you, me, and everybody.
> —T. E. Holme

How should I study for this course?

Learning a foreign language is a bit like learning to play a sport. It is useful to study the rules of the game and to practice different skills, such as dribbling a ball, or making a pass. And practice does make perfect! At some point, however, you have to combine these skills to actually play the game.

Your instructor will be asking you to read and study the sentence structures and words of the Spanish language. It is important that you not only practice each point by itself, but also integrate it with the grammar and vocabulary you have previously studied. Try to apply the new information by using it to create original sentences about you, your friends and your family.

As you proceed through the lessons, you will find that each chapter provides study hints in the section entitled **Estrategia** *(Strategy)*. Look for these strategies and try to implement them as much as you can. To get started, remember these three important tips:

- Practice regularly and frequently at home, to keep your memory fresh.

- Stay focused and go with the flow of the class, even if you don't understand everything that's being said.

- Keep in mind that making mistakes is a normal part of learning a new language; with time you will learn to monitor and correct yourself.

Acknowledgments

Creating a program of this magnitude is a daunting task. Our deepest appreciation goes to our family, friends, colleagues and the team at Heinle & Heinle for their support and collaboration in every phase of this project. We are honored by your many contributions.

We could never have undertaken this project without the love and encouragement of our families. Research and writing have consumed an enormous amount of our time and energy over the last four years, and our loved ones have obviously shared in that sacrifice. For their understanding and untiring support our gratitude goes to our most enthusiastic advocates: Stephen R. Fitzer, Katherine L. White, Lourdes and Julio Muñoz, Emilio and Tatiana Oramas.

The following persons are deserving of special recognition and thanks for their key roles in the development of *Avenidas:* Lizette Mujica Laughlin, for sharing important foundational work from *Puentes;* Lourdes Manyé-Cox, for preparing the surveys that formed the basis of the *Puente cultural* sections; Elvira Swender, for authoring a number of exercises for *Puentes: Cuaderno de actividades* that have been adapted for this program; Kerri Driscoll, for writing a testing program that conforms to the spirit of the book; Aprille Clarke, for authoring the ongoing story and Internet activities for the web site; Christine Miller and Elisa Rizo-Arbuckle for writing the CD-ROM activities; and Don Miller for authoring the Quia™ online workbook/lab manual.

Numerous friends and colleagues have assisted us in researching questions large and small. We are indebted to all of you for helping us get it right: Brette Barclay, Raquel Blázquez, Lucile Charlebois, Puri Crowe, Darrell Dernoshek, Rosalind Ford, Carolyn L. Hansen, D. Eric Holt, Beatriz Kellogg, Judith Liskin-Gasparro, María Mabrey, Lourdes Manyé-Cox, Oscar Montero, Carl Shirley, Andrea Shull and Graciela Tissera. The reference librarians at the Richland County Public Library offered their expertise and assistance at every turn, and we appreciate their prompt and knowledgeable responses to our requests for information. Special thanks also go to María Álvarez for her assistance with the Ecuador videos, and to Emilio and Tatiana Oramas, for their help in the activities centered in Madrid.

Several exercises in this program feature real-life profiles of friends and colleagues. Thank-you for sharing your lives with us and bringing this personal touch to our students: María Alvarez, Raquel Blázquez, Eduardo Guízar, Beatriz Kellogg and Adrián Pinasco.

The unique *Puente cultural* feature of the text would not have been possible without the willing assistance of all those who completed a lengthy survey and shared their insights with us. We wish to thank and recognize Raquel Blázquez-Domingo, Eduardo Guízar Álvarez, María de Lourdes Álvarez, Victoria Eugenia Duque Montoya, Yensy Marcela Archer, Cecilia Carro, Alicia Josefina Lewis, John Martínez, Juan Eduardo Vargas Ortega, Lucía Vega Alfaro, Gabriela Marchesín Vergara, Iván Claudio Tapia Bravo, Manel Lirola Hernández.

We are most thankful for the support of our colleagues, particularly Edward T. Aylward and the faculty of the Department of Spanish, Italian and Portuguese at the University of South Carolina. Carolyn Hansen deserves special recognition for her generous heart; Heather Hauck, Catherine Smith, María Álvarez, Tong Lo, and Emily Williams, for their nimble fingers at the keyboard. We are also grateful for the day-to-day assistance so willingly offered by our staff: Laura Shull, Dee Dee Coleman and Mary Lou Sonefeld.

Realia is the stuff that breathes life into a program such as this. We are indebted to everyone who collected pieces for us during their travels, especially María Álvarez, Mary Denis Cauthen, Janine Davidson, Michele Decker, Darrell Dernoshek, Patricia Dernoshek, Rosalind Ford, Dimichell González, Susan Kovac, Lizette Laughlin, Nancy Layman, Karen J. Loew, Gillian Mabrey, Melanie Mabrey, Stacy Marinelli, Emilio Oramas, Tatiana Oramas and Roxanne Salisbury.

Throughout the development and production of this program, the team at Heinle & Heinle has provided invaluable guidance and expertise. We express our heartfelt gratitude to all of you for your dedication and professionalism. We would especially like to thank . . .

Wendy Nelson, Publisher: Wendy, the buck always stopped with you. Thanks for being our problem-solver! Glenn Wilson, Senior Developmental Editor: Glenn, you directed the final stages of development and the transition to production with unparalleled, consummate professionalism. Thank you too, for your leadership and patience. Esther Marshall, Senior Production Editor and Developmental Editor Supervisor: Esther, the attention you paid to every detail of design and production was nothing short of extraordinary. Marisa Garman, Freelance Developmental Editor: Marisa, your quiet, behind-the-scenes work really helped us get organized. Jill Garrett, Marketing Manager: Jill, thank you for the creative ideas you implemented to promote our book. Helen Richardson, Acquisitions Editor: Helen, thank you for your planning and commitment, and for laying the groundwork for all the new media components. Devik Lansing, Online Product Manager, Sacha Laustsen, Media Editor, and Joe Gallagher, Web Master: Thanks to all of you for your creativity and organization in developing the online components, video, and CD-ROM.

We are delighted with the clean, sophisticated and beautiful look of our text and workbook, as well as with the excellent quality of our audio and video ancillaries. We wish to recognize everyone for their unique contributions: Angela Castro, Susan Lake, Luz Galante, Patrice Titterington, Marcela Renna, Margaret Hines, Dave Sullivan, Susan Gerould, Len Shalansky, Diane Levy, and the compositors: Pre-Press Co. and Greg Johnson.

We are indebted to the many reviewers who spent hours poring over early versions of the manuscript and offered their candid, insightful observations and suggestions.

Debra Barrett, University of Minnesota-Twin Cities;
Mary K. Belford, University of New Hampshire;
Kathleen Boykin, Slippery Rock University;
Airespeo Brito, Pima Community College;
Blanca Cabrera, Purdue University;
Eduardo Cabrera, Texas Tech Univeristy;
Lil Castro-Rosabal, University of Hartford;
Carmen Chavez Tesser, University of Georgia;
Barbara Clark-Oropeza, University of Iowa;
Christine Cotton, University of North Carolina-Chapel Hill;
Harry Dennis, California State University-Chico;
Emilio E. DeTorre, City University of New York-Queens College;
Aida E. Díaz, Valencia Community College;
Dennis Harrod, Syracuse University;
Mary Jane Kelley, Ohio University;
Richard Keenan, University of Idaho;
Angela Labarca, Georgia Institute of Technology;
Manel Lacorte, University of Maryland;
Felipe Antonio Lapuente, University of Memphis;
Lina Lee, University of New Hampshire;
Judith Liskin Gasparo, University of Iowa;
Gail Loomis, Syracuse University;
Karen Martin, Texas Christian University;
Anne Mayer, Valdosta State University;
Susan McMillan Villar, University of Minnesota-Twin Cities;
Sean McNeal, Columbia University;

Elaine Meltzer, Syracuse University;
William Miller, University of Akron;
N. Mínguez, Old Dominion University;
Linda Morgan, Arizona Western College;
José Muñoz, Tarrant County College;
Barbara Nevid, Syracuse University;
Gustavo Oropeza, University of Iowa;
Michelle Petersen, Arizona State University;
Eneida Pugh, Valdosta State University;
Dwight E. Raak TenHuisen, Calvin College;
Mary Anne Rangel-Guerrera, Western Washington University;
Louise Rozwell, Monroe Community College;
Joy Saunders, Calvin College;
Michele Shaul, Queens College;
Cynthia Slagter, Calvin College;
Vernon Smith, Río Salado College;
Teresa Smotherman, University of Georgia;
Jonita Stepp-Greany, Florida State University;
Susan Stein, Texas Tech University;
Kimberly Swinehart, University of Missouri-Columbia;
Ángela Tavares-Sogocio, Miami Dade Community College;
Susan Taylor, University of Tampa;
Gretchen Trautmann, University of North Carolina-Asheville;
Mary-Anne Vetterling, Regis College;
Susan Wehling, Valdosta State University.

Capítulo 1

Primeros encuentros

Objetivos

Speaking and Listening

- Describing a classroom
- Introducing yourself
- Greeting others and saying good-bye
- Talking with your professor about class routines
- Working with a classmate
- Using simple expressions of courtesy
- Spelling with the Spanish alphabet
- Expressing some physical and emotional conditions
- Using numbers from 0 to 100

Reading

- Recognizing cognates

Writing

- Filling out simple forms *(Cuaderno de actividades: ¡Vamos a escribir!)*

Culture

- Introduction to the Spanish-speaking world *(Panorama cultural)*
- Greeting classmates and family members *(Puente cultural)*
- Mayan numbers *(Comentario cultural)*

Grammar

- Nouns and their plurals
- Definite and indefinite articles
- Subject pronouns
- **Estar** and **ser** in the present tense
- Basic adjective agreement
- Adjectives of nationality *(Vistazo gramatical)*

A primera vista

 Working with a partner, study the Botero painting and read the information about this famous Latin American painter. Decide if the statements are true or false.

	Cierto	Falso
1. Fernando Botero es de Colombia.	☐	☐
2. Colombia está en América Central.	☐	☐
3. Las figuras de Botero son voluminosas, de dimensiones amplias.	☐	☐
4. Botero es un arquitecto y pintor colombiano de fama internacional.	☐	☐
5. Los temas de Botero son de sátira y crítica social y política.	☐	☐
6. Las personas en la familia del pintor son obesas y humorosas.	☐	☐

Fernando Botero   (1932–   )

Nacionalidad: colombiano

Otras obras: *La cama, Picadores, The Bath, Desayuno en la hierba* (escultura)

Estilo: El estilo de este famoso pintor y escultor contemporáneo es original y creativo. Sus esculturas en bronce son monumentales. Se conoce su obra *(His work is known)* por sus características figuras rotundas, de volumen exagerado. Estas figuras infladas son aparentemente humorosas, pero las imágenes de Botero son una sátira política y social.

National Holiday
Fernando Botero

Paso 1

In this _Paso_ you will practice:

● Describing a classroom
● Introducing yourself to others
● Talking with your professor about class routines
● Talking and working with your classmates

Grammar:

● Nouns
● Definite and indefinite articles

Vocabulario temático
LA CLASE DE ESPAÑOL

En la sala de clase

¿Qué hay en la sala de clase?
Hay... un reloj, una computadora, una puerta, etcétera.
También hay... un calendario, un mapa, etcétera.

Expresiones para la clase de español

Abran el libro.
Cierren el libro.
Repitan.
Contesten en español.
Escuchen.
Lean _la explicación en la página 4 (cuatro)._
Escriban _el ejercicio B en la página 5 (cinco)._
¿Comprenden?
¿Hay preguntas?
Vayan a la pizarra.
Pregúntenle a su compañero(a)...
Trabajen con un(a) compañero(a).

Sabías que...

- The words for people, places, and things—such as **profesor, sala,** and **libro**—are known as *nouns*. In Spanish, all nouns are classified as masculine or feminine. In general, a noun is masculine if it ends in **-o** or if it refers to a man, regardless of its ending. A noun is feminine if it ends in **-a** or refers to a woman. Many nouns end in **-e** or a consonant; you must learn the gender of these nouns on a case-by-case basis.

- A noun that refers to just one person or thing is *singular;* one that refers to two or more is *plural*. To make a noun plural in Spanish, add **-s** to nouns ending in a vowel, and **-es** to those ending in a consonant.

- Instructors often give instructions to *groups* of students with expressions such as **Repitan** or **Contesten en español.** When talking to an *individual* student, however, the final **-n** of the command is not used: **Repita. Conteste en español.**

Ponerlo a prueba

1-1 ¿Qué hay? Look at the photographs and describe what you see in each one. Follow the model.

MODELO: *En la sala de clase hay un estudiante... También hay...*
En el cuarto hay libros,...

1-2 ¿Cómo? Unscramble the letters to discover words for things often found in classrooms. Then read the circled letters vertically. Which Spanish-speaking country is hidden in the puzzle?

1. gooblírfa   ◯ _ _ _ _ _ _ _ _ _

2. lochmai   _ ◯ _ _ _ _ _

3. atrecl   _ _ _ _ _ ◯

4. azit   _ ◯ _ _

5. naatven   ◯ _ _ _ _ _ _

6. ptreipu   _ _ _ ◯ _ _ _

7. same   _ _ _ ◯

1-3 ¿Qué dicen los profesores? What might your Spanish professor say to the class in the following situations? Match an appropriate expression to each situation.

_____ 1. To make a homework assignment for the next day

_____ 2. Before passing out a quiz to the class

_____ 3. To introduce new words to the class

_____ 4. When several class members look puzzled

_____ 5. To organize the class before completing an exercise in class

a. ¿Hay preguntas?... ¿No? Cierren el libro, por favor.

b. Lean Gramática en la página 5 (cinco) y escriban el ejercicio B en la página 6 (seis)

c. Trabajen con un(a) compañero(a). Abran el libro en la página 7 (siete) y completen oralmente el ejercicio C.

d. Escuchen y repitan.

e. ¿Comprenden?

Vocabulario temático
LA PRIMERA SEMANA DE CLASES

El primer día de clases

Cómo hablar con tu profesor(a)

Más despacio, por favor.
Tengo una pregunta.
Repita, por favor.
¿En qué página estamos?
¿Qué dijo Ud.?
Sí.
No.

No comprendo.
No sé.
¿Cómo se dice... ?
¿Qué quiere decir... ?
Gracias.
De nada.

Cómo hablar con tus compañeros de clase

Hola. Soy *Chris Donahue*.
Mucho gusto, *María*.

Me llamo *María Oramas*.
Igualmente.

¿Tienes compañero?

Todavía no.
Sí, ya tengo. Gracias de todas formas.

¿Quieres trabajar *conmigo*?
        con nosotros

¡Sí, cómo no!

¿Quién empieza?

Empieza tú.
Empiezo yo.

¿A quién le toca?

Te toca a ti.
Me toca a mí.

¿ Sabías que...

- Although both **perdón** and **con permiso** mean *excuse me,* they are used in different situations. Say **perdón** after you've accidentally bumped into someone or when you need to interrupt a conversation. Use **con permiso** when you are trying to get through a crowd or need to reach in front of someone for something.

- In English, people sometimes say *no problem* after they've been thanked; in Spanish, you should use **de nada** as a response to **gracias,** and **no pasa nada** as a reply to **perdón**.

Estrategia

Memorizing new words is an important part of learning a new language. Here are some tips to help you in this task.

- Practice new words with flashcards or lists. Begin by learning the English equivalent of the Spanish words. Then reverse the procedure and give the Spanish word for the English one. Don't assume that you know the list of words "backward and forward" unless you have practiced in both directions and with the words in different order!

- Write sentences with new words from the lesson. To make your sentences more "memorable," create sentences that contain factual information (**Hay tres bolígrafos en mi escritorio.**) or invent sentences that are extremely silly (**Los bolígrafos de Bill Gates cuestan $1.000.000.**).

- Involve several of your physical senses as you practice words. For example, as you see a written word, pronounce it aloud. With action verbs, pantomime the action as you say the word. As you hear or see a new word, try to create a mental image of the object or action.

Ponerlo a prueba

1-4 ¿Qué se dice? It's your second day in Spanish class. What might you say if you found yourself in the following situations?

Primera parte: Find an expression in the *Vocabulario temático* on pages 6 and 7 that you could logically use in the following situations.

1. Several classmates are blocking the path to the place where you want to sit.
2. As you're walking by a classmate's desk, you accidentally step on her toe.
3. You'd like to get to know the student sitting next to you.
4. Your professor is talking too fast and you haven't followed a thing.
5. You were daydreaming for a moment and didn't hear the page number for the assignment.
6. Your classmate thanks you for lending him a pencil.
7. Your professor asks you to work with a partner on the next exercise.
8. You don't understand one of the words in the exercise, but you think your partner might know the word.

Segunda parte: Working with a partner, write in English three other situations in which you might use phrases from the *Vocabulario temático.* Exchange papers with another pair of classmates and respond orally in Spanish to the new situations.

1-5 Con mi compañero(a). Complete these two activities with a partner.

Primera parte: Ask a classmate if he/she knows how to say these phrases in Spanish. He/She should choose the appropriate response from the list *or* ask the professor for help.

MODELO: You ask: *¿Cómo se dice* "Good morning" *en español?*
Your partner says: *Se dice "Buenos días".*

(Or, he/she asks the professor:) *Profesor(a), ¿cómo se dice* "Good morning" *en español?*

1. Good afternoon.   a. Adiós.
2. Hi.   b. Hola.
3. Good-bye.   c. Buenos días.
     d. Buenas tardes.

Segunda parte: Ask your partner if he/she knows what these phrases mean in English. He/She should pick the right answer from the list *or* ask the professor for help.

MODELO: You ask: *¿Qué quiere decir "Encantado"?*
Your partner says: *Quiere decir* "Pleased to meet you".

(Or, he/she asks your profesor:) *Profesor(a), ¿qué quiere decir "Encantado"?*

4. ¿Cómo estás?   e. OK / All right.
5. ¿Cómo te llamas?   f. How are you?
6. Está bien.   g. Pleased to meet you.
     h. What's your name?

1-6 Necesito compañero(a). What do you already know about the Spanish-speaking world? Find a partner and work with him/her to complete the statements on page 9. Be sure to use Spanish to ask someone to work with you.

MODELO: —¿Tienes compañero?
—Todavía no.
—¿Quieres trabajar conmigo?
—Sí, ¡cómo no!
—¿Quién empieza?
—Empiezo yo: "La lengua oficial de Brasil es... "

1. La lengua *(language)* oficial de Brasil es _____.
   a. el francés
   b. el español
   c. el portugués

2. El río más largo *(longest river)* de las Américas (América del Norte y América del Sur) es _____.
   a. el Amazonas
   b. el Misisipí
   c. el río Grande

3. El español es la lengua oficial en _____ países.
   a. 15 (quince)
   b. 21 (veintiún)
   c. 26 (veintiséis)

4. La primera *(first)* universidad del Nuevo Mundo *(New World)* fue en _____.
   a. Cambridge (Estados Unidos)
   b. Santo Domingo (República Dominicana)
   c. Cuzco (Perú)

5. Aproximadamente _____ millones de personas hablan *(speak)* español en los Estados Unidos.
   a. 10 (diez)
   b. 20 (veinte)
   c. 30 (treinta)

Gramática
LOS SUSTANTIVOS Y LOS ARTÍCULOS

A. Los sustantivos y el número. Nouns, or **sustantivos,** are the names we give to people **(estudiante, profesor),** places **(sala de clase, cuarto),** things **(libro, silla),** and abstract concepts **(honor, valor).** In both English and Spanish, nouns may be *singular* (one item) or *plural* (two or more items). To make a noun plural in Spanish, follow these guidelines.

	singular	plural
Add **-s** to nouns that end in a vowel:	libro	libro**s**
	estudiante	estudiante**s**
Add **-es** to nouns that end in a consonant:	papel	papel**es**
	profesor	profesor**es**
Change a final **-z** to **-c** and add **-es:**	lápiz	lápi**ces**
	actriz	actri**ces**

B. El género. In both English and Spanish, different forms of a noun may be used to refer to males and females, as in *actor* and *actress*. Although there is a tendency in English to make nouns gender-neutral (for example, *chairman* is now usually *chairperson*), in Spanish, nouns generally have a clearly defined gender.

Nouns that refer to people nearly always have a masculine form (such as **profesor**) and a feminine form (**profesora**). Interestingly, even nouns for things have gender in Spanish! This does *not* mean that Spanish speakers think of inanimate objects as having masculine or feminine traits. The gender of nouns is simply an arbitrary formality of Spanish grammar. Here are the basic guidelines for determining the *gender* (**género**) of nouns.

- A noun is *masculine* (**masculino**) if it ends in **-o** or if it refers to a man, regardless of its ending.

libro	*book*
estudiante	*(male) student*

- A noun is *feminine* (**femenino**) if it ends in **-a** or if it refers to a woman, regardless of its ending. Also, nouns that end in **-ción, -dad,** and **-tad** are usually feminine.

silla	*chair*
estudiante	*(female) student*
nación	*nation*
verdad	*truth*

- Many nouns end in **-e** or a consonant. The gender of these nouns must be learned on a word-by-word basis. In dictionaries and glossaries, the gender of nouns is usually indicated by an *m.* for **masculino** or an *f.* for **femenino**.

pupitre	(m.) *desk*
luz	(f.) *light*

- There are a few exceptions to these rules. All of the following common words are *masculine,* even though they end in **-a.**

día	(m.) *day*
mapa	(m.) *map*
problema	(m.) *problem*

C. Los artículos. In English, the definite article *the* can be used in front of almost any noun. In Spanish, *the* has four equivalents (**el, la, los, las**) and you must choose the one that matches the noun in gender (masculine or feminine) and number (singular or plural).

Los artículos definidos		
	masculino	**femenino**
singular	**el** cuaderno	**la** silla
plural	**los** cuadernos	**las** sillas

In a similar way, the English indefinite articles *a/an* and their plural *some* have four equivalents in Spanish.

Los artículos indefinidos	masculino	femenino
singular	**un** diccionario	**una** mesa
plural	**unos** diccionarios	**unas** mesas

Ponerlo a prueba

1-7 Paraguay. Read the following descriptions of Paraguay and choose the appropriate definite or indefinite article for each noun. Keep in mind that you do not need to understand *every* word in order to complete this activity. Try to guess the meaning of words that look like English and consult the vocabulary list provided below to learn the gender of unfamiliar words.

--- Vocabulario útil ---

caña de azúcar	(f.) *sugar cane*
capital	(m.) *money, capital;* (f.) *capital city*
carne de res	(f.) *beef*
ciudad	(f.) *city*
lengua	(f.) *language*
país	(m.) *country, nation*

1. (El / La) capital de Paraguay es Asunción.
2. Asunción es (un / una) ciudad de aproximadamente 500.000 (quinientos mil) habitantes.
3. En Paraguay hay dos lenguas oficiales, el español y el guaraní —(un / una) lengua indígena.
4. Paraguay está *(is)* dividido en dos *(two)* zonas por (el / la) Trópico de Capricornio.
5. Al norte está (el / la) zona tórrida; al sur está (un / una) zona más templada.
6. (Los / Las) productos agrícolas más importantes incluyen (el / la) caña de azúcar y (el / la) carne de res.

1-8 En la sala de clase. First, read the sentences below and choose the correct definite or indefinite article for each noun. Then, look at the drawing of a classroom on page 4 and decide if each sentence is true **(cierto)** or false **(falso).**

1. (El / La) profesora escribe con (un / una) lápiz.
2. Hay (un / una) libro en (el / la) mesa.
3. (Un / Una) estudiante escucha (un / una) disco compacto.
4. Hay (un / una) mapa de España en (el / la) sala de clase.
5. (Los / Las) estudiantes estudian español.
6. Hay (unos / unas) borradores en (el / la) silla.
7. (Un / Una) estudiante usa (el / la) computadora.
8. Hay (un / una) ventana en (el / la) puerta.

Síntesis

1-9 En la clase de español. Working together with two of your classmates, study the drawings and write dialogues for each one.

1.

2.

1-10 Las páginas amarillas. Here is an excerpt from the yellow pages of the telephone directory for San Juan, Puerto Rico. The two ads feature stores specializing in school and office supplies. First, find a partner by using the appropriate phrases in Spanish (**¿Tienes compañero/a?,** etc.). Then, study the ads together and answer the questions.

1. ¿Cómo se dice en español... ?
   a. distributor
   b. calculator
   c. photocopier

2. ¿Qué quiere decir... ?
   a. sin (*without*) costo adicional
   b. materiales y efectos de oficina
   c. efectos escolares

3. Lean los anuncios (*ads*) y escriban en una hoja de papel:
   a. dos (2) sustantivos (*nouns*) masculinos
   b. dos (2) sustantivos femeninos
   c. dos (2) sustantivos singulares
   d. dos (2) sustantivos plurales

PUENTE CULTURAL

¿Cómo te despides *(do you say good-bye)* **de tus padres al salir de casa** *(upon leaving the house)***? ¿Cómo saludas** *(do you greet)* **a tus amigos y compañeros de clase?**

Al salir de casa, le pido la bendición a mi madre *(I ask mom for her blessing)* y le doy un beso *(kiss).* Cuando saludo a compañeros en la universidad les digo *(I say to them),* "Hola, ¿cómo estás?"; no es necesario darles siempre *(always)* la mano *(to shake hands).*

John Martínez;
dominicano-americano; 24 años;
estudiante de postgrado

Al salir de casa, les digo, "Chau, papi, chau, mami", con un beso y un abrazo *(hug).* Saludo a mis compañeros con un "¡Hola!" Generalmente no se hace contacto físico, a menos que *(unless)* sea un amigo o una amiga íntimos.

Lucía Vega Alfaro;
peruana; 42 años;
gerente financiera

Al salir de casa, beso a mis padres en la mejilla *(cheek)* y les deseo *(I wish them)* un buen día. Mis compañeros y yo nos decimos "¡Hola!", y a veces nos saludamos con un beso en la mejilla.

Victoria Eugenia (Vicky) Duque Montoya;
colombiana; 28 años; estudiante

Te toca a ti

1-11 Saludos y despedidas. Trabaja con un(a) compañero(a). Lean la información en el *Puente cultural.* Después, escojan *(choose)* la frase que complete la idea correctamente.

1. Una forma popular entre hispanos de despedirse de los padres es...
   ☐ decir "adiós"
   ☐ darles un beso
   ☐ darles la mano

2. Es más adecuado saludar a los compañeros de clase...
   ☐ diciendo "hola"
   ☐ con dos besos, uno en cada *(each)* mejilla
   ☐ dándoles la mano formalmente

3. El contacto físico en los saludos y despedidas entre hispanos...
   ☐ es siempre *(always)* aceptable
   ☐ nunca *(never)* es socialmente correcto
   ☐ se usa con amigos íntimos y familiares

1-12 Y tú, ¿qué haces? Di *(Say)* cómo tú prefieres saludar y despedirte de las personas.

1. Al salir de mi casa...
   ☐ les pido la bendición a mis padres
   ☐ les doy un beso y/o un abrazo a mis padres
   ☐ grito *(I yell)* "adiós" y me voy *(I leave)* rápidamente

2. Para saludar a mis compañeros en la universidad...
   ☐ les digo "hola"
   ☐ les doy la mano
   ☐ les doy un beso en la mejilla
   ☐ les doy un beso a las chicas, pero les doy la mano a los chicos

Vocabulario temático
PARA CONOCER A LOS COMPAÑEROS DE CLASE Y A LOS PROFESORES

The _Vocabulario temático_ section introduces new words and expressions in model sentences and questions. These models are the building blocks you need to create your own conversations.

Two kinds of typeface are used in the presentations: the expressions in bold indicate the "first speaker"—a sentence or question that might be used by a person initiating a conversation. The lighter type indicates the "second speaker"—a sentence or question that might be used by a person to respond to or continue the conversation.

The English equivalents to all these expressions are found in Appendix E at the back of this textbook.

Para conocer a los compañeros de clase

Hola. Soy _Francisco Martín_.
¿Cómo te llamas?   Me llamo _Elena Suárez Lagos_.

Mucho gusto.   Igualmente.

Para continuar la conversación con tus compañeros de clase

¿De dónde eres?   Soy de _Acapulco_.
                                Nací en _México_.
                                Vivo en _Springfield, Illinois_, desde hace
                                    cinco años.

¿Dónde vives?   Vivo en _la calle Azalea_.
                                    los apartamentos Greenbriar.
                                    la residencia Capstone.

Eres estudiante aquí, ¿verdad?   Sí, estoy en mi _primer_ año de estudios.
                                        segundo
                                        tercer
                                        cuarto

Para conocer a los profesores

Me llamo _Carmen Acosta_. ¿Cómo se llama usted?   Soy _Rafael Díaz_.
Encantada (Encantado).   Mucho gusto.

Para continuar la conversación con tu profesor(a)

¿De dónde es usted?

Soy de *España*.
Nací en *Cuba*.

¿Cuánto tiempo hace que *vive* aquí?
              trabaja

Muchos años.
Solamente unos meses.

¿ Sabías que...

- In Spanish, just as in English, language styles range from the very casual to the extremely formal. In Spanish, the use of **tú** and **usted** is an important signal to the level of formality. While both words mean *you*, **tú** generally indicates a more informal setting or a closer relationship; **usted** signals a more formal conversation.

- When replying "Nice to meet you" to an introduction, keep in mind that men say **Encantado** and women say **Encantada**. Men and women may say **Mucho gusto**.

Ponerlo a prueba

Text Audio CD
Track CD1-2

1-13 El primer día. It's the first day of class and Juan is meeting many new people. Listen on your CD to part of a short conversation he has with a fellow student. Decide how Juan would most likely reply to each of the questions or statements you hear. Choose the most appropriate response from the choices provided below.

MODELO: You hear: ¡Hola!
           You read: a. Hola.
                     b. Mucho gusto.
                     c. Igualmente.
           You select: *a. Hola.*

1. a. Encantado.
   b. Me llamo Juan.
   c. ¿Y tú?

2. a. Muy bien.
   b. Igualmente.
   c. ¿Dónde vives?

3. a. Soy de Tejas.
   b. Sí.
   c. No, soy norteamericano.

4. a. Vivo en una residencia.
   b. Nací en Austin.
   c. Estoy en mi primer año.

5. a. No.
   b. Sí, soy estudiante.
   c. Estoy en mi segundo año de estudios.

1-14 Unas presentaciones. Tú y tus compañeros van a practicar las presentaciones formales e informales.

Primera parte: Completa los diálogos con las expresiones más lógicas. Escribe en una hoja de papel.

1. You are in history class, and a new student from Chile, who has noticed your Spanish book, introduces himself to you.
   Alejandro: Hola. Soy Alejandro Rojas. ¿Cómo te llamas?
   Tú: _____
   Alejandro: Mucho gusto.
   Tú: _____
   Alejandro: Eres estudiante aquí, ¿no?
   Tú: _____
   Alejandro: Yo, también. *(Me, too.)* ¿De dónde eres?
   Tú: _____

2. After class one day, you strike up a conversation with your new Spanish professor.
   Tú: ¿_____?
   Profesora Olazábal: Soy de Ecuador. Nací en Quito.
   Tú: ¿_____?
   Profesora Olazábal: Sí, muchos años, más de quince (15).

Segunda parte: Dramatiza esta situación con cuatro (4) o cinco (5) compañeros de clase. Dos (2) o tres (3) de Uds. son "estudiantes" y los otros *(the rest)* son "profesores".

Estudiantes
You and your classmate(s) are attending a reception for new students and faculty at the Instituto Américas in Mexico. Introduce yourself to other students and professors at the party. Find out where everyone is from.

Profesores (Profesoras)
You and your colleague(s) are attending a reception for new students and faculty at the Instituto Américas in Mexico. Introduce yourself to other faculty and students at the party. Find out where everyone is from.

1-15 Más datos, por favor. Entrevista *(Interview)* a tres (3) o cuatro (4) compañeros de clase. Toma apuntes. *(Take notes.)*

1. ¿Cómo te llamas?
2. ¿De dónde eres?
3. ¿Dónde vives ahora *(now)*?
4. ¿En que año de estudios estás?

Vocabulario temático
MÁS DATOS, POR FAVOR

Más datos personales

¿Cuál es tu nombre completo? — Me llamo *Katya Rosati Soto.*

¿Cómo se escribe tu *nombre de pila*? — Se escribe *Ka-a-te-i griega-a.*
               apellido

¿Cuál es tu dirección? — Vivo en *la calle Azalea,* número *358*
        los apartamentos
          Greenbriar, número *6-B*
        la residencia Capstone,
          número *162*

¿Cuál es tu número de teléfono? — Es el *7-54-26-08 (siete, cincuenta y cuatro, veintiséis, cero, ocho).*

El abecedario

a	a	Argentina	ñ	eñe	España
b	be	Bolivia	o	o	Omán
	be grande		p	pe	Perú
c	ce	Colombia	q	cu	Quito
d	de	Dinamarca	r	ere	Rusia
e	e	Ecuador	rr	erre	Marruecos
f	efe	Francia	s	ese	Suiza
g	ge	Guatemala	t	te	Tailandia
h	hache	Honduras	u	u	Uruguay
i	i	Inglaterra	v	uve	Venezuela
j	jota	Japón		ve chica	
k	ka	Kenia	w	uve doble	Washington
l	ele	Luxemburgo		doble ve	
m	eme	Mónaco	x	equis	México
n	ene	Nicaragua	y	i griega	Yemen
			z	zeta	Nueva Zelanda

Los números de 0 a 100

0 cero	11 once	21 veintiuno
1 uno	12 doce	22 veintidós (veintitrés, veinticuatro...)
2 dos	13 trece	30 treinta
3 tres	14 catorce	31 treinta y uno (treinta y dos, treinta y tres...)
4 cuatro	15 quince	40 cuarenta (cuarenta y uno, cuarenta y dos...)
5 cinco	16 dieciséis	50 cincuenta (cincuenta y uno, cincuenta y dos...)
6 seis	17 diecisiete	60 sesenta (sesenta y uno...)
7 siete	18 dieciocho	70 setenta (setenta y uno...)
8 ocho	19 diecinueve	80 ochenta (ochenta y uno...)
9 nueve	20 veinte	90 noventa (noventa y uno...)
10 diez		100 cien

¿ Sabías que...

- In Spanish, telephone numbers are often given in groups of two:

  754-2618 = siete (7), cincuenta y cuatro (54), veintiséis (26), dieciocho (18)

  - With street addresses, the street name is given before the house/building number:

  326 Central Avenue = *Avenida Central, 326*

- Since Spanish has both formal and informal words to express the English *you*, it also has formal and informal words to say *your*: **tu** and **su**.

  | ¿Cuál es **tu** teléfono? | What is **your** (informal) *telephone number?* |
  | ¿Cuál es **su** teléfono? | What is **your** (formal) *telephone number?* |

- The numbers 21–29 are sometimes spelled out as three words: **veinte y uno, veinte y dos, veinte y tres,** etc.

- In Spanish-speaking countries, it is common to use *two* surnames (last names). The first is the father's and the second is the mother's. Lists, such as telephone directories, are alphabetized by the paternal surname. You will learn more about names in the *Comentario cultural.*

Nombre de pila	Apellido paterno	Apellido materno
Katya	Rosati	Soto

?

Comentario cultural: LOS NOMBRES HISPANOS

¿Cuál es tu nombre completo? ¿Cuál es tu nombre completo en el sistema hispano?

En general, los nombres hispanos consisten de tres partes: un nombre y dos apellidos. Los nombres más populares —María, José, Jesús— reflejan *(reflect)* la herencia católica de los países hispanos. El primer apellido es el apellido paterno (el apellido del padre). El segundo apellido es el apellido materno (el apellido de la madre). A veces se usa sólo el apellido paterno, pero en los documentos oficiales se usan los dos apellidos.

Cuando una mujer se casa *(gets married),* no necesita cambiar *(to change)* su apellido legalmente; puede usar su apellido de soltera *(maiden name).* Pero en las situaciones sociales, casi todas añaden *(add on)* el apellido de su esposo. Por ejemplo, si Beatriz Calvo se casa con Arturo Martínez, su nuevo nombre para las ocasiones sociales es Beatriz Calvo de Martínez. Todos la van a llamar *(will call her)* "señora Martínez" o "señora de Martínez".

Text Audio CD
Track CD1-3

Ponerlo a prueba

1-16 Contestador automático. Wendy is studying Spanish abroad and has recently begun tutoring students in English. A number of people interested in taking lessons left messages on her answering machine today. Listen to each of the messages on your CD; write the name and telephone number of each caller.

MODELO: You hear: Me llamo Isabel Vallejo. Isabel se escribe i-ese-a-b grande-e-ele. Vallejo se escribe uve-a-ele-ele-e-jota-o. Por favor, llámame al veintiocho, diecisiete, cero, nueve. Gracias.

You write: *Isabel Vallejo, 28-17-0-9.*

1-17 Telefonista. Aquí tienes parte de una guía telefónica de España. Practica con tu compañero(a) de clase.

CASTAÑO PARDO, M. J. Av. Comuneros 26	23 2763	LÓPEZ ALONSO, F. Marineros, 42	25 9074
CASTAÑO SÁNCHEZ, A. Alarcón, 8	23 5171	LÓPEZ CHAMORRO, F. Libreros, 51	21 8209
CASTELLANOS BARBERO, L. Pescadores, 6	23 8913	LÓPEZ MARTÍN, M. Greco, 4	23 7683
CASTELLANOS MARTÍN, M. de los A. Av. Portugal, 7	22 6811	LLANOS MARTÍNEZ, J. L. Ayacucho, 6	21 1940
CUESTA ALONSO, B. Gravina, 21	25 9298	LLANOS PRIETO, A. Alamedilla, 6	24 0047
CUESTA SÁNCHEZ, J. Petunias, 13	25 6182	MARTÍN DÍAZ, E. Cañas, 3	24 5314
		MARTÍN GARCÍA, M. Espronceda, 5	21 1502
CHAMORRO ALONSO, M. Av. Juan Austria, 39	25 3861	MARTÍN LÓPEZ, F. Av. Portugal, 30	22 1622
CHAMORRO PEÑA, M. A. Pontevedra, 4	24 7853	MARTÍNEZ GALLEGO, O. Quinteras, 16	24 2561

Primera parte: Contesta las preguntas con oraciones completas.

1. ¿Cuál es el nombre completo de Miguel Castaño? ¿de Francisco Martín?
2. ¿Cómo se escribe el apellido materno de José Cuesta? ¿de Alberto Llanos?
3. ¿Cuál es la dirección de Federico López Alonso? ¿de María de los Ángeles Castellanos?
4. ¿Cuál es el número de teléfono de José Cuesta? ¿de Francisco Martín?

Segunda parte: Sigue el modelo. Inventa diálogos oralmente con tu compañero(a) de clase.

MODELO: You say: *Por favor, el teléfono de Luis Castellanos.*
Your partner looks up
the number and says: *Es el veintitrés, ochenta y nueve, trece.*
You write down: *23-89-13.*

1. Miguel Castaño
2. Elisa Martín
3. Fausto López Chamorro
4. Martín Chamorro Alonso
5. María Martín

Comentario cultural:
— LOS NÚMEROS DE LOS MAYAS —

Long before Columbus made his famous first voyage to the New World in 1492, numerous indigenous civilizations were flourishing in the Americas. One of those civilizations—the Maya— is especially well known for its achievements in mathematics and in the measurement of time. The Mayas were one of the first peoples to use the concept of zero. Here is a brief explanation of their system of numbering. How is it different from the one you use?

Los mayas son famosos por sus cálculos matemáticos. Su sistema de números se basaba en *(was based upon)* veinte y tenía el concepto del zero. Los números se escribían *(were written)* como una serie de puntos y barras. Aquí tienes los números mayas de zero a catorce. ¿Cómo se escribe el número quince en el sistema maya?

Gramática
LAS ORACIONES, LOS PRONOMBRES PERSONALES Y EL VERBO *SER*

A. Cómo formar las oraciones. In both Spanish and English, sentences are built by combining words that have special functions. *Subjects* (**Sujetos**) indicate who is performing an action or what the topic of the sentence is. *Verbs* (**Verbos**) express the main action of the sentence or a state of being. Other elements may be added to complete the thought.

sujeto	verbo	otros elementos
La profesora	trabaja	en Boston.
The professor	*works*	*in Boston.*
(Ella)	Es	de España.
She	*is*	*from Spain.*

B. Los pronombres personales. The subject of a sentence may be a noun (like **la profesora**) or a *subject pronoun* (like **ella**) that refers to a previously named noun. Here are the subject pronouns (**pronombres personales**) in Spanish and English. In some countries, such as Costa Rica and Argentina, the subject pronoun **vos** is used instead of the informal **tú**.

Los pronombres personales			
yo	*I*	**nosotros**	*we (all males or a mixed group)*
		nosotras	*we (all females)*
tú	*you (informal)*	**vosotros**	*you (plural, informal, all males or a mixed group)*
		vosotras	*you (plural, informal, all females)*
usted (Ud.)	*you (formal)*	**ustedes (Uds.)**	*you (plural, informal and/or formal, depending on the country)*
él	*he*	**ellos**	*they (all males or a mixed group)*
ella	*she*	**ellas**	*they (all females)*
Ø	*it*		

C. ¿Formal o informal? To avoid embarrassing yourself and others, you must know when it is appropriate to use the more informal **tú** and when it is more courteous to use the more formal **usted.** Although usage varies from country to country, the following charts summarize the "safest" forms of address.

- To address *one* person as *you*, most Spanish speakers choose between **tú** and **usted:**

More formal	**usted (Ud.)**	Used with: strangers, older persons, persons in positions of authority, persons you are dealing with in a professional setting (your doctor, lawyer, teacher, etc.)
More informal	**tú**	Used with: friends, family, pets, classmates, co-workers of the same rank

- To address *more than one* person with a plural *you,* Spanish speakers may use **vosotros** and/or **ustedes,** depending on the level of formality and the regional dialect. In colloquial English, expressions such as *you guys* or *y'all* . are used.

More formal	**ustedes (Uds.)** ⟶	In Central & South America
	⟶	In Spain
More informal	**ustedes (Uds.)** ⟶	In Central & South America
	vosotros/vosotras ⟶	In Spain

D. El verbo *ser.* When verbs are used in sentences, their forms must match or *agree* with the subject of the sentence. For example, in English it is correct to say *I am* or *he is*, but not *I is* or *he am*. Here are the forms of the verb **ser** *(to be)* in the present tense, together with their corresponding subject pronouns. Notice that in Spanish it is not necessary to state subject pronouns in sentences since the subject may be inferred from the verb form itself. Subject pronouns are used for clarification, however, when the need arises.

sujeto	verbo: ser *(to be)*	modelos
yo	**soy**	**Soy** estudiante.
tú	**eres**	¿**Eres** de Chile?
usted	**es**	¿**Es** usted profesora?
él/ella	**es**	Mi teléfono **es** el 5-68-09-87.
nosotros(as)	**somos**	Eduardo y yo **somos** demócratas.
vosotros(as)	**sois**	**Sois** católicos.
ustedes	**son**	Ustedes **son** colombianos, ¿verdad?
ellos/ellas	**son**	Éstos **son** mis padres.

Ser may be used in the following ways:

- to identify a person or thing

  ¿Qué **es** esto?   *What **is** this?*
  Es un ratón para una computadora.   *It's a mouse for a computer.*

- to classify, by providing information about the subject's ethnic background, nationality, kinship, religion, professional, or political affiliation

  Éstas **son** mis primas.   *These **are** my cousins.*
  Son panameñas.   *They **are** Panamanian.*

- to provide information such as telephone numbers and addresses

  ¿Cuál **es** tu teléfono?   *What **is** your phone number?*
  Es el 254-2760.   *It's 254-2760.*

- with the preposition **de,** to say where someone or something is from

  ¿**De** dónde **eres**?   *Where **are you from**?*
  Soy de los Estados Unidos.   *I'm **from** the United States.*

In Spanish there is a second verb that means *to be*: **estar.** You will study the forms and uses of this verb later in this chapter.

Ponerlo a prueba

1-18 Encuentros. Lee el diálogo entre Rosa y Carmen; identifica el pronombre personal que corresponde a los verbos.

MODELO: Hola, (*yo*) soy Carmen Rivera.

Rosa: Hola, Carmen. Mucho gusto. (1. _____) soy Rosa Meléndez.
Carmen: Encantada, Rosa. ¿Eres (2. _____) estudiante aquí?
Rosa: Sí, estoy en mi tercer año. (3. _____) soy estudiante de biología.
Carmen: ¡Ah! ¿Acaso conoces *(Do you by any chance know)* a mi amigo Julián Vargas? (4. _____) es estudiante de biología también.
Rosa: ¡Sí! (5. _____) somos compañeros en la clase del profesor Gonzaga. Además *(What's more)*, Julián es de San Juan, y yo, de Santurce.
Carmen: Así que *(So)*... (6. _____) son puertorriqueños.

1-19 ¿De dónde eres? Formen grupos de tres o cuatro personas y completen las actividades.

Primera parte: Entrevístense *(Interview one another)* con estas preguntas y completen la tabla *(chart)*.

	yo	estudiante #1	estudiante #2	estudiante #3
¿Cómo te llamas?				
¿De dónde eres?				

Segunda parte: Preparen un resumen *(summary)* de la información para su profesor(a). Después, una persona del grupo debe *(should)* presentar la información en oraciones completas.

MODELO: *Yo soy Patricia.*
      Mis compañeros son Robert y Janice.
      (Pointing at yourself:) *Yo soy de Boston.*
      (Pointing at Robert:) *Él es de Raleigh.*
      (Pointing at Janice:) *Ella es de Virginia Beach.*

Síntesis

1-20 En Puerto Rico. Lee las tarjetas de negocios *(business cards)* de Puerto Rico. Contesta las preguntas.

1. ¿Quién *(Who)* es detective? ¿Cuál es su dirección? ¿Cuál es su número de teléfono?
2. ¿Cuál es la profesión de Redy. Rodríguez Reyes? ¿Cuál es su teléfono? ¿Cuál es su apellido paterno? ¿su apellido materno?
3. ¿Quién es veterinario? ¿Cómo se escribe su apellido paterno? ¿Cómo se escribe su apellido materno? ¿Cuál es la dirección de su clínica?
4. ¿Cuál es la profesión de Míriam Torres? ¿Cómo se escribe su apellido? ¿Cuál es su teléfono?

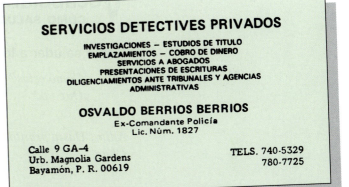

1-21 Gregorio. Gregorio es un estudiante de postgrado de los Estados Unidos. Va a Venezuela para hacer una pasantía *(complete an internship)* en un banco. En la conversación, habla por telefóno con la señorita López, una secretaria en el banco. Escucha la conversación y completa las frases con la información correcta.

Text Audio CD
Track CD1-4

1. El estudiante se llama _____ _____ .
                         (nombre) (apellido)
2. Es de _____, _____ .
         (ciudad) (estado)
3. Vive en la calle _____, número _____ .
4. Su número de teléfono es el _____ .

In this *Paso* you will practice:
- Greeting others and saying good-bye
- Talking about how you feel

Grammar:
- Adjectives
- The verb **estar** in the present tense

Vocabulario temático
CÓMO SALUDAR A LOS COMPAÑEROS Y A LOS PROFESORES

Cómo saludar a los compañeros

Hola. ¿*Cómo estás?*   *Muy bien*, gracias. ¿Y tú?
        ¿Qué tal?   *Estupendo.*
                  Así, así.

Adiós. Hasta pronto.   *Nos vemos.*
Chao.   *Hasta luego.*

Cómo saludar a los profesores

***Buenos días*, profesor/profesora. ¿Cómo está usted?**   Estoy *bastante bien.*
Buenas tardes   *un poco cansado(a)*
Buenas noches

Adiós. *Hasta mañana*.   Hasta mañana.
        ***Hasta pronto*.**

Cómo expresar algunos estados físicos y emocionales

¿Cómo estás? (informal)   Estoy... enfermo/enferma
¿Cómo está usted? (formal)

enfermo/enferma

contento/contenta

ocupado/ocupada

preocupado/
preocupada

enojado/enojada

nervioso/nerviosa

cansado/cansada

triste

de buen humor

de mal humor

¿ Sabías que...

- Titles are often used to show respect to older people, to individuals we don't know very well, or to those in positions of authority. When greeting others, you may use the title by itself, or together with the last name. Here are some common titles and abbreviations in Spanish and English:

señor (Sr.)	*Mr.*
señora (Sra.)	*Mrs.*
señorita (Srta.)	*Miss*
profesor/profesora	*professor*
doctor/doctora	*doctor*
don	*title of respect used with the first name of men*
doña	*title of respect used with the first name of women*

- Adjectives like **enfermo** (*sick*) and **contento** (*happy*) use different forms to refer to a man (**-o**) and to a woman (**-a**). A man would say about himself: **Estoy enfermo.** A woman would say about herself: **Estoy enferma.**

- People often reply to the question **¿Cómo estás?** by simply saying **Bien, gracias.** Replies such as **Estoy cansada** or **Estoy preocupado** are an invitation to continue the conversation about one's health. Here are some common follow-up questions:

¿Qué te pasa?	*What's wrong? What's the matter?* (informal)
¿Qué le pasa?	*What's wrong? What's the matter?* (formal)
¿Por qué?	*Why?*

Ponerlo a prueba

1-22 Carlos. Your new friend, Carlos, often speaks Spanish around campus. Listen to his conversations on your CD and complete the statements below.

Text Audio CD
Track CD1-5

Conversación 1

1. This conversation takes place in the _____.
   a. morning
   b. afternoon
   c. evening

2. Carlos is talking with _____.
   a. a classmate
   b. his professor
   c. an old friend from home

3. In this conversation, Carlos is using _____.
   a. the **tú** form of address
   b. the **Ud.** form of address

Conversación 2

4. In the second conversation, Carlos _____.
   a. introduces himself to someone
   b. complains about how tired he is
   c. runs into an old friend

5. In this conversation, Carlos uses _____.
   a. the **tú** form of address
   b. the **Ud.** form of address

1-23 Este semestre. Completa las conversaciones con las expresiones más lógicas. Consulta *Vocabulario temático* en la página 26.

1. Es el primer día de clases. Laura y Julio son estudiantes.
   Laura: _____. Soy Laura Guzmán. ¿Y tú?
   Julio: Yo soy Julio Cruz.
   Laura: _____, Julio.
   Julio: Igualmente. ¿_____?
   Laura: De Jalisco. ¿_____?
   Julio: Yo soy de la capital.

2. En el campus, a las tres de la tarde *(at three o'clock in the afternoon)*.
   Julio: _____, profesora.
   Profesora Limón: Ah, Julio. ¡Hola!
   Julio: ¿_____, profesora?
   Profesora Limón: Bastante bien, _____. ¿Y tú?
   Julio: _____. Creo que *(I think)* estoy un poco enfermo.
   Profesora Limón: ¡Lo siento! *(I'm sorry!)*

3. Dos meses después *(Two months later)*, en clase.
   Julio: ¿Qué te pasa, Laura? ¿Estás _____?
   Laura: Estoy _____ y _____. Tengo un examen de física hoy y no comprendo nada *(anything)*. ¿Y tú, Julio? ¿Cómo estás?
   Julio: Bueno, no estoy mal, sólo un poco _____. ¡Tengo tanto trabajo! *(I have so much work!)*

1-24 ¡Saludos! Saluda *(Greet)* a tus compañeros y a tu profesor(a). Sigue *(Follow)* el modelo para saludar a tus compañeros. ¿Cómo debes *(How should you)* saludar a tu profesor(a)?

MODELO (con tus compañeros): —*Hola, Jan.*
—*Hola, Mike. ¿Qué tal?*
—*Bien, gracias. ¿Y tú?*
—*Estoy bastante bien.*
—*¡Adiós! Nos vemos.*
—*Adiós. Hasta luego.*

Gramática
LOS ADJETIVOS

A. Los adjetivos. *Adjectives* (**adjetivos**) are words that are used to describe and modify nouns. *Descriptive adjectives* provide information about physical characteristics *(large, blue)*, personal qualities *(honest, friendly)*, emotional and mental states *(happy, angry)*, and physical conditions *(clean, broken)*. You have already learned a number of adjectives in Spanish that refer to physical, emotional, and mental conditions, such as **contento, cansado,** and **nervioso.**

B. La concordancia. In English, adjectives have a single form that may be used to describe any person or thing, regardless of gender. In Spanish, however, different forms of the same adjective must be used to describe masculine and feminine nouns. When an adjective ending "matches" the noun it describes in this way, it is said to *agree in gender.* Study the gender agreement in the following examples:

Juan, tallking about himself, would say: **Estoy preocupado.**
Marta, tallking about herself, would say: **Estoy preocupada.**

In Spanish, adjectives also have singular and plural forms, and must *agree in number* with the nouns they modify. Therefore, when you use an adjective in Spanish, you must use a form that matches the noun in both gender and number.

> To describe two men: **Están contentos.**
> To describe two women: **Están contentas.**
> To describe a "mixed" group of men and women: **Están contentos.**

The following chart illustrates the different forms that adjectives may take. Notice that adjectives that end in **-o** have four different forms, while adjectives that end in **-e** or a consonant have just two forms.

		singular	plural
Adjectives ending in **-o**	**masculino**	cansad**o**	cansad**os**
	femenino	cansad**a**	cansad**as**
Adjectives ending in **-e** or a consonant	**masculino**	triste, ideal	triste**s**, ideal**es**
	femenino	triste, ideal	triste**s**, ideal**es**

C. La colocación *(Placement).* English and Spanish usually place adjectives in different locations within the sentence. Study carefully the following guidelines:

- In both languages, adjectives can be placed after a linking verb like *to be*.

  Juan **está** enfermo.   *John is ill.*

- When modifying a noun directly, descriptive adjectives are generally placed before the noun in English, but *after the noun* in Spanish.

  Spanish: el profesor ideal (article + noun + adjective)

  English: *the ideal professor* (article + adjective + noun)

- When two descriptive adjectives modify the same noun, English often separates the adjectives with a comma. Spanish, however, often connects the adjectives with the word **y** *(and).*

  la estudiante inteligente **y** atractiva   *the smart, attractive student*

Ponerlo a prueba

1-25 ¿Qué opinas? Completa cada frase con el nombre de una persona o un lugar *(place)* lógico. Después *(Afterward),* identifica los adjetivos e indica si cada adjetivo es masculino o femenino, singular o plural.

MODELO: *Miami es una ciudad fabulosa.*
         Adjetivos: fabulosa (femenino, singular)

1. _____ y _____ son dos actores cómicos.
2. _____ es un jugador *(player)* de básquetbol agresivo.
3. _____ es una jugadora de tenis dinámica.
4. _____ y _____ son dos políticos liberales.
5. _____ es una profesora interesante y organizada.
6. _____ y _____ son dos playas *(beaches)* tranquilas.

1-26 En clase. Los alumnos *(pupils)* tienen diferentes reacciones en clase. Describe cómo están. Completa las frases de una manera lógica.

MODELO: La profesora está *enojada*.

1. Ana está _____.
2. Federico y Teresa están _____.
3. Fabiola está _____.
4. Delia y Vivian están _____.

5. Marcelo está _____.
6. Ángeles y Antonio están _____.
7. Paco y Samuel están _____.
8. Lucinda está _____.

Gramática
EL VERBO *ESTAR* EN EL PRESENTE

A. Estar. The verb **estar** is one of two verbs in Spanish that mean *to be*. In order to use **estar** in statements and questions, you must choose the verb form that corresponds to the subject of the sentence. Here is the conjugation of the verb **estar** in the present tense.

sujeto	verbo: estar *(to be)*	modelo
yo	**estoy**	**Estoy** bien, gracias.
tú	**estás**	¿Cómo **estás**, Ana?
usted	**está**	¿Cómo **está** usted, doctor?
él/ella	**está**	Elena **está** enferma.
nosotros(as)	**estamos**	Lola y yo no **estamos** preocupados.
vosotros(as)	**estáis**	¿**Estáis** contentos?
ustedes	**están**	¿Cómo **están** ustedes?
ellos/ellas	**están**	Los estudiantes no **están** nerviosos.

B. Usos del verbo *estar*. The verb **estar** is used in two major circumstances:

• to express physical conditions and emotions or states of mind

Estoy enferma.　　*I'm sick.*
Estoy triste.　　*I'm sad.*

- to express the location of people or things

  Javier **está** en el hospital.   *Javier **is** in the hospital.*

  Chicago **está** en el norte del país.   *Chicago **is** in the northern part of the country.*

  As you have seen, Spanish has two verbs to express *to be*: **ser** and **estar.** You will learn more about the uses of these two verbs in future chapters.

Ponerlo a prueba

1-27 Los problemas de Enrique. Lee los diálogos sobre los problemas de Enrique. Complétalos con la forma más apropiada de **estar.**

1. Enrique y Selena son compañeros de clase.

   Enrique: ¡Hola, Selena! ¿Cómo _____?

   Selena: Hola, Enrique. _____ bastante bien, gracias. ¿Y tú? ¿Qué tal?

   Enrique: En realidad, _____ un poco triste.

   Selena: ¿Qué te pasa?

   Enrique: Mi novia *(girlfriend, fiancée)* Rosario _____ enfadada y no quiere hablar conmigo *(won't talk to me).*

2. Enrique llama *(calls)* a Rosario.

   Sr. Martín: Dígame *(Hello).*

   Enrique: Eh... Sr. Martín, soy Enrique. ¿Cómo _____ Ud.?

   Sr. Martín: Bien, bien, Enrique. ¿Y tú?

   Enrique: Muy bien, gracias. Eh... por favor. ¿_____ Rosario en casa *(at home)*?

   Sr. Martín: No, ella y su mamá _____ en el centro *(downtown).*

   Enrique: Bueno, llamo más tarde *(I'll call later).* Adiós.

3. Un mes más tarde *(One month later),* Enrique y Rosario conversan con su amiga Selena.

   Selena: Hola, Enrique. Hola, Rosario. ¿Cómo _____?

   Rosario: ¡Hola, Selena! (Nosotros) _____ superbien y... ¡muy contentos!

   Enrique: Sí, ¡porque vamos a casarnos *(we're getting married)*!

   Selena: ¡Felicitaciones!

1-28 Geografía. Consulta los mapas de América Central y América del Sur y completa las actividades con un(a) compañero(a) de clase.

Primera parte: Completen las frases con el país *(country)* correcto y la forma correcta del verbo **estar.**

MODELO: (Puerto Rico / Cuba) _____ en el mar del Caribe, al sur de la Florida.

   Cuba está en el mar del Caribe, al sur de la Florida.

1. (Colombia / Costa Rica) _____ al este de Panamá.
2. (Honduras / Costa Rica) _____ al norte de Nicaragua.
3. (Estados Unidos / Guatemala) _____ al sureste de México.
4. (Haití / Puerto Rico) _____ al oeste de la República Dominicana.
5. (Bolivia y Argentina / Perú y Bolivia) _____ al este de Chile.
6. (Guyana y Surinam / Paraguay y Uruguay) _____ al norte de Brasil.

Segunda parte: Describe dónde está un país, sin mencionar *(without saying)* el nombre. Tu compañero(a) tiene que adivinar *(guess)* el país.

MODELO: Tú: *Está al sur de Nicaragua y al norte de Panamá.*

   Tu compañero(a): *Costa Rica.*

Síntesis

1-29 ¿Qué te pasa? Trabaja con un(a) compañero(a) de clase; escriban diálogos para las escenas.

1. Martín, Marta y Patricia se saludan *(greet one another)* en el campus.

2. Amelia está preocupada porque no comprende la lección. Va a la oficina de su profesor. Lo saluda *(She greets him)* y le explica su problema.

3. Ramón y Teresa se despiden *(say good-bye)* después de una fiesta.

4. El señor Calvo está enfermo y va al médico.

1-30 En una recepción para estudiantes internacionales. Dramatiza esta situación con un(a) compañero(a) de clase. Uds. están en una recepción para estudiantes internacionales.

Estudiante A
You are at a reception for international students; you strike up a conversation with someone you haven't met before.

- Greet this person and introduce yourself.
- Confirm that he/she is a student here; find out if he/she is a freshman, sophomore, etc.
- Tell where you live and ask your new friend where he/she lives.
- Respond to any questions you are asked.
- Accept your friend's offer to practice Spanish with you.
- Say good-bye.

Estudiante B
You are at a reception for international students. Another student approaches you and strikes up a conversation.

- Respond appropriately to the introduction.
- Say where you are from and find out where your new friend is from.
- Answer politely any questions you are asked.
- Ask your friend if he/she wants to practice Spanish together (**¿Quieres estudiar español conmigo?**).
- Exchange phone numbers so that you can set up a time to get together.
- Say good-bye.

Vistazo gramatical
LOS ADJETIVOS DE NACIONALIDAD

A. Los adjetivos de nacionalidad. There are two main ways to express a person's national origin:

- **ser + de** + name of country:
  Soy de los Estados Unidos. *I am from the United States.*

- **ser** + adjective of nationality:
  Soy norteamericano(a). *I am (North) American.*

Adjectives of nationality may be classified into four categories.

- Most adjectives of nationality end in **-o** and have four forms that match their noun in gender and number:

adjective ends in **-o**	singular	plural
masculino	Víctor es mexican**o**.	Víctor y Elena son mexican**os**.
femenino	Elena es mexican**a**.	Elena y Teresa son mexican**as**.

- Some adjectives of nationality end in **-e** and have only two forms—singular and plural.

adjective ends in **-e**	singular	plural
masculino o femenino	Carla es costarricens**e**.	Carla y Martín son costarricens**es**.

- A few adjectives of nationality end in a consonant in the masculine form and add an **-a** to form the feminine.

Adjective ends in consonant	singular	plural
masculino	Rodrigo es español.	Rodrigo y Sara son español**es**.
femenino	Sara es español**a**.	Sara y Rita son español**as**.

- Several adjectives of nationality end in **-és** or in **-án.** In these cases, the accent mark is used only for the masculine singular form and is dropped in all the other forms.

adjective ends in **-és**, **-án:**	singular	plural
masculino	franc**és**	franceses
femenino	francesa	francesas

B. Las lenguas. In many instances, the name of the language spoken in various countries is the same as the masculine singular adjective of nationality.

Los italianos hablan italiano.
Los franceses hablan francés.

Ponerlo a prueba

1-31 Hispanohablantes. ¿De dónde son? Escribe una oración completa con el país *(country)* más adecuado.

MODELO: mexicano
Los mexicanos son de México.

1. chileno
2. nicaragüense
3. guatemalteco
4. panameño
5. dominicano
6. español
7. cubano
8. costarricense

1-32 Más nacionalidades, por favor. ¿Cuál era *(was)* la nacionalidad de estas personas famosas?

Nota: **era** = *he/she was*
       eran = *they were*

MODELO: el filósofo y líder Mohandas Karamchand Ghandi
El filósofo y líder Mohandas Karamchand Ghandi era indio.

1. el compositor Pyotr Tchaikovski
2. el filósofo Confucio
3. el director cinematográfico Akira Kurosawa
4. el activista anti-apartheid Stephen Biko
5. la seductora reina, Cleopatra
6. la mártir Juana de Arco y la científica Marie Curie
7. la heroína popular Eva Perón y el político y presidente Juan Perón
8. el explorador y conquistador Francisco Pizarro

a. japonés
b. francés
c. egipcio
d. ruso
e. sudafricano
f. español
g. argentino
h. indio
i. chino

Contexto: You **(Estudiante A)** and a classmate **(Estudiante B)** have two very similar but not identical drawings. Take turns describing your drawings to each other. Your task is to find eight differences without looking at each other's drawing! The differences might include:

- the number of books, desks, etc., in the room

- how certain people are feeling

- where people are from

You will begin by saying: **En mi dibujo** *(In my drawing)* **hay un mapa de México.**

¡Vamos a hablar! | Estudiante B

Contexto: You (**Estudiante B**) and a classmate (**Estudiante A**) have two very similar but not identical drawings. Take turns describing your drawings to each other. Your task is to find eight differences without looking at each other's drawing! The differences might include:

- the number of books, desks, etc., in the room

- how certain people are feeling

- where people are from

Your partner will begin.

¡Vamos a leer!

Estrategia: Recognizing cognates

As you begin reading in Spanish, you may be surprised to see so many words that look like English. Spanish and English share all these words because of a common link in their historic development—Spanish is a Romance language derived from Latin, and English has borrowed many words from Latin and other Romance languages.

Words that are similar in spelling or pronunciation and meaning in both languages are called *cognates* (**cognados**). Some examples of cognates are **música, televisión,** and **doctor.** You will be able to recognize some cognates instantly because their spelling in the two languages is identical or nearly so, even though their pronunciation is quite different. For other cognates, it will help to keep in mind some of the more common spelling correspondences, summarized in the chart below:

Spanish	English	Spanish	English
f	*ph*	**-ista**	*-ist,-ician*
filosofía	*philosophy*	artista	*artist*
-ción	*-tion*	**-dor**	*-er, -or*
nación	*nation*	programador	*programmer*
-ivo	*-ive*		
competitivo	*competitive*		

Learning to recognize cognates will help you understand quickly thousands of new words. On the other hand, you will occasionally run across a *false cognate* that will trip you up. These are words that are similar in spelling but completely different in meaning. Here are a few of the most "famous" false cognates:

embarazada = *pregnant, not embarrassed*
sopa = *soup, not soap*
molestar = *to bother, not to molest*
lectura = *reading, not lecture*
parientes = *relatives, not parents*
éxito = *success, not exit*

1-33 CCC. The advertisement on page 38 is from Spain and features a school that offers numerous study-at-home courses. Look at the list of courses and notice how similar topics are grouped by category. Under what category would you find the following kinds of courses? Write the name of the category in Spanish.

MODELO: business and computer sciences
              Empresa e informática

1. decorating, artistic endeavors
2. music
3. skilled trades
4. sports and fitness occupations
5. health fields, childhood development
6. languages

Personas como tú aprenden con CCC.

Elena Crespo. Auxiliar de Enfermería.
"Conseguí el Título Oficial de Técnico Auxiliar de Enfermería y trabajo en lo que realmente quiero."

Nuevo Curso de Auxiliar de Enfermería

¡Conviértete en profesional!

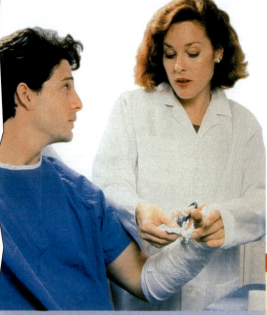

Si tienes más de 18 años, el **Curso CCC de Auxiliar de Enfermería** te prepara para obtener el **Título Oficial de Técnico Auxiliar de Enfermería** con el que podrás trabajar en Centros Hospitalarios, Residencias... haciendo lo que más te gusta: ayudar a las personas.

Ya lo sabes: si tu futuro te exige la máxima preparación, en **CCC** podemos ayudarte.

Infórmate sin compromiso sobre las condiciones especiales de los Cursos de Verano CCC .

CURSOS DE VERANO · APERTURA MATRICULA 98

Nuevo Curso de Auxiliar de Enfermería:

Objetivo: Preparación para la obtención del **Título Oficial de Técnico Auxiliar de Enfermería** y ejercer profesionalmente en Centros Sanitarios.

Especialidades: Posibilidad de complementar tu formación con especialidad en Farmacia, Geriatría, Quirófanos, Urgencias...

Asesoramiento: Dispondrás de un Tutor Personal.

PROGRAMA DE CURSOS

Cultura e Idiomas
- Graduado Escolar
- Acceso Univ. mayores de 25 años
- Inglés • Francés
- Alemán • Ruso

Sanidad e Infancia
- Auxiliar de Enfermería
- Geriatría • Puericultura
- Jardín de Infancia
- Rehabilitación

Belleza y Moda
- Peluquería • Esteticista
- Diseño de Moda
- Corte y Confección

Música
- Guitarra • Teclado
- Solfeo • Acordeón

Físico-Deportivos
- Preparador Físico y Deportivo

- Monitor de Gimnasios
- Monitor de Aeróbic
- Quiromasaje y Masaje Deportivo

Mecánica y Técnica
- Instalador Electricista
- Fontanería • Electrónica
- Radiocomunicaciones
- T.V. • Sonido
- Mecánica • Carrocería
- Técnico de Mantenimiento

Empresa e Informática
- Asesor Fiscal
- Administración de Empresas
- Dir. Financiera
- Contabilidad
- Marketing
- Psicología y Ventas
- Supermercados

- Dominio y Práctica del PC (Win. 95)
- Internet

Oposiciones y Otras Profesiones
- Auxiliar Administrativo y Correos
- Prof. de Autoescuela
- Cocina Profesional
- Jefe de Comedor
- Bibliotecario y Documentalista
- Aux. Administrativo

Arte y Decoración
- Monitora de Manualidades
- Decoración
- Escaparatismo
- Fotografía
- Aerografía
- Dibujo Cómics

Con la Garantía CCC: Si al finalizar el Curso no estás satisfecho, te devolvemos tu dinero.

X SÍ, deseo recibir Gratis y sin compromiso la Guía de Programas de Formación.

X SÍ, deseo información Gratis y sin compromiso sobre las Subvenciones Especiales del Verano 98 y sobre el Curso de: _____

Nombre y apellidos			Fecha de nacimiento / /
Domicilio	Bloque	N.º Piso Prta.	
Cód. Postal	Población		
Provincia	Teléfono de contacto	D. N. I.	

Otros datos de interés
¿Qué actividad desarrollas? ☐ Estudias ☐ Trabajas
Horario más favorable para estudiar ☐ Mañana ☐ Tarde ☐ Noche

Rellena y envía este cupón a:
CCC Apartado 17222
28080 MADRID   **IH 4**

La información que usted nos facilita nos permitirá adecuar nuestras ofertas y servicios a sus intereses. Usted tiene el Derecho de acceder a esta información y cancelarla o rectificarla de ser errónea (Ley Orgánica 5/1992 de 29 de octubre).

CCC
Nuestra meta es tu éxito.
902 - 20 21 22
www.centroccc.com
• CCC MADRID - 91 532 22 43 • CCC BARCELONA - 93 268 18 48
• CCC GALICIA y ASTURIAS - 986 26 17 17 • CCC CANARIAS - 922 61 09 57
• CCC LUZERN (Suiza) - (041) 240 66 17
Apdo. 17222 - 28080 MADRID

El Centro fue autorizado por Educación (Real Decreto 2641/1980, OM 29/6/1980 y Orden 6/10/1980 B.O.P.V.).

1-34 Más cognados. Study again the list of home courses and find the Spanish equivalent for the following words. Afterward, look through the rest of the advertisement for additional cognates and make a list in Spanish and English of at least *ten* additional new words.

1. business administration = _____ de empresas
2. radio communications = _____
3. physical trainer ("preparer") = preparador _____
4. electrical installer = _____ electricista
5. photography = _____

1-35 Información, por favor. Answer the following questions about the advertisement in English.

1. Of all the courses offered by CCC, which one is featured in the ad? What is the Spanish name for this profession?
2. What phone number should you call for more information? What web site could you investigate?
3. What Spanish words are used on the small form to request the following information: your name, address, zip code, city/town, state/province, telephone number?

Un paso más: Cuaderno de actividades

Vamos a escribir: Filling out simple forms   Pág. 16
You'll start writing in Spanish by identifying what information is being asked for in simple forms, and providing that information in Spanish.

Vamos a mirar: Pág. 17
Vídeo 1: En el cibercafé
You'll meet Susana Martínez and Carlos Sánchez, two students from Ecuador.
Vídeo 2: Vistas del mundo hispano

El mundo hispano

Datos esenciales

- Número de países *(countries)* hispano-hablantes *(Spanish-speaking)*: veintiuno
- Continentes donde se habla el español: las Américas (América del Norte, América Central, América del Sur), Europa, África
- Número de hispanohablantes en el mundo: 332.000.000
- País de origen de la lengua española: España
- Lengua de la que se deriva el español: el latín
- Otras lenguas derivadas del latín: el francés, el provençal, el italiano, el portugués, el catalán, el gallego
- Otras lenguas habladas *(spoken)* en España: el vascuence, el catalán, el gallego
- Otras lenguas habladas en países hispanohablantes: lenguas indígenas como el quechua y el aymará (Perú y Bolivia), el quiché (Guatemala) y el guaraní (Paraguay)
- Civilizaciones indígenas más avanzadas del Nuevo Mundo *(New World):* los incas, los mayas y los aztecas

218 A.C. *(B.C.)* **Hispania** becomes part of the Roman Empire. Key elements of the Roman culture, including the Latin language, are incorporated into the culture of the Iberian Peninsula.

711 D.C. *(A.D.)* Moslems (referred to as **moros, árabes,** or **musulmanes**) from northern Africa invade the Iberian Peninsula and for seven centuries their cultural influences are felt over the area.

Un **vistazo**
a la historia

Personajes de ayer y de hoy *(Personalities of yesterday and today)*

The Catholic sovereigns, **Isabel de Castilla** and **Fernando de Aragón** unified Spain and expelled the Moslems and Jews from the country. **Isabel la Católica** subsidized the voyage of **Cristóbal Colón** that resulted in the discovery of the **Nuevo Mundo.** This was the beginning of the great Spanish Empire that culminated during the reign of **Carlos V.**

Fray Bartolomé de las Casas (1470–1566), a Dominican priest, earned the name **apóstol de los indios** because of his efforts to save the indigenous peoples of the Americas from the abuses of the Spanish **conquistadores.** Later, at Fray Bartolomé's suggestion, Spain began importing slaves from Africa to replace the many Indians who died under harsh, forced labor conditions. Today, because of the slave trade, many people of African heritage live in the Caribbean and along the northern and eastern coasts of South America.

Nicolás Guillén (1902–1989) was a prominent Cuban poet and the foremost proponent of **poesía negroide,** or poetry of the Afro-Caribbean style. In his poetry, Guillén combines the Spanish dialects spoken by black and mulatto Cubans with Yoruba, an African language.

Notas culturales de interés

When the Spanish Empire reached its height around 1588, Spain ruled large portions of the Americas, Italy, the Philippines, the Canary Islands, and parts of northern and northwestern Africa. Although Spain lost most of its overseas possessions by the start of the twentieth century, its heritage and language continue to influence everyday life in those areas. For example, although the African **República de Guinea Ecuatorial** became independent in 1968, three-quarters of the inhabitants are Roman Catholic and Spanish is still the official language. The most widely spoken language, however, is Fang.

Flag of Equatorial Guinea, Africa

1492 End of the **Reconquista** and the Moslem occupation of Spain. **Cristóbal Colón** discovers the New World. The first grammar of any modern language, *Gramática de la lengua castellana,* is published.

1808 Napoleon Bonaparte invades Spain and names his brother **José** king. This serves as the catalyst for the independence movements in the New World. The first revolutions in Hispanic America begin two years later.

1910 The **Unión Panamericana** is formed with the objective of establishing better cultural and economic relations among the American republics. In 1948 it is reorganized and renamed **Organización de los Estados Americanos (OEA).**

1588 England defeats the Spanish **Armada,** thus initiating the decline of the Spanish Empire under the last kings of the **Habsburgo** dynasty: **Felipe III, Felipe IV,** and **Carlos II.**

Text Audio CD
Track CD1-6

¿Qué sabes *(What do you know)* sobre el mundo hispano?

1-36 La influencia africana. The poem you are about to listen to is from Nicolás Guillén's anthology *Sóngoro cosongo,* published in 1931. His special mix of words creates sounds and rhythms that are often as important as, or more important than the meanings of the words themselves. This poem, read by the author himself, is especially rich in sounds and rhythms. What instrument can you "hear" in this poem?

> ## Canto Negro
>
> ¡Yambambó, yambambé!
> Repica el congo solongo,
> repica el negro bien negro;
> congo solongo del Songo
> baila yambó sobre un pie.
>
> Mamatomba,
> serembe cuserembá.
>
> El negro canta y se ajuma,
> el negro se ajuma y canta,
> el negro canta y se va.
> Acuememe serembó,
>   aé;
>   yambó,
>   aé.
> Tamba, tamba, tamba, tamba,
> tamba del negro que tumba;
> tumba del negro, caramba,
> caramba, que el negro tumba:
> ¡yamba, yambó, yambambé!

1-37 Información básica. Trabaja con un(a) compañero(a). Escojan *(Choose)* las frases que definen cada término correctamente.

_____ 1. los incas, los mayas y los aztecas

_____ 2. 1492

_____ 3. 711–1492

_____ 4. 1810

_____ 5. latín

_____ 6. el aymará y el guaraní

_____ 7. romanos y moros

_____ 8. Guinea Ecuatorial

_____ 9. África

_____ 10. 1588

a. Comienzan *(Begin)* las revoluciones de independencia en América

b. Lengua origen del español, el francés, el italiano y el portugués

c. Comienza la decadencia del Imperio Español

d. Año *(Year)* importante para España política y culturalmente

e. Dos grupos de gran influencia cultural en España

f. País hispanohablante en el continente africano

g. Continente del cual se importan esclavos al Nuevo Mundo

h. Lenguas indígenas de América

i. Grupos indígenas de avanzada civilización y cultura

j. Ocupación musulmana de España y la guerra *(war)* de la Reconquista

Vocabulario

Sustantivos

el **año** *year*
el **apartamento** *apartment*
el **apellido** *surname, last name*
el **bolígrafo** *pen*
el **borrador** *eraser*
el **calendario** *calendar*
la **calle** *street*
el **cartel** *poster*
el **casete** *cassette*
el (la) **compañero(a)** *classmate*
la **computadora** *computer*
el **cuaderno** *notebook*
el **diccionario** *dictionary*
el **disco compacto / CD**
   (compact disc)

el (la) **estudiante** *student*
la **grabadora** *tape recorder*
la **hoja** *sheet (of paper)*
la **impresora** *printer*
el **lápiz** *pencil*
el **libro** *book*
el **mapa** *map*
el **mes** *month*
la **mesa** *desk; table*
la **mochila** *bookbag, backpack*
el **nombre** *name*
el **nombre de pila** *first name*
el **número** *number*
la **página** *page*
el **papel** *paper*

la **pizarra** *chalkboard, blackboard*
el (la) **profesor(a)** *teacher,*
   professor
la **puerta** *door*
el **pupitre** *student desk*
el **reloj** *clock*
la **residencia** *residence, dormitory*
la **sala** *classroom*
el **señor (Sr.)** *Mr.*
la **señora (Sra.)** *Mrs.*
la **señorita (Srta.)** *Miss*
la **silla** *chair*
la **tiza** *piece of chalk*
la **ventana** *window*

Verbos

estar *to be*
ser *to be*

Otras palabras

bastante *quite*
bien *well*
cansado(a) *tired*
contento(a) *happy*
de *from; of*
de buen/mal humor *in a*
   good/bad mood
el (la) *the*

enfermo(a) *sick/ill*
enojado(a) *angry/mad*
los/las *the*
mucho(as) *many, a lot*
muy *very*
nervioso(a) *nervous*
ocupado(a) *busy*
poco(a) *little, not much*

preocupado(a) *worried*
solamente *just, only*
también *also, too*
triste *sad*
tú *you (familiar)*
un(a) *a, an*
unos(as) *some, a few*
usted (Ud.) *you (formal)*

Expresiones útiles

Abran... *Open . . .*
Adiós. *Good-bye.*
¿A quién le toca? *Whose turn is it?*
Buenas tardes. *Good afternoon.*
Buenas noches. *Good evening, Good night.*
Buenos días. *Good morning.*
Chao. *See you./Bye.*
¿Cómo está Ud.? *How are you? (formal)*
¿Cómo estás? *How are you? (familiar)*
¡Cómo no! *Of course!*
Cierren... *Close . . .*
¿Cómo se dice...? *How do you say?*
¿Cómo se escribe...? *How do you spell/write . . . ?*
¿Cómo se llama usted? *What's your name? (formal)*
¿Cómo te llamas? *What's your name? (familiar)*
¿Comprenden? *Do you understand?*
Con permiso. *Excuse me.*
Contesten. *Answer.*

¿Cuál es tu número de teléfono? *What is your (fam.)*
   phone number?
¿Cuál es tu nombre completo? *What is your (fam.)*
   full name?
¿Cuál es tu dirección? *What is your (fam.) address?*
¿De dónde es usted? *Where are you from? (formal)*
De nada. *You're welcome.*
¿De dónde eres? *Where are you from? (familiar)*
¿Dónde vives? *Where do you live? (familiar)*
Encantado(a). *Nice to meet you.*
Escriban. *Write out.*
Escuchen. *Listen.*
Estoy en mi primer (segundo, tercer, cuarto) año
   de estudios. *I'm a freshman/in my first year*
   (sophomore/in my second year, junior/in my third
   year, senior/in my fourth year of studies.)
Gracias. *Thank you.*
Hasta pronto! *See you soon!*

Expresiones útiles (continuación)

Hasta mañana. *See you tomorrow.*

¿Hay preguntas? *Are there any questions?*

Hay... *There is . . . , There are . . .*

Hola. *Hi. Hello.*

Igualmente. *Same here./Likewise./Same to you.*

Lean. *Read.*

Más despacio. *Slow down./More slowly.*

Me llamo... *My name is . . .*

Mucho gusto. *Nice to meet you.*

Nací en... *I was born in . . .*

No comprendo. *I don't understand.*

No pasa nada. *No problem.*

No sé. *I don't know.*

No. *No.*

Nos vemos. *See you later./We'll see each other later.*

Perdón. *Pardon me./I'm sorry.*

Por favor. *Please.*

Pregunten... *Ask . . .*

¿Qué dijo Ud.? *What did you (formal) say?*

¿Qué tal? *How are you doing?*

¿Qué quiere decir...? *What does . . . mean?*

¿Quieres trabajar conmigo? *Do you want to work with me? (familiar)*

Repita. *Repeat.*

Sí. *Yes.*

Soy de... *I'm from . . . (familiar)*

Soy... *I am . . .*

Tengo una pregunta. *I have a question.*

¿Tienes compañero(a)? *Do you have a partner? (familiar)*

Todavía no. *Not yet.*

Trabajen... *Work . . .*

Vayan... *Go . . .*

Vivo en... *I live in . . .*

For further review, please turn to Appendix E.

Capítulo 2

¡Así somos!

Objetivos

Speaking and Listening

- Providing basic personal information about yourself, your family, friends, and classmates
- Asking questions
- Expressing some physical and emotional conditions
- Expressing likes and dislikes
- Talking about some of your daily activities at work, home, and school

Reading

- Identifying format cues, skimming, and scanning

Writing

- Generating ideas *(Cuaderno de actividades: ¡Vamos a escribir!)*
- Organizing your ideas into a paragraph *(Cuaderno de actividades: ¡Vamos a escribir!)*

Culture

- Puerto Rico *(Panorama cultural)*
- Family structure *(Puente cultural)*
- Common pastimes *(Comentario cultural)*

Grammar

- **Tener** in the present tense
- Introduction to the verb **gustar**
- Present tense of regular **-ar, -er,** and **-ir** verbs
- Sentence formation and simple negation
- Question formation
- More on question formation *(Vistazo gramatical)*

A primera vista

 Trabaja con un(a) compañero(a). Estudien el cuadro de Siqueiros y lean la información sobre este famoso pintor mexicano. Marquen las oraciones que describen el cuadro.

☐ Es un cuadro de colores agresivos.　　☐ Es un cuadro de colores tristes.

☐ La familia es grande *(large)*.　　☐ La familia es pequeña *(small)*.

☐ Es una familia de la ciudad *(city)*.　　☐ Es una familia de campo *(countryside)*.

☐ Es una familia típica.　　☐ No es una familia típica.

☐ La madre está cansada.　　☐ La madre está enojada.

☐ La madre está preocupada.　　☐ El padre está ocupado.

☐ Su hijo está enfermo.　　☐ Su hijo está dormido.

David Alfaro Siqueiros (1896–1974)

Nacionalidad: mexicano

Otras obras: Murales: *La nueva democracia, Por una seguridad completa para todos los mexicanos.* Otros: *Víctima proletaria, Echo of a Scream, Niña madre*

Estilo: Junto a *(Together with)* Diego Rivera y José Clemente Orozco, Siqueiros es parte de la tríada de grandes muralistas mexicanos. En sus espectaculares murales experimenta con una variedad de materiales y técnicas innovadoras. El dramático arte de Siqueiros es vehículo para presentar sus convicciones políticas y su protesta social por la explotación de las masas. Sus figuras son sólidas y fuertes *(strong)* a pesar de *(in spite of)* su desamparo *(helplessness)*.

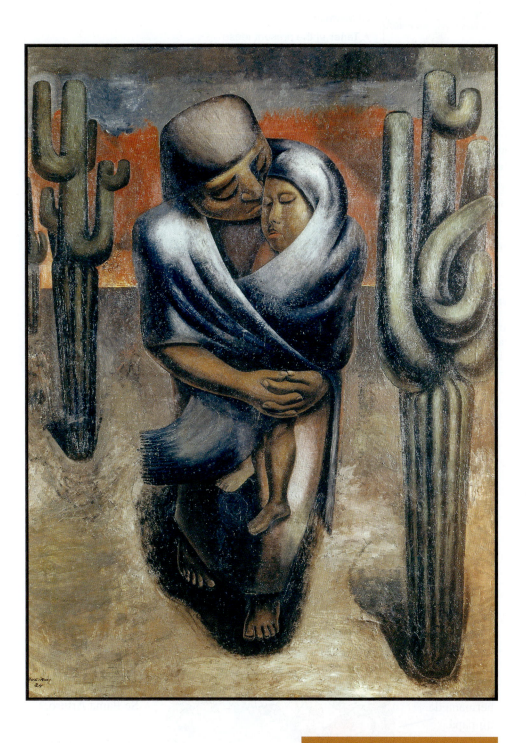

Peasant Mother
David Alfaro Siqueiros, 1929

In this *Paso* you will practice:
- Naming members of your immediate family
- Sharing information about your family, friends, and classmates
- Expressing some additional emotional and physical conditions

Grammar:
- **Tener** in the present tense
- Basic sentence structure and negation
- Yes/No questions

Estrategia: Organizing and planning your learning

Learning a new language, like learning any complex skill, can be a time-consuming proposition. Fortunately, there are many language-learning strategies that can help you become more efficient at this task.

	Find the best physical environment.	Try to find a place without too many distractions so that you can concentrate as you listen to the exercises on your CD and practice saying words aloud.
	Schedule your study time.	Set aside specific times outside of class to study and practice.
	Keep a Spanish notebook.	Create a notebook in which you can neatly organize new information related to learning Spanish. Make separate sections for new words, class assignments, verb charts, class notes, etc.
	Study with a friend or classmate.	Practice your Spanish with another person by inventing dialogues, asking each other oral questions, quizzing each other on words or verb conjugations, etc. Often the best way to learn a new concept is to explain it to someone else.

Vocabulario temático
LA FAMILIA Y LOS AMIGOS

Presentando a la familia y a los amigos

¿Cómo es tu familia? Tengo una familia *grande.*
                                         de tamaño mediano
                                         pequeña

¿Cuántos son Uds.? Somos *cinco* en mi familia.
                                     Tengo *dos hermanos.*
                                         muchos amigos
                                     Mi *tía Felicia* vive con nosotros también.

Ésta soy yo. Tengo diecisiete años.

Éste es mi hermano mayor, Carlos. Tiene veinte años.

Ésta es mi tía Felicia, la hermana de mi papá.

Éste es mi papá. Se llama Arturo.

Ésta es mi mamá. Se llama Beatriz.

Éstos son mis buenos amigos Marcos y Sara.

Ésta es mi hermana menor, Elisa. Tiene diez años.

El cumpleaños de Dulce

Otros familiares

los abuelos	los padres	los esposos	los hijos
el abuelo	el padre	el esposo	el hijo
la abuela	la madre	la esposa	la hija
			los gemelos

Otros amigos

los novios	unos (buenos) amigos	los vecinos	mis compañeros de clase
el novio	un (buen) amigo	el vecino	mi compañero de clase
la novia	una (buena) amiga	la vecina	mi compañera de clase

Sabías que...

- The words **éste, ésta, éstos,** and **éstas,** known as *demonstrative pronouns*, may be used to make introductions.

to introduce a male:	**Éste es** mi hermano Roberto.	*This is my brother Roberto.*
to introduce a female:	**Ésta es** mi hermana Anita.	*This is my sister Anita.*

- Unlike most other descriptive adjectives, **bueno** *(good)* is often placed in front of the noun it modifies. It has a special shortened form when used in front of a *masculine singular noun.* Its four forms are **un *buen* amigo; una *buena* amiga; unos *buenos* amigos; unas *buenas* amigas.**

- To express relationships among people, in English we use *possessive adjectives* like *my, your, our,* etc., and in Spanish we use words like **mi, tu, nuestro,** etc. Like other adjectives, possessive adjectives have singular (*mi* **hermano**) and plural (*mis* **hermanos**) forms.

- In English, we often use *'s* to indicate relationships and possession. In Spanish, you must use a noun with **de.**

la hija **de** María	*Maria's daughter*
la hermana **de** mi padre	*my father's sister*

- To describe someone's marital status (**estado civil),** you may use the following expressions: **estar casado(a)** *(to be married);* **estar divorciado(a)** *(to be divorced);* **ser viudo(a)** *(to be a widower/widow);* **ser soltero(a)** *(to be single).*

Ponerlo a prueba

2-1 La foto. Mercedes le está describiendo una foto a su amiga. Escucha la descripción en tu disco compacto. Identifica a todas las personas de la foto. Escribe el nombre de cada persona y su parentesco *(kinship)* con Mercedes.

MODELO: You hear: Mira, ésta es mi madre, Carmen.

　　　　　　　You write: *Carmen es la madre de Mercedes.*

1. Ana
2. Elena
3. Paco

4. Francisco
5. Luisa
6. Alberto Guzmán

7. Teresa
8. María
9. ?

2-2 Mi familia y mis amigos. Trabaja con un(a) compañero(a) de clase. Descríbanse *(Describe to each other)* sus familias.

Primera parte: Descríbele tu familia a tu compañero(a) de clase. Sustituye *(Substitute),* usando *(using)* la información correcta sobre tu familia en cada oración.

MODELO: You see: Tengo una familia (grande / de tamaño mediano / pequeña). Somos *cinco* personas. ¿Y tú? ¿Tienes una familia grande?

　　　　　　　You select or substitute the correct information and say: Tengo una familia *pequeña*. Somos *tres* personas. ¿Y tú? ¿Tienes una familia grande?

1. Tengo una familia (grande / de tamaño mediano / pequeña). Somos *cinco* personas. ¿Y tú? ¿Tienes una familia grande?
2. Mi padre se llama *Allan* y mi madre se llama *Lynn*. Mi padre es de *Brooklyn* y mi madre es de *Boston*. Cuéntame de *(Tell me about)* tus padres.
3. No tengo hermanos. Soy (hijo único / hija única). ¿Y tú?
   o: Tengo (un hermano / una hermana / *dos* hermanos / *dos* hermanas). ¿Y tú?
4. Mi hermano se llama *Adam* y tiene *dieciséis* años. Mi hermana se llama *Sara* y tiene *veintiséis* años. Cúentame de *(Tell me about)* tus hermanos.
5. Soy (soltero / soltera). ¿Y tú? ¿Eres (soltero / soltera)?
   o: Estoy (casado / casada) y mi (esposo / esposa) se llama _____. ¿Y tú? ¿Estás (casado / casada)?

Segunda parte: Descríbele a dos amigos a tu compañero(a).

MODELO: *Mis buenos amigos son Jeff y Susie. Jeff es de Atlanta, Georgia, y tiene diecinueve años...*

Gramática
EL VERBO *TENER;* MÁS CONDICIONES FÍSICAS Y EMOCIONALES

A. Tener. The Spanish verb **tener** is used much like the English verb *to have* to express the following basic notions:

- ownership
  Tengo dos bicicletas.   *I have two bicycles.*

- relationships
  Tengo tres hermanas.   *I have three sisters.*

Tener may also be used in several idiomatic expressions:

- with **años,** to express age
  Anita **tiene veinte años.**   *Anita is twenty years old.*

- with **que** + infinitive, to express an obligation
  Tenemos que trabajar ahora.   *We have to work now.*

Below is the conjugation of **tener** in the present tense; identify the use of **tener** in each sentence.

tener *(to have)*		
yo	**tengo**	**Tengo** veinte años.
tú	**tienes**	¿Cuántos hermanos **tienes**?
Ud.	**tiene**	¿**Tiene** Ud. hijos?
él, ella	**tiene**	María **tiene** que estudiar más.
nosotros(as)	**tenemos**	No **tenemos** los libros.
vosotros(as)	**tenéis**	¿**Tenéis** los bolígrafos?
Uds.	**tienen**	¿Cuántos años **tienen** ustedes?
ellos, ellas	**tienen**	Rosa y Claudio **tienen** treinta años.

B. Condiciones físicas y emocionales. Spanish expresses many common physical and emotional conditions with the verb **tener.**

tener (mucho) calor	*to be (very) hot*
tener (mucho) frío	*to be (very) cold*
tener (muchas) ganas de (+ infinitivo)	*to (really) feel like (doing something)*
tener (mucha) hambre	*to be (very) hungry*
tener (mucha) sed	*to be (very) thirsty*
tener (mucha) prisa	*to be in a (big) hurry*
tener (mucho) miedo	*to be (very) afraid*
tener (mucho) sueño	*to be (very) sleepy*
tener razón	*to be right*
tener (mucho) cuidado	*to be (very) careful*

To use these expressions in statements and questions, conjugate the verb **tener** to match the subject of the sentence.

Mamá: ¿**Tienes hambre,** Martín?   *Mom: **Are you hungry,** Martín?*
Martín: No, mamá, pero   *Martín: No, mom, but*
  tengo mucha sed.   ***I'm really thirsty.***

Ponerlo a prueba

2-3 ¿Qué pasa? Escribe tres oraciones completas para cada dibujo *(each drawing)*. Tienes que:

- identificar a las personas (Éste es... / Ésta es...)

- explicar dónde están (Está(n) en...)

- expresar una condición física o emocional (Tiene hambre, frío, etc.)

MODELO: *Éste es el señor Martínez, el padre de la familia. Está en un restaurante. Tiene hambre. También tiene mucha prisa.*

¿Quiénes son?
el señor Martínez
la señora Martínez (Tiene cuarenta y seis años.)
tía Felicia (Es la hermana del Sr. Martínez; tiene sesenta años.)
Elisa (Tiene diez años.)
Dulce (Tiene diecisiete años.)
Carlos y su amigo (Tienen veinte años.)

¿Dónde están?
en el patio
en un café
en la sala *(living room)*
en el comedor *(dining room)*
en la calle *(street)*
en un restaurante

1.

2.

3.

4.

5.

2-4 La familia real. Ésta es la familia real *(royal)* de España. Trabaja con un(a) compañero(a) de clase y describan oralmente a la familia. Identifiquen sus nombres, edades y parentesco *(kinship)*.

MODELO: *Éste es Felipe. Felipe es el hijo de Juan Carlos y Sofía. Felipe tiene dos hermanas, Cristina y Elena. Felipe tiene _____ años.*

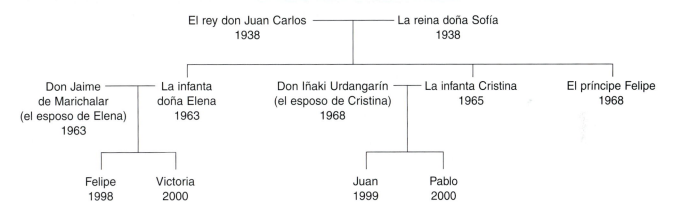

La familia real

El rey don Juan Carlos — La reina doña Sofía
1938 — 1938

Don Jaime — La infanta   Don Iñaki Urdangarín — La infanta Cristina   El príncipe Felipe
de Marichalar   doña Elena   (el esposo de Cristina)   1965   1968
(el esposo de Elena) 1963   1968
1963

Felipe   Victoria   Juan   Pablo
1998   2000   1999   2000

Gramática
LA NEGACIÓN Y LAS PREGUNTAS

A. Las oraciones y la negación. Complete sentences consist of a subject **(sujeto),** a conjugated verb **(verbo),** and other elements that complete the thought. To make a sentence *negative* in Spanish, simply add the word **no** before the verb. The English words *do* and *does* are never translated in this case.

sujeto	no	verbo	otros elementos
(Yo)	No	tengo	hermanos.
I do not have any brothers or sisters.			
Eduardo	no	vive	en Caracas.
Eduardo does not live in Caracas.			

B. Las preguntas. In both English and Spanish there are a number of different ways to ask a question. One of the most common question types is known as a *yes/no question* because it calls for a reply with a simple **sí** or **no.** The following charts summarize the three basic ways to form this kind of question.

- place the subject after the verb

(No) verbo	sujeto	otros elementos
¿Tiene	(ella)	hermanos?
Does she have any brother or sisters?		
¿No están	Paco y Silvia	en casa?
Aren't Paco and Sylvia at home?		

- place the subject at the end of the sentence

(No) verbo	otros elementos	sujeto
¿Es	dentista	tu papá?
Is your dad a dentist?		
¿No son	de México	(ellos)?
Aren't they from Mexico?		

- place the subject in front of the verb, as in a statement

sujeto	(no) verbo	otros elementos
¿Celso	está	enfermo?
Is Celso ill?		
¿(Tú)	Tienes	una familia grande?
Do you have a large family?		

Yes/no questions follow these rules of usage:

- In writing, proper punctuation marks must be used at both the beginning and the end of the question.

- In speaking, the tone of voice rises at the end of the question.

¿Tienes hermanos?

C. Para contestar las preguntas. When someone asks you a yes/no question, you can reply in the following ways:

- To answer *yes,* say **sí,** and add a sentence with the usual "subject + verb" word order:
  —¿Eres de Florida?   *Are you from Florida?*
  —**Sí,** (yo) soy de Miami.   *Yes, I'm from Miami.*

- To answer *no,* say **no,** and add a second **no** before the verb. Notice that the first **no** corresponds to the English *no,* while the second **no** corresponds to the English *not.*
  —¿Es Ud. de California?   *Are you from California?*
  —**No,** (yo) **no** soy de los   *No, I'm **not** from the United States.*
      Estados Unidos.

- Another way to reply *no* is to say **no** and then give the correct information.
  —¿Son Uds. de Chile?   *Are you from Chile?*
  —**No,** somos de Perú.   *No, we're from Peru.*

Ponerlo a prueba

2-5 Chachi. Estás cuidando a (*You are taking care of*) Chachi, un niño de seis años. ¿Cómo contestas las preguntas de Chachi? Escribe tus respuestas.

1. Chachi: Yo soy de México. ¿Eres tú mexicano también?
   Tú:

2. Chachi: Yo tengo un gato (*cat*). ¿Tienes tú un gato?
   Tú:

3. Chachi: Tengo mucha hambre. Quiero (*I want*) una pizza. ¿No tienes hambre?
   Tú:

4. Chachi: Mis padres son profesores. ¿Son profesores tus padres?
   Tú:

5. Chachi: Tengo miedo de los perros (*dogs*). ¿Tienes tú miedo también?
   Tú:

6. Chachi: Mi mejor (*best*) amigo se llama Benjamín. ¿Tienes muchos amigos?
   Tú:

¡NO TE OLVIDES!

Use the following expressions to find and work with a partner:

¿Tienes compañero?
Do you have a partner?

¿Quieres trabajar conmigo?
Do you want to work with me?

¿Quién empieza?
Who's going to go first?

Te toca a ti.
It's your turn.

2-6 Dime más. Gregorio está en Venezuela y vive con la familia Martínez. Elisa Martínez le hace (*asks him*) muchas preguntas. ¿Cuáles son las preguntas de Elisa?

MODELO: Elisa: *¿Eres estudiante?*

                 Gregorio: Sí, soy estudiante en la Universidad de Carolina del Sur.

1. Elisa: ¿_____?
   Gregorio: No, soy de Arlington, Virginia.

2. Elisa: ¿_____?
   Gregorio: No, mi padre es de Carolina del Norte y mi madre es de Cuba.

3. Elisa: ¿_____?
   Gregorio: Sí, tengo dos, Ian y Hillary.

4. Elisa: ¿_____?
   Gregorio: Mi hermano Ian, sí, es estudiante, pero (*but*) mi hermana Hillary, no.

5. Elisa: ¿_____?
   Gregorio: Sí, ella está casada. Su esposo se llama John.

2-7 Entrevistas. Tienes que entrevistar a un(a) compañero(a) de clase y completar la tabla (*chart*).

Datos personales	Estudios	Familia
Nombre: _____	¿En qué año de estudios estás?	¿Es grande tu familia?
Origen: _____	¿Tienes muchas asignaturas (*courses*) este semestre?	¿Tienes hermanos?
Dirección local: _____	¿Tienes que estudiar mucho?	¿Cuántos años tienen tus hermanos?
Teléfono: _____	¿Cómo se llama tu compañero(a) de cuarto?	¿Cómo se llama tu mamá? ¿tu papá?
Edad: _____	¿De dónde es él (ella)?	¿Son de los Estados Unidos tus abuelos?
Estado civil (*marital status*): _____		

Síntesis

2-8 Algunas personas famosas. Lee la siguiente información biográfica y describe oralmente a estas personas famosas usando frases completas. Trabaja con tu compañero(a) de clase para presentar la información.

MODELO:

Nombre: Gloria Estefan
Fecha/Lugar de nacimiento: 1958; La Habana, Cuba
Domicilio: Miami, Florida, EE.UU.
Estado civil: Casada con Emilio Estefan; un hijo, Nayib, y una hija, Emily
Profesión: Cantante y compositora de canciones en español e inglés
Algunos discos importantes: *Mi tierra, Abriendo puertas, Gloria, Destiny*

Ésta es Gloria Estefan. Gloria nació en Cuba, pero vive en los Estados Unidos. Nació en el año 1958 y ahora tiene _____ años. Está casada y tiene dos hijos, Nayib y Emily. Su esposo se llama Emilio. Gloria es cantante y compositora de canciones.

Nombre: Franklin Ramón Chang Díaz
Fecha/Lugar de nacimiento: 5 de abril, 1950; San José, Costa Rica
Domicilio: Estados Unidos
Estado civil: Divorciado; dos hijas, Jean y Sonia
Profesión: Astronauta (el primer astronauta hispanoamericano)

Nombre: Rigoberta Menchú
Fecha/Lugar de nacimiento: 9 de enero de 1959; Chimel, Guatemala
Domicilio: México D.F., México
Estado civil: Casada con Ángel Francisco Canil; un hijo, Mash Nawalja ("Espíritu del agua")
Profesión: Defensora de los derechos civiles y laborales de los indígenas. Ganó el Premio Nóbel de la Paz en 1992.

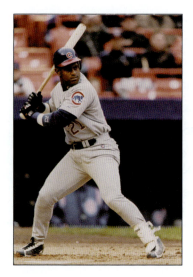

Nombre: Sammy Sosa
Fecha/Lugar de nacimiento: 12 de noviembre, 1968; San Pedro de Marcoris, República Dominicana.
Domicilio: San Pedro de Marcoris, República Dominicana, y Chicago, Illinois, EE.UU.
Estado civil: Casado con Sonia; cuatro hijos: Keysha, Kenia, Samuel y Miguel
Profesión: Jugador de béisbol; el Jugador Más Valioso *(Most Valuable)* de la Liga Nacional en 1998

2-9 Greg Nolan. Greg va a vivir con la familia Martínez mientras trabaja en Venezuela. Escucha la conversación entre el Sr. Martínez y Greg y completa las actividades.

Text Audio CD
Track CD1-8

Primera parte: En esta parte de la conversación, el Sr. Martínez le presenta a su familia. ¿Cuál es el parentesco *(kinship)* de cada uno? Relaciona cada nombre con su parentesco con el Sr. Martínez.

_____ 1. Beatriz
_____ 2. Carlos
_____ 3. Dulce
_____ 4. Felicia
_____ 5. Elisa

a. su hija menor
b. su hijo mayor
c. su esposa
d. la hija mayor
e. su hermana

Segunda parte: Completa la tabla con la información sobre Greg y su familia.

Nombre: Greg Nolan	
Edad:	Universidad:
Ciudad de origen:	Número de hermanos:
Estado de origen:	Pasatiempos:

PUENTE CULTURAL

¿Cómo es la familia típica?

Glenda Liz Carmona Ramos
puertorriqueña; 23 años;
estudiante

En mi país la familia incluye *(includes)* al padre, la madre y los hermanos en el núcleo principal. También incluye a los abuelos si *(if)* viven en la casa. Pero, los abuelos generalmente viven en su propia *(own)* casa, cerca de *(near)* sus hijos. Por lo general, los hijos viven con sus padres hasta *(until)* que se casan *(get married)*. Algunas veces tienen que mudarse *(have to move away)* para trabajar o estudiar en la universidad. Pero siempre van a sus casas los fines de semana.

Cecilia Carro
argentina; 21 años;
estudiante

La familia incluye en general el núcleo familiar (padre, madre y hermanos). Puede incluir tíos, primos y abuelos también. En el pasado *(past)*, en Argentina, los abuelos vivían *(used to live)* con sus hijos y nietos *(grandchildren)* en la misma casa. Pero hoy es más común que los abuelos vivan en su propia casa, cerca de sus hijos y nietos. Los hijos viven con sus padres hasta que se casan. O, si no se casan, se mudan alrededor de *(around)* los treinta años.

Manel Lirola Hernández
español; 34 años; representante
de servicios al consumidor

Para mí, la palabra **familia** incluye al padre, la madre, los hijos y, a veces, los abuelos. Generalmente los abuelos viven en su propia casa y a veces *(sometimes)* con los hijos. Por lo general, los hijos de una familia viven con sus padres hasta que se casan.

Te toca a ti

2-10 La familia típica. ¿Cómo es la familia típica, según *(according to)* Glenda, Cecilia y Manel? ¿Y la familia en tu país? Escoge la respuesta que mejor resuma *(summarizes)* las opiniones.

1. En estos países los abuelos generalmente viven muy cerca de sus hijos y nietos *(grandchildren)*.
   a. Puerto Rico, Argentina, España
   b. Puerto Rico y España
   c. Puerto Rico y Argentina

2. En estos países los hijos generalmente viven con sus padres hasta que se casan.
   a. Argentina y España
   b. Puerto Rico, Argentina y España
   c. Puerto Rico y Argentina

3. Mi familia consiste en _____.
   a. mis padres y yo
   b. mi(s) padre(s), hermano(s) y yo
   c. mi(s) padre(s), hermano(s), abuelo(s) y yo

4. En mi país los abuelos generalmente viven en _____.
   a. su propia casa
   b. la misma casa con los hijos y nietos
   c. un hogar para ancianos *(retirement home)*

5. En mi país el motivo más común por el que los hijos se mudan de la casa de sus padres es que _____.
   a. se casan
   b. van a estudiar a la universidad
   c. tienen alrededor de treinta años

2-11 ¿Cuáles son las razones más probables? Trabaja con un(a) compañero(a). Los tres hispanos entrevistados *(interviewed)* opinaron que en Puerto Rico, Argentina y España los hijos usualmente viven con los padres hasta que se casan. En su opinión, ¿cuáles son las razones más comunes? Enumérenlas en orden descendente. *(Rank the reasons from most possible to least possible.)*

Los hijos viven en casa de sus padres hasta que se casan porque...

_____ es más conveniente económicamente.
_____ hay escasez de viviendas *(housing shortage)*.
_____ los hijos no van a estudiar en una universidad.
_____ la independencia no es un valor *(value)* importante en esos países.
_____ vivir solo es peligroso *(dangerous)*.
_____ las casas son grandes, construidas para familias grandes con muchos miembros.
_____ la familia es muy unida *(close);* la unidad y el apoyo *(moral support)* familiar son muy importantes.

In this *Paso* you will practice:
- Naming some of your pastimes and leisure activities
- Expressing likes and dislikes
- Describing the leisure activities of family and friends

Grammar:
- Introduction to the verb **gustar**
- The present tense of regular **-ar** verbs

Vocabulario temático
EL TIEMPO LIBRE

¿Qué te gusta hacer en tu tiempo libre?

Me gusta...

practicar *deportes*
    el fútbol americano
    el básquetbol
    el tenis

mirar la *televisión*
    vídeos de películas
    partidos de fútbol

escuchar *la radio*
    la música clásica
    la música rock

navegar el Internet y leer *novelas*
    revistas
    periódicos

Otros pasatiempos

correr *en el parque (por el vecindario, por el campus)*
ir *al cine (a fiestas, de compras)*
pasar tiempo con *los amigos (la familia, mi novio[a])*
bailar

¿ Sabías que...

- In Spanish, verbs are listed in dictionaries and vocabulary lists in their infinitive form. Spanish infinitives end in **-ar, -er,** or **-ir.**

- The verb **practicar** can mean *to practice* but is also commonly used with names of sports to mean *to play*. The verb **jugar** also means *to play a sport/game.*

Ponerlo a prueba

2-12 Una clase internacional. Los estudiantes en la clase de inglés están presentándose *(are introducing themselves).* Escucha sus presentaciones en tu disco compacto y completa la tabla.

Text Audio CD
Track CD1-9

Nombre	Origen	Pasatiempos
1. Marta		
2.	Chile	
3.		mirar películas románticas, ir de compras
4. Antonio		
5.	Perú	

2-13 Los pasatiempos. ¿Cómo pasan el tiempo libre tú y tu compañero(a) de clase? Trabaja con un(a) compañero(a) de clase y túrnense *(take turns)* para describir sus preferencias. Sigan el modelo.

MODELO: la música: clásica, reggae, jazz, R&B, rock, New Age, etcétera

> Tú: *Me gusta escuchar la música reggae. Te recomiendo a* (I recommend to you) *Bob Marley.*

> Tú compañero(a): *No me gusta mucho la música reggae. Me gusta la música clásica. Te recomiendo el último* (the latest) *CD de Andrea Boccelli.*

1. la música: clásica, reggae, jazz, R&B, rock, New Age, etcétera
2. las películas: cómicas, románticas, de acción, de ciencia ficción, documentales, etcétera
3. la lectura *(reading):* novelas, la poesía, las biografías, la ciencia ficción, los misterios, la revista *Time,* etcétera
4. los deportes: el fútbol americano, el fútbol, el básquetbol, el tenis, el béisbol, etcétera
5. destinos populares: ir al cine, a fiestas, a los partidos de fútbol americano, de compras, etcétera

Gramática
INTRODUCCIÓN AL VERBO *GUSTAR*

A. El verbo *gustar*. The verb **gustar** works a bit differently not only from its corresponding English verb, but also from most other verbs in Spanish! Although **gustar** is commonly translated as *to like,* its literal meaning is *to be pleasing.* By using its literal translation, you can more readily see that Spanish sentences with **gustar** are structurally quite different from English sentences with *to like.*

Me　　**gusta**　　leer.

Reading　　***is pleasing***　　*to me.*

B. Me gusta/Me gustan. The phrases **me gusta** and **me gustan** may both be used to express your likes. Follow these guidelines to use these expressions correctly:

- To say you like to do something, use **me gusta** + one or more infinitives.

Me gusta ir a fiestas y **bailar** salsa.	*I like to go to parties and dance salsa.*

- To say that you like one thing, use **me gusta** + a singular noun.

Me gusta la música jazz.	*I like jazz music.*

- To say that you like more than one thing, use **me gustan** + a plural noun (or two or more singular nouns).

Me gustan las novelas románticas.	*I like romantic novels.*
Me gustan el tenis y el golf.	*I like tennis and golf.*

- When using *nouns* to make generalizations with **gustar,** you must add a definite article (**el, la, los, las**), even when English doesn't use *the.*

Me gusta **el** béisbol.	*I like baseball.*
Me gustan **los** deportes.	*I like sports.*

- To make a statement negative, add **no** before **me.** Do not translate English *do* or *does.*

No me gusta el café.	*I **don't** like coffee.*

C. *Gustar* en la conversación. You will be using the verb **gustar** frequently in conversation to inquire about others' likes and dislikes and to compare preferences.

To ask a yes/no question with **gustar,** follow these guidelines:

- To ask a friend, classmate, family member, or another person you would normally address with **tú,** say **¿Te gusta(n)... ?**

Papá, ¿**te gustan** las novelas policíacas?	*Dad, **do you like** detective novels?*

- To ask an acquaintance, an elderly person, a boss, or other person you usually address with **Ud.,** say **¿Le gusta(n)... ?**

Profesor Fleak, ¿**le gustan** las películas de karate?	*Professor Fleak, **do you like** karate movies?*

To answer a yes/no question with **gustar,** follow these guidelines:

- To say that you *do* like a thing/activity, use **sí** and **me gusta(n).** It is not necessary to repeat the name of the thing/activity.

—¿Te gusta la natación?	*Do you like swimming?*
—**Sí, me gusta.**	***Yes, I do./Yes, I like it.***

- To reply that you do *not* like a thing/activity, use **no** and **no me gusta(n).** It is not necessary to repeat the name of the thing/activity.

—¿Te gustan los deportes acuáticos?   *Do you like water sports?*

—**No, no me gustan.**   ***No, I don't./No, I don't like them.***

Ponerlo a prueba

2-14 ¿Son compatibles? Óscar y Félix son nuevos compañeros de cuarto. En tu opinión, ¿son compatibles? Completa las conversaciones con **me, te, gusta** y **gustan.**

MODELO: Óscar: ¿Te gustan los deportes?

            Félix: Sí, ¡*me gustan* mucho!

1. Óscar: ¿Te gustan los deportes?

   Felix: ¡Sí! _____ _____ mucho mirar el boxeo. También _____ _____ fútbol americano y el rugby.

2. Félix: ¿_____ _____ mirar deportes en la televisión?

   Óscar: Bueno, _____ _____ los partidos de fútbol americano, pero no me gusta nada *(not at all)* el boxeo. Prefiero practicar deportes en vez de *(instead of)* mirarlos.

3. Óscar: ¿_____ _____ leer? Yo leo mucha ciencia ficción.

   Felix: Sí, _____ _____ las novelas de Agatha Christie. Y también, leo la poesía *(poetry)* de Pablo Neruda, pero no _____ _____ la ciencia ficción.

4. Félix: ¿_____ _____ la televisión?

   Óscar: Depende. Cuando estoy cansado, _____ _____ mirar películas viejas *(old).*

5. Óscar: ¿_____ _____ las películas viejas?

   Félix: No, no _____ _____. Prefiero mirar documentales y otros programas educativos.

 2-15 Tus pasatiempos favoritos. Tú y tus compañeros van a comparar sus actividades favoritas.

Primera parte: Lee la lista de pasatiempos. Escribe una lista de cinco de tus pasatiempos favoritos, siguiendo los temas *(following the topics)* de la lista.

las novelas de detectives	las novelas históricas
las películas extranjeras *(foreign)*	las películas de terror
la música *gospel*	la música jazz
ir al parque zoológico	ir al teatro
el hockey	los juegos de vídeo
los deportes acuáticos	los deportes de invierno *(winter)*
leer el periódico universitario	leer las revistas sobre automóviles
navegar el Internet	pasar tiempo solo(a) *(alone)*

Segunda parte: Usando tu lista, escribe oraciones sobre tus pasatiempos favoritos. Sigue el modelo. Comparte *(Share)* tu lista con tres o cuatro compañeros de clase. ¿Con quién *(With whom)* tienes mucho en común *(in common)*?

MODELO: *Me gustan los deportes acuáticos y el hockey. También me gusta ir al parque zoológico. Me gusta mucho ir al teatro y navegar el Internet. ¿Cuáles son tus actividades favoritas?*

Gramática
LOS VERBOS -ar EN EL TIEMPO PRESENTE

A. Los verbos y las clasificaciones. In *Capítulo 1* and in *Paso 1* of this chapter you practiced the present tense of three common verbs: **ser, tener,** and **estar.** These verbs are called "irregular" verbs because their forms must be memorized on a verb-by-verb basis. Fortunately, most verbs in Spanish follow very regular patterns in their verb conjugations. The following *regular* verbs are classified by their infinitive ending into three categories.

-ar verbs	-er verbs	-ir verbs
mir**ar** *(to watch)*	le**er** *(to read)*	viv**ir** *(to live)*
practic**ar** *(to play)*	corr**er** *(to run)*	escrib**ir** *(to write)*

In this section, you are going to learn more about regular **-ar** verbs. You will learn about **-er** and **-ir** verbs in *Paso 3.*

B. Los verbos -ar en el tiempo presente. In order to use a verb in a sentence or question, it is necessary to *conjugate* it, that is, to use an ending that matches the subject of the sentence. In this way, verb endings help us identify the subject of a sentence, even when the subject is not stated. Verb endings also provide information about the action of the verb. Different endings correspond to the different *tenses,* or time frames. The focus for this chapter will be on the *present tense* or **el presente de indicativo.**

To conjugate a regular verb in the present tense, you must first remove the infinitive ending (**-ar, -er,** or **-ir**) and then add the new ending that matches the subject of the sentence.

mirar *(to look at, watch)*			
yo	-o	mir**o**	**Miro** la televisión mucho.
tú	-as	mir**as**	¿**Miras** los programas educativos?
Ud., él, ella	-a	mir**a**	Carmen no **mira** los partidos.
nosotros(as)	-amos	mir**amos**	**Miramos** muchas películas.
vosotros(as)	-áis	mir**áis**	¿**Miráis** vídeos con frecuencia?
Uds., ellos, ellas	-an	mir**an**	Mis abuelos **miran** muchas comedias.

The following **-ar** verbs all follow the same pattern as **mirar:**

escuchar	*to listen (to)*
practicar	*to play (a sport); to practice*
pasar	*to spend (time); to pass*
nadar	*to swim*
navegar	*to "navigate" or "surf" (the Internet)*
montar (en bicicleta, a caballo)	*to ride (a bike, a horse)*
patinar	*to skate*
coleccionar	*to collect*

C. Las oraciones y las preguntas. You can create questions and answers with **-ar** verbs by following the same guidelines you have already practiced with **ser, estar,** and **tener.**

- To form a yes/no question, place the subject after the verb or at the end of the sentence. Omit the subject pronoun when the subject is clear. Do not translate English *do* and *does*.

verbo	sujeto	otros elementos
¿Colecciona	Mónica	postales?

Does Monica collect postcards?

verbo	otros elementos	sujeto
¿Coleccionan	pegatinas	Magda y Tere?

Do Magda and Tere collect stickers?

- To answer a yes/no question in the affirmative, begin your reply with **sí:**

—¿Nadas (tú) mucho?   *Do you swim a lot?*
—**Sí,** (yo) nado mucho.   ***Yes,*** *I swim a lot.*

- To reply to a yes/no question in the negative, follow one of these two options:

Say **no** and provide the "correct" information.

—¿Coleccionas conchas?   *Do you collect seashells?*
—**No,** colecciono sellos.   *No, I collect postage stamps.*

Or, say **no** and continue with a negative sentence. In this case, the first **no** corresponds to the English *no,* while the second one corresponds to the English *don't.*

—¿Nadas bien?   *Do you swim well?*
—**No, no** nado bien.   ***No,*** *I **don't** swim well.*

Ponerlo a prueba

2-16 Nuestros pasatiempos. Lee las conversaciones y escoge *(choose)* el verbo correcto.

1. Rosalinda conversa con su amiga Raquel. Las dos *(Both)* son estudiantes en la universidad.

   Rosalinda: ¿(Nada Ud. / Nadas) con mucha frecuencia?
   Raquel: Sí, (nadan / nado) todos los días. ¿Y tú?
   Rosalinda: Sí, mi compañera de cuarto y yo (nadamos / nado) mucho.
   ¿(Practica Ud. / Practicas) otros deportes también?
   Raquel: Sí, me gustan mucho los deportes. (Practicas / Practico) el tenis y el fútbol. A veces *(Sometimes)* (patinan / patino).

2. Marisa está en su primer año en la universidad. Está hablando *(She's talking)* con sus padres.

   Papá: Bueno, hija, ¿(está Ud. / estás) muy ocupada con tus estudios *(your studies)*?
   Marisa: Sí, papá, pero *(but)* tengo mucho tiempo libre también.
   Papá: ¿(Pasa Ud. / Pasas) mucho tiempo con tus nuevos *(new)* amigos?
   Marisa: Sí, papá. Mis amigos Laura, Enrique, José y yo (escuchamos / escuchan) música o (miramos / miran) vídeos por la noche *(in the evening)*.
   Mamá: ¿No (practican / practicas) tú y tus amigos deportes? El ejercicio *(Exercise)* es muy importante.
   Marisa: Bueno, José y Enrique (practicamos / practican) fútbol todos los días. Laura y yo (monto / montamos) en bicicleta.

2-17 ¿Y tú? ¿Qué pasatiempos tienen tú y tu compañero(a) en común? Completa las actividades con un(a) compañero(a) de clase.

Primera parte: Entrevístense con estas preguntas y completen la tabla.

Pregunta	Mi compañero(a)	Yo
¿Navegas el Internet con frecuencia?		
¿Practicas el tenis?		
¿Montas a caballo?		
¿Escuchas música country?		
¿Miras las telenovelas *(soap operas)*?		
¿Patinas en el hielo *(ice)*?		
¿Coleccionas carteles?		
(una pregunta original)		

Segunda parte: ¿Qué pasatiempos tienen Uds. en común? Escriban oraciones como las del modelo.

MODELO: *Mi compañero(a) y yo navegamos el Internet con frecuencia.*
También, miramos las telenovelas.

2-18 Mini-prueba. Prepara una "prueba" *(quiz)* para tu compañero(a) de clase. Escribe cinco preguntas sobre el dibujo *(drawing)*. Tu compañero(a) tiene que contestar las preguntas oralmente.

MODELO: You write and then ask: *¿Patina Mario bien?*
Your partner looks at the drawing and replies: *No, Mario patina mal.*
o: *No, Mario no patina muy bien.*

Comentario cultural: LOS PASATIEMPOS

¿Cuándo tienen tú y tu familia más tiempo libre? ¿Cómo pasan Uds. el tiempo libre?

La semana laboral *(work week)* es un poco más larga en España y en Latinoamérica; sin embargo *(nevertheless)*, los hispanos siempre buscan la manera *(look for a way)* de integrar algunas diversiones en su rutina. Los intereses de los hispanos son tan diversos como sus culturas. No se pueden caracterizar por una actividad en particular. Aunque *(While)* a muchos hispanos les gusta jugar al fútbol europeo y mirarlo, también les interesa ir al cine, mirar la televisión, salir *(go out)* con sus amigos o con su familia y bailar *(dance)*.

Síntesis

2-19 **El tiempo libre.** Trabaja con un(a) compañero(a); entrevístense con estas preguntas.

1. ¿Tienes mucho o poco tiempo libre? En general, ¿pasas tu tiempo libre solo(a), con tus amigos o con tu familia?
2. ¿Eres atlético(a)? ¿Te gustan los deportes? ¿Qué deportes practican tú y tus amigos?
3. ¿Te gusta más mirar la televisión o ir al cine? ¿Qué programas en la televisión miran tú y tus amigos? ¿Qué tipo *(What kind)* de películas miran Uds.?
4. ¿Escuchas música con frecuencia? ¿Qué tipo te gusta más? ¿Escuchan el mismo *(same)* tipo de música tú y tus padres?
5. ¿Pasas mucho tiempo en el Internet? ¿Te gusta el correo electrónico *(e-mail)*?
6. ¿Qué otros pasatiempos te gustan?

2-20 **Patinar.** Trabaja con un(a) compañero(a). Lean el artículo y completen la actividad.

— Vocabulario útil —			
beneficios	*benefits*	por hora	*per hour*
según	*according to*	piernas	*legs*
ventajas	*advantages*	cal. (calorías)	*calories*
veces	*times*	ayudar	*to help*
mejorar	*to improve*	várices	*varicose veins*

1. ¿Qué deportes se mencionan en el artículo?
2. ¿Cuál de los tres deportes tiene más ventajas *(advantages)* aeróbicas?
3. ¿Con qué frecuencia tenemos que practicar el deporte para beneficiar los sistemas cardiovascular y respiratorio?
4. ¿Cuál de los deportes mencionados te gusta más? ¿Con qué frecuencia practicas ese deporte? ¿Estás en buenas condiciones aeróbicas?
5. Busquen *(Search for)* y escriban:
   a. cinco cognados
   b. dos sustantivos *(nouns)* masculinos y dos sustantivos femeninos
   c. dos adjetivos
   d. dos verbos nuevos *(new)* del tipo **-ar**

Patinar tiene beneficios

Según un estudio recientemente realizado, las ventajas aeróbicas de patinar son superiores a las de bicicleta y casi tantas como las de correr. Si se practica 3 veces a la semana, durante 20 minutos, puede mejorar el aparato cardiorespiratorio y circulatorio. Se consumen aproximadamente 600 cal. por hora de patinaje y tonifica las piernas y glúteos al tiempo que ayuda a prevenir las várices. Si se patina con una posición correcta, con el busto un poco hacia delante, se tonifican también los músculos dorsales y abdominales, beneficiando a la columna.

Paso 3

In this *Paso* you will practice:
- Talking about everyday activities at home, school, and work
- Asking various kinds of questions

Grammar:
- The present tense of regular **-er** and **-ir** verbs
- Information questions

Vocabulario temático
MIS ACTIVIDADES

Los estudios

¿Cómo es la vida en la universidad?

¿Cómo es un día normal?

Italiano 101	
Filosfía 202	
Biología 226	
Cálculo 160	

tomar

Tomo *cuatro* (tres, cinco) asignaturas este semestre.

asistir

Asisto a clases *por la mañana (por la tarde, por la noche).*

aprender

Aprendo *muchas cosas nuevas (mucho, poco)* en clase.

comprender

Comprendo *un poco (mucho).*

estudiar

Estudio *en la biblioteca (en mi cuarto).*

deber (+ *infinitive*)

Debo estudiar *más (menos, todos los días).*

escribir

Escribo *muchas composiciones (muchas cartas).*

La vida diaria

vivir
Vivo *en el campus (cerca de la universidad, lejos de la universidad).*

comer
Como *en la cafetería (en casa, en restaurantes de comida rápida).*

trabajar
Trabajo *en una tienda (en un supermercado, en un hospital, en una oficina).*

regresar
Regreso a casa *tarde (temprano).*

hablar
Hablo con mis amigos *antes de clase (después de clase).*

limpiar
Limpio la casa *todas las semanas (con frecuencia, a veces).*

Sabías que...

- The verb ending for the **yo** form of the present tense is the same for **-ar, -er,** and **-ir** verbs. You will learn more about other endings for **-er** and **-ir** verbs later in this *Paso.*

Mir**o** televisión.   *I watch TV.*
Le**o** el periódico.   *I read the newspaper.*
Escrib**o** una composición.   *I write a composition.*

Ponerlo a prueba

Text Audio CD
Track CD1-10

2-21 La vida de Bárbara. Bárbara está hablando por teléfono con su amiga. Hablan de la vida *(life)* de Bárbara en la universidad. Escucha su conversación en tu disco compacto y completa las oraciones de una manera lógica.

1. Bárbara vive _____.
   a. en una residencia
   b. en un apartamento
   c. un poco lejos de la universidad

2. Bárbara pasa mucho tiempo con _____.
   a. su novio
   b. sus amigos
   c. su compañera de cuarto

3. Bárbara toma _____ asignaturas este semestre.
   a. cuatro   b. cinco   c. seis

4. Bárbara asiste a clases _____.
   a. por la mañana
   b. por la tarde
   c. por la mañana y por la tarde

5. Bárbara y Marilú comen en _____.
   a. la cafetería
   b. un restaurante cerca de la universidad
   c. su cuarto

6. Bárbara trabaja en _____.
   a. una oficina   b. una tienda   c. un supermercado

2-22 Mi vida. Conversa con un(a) compañero(a) de clase sobre tu vida en la universidad. Completa las frases con tu información correcta.

1. Tomo <u>seis</u> asignaturas este semestre. ¿Cuántas asignaturas tomas tú?
2. Asisto a clases <u>por la tarde</u>. ¿Cuándo asistes a clases tú?
3. Aprendo <u>poco</u> en la clase de español. ¿Y tú?
4. Comprendo <u>bien</u> a mi profesor(a) de español. ¿Y tú?
5. Generalmente estudio <u>en la biblioteca</u>. ¿Dónde estudias tú?
6. Debo estudiar <u>menos</u> para mis clases. ¿Y tú?
7. Escribo <u>mucho</u> en todas mis clases. ¿Escribes mucho o poco en tus clases?
8. Vivo <u>cerca de la universidad</u>. ¿Dónde vives tú?
9. Generalmente, como en <u>casa</u>. ¿Y tú? ¿Dónde comes?
10. Limpio mi cuarto <u>todos los días</u>. ¿Con qué frecuencia limpas tu cuarto?
11. Generalmente, regreso a casa <u>tarde</u>. ¿Y tú?
12. Trabajo en <u>una oficina</u>. ¿Dónde trabajas tú?

2-23 La encuesta. Usa las actividades de la lista para crear una encuesta *(create a survey)* con seis preguntas. Luego *(Next)*, entrevista a tus compañeros sobre sus preferencias. ¿Quién es el (la) compañero(a) más compatible contigo?

MODELO: asistir a clases por la mañana o por la tarde

> Tú: *¿Te gusta asistir a clases por la mañana o por la tarde?*
>
> Tu compañero(a):   *Me gusta asistir a clases por la tarde.*

estudiar en la biblioteca o en tu cuarto / vivir en el campus o lejos de la universidad / comer en la cafetería o en restaurantes de comida rápida / estudiar todos los días o solamente antes de *(before)* los exámenes / limpiar tu cuarto con frecuencia o solamente a veces / trabajar por la mañana o por la noche / mirar la televisión mucho o poco

Gramática
LOS VEBOS REGULARES *-er/-ir* EN EL TIEMPO PRESENTE

A. Los verbos *-er* e *-ir*. Many of the new verbs in the *Vocabulario temático* of this *Paso* end in **-er (aprender, comprender, comer)** or **-ir (vivir, asistir, escribir).** Like **-ar** verbs, these new verbs must be used with their special endings in order to create statements and questions in the present tense. Notice that **-er** and **-ir** verbs have exactly the same endings, except for the **nosotros(as)** and **vosotros(as)** forms.

-er verbs		aprend**er** *(to learn)*	
yo	-o	aprend**o**	**Aprendo** mucho en la universidad.
tú	-es	aprend**es**	**¿Aprendes** mucho en tus clases?
Ud., él, ella	-e	aprend**e**	Pati no **aprende** porque no estudia.
nosotros(as)	-emos	aprend**emos**	**Aprendemos** cosas interesantes.
vosotros(as)	-éis	aprend**éis**	**¿Aprendéis** mucho sobre la historia?
Uds., ellos, ellas	-en	aprend**en**	**¿Aprenden** ellos alemán?

-ir verbs		viv**ir** *(to live)*	
yo	-o	viv**o**	**Vivo** cerca de la universidad.
tú	-es	viv**es**	**¿Vives** en un apartamento?
Ud., él, ella	-e	viv**e**	¿Dónde **vive** Rafi?
nosotros(as)	-imos	viv**imos**	**Vivimos** lejos de la universidad.
vosotros(as)	-ís	viv**ís**	**Vivís** en el campus, ¿no?
Uds., ellos, ellas	-en	viv**en**	No **viven** en la residencia.

Here are some common regular **-er** and **-ir** verbs:

-er verbs		-ir verbs	
aprender	to learn	asistir	to attend
comer	to eat	escribir	to write
comprender	to understand	vivir	to live
correr	to run		
deber	should, ought to		
leer	to read		

B. El tiempo presente. All the verb endings that you have studied in this chapter correspond to the *present tense* or **el presente de indicativo.** This verb tense is used in the following cases:

* to state or inquire about one's current routines

Trabajo todos los días.	*I work every day.*
Generalmente, **comemos** en la cafetería.	*Generally, we eat in the cafeteria.*

* to express an action or event that will take place in the near future

Mis padres **regresan** de Pensilvania mañana.	*My parents are returning from Pennsylvania tomorrow.*
Tenemos un examen la próxima semana.	*We're having (We have) a test next week.*

Ponerlo a prueba

2-24 El estudiante típico. ¿Cómo es el estudiante "típico" de tu universidad? Completa las actividades.

Primera parte: Lee las descripciones sobre los estudiantes. Indica si las descripciones son ciertas o falsas para los estudiantes de tu universidad.

El estudiante típico...   **Cierto**   **Falso**

1. vive en un apartamento cerca del campus.   ☐   ☐
2. come en la cafetería de la universidad con frecuencia.   ☐   ☐
3. lee, como mínimo, una o dos horas todos los días.   ☐   ☐
4. escribe, como mínimo, una composición todas las semanas.   ☐   ☐
5. corre con frecuencia para mantenerse *(keep)* en forma.   ☐   ☐
6. está contento con sus profesores y aprende cosas interesantes   ☐   ☐
   en sus clases.

Segunda parte: Piensa en *(Think about)* las oraciones de la **Primera parte** de este ejercicio. ¿Son estudiantes "típicos" tú y tus amigos? Escribe oraciones como las del modelo.

MODELO: *En nuestra universidad, el estudiante típico vive en un apartamento cerca del campus. Mis amigos y yo vivimos en un apartamento cerca del campus también.*

o:

En nuestra universidad, el estudiante típico vive en un apartamento cerca del campus. Pero mis amigos y yo vivimos en una residencia en el campus.

2-25 Lotería biográfica. Tú y tus compañeros van a jugar a la lotería. En la **Primera parte,** tienen que preparar unas preguntas. En la **Segunda parte,** van a hacerles las preguntas a los compañeros.

El objetivo es encontrar a personas que hagan estas actividades *(to find people who do these activities).*

Primera parte: En una hoja de papel, prepara una tabla como la del modelo; pero, escribe preguntas del tipo **sí/no** con el sujeto **tú.**

MODELO: ¿Quién corre todos los días?
          ¿Corres todos los días?

¿Quién corre por el campus a veces?	¿Quién comprende bien en la clase de español?	¿Quién come con frecuencia en los restaurantes de comida rápida?
¿Quién vive un poco lejos de la universidad?	¿Quién escribe cartas por correo electrónico *(e-mail)* con frecuencia?	¿Quién asiste a dos clases por la mañana?
¿Quién trabaja en un restaurante?	¿Quién toma cuatro clases este semestre?	¿Quién lee un periódico todos los días?
¿Quién practica el tenis con frecuencia?	¿Quién debe estudiar español un poco más?	¿Quién limpia el cuarto todas las semanas?

Segunda parte: Entrevista a tus compañeros de clase con las preguntas. Si *(If)* un(a) compañero(a) contesta que sí, tiene que firmar *(sign his/her name).*

MODELOS: Tú: *Beth, ¿corres todos los días?*
              Tu compañera Beth: *No, no corro.*
                                   Tú: *Gracias.*

                                   Tú: *Alice, ¿corres todos los días?*
              Tu compañera Alice: *Sí, corro todos los días.*
                                   Tú: *Firma aquí, por favor.* (Sign here, please.)

Gramática
LAS PREGUNTAS

A. Las preguntas de *sí* o *no*. There are three basic kinds of questions in both Spanish and English. In *Paso 2* you learned how to form the first kind, known as a yes/no question. The *tag question* is a variation of the yes/no question; it is formed by "tagging on" a short phrase at the end of a declarative sentence.

- For affirmative sentences, you may add the tags **¿no?** or **¿verdad?**

  María estudia en la universidad,   *Maria studies at the university,*
      ¿no?   ***doesn't she***?

  María estudia en la universidad,   *Maria studies at the university,*
      ¿verdad?   ***isn't that right***?

- For negative sentences, add the tag **¿verdad?**

José **no** es estudiante, ¿verdad?   *José **isn't** a student, **is he**?*

B. Las preguntas de información. The third basic question type is known as the *information question*. These questions require a response with specific information and include questions such as **¿Cómo te llamas?** and **¿De dónde eres?**

Information questions begin with an interrogative word or phrase such as the following:

¿Con qué frecuencia... ?	*How often . . . ?*	¿Cuánto(a)... ?	*How much . . . ?*
¿Cómo... ?	*How . . . ?*	¿Cuántos(as)... ?	*How many . . . ?*
¿Cuál/Cuáles... ?	*Which one(s) . . . ?*	¿Qué... ?	*What . . . ?*
¿Dónde... ?	*Where . . . ?*	¿Cuándo... ?	*When . . . ?*
¿Adónde... ?	*To where . . . ?*	¿Por qué... ?	*Why . . . ?,*
¿De dónde... ?	*From where . . . ?*		*How come . . . ?*
¿A qué hora... ?	*At what time . . . ?*	¿Quién/Quiénes... ? *Who . . . ?*	

Follow these guidelines to create information questions:

- Place the interrogative word first in the sentence; put the subject after the verb or at the end of the sentence. Do not translate English *do* and *does*.

expresión interrogativa	verbo	sujeto	otros elementos
¿Con qué frecuencia	estudian	Marcela y Miguel	en la biblioteca?

How often do Marcela and Miguel study in the library?

- Place any prepositions *before* the interrogative word.

¿De dónde eres?   ***Where** are you **from**?*

- Change the ending of the following question words to reflect the appropriate gender and/or number: **cuánto(a), cuántos(as), quién(es),** and **cuál(es).**

¿Quiénes son tus compañeros de cuarto?   ***Who** are your roommates?*

*(The speaker assumes or knows that you have more than one roommate and uses the plural **quiénes**.)*

¿Cuántas hermanas tienes?   ***How many** sisters do you have?*

*(The feminine, plural form **cuántas** matches **hermanas** in gender and number.)*

- To express the question *What is . . . ?*, choose from the following options:

Use **¿Qué es... ?** to request a definition:

¿Qué es el amor?   ***What is** love?*

Use **¿Cuál es... ?** to request specific information:

¿Cuál es tu número de teléfono?   ***What is** your phone number? (Don't define it—tell me the numbers.)*

Ponerlo a prueba

2-26 ¿Cuál es la pregunta? Esther está en Culebra, Puerto Rico, para estudiar español y acaba de conocer *(has just met)* a su familia puertorriqueña. ¿Cuáles son las preguntas de Esther?

MODELO: (Lees:) Sr. Maza: Siempre comemos <u>en casa.</u>

                (Escribes:) Esther: *¿Dónde comen Uds.?*

1. Esther: ¿_____?
   Sr. Maza: Tenemos <u>tres hijos.</u> Son Alberto, Cecilia y Martita.

2. Esther: ¿_____?
   Sra. Maza: Alberto y Cecilia viven <u>cerca de aquí</u> *(here)* pero Martita está <u>en la capital.</u>

3. Esther: ¿_____?
   Sr. Maza: Vive en la capital <u>porque es estudiante en la UPR.</u>

4. Esther: ¿_____?
   Sra. Maza: La UPR es <u>la Universidad de Puerto Rico.</u> Es una de nuestras mejores universidades.

5. Esther: ¿_____?
   Sr. Maza: Estudia <u>medicina.</u>

6. Esther: ¿_____?
   Sr. Maza: Trabajo <u>en el Banco Central</u> en el departamento de divisas *(foreign currency).*

7. Esther: Es un trabajo interesante, ¿_____?
   Sr. Maza: Sí, me gusta mucho.

8. Esther: ¿_____?
   Sr. Maza: No, <u>mi esposa no trabaja en el banco</u>; trabaja de voluntaria en un hospital.

2-27 Preguntas lógicas. Imagínate que estás en Puerto Rico para estudiar español. Lee las situaciones y escribe cuatro preguntas lógicas. Trata de *(Try to)* escribir diferentes tipos de preguntas.

MODELO: You are studying Spanish in San Juan and have just met one of your teachers.

          ¿De dónde es Ud.?
          Ud. habla inglés, ¿verdad?
          ¿Con qué frecuencia tenemos clase?
          ¿A qué hora tenemos clase?

1. You are studying Spanish in San Juan and have just met a fellow classmate. From her accent, you think she might be French. You'd like to get to know her. What do you ask?

2. As part of your study abroad experience, you will be living with a Puerto Rican family. The lady of the house, Sra. Fuentes, has just brought you home and shown you your room. You decide to strike up a friendly conversation. What do you ask?

3. The Fuentes children—Mayra, 16 years old; and Pablo, 14—have just come home from school. You'd like to find out more about the life of teenagers in Puerto Rico. What do you ask them?

Síntesis

2-28 Preguntas personales. Trabaja con un(a) compañero(a) de clase; entrevístense con estas preguntas. También, es necesario hacer *(to ask)* una pregunta original para cada tema.

Datos personales

¿De dónde eres?

¿Dónde vives?

¿Cuál es tu número de teléfono?

¿Trabajas? ¿Dónde?

¿Dónde comes? ¿Con quién(es)?

(una pregunta original)

Las clases

¿Cuántas clases tomas este semestre?

¿Dónde estudias? ¿Cuándo?

¿Qué clase te gusta más?

¿Quién es tu profesor(a) favorito(a)?

¿Tienes que escribir muchas composiciones?

(una pregunta original)

Tu mejor amigo(a)

¿Quién es tu mejor amigo(a)?

¿De dónde es?

¿Qué hace en su tiempo libre?

¿Dónde trabaja?

¿Qué estudia?

(una pregunta original)

2-29 Así somos. Aquí tienes pequeñas biografías sobre tres estudiantes. Completa las actividades con un(a) compañero(a) de clase.

¡Hola! Me llamo Raquel Blázquez-Domingo y soy de Barcelona, España. Mi familia es bastante grande, pues tengo cinco hermanos. Tengo veinti-siete años y estudio el máster de literatura española y latinoamericana en la Universidad de Carolina del Sur. En mi tiempo libre, me gusta mucho leer, ir al cine, hacer senderismo *(go hiking)* y, por supuesto *(of course)*, ¡irme de fiesta con los amigos! También me gusta mucho viajar *(to travel)*. Hace sólo dos meses que estoy aquí en Carolina del Sur, y vivo en un apartamento muy cerca del campus universitario con una estudiante francesa, Nathalie.

Me llamo Eduardo Guízar Álvarez. Soy de México. Estudio literatura en la Universidad de Iowa. También, enseño *(I teach)* español en la misma universi-dad. ¡Me encanta *(I love)* enseñar! Pero además *(in addition)*, me gusta leer, salir con mis amigos, ir al teatro y bailar. También, me encanta viajar. Toda mi familia vive en México. Tengo seis hermanos y dos hermanas. Mi familia y yo pasamos el tiempo juntos durante las vacaciones de verano. Entonces, todos nosotros vamos a la playa *(beach)* para descansar *(rest)* y tomar el sol.

¡Hola! Mi nombre es María de Lourdes Álvarez. Tengo veintidós años y soy ecuatoriana. Mi familia está compuesta por mis padres y mis dos hermanos, Petronio y Boris. Me gusta mucho la literatura, conocer otras culturas y apren-der nuevas lenguas. También me encanta *(I love)* trabajar y compartir *(to share)* mi tiempo libre con los niños. Me encuentro actualmente *(at present)* en los Estados Unidos. Estoy estudiando inglés y próximamente *(soon)* estudiaré en el Departamento de Español de la Universidad de Carolina del Sur.

Primera parte: Lean la información y completen la tabla.

Preguntas	Raquel	Eduardo	María
¿De dónde es?			
¿Dónde vive ahora?			
¿Qué estudia?			
¿Cuántos son en su familia?			
¿Qué le gusta hacer en su tiempo libre?			

Segunda parte: Contesten las preguntas con oraciones completas.

1. ¿Quiénes tienen actividades en común *(in common)*?
2. ¿Cuáles son los pasatiempos más populares?
3. ¿Con quién tienes tú más en común?

Un paso más

Vistazo gramatical
MÁS SOBRE LAS PREGUNTAS

¿Cómo... ? y *How . . . ?* In English, we often combine the question word *How . . . ?* with an adjective or an adverb in order to ask questions such as *How old . . . ?* or *How often . . . ?* In Spanish, however, a different kind of phrasing must be used.

How old . . . ?	**¿Cuántos años... ?**	*(How many years . . . ?)*
How often . . . ?	**¿Con qué frecuencia... ?**	*(With what frequency . . . ?)*
How far away . . . / How close?	**¿A qué distancia... ?**	*(At what distance . . . ?)*
How fast/slow . . . ?	**¿A qué velocidad... ?**	*(At what speed/velocity . . . ?)*
How big/little . . . ?	**¿De qué tamaño... ?**	*(What size . . . ?)*
How tall is he?	**¿Cuánto mide?**	*(How much does he measure [in height]?)*

¿Con qué frecuencia comes en un café con tus amigos?

Ponerlo a prueba

2-30 Miguel Induráin. Miguel Induráin es un famoso ciclista de España. Aquí tienes unos datos sobre su vida personal y profesional. Relaciona *(Match)* la respuesta con la pregunta más lógica.

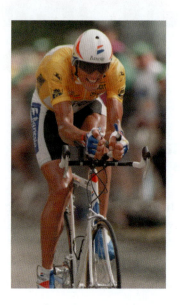

_____ 1. ¿De dónde es?

_____ 2. ¿Cómo es?

_____ 3. ¿Está casado?

_____ 4. ¿Cuántos hijos tiene?

_____ 5. ¿Cuántos años tiene?

_____ 6. ¿A qué velocidad va en las competiciones?

_____ 7. ¿Cuánto cuestan sus bicicletas?

_____ 8. ¿Con qué frecuencia compite ahora en las competiciones?

a. Es reservado y enigmático.

b. Uno. Se llama Miguel y nació en 1995.

c. Es de la región de Navarra, en el norte de España.

d. Más de tres mil dólares ($3.000).

e. Sí, su esposa se llama Marisa.

f. Nació en 1964.

g. Está retirado y ya no *(no longer)* compite. Pero ganó el Tour de France cinco veces.

h. ¡Muy rápido! Terminó el Tour de France en noventa y dos horas y cuarenta y cinco minutos.

2-31 La cabra montés. Estás en España en las montañas y ves *(you see)* un animal interesante. Tienes mucha curiosidad por saber del animal. ¿Qué preguntas le haces a tu guía *(do you ask your guide)*? Combina los elementos de las dos columnas y escribe cinco preguntas lógicas.

MODELO: *¿Cómo se llama este animal?*

1. ¿Cómo...

2. ¿Cuánto...

3. ¿Dónde...

4. ¿Cuántos...

5. ¿A qué velocidad...

6. ¿De qué tamaño...

a. hay en esta región?

b. corre?

c. vive?

d. se llama este animal?

e. es la hembra *(female)*?

f. miden los cuernos *(horns)*?

¡Vamos a hablar! | Estudiante Ⓐ

Contexto: In this exercise, you (**Estudiante A**) and your partner will become better acquainted with the Martinez family from Venezuela. Each of you has a chart with partial information about Arturo, Beatriz, Carlos, Dulce, Felicia, and Elisa. You and your partner will share the information that you have about each person with each other in order to complete the chart. You will begin by asking your partner a question about Arturo's pastimes.

MODELO: **Estudiante A:** *¿Qué hace Arturo en su tiempo libre?*
             Estudiante B: *Arturo lee el periódico y escucha música.*

1

Nombre:	Arturo Martínez Torre
Ocupación:	director en el Banco Unión
Pasatiempos:	?
Edad:	55 años

2

Nombre:	Beatriz Calvo de Martínez
Ocupación:	?
Pasatiempos:	viajar, coleccionar recetas
Edad:	?

3

Nombre:	Carlos Martínez Calvo
Ocupación:	estudiante de la Universidad del Estado de Zulia
Pasatiempos:	?
Edad:	?

┌─ Vocabulario útil ─┐

agente de viajes	*travel agent*
jubilado(a)	*retired*
receta	*recipe*
sellos	*stamps*
viajar	*to travel*

4

Nombre:	Dulce Martínez Calvo
Ocupación:	?
Pasatiempos:	practicar el tenis, escribir cartas
Edad:	17 años

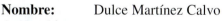

5

Nombre:	Felicia Martínez Torre
Ocupación:	?
Pasatiempos:	?
Edad:	60 años

6

Nombre:	Elisa Martínez Calvo
Ocupación:	estudiante en la escuela de Santa Teresa
Pasatiempos:	?
Edad:	?

¡Vamos a hablar! | Estudiante B

Contexto: In this exercise, you (**Estudiante B**) and your partner will become better acquainted with the Martínez family from Venezuela. Each of you has a chart with partial information about Arturo, Beatriz, Carlos, Dulce, Felicia, and Elisa. You and your partner will share the information that you have about each person with each other in order to complete the chart. Your partner will begin by asking you about Arturo's pastimes.

MODELO: **Estudiante A:** *¿Qué hace Arturo en su tiempo libre?*
　　　　　Estudiante B: *Arturo lee el periódico y escucha música.*

1

Nombre:	Arturo Martínez Torre
Ocupación:	?
Pasatiempos:	coleccionar sellos, mirar los partidos de fútbol
Edad:	?

2

Nombre:	Beatriz Calvo de Martínez
Ocupación:	ama de casa y agente de viajes en la Agencia Turisol
Pasatiempos:	?
Edad:	46

3

Nombre:	Carlos Martínez Calvo
Ocupación:	?
Pasatiempos:	practicar el fútbol, escuchar música
Edad:	20 años

4

Nombre:	Dulce Martínez Calvo
Ocupación:	estudiante en el Colegio Universitario
Pasatiempos:	?
Edad:	?

5

Nombre:	Felicia Martínez Torre
Ocupación:	jubilada
Pasatiempos:	leer y trabajar de voluntaria en un hospital
Edad:	?

6

Nombre:	Elisa Martínez Calvo
Ocupación:	?
Pasatiempos:	patinar y mirar la televisión
Edad:	10 años

¡Vamos a leer!

Estrategias: Recognizing format cues, skimming, and scanning

Although you may not understand fully the content of materials that you read, the following strategies will help you make the most of your still-developing reading skills.

Look for format cues. The overall design of many written texts is very similar in Spanish and English. Weather reports, classified ads, menus, playbills, and tickets, for example, have instantly recognizable features.

Skim for global meaning. When you glance over the entire reading and familiarize yourself with the title, layout, and key items, you are skimming it. Skimming can help you get a general idea of the content and this, in turn, will allow you to anticipate the information that will be presented.

Scan for specific information. When you scan, you search a written text for certain details. For example, you might scan a long article in order to find the answers to specific questions, without having to read the whole text.

1.

2-32 Echemos un vistazo. Examine the layout of the four reading samples and skim the text. Then identify what each item is.

2-33 Volvamos a mirar. Scan the reading samples and find the answers to the following questions.

Item 1: What type of music will be featured? When will this event be held?

item 2: What is the price of this ticket? How much is the grand prize? When will the drawing be held?

Item 3: What special price is being advertised? In what section could you find ads for a pet? for a boat? for a car? to meet a potential wife/husband?

Item 4: What kind of food is served here? How many main dishes are offered? How many desserts?

2.

3.

4.

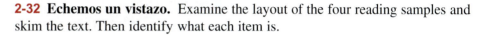

Un paso más: Cuaderno de actividades

Vamos a escribir: How to organize your writing   Pág. 40

You will learn several steps to help you get organized before writing, and to create an original composition in Spanish *without* translating. These steps include generating ideas, selecting and organizing your information, writing a first draft, and finally, revising your work. After working through **Vamos a escribir,** you'll be ready to apply these strategies whenever you write.

Vamos a mirar: Pág. 42

Vídeo 1: ¡A conocernos!

You will meet and learn something about Miguel, from Spain, and Laura, from Mexico as they introduce themselves. You'll see more of both of them throughout the **Avenidas** video program.

Vídeo 2: Vistas de Puerto Rico

Puerto Rico

Datos esenciales

- **Nombre oficial:** Estado Libre Asociado *(Commonwealth)* de Puerto Rico
- **Capital:** San Juan
- **Población:** 9.104.000
- **Unidad monetaria:** dólar de EE.UU.
- **Principales industrias:** Productos químicos y derivados, alimentos y maquinaria no eléctrica
- **De especial interés:** El nombre dado a la isla por los indígenas taínos es "Borinquén" o "Boriquén". Su clima es tropical, con temperaturas muy regulares (promedio anual: 80° F).
- **Internet:** http://avenidas.heinle.com

1493 Cristóbal Colón llega a la isla y empieza la época *(era)* de dominación española.

1952 Puerto Rico obtiene el estatus político de Estado Libre Asociado y se aprueba *(is approved)* una nueva constitución.

Un **vistazo** a la historia

1898 Con El Tratado *(Treaty)* de París, Puerto Rico pasa a ser posesión de los Estados Unidos.

Personajes de ayer y de hoy

Luis Muñoz Marín (1898–1980) fue el fundador *(founder)* del Partido *(Party)* Democrático Popular. Sirvió de gobernador *(governor)* de Puerto Rico por cuatro términos, de 1949 a 1965. Tomó parte en la formación del Estado Libre Asociado y en la redacción *(writing)* de su constitución.

Jennifer López, o **J-Lo** como la llaman sus jóvenes fanáticos, nació en el Bronx, Nueva York. Sus padres son de Puerto Rico; su padre especialista en computadoras y su madre una maestra. Logró sus primeros éxitos *(successes)* como bailarina, bailando en el programa de televisión In Living Color, así como en el escenario con Janet Jackson en sus conciertos. Su fama se consagró con el papel de Selena en la película de 1997 sobre la famosa cantante méxico-americana. En 1999, salió su disco "On the Six" el disco multi-platino resultó en la nominación de Jennifer López para un Grammy. ¡La trayectoria artística de esta joven puertorriqueña es algo de notar!

Nydia Velázquez (1953–) es la primera *(first)* puertorriqueña elegida a la Cámara de Representantes de EE.UU. Representa en el Congreso al 12° Distrito de Nueva York.

Notas culturales de interés

El coquí, ranita pequeña *(small frog)* (15–80 mm) es autóctona *(natural)* de Puerto Rico y símbolo del país. El nombre **coquí** es una onomatopeya del canto nocturno *(evening chanting)* "ko-kee" de esta ranita.

1991 El español es declarado la lengua oficial del país.

1993 El inglés es declarado también lengua oficial.

1988 El poderoso huracán Hugo penetra en la isla, produciendo muertes *(deaths)* y daños *(damage)* materiales.

¿Qué recuerdas?

2-34 Información sobre Puerto Rico. Decide si estas oraciones son ciertas (C) o falsas (F).

	Cierto	Falso
1. El clima de Puerto Rico es tropical, con temperaturas regulares.	☐	☐
2. En Puerto Rico se habla solamente *(only)* español.	☐	☐
3. El coquí es un símbolo de Puerto Rico.	☐	☐
4. Puerto Rico es una isla en el mar Mediterráneo.	☐	☐
5. Nydia Velázquez es una famosa autora de poesía negroide.	☐	☐
6. Luis Muñoz Marín es una figura política importante en la historia de Puerto Rico.	☐	☐
7. Jennifer López es una famosa estrella de cine puertorriqueña.	☐	☐
8. La capital de Puerto Rico se llama "Estado Libre Asociado".	☐	☐
9. Durante su historia Puerto Rico fue *(was)* posesión de España y de los Estados Unidos.	☐	☐
10. La unidad monetaria *(currency)* de Puerto Rico es el dólar de los Estados Unidos.	☐	☐

Vocabulario

For further review, please turn to Appendix E.

Sustantivos

el (la) abuelo(a) *grandfather/ grandmother*
los abuelos *grandparents*
los amigos *friends*
la asignatura *(academic) subject, course (of study)*
el básquetbol *basketball*
la biblioteca *library*
la cafetería *cafeteria*
el campus *campus*
la carta *letter*
la casa *house*
el cine *movie theater*
la clase *class*
la comida rápida *fast food*
el (la) compañero(a) de clase *classmate*
la composición *composition*
el deporte *sport*

la esposa *wife*
el esposo *husband*
los esposos *husband and wife*
los estudios *studies*
la familia *family*
la fiesta *party*
el fútbol americano *football*
los gemelos *twins*
el (la) hijo(a) *son/daughter*
los hijos *children: daughters and sons*
el hospital *hospital*
el Internet *Internet*
la madre *mother*
la mascota *pet*
la música clásica *classical music*
la novela *novel*
el (la) novio(a) *boyfriend/girlfriend; fiancé/fiancée*

los novios *engaged couple*
la oficina *office*
el padre *father*
los padres *parents*
el parque *park*
el partido *game; match*
el periódico *newspaper*
la radio *radio*
el restaurante *restaurant*
la revista *magazine*
el semestre *semester*
el supermercado *grocery store, supermarket*
la televisión *television*
el tenis *tennis*
la tienda *store*
el vecindario *neighborhood*
el (la) vecino(a) *neighbor*
el vídeo *video*

Verbos

aprender *to learn*
asistir *to attend*
bailar *to dance*
coleccionar *to collect*
comer *to eat*
comprender *to understand, comprehend*
correr *to run*
deber *ought to, should*
escribir *to write*
escuchar *to listen to*

estudiar *to study*
gustar *to like, be pleasing*
hablar *to talk, speak*
ir *to go*
leer *to read*
limpiar *to clean*
mirar *to watch, look at*
montar (en bicicleta, a caballo) *to ride (a bike, a horse)*
nadar *to swim*
navegar *to "surf" (the Internet)*

pasar *to spend (time); to pass*
patinar *to skate*
practicar *to play (a sport); to practice*
regresar *to return, go back*
tener *to have*
tomar *to take*
trabajar *to work*
vivir *to live*

Otras palabras

¿A qué hora... ? *At what time . . . ?*
a veces *sometimes*
¿Adónde... ? *To where . . . ?*
antes de *before*
bien *well*
casado(a) *married*
¿Cómo... ? *How . . . ?*
¿Con qué frecuencia... ? *How often . . . ?*
con frecuencia *often, frequently*
¿Cuándo... ? *When . . . ?*
¿Cuánto(a)... ? *How much . . . ?*

¿Cuántos(as)... ? *How many . . . ?*
¿De dónde... ? *From where . . . ?*
de tamaño mediano *medium-sized*
después de *after*
divorciado(a) *divorced*
¿Dónde... ? *Where . . . ?*
grande *large*
mal *poorly*
más *more*
menos *less*
mucho *a lot*
pequeño(a) *small*

poco *little, not much*
¿Por qué... ? *Why . . . ?*
¿Qué... ? *What . . . ?*
¿Quién(es)... ? *Who . . . ?*
soltero(a) *single*
tarde *late*
temprano *early*
todas las semanas *every week*
todos los días *every day*
un poco *a little (bit)*
el (la) viudo(a) *widower/widow*

Expresiones útiles

Éste(a) es... *This is . . .*
¿Qué te gusta hacer en tu tiempo libre? *What do you like to do in your free time?*
Me gusta... *I like . . .*
por la mañana *in the morning*
por la tarde *in the afternoon*

por la noche *in the evening/at night*
Tengo... *I am . . .*
calor *hot/warm.*
tengo cuidado *I am careful*
tengo frío *I am cold*
tengo hambre *I am hungry*
tengo miedo *I am afraid*

tengo prisa *I am in a hurry*
tengo razón *I am right*
tengo sed *I am thirsty*
tengo sueño *I am sleepy*
Tengo ganas de (+ *infinitive*) *I feel like (doing something).*

Gaceta 1

CONEXIÓN CON... Las finanzas: Las finanzas al día

Anticipación a la lectura

A. ¡Cuántas tarjetas! Aquí tienes un artículo de la revista *Imagen* sobre las tarjetas de crédito. Contesta las siguientes preguntas con oraciones completas.

1. ¿Qué tarjetas de crédito reconoces *(do you recognize)* en la foto del artículo?

2. Y tú, ¿tienes tarjetas? Da información sobre **tus** tarjetas de crédito.

Tarjetas de crédito que tengo	Tarjetas de crédito que quiero tener

Las **tarjetas de crédito** brindan mayor

flexibilidad financiera, siempre y cuando las uses responsablemente.

AL SOLICITAR UNA TARJETA DE CRÉDITO ES IMPORTANTE QUE CONSIDERES LO SIGUIENTE:

● **Cuota anual** – La mayoría de los emisores de las tarjetas de crédito cobran un cargo anual que fluctúa entre los $15 y $50.

● **Tasa de porciento anual** – Puede ser fija o variable. La tasa de interés fija es usualmente más alta. Muchos emisores tienen ofertas introductorias, las cuales comienzan con un interés fijo bajo, y luego cambian a uno variable. Infórmate sobre el tiempo que comprende la oferta introductoria y cuál va a ser el porciento anual que prevalecerá después.

● **Período de gracia** – Infórmate sobre qué tiempo tienes para pagar sin que te cobren intereses.

● **Cargos por financiamiento** – Averigua cuánto es la penalidad si pagas tarde, si te excedes del límite o si haces adelantos en efectivo.

● **Beneficios** – Oriéntate sobre los beneficios que obtienes con la tarjeta. Entre éstos se encuentran descuentos en productos y servicios, acumulación de millaje, etc. Con una tarjeta de crédito es más fácil hacer órdenes por teléfono y rentar un automóvil.

LUEGO DE QUE TE CONVIERTAS EN USUARIO DE UNA TARJETA DE CRÉDITO RECUERDA MANEJARLA EFECTIVAMENTE.

● **Limita el número de tarjetas** – Usar más de una tarjeta puede ser peligroso y problemático.

● **Limita el uso de la tarjeta** – Utilízala en casos de emergencia, cuando creas que la puedes saldar a fin del mes o cuando su uso sea imprescindible.

● **Revisa tu factura mensual** – Verifica si todos los cargos te corresponden. Si encuentras algún error, no vaciles en llamar.

● **Mantén tu tarjeta de crédito segura** – Fírmala en su parte posterior tan pronto la recibas. Destruye todas las tarjetas que tengas vencidas. Reporta inmediatamente si sufres pérdida o robo. Nunca dejes que nadie más la utilice.

Recuerda que la tarjeta de crédito te sirve como tarjeta de identificación, y te ayuda a establecer un historial de crédito siempre y cuando la pagues a tiempo. □

Lectura y comprensión

B. Información importante. Lee el artículo y marca todas las respuestas que sean apropiadas.

1. Una persona que solicita una tarjeta de crédito debe averiguar *(find out)* esta información:
   ☐ Si hay una cuota anual
   ☐ Cuál es la tasa *(rate)* de interés
   ☐ Si el banco revisa *(checks)* la factura mensual

2. Sobre la tasa de interés es importante saber:
   ☐ Si es necesario limitar el uso de la tarjeta
   ☐ El tiempo que dura *(lasts)* la oferta introductoria de interés fijo bajo *(low)*
   ☐ Si hay un período de gracia durante el cual no se cobran *(charge)* intereses

3. Las penalidades pueden imponerse si:
   ☐ Pagas tarde
   ☐ Te excedes del límite de crédito
   ☐ No usas tu tarjeta regularmente

Análisis y expansión

C. Los fabulosos cognados. Después de leer el artículo, haz las siguientes actividades.

1. Encuentra tres cognados: un verbo, un adjetivo y un sustantivo *(noun)*.

2. Busca los equivalentes en español de estos términos: *annual fee, interest rate (fixed and variable), late penalty.*

3. Estudia el contexto y encuentra estos términos en español: *cash advances, to pay off at the end of the month, monthly statement.*

D. ¿Un usuario responsable? El artículo da una serie de consejos *(pieces of advice)* para usar una tarjeta de crédito responsablemente.

Primera parte: Entrevista *(Interview)* a un(a) compañero(a) de tu grupo sobre sus usos de tarjetas de crédito. Escribe sus respuestas.

1. ¿Cuántas tarjetas de crédito tienes?

2. ¿Tienen tus tarjetas una tasa de interés baja? ¿Tienen cuota anual?

3. ¿Cuándo la(s) usas? ¿para emergencias? ¿para gastos *(expenses)* de la universidad, para ir de compras o para hacer actividades con los amigos?

4. ¿Regularmente saldas el balance de cada tarjeta a fin de mes?

5. ¿Verificas todos los cargos *(charges)* en tus facturas mensuales?

Segunda parte: Cada miembro del grupo debe leer su información. Entonces el grupo va a escribir un resumen *(summary)* corto de la información obtenida de todos los compañeros entrevistados. Sigan el modelo. Lean su resumen al resto de la clase.

Tenemos un promedio *(average)* de _____ tarjetas. El máximo de tarjetas que una persona tiene es _____. Usamos las tarjetas principalmente para _____. También las usamos para _____. Todos nosotros _____. Algunos *(Some)*_____. Otros *(Others)* _____. Nadie *(Nobody)* _____.

CONEXIÓN CON... La ciencia: La actualidad ecológica

Anticipación a la lectura

A. Nuestro planeta en peligro *(in danger).* Este artículo de la revista *Clara* habla de un grave problema ecológico. ¿Qué sabes tú de los problemas ecológicos en nuestro planeta? Completa los párrafos con frases del recuadro.

especies en peligro de extinción	deterioro de la capa de ozono
emisiones de combustibles fósiles	calentamiento global
contaminación del aire, la tierra y el agua	desechos tóxicos

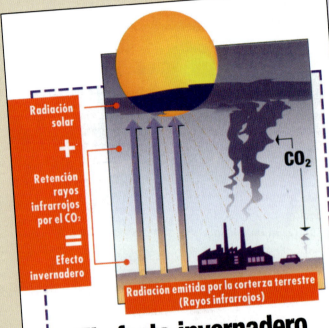

Radiación solar

+

Retención rayos infrarrojos por el CO_2

=

Efecto invernadero

Radiación emitida por la corterza terrestre
(Rayos infrarrojos)

CO_2

El efecto invernadero

Desde que se inició la revolución industrial en el siglo pasado, el hombre ha ido aumentando la emisión a la atmósfera de dióxido de carbono (CO_2), producido por la quema masiva de combustibles fósiles como el petróleo y el carbón. El CO_2 absorbe los rayos infrarrojos o térmicos que emite la corteza terrestre, reteniéndolos en la atmósfera, mientras que permite el paso de la radiación solar hacia la tierra. Esto hace que aumente la temperatura del suelo y de las capas de aire más próximas, como si de un invernadero se tratara. Los gases que producen este efecto están presentes en la atmósfera de manera natural, ya que la vida en la Tierra depende de que estos gases la mantengan caliente. El problema estriba en que estamos saturando la atmósfera con gases artificiales, por lo que se espera que las temperaturas se eleven cada vez más.

La palabra **contaminación** significa *pollution* en inglés. Los problemas de contaminación de nuestro planeta son la (1) _____. Los (2) _____ de industrias causan contaminación del agua de ríos y lagos. Beber esa agua contaminada causa enfermedades *(illnesses)*. También las (3) _____ de las industrias, medios de transportación y los aerosoles causan contaminación del aire. Todos estos gases artificiales que contaminan la atmósfera están causando el (4) _____. Esta capa de ozono es una protección necesaria contra los rayos ultravioletas del sol. Ya podemos ver en el presente efectos negativos como el (5) _____, porque las temperaturas del planeta son más altas que en el pasado.

También abusamos de todos nuestros recursos naturales. En áreas como el Amazonas, por ejemplo, la tala *(cutting)* y quema *(burning)* de los bosques húmedos tropicales es causa de la destrucción del hábitat natural de (6) _____. ¡Tenemos que respetar la vida de la flora y fauna de nuestro planeta!

Lectura y comprensión

B. Las fases *(phases)* **del efecto invernadero.** Lee el artículo que describe el efecto invernadero. Asocia cada dibujo con la descripción del proceso.

a. La atmósfera se satura de gases y aumenta la temperatura del suelo y del aire. El calentamiento gradual del planeta es inevitable.

b. Las industrias y los vehículos queman combustibles fósiles y producen bióxido de carbono.

c. Los efectos futuros en el clima, la geografía del planeta, los hábitats naturales de especies animales y la salud de los seres humanos pueden ser catastróficos.

d. El bióxido de carbono absorbe y retiene la radiación emitida por la tierra y permite el paso de la radiación solar.

Análisis y expansión

C. Los adjetivos son versátiles.

Primera parte: En la lectura *(reading)* aparecen una serie de *sustantivos* y **adjetivos:** *revolución* **industrial,** *manera* **natural,** *corteza* **terrestre,** *radiación* **solar,** *gases* **artificiales,** *siglo* **pasado.** Usa los adjetivos anteriores para modificar los nuevos sustantivos de la siguiente lista. **¡Ojo!** No olvides que los adjetivos siempre tienen que concordar *(must agree)* en género y número con el sustantivo que modifican. Y recuerda que el artículo ayuda a saber el género de un sustantivo que no termina en **-a** o en **-o.**

los arrecifes *(reefs)* _____   la energía _____   un fenómeno _____
la semana _____   las zonas _____   el transporte _____

Segunda parte: Ahora usen sus nuevas combinaciones de sustantivos y adjetivos para completar las oraciones correctamente.

1. Una alternativa de la electricidad es el uso de la _____ para calentar nuestras casas.

2. "El Niño" es un _____ que está causando desastres en muchas partes del mundo.

3. Los _____ crean un nuevo hábitat para plantas y animales marinos. Crean un ecosistema balanceado para todo un espectro de especies marinas.

4. Los coches son el medio de _____ que más contaminación causa en la Ciudad de México. Es recomendable usar más los autobuses y el metro.

5. En muchos pueblos mexicanos fronterizos con los EE.UU., hay _____ donde compañías norteamericanas fabrican productos a bajo costo. Se llaman "maquiladoras".

D. Efectos del calentamiento global. Trabajan con un(a) compañero(a). Organicen los sucesos en una cadena de eventos según las causas, efectos y sus posibles consecuencias futuras. No necesitan usar todas las ideas de la lista.

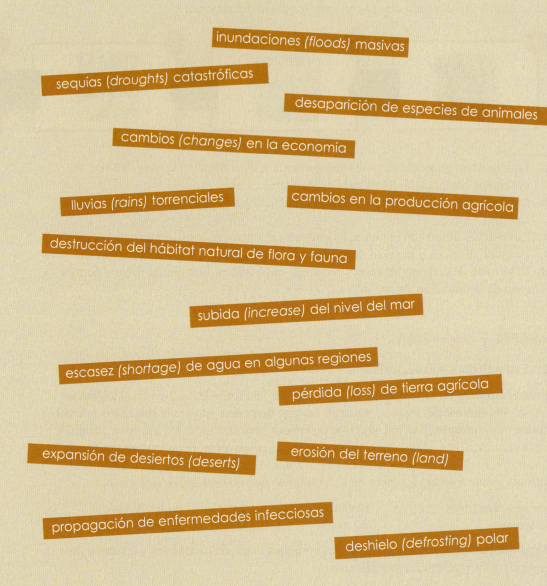

inundaciones *(floods)* masivas

sequías *(droughts)* catastróficas

desaparición de especies de animales

cambios *(changes)* en la economía

lluvias *(rains)* torrenciales

cambios en la producción agrícola

destrucción del hábitat natural de flora y fauna

subida *(increase)* del nivel del mar

escasez *(shortage)* de agua en algunas regiones

pérdida *(loss)* de tierra agrícola

expansión de desiertos *(deserts)*

erosión del terreno *(land)*

propagación de enfermedades infecciosas

deshielo *(defrosting)* polar

Capítulo 3

De viaje

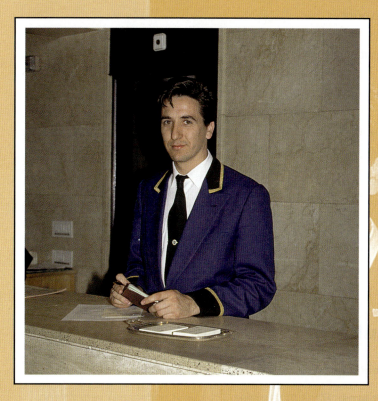

Objetivos

Speaking and Listening

- Discussing travel preferences and plans
- Telling time and giving dates
- Making travel and hotel arrangements
- Using numbers from hundreds to millions

Reading

- Recognizing subdivisions of a text

Writing

- Writing short social correspondence
  (Cuaderno de actividades:
  ¡Vamos a escribir!)

Culture

- Mexico *(Panorama cultural)*
- Popular destinations for vacations
  (Puente cultural)
- Twenty-four-hour clock *(Comentario cultural)*
- The Mayan calendar *(Comentario cultural)*
- Lodging options *(Comentario cultural)*

Grammar

- The verb **ir** in the present tense
- **Ir** + **a** + infinitive
- Other verb phrases
  (conjugated verb + infinitive)
- Stem-changing verbs in the present tense
  (**e → ie** and **o → ue**)
- Past participles used as adjectives
  (Vistazo gramatical)

A primera vista

Trabaja con un(a) compañero(a). Completen las oraciones con la información correcta sobre el cuadro del pintor venezolano Braulio Salazar.

1. El niño está _____ .
   - a. en la escuela
   - b. en su casa
   - c. de vacaciones

2. Su actividad favorita es _____ .
   - a. bailar
   - b. pescar *(to go fishing)*
   - c. acampar *(to camp)*

3. El cuadro presenta unas vacaciones _____ .
   - a. tranquilas
   - b. activas y atléticas
   - d. culturales y educativas

4. La expresión del niño es _____ .
   - a. meditativa
   - b. divertida
   - c. nerviosa

5. Después de pescar, el niño va a sentirse *(is going to feel)* _____ .
   - a. cansado
   - b. de buen humor
   - c. preocupado

Braulio Salazar   (1917–)

Nacionalidad: venezolano

Otras obras: *Ritos maternales, Paisaje* (Landscape) *venezolano,* Mural del edificio Guacamaya, Vitrales del Hospital de la Universidad de Caracas

Estilo: Sus acrílicos en tonos pasteles (azules, verdes, rosados y blancos) son cálidos *(warm)*. Sus paisajes claros son placenteros *(pleasing)* estética y espiritualmente; invitan a la meditación y al deleite de los sentidos *(delight of the senses)*. Las figuras humanas se sienten en paz, sin preocupaciones, en contacto con una naturaleza plácida que trasciende el espacio y el tiempo.

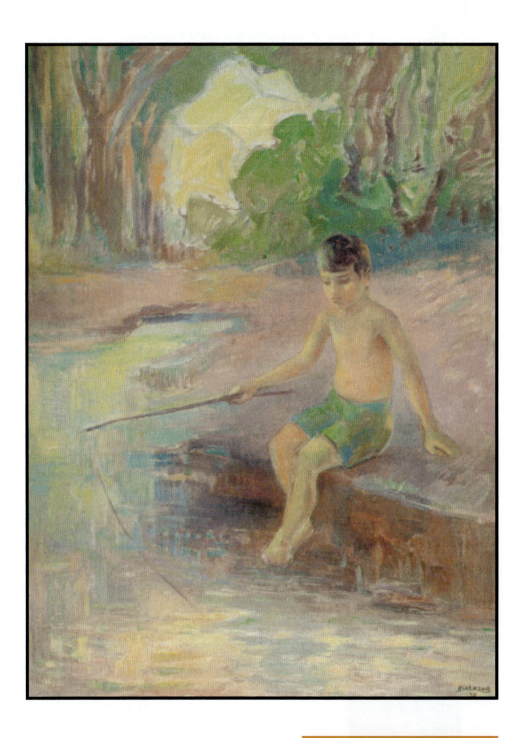

**Niño pescando
(Boy Fishing),** 1997
Braulio Salazar

Paso I

Estrategia: Previewing a lesson

Previewing the day's lesson before you begin your assignment will help you focus your energies and make the most of your study time. To preview this *Paso,* first look over the various topics and answer the following questions about the lesson. Then, based on your responses, develop a plan for learning the information in this *Paso.*

- How many topics are included in the day's lesson?
- Which vocabulary themes and/or grammatical structures are you already familiar with?
- Which topics cover information completely new to you?
- On which of the sections and exercises will you need to spend the most time?
- What techniques will you use to memorize and practice this material?

Vocabulario temático
LAS VACACIONES

¿Adónde vas para las vacaciones este año?

¿Qué vas a hacer?

Pienso ir a *la playa.*
Voy a *tomar el sol y pasear
   en barco de vela.*

Quiero ir a *las montañas.*
Voy a *hacer excursiones
   y acampar.*

Voy *al campo.*
Voy *a cazar y pescar.*

Me gustaría hacer un viaje
   al extranjero.
Voy a *visitar los museos, ir al
   teatro y salir a comer.*

No voy *a ninguna parte.*
Pienso *quedarme en casa.*
Voy a *descansar.*

Otras actividades

bailar en una discoteca	hacer un crucero
ir al parque zoológico	bucear
ir al acuario	hacer jet ski

¿ Sabías que...

- To say where you are going or what you are going to do, use the expression **Voy a...** from the verb **ir.** You will learn more about this verb later in this *Paso.*

  Voy a la playa.   *I'm going to the beach.*
  Voy a nadar.   *I'm going to go swimming.*

- In English, the word *vacation* is used in the singular or the plural; in Spanish, the plural is always used.

  Voy de **vacaciones** la   *I'm going on vacation*
  próxima semana.   *next week.*

Ponerlo a prueba

Text Audio CD
Track CD1-11

3-1 Dos viajes. En tu disco compacto, escucha los dos anuncios de la radio y completa las actividades.

Primera parte: Completa la tabla con la información que escuches.

	Destino	Número de días/noches	Actividades	Teléfono para información
Excursión 1			a. b. c.	
Excursión 2			a. b. c.	

Segunda parte: Contesta la pregunta por escrito: ¿Cuál de las dos excursiones te gusta más?

Prefiero ir a _____ porque me gusta _____ y _____.

3-2 Preferencias. ¿Qué te gusta hacer durante tus vacaciones? Conversa con tu compañero(a) de clase sobre sus preferencias. Sigan el modelo.

MODELO: ir a la playa / ir a las montañas

> Tú: *¿Te gusta más ir a la playa o ir a las montañas?*
>
> Tu compañero(a): *Me gusta más ir a la playa. Y a ti, ¿cuál te gusta más?*

1. nadar / esquiar en el agua *(water)*
2. patinar / esquiar en la nieve *(snow)*
3. visitar museos / ir al parque zoológico
4. acampar / pescar
5. ir al teatro / ir a conciertos de música clásica
6. tomar el sol / bucear
7. hacer un crucero / pasear en barco de vela
8. montar a caballo en el campo / hacer excursiones en las montañas

3-3 ¿Qué vas a hacer?   Trabaja con un(a) compañero(a). Lean las situaciones y digan adónde van y qué quieren hacer.

MODELO: Es abril y no hay clases el lunes. Tienes tres días libres, sin *(without)* clases. ¿Adónde vas? ¿Qué vas a hacer?

> *Voy a casa. Voy a visitar a mis padres y voy a descansar.*

1. Es diciembre y no tienes clases por dos semanas. Tus abuelos te dan $1.000 para hacer un viaje. ¿Adónde vas? ¿Qué vas a hacer?

2. Es julio y no tienes que trabajar el lunes porque es un día festivo. Tienes un fin de semana de tres días y quieres escaparte de la rutina. ¿Adónde vas? ¿Qué vas a hacer?

3. Es marzo y la universidad está cerrada *(closed)* para las vacaciones de primavera *(spring break)*. ¿Adónde vas? ¿Qué vas a hacer?

Gramática
EL VERBO *ir* EN EL TIEMPO PRESENTE

A. El verbo *ir*. The verb **ir** *(to go)* is irregular in the present tense. Study its forms in the sentences below:

ir *(to go)*		
yo	voy	**Voy** a la playa.
tú	vas	¿**Vas** a las montañas?
Ud., él, ella	va	Sabrina **va** a México.
nosotros(as)	vamos	Mis hermanos y yo **vamos** a hacer un viaje.
vosotros(as)	vais	¿Adónde **vais**?
Uds., ellos, ellas	van	Mis padres **van** al extranjero.

The verb **ir** is often used together with the preposition **a** *(to)* to express the following ideas.

- To ask where somebody is going, place **a** in front of the question word **¿dónde?** to form the interrogative **¿adónde?**

¿Adónde vas para las vacaciones?	*Where* are you going *(to)* on your vacation?

- To answer such a question, place the preposition **a** before the destination.

Voy **a** Cancún.	*I'm going* **to** *Cancun.*

- If the **a** is followed by the definite article **el,** a contraction is used: **a** + **el** = **al.** No contractions are formed, however, with the other articles (**la, los, las**).

Voy **al** acuario.	*I'm going* **to the** *aquarium.*
Voy **a la** playa.	*I'm going* **to the** *beach.*

B. Los planes. The verb **ir** can also be used to express plans and intentions. To express what someone is *going to do,* you must use the conjugated form of **ir,** the preposition **a,** and an infinitive.

ir	+ a	+ infinitive	+ other elements	English equivalent
Voy	a	hacer	un crucero.	*I'm going to take a cruise.*
¿Qué vas	a	hacer?		*What are you going to do?*

Although both English and Spanish have an "official" future tense, it is quite common in Spanish to use the **ir** + **a** + infinitive construction instead of the future tense.

future tense:	Mañana **visitaremos** el museo.	*Tomorrow* **we will visit** *the museum.*
ir construction:	Mañana **vamos a visitar** el museo.	*Tomorrow* **we're going to visit** *the museum.*

Ponerlo a prueba

3-4 De vacaciones. Lee las descripciones y decide cuál es el mejor *(best)* destino para cada persona. Escribe oraciones completas según el modelo.

MODELO: Antonio y sus amigos Jaime y José Luis tienen veinte años. Prefieren unas vacaciones activas. No tienen mucho dinero *(money).* ¿Adónde van? ¿Qué van a hacer?

Antonio y sus amigos van a ir a las montañas cerca de su casa. Van a acampar y a pescar. Van a hacer excursiones también.

1. Manuel y su esposa Mercedes tienen tres hijos: Isabel, de ocho años; Blanca, de seis años; y Mario, de cinco años. Manuel necesita pasar unas vacaciones tranquilas, porque tiene mucho estrés en el trabajo. Mercedes necesita entretener *(to keep busy)* a los tres niños. ¿Adónde van? ¿Qué van a hacer?

2. Alejandro y Silvina tienen veinticinco años. Van a casarse *(get married)* el próximo año. Para su luna de miel *(honeymoon),* prefieren un lugar *(place)* muy especial. El dinero no es un problema, porque los padres de Alejandro van a pagar *(pay for)* el viaje. ¿Adónde van? ¿Qué van a hacer?

3. Tú y tus amigos quieren hacer algo *(something)* especial para las vacaciones de primavera *(spring break).* ¿Adónde van Uds.? ¿Qué van a hacer?

3-5 Nuestro periódico. Trabajas para un periódico y tienes que hacer la investigación *(do the research)* para un artículo. Necesitas reportar sobre los estudiantes universitarios y las vacaciones de primavera *(spring break)*. Primero, escribe de siete a ocho preguntas para hacerles la entrevista. Luego, entrevista a varios estudiantes para descubrir sus planes y opiniones.

Gramática
LAS FRASES VERBALES: CÓMO EXPRESAR PLANES, PREFERENCIAS Y OBLIGACIONES

A. Los planes para el futuro. In addition to the construction **ir** + **a** + infinitive, the verbs **pensar** and **esperar** are often used to refer to future plans.

- **Voy + a +** *infinitive*
  Voy a visitar el acuario esta tarde.

  I'm going to . . .
  I'm going to visit the aquarium this afternoon.

- **Pienso +** *infinitive*
  Pienso visitar el museo de arte mañana.

  I plan to . . . / I plan on . . .
  I plan to visit the Museum of Art tomorrow.

- **Espero +** *infinitive*
  Espero acampar este fin de semana.

  I hope to . . .
  I hope to go camping this weekend.

Time expressions such as the following often accompany these expressions.

esta tarde	*this afternoon*
esta noche	*tonight*
mañana	*tomorrow*
pasado mañana	*the day after tomorrow*
este fin de semana	*this weekend*
la próxima semana	*next week*
el próximo mes	*next month*
el próximo año	*next year*

B. Otras frases verbales. The construction conjugated verb + infinitive is also used in both English and Spanish to express preferences and obligations.

To express likes, wishes, and preferences, use the verbs **preferir, querer,** and **gustar.**

- **Prefiero +** *infinitive*
  Prefiero ir de vacaciones en julio.

  I prefer to . . .
  I prefer to go on vacation in July.

- **Quiero +** *infinitive*
  Quiero ir al extranjero el próximo año

  I want to . . .
  I want to go abroad next year.

- **Me gusta +** *infinitive*
  Me gusta pescar.

  I like to . . .
  I like to go fishing/to fish.

- **Me gustaría +** *infinitive*
  Me gustaría ir al parque zoológico.

  I would like to . . .
  I would like to go to the zoo.

To express obligations, use the verbs **deber, tener,** and **necesitar.**

- **Debo +** *infinitive*   *I should/must . . .*
  Debo regresar a casa ahora.   *I must return home now.*

- **Tengo que +** *infinitive*   *I have to . . .*
  Tengo que trabajar hoy.   *I have to work today.*

- **Necesito +** *infinitive*   *I need to . . .*
  Necesito hacer la   *I need to make the reservation soon.*
  reservación pronto.

To express that you are (un)able to do something, use the verb **poder.**

- **Puedo +** *infinitive*
  No **puedo salir** hoy.   *I can't go out today.*
  Puedo salir el lunes.   *I can go out on Monday.*

Ponerlo a prueba

3-6 Siempre ocupado(a). ¿Qué planes tienes para los próximos días y meses? Cambia *(Change)* las frases indicadas para expresar tus planes y deseos.

1. Esta noche, voy a *estudiar por una o dos horas.* También, quiero *ir al cine con mis amigos.*
2. Mañana, pienso *asistir a mis clases* y *limpiar mi cuarto.*
3. Este fin de semana, voy a *ir al museo de arte.* También, quiero *salir a comer con mi novio(a).*
4. La próxima semana, me gustaría *ir a casa para el cumpleaños de mi papá.* También, espero *ir al teatro.*
5. El próximo mes, espero *acampar en las montañas con mis amigos.* También, voy a *visitar a mi amiga Laura en Atlanta.*

3-7 Lo siento. Varios amigos te invitan a salir, pero estás muy ocupado(a). Explica por qué no puedes salir. Usa expresiones como **Lo siento, No puedo, Necesito...** y **Tengo que...** .

MODELO: Tu amigo(a): ¿Quieres ir al cine esta noche?

              Tú: *Lo siento. No puedo porque necesito estudiar para mi examen de español.*

1. Mañana no tenemos clases. ¿Quieres ir a bailar en una discoteca esta noche?
2. Hay un nuevo restaurante cerca del campus. ¿Quieres salir a comer mañana?
3. El cumpleaños *(birthday)* de mi compañero de cuarto es este fin de semana. ¿Quieres ir a la fiesta?
4. Mis amigos y yo vamos a la playa el próximo mes. ¿Puedes ir con nosotros?
5. Mi familia y yo vamos a Cancún para las vacaciones este año. ¿Te gustaría ir con nosotros?

3-8 Preguntas personales. Tú y tu compañero(a) van a hablar de las vacaciones. Usa las preguntas de columna A para entrevistar a tu compañero(a). Después, tu compañero(a) va a entrevistarte con las preguntas de la columna B.

A

1. ¿Te gusta más viajar *(to travel)* en tren, en avión o en coche *(car)*?
2. ¿Prefieres viajar con tu familia o con tus amigos?
3. ¿Te gustan los tours organizados?
4. Cuando viajas, ¿prefieres usar tarjetas de crédito *(credit cards)* o cheques de viajero?
5. ¿Qué ciudades en los Estados Unidos esperas visitar en el futuro?
6. ¿Qué países en el extranjero te gustaría visitar?

B

1. En general, ¿prefieres ir a las montañas o a la playa para tus vacaciones?
2. ¿Qué te gusta hacer allí?
3. Cuando visitas una ciudad, ¿qué prefieres hacer?
4. ¿Qué atractivos hay en tu ciudad para los turistas?
5. ¿Te gusta la idea de pasar tus vacaciones en casa?
6. ¿Adónde piensas ir para tus próximas vacaciones?

Síntesis

3-9 La Europa de los curiosos. Aquí tienes algunos lugares *(places)* interesantes de Europa. Completa las actividades de la página 101 con un(a) compañero(a) de clase.

GRAN BRETAÑA

 NATURAL HISTORY MUSEUM (Londres)

Los dinosaurios son sin duda una de las mayores atracciones de esta institución, pero no la única. Destacan asímismo la colección de artrópodos y la galería de ecología.

LONDON AQUARIUM (Londres)

Junto con el de Génova, es el mayor de Europa. Cuenta con dos gigantescos tanques dedicados a la vida del Pacífico y del Atlántico. (County Hall. Westminster Bridge Road).

THE LONDON DUNGEONS MUSEUM (Londres)

Museo de visita obligatoria para mentes siniestras. De la mano de *Jack el Destripador*, un macabro recorrido por los inventos más horribles del hombre para torturar a sus semejantes. (Toley Street. Metro London Bridge).

ITALIA

 **MUSEO DE LA BICICLETA (Florencia)**

Uno de los mejores del mundo. Ejemplares de todas las épocas en el país ciclista por excelencia. (Piazza dei Giudici, 1).

ACADEMIA DE EFECTOS ESPECIALES (Terni)

Dirigida por Carlo Rambaldi, ganador de un Oscar por su trabajo en esta especialidad. Aquí está el brazo de King Kong, las lombrices de Dune y otros efectos especiales realizados para el cine. (Localitá Pentima Bassa, 21).

JARDÍN BOTÁNICO (Padua)

El *Orto botánico universitario* es considerado el jardín botánico más antiguo de Europa. Seis mil especies. (Via Universitaria, 15).

ESPAÑA

 MUSEO DE AERONÁUTICA (Cuatro Vientos, Madrid).

Importante colección de aviones. Todos los primeros domingos de mes, excepto los de agosto, exhibición de vuelo de los más espectaculares aviones. (Tfno: 91 50 9 32 27).

MUSEO DEL CHOCOLATE (Astorga, León)

Todo el mundo del chocolate encerrado entre cuatro paredes. (Tfno: 987 61 62 20).

LA ESTALACTITA MÁS ALTA DEL MUNDO (Málaga)

Se encuentra en la Sala de los Cataclismos, de la Cueva de Nerja. Conocida como *La Gran Columna*, mide 60 metros de altura y tiene un diámetro de 18 metros. Se calcula que comenzó a formarse hace aproximadamente medio millón de años. (Tfno: 952 52 15 31).

Primera parte: Lee las descripciones. ¿Qué país tienes que visitar para ver estas atracciones?

MODELO: para ver peces tropicales y animales marinos

   Gran Bretaña

1. para aprender más sobre los dinosaurios
2. para ver plantas bonitas
3. para aprender más sobre el ciclismo
4. para ver parte del King Kong original
5. para visitar una cueva *(cave)*

6. para ver animales acuáticos
7. para ver aviones históricos
8. para tener una experiencia macabra

Segunda parte: Completa las oraciones oralmente. Compara tus preferencias con las de tu compañero(a) de clase.

1. En Italia, espero ir a _____ porque me gusta(n) _____. ¿Y tú?
2. En Gran Bretaña, quiero visitar _____ porque es interesante ver _____. ¿Y tú?
3. En España, pienso visitar _____. ¿Y tú?
4. De todos los museos, prefiero _____ porque _____. ¿Cuál prefieres tú?
5. De todas las atracciones, me gusta menos _____. ¿A ti cuál te gusta menos?

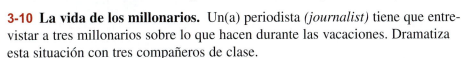

3-10 La vida de los millonarios. Un(a) periodista *(journalist)* tiene que entrevistar a tres millonarios sobre lo que hacen durante las vacaciones. Dramatiza esta situación con tres compañeros de clase.

Periodista

Tú trabajas para un programa de televisión popular: "La vida de los ricos y los famosos". Tienes unas entrevistas exclusivas con tres millonarios. Necesitas entrevistarlos sobre lo que hacen durante sus vacaciones.

Millonario(a)

Normalmente no hablas con la prensa *(press)*, pero le has concedido *(you have granted)* una entrevista a un(a) periodista del programa popular televisivo: "La vida de los ricos y los famosos". Durante la entrevista, tienes que describir tus vacaciones más exóticas y lujosas *(luxurious)*.

¡NO TE OLVIDES!

To form questions, place the subject after the verb. Don't translate *do/does.*

¿Viaja Ud. mucho?	*Do you travel a lot?*
¿Dónde bucean Uds.?	*Where do you (plural) go scuba-diving?*

To ask information questions, use interrogative words like these:

¿Qué... ?	*What . . . ?*
¿Quién (es)... ?	*Who . . . ?*
¿Dónde... ?	*Where . . . ?*
¿Adónde... ?	*(To) Where . . . ?*
¿Cuándo... ?	*When . . . ?*
¿Cómo... ?	*How . . . ?*
¿Con qué frecuencia... ?	*How often . . . ?*
¿Cuánto tiempo... ?	*How long . . . (How much time)?*
¿Por qué?	*Why?*
¿Cuál(es)?	*Which?*

PUENTE CULTURAL

¿Qué lugares especiales no deben perderse
(shouldn't miss) **los turistas que visitan**
tu país *(country)***?**

Yensy Marcela Archer
costarricense;
23 años; estudiante

La ciudad de San José tiene
varios museos y el Teatro
Nacional, que tiene más de
cien años. También, las ciudades de
Cartago y Heredia conservan reliquias
coloniales. ¡Y qué hermosa *(beautiful)* es
el área de los volcanes Poás e Irazú! El
Parque Nacional Manuel Antonio en la
costa pacífica es maravilloso. En la zona
norte de la costa pacífica está Monteverde,
con su bosque tropical lluvioso *(rain forest)*.

Victoria Eugenia (Vicky)
Duque Montoya
colombiana; 28 años; estudiante

En mi país hay *(there is)* historia y belleza
(beauty) natural. Un turista debe visitar Bogotá, la
capital. Los monumentos en el centro de Bogotá
son interesantes. Cartagena tiene playas bellas y
lugares históricos. La Catedral de Sal en
Zipaquirá es una maravilla *(a wonder)*. La región
del Amazonas, los parques naturales... ¡Hay
tanto que ver *(so much to see)* en Colombia!

Cecilia Carro
argentina; 21 años; estudiante

En Argentina hay algo para
todos los gustos *(something
for every taste)*. En Buenos Aires hay
historia y cultura: la tumba de Eva
Perón, el monumento a Gardel, el
Teatro Colón y más. Bariloche y otros
centros de esquí en las montañas
son muy conocidos *(known)*. En el sur
no puede perderse el glaciar Perito
Moreno y Puerto Madryn, donde se
pueden ver ballenas *(whales)*. Y en el
norte se encuentran las maravillosas
cataratas *(waterfalls)* del Iguazú.

Te toca a ti

3-11 Algo para todos los gustos. Ahora marca con una **X** la información que cada persona da sobre los lugares de interés turístico en su *(his/her)* país.

Hay...		Vicky	Yensy	Cecilia
lugares de belleza natural:	volcanes			
	parques			
	glaciares			
	cataratas o cascadas			
	bosques tropicales lluviosos			
lugares de interés cultural o histórico:	teatros			
	monumentos y reliquias			
	catedrales			
lugares de diversión:	centros de esquí			
	playas			

3-12 ¿Y en los Estados Unidos? Trabaja con un(a) compañero(a). Escriban una lista de los lugares que deben visitar los turistas en su país. Completen las frases con sus recomendaciones.

1. En el norte de los EE.UU. hay _____.

2. En las costas hay _____.

3. En el sur hay _____.

4. En las montañas hay _____.

5. Algunas ciudades de interés son _____ porque _____.

In this *Paso* you will practice:
- Telling time
- Giving the date
- Making travel arrangements

Vocabulario temático
¿QUÉ HORA ES?

Cómo decir la hora

¿Qué hora es?
Perdón, ¿podría decirme la hora?

Es mediodía.

Es la una.

Es la una y media.

Son las dos.

Son las dos y cuarto.

Son las cinco.

Son las ocho menos veinte.

Es medianoche.

Cómo hablar de horarios

¿**A qué hora llega** *el tren*?
          el vuelo

Llega *a la una y diez.*

¿**A qué hora sale** *el tour*?
          la excursión

Sale *a las tres.*

¿**A qué hora se abre** *el banco*?
          el museo

Se abre *a las nueve y media.*

¿**A qué hora se cierra** *el restaurante*?
          el café

Se cierra *a las once y media.*

Sabías que...

- To tell time, use the singular verb form **es** with **la una, el mediodía,** and **la medianoche** and the plural form **son** with all other hours.

    - To tell time up to thirty minutes past the hour, add **y** *(and)* between the hour and the minutes.

        Son las dos **y** veinte.   *It's 2:20.*

    - To tell time from thirty-one minutes past the hour until the next hour use **menos** *(until).*

        Son las tres **menos** cuarto.   *It's 2:45./It's a quarter to three.*

    - The preposition **a** must be used to express *at what time* something is done.

        ¿**A** qué hora estudias?   *(At) What time do you study?*
        Estudio **a** las cinco de la tarde.   *I study at five in the afternoon.*

    - In order to express A.M. and P.M., add the following phrases:

        | 6 A.M. to noon | de la mañana | Son las diez de la mañana. | *It is 10 A.M.* |
        | noon to sundown | de la tarde | Son las tres de la tarde. | *It is 3 P.M.* |
        | sundown to midnight | de la noche | Son las nueve de la noche. | *It is 9 P.M.* |
        | early morning hours | de la madrugada | Son las dos de la madrugada. | *It is 2 A.M.* |

Comentario cultural:
RELOJ DE VEINTICUATRO HORAS

¿Conoces *(Are you familiar with)* el reloj de veinticuatro horas? ¿En qué circunstancias se usa en los Estados Unidos?

En España y en Latinoamérica, es común usar el reloj de veinticuatro horas al presentar el horario de las salidas y llegadas de autobuses, trenes y aviones. Por ejemplo, si el horario tiene "Autobús 20 —llegada: 22:05", esto significa que el autobús 20 llega a las diez y cinco (10:05) de la noche. También se usa este sistema para dar la hora de funciones como obras de teatro *(plays)* o películas, o para los horarios de tiendas *(stores)* y de restaurantes.

Text Audio CD
Track CD1-12

Ponerlo a prueba

3-13 La estación de autobuses. Estás en una estación de autobuses en México. Escucha los anuncios en tu disco compacto y completa la tabla con las horas.

MODELO: Escuchas: Señores pasajeros. El autobús para Cuernavaca sale a las veintidós horas, de la plataforma número 3.

          Escribes: *22h (10:00 P.M.)*

Autobús	Salida *(Departure)*	
	Reloj de 24 horas	Hora "normal"
Modelo: Cuernavaca	22h	10:00 P.M.
1. Puebla		
2. Acapulco		
3. Veracruz		
4. Mérida		
5. Guadalajara		

3-14 AVE. Aquí tienes información sobre un tren muy especial. Lee la información y completa las actividades con un(a) compañero(a) de clase.

ALTA VELOCIDAD ESPAÑOLA

Una nueva forma de viajar

AVE es algo más que un tren de alta velocidad.

AVE es, sin duda, una nueva forma de viajar en el panorama de los transportes en España.

AVE tiene como objetivo fundamental conseguir el máximo nivel de satisfacción de sus clientes: después de tres años se declaran muy satisfechos o satisfechos más del 97%.

AVE es un compromiso de calidad permanente con sus clientes.

Horarios *Timetables*

Clase de tren *Type of train*	L	A	N	Z	A	D	E	R	A		S	H	U	T	T	L	E
Número de tren *Train number*	9714	9764	9716	9720	9726	9730	9732		9734	9738	9740	9744
Observaciones *Notes*	(1)	(T) (2)					(T)					
Días de circulación *Days*	LMXJVS· MTWThFSa·	······D ······Su	LMXJV·· MTWThF··	LMXJVSD MTWThFSaSu	LMXJVSD MTWThFSaSu	LMXJVSD MTWThFSaSu	LMXJV·· MTWThF··		LMXJV·D MTWThF·Su	LMXJVSD MTWThFSaSu	LMXJV·· MTWThF··	LMXJVSD MTWThFSaSu
MADRID Puerta de Atocha	07:05	07:30	08:10	10:35	13:30	15:30	16:00		17:25	19:15	20:05	22:25
CIUDAD REAL	07:56	08:20	09:01	11:26	14:21	16:21	16:50		18:16	20:06	20:56	23:16
PUERTOLLANO	08:15	08:33	09:20	11:45	14:40	16:40	17:03		18:35	20:25	21:15	23:35

Clase de tren *Type of train*	L	A	N	Z	A	D	E	R	A		S	H	U	T	T	L	E
Número de tren *Train number*	9713	9715	9763	9717	9721	9725	9731		9735	9739	9743	9745
Observaciones *Notes*	(1)		(T) (4)									(3)
Días de circulación *Days*	LMXJV·· MTWThF··	LMXJVS· MTWThFSa·	LMXJV·· MTWThF··	LMXJVSD MTWThFSaSu	LMXJV·· MTWThF··	LMXJVSD MTWThFSaSu	LMXJVSD MTWThFSaSu		LMXJVSD MTWThFSaSu	LMXJV·D MTWThF·Su	LMXJVSD MTWThFSaSu	······· ·······
PUERTOLLANO	06:30	07:15	07:54	08:45	10:00	12:30	15:30		17:15	19:30	21:00	22:30
CIUDAD REAL	06:47	07:32	08:08	09:02	10:17	12:47	15:47		17:32	19:47	21:17	22:47
MADRID Puerta de Atocha	07:40	08:25	09:00	09:55	11:10	13:40	16:40		18:25	20:40	22:10	23:40

Primera parte: Contesten las preguntas con oraciones completas.

1. ¿Qué quiere decir **AVE**?
2. ¿De qué país es el tren?
3. ¿De qué ciudad sale el tren? ¿Cuál es el destino?

Segunda parte: Inventen mini-diálogos sobre la salida *(departure)* y la llegada de los trenes. Consulten el horario y sigan el modelo.

MODELO: Tú: *¿A qué hora sale de Madrid el tren número 9726 (nueve, siete, dos, seis)?*
  Tu compañero(a): *Sale a la una y media.*

  Tú: *¿A qué hora llega a Puertollano?*
  Tu compañero(a): *Llega a las tres menos veinte.*

3-15 Perdón, ¿podría decirme la hora? Trabajas en el aeropuerto de Miami, Florida, donde varios turistas te preguntan la hora. Usa la información en los relojes para contestar las preguntas con tu compañero(a).

MODELO: Tú: *Perdón, ¿podría decirme la hora?*
  Tu compañero(a): *Es la una y veintiocho.*

 1.   2.   3.   4.

5.   6.   7.   8.

Vocabulario temático
LAS FECHAS

Los días de la semana

¿Qué día es *hoy*?	Hoy es *lunes.*
mañana	Mañana es *martes.*
¿Cuándo está *abierto* el museo?	Está abierto *todos los días, de lunes a sábado.*
cerrado	Está cerrado *los domingos.*

lunes	martes	miércoles	jueves	viernes	sábado	domingo

Los meses del año

enero, febrero, marzo, abril, mayo

junio

L	M	M	J	V	S	D
	1	2	3	4	5	6
7	8	9	10	11	12	13
14	15	16	17	18	19	20
21	22	23	24	25	26	27
28	29	30				

julio, agosto, septiembre, octubre, noviembre

diciembre

L	M	M	J	V	S	D
	1	2	3	4	5	6
7	8	9	10	11	12	13
14	15	16	17	18	19	20
21	22	23	24	25	26	27
28	29	30	31			

¿Cuál es la fecha?	Es el *primero* de *noviembre* del 2003 (dos mil tres).
	diez octubre
¿Cuándo salimos para Chile?	Salimos *el lunes, 15 de junio.*
¿Cuándo regresamos?	Regresamos *el viernes, 19 de junio.*

Sabías que...

- The days of the week and the months of the year are not capitalized in Spanish.
- When writing dates in Spanish—whether with words or with numerals—days come first, then months. The ordinal number **primero** is used for the first of the month; cardinal numbers (**dos, tres, cuatro,** etc.) are used for the other days.

Hoy es el **primero** de octubre.	*Today is the **first** of October.*
Mañana es el **dos** de octubre.	*Tomorrow is October **second**.*

- To express *on* with days or dates, use the definite articles **el** and **los**. Use **el** and the day of the week to refer to one-time events:

La fiesta es **el viernes.**	*The party is **(on)** Friday.*

- Use **los** and make the day plural to refer to events that occur regularly on certain days:

Trabajo **los sábados.**	*I work **on Saturdays.***

- For certain years, it is common in English to break the number down into pairs. For example, the year 1812 is expressed as *eighteen twelve.* In Spanish, years are given as any other large number would be.

  1980 mil novecientos ochenta *(one thousand nine hundred eighty)*
  2002 dos mil dos *(two thousand and two)*

Ponerlo a prueba

3-16 El conserje. Tres turistas tienen reservaciones para el Hotel Sevilla Palace en el Distrito Federal de México. Escucha la información en tu disco compacto y escribe en español todos los datos.

Nombre	Número de personas	Habitación sencilla (*single*) o doble (*double*)	Día y fecha de llegada	Hora de llegada
1.				
2.				
3.				

3-17 Los exploradores. El Club de viajes ofrece varias excursiones este año. ¿Cuándo son? Trabaja con tu compañero(a) y sigan el modelo.

MODELO: Tu compañero(a) (turista): *Por favor, ¿cuándo sale la excursión para Panamá?*

Tú (representante del club): *Sale el jueves, 6 de septiembre.*

Tu compañero(a): *¿Cuándo regresa?*

Tú: *Regresa el lunes, 24 de septiembre.*

Club de viajes-programación para el año		
Destinos	**Sale**	**Regresa**
Panamá	jueves, 6/9	lunes, 24/9
España	lunes, 21/9	domingo, 4/10
Costa Rica	viernes, 1/7	sábado, 22/7
Chile	domingo, 31/1	jueves, 11/2
Colombia	martes, 30/3	miércoles, 7/4
Honduras	jueves, 24/6	viernes, 2/7

3-18 Toledo. Aquí tienes información sobre algunos de los museos de Toledo, España. Lee la información y contesta las preguntas en la página 109.

MUSEOS	DIRECCIÓN	TEL	FAX	HORARIO**							PRECIOS***				CONTENIDO
				LUNES	MARTES	MIÉRC(X)	JUEVES	VIERNES	SÁBADOS	FESTIVOS	IND	GRP	ESC	0 Pts	
Concilios y Cultura Visigotica	San Román s/n	227872		Cerrado		10:00-14:00 • 16:00-18:30				10:00-14:00	100	50	100	S/t-D*	Arte y arqueología visigoda, pinturas murales románicas
Santa María La Blanca Sinagoga	Reyes Católicos, 4	227257		10:00-14:00 • 15:30-18:00 (Verano 19:00)							150		100		Arte y arquitectura
Santo Tomé, Iglesia	Pza. del Conde s/n	256098		10:00-14:00 • 15:30-18:00							150	100	100	L/m	Cuadro "El entierro del Conde de Orgaz" de El Greco
Sefardí	Samuel Leví s/n	223665	215831	Cerrado		10:00-14:00 • 16:00-18:00				10:00-14:00	400	200	S/t-D*		Historia del pueblo judío y su dispersión

***Los precios y horarios pueden sufrir variaciones a lo largo del año.

**Cierre taquillas: 15-30 min. antes de la hora de cierre del museo.

*Menores de 18 años y mayores de 65, todos los días gratis. Días 18.5, 31.5, 12.10 y 6.12, público en general Puerta de Bisagra s/n Tel: (925)220843 • FAX: 252648

1. ¿Qué iglesia tiene un cuadro *(painting)* del famoso pintor El Greco? ¿Qué días está abierta la iglesia? ¿A qué hora se abre por la mañana? ¿A qué hora se cierra por la tarde? ¿Qué pasa *(happens)* de dos a tres y media?
2. ¿Qué museo tiene información sobre los judíos *(Jews)* en España? ¿Cuándo está abierto? ¿A qué hora se abre y se cierra? ¿Cuál es el teléfono del museo?
3. ¿Qué otras culturas están representadas en los museos de Toledo? ¿Cuál de estos museos quieres visitar? ¿Cuál es la dirección? ¿Qué horario tiene?

Comentario cultural: EL CALENDARIO MAYA

¿Qué culturas indígenas ocupaban *(lived)* tu estado en la época colonial? ¿Qué sabes sobre su manera de vivir?

Los mayas tenían una civilización muy avanzada. Su cultura ya *(already)* existía en la península de Yucatán en México alrededor de 1500 a.J.C. (antes de Jesucristo) La culminación de su cultura ocurrió durante el siglo *(century)* 10 d.J.C. Los mayas tenían un interés intenso en el tiempo *(time)*. Sin usar tecnología, tenían un calendario bastante exacto. El calendario maya tenía tres tipos de años: el *tzolkia* de 260 días, el *tun* de 360 días y el *haab* de 365 días.

Vocabulario temático
EN LA AGENCIA DE VIAJES

El/La agente de viajes	El/La turista
¿En qué puedo servirle?	Quisiera *ir a México.* *hacer un viaje a Oaxaca*
¿Cómo prefiere viajar?	Prefiero viajar *por avión.* *en tren*
	¿Qué días hay *vuelos*? *excursiones*
Hay vuelos *todos los días.* *los lunes y miércoles*	

**¿Qué día piensa *salir*?
        *volver***
	Pienso *salir* el dos de abril.
	        volver

¿Prefiere un billete de ida o de ida y vuelta?	Quiero *un billete de ida.* *un billete de ida y vuelta*
	¿Cuánto *es*? *cuesta*
El billete de ida cuesta *tres mil pesos* y el billete de ida y vuelta cuesta *seis mil pesos.*	

¿Cómo quiere pagar?	¿Aceptan *tarjetas de crédito*?
	        cheques de viajero
	        cheques personales

Sí. También aceptamos dinero en efectivo, por supuesto.	

¿ Sabías que...

- Both **quiero** (*I want*) and **quisiera** (*I would like*) are forms of the verb **querer. Quisiera** is considered more polite when making requests.

- To indicate whether you prefer to travel first class or coach, specifiy **primera clase** (*first class*) or **clase (de) turista** (*coach*).

- Depending on the country, *ticket* (for a means of transportation) may also be expressed as **boleto** or **pasaje.**

Ponerlo a prueba

Text Audio CD
Track CD1-14

3-19 El viaje de Daniel. Escucha la conversación entre Daniel y la agente de viajes en tu disco compacto. Luego, completa las siguientes oraciones.

1. Daniel quiere viajar de _____ a _____.
2. Daniel prefiere un boleto _____.
3. Daniel va a los Estados Unidos para *(in order to)* _____.
4. La aerolínea del vuelo de Daniel es _____.
5. El vuelo de salida de Daniel es el _____ de agosto a las _____ de la mañana.
6. Daniel piensa regresar en el mes de _____.
7. Daniel paga los boletos con _____.
8. Los boletos van a llegar a la casa de Daniel en _____.

3-20 Hacer los arreglos. Aquí tienes varias preguntas relacionadas a los viajes. Léelas y decide quién está hablando en cada caso —un(a) turista o un(a) agente de viajes. Después, relaciona cada pregunta con una respuesta lógica de la lista.

_____ 1. ¿Prefiere Ud. viajar en tren o en avión?

_____ 2. ¿Qué día quieren Uds. regresar?

_____ 3. ¿Hay vuelos todos los días?

_____ 4. ¿Necesita Ud. reservaciones para un hotel?

_____ 5. ¿Puedo pagar con cheque de viajero?

_____ 6. ¿Cuánto cuesta un boleto en primera clase?

_____ 7. ¿A qué hora llega el tren a París?

_____ 8. Ud. quiere un billete de ida y vuelta, ¿verdad?

a. Aproximadamente a las diez de la noche.

b. Sí, excepto los martes.

c. Sí. También aceptamos tarjetas de crédito.

d. Doscientos cincuenta dólares. Cuesta setenta dólares menos en clase turista.

e. El 2 de noviembre. Y, por favor, preferimos un vuelo por la tarde.

f. No, sólo de ida. Vamos a regresar en coche *(by car).*

g. No sé. ¿Cuál es más rápido y económico?

h. Sí, por favor. Para dos personas por cuatro noches.

3-21 La luna de miel (*honeymoon*). Dramatiza esta situación con uno o dos compañeros de clase. Tú eres agente de viajes, y tus compañeros quieren hacer los arreglos *(to make the arrangements)* para su luna de miel.

Agente de viajes

Trabajas en una agencia de viajes. Una pareja joven *(A young couple)* quiere hacer los planes para su luna de miel. Tienes que hacer lo siguiente:

- Saludar *(Greet)* a la pareja.
- Recomiendar un lugar para su luna de miel.
- Contestar todas sus preguntas.
- Reservar sus boletos de avión.
- Preguntar cómo quieren pagar.
- Despedirte. *(Say good-bye.)*

Los novios

Tú y tu novio(a) necesitan hacer los planes para su luna de miel. Necesitan hablar con un(a) agente de viajes y hacer lo siguiente:

- Saludar al (a la) agente.
- Explicar que Uds. quieren hacer sus planes para su luna de miel.
- Pedir *(Ask for)* una recomendación.
- Preguntar cuál es el horario de los vuelos.
- Preguntar cuál es el precio del viaje.
- Pagar con tarjeta de crédito.

Síntesis

3-22 Club Vacaciones. La agencia de viajes Marsans, de Madrid, ofrece tours al Caribe. Aquí tienes los horarios de algunos de los vuelos. Practica con tu compañero(a) de clase. Sigan el modelo.

MODELO:
Turista: *Quisiera hacer un viaje a Cartagena de Indias. ¿Qué días hay vuelos?*
Agente: *Hay vuelos sólo los martes.*
Turista: *¿A qué hora salen?*
Agente: *Hay solamente uno. Sale a las tres y media de la tarde y llega a las nueve de la noche.*
Turista: *¿Y para regresar a Madrid?*
Agente: *Hay un vuelo todos los martes. Sale a las once de la noche y llega en Madrid a las dos y media de la madrugada.*

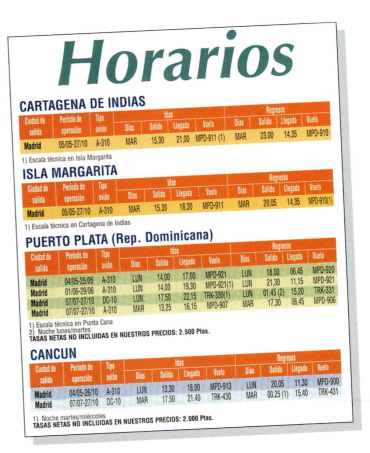

Horarios

CARTAGENA DE INDIAS

Ciudad de salida	Período de operación	Tipo avión	Idas				Regresos			
			Días	Salida	Llegada	Vuelo	Días	Salida	Llegada	Vuelo
Madrid	05/05-27/10	A-310	MAR	15,30	21,00	MPD-911 (1)	MAR	23,00	14,35	MPD-910

1) Escala técnica en Isla Margarita

ISLA MARGARITA

Ciudad de salida	Período de operación	Tipo avión	Idas				Regresos			
			Días	Salida	Llegada	Vuelo	Días	Salida	Llegada	Vuelo
Madrid	05/05-27/10	A-310	MAR	15,30	18,30	MPD-911	MAR	20,05	14,35	MPD-910(1)

1) Escala técnica en Cartagena de Indias

PUERTO PLATA (Rep. Dominicana)

Ciudad de salida	Período de operación	Tipo avión	Idas				Regresos			
			Días	Salida	Llegada	Vuelo	Días	Salida	Llegada	Vuelo
Madrid	04/05-25/05	A-310	LUN	14,00	17,00	MPD-921	LUN	18,00	06,45	MPD-920
Madrid	01/06-29/06	A-310	LUN	14,00	19,30	MPD-921(1)	LUN	21,30	11,15	MPD-921
Madrid	07/07-27/10	DC-10	LUN	17,50	22,15	TRK-330(1)	LUN	01,45 (2)	15,20	TRK-331
Madrid	07/07-27/10	A-310	MAR	13,25	16,15	MPD-907	MAR	17,30	06,45	MPD-906

1) Escala técnica en Punta Cana
2) Noche lunes/martes
TASAS NETAS NO INCLUIDAS EN NUESTROS PRECIOS: 2.500 Ptas.

CANCUN

Ciudad de salida	Período de operación	Tipo avión	Idas				Regresos			
			Días	Salida	Llegada	Vuelo	Días	Salida	Llegada	Vuelo
Madrid	04/05-26/10	A-310	LUN	13,30	18,00	MPD-913	LUN	20,05	11,30	MPD-900
Madrid	07/07-27/10	DC-10	MAR	17,50	21,40	TRK-430	MAR	00,25 (1)	15,40	TRK-431

1) Noche martes/miércoles
TASAS NETAS NO INCLUIDAS EN NUESTROS PRECIOS: 2.000 Ptas.

3-23 En la Agencia Venus. Trabaja con un(a) compañero(a). Escriban mini-diálogos para estas conversaciones entre la Srta. Magaly y el Sr. Alfonso Godoy.

1.

2.

3.

4.

In this *Paso* you will practice:
- Numbers from the 100s to the 1,000,000s
- Making hotel arrangements

Grammar:
- Stem-changing verbs in the present tense: **e** → **ie** and **o** → **ue**

Vocabulario temático
LOS NÚMEROS DE 100 A 10.500.000

¿Cuánto cuesta *la excursión*?
   el tour
   una habitación doble

Quince mil (15.000) pesos.

100	cien	700	setecientos
101	ciento uno	800	ochocientos
	(ciento dos, ciento tres...)	900	novecientos
110	ciento diez	1.000	mil
	(ciento once, ciento doce...)	5.000	cinco mil
150	ciento cincuenta	10.000	diez mil
	(ciento cincuenta y uno...)	100.000	cien mil
200	doscientos	750.000	setecientos cincuenta mil
300	trescientos	1.000.000	un millón
400	cuatrocientos	2.000.000	dos millones
500	quinientos	10.500.000	diez millones quinientos mil
600	seiscientos		

¿ Sabías que...

- Unlike their English equivalents, Spanish **mil** *(one thousand)* and **cien** *(one hundred)* do not use **un** *(one)* before the number.

  cien boletos   **one** hundred tickets
  mil turistas   **one** thousand tourists

- The numbers from 200 to 900 have masculine and feminine forms in Spanish.

  500 pesos = quinient**os** pes**os**
  600 pesetas = seiscient**as** pes**etas**

- *One* is the only number (besides the hundreds) that has to agree with its noun. Notice that the **-o** of **uno** is dropped before a masculine singular noun.

  Tengo **un** hermano.   *I have **one** brother.*
  Tengo **una** hermana.   *I have **one** sister.*

- When writing numerals in Spanish, you should use the decimal point where English uses a comma, and vice versa.

  98,6 grados   *98.6 degrees*
  $125.000,00   *$125,000.00*

- The preposition **de** is used before a noun with numbers designating whole millions.

  diez millones **de** habitantes   *ten million inhabitants*

Ponerlo a prueba

3-24 Un viaje a México. La señora Pala quiere ir a México de vacaciones. Ahora está hablando con un agente de viajes. Escucha la conversación en tu disco compacto. Escribe el precio de los siguientes arreglos.

MODELO: (You hear:) La señora Pala: Quiero hacer una reservación en un hotel en el Distrito Federal. ¿Qué hotel me recomienda?

El agente: El hotel Misión Zona Rosa. Es de cinco estrellas y tiene un precio muy razonable. Un cuarto sencillo cuesta ochocientos treinta pesos por noche.

(You write:) Hotel Misión: *830 pesos*

1. Hotel Regente
2. boleto de ida a Cancún
3. boleto de ida y vuelta a la capital
4. excursión a Taxco
5. excursión a la Barranca del Cobre

3-25 Tarifas aéreas. Aquí tienes los precios para vuelos a muchas ciudades. Escoge un vuelo y léele el precio a tu compañero(a). Tu compañero(a) tiene que escuchar e identificar la ciudad correspondiente.

MODELO: Tú: *Sesenta y cuatro mil ochocientas cincuenta pesetas.*
Tu compañero(a): *Montreal o Toronto.*

TARIFAS AEREAS
VUELOS EN LINEA REGULAR
PRECIOS DE IDA Y VUELTA

Destino	Madrid	Barcelona
EUROPA		
BRUSELAS	23.900	24.900
LONDRES	21.500	23.000
PARIS	33.900	32.900
ROMA	23.400	39.600
USA Y CANADA		
BOSTON	57.100	57.100
CHICAGO	61.700	59.350
MONTREAL	64.850	64.850
NUEVA YORK	57.100	57.100
TORONTO	64.850	64.850
WASHINGTON	59.300	59.300
AMERICA CENTRAL Y SUDAMERICA		
BOGOTA	97.800	97.800
CARACAS	88.600	88.600
MEXICO	85.750	85.750
RIO DE JANEIRO	91.300	91.300
SAN JUAN	93.450	93.450
SANTO DOMINGO	82.800	82.800
SAO PAULO	91.300	91.300

3-26 Excursiones Pullmantur. Estás en Madrid y quieres hacer unas excursiones. Decides hablar con un(a) agente de viajes. Con tu compañero(a), dramaticen las conversaciones entre tú y un(a) agente de viajes. Sigan el modelo; consulten la información de Pullmantur.

MODELO: Toledo, medio día

> Tú: *¿Cuánto cuesta la excursión de medio día a Toledo?*
>
> Tu compañero(a): *Cuesta 5.450 (cinco mil cuatrocientas cincuenta) pesetas.*
>
> Tú: *¿A qué hora sale?*
>
> Tu compañero(a): *Hay dos excursiones. Una sale a las nueve menos cuarto de la mañana. La otra sale a las tres de la tarde.*

1. Madrid, Visita Panorámica
2. Madrid, Panorámica del Zoo
3. Fiesta Flamenca, Cena y espectáculo
4. Ávila y Segovia, Con Almuerzo *(with lunch)*
5. El Escorial y Valle de los Caídos
6. Toledo, dos días

EXCURSIONES · SIGHTSEEINGS · MADRID · Y ALREDEDORES · AND SORROUNDINGS

		RECORRIDO
MADRID:		
Visita Artística 8.45 h.	**Diario**	**5.100**
(Mañana)	**Domingo Domingo**	**4.600**
Visita Panorámica 9.30 h. y 15.00 h.		**2.900**
(Mañana o Tarde)		
Visita Artística y Panorámica 8.45 h. y 15.00 h.		
Todo el día	**Diario**	**7.200**
	Domingo	**6.700**
Panorámica del Zoo 9.30 h.		
Todo el día		**4.100**
GRAN ESPECTACULO EN SCALA 20.30 h.		
Copa y espectáculo		**8.100**
Cena y espectáculo		**12.700**
FIESTA FLAMENCA Y BAILES EN FLORIDA 20.30 h.		
Copa y espectáculo		**6.400**
Cena, tapas y espectáculo		**8.900**
Cena Florida y espectáculo		**11.750**
TOLEDO		
Medio día 8.45 h. y 15.00 h.		**5.450**
Todo el día 9.30 h.		**8.250**
Dos días 9.30 h.		**13.800**
AVILA - SEGOVIA 8.45 h. (Todo el día)		
Sin Almuerzo		**6.800**
Con Almuerzo		**8.900**
Menú típico		**10.100**
ESCORIAL - V. de los CAIDOS 8.45 h. y 15.00 h.		
Medio día		**5.750**
TOLEDO - ESCORIAL - VALLE 8.45 h.		
Todo el día		**11.600**
PANORAMICA Y TOROS (2,30 h. antes del inicio)		
NOVILLADA:	Tendido sol	**4.000**
	Tendido sombra	**5.600**
CORRIDA:	Tendido sol	**5.600**
	Tendido sombra	**8.400**
Consultar precios para niños		

Vocabulario temático
EN EL HOTEL

Para conseguir una habitación

Recepcionista	Turista
¿En qué puedo servirle?	Quiero hacer una reservación.
	Quisiera una habitación.
¿Para cuántas personas?	Para *dos.*
¿Para cuándo?	Para el *ocho de abril.*
¿Por cuántos días?	Por *tres* días.
¿Qué clase de habitación quiere?	Quiero una habitación *sencilla.*
	doble
	con dos camas

Para preguntar sobre la habitación

Turista	Recepcionista
¿Tiene *baño privado*?	**Sí, señor(a).**
baño completo	
agua caliente	
ducha	
¿A qué hora *podemos ocupar el cuarto*?	**Pueden ocupar el cuarto a las doce.**
tenemos que desocupar el cuarto	**Tienen que desocupar el cuarto**
¿En qué piso está *mi habitación*?	**Está en el *primer* piso.**
la piscina	***segundo***
el gimnasio	***tercer***
	cuarto
	quinto
La llave, por favor.	**Aquí la tiene.**
La cuenta	

Sabías que...

- Many kinds of lodging are available in Spain and Spanish-speaking America. In some of the more modest youth hostels and **pensiones,** private baths may not be available and hot showers may cost extra.

- In some countries, a hotel room is called **un cuarto** instead of **una habitación.**

- In the Hispanic system for numbering floors in buildings, the ground floor of a building is called **la planta baja** and the first floor above ground level is called **el primer piso.** To express which floor a room is on, use the verb **estar.**

  Su habitación **está en el segundo piso.**   *Your room **is on the second floor** (the third floor in the U.S. system).*

Ponerlo a prueba

3-27 Una reservación. Escucha la conversación entre un turista y el empleado de un hotel en Miami. Copia el formulario en una hoja de papel y complétalo en inglés.

Hotel Carlton

Name: _____

Number of persons in party: _____ Type of room: ❑ single ❑ double ❑ 2 beds

Date/Time of arrival: _____ Room rate: _____

Method of payment: _____

3-28 Dos diálogos en el hotel. Escribe *(Write)* un diálogo lógico con la información en las columnas. Tú eres turista (columna B) y tu compañero(a) es recepcionista (columna A). *(To create your dialogue, take turns reading the lines from your respective columns. Choose the option ("a" or "b") that best fits the previous reply given by your partner.)*

A (Recepcionista)	**B (Turista)**
1. ¿En qué puedo servirle?	2. a. Quiero hacer una reservación para el cuatro de diciembre. b. Quisiera una habitación para dos personas.

3. a. ¿Para cuántas personas?
     b. ¿Para cuándo?
	4. a. Necesito una habitación sencilla.
	     b. Vamos a llegar el sábado.

5. a. A ver... el sábado es el primero de diciembre. ¿Qué tipo de habitación prefiere?
     b. ¿Por cuántos días?
	6. a. Pienso quedarme una semana. ¿Cuál es la tarifa?
	     b. Una con dos camas, por favor.

7. a. ¿Quiere una habitación con ducha o con baño completo?
     b. $150 por día.
	8. a. ¿Está incluido el desayuno?
	     b. Con baño completo. ¿A qué hora podemos ocupar el cuarto?

9. a. Sí, es un desayuno continental.
     b. A la una de la tarde. ¿Su nombre y apellidos, por favor?
	10. a. Perfecto. Por favor, reserve la habitación a nombre de _____.
	      b. Me llamo _____.

11. ¿Su dirección?	12. Vivo en _____.
13. ¿Y su teléfono?	14. Es el _____.
15. Muy bien, señor (señorita). Todo está en orden.	16. Muchas gracias. Adiós.

3-29 En el hotel Beatriz. Trabaja con un(a) compañero(a). Escriban mini-diálogos para estas situaciones. Después, lean los diálogos en voz alta.

1.

2.

3.

4.

Comentario cultural: EL ALOJAMIENTO (LODGING)

Cuando viajas, ¿dónde prefieres alojarte (take lodging)? ¿Hay muchas diferencias entre las varias categorías de hoteles?

Hay muchos tipos de alojamiento para el turista que quiere visitar los países de habla hispana. Aquí tienes una descripción de algunos de ellos.

Hotel: El hotel es el tipo de alojamiento más popular entre los turistas. En muchos países, la categoría del hotel está indicada por estrellas (stars). Una sola estrella indica un hotel modesto y bastante económico; cinco estrellas indican un hotel de lujo (luxurious, deluxe), con muchas amenidades (piscina, sauna, gimnasio, etc.).

Albergue juvenil: Muchos jóvenes prefieren alojarse en los albergues juveniles (hostels) porque no son caros (expensive) y generalmente están en el centro de las ciudades. En los albergues juveniles, generalmente tienes que compartir (share) el baño.

Pensión: Una pensión es como un hotel muy pequeño y familiar. El precio de la habitación casi siempre incluye el desayuno (breakfast); también puedes comer las otras comidas allí por un precio muy razonable. En algunas pensiones tienes que compartir (share) el baño.

Parador: En España puedes alojarte en unos hoteles únicos (unique) —los lujosos (luxurious) paradores. Éstos son antiguos castillos o monasterios convertidos en hoteles. Los paradores son caros y casi siempre es necesario hacer reservación.

Gramática
LOS VERBOS CON CAMBIOS EN LA RAÍZ: *e → ie* Y *o → ue*

A. Una breve introducción. In Spanish, many verbs use the regular endings for the present tense but have special vowel changes in the "stem"—the verb without its infinitive ending. These verbs are known as *stem-changing verbs*, or **verbos con cambios en la raíz.** There are three kinds of stem changes in the present tense: **e → ie, o → ue,** and **e → i.** In this chapter you will work with the first two kinds.

B. Los verbos con cambios en la raíz. Stem-changing verbs undergo vowel changes in every person (**yo, tú,** etc.) except the **nosotros** and **vosotros** forms when they are conjugated in the present tense; notice that the regular endings for **-ar, -er,** and **-ir** verbs are used.

- verbs with change from **e** to **ie**

The following verbs change a stressed **e** to **ie.** When cited in a dictionary or glossary, they are often identified by the symbol **(ie)** placed after the infinitive.

	pensar (ie) *to plan; to think*	querer (ie) *to want*	preferir (ie) *to prefer*	sentir (ie) *to be sorry; to regret; to feel*
yo	pienso	quiero	prefiero	siento
tú	piensas	quieres	prefieres	sientes
Ud., él, ella	piensa	quiere	prefiere	siente
nosotros(as)	pensamos	queremos	preferimos	sentimos
vosotros(as)	pensáis	queréis	preferís	sentís
Uds., ellos, ellas	piensan	quieren	prefieren	sienten

- verbs with change from **o** to **ue**

The following verbs change a stressed **o** to **ue.** They are often identified in dictionaries and glossaries with the symbol **(ue).**

	poder (ue) *to be able to, can*	volver (ue) *to return, go back*
yo	puedo	vuelvo
tú	puedes	vuelves
Ud., él, ella	puede	vuelve
nosotros(as)	podemos	volvemos
vosotros(as)	podéis	volvéis
Uds., ellos, ellas	pueden	vuelven

C. Jugar. The verb **jugar** *(to play a sport)* is unique because it is the only verb with a **u** in the stem that changes to **ue.** As with other stem-changing verbs, the **nosotros** and **vosotros** forms keep the original vowel in the stem.

	jugar (ue) *to play*
yo	juego
tú	juegas
Ud. él, ella	juega
nosotros(as)	jugamos
vosotros(as)	jugáis
Uds., ellos, ellas	juegan

Ponerlo a prueba

3-30 En México. Relaciona *(Match)* las frases de una manera lógica. Después, identifica los verbos con cambios en la raíz.

_____ 1. Marisol quiere ir a México de vacaciones porque le gusta mucho la arqueología.

_____ 2. Enrique y su esposa piensan ir a México también. Los dos son artistas.

_____ 3. Patricia es muy atlética y prefiere las vacaciones activas.

_____ 4. Mi amigo Saúl y yo sólo podemos pasar una semana en la bella ciudad de Guadalajara.

_____ 5. Leonardo y Raúl viven en Chicago pero vuelven a su casa en Oaxaca todos los años.

a. Sentimos mucho no tener más tiempo este año.

b. Piensa visitar las ruinas mayas y aztecas.

c. Siempre juegan a jai-alai con sus viejos amigos.

d. Quieren ver los famosos murales en la capital.

e. En Acapulco puede bucear y hacer jet ski.

3-31 Las vacaciones. Completa las oraciones sobre las vacaciones con tu información personal. Compara tus respuestas con las de tu compañero(a).

1. Por lo general, mis amigos y yo preferimos ir de vacaciones en el mes de *julio*. Nos gusta ir *a la playa*, donde podemos *tomar el sol* y *jugar al voleibol*. ¿Qué hacen tú y tus amigos?

2. Para las próximas vacaciones, mis amigos y yo pensamos *hacer un crucero*. Queremos *visitar las Bahamas*. Pero, si *(if)* no podemos *hacer un crucero*, esperamos *pasar una semana en Nueva York*. ¿Qué esperan hacer tú y tus amigos?

3. Mi amigo(a) *Chris* va a hacer un viaje especial este año. Piensa ir a *Hawai* con *su familia*. Creo que *(I think that)* va a pasar *diez días* allí. Quiere *comer en un "luau"* y *ver los volcanes*. ¿Cuál de tus amigos va a hacer algo *(something)* especial?

4. Por lo general mis padres prefieren ir a *una ciudad grande como San Francisco o Nueva York* para las vacaciones. Este año, piensan ir a *Boston*. Algún día *(Someday)*, quieren ir a *Londres (London)*. ¿Cómo pasan las vacaciones tus padres?

Síntesis

3-32 En Mérida. Aquí tienes información sobre un hotel en México. Lee la información y completa las actividades en la página 121 con un(a) compañero(a).

Holiday Inn

Avenida Juárez y Calle 38
Mérida, Yucatán 97127
Tel: (99) 23 86 70   Fax. (99) 13 25 64

Ubicación: a 2.8 Kms. del centro de la ciudad, a 13 Kms. del aeropuerto.
Atractivos: A 5 cuadras del Museo Arqueológico de Yucatán, Playas a 29 Kms., Zona arqueológica Uxmal a 70 Kms.
Capacidad: 200 habitaciones, Fiestas privadas hasta 800 personas.

Instalaciones: Agencia de viajes, Renta de autos, 2 Restaurantes, Lobby-Bar con música en vivo, Mini-bares en las habitaciones, Servicio a la habitación las 24 horas, Bar en la alberca, Tenis, Gimnasio, Zona comercial, Suites disponibles.
Servicios: Fax, Fotocopiadora, Ayuda secretarial, Telex, Centro ejecutivo, Equipo audiovisual, Podium, Pantallas electrónicas.

Primera parte: Lean el anuncio y contesten las preguntas oralmente.

1. ¿En qué ciudad está el hotel? ¿Cuál es la dirección?
2. ¿Cuál es el número de teléfono del hotel?
3. ¿A qué distancia está el hotel de la playa? ¿A qué distancia está de las ruinas antiguas de Uxmal?
4. ¿Cuántas habitaciones hay en el hotel? ¿Qué instalaciones tienen para los huéspedes *(guests)*?
5. ¿Qué servicios tienen para los ejecutivos *(business executives)*?

Segunda parte: Cuando Uds. viajan, ¿qué tipo de hotel prefieren? ¿Qué tipo de habitación? Indiquen sus preferencias usando las expresiones en el modelo.

MODELO: *Me gusta más un hotel con...* muchas amenidades.
Quiero un hotel... económico, pero limpio.
Prefiero una habitación con... cama doble.

1. ¿un hotel con gimnasio, sauna, aire acondicionado y otras amenidades, o un hotel modesto y económico?
2. ¿un hotel con discoteca, piscina y muchas actividades; o un hotel tranquilo, donde se puede descansar?
3. ¿un hotel moderno de una cadena *(chain)* grande, o un hotel de carácter local?
4. ¿una habitación con vista a las montañas, o un cuarto con vista a la playa?
5. ¿una habitación con desayuno *(breakfast)* incluido, o un cuarto sin desayuno?

Text Audio CD
Track CD1-17

3-33 El viaje de Gregorio. Gregorio quiere visitar Caracas, la capital de Venezuela. El habla con la señora Martínez y le pide su recomendación sobre un hotel. Completa estas actividades.

1. Escucha la primera parte de la conversación. ¿Cuáles de los siguientes servicios prefiere tener Gregorio?

☐ a. moderate price   ☐ g. laundry service

☐ b. good location   ☐ h. restaurant

☐ c. private bath   ☐ i. pool

☐ d. TV   ☐ j. gym

☐ e. telephone   ☐ k. tennis courts

☐ f. room service   ☐ l. meeting rooms

2. Antes de escuchar la segunda parte, lee los anuncios para los hoteles. En tu opinión, ¿cuál es el mejor hotel para Gregorio? ¿Por qué?

3. Ahora, escucha el resto de la conversación. ¿Qué hotel le recomienda la Sra. Martínez a Gregorio? ¿Le recomiendas tú el mismo *(the same)* hotel?

Vistazo gramatical
EL PARTICIPIO PASADO COMO ADJETIVO

A. Los participios pasados. Past participles, or **participios pasados,** are words like *broken, reserved,* and *run* that are derived from verbs. They may be used in two ways.

- As part of a verb tense, such as the present perfect tense, when combined with the auxilary verb *to have* (**haber**)

  ¿Has **reservado** la habitación?   *Have you **reserved** the room?*

- As adjectives, to describe nouns

  Ésta es una mesa **reservada.**   *This is a **reserved** table.*
  No puede sentarse aquí.   *You can't sit here.*

In this section, you will practice past participles used as adjectives.

B. La formación del participio pasado. To form the past participle of most verbs, replace the **-ar** ending of the infinitive with **-ado,** and the **-er** or **-ir** ending with **-ido.**

Infinitive		Past Participle		Meaning
-ar	preocup**ar**	-ado	preocup**ado**	*worried, preoccupied*
-er	vend**er**	-ido	vend**ido**	*sold*
-ir	aburr**ir**	-ido	aburr**ido**	*bored*

A number of common verbs have irregular past participles. These must be individually memorized.

Infinitive	Past Participle	Meaning
abrir	abierto	*open, opened*
cubrir	cubierto	*covered*
decir	dicho	*said, told*
escribir	escrito	*written*
freír	frito	*fried*
hacer	hecho	*done, made*
morir	muerto	*dead*
poner	puesto	*put, placed, set*
resolver	resuelto	*resolved, solved*
romper	roto	*broken*
ver	visto	*seen*
volver	vuelto	*returned*

C. El participio pasado como adjetivo. Follow these guidelines to use past participles as adjectives.

- Past participles must agree in number and gender with the noun they are modifying. Like other descriptive adjectives, they may be placed directly after the noun.

	singular	plural
masculino	un niño preocupad**o**	unos niños preocupad**os**
femenino	una niña preocupad**a**	unas niñas preocupad**as**

- Past participles may also be placed after the verb **estar** to describe conditions and the results of actions. In this case, the past participle agrees with the noun serving as the subject of the sentence.

| —¿Cuándo vas a hacer tus maletas? | *When are you going to pack your suitcases?* |
| —Ya **están hechas.** | *They (The suitcases) **are** already **packed.*** |

Ponerlo a prueba

3-34 Un hotel inolvidable. Aquí tienes unas descripciones de un hotel. Escoge el participio pasado más lógico para completar las oraciones. Después, decide si el hotel es muy bueno o muy malo.

MODELO: Las plantas en el jardín están *muertas*. ¡Qué triste!

1. Los ascensores están _____. Tenemos que subir por la escalera *(stairs)*.
2. La ventana en la habitación está _____. ¡Cuidado! *(Watch out!)*
3. Las camas no están _____.
4. Son las 2:00 de la tarde y tengo hambre, pero el restaurante no está _____.
5. El desayuno no está _____ en el precio de la habitación.
6. La discoteca está _____ por renovaciones. ¡No podemos bailar!
7. Esta mesa está _____ de polvo *(dust)*. ¡Qué sucio está todo!
8. ¡Hay cucarachas _____ por todas partes! ¡Qué asco! *(How disgusting!)*

a. hechas
b. incluido
c. cerrada
d. descompuestos *(out of order)*
e. puesto
f. abierto
g. rota
h. muertas
i. cubierta

3-35 ¿Cómo están? Lee las descripciones y decide cómo están los viajeros. Completa las oraciones con la forma correcta del verbo **estar** y con el participio pasado más lógico. Tienes que formar el participio pasado de un verbo de la lista.

MODELO: La madre de María Teresa debe llegar hoy a las diez de la mañana. Ahora son las once y media. María Teresa está en el aeropuerto, pero su madre todavía no ha llegado *(hasn't arrived)*.

María Teresa *está preocupada.*

enojar *(to anger, annoy)*	sorprender *(to surprise)*
frustrar *(to frustrate)*	perder *(to lose)*
ocupar *(to occupy)*	preparar *(to prepare)*
broncear *(to tan)*	preocupar *(to worry)*

1. Carmen y Carlos salen de vacaciones mañana. Hoy necesitan hacer las maletas y hacer otras mil cosas.

   (Ellos) _____ _____.

2. Mi avión debe llegar a las ocho de la tarde, pero no va a llegar hasta la medianoche.

   (Yo) _____ _____.

3. Irene y Lorena ya tienen los billetes de avión, el pasaporte, sus cheques de viajero y las reservaciones para el hotel.

   (Ellas) _____ _____.

4. Mi hermano y yo estamos de vacaciones en Lima, y no podemos encontrar *(find)* nuestro hotel.

   Nosotros _____ _____.

5. Durante las vacaciones, Hugo pasa mucho tiempo en la playa.

   (Él) _____ _____.

6. Claudia va a Bogotá para un viaje de negocios *(business)*. Cuando entra en la habitación de su hotel, ve que hay rosas y champaña.

   (Ella) _____ _____.

¡Vamos a hablar! | Estudiante Ⓐ

Contexto: Imagine that you (**Estudiante A**) and a friend are traveling together in Spain. The two of you are currently in Madrid but want to fly to the Canary Islands for a few days. You go to a travel agency and work out the arrangements for your trip. You need to do the following:

- set the days and times of your flight
- find out the prices of round-trip tickets
- make reservations for a room with two beds and a full bath for five nights
- pay for everything with your credit card: # 4502 9830 4672

Your partner (**Estudiante B**) will play the part of the travel agent. As the two of you talk, take notes on the arrangements you make. Follow the outline below. Your partner will start the activity by saying: **¿En qué puedo servirle?**

Viaje a las islas Canarias

Vuelos: Madrid-Tenerife

- día / fecha
- hora de salida
- hora de llegada
- aérolínea / número del vuelo

Vuelos: Tenerife-Madrid

- día / fecha
- hora de salida
- hora de llegada
- aérolínea / número de vuelo

Precio del billete de ida y vuelta

Hotel: cinco noches, dos camas, baño completo

- nombre del hotel
- precio por noche

¡Vamos a hablar! | Estudiante B

Contexto: Imagine that you (**Estudiante B**) work in a travel agency in Madrid. A tourist (**Estudiante A**) asks you for help in arranging a trip to Tenerife in the Canary Islands. You will need to do the following:

- find out when your customer wants to go and return
- provide the flight times, airline, and ticket price
- find out what kind of hotel room the customer wishes, for how many people, and for how many nights he/she wishes the room
- obtain the customer's name and phone number
- arrange for payment

As you talk with your partner, be sure to get the information needed for the form below. You will begin the activity by saying: **¿En qué puedo servirle?**

Viajes Ecuador
Organización Internacional de Viajes
Paseo de la Castellana, 153   Tel. 279 26 00

Nombre y apellidos: _____   Teléfono: _____

Dirección: _____   Tarjeta de crédito: ☐☐☐☐☐☐☐☐☐☐☐☐☐☐

Ruta	Fecha	Aerolínea	Vuelo Núm.	Hora	Hotel	Habitación	Núm. de noches	Precio
1. De:					1.			
A:					2.			
2. De:					3.			
A:					4.			

Iberia (Tarifa en $ USA)

	Salida	Llegada	Nº	Tarifa, ida y vuelta
Madrid-Tenerife	8:40	10:25	876	$310
	12:00	13:50	964	
Tenerife-Madrid	15:00	18:40	572	$310
	19:40	21:15	682	

Precio por noche (en $ USA)

Hotel	Categoría	Individual	Doble/dos camas
Puerto Playa	Primera clase	$110	$193
Princesa	Clase turista	$90	$147

¡Vamos a leer!

Estrategia: Recognizing subdivisions

Longer readings are often divided into smaller, more manageable sections. You can scan more efficiently for specific information if you first take note of the various subdivisions or subsections of a text and read their corresponding titles and captions.

3-36 La República Dominicana. The reading selection that follows is taken from a tourist brochure of the Dominican Republic. Scan the subtitles. In which subdivision would you expect to find the following information?

1. what the weather is like
2. where the island is located
3. how the country is organized and governed
4. what languages are spoken

Información general

En el corazón del Caribe, bañado por las aguas del Atlántico en la costa norte y el impetuoso mar Caribe en el Sur, hay un país plácido y hermoso, de nombre oficial República Dominicana.

Fue descubierto por Cristóbal Colón en su primer viaje al Nuevo Mundo, el 5 de diciembre de 1492, y ocupa 48.442 kilómetros cuadrados de los 76.192 que comparte con la vecina República de Haití.

Por Real Privilegio del Rey Fernando, fue denominada en 1508 isla de Santo Domingo. Su nombre aborigen *Quisqueya* significa en *taíno* "madre de todas las tierras".

Idioma

El español es el idioma oficial del país y la señalización de vías y menús se expresan en ese idioma. Aun cuando las personas vinculadas a los servicios turísticos hablan inglés, un poco de español le ayudaría mucho.

De la nación, su gobierno y su territorio

El gobierno está dividido en tres poderes: Ejecutivo, Legislativo y Judicial. Elige su Presidente y representantes del Poder Legislativo cada cuatro años por voto directo. El Presidente, por mandato constitucional designa a los gobernadores, que son sus representantes en las 29 provincias.

Su capital, Santo Domingo de Guzmán (Población: 2,2 millones 1990) fundada por el Adelantado Don Bartolomé Colón el 4 de Agosto de 1496, es la ciudad más antigua del Nuevo Mundo y el punto geográfico más cercano a Europa.

Clima

La tierra dominicana es fértil para la siembra de cualquier grano, y atendiendo la clasificación de W. Koppen para estudiar los climas del mundo, predomina en ella el tropical húmedo de sabana, con cinco variedades o microclimas que se clasifican en: tiempo húmedo, seco estepario y tropical de selva, bosques y sabana. La temperatura media anual oscila entre 18° y 27° Celsius.

3-37 Más datos, por favor. Lee el artículo y busca la información en las subdivisiones. Indica si las frases son **ciertas** o **falsas**.

	Cierto	Falso
1. La República Dominicana está en el mar Caribe.	☐	☐
2. El clima de la República Dominicana es principalmente tropical.	☐	☐
3. Hay quince provincias en la República Dominicana.	☐	☐
4. Las lenguas oficiales de la República Dominicana son el español y el inglés.	☐	☐
5. El nombre indígena del país es Quisqueya.	☐	☐

ATAJO Un paso más: Cuaderno de actividades

Vamos a escribir: Writing short social correspondence Pág. 60

You'll learn and practice using appropriate **saludos** *(salutations)* and **despedidas** *(closings)* as you explore writing different types of correspondence. You'll write an e-mail to a friend and a postcard to your Spanish instructor. Remember to apply the organizational strategies you learned in **Capítulo 2** when drafting your correspondence.

Vamos a mirar: Pág. 62

Vídeo 1: Un viaje a Madrid

Remember Miguel, from **Capítulo 2**? You will meet his aunt, Carmen Guerrero, and accompany her as she visits a travel agency to plan her trip. Then it's on to Madrid where she checks in at her hotel.

Vídeo 2: Vistas de México

México

Datos esenciales

- **Nombre oficial:** Estados Unidos Mexicanos
- **Capital:** México, D.F. (Distrito Federal)
- **Población:** 94.275.000 habitantes
- **Unidad monetaria:** el peso mexicano (Mex $)
- **Principales industrias:** exportación de material para manufacturas, petróleo crudo y productos agrícolas
- **De especial interés:** México tiene mesetas *(mesas)*, cordilleras *(mountain ranges)* y valles. Entre los picos más altos están los volcanes Popocatépetl e Iztaccíhuatl. La capital fue fundada en una isla en el medio de un lago *(lake)*.
- **Internet:** http://avenidas.heinle.com

1325 Los aztecas fundan *(found)* Tenochtitlán, la capital de su imperio, en el valle de México.

1821 México finalmente obtiene su independencia de España.

Un **vistazo** a la historia

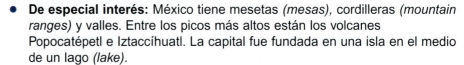

1519 Llega el español Hernán Cortés, quien inicia la ruina y destrucción del Imperio Azteca.

Personajes de ayer y de hoy

Cuauhtémoc fue el último *(last)* emperador azteca. Defendió a su pueblo *(his people)* de Hernán Cortés. Pero el Imperio Azteca no sobrevivió *(survived)* las epidemias y las armas *(weapons)* de los conquistadores españoles.

Diego Rivera es parte de la famosa tríada de los grandes muralistas mexicanos: Rivera, Orozco y Siqueiros. Sus obras *(works)* más conocidas *(known)* son de temas mexicanos: el pueblo, la historia, la cultura. Su esposa, Frida Kahlo, fue *(was)* también una artista de fama internacional.

Octavio Paz fue un poeta y escritor. Ganó *(He won)* el premio Nóbel de Literatura en 1990. También fue embajador *(ambassador)* de México en el extranjero *(abroad)*.

Notas culturales de interés

El Día de los Muertos *(Day of the Dead)* es una celebración tradicional. Es una celebración que mezcla *(mixes)* rituales indígenas con tradiciones religiosas de los conquistadores españoles. Para el 2 de noviembre se preparan calaveras de azúcar *(sugar skulls)* y esqueletos en miniatura vestidos *(dressed)* elegantemente. Se preparan altares en las casas con flores *xempazúchitl* (la flor de los muertos). La gente visita a sus difuntos *(deceased)* en el cementerio.

1910 Comienzan los levantamientos *(uprisings)* de la Revolución Mexicana.

1992 Se firma el Tratado de Libre Comercio *(NAFTA)* entre México, Canadá y EE.UU.

1994 Empieza el conflicto de Chiapas entre las fuerzas rebeldes del Ejército Zapatista de Liberación Nacional y las tropas del gobierno.

1846 En la guerra *(war)* con los EE.UU., México pierde *(loses)* los territorios que hoy son Texas, Nuevo México, Arizona y California.

¿Qué sabes sobre México?

3-38 Los acontecimientos *(events)* **en el tiempo.** Enumera los acontecimientos del 1 al 6, según ocurrieron en la historia de México. **¡Ojo!** Lee con ciudado *(carefully)*.

_____ Hernán Cortés desembarca en Cozumel, en la costa de Yucatán.

_____ Los aztecas construyen en la isla de Tenochtitlán la capital de su futuro imperio.

_____ Moctezuma invita a Cortés a Tenochtitlán. Cortés toma prisionero a Moctezuma.

_____ Después de fundar su capital, los aztecas conquistan otros pueblos indígenas y su imperio se extiende por gran parte del país.

_____ Cortés construye una ciudad española sobre las ruinas de Tenochtitlán.

_____ Los españoles destruyen el Imperio Azteca con sus cañones y artillería, y también con una epidemia de viruela *(smallpox)* importada de España. Destruyen edificios, documentos y arte.

 3-39 Las categorías. Trabaja con un(a) compañero(a). Organicen la información sobre México en las siguientes *(the following)* categorías.

Personajes históricos	Artistas famosos	Lugares y geografía	Tradiciones religiosas	Comidas para días especiales

Vocabulario

Sustantivos

el acuario *aquarium*
el agua *water*
el avión *plane*
el banco *bank*
el baño privado *private bathroom*
el baño completo *full bath*
el barco de vela *sailboat*
el billete de ida (de ida y vuelta)
  one-way (round-trip) ticket
la cama *bed*
el cheque de viajero *traveler's check*
el crucero *cruise*

la cuenta *bill*
el dinero en efectivo *cash*
la ducha *shower*
la excursión *excursion*
el extranjero *abroad*
el fin de semana *weekend*
el gimnasio *gym*
la habitación *room*
la habitación doble *double room*
la habitación sencilla *single room*
la llave *key*
la medianoche *midnight*

el mediodía *noon*
la montaña *mountain*
el museo *museum*
el parque zoológico *zoo*
la piscina *swimming pool*
la reservación *reservation*
la tarjeta de crédito *credit card*
el teatro *theater*
el tour *tour*
el tren *train*
las vacaciones *vacation*
el vuelo *flight*

Verbos

abrir *to open*
acampar *to camp*
bucear *to dive, to scuba-dive*
cazar *to hunt*
cerrar (ie) *to close*
descansar *to rest*
hacer un viaje *to take a trip*
hacer jet ski *to go jet skiing*
ir *to go*

jugar (ue) *to play (a sport)*
ocupar *to check in*
pagar *to pay*
pasear *to take a walk/ride*
pensar (ie) *to think;* **pensar (ie) +**
  inf. to plan (on), intend (to)
pescar *to go fishing*
poder (ue) *to be able to, can*
preferir (ie) *to prefer*

quedarse *to stay*
querer (ie) *to want*
regresar *to return*
salir *to leave*
sentir (ie) *to be sorry; to regret*
tomar el sol *to sunbathe*
viajar *to travel*
visitar *to visit*
volver (ue) *to return, go back*

Otras palabras

caliente *hot*
completo(a) *full*
cuarto *fourth; room*
de ida *one way*
de ida y vuelta *round-trip*
de la mañana *A.M., in the morning*
de la noche *P.M., in the evening,*
  at night
de la tarde *P.M., in the*
  afternoon/evening
doble *double*

el próximo año *next year*
el próximo mes *next month*
en tren *by train*
esta noche *tonight*
esta tarde *this afternoon*
este fin de semana *this weekend*
la próxima semana *next week*
mañana *tomorrow*
ninguna parte *not anywhere,*
  nowhere

pasado mañana *the day after*
  tomorrow
por avión *by plane*
primer(o)(a) *first*
privado(a) *private*
quinto(a) *fifth*
segundo(a) *second*
tercer(o)(a) *third*

Expresiones útiles

¿A qué hora podemos ocupar el cuarto? *What time can we check in?*
¿A qué hora llega... ? *What time does . . . arrive?*
¿A qué hora se abre... ? *What time does . . . open?*
¿A qué hora se cierra... ? *What time does . . . close?*
Aquí lo/la tiene. *Here it is.*
¿Cuál es la fecha? *What is the date?*
¿Cuánto cuesta? *How much does it cost?*
¿Cuánto es? *How much is it?*

¿En qué puedo servirle? *How may I help you?*
Perdón, ¿podría decirme la hora? *Excuse me, could you tell me the time?*
¿Qué hora es? *What time is it?*
¿Qué día es hoy? *Which day is it today?*
¿Qué clase de habitación quiere? *What kind of room do you want?*
¿Qué días hay vuelos? *What days are the flights?*
Se abre... *It opens . . .*
Se cierra... *It closes . . .*

Es el primero de enero.	*It's January first.*
febrero	*February*
marzo	*March*
abril	*April*
mayo	*May*
junio	*June*
julio	*July*
agosto	*August*
septiembre	*September*
octubre	*October*
noviembre	*November*
diciembre	*December*

For further review, consult Appendix E.

Capítulo 4

Entre familia

Objetivos

Speaking and Listening

- Talking about family and close friends
- Describing people and homes
- Discussing everyday activities at home and at work

Reading

- Predicting/Anticipating content

Writing

- Writing descriptions *(Cuaderno de actividades: ¡Vamos a escribir!)*

Culture

- Venezuela *(Panorama cultural)*
- Family values and relationships *(Puente cultural)*
- Arquitectural styles of houses *(Comentario cultural)*
- Hospitality in the home *(Comentario cultural)*

Grammar

- More on descriptive adjectives
- Demonstrative adjectives
- Possessive adjectives
- Adverbs of location
- Uses of **ser/estar**
- Irregular verbs in the present tense: **conducir, conocer, dar, decir, hacer, poner, saber, salir, traer, venir, ver**
- Negative and indefinite/affirmative expressions
- Present progressive tense *(Vistazo gramatical)*

A primera vista

 Trabaja con un(a) compañero(a). Estudien el cuadro del famoso pintor español, Goya. Marquen en cada lista las palabras que, en su opinión, describen el cuadro.

Sustantivos

- ☐ familia
- ☐ niñas
- ☐ padre
- ☐ duquesa
- ☐ caricatura
- ☐ hermano
- ☐ hijos
- ☐ amigo
- ☐ perro
- ☐ nobles
- ☐ grupo
- ☐ carácter

Adjetivos

- ☐ elegante
- ☐ oscuro
- ☐ informal
- ☐ vulgar
- ☐ plácido
- ☐ controversial
- ☐ brillante
- ☐ simple
- ☐ imaginativo
- ☐ serio
- ☐ familiar
- ☐ contradictorio

Francisco de Goya y Lucientes (1746–1828)

Nacionalidad: español

Otras obras: *La maja vestida y La maja desnuda, Los caprichos, El tres de mayo, Saturno devorando a su hijo, El parasol*

Estilo: Versátil y apasionado, con una gran sensibilidad sicológica. Pasó por varias etapas, entre ellas, la del período de escenas folklóricas de la vida diaria y paisajes españoles, la de los retratos de la familia real y su "etapa negra" de imágenes fantasmagóricas y monstruosamente distorsionadas.

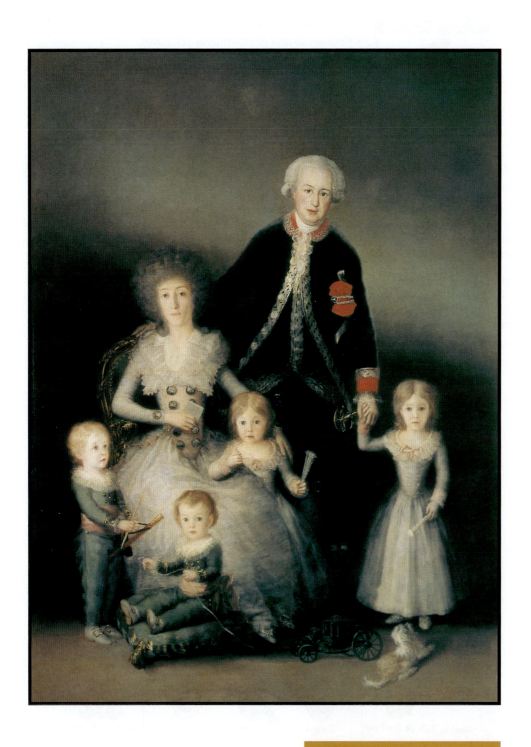

*Los Duques de
Osuna con sus hijos,* 1789
Francisco de Goya y Lucientes

Paso 1

In this *Paso* you will practice:
- Talking about your family, close friends, and pets
- Describing people

Grammar:
- Descriptive adjectives
- Possessive and demonstrative adjectives

Estrategia: Managing your learning

Learning another language requires much memorization and recall. Here are some ways to make these tasks more manageable.

Prioritize the materials presented. Decide which words and structures are the most essential ones for you to use *actively* in your speaking and writing and devote more time to these points of study. Using the present tense with accuracy, for example, should be one of the objectives at the top of your list. Your instructor can help you focus on the most important word groups and grammar points if you have trouble identifying them.

Review systematically. Set aside special times to review "old" vocabulary and grammar that are related to the new material of the lesson. In this *Paso*, for example, you are about to study words for the extended family. Before you begin studying the new vocabulary, take a minute or two to review the words for immediate family members presented in *Capítulo 2, Paso 1* on pages 48–49.

Vocabulario temático
MI FAMILIA Y MIS ANIMALES DOMÉSTICOS

Mis parientes

Yo soy *Arturo Martínez* y ésta es mi familia.
Mi *esposa* se llama *Beatriz*.
Tenemos tres hijos: *Carlos* es el mayor, *Elisa* es la menor y *Dulce* es la del medio.
Mi hermana *Felicia* es soltera.
Mi hermano *Enrique* está casado y tiene dos hijos, *Claudia* y *Felipe*.
Mi cuñada se llama *Ginette*.
Mi sobrina *Claudia* ya está casada y tiene una hija.

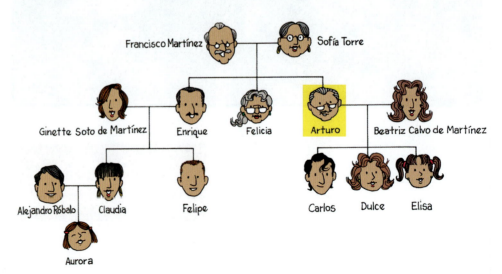

Otros familiares

el abuelo/la abuela
el nieto/la nieta
el tío/la tía
el primo/la prima
el sobrino/la sobrina
el padrastro/la madrastra
el hermanastro/la hermanastra
el medio hermano/la media hermana
el padrino/la madrina
el suegro/la suegra
el cuñado/la cuñada

Los animales domésticos

Tenemos varios animales domésticos.

unos pájaros
un hámster
unos peces tropicales
un gato
un perro

Sabías que...

- Divorce and stepfamilies are not so common in Spanish-speaking countries and sometimes people feel awkward using the "official" terms for *stepmother, stepbrother,* etc. Depending on the closeness of the relationship, one may refer to a stepmother, for example, as **la esposa de mi padre** or **mi madre/mi mamá.**

- Godparents play an important role in the family life of many Catholic families in Spain and Latin America. There is even a special word for the relationship between a child's mother and godmother: they are **comadres.** Likewise, the child's father and godfather are related as **compadres.**

Ponerlo a prueba

4-1 La familia Martínez. Dulce y su mejor amiga miran el álbum de fotos de la familia Martínez. Escucha su conversación en tu disco compacto. Después, identifica el parentesco *(relationship/kinship)* de cada persona y completa las oraciones.

MODELO: Escuchas: La amiga: Esa señora es muy guapa. ¿Quién es?
Dulce: Es nuestra tía Ginette. Es la esposa del hermano de mi padre.
La amiga: Ah. ¿Viven tus tíos aquí, en Maracaibo?
Dulce: No ahora, viven en isla Margarita. ¿No ves qué playa más bonita?

Escribes: Ginette es *la tía* de Dulce.
Vive en: a. Maracaibo ⓑ isla Margarita c. Maiquetía

1. Enrique es _____ de Dulce.
   Trabaja en: a. un banco b. un hospital c. un hotel

2. Claudia y Felipe son _____ de Dulce.
   Felipe es: a. estudiante b. profesor c. administrador en una universidad

3. Aurora es _____ de Claudia.
   Aurora tiene: a. un gato b. un perro c. un pájaro

4. Francisco es _____ de Dulce.
   En la foto, Francisco está con: a. su esposa b. su esposa y su hija c. su hija

5. Los otros señores son los padrinos de _____.
   Los padrinos eran *(were):* a. unos amigos b. unos hermanos
   c. los abuelos maternos

4-2 El árbol genealógico. Elisa tiene que escribir una pequeña descripción de su familia para la escuela. Lee la descripción y examina el árbol genealógico en la página 136. Completa la descripción con las palabras más lógicas (abuelo, tía, etcétera), desde la perspectiva de Elisa.

Mi familia

Mi familia no es muy grande, pero somos muy unidos. Mi (1) _____ se llama Arturo y trabaja en un banco. Mi (2) _____ se llama Beatriz; ella trabaja en la agencia de viajes de sus padres, pero sólo dos o tres días por semana. Tengo dos (3) _____, Carlos y Dulce. Carlos es el mayor y yo soy la menor. También vive con nosotros mi (4) _____ Felicia. Felicia es la (5) _____ de mi padre, y no está casada. Tía Felicia y yo pasamos mucho tiempo juntas *(together)*. Creo que yo soy su (6) _____ favorita.

Mi padre también tiene un hermano, mi (7) _____ Enrique. Los domingos casi siempre vamos a la casa de mis tíos y así podemos ver también a nuestros (8) _____ Claudia y Felipe. Tío Enrique y tía Ginette tienen una (9) _____ preciosa, Aurora. Aurora tiene solamente tres años y es muy consentida *(spoiled)*.

Mis (10) _____ Francisco y Sofía no viven con nosotros, pero su casa está a la vuelta de la esquina *(around the corner)*. Muchas veces cenan con nosotros. Me gusta mucho pasar tiempo con ellos.

4-3 Mi familia. Trabaja con tu compañero(a); entrevístense con estas preguntas.

1. ¿Es grande o pequeña tu familia? ¿Cuántos son Uds.?
2. ¿Cuántos hermanos tienes? ¿Cómo se llaman? ¿Cuántos años tienen?
3. ¿Viven tus abuelos cerca de tu casa? ¿Trabajan o están jubilados *(retired)*? ¿Con qué frecuencia visitas a tus abuelos?
4. ¿Tienes más tíos por parte de tu padre o por parte de tu madre? ¿Tienes muchos o pocos primos? ¿Con qué frecuencia tienen Uds. reuniones familiares?
5. ¿Qué animales domésticos tienes? ¿Cómo se llaman?

¡NO TE OLVIDES!

The verb **tener** may be used to express relationships, age, and possession. Its forms in the present tense are: **tengo, tienes, tiene, tenemos, tenéis, tienen.**

Vocabulario temático
LAS DESCRIPCIONES PERSONALES

¿Cómo es *Gregorio*?

Gregorio es alto y delgado.
Tiene el pelo corto y castaño.
Tiene los ojos verdes.
Es simpático e inteligente.

¿Y la tía *Felicia*?

Tía Felicia es de estatura mediana. Es gordita.
Tiene el pelo canoso y los ojos castaños.
Lleva anteojos.
Es generosa y extrovertida.

Rasgos físicos

Es *alto/alta*.
  bajo/baja
  de estatura mediana
  delgado/delgada
  gordo/gorda
  joven
  viejo/vieja; mayor
  guapo/guapa; bonita
  feo/fea
  calvo/calva

Tiene *barba*.
  bigote

Lleva *gafas/anteojos*.

Tiene el pelo *negro*.
  rubio
  castaño
  rojo
  canoso
  largo
  corto

Tiene los ojos *verdes*.
  azules
  negros
  castaños
  color miel

La personalidad y el carácter

Es *simpático/simpática*.
  antipático/antipática
  tímido/tímida
  extrovertido/extrovertida
  amable
  educado/educada
  maleducado/maleducada
  cariñoso/cariñosa
  agradable

pesado/pesada
serio/seria
divertido/divertida
bueno/buena
malo/mala
perezoso/perezosa
trabajador/trabajadora
optimista
pesimista

¿ Sabías que...

- In sentences like **Mi mamá *es* alta** or **Mis amigos *son* simpáticos,** you are using forms of the verb **ser** to describe characteristics such as size, appearance, color, and personal qualities. You will study more uses of **ser** later in this *Paso.*

- Spanish has several different words for the color *brown.* **Marrón** is generally used to describe clothing or other objects. To describe hair and eye color, the adjectives **castaño** or **color café** are more commonly used.

- The word **y** *(and)* is replaced by its alternative form **e** before words beginning with **i-** or **hi-.**

  inteligente **y** guapo   *intelligent **and** good-looking*
  guapo **e** inteligente   *good-looking **and** intelligent*

- Similarly, the word **o** *(or)* is replaced by **u** before words beginning with **o-** or **ho-.**

  siete **u** ocho   *seven **or** eight*

?

Text Audio CD
Track CD1-19

Ponerlo a prueba

4-4 ¿Quién es... ? Daniela no conoce a muchas personas en la fiesta. Ella habla con Ignacio y él le explica quiénes son los otros invitados. Escucha su conversación e identifica a cada persona que describen. Relaciona *(Match)* el nombre con la letra en el dibujo.

1. Antonio _____
2. Carolina _____
3. Alejandro _____
4. Rosaura _____

a.   b.   c.   d.   e.   f.

4-5 Cualidades. ¿Qué cualidades aprecias más en las personas? Trabaja con un(a) compañero(a) de clase. Lean las frases, y complétenlas con las *tres* características más importantes.

MODELO: El profesor "ideal" es (dinámico, organizado, cómico, paciente, intelectual).

             Tú: *Yo pienso que el profesor "ideal" es paciente, dinámico y organizado. ¿Qué piensas tú?*

       Tu compañero(a): *En mi opinión, el profesor "ideal" es dinámico, cómico y paciente.*

1. Los padres ideales son (responsables, pacientes, adaptables, cariñosos, trabajadores).
2. El amigo ideal es (sincero, responsable, optimista, generoso, sociable).
3. Escoge *(Choose)* una de las frases:

   El novio ideal es (guapo, cariñoso, inteligente, sincero, responsable).
   La novia ideal es (guapa, cariñosa, inteligente, sincera, responsable).

4. El presidente ideal es (conservador, liberal, sincero, idealista, realista, dinámico, intelectual).
5. No me gustan las personas (arrogantes, pesadas, egoístas, agresivas, perezosas).
6. El profesor ideal es (dinámico, organizado, paciente, cómico, intelectual).

4-6 ¿Cómo son? Elisa está describiendo a las personas en su familia. Lee las descripciones de Elisa y después describe a varias personas en tu familia. Si prefieres, describe a las tres personas más importantes de tu vida.

1. Mi padre es **de estatura mediana. No** es **gordo,** y **no** es **delgado.** Tiene **poco pelo; es casi calvo.** (No) Lleva anteojos. Tiene los ojos **castaños.** Es **bastante** *(quite)* **serio y trabajador.** ¿Cómo es tu padre?
2. Mi madre es **de estatura mediana** y es **delgada.** Tiene el pelo **largo y castaño.** Es **amable y extrovertida.** ¿Cómo es tu mamá?
3. Mi hermano **Carlos** es **alto y delgado.** Tiene el pelo **negro** y los ojos **castaños.** Tiene **veinte** años. Es **atlético y optimista.** Mi hermana **Dulce** es **de estatura mediana** y es **delgada.** Tiene el pelo **castaño** como *(like)* **mamá.** Es **bonita.** Tiene **diecisiete** años. Dulce es **un poco tímida.** ¿Cómo son tus hermanos?

Gramática
LOS ADJETIVOS DESCRIPTIVOS, POSESIVOS Y DEMOSTRATIVOS

A. Los adjetivos descriptivos. *Descriptive adjectives,* like **alto, rubio,** and **simpático** provide information about the personal or physical characteristics of persons, places, and things. These adjectives may be placed:

- directly after a noun

  María es una **chica guapa.**   *Maria is a **beautiful girl.***

- after a linking verb, such as **ser**

  María **es guapa.**   *Maria **is beautiful.***

Descriptive adjectives follow several patterns of agreement, depending on their spelling. You have already learned the two basic rules of agreement.

- Descriptive adjectives that end in **-o** have four forms (**guap*o*, guap*a*, guap*os*, guap*as***).

- Descriptive adjectives that end in **-e** or most consonants have only singular and plural forms (**amabl*e*** and **amabl*es*; ideal** and **ideal*es***).

Here are two additional important rules.

- Descriptive adjectives that end in **-ista** have only two forms, the singular and the plural. The **-a** ending is used even with masculine nouns.

	singular	plural
masculino	un amigo pesim**ista**	unos amigos pesim**istas**
femenino	una amiga pesim**ista**	unas amigas pesim**istas**

- Descriptive adjectives that end in **-dor** have four forms.

	singular	plural
masculino	un amigo trabaja**dor**	unos amigos trabaja**dores**
femenino	una amiga trabaja**dora**	unas amigas trabaja**doras**

B. Los adjetivos posesivos. *Possessive* adjectives, like *my, your, our,* and *his,* indicate ownership and relationships. Notice that *your* has both formal and informal equivalents in Spanish.

mi(s)	my	**nuestro(s)/nuestra(s)**	our
tu(s)	your (informal: Spain and America)	**vuestro(s)/vuestra(s)**	your (plural, informal: Spain)
su(s)	your (formal: Spain and America)	**su(s)**	your (plural, informal: America) (plural, formal: Spain and America)
su(s)	his/her/its	**su(s)**	their

Follow these guidelines to use possessive adjectives correctly.

- Place possessive adjectives before the nouns they modify.

  Mi familia no es grande.   ***My family*** *is not large.*

- Make possessive adjectives agree in number (singular vs. plural) with the nouns they modify.

  su casa   *their house (Use the singular* **su** *because house is singular.)*
  mis abuelos   *my grandparents (Use the plural* **mis** *because grandparents is plural.)*

- Make the possessive adjectives **nuestro** and **vuestro** agree in both number and gender (masculine and feminine) with the nouns they modify.

  nuestra familia   *our family (Use the feminine singular* **nuestra** *because family is feminine singular.)*

- Use alternative phrasing for **su(s)** when the meaning is not clear.

	his family	la familia **de él**
	her family	la familia **de ella**
su familia	*their family*	la familia **de ellos**
	your family	la familia **de Ud.**
		la familia **de Uds.**

C. Los adjetivos demostrativos. *Demonstrative adjectives,* like *this* or *those,* are used to point out and specify particular persons, places, and things. Like possessive adjectives, they are placed before the noun and must agree in gender and number with the nouns they modify. Here are the most common demonstrative adjectives.

	this (singular)	**these** (plural)
masculino	est**e** chic**o**	est**os** chic**os**
femenino	est**a** chica	est**as** chicas

	that (singular)	**those** (plural)
masculino	es**e** chic**o**	es**os** chic**os**
femenino	es**a** chica	es**as** chicas

In addition to **ese** and its variations, Spanish has another set of words to express *that* or *those*. While **ese** is used to point out something near the person you are talking to, **aquel** is used to refer to something that is far from both of you.

	that (over there)	those (over there)
masculino	aquel coche	aquellos coches
femenino	aquella casa	aquellas casas

When a demonstrative adjective is used alone, with a noun that is understood rather than stated, it is called a *demonstrative pronoun*. In Spanish, an accent mark is usually added to the vowel that is stressed, or pronounced more loudly.

Esta señora es mi madre y **ésa** es mi abuela.

*This lady is my mother and **that one** is my grandmother.*

Ponerlo a prueba

4-7 Las fotos de Gregorio. Elisa está mirando las fotos de Gregorio, y Gregorio le está explicando quiénes son las personas en las fotos. Lee la conversación y escoge los adjetivos o pronombres correctos.

1. Elisa: Gregorio, ¿quién es (este / esta) señora?
   Gregorio: Es (mi / mis) tía, la hermana de mi mamá.
   Elisa: (Tu / Su) mamá es cubana, ¿verdad?
   Gregorio: Sí, nació en la Habana. Ella y (su / sus) padres emigraron a los Estados Unidos. Pero (su / sus) hermana, Natalia, nació en Florida.

2. Elisa: ¿Quiénes son (estos / estas) chicos en esta foto vieja?
   Gregorio: (Ése / Ésos) es mi primo José y (éste / ésta) soy yo. En esa foto, estamos en la casa de (nuestro / nuestros) abuelos.
   Elisa: ¿Viven en Florida (tus / sus) abuelos?
   Gregorio: Sí, viven en Miami, muy cerca de (su / sus) otra hija, Ileana.

4-8 Familias famosas. Mira las fotos. Identifica a la persona famosa, explica su parentesco *(relationship/kinship)* con las otras personas en la foto y describe cómo es.

MODELO: *Ésta es Gloria Estefan. Es guapa y muy extrovertida. Es famosa.*
Éste es su esposo, Emilio. Es...
Éstos son sus hijos. Su hijo se llama Nayib y su hija se llama Emily.
Nayib es...

Gloria y Emilio Estefan
y sus hijos Nayib y Emily

la reina Elizabeth II; el príncipe Philip;
Charles, el príncipe de Gales;
el príncipe William de Gales,
el príncipe Henry de Gales

Una familia de cantantes:
Julio Iglesias y Enrique

Text Audio CD
Track CD1-20

Síntesis

4-9 La amiga de Gregorio. Gregorio acaba de conocer *(has just met)* a una nueva amiga. Escucha la conversación entre él y Carlos, y completa las actividades.

Primera parte: Escucha la descripción de la nueva amiga. ¿Cuál de las chicas en el dibujo es la nueva amiga de Gregorio?

a.   b.   c.

Segunda parte: Escucha la conversación de nuevo *(again)* y contesta las preguntas.

1. ¿Cómo se llama la amiga?
2. ¿Dónde trabaja?
3. ¿Conoce Carlos a la chica?
4. ¿Qué día van a salir Gregorio y su amiga?
5. ¿Qué van a hacer?

4-10 ¿Quién es? Describe a una persona famosa o a un personaje *(character)*. Tu compañero(a) tiene que adivinar *(guess)* quién es.

MODELO: Tú describes: *Es un gato muy gordo; tiene mucho pelo. Es muy perezoso, arrogante y cínico. No es atlético. Come mucha lasaña y duerme constantemente. Le gusta atormentar a Jon. ¿Quién es?*

               Tu compañero(a) adivina: *¿Es Garfield, el gato?*

                    Tú contestas: *¡Sí!*

───── Vocabulario útil ─────

agresivo	comprensivo	generoso	tonto *(silly, dumb)*
arrogante	*(understanding)*	liberal	tranquilo
atlético	conservador	pasivo	travieso
cínico	discreto	rápido	*(mischievous)*
cómico	egoísta	talentoso	valiente *(brave)*

4-11 Entre tú y yo. Aquí tienes unas preguntas sobre los amigos y la familia. Entrevista a un(a) compañero(a) de clase con las preguntas de la columna A. Después, tu compañero(a) tiene que entrevistarte a ti con las preguntas de la columna B.

¡NO TE OLVIDES!

Use **ser** to describe appearance and personality. Its forms in the present tense are: **soy, eres, es, somos, sois, son.**

Estudiante A

Los animales domésticos

1. ¿Qué animales domésticos tienes? ¿Qué animal doméstico te gustaría tener?
2. ¿Prefieres los perros o los gatos? ¿Por qué?
3. Para ti, ¿son como parte de tu familia los animales domésticos?
4. ¿Cuáles son las ventajas *(advantages)* de tener un animal doméstico? ¿las desventajas *(disadvantages)*?

El matrimonio y las familias

5. ¿Eres soltero(a) o estás casado(a)? *(Choose the appropriate gender.)*
6. En tu opinión, ¿cuál es el número ideal de hijos en una familia?
7. En tu opinión, ¿cómo es el (la) esposo(a) ideal?
8. ¿Cuál es la edad perfecta para el matrimonio?

Estudiante B

Convivir

1. ¿En qué ciudad vive tu familia?
2. ¿Vives con tus padres durante los veranos *(summers)*?
3. ¿Prefieres vivir con tus padres o con tus amigos?
4. ¿Cuál es una ventaja *(advantage)* de vivir con tu familia? ¿Cuál es una desventaja *(disadvantage)*?

Mejores amigos

5. ¿Quiénes son tus mejores amigos(as) aquí en la universidad?
6. ¿En qué aspectos son Uds. parecidos(as) *(similar)*?
7. ¿En qué aspectos son diferentes?
8. ¿A cuál de tus amigos(as) admiras más? ¿Por qúe?

PUENTE CULTURAL

Alicia Josefina Lewis
panameña, 47 años; profesora

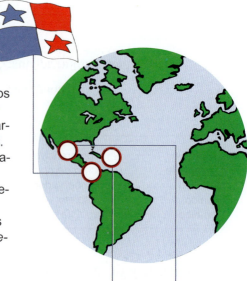

Las familias se reúnen *(get together)* en casa de los abuelos el domingo. Van los padres, hermanos, primos y compadres. Pasamos un buen rato todos juntos. *(We have a good time together.)* En general, los jóvenes *(youngsters)* participan de la vida y reuniones familiares. Las muchachas *(girls)* tienen más obligaciones con los quehaceres domésticos *(chores)* que sus hermanos. Por lo general, la mamá y las hijas se encargan *(are in charge)* de la casa. También, los varones *(boys)* tienen más libertad *(freedom)* que sus hermanas para salir con frecuencia por la noche.

John Martínez
dominicano-americano;
24 años; estudiante
de postgrado

Mi familia se reúne *(gets together)* los fines de semana. Las hijas normalmente cocinan, lavan la ropa, mantienen la casa limpia, pero todos compartimos *(we share)* el trabajo. Admito que, aunque sea una mentalidad machista, los hijos tienen más libertades que las hijas. Las hijas son más delicadas y hay que protegerlas *(it is necessary to protect them)*.

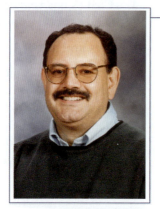

Juan Eduardo Vargas Ortega
mexicano; 47 años; profesor
asociado universitario

La familia —padres, hijos, primos, tíos, etcétera— se reúne semanalmente *(weekly)*. Mantener este contacto familiar es importante. Los papeles *(roles)* en la familia son bastante tradicionales: la madre cocina, lava ropa, limpia la casa, cuida a los niños... y el padre provee y guía. Todavía los hijos tienen más libertades que las hijas, salen de casa sin necesidad de explicar adónde o con quién van, ni a qué hora piensan regresar.

Te toca a ti

4-12 Compara la información. Después de leer las opiniones de Alicia, John y Juan Eduardo, usa los signos matemáticos para completar las ideas.

    = (es igual)   < (es menos)

    ≠ (no es igual; es diferente)   > (es más)

MODELO: La nacionalidad de estas personas: Alicia ≠ John ≠ Juan Eduardo

1. Frecuencia de las reuniones familiares:

   Alicia _____ John _____ Juan Eduardo

2. La libertad para los chicos y las chicas:

   Panamá: chicos _____ chicas

   La República Dominicana: chicos _____ chicas

   México: chicos _____ chicas

3. Participación de los varones (*males*) en los quehaceres domésticos:

   Panamá _____ la República Dominicana _____ México

4-13 ¿En qué país? Trabaja con un(a) compañero(a). Ahora decidan dónde es más probable (*most likely*) encontrar estas prácticas y actitudes.

	En un país hispano	En los EE.UU.	En los dos
1. La familia se reúne todos los fines de semana para pasar tiempo juntos.			
2. La familia solamente se reúne para cumpleaños, bodas y otras ocasiones especiales.			
3. Los padres son más protectores de sus hijas que de los hijos varones.			
4. Los quehaceres del hogar son tareas eminentemente femeninas.			
5. El hombre de la casa, el padre, es el proveedor de seguridad económica.			
6. Los papeles sociales todavía son bastante tradicionales.			

In this *Paso* you will practice:
- Describing the rooms and furniture of a house
- Reporting the condition of things
- Giving the location of things

Grammar:
- Adverbs of location
- Some uses of **ser** and **estar**

Vocabulario temático
LA CASA

Los cuartos y los muebles

Acabo de *mudarme a* una nueva casa.
      comprar
      alquilar

Tiene *dos pisos*.
      cinco cuartos

En la planta baja, hay *una cocina*.
      un comedor
      una sala

En el primer piso, hay *un dormitorio* grande.
      un baño

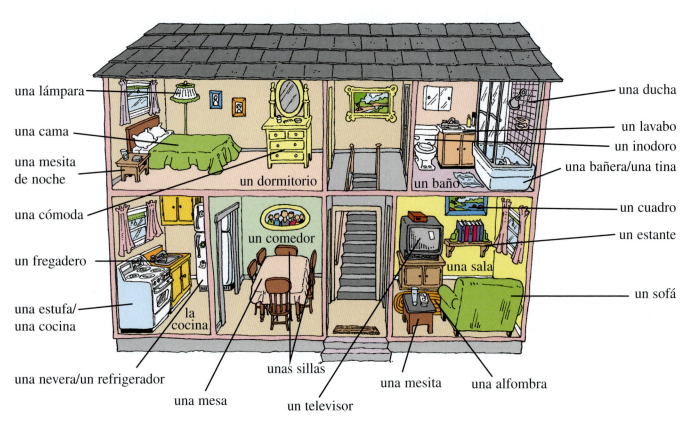

una lámpara

una cama

una mesita de noche

una cómoda

un fregadero

una estufa/ una cocina

una nevera/un refrigerador

una mesa

un dormitorio

la cocina

un comedor

unas sillas

un televisor

un baño

una sala

una mesita

una alfombra

una ducha

un lavabo

un inodoro

una bañera/una tina

un cuadro

un estante

un sofá

Cómo describir una casa

Unas características

Mi casa es *nueva*.

vieja
cara
barata
grande
de tamaño mediano
pequeña
moderna
tradicional

Unas condiciones

Mi casa está *amueblada*.

en buenas condiciones
en malas condiciones

El baño está *ordenado*.

desordenado
limpio
sucio

La mesita está rota.

El refrigerador está descompuesto.

Sabías que...

- The verb **ser** is used to describe the characteristics of a house (*new, modern, expensive,* etc.), while the verb **estar** is used to describe conditions (*clean, dirty, neat,* etc.). You will learn more about the differences between **ser** and **estar** later in this *Paso*.

- Although both **roto** and **descompuesto** are often translated as *broken*, **roto** is used when part of an object has cracked or broken away, while **descompuesto** is used when a mechanical appliance fails to work properly.

  La silla está **rota** y el refrigerador   *The chair is **broken** and the refrigerator*
      está **descompuesto**.   *is **out of order**.*

- A common kitchen, dining-room, or desk chair is **una silla;** while a comfortable easy chair is **un sillón.**

- The expression **sala de estar** is commonly used to refer to a *den* or *family room.*

- Modern homes have built-in clothes closets **(el clóset).** Many older homes, however, do not, and clothing must be stored in a large piece of furniture called **el armario** (*armoire*) or **el guardarropa** (*wardrobe*).

- The homes of middle-class and wealthier people feature all the modern appliances: **el lavaplatos/el lavavajillas** (*dishwasher*), **el horno de microondas** (*microwave oven*), **la lavadora** (*washing machine*), **la secadora** (*clothes dryer*).

Ponerlo a prueba

4-14 De venta. Estás hablando con un corredor de bienes raíces (*real estate agent*). Escucha la descripción de la casa en tu disco compacto y escoge las respuestas correctas.

Text Audio CD
Track CD1-21

1. Número de pisos: 1   2
2. Número de dormitorios: 2   3   4
3. Número de baños: 1   2
4. El baño matrimonial incluye tina: sí   no
5. La cocina es grande: sí   no
6. La cocina incluye refrigerador: sí   no
7. Hay un garaje pequeño: sí   no
8. El precio de la casa: caro barato

4-15 ¿Cómo es esta casa? La familia González acaba de comprar una casa en Miami. Mira el dibujo y contesta las preguntas con oraciones completas.

1. ¿Cuántos pisos tiene esta casa? ¿Cuántos cuartos tiene?
2. ¿Qué cuartos están en la planta baja? ¿en el primer piso? ¿en el segundo piso?
3. ¿Qué electrodomésticos hay en la cocina? ¿Tienen horno de microondas *(microwave oven)*?
4. ¿Dónde comen? ¿Dónde miran la televisión? ¿Dónde hacen ejercicio?
5. ¿Cuántos baños hay? ¿Están sucios o limpios? ¿Cuál es más moderno? ¿Cuál te gusta más?
6. ¿Cuántos dormitorios hay? ¿Cuál de los dormitorios está desordenado y sucio? ¿Por qué?
7. ¿Cuáles de los muebles *(furniture)* están en malas condiciones? ¿En qué cuarto están?
8. ¿Cuál es tu cuarto favorito? Descríbelo.

 4-16 Mi domicilio. Entrevista a un(a) compañero(a) sobre la casa de su familia.

1. ¿Viven tú y tu familia en una casa o en un apartamento?
2. ¿Cuántos cuartos hay en tu casa/apartamento?
3. ¿Dónde comen Uds. todos los días? ¿Dónde comen en ocasiones especiales?
4. ¿Cuántos baños hay? ¿Son suficientes para tu familia? Explica.
5. ¿En qué cuarto pasa más tiempo tu familia? ¿Qué hacen Uds. allí?
6. ¿Cómo es tu dormitorio?
7. ¿Cuál es tu cuarto favorito? ¿Por qué te gusta? Describe los muebles en ese cuarto.
8. ¿Cuál es el cuarto menos atractivo de tu casa? Describe el cuarto y su contenido, y explica por qué no te gusta.

Comentario cultural: LAS CASAS HISPANAS

¿Son modernas o tradicionales las casas en tu comunidad?
¿Viven muchas personas en el centro de tu ciudad?

El concepto tradicional de una casa cambia según el país, el clima, la situación económica y el gusto *(taste)* personal de los dueños.

Las casas en los países hispanos representan una gran variedad de estilos arquitectónicos. En las Américas, las casas más antiguas y tradicionales normalmente son del estilo **colonial** (del estilo de las casas de España durante la colonización del Nuevo Mundo). Casi siempre tienen un patio interior *(interior courtyard)* que se usa para plantas y flores. Todos los cuartos dan al *(open to the)* patio, que es el centro de muchas actividades familiares.

En las zonas urbanas, sin embargo, muchas personas prefieren vivir en apartamentos. Los apartamentos, que se llaman **pisos** en España y **departamentos** en México, son más accesibles y cómodos para personas de recursos económicos limitados.

Vocabulario temático

PARA INDICAR RELACIONES ESPACIALES

¿Dónde está el gato?

Está...

en las cortinas, a la izquierda del estante

en el medio de la cama, sobre la cama

entre los libros

en la lámpara, a la derecha del estante

encima de la mesita, detrás del teléfono

al lado de la computadora

delante del clóset

en la gaveta de la cómoda

debajo de la cama

en la mochila

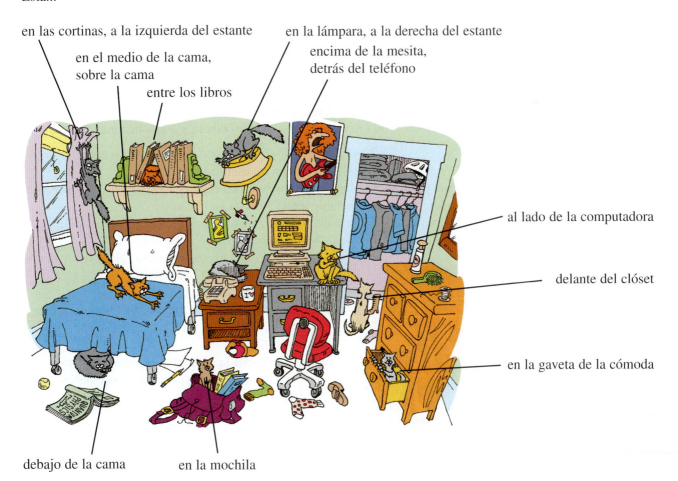

Sabías que...

- The verb **estar** is used to indicate the location of people or things.

  El gato **está** delante del clóset.　*The cat **is** in front of the closet.*

- The preposition **en** may be used to indicate *in* (**El libro está *en* la caja**), *at* (**Luis está *en* casa**), and *on* (**La carta está *en* la mesa**).

Text Audio CD
Track CD1-22

Ponerlo a prueba

4-17 El cuarto de Mayra. La madre de Mayra le describe a su esposo el cuarto de Mayra en su nuevo apartamento. Escucha la descripción y completa las oraciones.

1. Mayra's room has a huge _____.
   a. bed
   b. closet
   c. window

2. The bed is _____.
   a. to the right of the closet
   b. to the right of the door
   c. under the window

3. Between the nightstand and the closet is _____.
   a. a bookshelf
   b. a small table
   c. the TV

4. The easy chair is _____.
   a. to the right of the door
   b. to the left of the door
   c. across from the door

5. Mayra uses the easy chair to _____.
   a. work on the computer
   b. talk on the telephone
   c. study

6. The dresser is _____.
   a. to the right of the door
   b. to the left of the door
   c. to the left of the closet

4-18 ¿Dónde está mi... ? Un(a) de tus compañeros(as) es muy desorganizado(a) y no encuentra *(can't find)* sus cosas. Mira el dibujo y dile a tu compañero(a) dónde están las cosas.

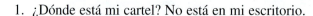

¡NO TE OLVIDES!

To express locations, use the verb **estar.** Its forms in the present tense are **estoy, estás, está, estamos, estáis, están.**

1. ¿Dónde está mi cartel? No está en mi escritorio.
2. ¿Y mi calculadora? Tengo una prueba en mi clase de cálculo y no sé dónde está.
3. ¿Quién tiene mi raqueta de tenis? No está en el cuarto.
4. ¡No veo mi diccionario de inglés! Lo usé para escribir una composición y ahora ha desaparecido *(it has disappeared)*.
5. ¿Quién tiene mi suéter nuevo? Hace frío y no lo encuentro *(I can't find it)*.
6. Necesito mi mochila.
7. ¿Qué pasó con mi composición? Si no la entrego *(turn it in)* hoy, el profesor de inglés me va a matar *(kill)*.
8. ¿Dónde está la carta de mis padres? Tiene el cheque que necesito para pagar mis gastos *(expenses)*.

¿Invitas a tus amigos a tu casa con frecuencia? ¿Cómo saludas (do you greet) a los invitados? ¿Qué haces para acoger (make welcome) a tus invitados?

Cuando un hispano te invita a su casa, te da un honor muy grande. Durante tu visita, es posible que tu anfitrión (anfitriona) (*host/hostess*) use la expresión **Mi casa es tu casa** o **Estás en tu casa.** No debes interpretar esta expresión al pie de la letra (*literally*). Como siempre, al visitar a nuevos amigos es mejor seguir las reglas de etiqueta y protocolo indicadas. Debes tratar de observar e imitar la conducta de otras personas. Si no estás seguro(a) de cómo actuar, pídele permiso a tu anfitrión o anfitriona, para no cometer un error.

Gramática
LOS VERBOS *SER* AND *ESTAR*

A. Los usos del verbo *estar*. Although both **ser** and **estar** mean *to be,* they are used in different ways and may not be interchanged. **Estar** is used in the following ways.

- to indicate the location of people or things

Gregorio **está** en Venezuela.	*Greg is in Venezuela.*
La cama **está** a la derecha del sillón.	*The bed is to the right of the easy chair.*

- with adjectives, to express emotional, mental, and physical conditions

Mis padres **están** contentos.	*My parents are happy.*
Mi abuela **está** enferma.	*My grandmother is ill.*
El refrigerador **está** descompuesto.	*The refrigerator is out of order.*

B. Los usos del verbo *ser*. The verb **ser** is used in a wider range of circumstances. Use **ser** in the following cases.

- with a predicate noun (that is, a noun *after* the verb), in order to identify the subject by relationship, occupation, profession, nationality, or other similar categories

Éste **es** mi primo.	*This is my cousin.*
Mis padres **son** cubanos.	*My parents are Cuban.*

- with adjectives, to describe characteristics and traits of people, places, and things

Elisa **es** amable.	*Elisa is kind.*
Mi casa **es** grande.	*My house is big.*

- with the preposition **de,** to express possession

La cama **es de** Alicia.	*The bed belongs to Alicia.*

- with the preposition **de,** to show origin

La lámpara **es de** Italia.	*The lamp is from Italy.*

- to tell time and to give dates (including days, months, years, seasons, etc.)

Son las seis y media de la mañana.	*It's six o'clock in the morning.*
Hoy **es** viernes.	*Today is Friday.*

C. *Ser* y *estar* con adjetivos. Although both **ser** and **estar** may be used with descriptive adjectives, the two verbs convey different meanings.

- **Ser** is used with adjectives that describe characteristics, traits, or inherent qualities—the way things or people are in essence, in the core of their being. Such adjectives include words like **alto, bajo, inteligente, bueno, cómico,** etc.

Elena **es guapa.**	*Elena is good-looking.* (Everyone thinks of her this way; she is a very attractive woman.)
Nuestra casa **es grande.**	*Our house is big.* (It has twelve rooms.)

- **Estar** is used with adjectives that describe the way a person feels or the condition something is in. Some adjectives of this type include **contento, triste, cansado, enfermo, enojado, frustrado, ordenado, desordenado, roto,** etc.

Elena **está triste.**	*Elena is sad.* (She feels sad because of some bad news she has just received.)
La sala **está sucia.**	*The living room is dirty.* (We just had a party, so it's a mess.)

- Many adjectives may be used with either **ser** or **estar,** but with different connotations. Note, however, that despite the differences in translation, **ser** is used to describe the essential nature of somebody or something, while **estar** is used to describe a condition.

ser: Juan **es** muy guapo.	*John is very handsome.* (He is a handsome man; everyone thinks of him as handsome.)
estar: Juan **está** muy guapo esta noche.	*John looks especially handsome tonight.* (He is wearing a new suit that favors him.)
ser: Este parque **es** muy limpio.	*This park is very clean.* (The city keeps it well maintained.)
estar: El parque **está** muy limpio.	*The park is/looks very clean.* (The crew just cleaned it up.)

- **Ser** and **estar** also convey different meanings when used with the question word **¿Cómo?**

ser: **¿Cómo es** tu mamá?	*What is your mom like?* (Describe her to me.)
estar: **¿Cómo está** tu mamá?	*How is your mom?* (How is she doing? Is she well?)

Ponerlo a prueba

4-19 Saludos de Los Roques. María del Carmen está de vacaciones con su esposo, Leonardo, en Venezuela. Completa la carta que ella les escribe a sus padres con la forma correcta del tiempo presente de **ser** o **estar.**

---

28 de febrero

Querida familia:

¿Qué hay de nuevo? ¿Cómo (1) _____ Uds.? Yo (2) _____ aquí en Los Roques, un paraíso tropical. ¡(3) _____ un lugar (*place*) fenomenal con playas muy blancas y limpias! Las islas Los Roques (4) _____ a unos ciento cincuenta kilómetros al norte de Caracas. Nuestro hotel (5) _____ en la playa de Gran Roque, la isla más grande. Nuestra habitación no (6) _____ muy grande, pero (7) _____ muy bonita. Casi todos los turistas aquí (8) _____ venezolanos; hay muy pocos norteamericanos. Todos (9) _____ muy amables.

   Hoy (10) _____ domingo. Desafortunadamente, Leonardo y yo pensamos regresar mañana a Miami. Pensamos pasar dos días allá porque Leonardo y yo (11) _____ un poco cansados. También pensamos visitar a Yolanda; ella (12) _____ la prima favorita de Leonardo. Pienso que (ella) (13) _____ enfermera (*nurse*) porque trabaja en el hospital Jackson Memorial.

   Si todo va bien, vamos a llegar a Charleston el 15 de agosto. Creo que (14) _____ jueves. Nosotros (15) _____ contentos de poder visitarlos por unos días. Bueno, por ahora, ¡saludos desde Los Roques!

   Abrazos de María del Carmen

4-20 Las diferencias entre el día y la noche. La señora Muñoz acaba de visitar a sus hijos, Armando y Arturo, quienes son tan diferentes como el día y la noche. Mira las habitaciones de Armando y Arturo, y contesta las preguntas oralmente.

1. ¿Cómo es el cuarto de Armando, grande, pequeño o de tamaño mediano? ¿Qué tiene Armando en su cuarto?
2. ¿Está limpio o sucio el cuarto de Armando? ¿Está ordenado o desordenado su escritorio?
3. ¿Cómo está la madre de Armando cuando piensa en el cuarto de su hijo? ¿Por qué?
4. ¿Cómo es el cuarto de Arturo? ¿Qué tiene en su cuarto?
5. ¿En qué condiciones está el cuarto de Arturo? Describe la condición de los muebles.
6. Después de mirar el cuarto de Arturo, ¿cómo está su madre?
7. ¿Cómo es tu cuarto? ¿Se parece más al (*Is it more like*) cuarto de Armando o al de Arturo?

Síntesis

4-21 ¿Qué apartamento prefieres? Lee los anuncios para algunos condominios en Bogotá, Colombia. Contesta las preguntas oralmente con tu compañero(a) de clase. Nota: En Colombia, se dice **alcoba,** y no **dormitorio.**

1. En Balcones de Tibana ofrecen dos tipos de condominios. ¿Cuáles son? ¿Cuánto cuesta cada uno? (Nota: $ es el símbolo para el peso colombiano.)

2. En Reserva de la Colina, tienen solamente un tipo de condominio. ¿Cuántos dormitorios y baños tiene? ¿Cuánto cuesta?

3. ¿Cuáles son algunos de los atractivos de los condominios en Balcones de Tibana? ¿en Reserva de la Colina?

4. ¿Cuál de los condominios es mejor *(better)* para una familia con niños pequeños? ¿para aficionados de los deportes?

RESERVA
De la Colina
ENCUENTRO CON EL AMBIENTE

Casas
RESERVA DE LA COLINA

Cra. 52 Calle 144

Ubicación privilegiada

Precio: Desde $ 179'000.000

Área: 181.1 m²

3 alcobas estudio o estar y servicio
3 baños y servicio

Financiación:
70% Las Villas

• Cancha de Tennis.
• Cancha de Squash.
• Cancha de Hockey.
• 10.000 mts² de zonas verdes.
• Todas las ventajas comunales.

INFORMES:
Tels: 520 0903 - 236 9546

INGEURBE

Apartamentos
BALCONES DE TIBANA

Cll. 4 Bis Nº 35-52

Precios: $ 33'400.000
$ 55'400.000

Áreas: 36.15 m² y 64.98 m²

1 y 3 alcobas
1 y 2 baños

Financiación:
Colmena

• Conjunto cerrado.
• Fuente de agua.
• Juegos infantiles.
• Salon comunal dotado con gimnasio
• Balcón en cada apartamento.
• Estufa y horno a gas.
• Garaje cubierto.
• Acabados de primera
• Recibimos crédito F.N.A.

INFORMES:
Sala de ventas 3713885
Of. 2104077 - 3455600

4-22 El apartamento perfecto. Dramatiza esta situación con un(a) compañero(a) de clase.

Estudiante A

Acabas de encontrar el apartamento perfecto. Pero... es un poco caro para una persona, y necesitas un(a) compañero(a) para compartir los gastos *(to share expenses)*. Describe el apartamento a tu compañero(a). Explícale por qué es el apartamento perfecto para Uds. Debes mencionar la siguiente información:

• la ubicación *(location)* del apartamento
• una descripción completa del apartamento y sus muebles
• las amenidades (por ejemplo: piscina, canchas de tenis, gimnasio, lavandería, etcétera)
• el precio del alquiler *(rent)*

Estudiante B

Tu compañero(a) acaba de encontrar un apartamento y quiere compartirlo *(to share it)* contigo. No has visto *(You haven't seen)* el apartamento y necesitas saber más. Habla con tu compañero(a) y pregúntale la siguiente información. Decide si tú quieres vivir en el apartamento, o seguir viviendo *(to keep living)* en la residencia.

• dónde está (¿lejos *(far)* o cerca *(near)* del campus? ¿cerca de un supermercado? etcétera)
• cómo es (¿grande o pequeño? ¿cuántos dormitorios? ¿cocina grande? ¿amueblado? etcétera)
• cuánto es el alquiler *(rent)* (¿caro o económico? ¿Incluye los servicios, como el cable, el gas, la electricidad? etcétera)

Paso 3

In this *Paso* you will practice:

● Describing the daily activities of family members and friends

Grammar:

● Some irregular verbs in the present tense

● Indefinite/Affirmative and negative expressions

Vocabulario temático
LAS ACTIVIDADES DE MI FAMILIA

Los quehaceres domésticos

Normalmente papá cocina *la cena.*
el desayuno
el almuerzo

Mi hermana siempre lava *los platos.*
la ropa

Mi hermanito nunca quiere *poner la mesa.*
hacer la cama.

A veces mamá tiene que *limpiar el garaje.*
cortar el césped

Yo limpio el polvo de *los muebles.*
También, doy de comer al *perro.*

Nuestra rutina

Durante la semana, todos salimos de casa *temprano.*
tarde

Pasamos el día *en clase.*
en el trabajo
en la oficina

Mis hermanos y yo regresamos a casa *antes que mis padres.*
después que mis padres

Los fines de semana mis hermanos y yo dormimos *hasta tarde.*
hasta las once

Los sábados, papá trae trabajo a casa y mamá limpia *la casa.*

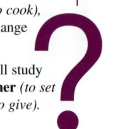

¿ Sabías que...

- Several of the new verbs in this section are regular in the present tense: **cocinar** *(to cook)*, **lavar** *(to wash)*, **cortar** *(to cut; to mow)*. The verb **dormir** *(to sleep)* has a stem change **o → ue.**

- Many of the new verbs in this section are irregular in the present tense; you will study them in more detail later in this *Paso:* **salir** *(to leave, go out)*, **traer** *(to bring)*, **poner** *(to set [a table], to put, place; to turn on [a TV or radio])*, **hacer** *(to do; to make)*, **dar** *(to give)*.

Ponerlo a prueba

Text Audio CD
Track CD1-23

4-23 El día más ajetreado. Los miembros de la familia Silva (Rodolfo, Caridad, Diana) contestan la pregunta "¿Cómo pasa Ud. su día más ocupado?" como parte de una encuesta. Escucha su conversación en el disco compacto y completa las preguntas.

1. Para Rodolfo Silva, el día más ocupado es el _____.

2. Ese día, el Sr. Silva... (Indica con una **X** a **cuatro** de sus actividades.)

   _____ a. sale de casa más temprano

   _____ b. tiene que comer desayuno con sus clientes

   _____ c. regresa a casa más tarde

   _____ d. va al gimnasio por la mañana

   _____ e. tiene una reunión

   _____ f. pasa tiempo en un club con sus colegas

3. Para Caridad Silva, el día más ocupado es el _____.

4. Ese día, Caridad y la empleada... (Indica con una **X** a **cuatro** de los quehaceres domésticos.)

   _____ a. hacen las camas

   _____ b. lavan la ropa

   _____ c. cortan el césped

   _____ d. limpian los baños

   _____ e. cocinan

   _____ f. limpian el polvo de los muebles

5. Para Diana, el día más ocupado es el _____.

6. Ese día, Diana... (Indica con una **X** a **cuatro** de sus actividades.)

   _____ a. pasa el día en clase

   _____ b. va al gimnasio

   _____ c. trabaja de voluntaria en un hospital

   _____ d. cocina la cena para su familia

   _____ e. hace ejercicios aeróbicos

   _____ f. trae mucha tarea a casa

4-24 Mi rutina. Tu y tu compañero(a) de clase van a comparar sus rutinas. Completa las oraciones con la expresión más apropiada y léele la oración a tu compañero(a). Puedes usar una de las respuestas entre paréntesis, o una respuesta original.

1. Salgo de casa temprano (todos los días / los lunes, los miércoles y viernes / sólo los jueves / ?). ¿Con qué frecuencia sales tú temprano de tu casa?
2. Durante la semana paso (casi todo el día / sólo la mañana / sólo la tarde) en clase. ¿Cuánto tiempo pasas tú en clase?
3. Normalmente, vengo a casa (temprano / después de la cena / tarde / ?). ¿Y tú?
4. Hago la cama (casi todos los días / a veces / sólo cuando mis padres visitan / ?). ¿Con qué frecuencia haces la cama tú?
5. Lavo la ropa (todas las semanas / una o dos veces al mes / cuando toda mi ropa está sucia / ?). ¿Y tú?
6. Cocino la cena (casi todos los días / con frecuencia / a veces / ?). ¿Con qué frecuencia cocinas tú?

¡NO TE OLVIDES!

To express wants, desires, and obligations, conjugate the following verbs in the present tense; then add an infinitive:

querer (ie)	*to want*	**necesitar**	*to need*
tener ganas de	*to feel like*	**tener que**	*to have to*
deber	*ought to, must, should*		

4-25 Sueños. ¿Qué quieren hacer los miembros de la familia Blanco? ¿Qué necesitan hacer? Mira los dibujos y escribe oraciones completas. Sigue el modelo.

MODELO: *El señor Blanco quiere _____ y _____. También, tiene ganas de _____. Pero, tiene que _____ y _____. También, necesita _____.*

1.

2.

3.

Gramática
ALGUNOS VERBOS IRREGULARES EN EL TIEMPO PRESENTE

A. Verbos con la forma irregular *yo*. In Spanish, verbs are classified as regular, stem-changing, or irregular, depending on their pattern of conjugation. The following verbs are unique because they are irregular only in the **yo** form.

-ar verbs
dar *(to give)*
(Yo) **Doy** de comer a los gatos. (das, da, damos, dais, dan)
-er verbs
conocer *(to know, be familiar with [a person or a place])*
(Yo) **Conozco** al presidente de la universidad.
(conoces, conoce, concemos, conocéis, conocen)
hacer *(to do; to make)*
(Yo) **Hago** la cena. (haces, hace, hacemos, hacéis, hacen)
poner *(to put, place; to turn on [a radio or TV])*
(Yo) **Pongo** la televisión. (pones, pone, ponemos, ponéis, ponen)
saber *(to know [information or how to do something])*
(Yo) **Sé** tu número de teléfono. (sabes, sabe, sabemos, sabéis, saben)
traer *(to bring)*
(Yo) **Traigo** la música. (traes, trae, traemos, traéis, traen)
ver *(to see; to watch)*
(Yo) **Veo** las películas de horror. (ves, ve, vemos, veis, ven)
-ir verbs
conducir *(to drive)*
(Yo) **Conduzco** el coche. (conduces, conduce, conducimos, conducís, conducen)
salir *(to leave, go out)*
(Yo) **Salgo** con mis amigos. (sales, sale, salimos, salís, salen)

B. Los verbos *venir* y *decir*. The verbs **venir (ie)** and **decir (i)** are stem-changing in the present tense, in addition to being irregular in the **yo** form.

decir *(to say; to tell)*			
yo	**digo**	nosotros(as)	decimos
tú	dices	vosotros(as)	decís
Ud., él, ella	dice	Uds., ellos, ellas	dicen

venir *(to come)*			
yo	**vengo**	nosotros(as)	venimos
tú	vienes	vosotros(as)	venís
Ud., él, ella	viene	Uds., ellos, ellas	vienen

C. Los verbos *saber* **y** *conocer.* Both **saber** and **conocer** mean *to know,* but they are used in different contexts.

Conocer is used in the following cases.

- To say that you know someone, in the sense that you have already been introduced. The word **a** is placed before the name of the person; this is known as the "personal **a.**"

  ¿Conocen Uds. **a** Karina?   *Do you all know* Karina?
                                       (Have you met her?)

- To say that you are familiar with or know about people, places, or things. In the case of places, **conocer** implies that you have been there.

  ¿Conoces Nueva York?   *Do you know* New York?
                                    (Have you visited there?)

  Conozco la poesía de   *I am familiar with* the poetry of *Pablo*
  Pablo Neruda.   *Neruda. (I've read his poetry.)*

Saber is used in the following ways.

- To express that you know particular information and facts.

  No **sé** su dirección.   *I don't* **know** *his address.*
  ¿Sabes cuál es la capital   *Do you know* what the capital
  de Colombia?   of Colombia is?

- With infinitives, to express what you know how to do. Notice that the English word *how* is not translated in this situation.

  Eduardo **sabe** nadar bien.   *Eduardo* **knows how** *to swim well.*
                                (He "can" swim well.)
  No **sé** tocar el piano.   *I don't* **know how** *to play the piano.*
                                (I "can't" play the piano.)

Ponerlo a prueba

4-26 Un sábado normal. Algunos miembros de la famila Martínez describen cómo es un sábado normal. Completa la descripción con un verbo lógico de la lista. Escribe los verbos en el tiempo presente. No repitas los verbos.

1. **dormir**   **poner**   **salir**   **venir**

   Carlos dice: Los sábados por la mañana (yo) (1) _____ hasta tarde, porque los viernes (yo) (2) _____ con mis amigos y no regreso hasta tarde. A veces, ellos (3) _____ a mi casa y hablamos hasta la medianoche.

2. **saber**   **tener**   **traer**   **ver**

   El Sr. Martínez dice: Casi siempre (yo) (4) _____ trabajo a casa los fines de semana. Por eso *(That's why)* los sábados por la mañana (yo) (5) _____ que trabajar por dos o tres horas. Pero, por la tarde, (yo) (6) _____ los partidos de fútbol en la televisión.

3. **cocinar**   **dar**   **hacer**   **limpiar**

   Dulce dice: Para mí, el sábado por la mañana es el tiempo más aburrido del fin de semana. (Yo) (7) _____ mi cama, (yo) (8) _____ de comer al perro y (yo) (9) _____ mi cuarto y el baño.

4-27 Comparando rutinas. Rosa y Maricarmen son buenas amigas y compañeras de cuarto en la universidad. Aquí, Rosa describe su rutina para un lunes típico. Con un(a) compañero(a) de clase, lean las descripciones y comparen sus rutinas. Sigan el modelo:.

MODELO:

Tú lees: Maricarmen y yo **salimos de la residencia** a las ocho y media de la mañana. ¿A qué hora sales tú de la residencia/casa?

Tu compañero(a) contesta: *Yo salgo de la residencia a las ocho. ¿A qué hora sales tú de casa por la mañana?*

Tú dices: *Yo salgo a las nueve o a las nueve y media.*

1. Normalmente Maricarmen y yo **hacemos la tarea** para nuestras clases por la noche. ¿Cuándo haces tú la tarea?
2. Yo **pongo música clásica** cuando estudio, y Maricarmen **pone música rock.** ¿Qué tipo de música pones tú cuando estudias?
3. Yo **conozco bien** a todos mis profesores. Maricarmen es un poco tímida y sólo **conoce bien** a su profesora de inglés. ¿A cuáles de tus profesores conoces bien?
4. Maricarmen y yo somos deportistas. **Sabemos jugar** al tenis, al vóleibol y un poco al fútbol. ¿Qué deportes sabes tú jugar?
5. Nos gustan mucho las películas. Yo **veo películas de horror con** frecuencia. Maricarmen **ve películas románticas.** ¿Qué tipo de película ves tú con frecuencia?
6. Maricarmen siempre trae animales a la residencia. **Tiene debilidad** (*She has a soft spot*) por los gatos. ¿Tienes debilidad por los animales?

Gramática
EXPRESIONES INDEFINIDAS/AFIRMATIVAS Y NEGATIVAS

A. Expresiones indefinidas y negativas. Words like *somebody, anything,* and *some* are known as indefinite/affirmative words, while words like *nobody, nothing,* and *none* are known as negative words. The following chart summarizes the most commonly used indefinite/affirmative and negative words in Spanish and English.

Palabras indefinidas/afirmativas		Palabras negativas	
everybody, everyone	todo el mundo, todos	*nobody, no one*	nadie
somebody, someone, anybody, anyone	alguien	*not . . . anybody; not . . . anyone*	no... nadie
everything	todo	*nothing*	nada
something, anything	algo	*not . . . anything*	no... nada
always	siempre	*never*	nunca
		not . . . ever	no... nunca
some, any	algún (alguno), alguna, algunos, algunas	*no, not one*	ningún (ninguno), ninguna
		not . . . any; not . . . a single (one)	no... ningún ningún (ninguno), ninguna
also	también	*neither*	tampoco
		not . . . either	no... tampoco
either . . . or	o... o	*neither . . . nor*	ni... ni
		not . . . or	no... ni... ni

B. Los usos de las palabras indefinidas y negativas. English and Spanish tend to use indefinite and negative words in quite different ways. Study carefully these important guidelines.

- In Spanish, the word **tampoco** and all the words in the chart that start with the letter **n** (**nadie, nada, ningún/ninguno(a), nunca, ni... ni**) are considered negative words.

- Negative words may be placed before the verb in Spanish, just as in English.

  Before the verb: **nadie**   **Nadie** viene a cenar esta noche.
  Nobody's coming to dinner tonight.

  nunca   **Nunca** limpio mi cuarto.
  I never clean my room.

- Negative words may also be placed after the verb in Spanish, but then it is necessary to add **no** in front of the verb. This "double negative" is proper and necessary in good Spanish, even though in English double negatives are considered colloquial or substandard use.

  After the verb: **no... nadie**   ¿**No** viene **nadie** a cenar esta noche?
  Isn't anybody coming to dinner tonight?

  no... nunca   **No** limpio mi cuarto **nunca**.
  I don't ever clean my room.

- In Spanish, multiple negative words may be used in the same sentence. English generally uses a combination of just one negative word and multiple indefinite/affirmative words.

  Nunca haces **nada** para **nadie**.   *You never do anything for anyone.*
  Nadie nunca me ayuda con **nada**.   *Nobody ever helps me with anything.*

- The indefinite words **algún, alguna, algunos,** and **algunas** must agree with their nouns in gender and number.

  ¿Tienes algun**os**   *Do you have any*
  amig**os** mexicanos?   *Mexican friends?*

- The negative words **ningún** and **ninguno(a)** must agree with the noun but, unlike in English, are generally used only in the singular.

  ¿**No** tienes **ningún**   *Don't you have any*
  amigo mexicano?   *Mexican friends?*
  No, **no** tengo **ningún**   *No, I don't have any*
  amigo mexicano.   *Mexican friends. /*
  No, I don't have a single
  Mexican friend. /
  No, I have no Mexican friends.

Ponerlo a prueba

4-28 La Sra. Guerra. Cuando la Sra. Guerra piensa en el comportamiento *(behavior)* de su familia, tiene reacciones positivas y negativas. Lee sus reacciones y decide en cada caso si ella está contenta o no.

MODELO: Nuestros hijos nunca llegan tarde a casa.   ☺   ☹

1. Nuestra hija Alicia siempre hace las tareas para la escuela.   ☺ ☹
2. Nuestro hijo nunca le da de comer al perro.   ☺ ☹
3. Nadie quiere lavar los platos; siempre tengo que lavarlos yo.   ☺ ☹
4. Ninguno de nuestros hijos es maleducado.   ☺ ☹
5. Mis hijos siempre hacen algo especial para celebrar el Día de la Madre.   ☺ ☹
6. Nuestro hijo Adán nunca hace su cama. Tampoco quiere limpiar el polvo de los muebles en su cuarto.   ☺ ☹
7. Cuando llego tarde a casa, alguien siempre me ayuda a cocinar la cena.   ☺ ☹
8. Mi esposo siempre me trae rosas para nuestro aniversario.   ☺ ☹

4-29 De mal humor. Reinaldo está de muy mal humor. Lee las conversaciones y complétalas con las palabras negativas o indefinidas más lógicas. Después, lee las conversaciones con tu compañero(a) de clase.

1. **algo**   **alguien**   **nada**   **nadie**

    Abuelita: ¿Quieres comer _____, Reinaldo?
    Reinaldo: Gracias, abuelita, pero no quiero comer _____. No tengo hambre.

2. **algún**   **también**   **ningún**   **tampoco**

    Mamá: ¿Qué tal tu nueva maestra *(teacher)*? Todos dicen que es muy simpática y bonita. Dicen que es muy competente, _____.
    Reinaldo: Pues, yo creo que es horrible. ¡No podemos hablar en clase! _____ podemos comer chicle *(chew gum)*.

3. **algunos**   **siempre**   **ninguno**   **nunca**

    Papá: Vamos al partido de béisbol esta tarde. ¿Quieres invitar a _____ de tus amigos?
    Reinaldo: No, papá, no quiero invitar a _____ de mis amigos. ¡Son todos idiotas!

4. **alguien**   **siempre**   **nadie**   **nunca**

    La hermana: Mamá, Reinaldo es un chico muy malo. _____ entra en mi dormitorio y usa mis cosas sin *(without)* permiso.
    Reinaldo: ¡No es verdad, mamá! _____ entro en su cuarto. Ella es una mentirosa *(liar)*.

4-30 ¿Qué hay? Mira el dibujo. Lee las frases y decide si son ciertas (C) o falsas (F).

	Cierto	Falso
1. No hay nadie en los dormitorios.	☐	☐
2. Alguien pone la mesa en el comedor.	☐	☐
3. Los niños siempre hacen sus camas.	☐	☐
4. Hay algunos gatos en la sala.	☐	☐
5. No hay ningún perro en el patio.	☐	☐

Síntesis

4-31 Una encuesta. Imagínate que estás preparando un informe para una revista sobre la familia de hoy. Usa el siguiente formulario para entrevistar a un(a) compañero(a) de clase.

1. ¿Cuántas personas hay en tu familia?
   - ☐ 1–3
   - ☐ 4–6
   - ☐ 7 o más

2. ¿En qué tipo de casa vive tu familia?
   - ☐ casa o dúplex
   - ☐ apartamento
   - ☐ condominio

3. ¿Dónde vive tu familia?
   - ☐ en una ciudad
   - ☐ en el campo *(country)*
   - ☐ en las afueras *(outskirts, suburbs)*

4. ¿Qué otros parientes viven con tu familia?
   - ☐ ninguno
   - ☐ un abuelo / una abuela
   - ☐ otro pariente (¿cuál?)

5. ¿Qué animales domésticos tienen Uds.?
   - ☐ ninguno
   - ☐ un(os) gato(s)
   - ☐ un(os) perro(s)
   - ☐ otro animal (¿cuál?)

6. En tu familia, ¿**quién** tiene que hacer los siguientes trabajos?
   a. limpiar el baño
   b. lavar la ropa
   c. cocinar
   d. cortar el césped
   e. limpiar el polvo de los muebles

7. ¿Con qué frecuencia participan tú y tu familia en las siguientes actividades sociales —nunca, a veces o con frecuencia?
   a. jugar deportes
   b. viajar y conocer lugares nuevos
   c. dar fiestas para los amigos y los familiares
   d. leer y discutir libros
   e. alquilar y mirar vídeos de películas

4-32 Todo en un día. Aquí tienes a la familia González en su casa. Es un sábado típico por la mañana. Describe la escena oralmente con oraciones completas.

1. ¿Cómo es la casa de los González? ¿Qué cuartos tiene?
2. ¿Qué muebles hay en la sala? ¿en la cocina?
3. ¿Cuál de los cuartos está un poco sucio o desordenado? Descríbelo.
4. ¿Quiénes son los miembros de la familia?
5. ¿Cómo es el padre de la familia? ¿la hija mayor?
6. ¿Qué hacen los miembros de la famila los sábados por la mañana?

Vistazo gramatical
EL PRESENTE PROGRESIVO

A. La formación del presente progresivo. Both Spanish and English have two different kinds of present tense: the simple present tense (**el presente de indicativo**) and the present progressive (**el presente progresivo**).

Presente: Los niños **juegan** al vóleibol todos los días.
*The children **play** volleyball every day.*

Presente progresivo: Los niños **están jugando** al vóleibol.
*The children **are playing** volleyball.*

In both languages, the present progressive tense is formed by using two words together: a form of the verb *to be* (**estar**) and a present participle. To form the present participle of most verbs, remove the **-ar, -er, -ir** ending from the infinitive, and then follow these guidelines.

- Add **-ando** to the stem of **-ar** verbs, and **-iendo** to the stem of **-er** and **-ir** verbs.

Infinitive	Present participle	Meaning
-ar: hablar	-ando: habl**ando**	*talking, speaking*
-er: comer	-iendo: com**iendo**	*eating*
-ir: escribir	-iendo: escrib**iendo**	*writing*

- Add **-yendo** to **-er** and **-ir** verbs that have a vowel directly before the infinitive ending

Infinitive	Present participle	Meaning
leer	le**yendo**	*reading*
construir	constru**yendo**	*building, constructing*

Present participles must be used together with the present tense of the verb **estar** to form the **presente progresivo:**

yo	**Estoy estudiando** historia.	*I am studying history.*
tú	¿Con quién **estás hablando**?	*With whom **are you speaking**?*
Ud., él, ella	Elena **está leyendo**.	*Elena **is reading**.*
nosotros(as)	**Estamos mirando** una película.	*We are watching a movie.*
vosotros(as)	¿Qué **estáis haciendo**?	*What **are you doing**?*
Uds., ellos, ellas	José y Marta **están comiendo** en la cafetería.	*José and Marta **are eating** in the cafeteria.*

B. La función del presente progresivo. English and Spanish use the present tense and the present progressive tense in somewhat different ways.

- In both Spanish and English, the present progressive is used to describe what is taking place at the moment someone is speaking.

  Mamá **está trabajando** ahora.　　*Mom **is working** now.*

- In English, the present progressive may be used to describe routines or plans for the future. In Spanish, the simple present tense must be used instead.

  Salimos mañana para París.　　***We're leaving** tomorrow for Paris.*

Ponerlo a prueba

4-33 ¿Dónde? Son las once de la mañana y todos en la familia están ocupados. ¿Qué están haciendo? ¿Dónde están? Combina las columnas de una manera lógica.

MODELO:　Papá está trabajando... *en la oficina.*

A	**B**
1. Mamá está cocinando...	en la sala
2. Tía Evangelina está limpiando la ducha...	en el dormitorio
3. Mis amigos y yo estamos levantando pesas...	en el gimnasio
4. Magdalena está haciendo las camas...	en la cocina
5. Abuelita está mirando la televisión...	en el vecindario
6. Mis primas Eloísa y Dalia están corriendo...	en el baño

4-34 No contestan. Nadie oye *(hears)* el teléfono. ¿Por qué no? ¿Qué están haciendo? Escribe oraciones completas con el presente progresivo. Sigue el modelo.

MODELO:　*Marisol no oye el teléfono porque está escuchando música.*

¡Vamos a hablar! | Estudiante A

Contexto: In this activity, you and your partner will practice describing the location of furniture in some rooms of a house. Your partner, **Estudiante B,** has a complete floor plan with all the furniture in place. You have only the outline of the rooms and must draw in the furniture in the correct place as your partner describes it to you. Before you begin, copy your floor plan onto a sheet of paper. Your partner will begin by identifying for you the location and contents of the bathroom.

--- Vocabulario útil ---

¿Dónde está... ?	*Where is . . . ?*
¿Dónde pongo... ?	*Where do I put . . . ?*
¿A la derecha o a la izquierda?	*To the right or to the left?*
en el rincón	*in the corner*

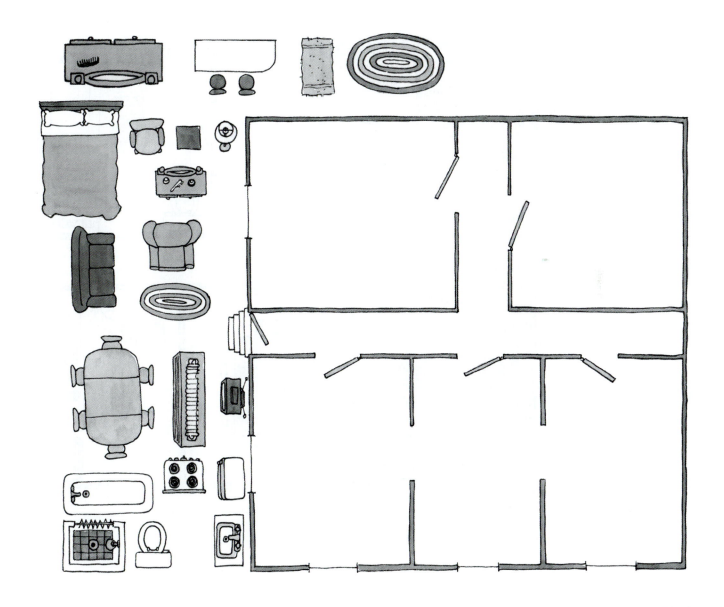

¡Vamos a hablar! | Estudiante B

Contexto: In this activity, you and your partner will practice describing the location of furniture in some rooms of a house. You have the complete floor plan with all the furniture in place. Your partner, **Estudiante A,** has only the outline of the rooms. You must describe to your partner where each room is and the location of all the furniture and fixtures. Your partner will draw the furniture in its correct place. You will begin by saying: **Vamos a empezar con el baño. El baño está... En el baño, el lavabo está...**

─── Vocabulario útil ───

El lavabo está...	*The sink is located . . .*
Pon la mesita al lado de...	*Put the nightstand next to . . .*
(No) Está bien.	*That's (not) right.*
en el rincón	*in the corner*

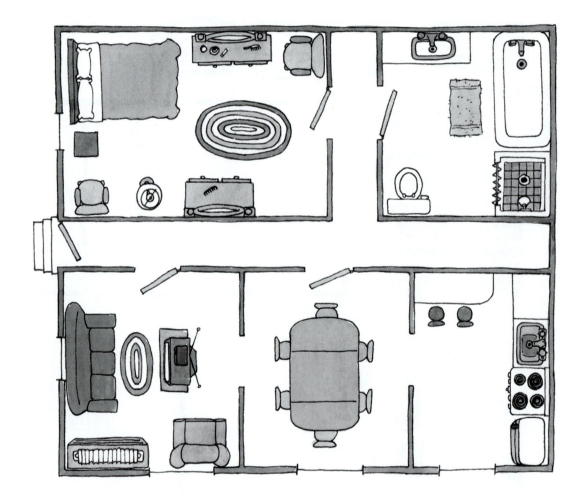

¡Vamos a leer!

4-35 Aplicando la estrategia. Before reading this article on turtles in depth, skim the title, subtitles, and first paragraph. Summarize what you have learned during this first look at the article by completing the following sentences.

1. Este artículo se trata de *(deals with)* _____.
   a. las famosas tortugas de las islas Galápagos
   b. la posible extinción de algunas especies de tortugas
   c. las tortugas como animales domésticos

2. Este artículo es para _____.
   a. los expertos en ciencia marina
   b. los padres que buscan una mascota para sus hijos
   c. los niños que tienen una tortuga

3. Este artículo contiene información sobre _____.
   a. la mejor manera de cuidar *(take care of)* una tortuga
   b. las diferentes variedades de tortugas
   c. los parásitos más comunes de las tortugas

4-36 Comprensión. Lee el artículo y completa las preguntas por escrito.

1. ¿Por qué es una buena mascota la tortuga? Escribe tres ventajas *(advantages)*.
2. ¿Por qué necesitan las tortugas una temperatura moderada?
3. ¿Por qué es una buena idea tener agua limpia en el terrario y lavar las tortugas?
4. ¿Qué comen las tortugas?

UNA TORTUGA EN CASA

La tortuga es el animal más indicado para iniciar a los niños en el mundo de las mascotas. Tranquilas, amigables y simpáticas, las tortugas ofrecen un sinfín de ventajas: pocos cuidados, atención mínima, viven mucho tiempo y son baratos, de coste y de mantenimiento.

La más común es la tortuga Florida, de apenas 5 cm de tamaño y unos cuantos gramos de peso, pero que con el tiempo y un poco de cariño puede llegar a pesar 3 kg, medir casi 30 cm y vivir 30 años.

Antes de adquirir un ejemplar conviene informarse bien de qué tipo se trata, cómo mantenerla y cuáles son sus hábitos y características. Su tamaño condicionará el del terrario, que deberá ser lo suficientemente amplio para que pueda moverse, además de ser fácil de limpiar y de esterilizar.

La tortuga Florida puede vivir 30 años

Temperatura ideal

Las tortugas son animales de sangre fría, por lo que dependen de la temperatura exterior para vivir. Si es demasiado fría, caerá en un casi constante periodo de letar-go, y si es muy alta, tenderá a la hiperactividad. Lo ideal es una temperatura de entre 21 y 25°, la cual se puede conseguir gracias a unos pequeños calefactores. También necesitan una buena ración de sol -unos 10 minutos-, al menos cada dos días.

Agua limpia

El agua deberá estar limpia, sin restos de comida o excrementos. El estanque se puede adornar con piedras y plantas artificiales, que deben lavarse periódicamente con un jabón suave y un concienzudo aclarado. Las tortugas también conviene lavarlas para evitar la aparición de parásitos, con agua tibia sin jabón y un trapo suave para frotar.

Su dieta se basa en las frutas y verduras. Pero lo mejor es la comida que venden en las tiendas especializadas. ■

Un paso más: Cuaderno de actividades

Vamos a escribir: Writing descriptions   Pág. 82
You will learn about three different parts of a good description—introduction, main body, and conclusion—and practice creating in words an image that the reader can "see" and "feel."

Vamos a mirar: Pág. 84
Vídeo 1: El apartamento
Follow along as Miguel shows Francisco around the apartment.
Vídeo 2: Vistas de Venezuela

Venezuela

Datos esenciales

- **Nombre oficial:** República de Venezuela
- **Capital:** Caracas
- **Población:** 22.777.000 habitantes
- **Unidad monetaria:** El bolívar
- **Principales industrias:** Refinerías de petróleo, metales, manufactura de automóviles
- **De especial interés:** Venezuela tiene más de setenta islas. La más conocida es la isla Margarita. El salto del Ángel, la cascada más alta del mundo, se encuentra en el sureste.
- **Internet:** http://www.avenidas.heinle.com

1498 Los españoles llegan a las costas y encuentran *(find)* más de veinte diferentes tribus indígenas. Estas tribus se resisten a la colonización y hay guerras *(wars)* continuas.

1821 Venezuela, Ecuador y Colombia se independizan de España y forman la República de la Gran Colombia.

Un **vistazo** a la historia

1567 Finalmente los españoles ganan territorio y establecen la ciudad de Santiago de León de Caracas.

Personajes de ayer y de hoy

Simón Bolívar Palacios fue "El Libertador" de Venezuela y otros países de Latinoamérica. Bolívar tenía un sueño *(had a dream)*: una América independiente y unificada. Bolívar participó en la independencia de Venezuela, Colombia, Ecuador, Bolivia y Perú. Fue *(He was)* el primer presidente de la República de la Gran Colombia y de la República de Venezuela.

Rómulo Gallegos es uno de los venezolanos más famosos del siglo *(century)* XX. Entre su extensa obra literaria se destaca *(stands out)* su novela *Doña Bárbara*. Además, fue nombrado presidente de la República de Venezuela en 1947. En 1958, recibió el Premio Nacional de Literatura.

Irene Sáez Conde fue ganadora *(winner)* del concurso de belleza Miss Universo en 1981. De 1981 a 1991, fue representante diplomática de Venezuela ante la Organización de las Naciones Unidas (ONU). De 1992 a 1998, fue alcaldesa *(mayor)* del municipio de Chacao por dos períodos consecutivos.

Notas culturales de interés

En 1499 una expedición española, a cargo de Alfonso de Ojeda y del italiano Américo Vespucio, explora la costa noroeste del nuevo continente. En el lago Maracaibo encuentran casas rústicas de madera construidas por los indígenas. Estas casas construidas en pilotes *(piles)* parecen suspendidas sobre el lago. Cuando ve estas construcciones sobre el agua, llamadas "palafitos", Vespucio recuerda la ciudad de Venecia, en Italia. Llamó *(He called)* al nuevo país Venezuela, que significa *(means)* "pequeña Venecia".

1958 El país tiene su primera elección democrática de un presidente.

1960 Se funda la Corporación Venezolana de Petróleo y se crea la Organización de Países Exportadores de Petróleo (OPEP).

1830 Venezuela se declara una nación independiente de la República de la Gran Colombia.

¿Qué sabes sobre Venezuela?

4-38 Datos de dos países. Trabajen en parejas para llenar el cuadro comparativo con información básica sobre Venezuela y los Estados Unidos.

Nombre oficial del país	República de Venezuela	Los Estados Unidos
Moneda		
Capital		
Industrias		
Fecha de independencia		
Una reina del concurso Miss Universo		
El primer presidente		
Una novela famosa		
Un autor que fue presidente de la nación		

4-39 Entrevista a un personaje histórico. Imagínense que Uds. están en Venezuela en el año 1499, cuando una expedición española acaba de descubrir *(just discovered)* el lago Maracaibo. Uno(a) de Uds. es un(a) reportero(a), y su compañero(a) es el explorador Américo Vespucio. Completen la entrevista y preséntensela a la clase. **¡Ojo!** No olviden la cortesía: Incluyan frases como **buenos días, por favor** y **gracias.** Las siguientes son las preguntas que hace el reportero.

- ¿Cómo se llama Ud.?

- ¿De dónde es Ud., Sr. Vespucio?

- ¿Ud. está a cargo de esta expedición? ¿Explora Ud. este nuevo territorio para Italia?

- ¿Hay algo particularmente interesante en esa área del continente?

- ¿Cómo son esas casas que encontraron en el lago?

- ¿Cómo llaman los indígenas a esas casas en el lago?

- ¿Por qué piensa Ud. llamar a este nuevo territorio *Venezuela*?

Vocabulario

Sustantivos

el (la) abuelo(a) *grandfather/ grandmother*
la alfombra *rug*
el almuerzo *lunch*
el animal doméstico *pet*
los anteojos *(eye)glasses*
la bañera/tina *bathtub*
el baño *bathroom*
la barba *beard*
el bigote *mustache*
la cama *bed*
la casa *house*
la cena *supper*
el césped *lawn*
la clase *kind, type*
el clóset *closet*
la cocina *kitchen; stove*
el comedor *dining room*
la cómoda *chest of drawers*
la cortina *curtain*
el cuadro *painting, picture*
el cuarto *room*
el (la) cuñado(a) *brother-in-law/ sister-in-law*
el desayuno *breakfast*
el dormitorio *bedroom*
la ducha *shower*
el (la) esposo(a) *husband/wife*

el estante *shelf*
la familia *family*
el (la) familiar *family member*
el fregadero *(kitchen) sink*
las gafas *(eye)glasses*
el garaje *garage*
el (la) gato(a) *cat*
la gaveta *dresser drawer*
el hámster *hamster*
el (la) hermanastro(a) *stepbrother/stepsister*
el (la) hermano(a) *brother/sister*
el (la) hijo(a) *son/daughter*
el inodoro *toilet*
la lámpara *lamp*
el lavabo *(bathroom) sink, lavatory*
el (la) medio(a) hermano(a) *half brother/half sister*
la mesa *table*
la mesita *coffee table*
la mesita de noche *nightstand*
el mueble *(piece of) furniture*
la nevera / el refrigerador *refrigerator*
el (la) nieto(a) *grandson/ granddaughter*
el ojo *eye*

el padrastro (la madrastra) *stepfather/stepmother*
el padrino (la madrina) *godfather/godmother*
el (la) pariente *relative*
el pelo *hair*
el (la) perro(a) *dog*
el pez tropical *tropical fish*
el piso *floor*
la planta baja *ground/first floor*
el plato *dish*
el polvo *dust*
el (la) primo(a) *cousin*
los quehaceres domésticos *chores, housework*
la ropa *clothes, clothing*
la rutina *routine*
la sala *living room*
la silla *chair*
el sillón *easy chair*
el (la) sobrino(a) *nephew/niece*
el sofá *sofa, couch*
el (la) suegro(a) *father-in-law/ mother-in-law*
la tina *bathtub*
el televisor *TV set*
el (la) tío(a) *uncle/aunt*
el trabajo *work*

Verbos

acabar *(+ infinitive) to have just (done something)*
alquilar *to rent*
cocinar *to cook*
comprar *to buy*
conducir *to drive*
conocer *to know, be familiar with (a person or a place)*
cortar *to cut; to mow (the lawn)*
dar *to give*

dar de comer *to feed*
decir *to say; to tell*
dormir (ue) *to sleep*
hacer ejercicio *to exercise*
hacer la cama *to make the bed*
lavar *to wash*
limpiar *to clean*
limpiar el polvo *to dust*
llevar *to wear*
mudarse *to move (one's residence)*

pasar *to spend (time)*
poner *to put, place; to set (the table); to turn on (a radio or TV)*
preparar *to prepare*
saber *to know (information or how to do something)*
salir *to leave, go out*
traer *to bring*
venir (ie) *to come*
ver *to see; to watch*

Otras palabras

a la derecha de *to the right of*
a la izquierda de *to the left of*
a veces *sometimes*
agradable *pleasant, good-natured*
al lado de *next to, beside*
algo *something, anything*
algún, alguno(a) *some, any*
alguien *somebody, someone*
alto(a) *tall*
amable *kind*
amueblado(a) *furnished*
antes *before*
antipático(a) *disagreeable, unpleasant*
aquel (aquella) *that (over there)*
aquellos(as) *those (over there)*
azul *blue*
bajo(a) *short (in height)*
barato(a) *cheap, inexpensive*
bonito(a) *pretty*
bueno(a) *good*
calvo(a) *bald*
canoso(a) *gray-haired*
cariñoso(a) *warm, affectionate*
caro(a) *expensive*
casado(a) *married*
castaño(a) *brown*
cerca *near*
color miel *hazel-colored*
corto(a) *short (in length)*
de estatura mediana *of medium height*
del medio *middle (child)*
de tamaño mediano *medium-sized*
debajo de *under, underneath*
delante de *in front of*
delgado(a) *thin, slender*

descompuesto(a) *out of order, broken*
desordenado(a) *messy*
detrás de *behind*
después *after*
divertido(a) *fun (to be with); funny*
durante *during*
educado(a) *polite*
en *in; on*
en el medio de *in the middle of*
en buenas (malas) condiciones *in good (bad) condition*
entre *between, among*
ese(a) *that*
esos(as) *those*
este(a) *this*
estos(as) *these*
extrovertido(a) *outgoing*
feo(a) *ugly*
gordito(a) *plump*
gordo(a) *fat, overweight*
grande *big, large*
guapo(a) *handsome, good-looking*
hasta tarde *until late*
joven *young*
largo(a) *long*
limpio(a) *clean*
maleducado(a) *impolite, ill-mannered*
malo(a) *bad*
mayor *older, oldest*
menor *younger, youngest*
mi(s) *my*
moderno(a) *modern*
nada *nothing, not anything*
nadie *nobody, no one, not anyone*
negro(a) *black*

ni... ni *neither . . . nor*
ningún, ninguno(a) *no, not one*
normalmente *normally, usually*
nuestro(a) *our*
nuevo(a) *new*
nunca *never*
o... o *either . . . or*
optimista *optimistic*
ordenado(a) *neat, tidy*
pequeño(a) *small*
perezoso(a) *lazy*
pesado(a) *tiresome, annoying*
pesimista *pessimistic*
rojo(a) *red*
roto(a) *broken*
rubio(a) *blond(e)*
serio(a) *serious*
siempre *always*
simpático(a) *nice*
soltero(a) *single*
su(s) *your (formal)*
su(s) *his, her, its, their, your (informal, formal)*
sucio(a) *dirty*
también *also*
tampoco *neither, not . . . either*
tarde *late*
temprano *early*
tímido(a) *shy*
todo *everything*
todo el mundo *everybody*
trabajador(a) *hardworking*
tradicional *traditional*
tu(s) *your (informal)*
verde *green*
viejo(a) *old*
vuestro(a) *your (informal)*

Expresiones útiles

acabo de (+ *infinitive*) *I have just (done something)*
¿Cómo es... ? *What is . . . like?*
Mi casa es... *My house is . . . (description of characteristics)*
Mi casa está... *My house is . . . (description of conditions)*

For further review, please turn to Appendix E.

Gaceta 2

La manipulación genética

¿Vida a la carta?

Los descubrimientos de la genética nos permitirán avanzar en la mejora de la alimentación, prevención de enfermedades y, en general, en la calidad de vida. Pero, al mismo tiempo, plantean no pocos problemas éticos.

Qué es qué en genética

GEN: *Es la información hereditaria que podemos encontrar en todas las células de un ser vivo. Se calcula que el cuerpo humano tiene unos 100.000 genes. Cada gen tiene una función distinta; uno se encarga del color de los ojos, otro de la altura, etc. Juntos, la cadena de genes forma el ADN.*

ADN: *Es el conjunto de genes que forman un ser vivo. Es el manual que permite crear la vida. Incluye toda la información para "construir" una planta, un animal o una persona. Gracias al ADN disponemos de toda la información sobre cómo será el individuo: su aspecto, si será tímido, agresivo o charlatán, etc.*

CÓDIGO GENÉTICO: *Es el diccionario que sirve para interpretar la información del ADN. Si el ADN es el "libro" de la vida y los genes son frases de ese libro, el código genético es el "traductor". Sirve para saber cómo uno de los genes —un trozo de ADN— se encarga de la "construcción" de una parte del ser vivo.*

GENOMA HUMANO: *El Proyecto Genoma Humano pretende realizar un mapa de los 100.000 genes del cuerpo humano. Cuando se finalice este mapa, podremos empezar a leer el programa que crea un ser vivo.*

CLONACIÓN: *Se consigue clonar un ser vivo, hacer una copia, a partir del núcleo de una de sus células. El núcleo incluye lo que se conoce por código genético. Es trasplantado a un óvulo de otro ser vivo al que se le ha retirado, precisamente, el núcleo. Así el óvulo creará una vida siguiendo las instrucciones de otro individuo y de este modo será igual a ese otro. Esto de cualquier célula, de cualquier parte del cuerpo, se puede crear un clon.*

Sabías que con un solo cabello será posible conocer por qué una persona es tímida? ¿O que los cerdos tendrán menos grasa? Éstas son sólo algunas de las cosas que cambiarán gracias a las investigaciones genéticas, pero eso no es todo. Aquí no es tan importante qué es lo que se va a poder hacer gracias a la ciencia, sino qué vamos a saber gracias a sus descubrimientos.

¿Qué se está estudiando?

La genética estudia la "raíz" de la vida. Estudia el ADN, que incluye la información sobre cómo hacer un ser vivo. Estudia también el genoma humano, que es toda la información que pasa de padres a hijos y que hace que un bebé tenga los ojos del abuelo y la nariz de su madre. Estudia cómo se crea una planta o cómo actúan las células para que una manzana sea sabrosa y muy azucarada.

¿Para qué servirá?

• Inculpar a un delincuente. Actualmente ya sirve para conocer quién es culpable de un acto delictivo. Por ejemplo, una muestra de semen en una mujer violada es suficiente para demostrar la culpabilidad.

• Diagnosticar y curar enfermedades. Se podrá predecir, por ejemplo, si una persona puede desarrollar una enfermedad en el futuro antes de que se manifieste el primer síntoma.

• Crear nuevos medicamentos. Éstos podrán atacar la raíz del problema o proteger nuestras células de un virus que sabemos cómo actúa. Nuevas vacunas y hormonas del crecimiento son algunas de las posibilidades de la genética en medicina.

• Crear nuevas variedades de alimentos. Mejorando plantas y animales: vacas que dan leche más digerible, cerdos sin grasa, tomates que maduran cuando nos apetece, etc.

• Descubrir cómo somos. Qué es lo que hace que todos seamos diferentes.

La pregunta del miedo

La genética nos revelará cómo somos. Tendremos información detallada sobre enfermedades hereditarias, carácter, personalidad y físico de cada persona. Podremos prever, en definitiva, cómo será un individuo. Esto supone que gran parte de lo que ahora llamamos información privada podrá conseguirse fácilmente.

Las empresas podrían utilizar estos datos para contratar exactamente a la persona que requieren creando una especie de perfil de individuos que respondan a sus necesidades. Nadie querría asegurar a una persona que tiene un alto riesgo de contraer una grave enfermedad. Pero la temible pregunta es: ¿Quién tendrá acceso a esta información?

Anticipación a la lectura

A. El futuro de la humanidad. Hay ciertas cosas que son más necesarias que otras para el futuro de la humanidad. Trabaja con un(a) compañero(a). Usen la escala del 0 al 5 para decidir el grado *(degree)* de importancia de los siguientes logros *(accomplishments)* para el futuro de la humanidad.

0_____1_____2_____3_____4_____5
Sin importancia   **Necesario**

_____ **1.** Expandir y tener más rápido acceso a la información que se encuentra en el Internet

_____ **2.** Prevenir y curar enfermedades mortales y hereditarias

_____ **3.** Controlar la sobrepoblación *(overpopulation)*

_____ **4.** Tener mejores (más grandes y nutritivos) alimentos y en mayor cantidad *(quantity)*

_____ **5.** Tener hijos más inteligentes que los padres

_____ **6.** Colonizar otros planetas y conocer otras civilizaciones

_____ **7.** Poder clonar animales y plantas para alimentar *(to feed)* a la población mundial

Vocabulario útil	
enfermedades	*illnesses*
conseguirse	*be obtained*
empresas	*companies*
asegurar	*insure*
cabello	*hair*
tímida	*shy*
cambiarán	*will change*
descubrimientos	*discoveries*
ojos	*eyes*
acto delictivo	*criminal act*
desarrollar	*to develop*
raíz	*root*
ser vivo	*living being*
cerdos	*pigs*
violada	*raped*

Lectura y comprensión

B. El papel *(role)* de la manipulación genética. Trabaja con un(a) compañero(a). Después de leer el artículo, marquen todas las respuestas que respondan a las preguntas.

1. ¿Qué estudia la genética?
   - ☐ el código genético
   - ☐ el ADN
   - ☐ el genoma humano
   - ☐ los átomos
   - ☐ los fenómenos naturales
   - ☐ la informática
   - ☐ los genes
   - ☐ las células

2. ¿Qué información proporciona *(provides)* la genética?
   - ☐ qué características son hereditarias
   - ☐ cómo actúan las células que dan características específicas a un ser humano, animal o planta
   - ☐ cómo mejorar la calidad de vida
   - ☐ por qué una persona tiene ciertas características en su personalidad
   - ☐ quién debe tener acceso a información privada

3. ¿Para qué se puede usar esa información?
   - ☐ para crear medicamentos, vacunas y hormonas para tratar enfermedades específicas
   - ☐ para mejorar *(to improve)* la producción y la calidad de plantas y animales para consumo humano
   - ☐ para crear mejores métodos de probar que un criminal es culpable *(guilty)*
   - ☐ para discriminar en trabajos contra personas que tienen características indeseables *(undesirable)*
   - ☐ para prevenir enfermedades hereditarias que pasan de una generación a otra

Análisis y expansión

C. El vocabulario científico. En el campo *(field)* científico hay muchas palabras que se pueden reconocer fácilmente, no importa *(no matter)* qué lengua hablemos. Da el equivalente en inglés de los siguientes términos científicos. Después, la clase elaborará una teoría que explique por qué se parecen tanto *(are so similar)* las palabras científicas en inglés y español.

Español	Inglés
manipulación genética	
gen (genes)	
clon/clones/clonación	
célula	
cromosoma	
núcleo	
enzima	
organismo	
bacteria	
óvulo	

D. Cuestiones éticas. La experimentación genética es motivo de constante debate en nuestra sociedad. Las cuestiones éticas que plantea *(poses)* no son pocas. Hay personas totalmente opuestas y otras 100% a favor. Para otros, depende de quién es objeto de la experimentación, la importancia del experimento para la humanidad, las circunstancias de experimentación o sus posibles consecuencias. Indica tu posición en cuanto a la manipulación genética en los siguientes casos.

a. La acepto solamente en plantas.
b. La acepto solamente en animales.
c. La acepto en plantas y animales, pero no en seres humanos.

d. La acepto en todos los seres vivos.
e. No acepto la manipulación genética bajo ninguna circunstancia.

_____ **1.** Para aumentar las características genéticas positivas y crear seres más productivos, resistentes y longevos *(long-living)*

_____ **2.** Para obtener información detallada sobre características genéticas individuales y conocer mejor a cada especie e individuo

_____ **3.** Para clonar, hacer una copia idéntica de un ser vivo

_____ **4.** Para poder escoger *(to choose)* las características de un ser que todavía no ha nacido

_____ **5.** Para diagnosticar, prevenir y curar enfermedades

_____ **6.** Para crear seres cuya razón de ser *(reason for being)* sea servir a la humanidad como donantes de órganos

_____ **7.** Para modificar genéticamente a seres que perjudican *(harm)* a la naturaleza y la sociedad

_____ **8.** Para buscar la solución a graves problemas sociales, como la sobrepoblación y el hambre

CONEXIÓN CON... La psicología:
Actualidad en la publicidad *(advertising)*

De supermercado a laboratorio

Un supermercado en Inglaterra tocó música durante dos semanas en la sección de vinos de Francia y Alemania. A escondidas, unos psicólogos universitarios vigilaban la elección de los consumidores. Cuando se tocó música francesa de acordeón, las ventas de vino francés sobrepasaron las de vino alemán en proporción de cinco a uno. A cambio, cuando se tocó música alemana de cervecería, los compradores se llevaron dos botellas de vino alemán por cada botella de vino francés. Una de las investigadoras dijo que muy pocos de los consumidores admitieron que la música pudo haber influenciado su decisión. "Si usted ya tiene determinado un producto específico que va a comprar, la música que se toca no va a afectar su elección —dijo la joven psicóloga— pero si está indeciso la música sí puede ser una fuerte influencia."

Anticipación a la lectura

A. Todos vamos al supermercado. Comprar comestibles es parte de nuestra rutina. Pero, cada persona tiene hábitos diferentes: a qué hora va al supermercado, qué compra y por qué. Contesta las preguntas sobre tus preferencias al "hacer la compra" *(going grocery shopping).*

1. ¿Con qué frecuencia haces la compra? ¿Hay un día o una hora que prefieres?

2. ¿Haces la compra regularmente o vas al mercado solamente cuando necesitas algo?

3. ¿Recuerdas qué tipo de música se escucha en tu supermercado?

4. ¿Qué es lo más importante al hacer tu selección de comestibles: el precio (si tienes cupones, si está en rebaja), si te gusta el producto, si es de buena marca *(brand),* si has visto el producto anunciado *(advertised),* si un empleado en el supermercado te lo recomienda, etcétera?

Vocabulario útil	
botellas	*bottles*
vino	*wine*
compradores	*shoppers*
ventas	*sales*
sobrepasaron	*surpassed*
cervecería	*beer brewing company*

Lectura y comprensión

B. Un experimento psicológico. Trabajen en parejas. Después de leer el artículo, completen las oraciones con la información apropiada.

1. Este experimento tuvo lugar *(took place)* en un supermercado en _____.

2. El experimento fue llevado a cabo *(was performed)* por _____.

3. El propósito del experimento era _____.

4. El experimento consistió en _____.

5. Los resultados del experimento fueron que, al escuchar música francesa de acordeón, los compradores _____. Y cuando escuchaban música de cervecería alemana _____.

6. La conclusión de los investigadores fue _____.

Análisis y expansión

C. El vocabulario musical. Al igual que en el caso de las ciencias, la música tiene muchos términos fáciles de reconocer. Trabajan con un(a) compañero(a). Clasifiquen las palabras en las categorías correspondientes.

notas   escala   trompeta   pentagrama   sinfonía
guitarra   acordeón   ópera   flauta   tenor
violín   soprano   balada   percusión   octava
barítono   concierto   re   himno   sonata

terminología	instrumentos musicales	composiciones musicales	voces en un coro

D. ¿Hay límites publicitarios *(in advertising)*? El experimento del artículo probó *(proved)* que la música que escuchamos en el supermercado puede afectar lo que decidimos comprar. Hay muchos más trucos *(tricks)* publicitarios para venderle productos al consumidor. ¿Hasta dónde *(How far)* debe llegar la publicidad en su objetivo de vender, vender, vender? Lee las descripciones de estos anuncios *(ads)* y decide si se pasaron de la raya *(crossed the line)*. Pon el número de los anuncios en la categoría correspondiente.

Es una técnica publicitaria apropiada	¡Se pasó de la raya!

1. Los sábados por la mañana, durante los programas de niños, se anuncian juguetes *(toys)*, juegos *(games)* y productos para niños.

2. La publicidad de productos de tabaco y alcohol presenta personajes *(characters)* que atraen a los jóvenes adolescentes.

3. En los cines *(movie theaters)* aparecen en la pantalla fotos de rositas de maíz *(popcorn)* y refrescos para que la gente tenga hambre y sed.

4. Una compañía de coches presenta a mujeres esculturales en bikinis adorando al popular dueño de un nuevo coche.

5. Para vender un perfume, se presentan adolescentes en ropa provocadora y en posiciones sensuales.

6. Unos cruceros *(cruises)* al Caribe se anuncian con parejas *(couples)* en traje de baño, caminando románticamente tomados de la mano por una playa que parece un paraíso.

Capítulo 5

¡Buen provecho!

Objetivos

Speaking and Listening
- Discussing foods and meals
- Ordering a meal in a restaurant
- Shopping for food
- Expressing likes and dislikes
- Talking about a healthy diet
- Making recommendations
- Making comparisons

Reading
- Review of previously introduced reading strategies

Writing
- Writing a simple restaurant review *(Cuaderno de actividades: ¡Vamos a escribir!)*

Culture
- Peru *(Panorama cultural)*
- Typical foods for breakfast, lunch, and supper *(Puente cultural)*
- Mealtime customs *(Comentario cultural)*
- Popular foods and regional dishes *(Comentario cultural)*
- Metric system of weights and volumes *(Comentario cultural)*
- Markets *(Comentario cultural)*

Grammar
- Direct objects and direct object pronouns
- Indirect objects and indirect object pronouns
- The verb **gustar** in the present tense
- Stem-changing verbs in the present tense: **e → i**
- Comparatives and superlatives
- Familiar commands *(Vistazo gramatical)*

A primera vista

 Trabaja con un(a) compañero(a). Estudien el cuadro del famoso pintor español Murillo. Indiquen si, en su opinión, la descripción del cuadro es cierta o falsa.

	Cierto	Falso
1. Los niños están comiendo fruta.	☐	☐
2. Estos niños son hijos de una familia de clase alta española.	☐	☐
3. Los niños probablemente son unos desamparados *(homeless)* y viven en la calle.	☐	☐
4. Los niños están tristes y preocupados.	☐	☐
5. Estos niños roban *(steal)* su comida *(food)*.	☐	☐
6. Algunos días estos niños no encuentran *(don't find)* nada que comer.	☐	☐

Bartolomé Esteban Murillo (1617–1682)

Nacionalidad: español

Otras obras: *La Inmaculada Concepción, San Antonio de Padua, La sagrada familia del pajarito*

Estilo: Recibió una variedad de influencias artísticas, por ejemplo, de Diego Velázquez y de los maestros de las escuelas veneciana y flamenca *(Flemish)*. Fue un pintor de temas religiosos de gran intensidad espiritual y destreza *(skill)* técnica. Su uso del color es magistral. Su toque especial es la gentileza *(gentleness)* con que pinta la cara *(face)* de los niños y la tragedia detrás de *(behind)* esa apariencia sencilla.

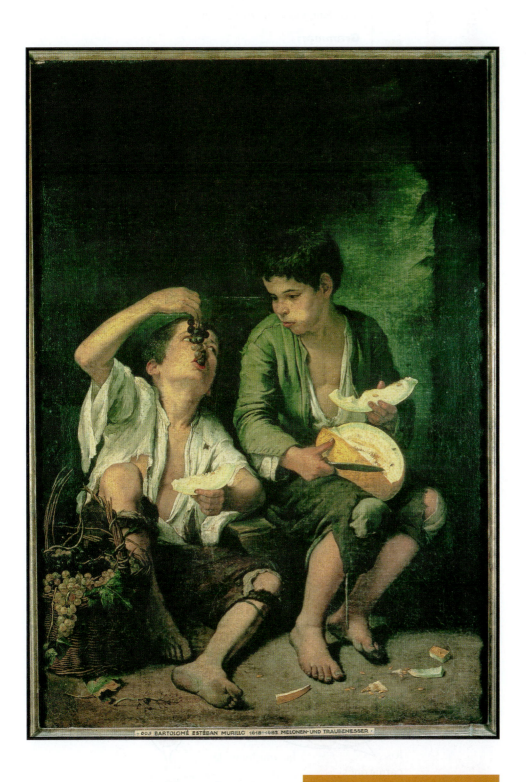

Niños comiendo
uvas y melón
Bartolomé Esteban Murillo,
1617–1682

In this *Paso* you will practice:
- Talking about food and meals
- Ordering food at restaurants

Grammar:
- Using direct objects and direct object pronouns

Vocabulario temático
LAS COMIDAS

El desayuno

¿Que te gusta desayunar?
Me gusta(n)...

un vaso de leche

la mermelada

los huevos (revueltos)

el pan tostado

la mantequilla/ la margarina

el cereal

el jugo de naranja

una taza de café con leche y azúcar

El almuerzo

¿Qué almuerzas?
Me gusta comer/beber...

una cerveza

el maíz

los mariscos

el bróculi

una copa de vino

los camarones

las chuletas de cerdo

la torta

una papa/una patata al horno

el pollo asado

La merienda

¿Qué meriendas?
Prefiero...

un sándwich de jamón y queso

un helado

una taza de té

un refresco

una tortilla

los churros

las galletas

un vaso de té frío

una hamburguesa

una taza de chocolate

La cena

¿Qué comes en la cena?

Me gusta(n)...

el biftec

el arroz con frijoles

las papas fritas

la ensalada de lechuga y tomate con aderezo

el pescado a la parrilla

el flan

el panecillo

la sopa

Sabías que...

- Hispanics generally eat three meals and a snack in a typical day: a small breakfast (**el desayuno**); a large lunch (**el almuerzo**) consisting of several courses; a snack (**la merienda**) of coffee, tea, or hot chocolate with a sandwich or pastries; a smaller evening meal (**la cena**) of soup, salad, sandwich, or omelette. You will read more about mealtime customs in the *Puente cultural.*

- In Spain, people often go out to bars or restaurants before lunch or supper to have **tapas.** These are appetizers or snacks such as tidbits of ham, cheese, olives, omelettes, etc., and are often accompanied by drinks.

- Before starting to eat, it is customary to wish others an enjoyable meal by saying, "**¡Buen provecho!**" or "**¡Que le aproveche!**" To comment on how delicious the food is, you might say, "**¡Qué rico!**"

Text Audio CD
Track CD1-24

Estrategia: Reclassifying information

When you are faced with memorizing a large number of new words, it is helpful to reclassify them into meaningful categories, as these can be recalled more easily than random lists. The vocabulary in this *Vocabulario temático,* for example, is organized by meals. Another way of organizing these words would be by food types: **carnes** *(meats),* **pescados y mariscos** *(seafood),* **vegetales** or **verduras** *(vegetables),* **frutas** *(fruits),* **postres** *(desserts),* and **bebidas** *(beverages).* Try recategorizing the new vocabulary using this system. Which one do you find more meaningful? Why? It does not matter which system you use as long as it helps you remember the information.

Ponerlo a prueba

5-1 En el restaurante La Estancia. Tus amigos Adriana, Omar y Hugo están en el restaurante La Estancia. ¿Qué piden? Escucha su conversación con el camarero; escribe las letras que corresponden a la comida que cada persona pide.

1. Adriana pide _____, _____, _____, _____, _____.

2. Omar pide _____, _____, _____, _____, _____.

3. Hugo pide _____, _____, _____, _____, _____.

5-2 ¿Qué comemos? Trabaja con un(a) compañero(a); entrevístense con estas preguntas.

1. Estás en un restaurante de servicio rápido. ¿Qué vas a pedir?
2. Es el día de tu cumpleaños y estás en un restaurante elegante. ¿Qué quieres pedir?
3. Decides preparar tacos para tu familia. ¿Qué ingredientes necesitas comprar?
4. Tu compañero(a) está a dieta para bajar de peso. ¿Qué debe comer?
5. Tus padres vienen a tu apartamento a cenar contigo. ¿Qué piensas preparar?
6. Estás en tu restaurante predilecto (favorito). ¿Qué postre vas a pedir?

5-3 Desayuno. Aquí tienes un artículo de una revista española sobre la importancia del desayuno. Léelo y contesta las preguntas oralmente con un(a) compañero(a).

┌─────────── Vocabulario útil ───────────┐

aportar	*to provide*
nivel	*level*
bajo	*low*
picar	*to nibble, to snack*
embutidos	*luncheon meats*
bollería	*breakfast pastry*

└──────────────────────────────────────┘

1. ¿Con qué frecuencia desayunan tú y tu compañero(a)? Cuando desayunan, ¿qué comen o beben normalmente?
2. Según *(According to)* el artículo, ¿por qué es tan importante desayunar?
3. Miren la lista de los alimentos recomendables para el desayuno. ¿Con cuáles desayunan Uds.?
4. Miren la lista de alimentos no recomendables. ¿Cuáles de éstos comen Uds. con frecuencia?
5. Analicen tus respuestas a las preguntas 3 y 4. ¿Quién desayuna más saludablemente *(in a more healthful way)*, tú o tu compañero(a)?

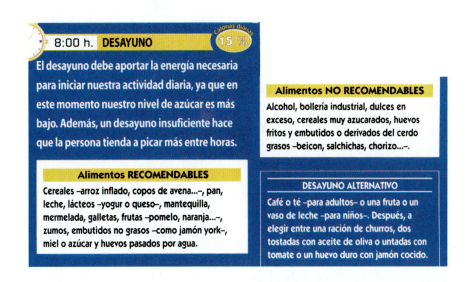

8:00 h. **DESAYUNO** Calorías diarias 15 %

El desayuno debe aportar la energía necesaria para iniciar nuestra actividad diaria, ya que en este momento nuestro nivel de azúcar es más bajo. Además, un desayuno insuficiente hace que la persona tienda a picar más entre horas.

Alimentos RECOMENDABLES

Cereales –arroz inflado, copos de avena...–, pan, leche, lácteos –yogur o queso–, mantequilla, mermelada, galletas, frutas –pomelo, naranja...–, zumos, embutidos no grasos –como jamón york–, miel o azúcar y huevos pasados por agua.

Alimentos NO RECOMENDABLES

Alcohol, bollería industrial, dulces en exceso, cereales muy azucarados, huevos fritos y embutidos o derivados del cerdo grasos –beicon, salchichas, chorizo...–.

DESAYUNO ALTERNATIVO

Café o té –para adultos– o una fruta o un vaso de leche –para niños–. Después, a elegir entre una ración de churros, dos tostadas con aceite de oliva o untadas con tomate o un huevo duro con jamón cocido.

Vocabulario temático
EN EL RESTAURANTE

Para pedir información

Cliente
¡Camarero(a)!
Necesito un menú, por favor.
¿Cuál es el plato del día?
¿Qué ingredientes tiene la paella?
¿Qué me recomienda?

Camarero(a)

Aquí lo tiene.
Hoy tenemos *paella.*
Tiene *pollo, mariscos y arroz.*
Le recomiendo *el pollo asado.*

Para pedir la comida

Camarero(a)
¿Qué desea pedir?

¿Y de postre?
¿Qué desea para beber?
¿Necesita algo más?

Cliente
De primer plato, quiero *sopa de tomate.*
De segundo, deseo *biftec.*
Voy a probar *el pescado frito.*
De postre, prefiero *helado de chocolate.*
Para beber, quisiera *una copa de vino.*
Por favor, ¿podría traerme... ?

un tenedor   *una servilleta*

un cuchillo   *la sal*

una cuchara   *la pimienta*

una cucharita   *unos cubitos
de hielo*

¡Cómo no!
En seguida.

No, no está incluida.

Por favor, tráigame la cuenta.

**¿Está incluida la propina en la
cuenta?**

Sabías que...

- In Spanish-speaking countries, lunch and supper normally have three or more courses: **el entremés** *(appetizer),* which can be mushrooms, cheese, ham, etc.; **el primer plato** *(first course),* which is usually soup or vegetables; **el segundo plato** *(main dish),* which may be red meat, chicken, or fish; and **el postre** *(dessert),* which is frequently fresh fruit.

- Several new stem-changing verbs are introduced in the vocabulary of this section. You are already familiar with the first two kinds; you will study the third kind later in this chapter: **probar (ue)** *(to taste, to try);* **recomendar (ie)** *(to recommend);* **pedir (i)** *(to order; to ask for).*

Ponerlo a prueba

5-4 ¿Qué quieren los clientes? Las siguientes conversaciones tienen lugar en un restaurante. Escucha las cuatro conversaciones en tu disco compacto y completa las oraciones.

Text Audio CD
Track CD1-25

Conversación 1

1. En esta conversación la señora _____.
   a. pide ropa vieja
   b. dice que su ropa vieja está fría
   c. quiere saber qué hay en la ropa vieja

2. "La ropa vieja" probablemente es _____.
   a. un plato principal
   b. un postre
   c. una ensalada

Conversación 2

3. En esta conversación, un señor pide _____.
   a. una servilleta   b. más hielo   c. la cuenta

4. El camarero dice que _____.
   a. el restaurante se cierra en veinte minutos
   b. la propina está incluida
   c. no tienen hielo

Conversación 3

5. En esta conversación, la señora _____.
   a. pide la sopa
   b. tiene un problema con la sopa
   c. quiere saber cuáles son los ingredientes de la sopa

Conversación 4

6. En esta conversación, Ana y Jacinto _____.
   a. desayunan   b. meriendan   c. cenan

5-5 ¿Qué desean? Trabaja con tu compañero(a) de clase. Escriban mini-diálogos para las situaciones en los dibujos.

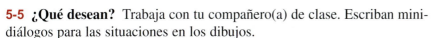

5-6 Cafetería Puerta de Atocha. Aquí tienes parte del menú de un restaurante en Madrid, España. Trabaja con un(a) compañero(a); completen las actividades.

Primera parte: Lean el menú y contesten las preguntas.

1. El menú tiene varias secciones. ¿Cuáles de las secciones corresponden al "primer plato"? ¿al "segundo plato"? ¿a "bebidas"?
2. ¿Cuáles de los platos son nuevos para ti? ¿Cuáles te gustaría probar?
3. ¿Qué diferencias notas entre este menú español y un menú de los Estados Unidos?

SERVICIO DE CARTA / *MENU SERVICE*
Pan y mantequilla...175.-
Bread and Butter

ENTRADAS
STARTERS

ENSALADA MIXTA DE LA CASA / *MIXED SALAD OF THE HOUSE*
Lechuga, tomate, atún, huevo duro, pepinillo y tallos de espárrago
Lettuce, tomato, tuna, hard-boiled egg, gherkin and asparagus stems 675.-

ENSALADA DE AVE WINDSOR / *WINDSOR CHICKEN SALAD*
Lechuga, manzana, pechuga de pollo y salsa primaveral
Lettuce, apple, chicken breast and spring sauce..................................845.-

SOPAS Y CREMAS
SOUPS AND CREAMS

CONSOMÉ / *CONSOMMÉ*
Buen caldo de nuestra marmita
Tasty broth from our pot 510.-

SOPA CASTELLANA / *CASTILIAN SOUP*
La clásica sopa de ajo con huevo escalfado y jamón
Classic garlic soup with poached egg and ham 565.-

VERDURAS
VEGETABLES

GUISANTES CON JAMÓN / *PEAS WITH HAM*
Salteados con ajo y jamón picado
Saute with garlic and sliced ham 795.-

ESPINACAS A LA CREMA / *CREAMED SPINACH*
Picaditas entre una cremosa bechamel
Chopped and mixed with bechamel..795.-

PESCADOS
FISH

BACALAO A LA VIZCAINA / *VIZCAINA STYLE COD*
En salsa vizcaina hecha con ñoras, cebolla, tomate y triturada
Served in "Vizcaina" sauce made with "ñoras", onion and tomato 460.-

SALMÓN AL CAVA / *SALMON WITH CAVA SAUCE*
Con cremosa salsa de nata fresca y cava
Served with a fresh cream and cava sauce 1,460.-

MERLUZA A LA PARRILLA / *BASQUE STYLE HAKE*
Merluza fresca en salsa verde con guisantes, espárragos, almejas y huevo duro
Fresh hake green sauce with peas, asparagus, clams and hard-boiled egg 2,510.-

CARNES
MEATS

ENTRECOTE DE TERNERA A LA PARRILLA / *GRILLED ENTRECOTE*
Con guarnición de patatas pandera
Served with sliced roasted potatoes 1,915.-

CHULETITAS DE CORDERO / *LAMB CHOPS*
A la parrilla con patatas fritas
Grilled with chipped potatoes...2,045.-

CHULETAS DE CERDO / *PORK CHOPS*
A la parrilla con patatas fritas
Grilled with chipped potatoes...925.-

BOGEDA - VINOS
WINE CELLAR

	3/4	3/8
VINO DE LA CASA (tinto, blanco, rosado)	850.-	
RIOJA DE LA CASA (tinto, blanco, rosado)	1.025.-	700.-
RIOJA CRIANZA TINTO	1.680.-	1.090.-

AGUAS
WATER

FONTVELLA 1/2 l. P.V.C..200.-
ESPECIAL CON GAS FONTPICANT...280.-
ZUMO DE NARANJA NATURAL 430.-

POSTRES
DESSERTS

QUESO AZUL
BLUE CHEESE...565.-

FRUTA (dos piezas)
FRUIT (two pieces)...395.-

FLAN AL CARAMELO
CREAM CARAMEL..345.-

HELADO TRES GUSTOS
ICE-CREAM OF YOUR CHOICE 510.-

TARTA (a elegir)
CAKE (of your choice)..440.-

Segunda parte: Preparen un diálogo usando el menú. Una persona es el (la) camarero(a); la otra es el (la) cliente.

El (La) cliente debe:

- preguntar cuáles son los ingredientes de algunos de los platos
- pedir una recomendación
- pedir una comida completa

El (La) camarero(a) debe:

- contestar las preguntas del (de la) cliente
- hacer recomendaciones
- apuntar *(jot down)* las comidas que pide el (la) cliente

Comentario cultural: LA COMIDA HISPANA

¿Te gusta la comida hispana? ¿Qué platos hispanos conoces? ¿Cuáles son los ingredientes en tu plato hispano favorito?

La cocina hispana es tan variada como la gente que representa. Generalmente, la comida picante *(spicy, hot)* se come exclusivamente en México, en Perú y en algunas partes de América Central. En el resto del mundo hispano, la cocina depende de condimentos como el aceite de oliva, la cebolla *(onions),* el ajo *(garlic),* los pimientos *(green peppers),* la salsa de tomate y el cilantro para sazonar la comida.

Hay algunos platos que son muy populares en el mundo hispano. Probablemente ya has oído *(you have heard)* mencionar a la paella, un plato típico de Valencia que se hace con arroz, pollo y mariscos. Otros platos que también son conocidos son: el gazpacho, una sopa fría de vegetales; las empanadas, un pastel de carne; y el picadillo, un plato de carne de res molida *(ground beef)* con aceitunas *(olives)* y pasas *(raisins)*.

Gramática
LOS COMPLEMENTOS DIRECTOS

A. Los complementos. While all complete sentences must have a subject and a verb, they may also contain other optional elements, such as *direct* and *indirect objects*. Examine the difference between these two kinds of objects in the examples that follow.

- A *direct object* (**complemento directo**) may be a person or a thing. The direct object receives the action of the verb; it answers the questions *whom?* or *what?* with respect to the verb.

  ¿Podría Ud. traerme **una servilleta?** *Could you bring me **a napkin?** (**What** will be brought? **A napkin**.)*

  No veo a **nuestro camarero.** *I don't see **our waiter.** (**Whom** do I not see? **Our waiter**.)*

- An *indirect object* (**complemento indirecto**) generally is a person. It tells *to whom* or *for whom* something is done.

  ¿Podría Ud. traer**me** un tenedor? *Could you bring **me** a fork? (**To whom** will the fork be brought? **To me**.)*

It is very important to distinguish direct and indirect objects from the *subject* of the sentence. Keep in mind that the subject refers to the person who *performs* the action of the verb and that the verb ending will agree with the subject. Compare the following sentences.

¿Paco? No lo conozco.   *Paco? I don't know him. (**I** is the subject and **him** is the direct object.)*

¿Paco? No me conoce.   *Paco? He doesn't know me. (**He** is the subject and **me** is the direct object.)*

You will learn more about indirect objects in *Paso 2* of this chapter. In this section we will focus on direct objects.

B. Los complementos directos pronominales. To avoid sounding repetitious, we often replace direct objects with direct object pronouns. In Spanish, direct object pronouns must agree in gender and number with the direct objects they are replacing, as in the following conversational exchange.

—¿Cómo quieres **el café**?   *How do you want **your coffee?***
—**Lo** quiero con azúcar.   *I want **it** with sugar. (The direct object pronoun, **it**, replaces the direct object, **coffee**.)*

Los complementos directos pronominales

	singular		plural	
masculino	lo	*it, him*	los	*them*
femenino	la	*it, her*	las	*them*

C. La posición en la oración. Although in English direct object pronouns are always placed after the verb, in Spanish the placement depends on the kind of verb used in the sentence.

- When the sentence contains a single conjugated verb, the direct object pronoun is placed before the verb.

—¿Necesitas **el menú?**   *Do you need **the menu?***
—No, gracias, no **lo** necesito.   *No, thanks, I don't need **it**.*

- With a verb phrase consisting of a conjugated verb + infinitive, the direct object pronoun may be placed before the conjugated verb or attached to the end of the infinitive.

—¿Vas a servir **la torta** ahora?   *Are you going to serve **the cake** now?*
—No, **la** voy a servir un poco más tarde.
—No, voy a servir**la** un poco más tarde.   *No, I'm going to serve **it** a little later.*

- The direct object pronoun is always attached to the end of an *affirmative* command but is placed in front of a *negative* command.

¿El vino blanco?   *The white wine?*
  Sírva**lo** con el pescado.   *Serve **it** with the fish.*
¿El vino tinto? No **lo** sirva   *The red wine? Don't serve **it** with*
  con el pollo.   *the chicken.*

Ponerlo a prueba

5-7 Un poco de análisis. Lee las conversaciones.

Primera parte: En cada conversación, identifica: (1) el complemento directo pronominal (CD); (2) su antecedente *(the noun it refers to or replaces)* (A).

MODELO: Sra. Domingo: Necesito un menú, por favor.
                Camarero: Aquí lo tiene.
                CD = lo A = un menú

1. Sr. Domingo: Tráigame la cuenta, por favor.
   Camarero: Aquí la tiene.

2. Sr. Carreras: ¿Compramos más jugo de naranja?
   Sra. Carreras: No, no lo necesitamos.

3. Paco: ¿Cómo prefieres la pizza? ¿con salchicha *(sausage)* o con salami?
   Silvia: ¿Por qué no la pedimos con salchicha?

4. Juanito: ¡Ay, mamá! ¡Frijoles otra vez!
   Mamá: Si no quieres comerlos, puedes comer estas espinacas *(spinach)*.

Segunda parte: Completa los diálogos con el complemento directo pronominal más lógico: **lo, la, los** o **las.**

5. Camarera: ¿Cómo quiere su hamburguesa?
   Patricia: _____ quiero con lechuga y tomate, por favor.

6. Sr. Grissini: ¿Dónde está nuestro camarero? No _____ veo.
   Sra. Grissini: Mira, aquí viene.

7. Mamá: ¿Dónde están todas las galletas?
   Juanito: ¡Creo que el perro _____ tiene!

8. Papá: Hija, ¿no vas a comer los huevos revueltos? Están muy ricos *(delicious)*.
   Marilú: No, papá, no voy a comer_____. Tienen mucha grasa *(fat)*.

5-8 En el restaurante. Mira el dibujo de los clientes en el restaurante y contesta las preguntas con oraciones completas. Incluye un complemento directo pronominal en las respuestas.

MODELO: ¿Quién sirve **el café?**
              Lo sirve Jaime.

1. ¿Quién paga la cuenta?
2. ¿Quién llama al camarero?
3. ¿Quiénes comen helado?
4. ¿Quién bebe leche?
5. ¿Quiénes beben vino?
6. ¿Quién pide pollo?
7. ¿Quién desea camarones?
8. ¿Quién come torta?
9. ¿Quién necesita cuchara?
10. ¿Quién prueba el helado de otra persona?

5-9 Preguntas personales. Trabaja con tu compañero(a) y entrevístense con estas preguntas. Incluyan un complemento directo pronominal si la pregunta tiene palabras en negrita *(bold-faced type).*

1. ¿Desayunas todos los días o solamente a veces? ¿Bebes **jugo de naranja** con tu desayuno?
2. ¿A qué hora almuerzas? ¿Qué pides de almuerzo cuando tienes mucha hambre y poco dinero? ¿Comes **hamburguesas** con frecuencia?
3. ¿Qué sirves de plato principal cuando tienes invitados? ¿Siempre sirves **postre** también? ¿Qué traen los invitados?
4. ¿En qué ocasiones das **fiestas**? ¿Qué comida pruebas primero cuando vas a una fiesta?
5. ¿Cuántas tazas de café tomas al día? ¿Necesitas beber **café** por la mañana? ¿Bebes **leche**? ¿Qué más bebes con frecuencia?
6. Generalmente, ¿qué comes cuando estudias? ¿Qué comes cuando miras la tele? ¿Comes **palomitas** *(popcorn)* cuando vas al cine?

Síntesis

Text Audio CD
Track CD1-26

5-10 La cita de Gregorio. Escucha la conversación entre Carmen y Gregorio. ¿Son ciertas o falsas las siguientes oraciones?

Primera parte	Cierto	Falso
1. Cuando Gregorio llama a Carmen por teléfono, ella está mirando la televisión.	☐	☐
2. Gregorio la invita a salir el viernes.	☐	☐
3. A Carmen le gusta la comida italiana.	☐	☐
4. Gregorio quiere ir a la Pizzería Napolitana.	☐	☐
5. Carmen no conoce el restaurante.	☐	☐

Segunda parte		
6. Carmen prefiere comer lasaña.	☐	☐
7. Gregorio pide una pizza grande.	☐	☐
8. Los jóvenes van a comer ensalada.	☐	☐
9. Para beber, Gregorio pide vino y café para los dos.	☐	☐

5-11 Marketing. Trabajen en grupos de tres a cuatro estudiantes. Uds. son expertos en marketing. Un empresario *(entrepreneur)* quiere abrir un nuevo restaurante en el área de su universidad y necesita su ayuda. Completen las actividades.

Primera parte: En la página 197 tienen una encuesta *(survey)* sobre los restaurantes. Inventen dos o tres preguntas adicionales; después, entrevisten a sus compañeros de clase y apunten *(jot down)* las respuestas.

Segunda parte: Analicen los datos para su grupo y hagan recomendaciones.

1. ¿Qué tipo de restaurante debe abrir el empresario?
2. ¿Qué tipo de comida deben servir en el restaurante?
3. ¿Qué otras recomendaciones tienen Uds.?

Encuesta sobre los restaurantes

1. ¿Con qué frequencia comes en los siguientes tipos de restaurantes?	(Casi) Nunca	1–2 veces al mes	1–2 veces a la semana	3–4 veces a la semana	(Casi) Todos los días
a. restaurantes de comida rápida					
b. restaurantes con especialidades étnicas o regionales					
c. restaurantes elegantes					
d. restaurantes vegetarianos					
e. otro tipo (¿Cuáles?)					

2. ¿Qué tipos de comida te gustan?	Me gusta muchísimo.	Me gusta.	No me gusta mucho.	No me gusta nada *(not at all).*
a. la comida mexicana				
b. la comida italiana				
c. la comida "norteamericana"				
d. la comida china				
e. otro tipo (¿Cuáles?)				

3. ¿Cuáles de los siguientes aspectos de un restaurante son importantes para ti?	Es muy importante.	Es importante.	No es importante.
a. Tiene precios módicos *(moderate).*			
b. Está cerca del campus.			
c. Hay una sección de no fumar *(nonsmoking).*			
d. Tiene un ambiente vivo *(lively atmosphere).*			
e. Está abierto hasta tarde.			

Comentario cultural: COSTUMBRES DIFERENTES

¿Con qué frecuencia comen juntas *(together)* todas las personas en tu familia? Para ti, ¿son importantes los buenos modales *(good manners)* en el momento de comer?

En los países hispanos existen algunas costumbres a la hora de comer que son distintas a las que tenemos en los Estados Unidos. Primero, muchos hispanos siguen la etiqueta europea, o el estilo "continental" de comer. En otras palabras, no cambian el tenedor de la mano izquierda a la derecha, según la práctica de los Estados Unidos. Además, después de la comida principal del día, la familia usualmente se queda un rato *(stays a while)* más en la mesa para conversar. Esta conversación se llama "la sobremesa"; es más común durante el fin de semana, cuando las personas tienen más tiempo para almorzar. Esta práctica, que fomenta la unidad de la familia, muchas veces tiene lugar en restaurantes.

PUENTE CULTURAL

Háblanos sobre las comidas y costumbres alimenticias en tu país.

Cecilia Carro
argentina; 21 años; estudiante

Los estudiantes toman el desayuno de 6:00 a 6:30. Un desayuno típico consiste en café con leche y media lunas *(croissants)*. Por la tarde se toma una merienda de leche con galletas (los niños) o café con tostadas (los jóvenes); los adultos toman mate, un té verde típico de Argentina. La cena es la comida más grande del día. Se sirve a las 9:30 o 10:00 de la noche. En general consiste en carne de vaca al horno *(roast)* con alguna verdura y ensalada. De postre se come flan con dulce de leche, tortas o fruta de la estación.

Alicia Josefina Lewis
panameña; 47 años;
profesora

La gente se desayuna antes de salir al trabajo y la escuela, a las 6:00 o 6:30. Se come pan con leche y chocolate. El almuerzo es la comida más grande del día. Se sirve de 12:00 a 1:00 y consiste en carne, arroz, plátano frito y vegetales. La cena es entre las 6:00 y las 7:00. Consiste en algo ligero *(light)* como un sándwich de queso y jamón, leche caliente o té. Todos comen una merienda entre las comidas, a cualquier hora *(any time)* del día. Generalmente se come un postre hecho de alguna fruta natural, como dulce de coco, de guineo o de tamarindo.

Lucía Vega Alfaro
peruana; 42 años;
gerente financiera

El desayuno típico (café, leche, pan con jamón, queso, mantequilla y mermelada) se come a eso de *(around)* las 7:30. Algunos domingos se come un desayuno más tradicional: tamales (tortas de maíz rellenas de carne y aderezo). La cena, a las 9:00, es la comida más fuerte del día. Consiste en sopa, plato principal y postre. Generalmente se come de postre arroz con leche (un dulce de arroz y leche), mazamorra morada (un dulce de maíz morado), flan de leche o gelatina.

Te toca a ti

5-12 Un día típico. Trabaja con un(a) compañero(a). Completen el cuadro comparativo sobre las comidas y decidan cuáles son las semejanzas *(similarities)* y diferencias.

	Cecilia	Alicia	Lucía	Mi compañero(a)	yo
DESAYUNO					
Hora:					
Comida/Bebida típica:					
ALMUERZO					
Hora:					
Comida/Bebida típica:					
CENA					
Hora:					
Comida/Bebida típica:					
MERIENDA					
Hora:					
Comida/Bebida típica:					

5-13 ¿Qué debe hacer? Trabaja con un(a) compañero(a). Lucía está en un programa de intercambio *(exchange)* pasando unas semanas en casa de la familia de Cecilia en Argentina. Decidan cómo ella debe comportarse en cada una de las situaciones.

1. **Situación:** Todos los días a las 6:00 de la mañana la Sra. Carro sirve el desayuno porque todos tienen que ir al trabajo o a la escuela temprano. Lucía se queda *(stays)* en la cama hasta las siete y media, y cuando se levanta *(she gets up)* no hay nada para desayunar. Lucía debe...
   a. explicarle a la Sra. Carro que quiere desayunar a las siete y media
   b. levantarse más temprano y desayunar con la familia
   c. preguntar dónde está el café, la leche, el pan, el jamón, el queso, etcétera para preparar su propio *(own)* desayuno a cualquier hora

2. **Situación:** Por la tarde, la familia Carro se sienta en la sala a merendar con unas galletas y a beber mate. A Lucía no le gusta el olor *(aroma)* del té. Lucía debe...
   a. hacer el sacrificio de beberse todo el mate y decir que está delicioso
   b. probar *(taste)* el mate y tomar unos sorbitos *(sips)* amablemente
   c. decirle a la familia que el mate es horrible y que ella no lo quiere beber

3. **Situación:** Lucía es de la costa de Perú y come pescado o mariscos muy a menudo *(often)*. En casa de Cecilia sirven carne todos los días. Lucía debe...
   a. cortar y comer unos pedacitos de carne y comerse todos los vegetales, los acompañantes *(side dishes)*, etcétera
   b. explicarle a la familia que ella piensa que la carne tiene mucho colesterol y que no es buena para la salud
   c. una o dos veces a la semana ofrecerse a cocinar para la familia Carro y prepararles unos platos típicos peruanos

Vocabulario temático
EN EL MERCADO

El (La) vendedor(a)	El (La) cliente
¿Qué desea Ud.?	Necesito *un kilo de manzanas.*
	bananas/plátanos
	peras
	fresas
	melocotones/duraznos
	una piña
	un melón
	una sandía
¿Quiere Ud. algo más?	¿Me puede dar *una botella de agua mineral?*
	un paquete de azúcar
	una bolsa de arroz
	un litro de leche
	un frasco de mayonesa
	una barra de pan
	una docena de huevos
¿Algo más?	No, gracias, eso es todo.
	¿Cuánto le debo?

¿ Sabías que...

● In most Spanish-speaking countries the metric system of weights and measures is used, so you need to refer to **kilos** (about two pounds) and **litros** (about a quart) when making purchases in a market or grocery store. See the ***Comentario cultural*** section on page 201 for a list of the metric equivalents to pounds, quarts, etc.

● Fresh fruits and vegetables are often referred to in their own particular units of measurement. For example, in English, we speak of a head, or **cabeza,** of lettuce or garlic. Sometimes, however, different languages use different terms. In Spanish, for example, *a clove of garlic* is **un diente de ajo,** a "tooth" of garlic.

Sistema de EE.UU.	Sistema métrico
cuatro onzas (de carne, queso, etcétera)	cien (100) gramos
media libra (de fruta, etcétera)	doscientos (200) gramos
una libra	medio kilo
un cuarto	un litro
medio galón	dos litros

¿En qué situaciones usas el sistema métrico? ¿Prefieres el sistema métrico o el sistema inglés?

Aunque en los Estados Unidos el sistema métrico se usa principalmente en aplicaciones científicas y técnicas, en España y en Latinoamérica es el sistema preferido para el uso diario *(daily use)*. Mientras que los norteamericanos hablan de onzas *(ounces)*, libras *(pounds)* y galones *(gallons)* cuando compran los comestibles *(groceries)*, los hispanos usan gramos, kilos y litros. Aquí tienes algunas equivalencias útiles.

Ponerlo a prueba

5-14 Servicio a domicilio. La señora Santana habla por teléfono con Roberto, el empleado de un pequeño supermercado. Escucha su conversación; luego, escribe en tu cuaderno los datos necesarios para llenar el formulario.

Text Audio CD
Track CD1-27

Supermercado Sánchez

Nombre y apellidos: _____

Domicilio: _____

Teléfono: _____

Artículo	Cantidad

5-15 La lista de compras. ¡Vamos a cocinar! Lee las situaciones y escribe para cada una:

- el menú que vas a servir
- la lista de comidas/ingredientes que necesitas comprar en el supermercado

MODELO: Tus padres vienen a visitarte, y quieres preparar una cena especial.

Menú

pollo frito
puré de patatas
ensalada
helado con fresas
refrescos

Lista de compras

un pollo (de dos kilos)
un kilo de patatas
un litro de leche
mantequilla
sal y pimienta
lechuga

medio kilo de tomates
una botella de aderezo italiano
helado de vanilla
medio kilo de fresas
dos litros de Coca-Cola

1. Tu compañero(a) de cuarto está enfermo(a) con un resfriado *(a cold)*.
2. Tú y tres amigos van a hacer un picnic el sábado por la tarde.
3. Es el cumpleaños de tu novio(a) y quieres cocinar una cena especial.
4. Tus abuelos vienen a visitarte el domingo y piensas cocinar un *brunch*.

5-16 Hacer la compra. Estás en Lima, Perú, donde estudias español, y vives en un apartamento con otros estudiantes. Esta semana te toca *(it's your turn)* comprar los comestibles. Con tu compañero(a), prepara un diálogo como el del modelo. Nota: En Perú, la moneda es el nuevo sol; hay 100 céntimos en un nuevo sol.

MODELO:
—¿Qué desea Ud.?
—Necesito un litro de leche y una bolsa de arroz.
—¿Quiere algo más?
—Sí. ¿Me puede dar un kilo de plátanos?
—Sí, cómo no. ¿Algo más?
—No, gracias, eso es todo. ¿Cuánto le debo?
—Siete soles con cuarenta céntimos.

1. **2.** **3.**

Comentario cultural: EL MERCADO

¿Prefieres comprar comestibles en un supermercado o en una tienda pequeña? ¿Por qué?

En el mercado se puede comprar de todo: frutas y verduras, carnes y pescados, productos para limpiar la casa y mucho más.

   Aunque en muchas ciudades grandes los supermercados siguen creciendo *(continue to grow)* en popularidad, casi todos los barrios tienen su bodega o pequeña tienda de comestibles donde se puede comprar sal, leche, galletas u otras cosas. También hay muchas tiendas pequeñas que se especializan en una categoría, por ejemplo, en una lechería se puede comprar leche, yogur, huevos, mantequilla y otros productos lácteos. ¿Qué se puede comprar en una carnicería? ¿en una pescadería? ¿en una panadería? ¿en una pastelería?

Gramática
LOS COMPLEMENTOS INDIRECTOS Y EL VERBO *GUSTAR*

A. Los complementos indirectos. As you learned in *Paso 1,* an indirect object, or **complemento indirecto,** is an optional element in a sentence that tells you *to whom* or *for whom* something is done.

Here are the indirect object pronouns in Spanish and English.

Los complementos indirectos pronominales

me	*to/for me*	¿**Me** puede traer un tenedor?	*Can you bring **me** a fork?*
te	*to/for you (informal)*	**Te** compro el pan.	*I'll buy the bread **for you.***
le	*to/for you (formal)* *to/for him* *to/for her*	**Le** recomiendo las chuletas.	*I recommend the chops (**to you**).*
nos	*to/for us*	Tráiga**nos** un menú.	*Bring **us** a menu.*
os	*to/for you (informal, plural)*	**Os** preparo una paella.	*I'm preparing paella **for you.***
les	*to/for you (formal, plural)* *to/for them*	**Les** voy a hacer una torta.	*I'm going to make **them** a cake.*

B. Gustar. The verb **gustar** *(to like, be pleasing)* follows a unique sentence pattern because an indirect object pronoun is always used with this verb. Also, the subject is generally placed *after* the verb. You have already learned that the singular verb form **gusta** is used when the subject is a singular noun or an infinitive, while the plural verb form **gustan** is used when the subject is a plural noun.

Indirect object pronoun	Verb	Subject of the sentence
Me	gusta	la comida francesa.
I like French food. (French food is pleasing to me.)		
Me	gustan	las hamburguesas.
I like hamburgers. (Hamburgers are pleasing to me.)		

Here are some additional important guidelines on the correct use of indirect object pronouns with the verb **gustar.**

• The indirect object pronoun refers to the person who likes something, that is, the person "to whom" something is pleasing.

Te gusta la pizza, ¿no?   *You (informal) like pizza, don't you?*
   *(Pizza is pleasing **to you,** isn't it?)*
Le gusta cocinar.   *He/She/You (formal) like to cook.*
   *(Cooking is pleasing **to him/her/you.**)*

• To mention *by name* one person who likes something, place **a** + name/noun + **le** before the verb.

A + name/noun	(no) le	verb	subject
A María	**le**	gustan	las verduras.
Maria likes vegetables. (Vegetables are pleasing to Maria.)			

- To refer to *two or more people* by name, add **a** + name/noun + **les** before the verb.

A + name/noun	(no) les	verb	subject
A nuestros hijos	no **les**	gustan	las verduras.
Our children don't like vegetables. (Vegetables are not pleasing to our children.)			
A Juan y **a** María	**les**	gusta	la pizza.
Juan and María like pizza. (Pizza is pleasing to Juan and María.)			

C. Aclaración y énfasis. In English, when we want to clarify or emphasize who we are talking about, we say the corresponding pronoun (*I, she, we, they,* etc.) more loudly and forcefully.

She *likes peanut butter, but* ***I*** *don't.*

In Spanish, however, clarification and emphasis are conveyed in an entirely different way—by adding certain "redundant" words. With the verb **gustar,** this redundant phrase consists of **a** + prepositional pronoun. Notice that prepositional pronouns are used *in addition to*—not instead of—indirect object pronouns.

A ti te gustan los mangos, pero **a mí** no **me** me gustan.	***You*** *like mangos, but* ***I*** *don't (like them).*
A él no **le** gusta ese restaurante, pero **a ella le** gusta mucho.	***He*** *doesn't like that restaurant, but* ***she*** *likes it a lot.*

D. Expresiones afines. While it is correct to use **gustar** to indicate that you like the professional work of musicians, artists, actors, etc., it is more appropriate to use other expressions to say that you like someone personally.

Me gusta Gloria Estefan.	*I like Gloria Estefan. (her songs, not her personally)*
Me cae bien Julia.	*I like Julia. (Julia strikes me as nice person.)*
Aprecio a Julia.	*I like Julia. (I hold Julia in esteem and appreciate her.)*
Quiero a Julia.	*I love Julia. (as a girlfriend/friend/ family member)*

Ponerlo a prueba

5-17 Los gustos. ¿Cuáles son algunos de los platos favoritos de tus amigos y de tus familiares? Combina la información en las columnas y escribe ocho oraciones completas. Completa las oraciones con el plato favorito de cada persona.

MODELO: A mi padre... *le gustan mucho los camarones fritos de Red Lobster.*
A mis amigos y a mí... *nos gusta la pizza con queso.*

A	B	C	D
A mí...	me	gusta	¿?
A mis amigos y a mí...	nos	gustan	
A mi padre...	le		
A mi madre...	les		
A mi hermano(a)...			
A todos en mi familia...			
A mis abuelos...			

5-18 Los gemelos. Marta y Miguel son gemelos, pero tienen gustos muy diferentes. Escribe oraciones completas sobre sus preferencias.

MODELO: *A Marta le gusta el helado.*
A Miguel le gustan las galletas.
A los dos les gusta (They both like) *la torta.*

Gramática
LOS VERBOS CON CAMBIOS EN LA RAÍZ: *e → i*
REPASO DE LOS VERBOS CON LOS CAMBIOS: *o → ue, e → ie*

A. Pequeño repaso. Stem-changing verbs, or **verbos con cambios en la raíz,** use the same endings as regular verbs. However, these verbs undergo small changes in the *root vowel* when they are conjugated in the present tense. You are already familiar with two kinds of stem-changing verbs: when the **e** of the stem changes to **ie** in verbs like **recomendar (ie)** and **merendar (ie);** and when the **o** changes to **ue** in verbs like **probar (ue)** and **almorzar (ue).** These changes occur in all persons except **nosotros** and **vosotros.**

Verbos con cambios en la raíz		
	e → ie	o → ue
	merendar *(to have a snack)*	almorzar *(to eat lunch)*
yo	mer**ie**ndo	alm**ue**rzo
tú	mer**ie**ndas	alm**ue**rzas
Ud., él, ella	mer**ie**nda	alm**ue**rza
nosotros(as)	merendamos	almorzamos
vosotros(as)	merendáis	almorzáis
Uds., ellos, ellas	mer**ie**ndan	alm**ue**rzan

A few stem-changing verbs have both *stem changes* and an *irregular* **yo** form:

tener *(to have):* **tengo,** tienes, tiene, tenemos, tenéis, tienen

venir *(to come):* **vengo,** vienes, viene, venimos, venís, vienen

B. Los verbos con cambios e → i. There is a third kind of stem-changing verb, in which the **e** in the root of the verb changes to **i** in every person except **nosotros** and **vosotros**. It is helpful to remember that this **e → i** stem change takes place only in **-ir** verbs; the other kinds of stem changes (**e → ie** and **o → ue**) may occur in **-ar, -er,** or **ir** verbs.

Verbos con cambios en la raíz: e → i			
	pedir (i) *(to ask for; to request)*	servir (i) *(to serve)*	repetir (i) *(to repeat; to have another helping of food)*
yo	pido	sirvo	repito
tú	pides	sirves	repites
Ud., él, ella	pide	sirve	repite
nosotros(as)	pedimos	servimos	repetimos
vosotros(as)	pedís	servís	repetís
Uds., ellos, ellas	piden	sirven	repiten

The verb **decir** *(to say; to tell)* undergoes the stem change **e → i** and also has an irregular **yo** form: **digo, dices, dice, decimos, decís, dicen.**

Ponerlo a prueba

5-19 En Perú. Estás hablando con Mario, un estudiante peruano, sobre algunas costumbres *(customs)*. Completa las actividades.

Primera parte: Completa la conversación con el tiempo presente de los verbos entre paréntesis.

Tú: ¿A qué hora (almorzar) (1) _____ Uds. en Perú?

Mario: Por lo general, (nosotros: almorzar) (2) _____ a la una y media, o a las dos.

Tú: ¿(Volver) (3) _____ toda la familia a casa para almorzar?

Mario: Eso depende de la familia, pero sí, en general, todos (volver) (4) _____ a casa porque el almuerzo es la comida más grande del día.

Tú: ¿Qué (preferir) (5) _____ Uds. para almorzar?

Mario: Comemos de todo. En Lima, (ellos: servir) (6) _____ el pescado con frecuencia; el ceviche, por ejemplo, es muy popular. En general, (nosotros: preferir) (7) _____ la comida picante *(spicy, hot)*.

Tú: ¿Cuáles son tus platos favoritos?

Mario: Cuando salimos a un restaurante elegante, siempre (yo: pedir) (8) _____ lomo a la huancaína, un plato de bistec con queso y huevo. En casa, mi madre (servir) (9) _____ muchas sopas. Mi favorita se llama yacu-chupe; es una sopa verde a base de papa. También, (yo: merendar) (10) _____ con muchas frutas tropicales, como la piña, el mango, la papaya o la maracuyá *(passion fruit)*.

¡NO TE OLVIDES!

Stem-changing and regular verbs use the same set of endings in the present indicative tense. Choose the ending that matches the subject of the sentence.

	-ar	-er	-ir
yo	-o	-o	-o
tú	-as	-es	-es
Ud., él, ella	-a	-e	-e
nosotros(as)	-amos	-emos	-imos
vosotros(as)	-áis	-éis	-ís
Uds, ellos, ellas	-an	-en	-en

Segunda parte: Ahora descríbele a Mario algunas costumbres de los Estados Unidos; también háblale de algunas de tus preferencias. Contesta las preguntas de Mario.

1. ¿A qué hora almuerzan los norteamericanos?
2. ¿Vuelven todos a casa para el almuerzo?
3. ¿Con qué prefieren almorzar los norteamericanos?
4. ¿Qué pides cuando comes en un restaurante elegante?
5. ¿Qué platos sirve tu madre/padre con frecuencia?
6. ¿Qué meriendas?

5-20 Nuestros mejores restaurantes. Contesta las preguntas sobre los restaurantes en tu área. Trabaja con un(a) compañero(a) de clase.

1. ¿Cuáles de los restaurantes en tu ciudad sirven comida de otros países? ¿Qué nacionalidades están representadas? ¿Cuál prefieres tú?
2. ¿Cuáles de los restaurantes en tu área sirven comida apropiada para vegetarianos? ¿Con qué frecuencia almuerzas allí?
3. ¿Dónde puedes probar las comidas más típicas de tu estado o región? ¿Qué platos sirven?
4. ¿Qué restaurantes tienen instalaciones *(facilities)* para grupos grandes? ¿Cuál recomiendas si hay muchos niños en el grupo? ¿Por qué?
5. ¿Dónde puedes merendar? ¿Qué pides allí?
6. ¿Qué restaurantes pueden llevar la comida a tu casa o residencia? ¿De cuál de estos restaurantes pides comida con más frecuencia?
7. De todos los restaurantes en tu ciudad, ¿en cuál prefieres comer? ¿Por qué?

Síntesis

5-21 Rosita hace la compra. Rosita va al supermercado con su papá. Escucha su conversación y contesta las preguntas.

Text Audio CD
Track CD1-28

1. ¿Por qué no va al supermercado la madre de Rosita?
   a. Su esposo siempre hace la compra.
   b. El bebé está durmiendo la siesta.
   c. Ella trabaja por la tarde.

2. ¿Por cuál de los siguientes departamentos pasan primero Rosita y su papá?
   a. el de frutas y verduras
   b. el de la panadería
   c. el de carnes y pescados

3. ¿Por qué se molesta *(get annoyed)* un poco el padre?
   a. porque Rosita insiste en volver a casa
   b. porque Rosita dice que tiene hambre
   c. porque Rosita empieza a jugar con los plátanos

4. ¿Cuáles de los siguientes comestibles tienen que comprar? (Indica cuatro.)
   a. plátanos   e. arroz
   b. pollo   f. frijoles
   c. mariscos   g. sal
   d. biftec   h. azúcar

5. ¿Para qué habla el papá de Rosita con uno de los empleados?
   a. para averiguar *(to find out)* dónde se encuentra la sal
   b. para cambiar dinero para comprar una Coca-Cola
   c. para saber dónde está Rosita

5-22 Más compras. Aquí tienes tres anuncios de las *Páginas amarillas* de la guía telefónica de San José, Costa Rica. Léelos y contesta las preguntas con oraciones completas. Trabaja con un(a) compañero(a) de clase; túrnense *(take turns)*.

1. ¿En cuál de los negocios venden fruta? ¿Qué frutas mencionan en el anuncio? ¿Cuáles de las frutas mencionadas te gustan más? ¿Meriendas con fruta frecuentemente?

2. ¿Dónde se puede comprar un postre especial? ¿Qué postres tienen? ¿Cuáles les gustan más a ti y a tus hermanos? ¿Cuáles les sirves con más frecuencia a tus invitados?

3. ¿Adónde puedes ir para comprar biftec? ¿Qué otras carnes venden? ¿Qué carnes les gustan más a ti y a tu familia? ¿Cuáles comen Uds. con poca frecuencia?

DON SIMÓN PASTELERÍA

LA ESQUINA MÁS DULCE DE SAN JOSÉ

Sala de té, chocolates, queques, galletas, panes, pasteles, postres, bocadillos
SERVICIO A DOMICILIO

Teléfono: 23-5379

Paseo Colón, de Pizza Hut, 100 mts. norte-C. 28 y 30 - A. 1

CARNICERÍA
SANTA ELENA

CARNES FINAS DE RES, CERDO Y TERNERO. ABIERTO TODOS LOS DÍAS DE 6:30 A.M. A 7 P.M. DOMINGOS 7 A.M. A 12 M.

Propietario
ISAÍAS GUILLÉN CHÁVES

22-9780

100 Sur Almacén La Granja
C. 8 - A. 1 y 3

Importadora Diengo de Costa Rica S.A.

Distribuidor de Frutas:
—Americanas
—Centroamericanas
UVAS
MANZANAS
MELOCOTONES
NECTARINAS, ETC.

82-6693
82-6494

Autopista Ciudad Colón
Intersección a Santa Ana 200 Mts. al Sur
Fax: 82-7562

Paso 3

In this *Paso* you will practice:
- Talking about a healthy diet
- Making recommendations about diet and nutrition
- Making comparisons

Grammar:
- Comparatives
- Superlatives

Vocabulario temático
LA NUTRICIÓN Y LA SALUD

¿Qué debemos comer para mantener o mejorar nuestra salud?

Hay que comer *una dieta balanceada.*
            una variedad de frutas y vegetales

Es mejor consumir más *fibra.*
            calcio

Es preferible consumir menos *grasas.*
            cafeína
            calorías

En algunos casos, es aconsejable tomar *vitaminas.*
            suplementos de minerales

Es importante controlar *el nivel de colesterol.*
            la presión arterial

Sabías que...

- Expressions that begin with *It is . . .* , such as *It's important . . .* or *It's advisable . . .* , are called impersonal expressions. They are often used to give general kinds of advice or recommendations. In Spanish, many impersonal expressions follow the pattern of **es** + adjective; they are followed by an infinitive.

    Es mejor beber más leche descremada.   ***It is better*** *to drink more skim/nonfat milk.*

- The verb **hay** can mean *there is/there are,* as in **Hay muchas calorías en el helado.** But in the structure **hay** + **que** + infinitive, **hay** is translated as an impersonal expression that means *one should . . .* or *one must . . .*

    Hay que comer dulces con moderación.   ***One should eat*** *sweets in moderation.*

Text Audio CD
Track CD1-29

Ponerlo a prueba

5-23 El programa de la doctora Alexis. La doctora Alexis tiene un programa en la radio con información sobre nutrición y buena salud. Los radio oyentes *(listeners)* llaman por teléfono y la doctora les da consejos *(advice)*. Escucha las llamadas y completa el ejercicio.

1. El problema principal de Humberto es que _____.
   a. es gordo y necesita adelgazar *(to lose weight)*
   b. tiene el nivel de colesterol alto
   c. sufre de diabetes

2. Según la doctora Alexis, Humberto debe _____.
   a. consultar con un médico inmediatamente
   b. comer menos azúcar
   c. reducir el consumo de carne y productos lácteos

3. Margarita quiere saber más sobre _____.
   a. la dieta y la anorexia
   b. la osteoporosis
   c. la nutrición y la prevención de enfermedades cardiovasculares

4. Según la doctora Alexis, es importante _____.
   a. consumir suficientes productos lácteos y hacer ejercicio
   b. tener una dieta variada
   c. tomar vitaminas y suplementos de antioxidantes

5-24 Recomendaciones. ¿Qué debemos hacer para mejorar la salud? Completa las oraciones con tus recomendaciones. Puedes usar las ideas en la lista o incluir ideas y recomendaciones originales.

> beber café descafeinado
> comer una variedad de comidas
> comer comidas bajas en calorías
> comprar sólo comidas orgánicas
> consumir más fibra
> consumir menos sal
> consumir menos grasas saturadas
> controlar la presión arterial
> meditar o practicar yoga
> tomar suplementos de antioxidantes
> reducir el consumo de azúcar
> vigilar el nivel de colesterol
> ????

1. Para mantener el peso *(weight)* ideal, es importante _____. También es preferible _____.

2. Para prevenir las enfermedades cardiovasculares, es recomendable _____. También es mejor _____. Además *(Additionally)*, es buena idea _____.

3. Para prevenir el cáncer, hay que _____. Es aconsejable _____ y es mejor _____.

4. Para adelgazar *(To lose weight),* es necesario _____. También es preferible _____.

Gramática
LOS COMPARATIVOS

A. Las comparaciones de superioridad o inferioridad. When comparing two people or things, we sometimes find that one has *more* or *less* of a particular quality than the other. To make *unequal* comparisons, use the simple patterns that follow. These patterns may be used when the point of comparison is an adjective, an adverb, or a noun.

- To express the notion *more . . . than,* use **más** + adjective/adverb/noun + **que.**

El restaurante Totino es **más** elegante **que** La Barraca.
Carlos come **más** rápidamente **que** Dulce.

*Totino's Restaurant is **more** elegant **than** La Barraca.*
*Carlos eats **faster** (**more** rapidly) **than** Dulce.*

- To express the idea *less/fewer . . . than,* use **menos** + adjective/adverb/noun + **que.**

Un horno tradicional cocina **menos** rápidamente **que** un microondas.
Los cereales tienen **menos** grasas **que** las carnes.

*A traditional oven cooks **less** quickly **than** a microwave.*
*Cereals have **fewer** fats **than** (do) meats.*

- To express the notion that somebody does something *more than . . .* or *less than . . .* someone else, use the pattern verb + **más que / menos que** + a person.

Yo como **más que** mi hermano.
Mi abuelo come **menos que** mi tío.

*I eat **more than** my brother does.*
*My grandfather eats **less than** my uncle.*

- The following adjectives and adverbs have irregular comparative forms. When they are used as adjectives, add **-es** to make the plural: **menores, mayores, mejores, peores.**

younger	**menor**	Elisa es **menor que** Dulce.
older	**mayor**	Carlos y Dulce son **mayores que** Elisa.
better	**mejor**	Gregorio habla inglés **mejor que** Carlos.
worse	**peor**	Yo canto **peor que** mis hermanos.

B. Las comparaciones de igualdad. To compare two people or two things that are nearly "equal" in some aspect, use the following patterns.

- To express the notion *as . . . as* with adjectives or adverbs, use **tan** + adjective/adverb + **como.**

Elisa y Dulce son **tan** bonitas **como** su mamá.
Felicia cocina **tan** bien **como** Beatriz.

*Elisa and Dulce are **as** pretty **as** their mom.*
*Felicia cooks **as** well **as** Beatriz does.*

- To express *as much . . . as* with nouns, use **tanto(a)** + noun + **como.** To express *as many . . . as,* use **tantos(as)** + noun + **como.** Choose the form of **tanto(a)** or **tantos(as)** that agrees with the noun.

El biftec tiene **tanta** grasa **como** las hamburguesas.

Steak has **as much** fat **as** hamburgers.

Hay **tantas calorías** en el helado **como** en la torta.

There are **as many** calories in ice cream **as** in cake.

- To express the idea that somebody does something *as much as* somebody else, use **tanto como.**

Yo no peso **tanto como** mi mamá.

*I don't weigh **as much as** my mother.*

Ponerlo a prueba

5-25 Comparación de familiares. Lee las oraciones y mira el dibujo. ¿Son ciertas o falsas las oraciones? Corrige *(Correct)* las oraciones falsas.

MODELO: Arturo es más alto que su hijo Carlos.
Falso: Arturo es menos alto que su hijo.
o: *Falso: Carlos es más alto que su padre.*

1. Dulce es más gorda que su mamá.
2. Arturo es tan alto como su hermana Felicia.
3. Elisa y Dulce son tan bonitas como su madre.
4. Elisa es mayor que Dulce.
5. Beatriz es menor que su esposo.
6. Carlos tiene menos pelo que su padre.
7. Tía Felicia tiene tantas hamburguesas como Beatriz.
8. Dulce y Elisa comen tanto como Carlos.

Beatriz Dulce Arturo Carlos Felicia Elisa

5-26 La buena salud. Trabaja con un(a) compañero(a); completen las actividades sobre la salud.

Primera parte: ¿Qué hacen Uds. para mejorar la salud? Entrevístense con estas preguntas y tomen apuntes *(take notes).*

1. ¿Cuántas porciones de frutas y vegetales comes en un día normal?
2. ¿Cuántos vasos de leche bebes en un día normal? ¿Cuántas porciones de queso y yogur comes?
3. ¿Con qué frecuencia meriendas comida "basura" *(junk food)* como patatas fritas, chocolate, galletas y helados?
4. ¿Cuántas tazas de café bebes diariamente? ¿Cuántos refrescos con cafeína tomas?
5. ¿Haces algún tipo de ejercicio todos los días? ¿Qué haces y por cuánto tiempo?
6. ¿Qué más haces para mejorar la salud?

Segunda parte: Analicen las respuestas y contesten las preguntas. ¿Cuál de Uds... ?

1. ¿come más frutas y vegetales?
2. ¿tiene la dieta más rica en calcio?
3. ¿come menos comida "basura"?
4. ¿consume menos cafeína?
5. ¿es más activo(a)?
6. ¿hace más para mejorar la salud?

Gramática
LOS SUPERLATIVOS

A. Los superlativos. Expressions like *the worst, the most important,* and *the least expensive* are known as *superlatives.* In Spanish, superlatives are formed much like comparatives, but they must be paired with *definite articles* (**el, la, los, las**).

- To express *the most/least . . .* or *-est* (such as *tallest, saddest, fanciest*), use the pattern definite article + **más/menos** + adjective + **de** + category/group.

$$\left.\begin{array}{l} \textbf{el} \\ \textbf{la} \\ \textbf{los} \\ \textbf{las} \end{array}\right\} \text{(optional noun)} + \textbf{más/menos} + \text{adjective} + \textbf{de} + \text{group}$$

Mi abuela es **la más** delgada **de** mi familia.	My grandmother is **the slimmest** (person) **in** my family.

(Use **la** to refer to a woman, **mi abuela.**)

El Jardín y El Coliseo son **los** restaurantes **más** caros **de** la ciudad.	El Jardín and El Coliseo are **the most** expensive restaurants **in** the city.

(Use **los** to refer to a masculine plural noun, **restaurantes.**)

Este café es **el menos** caro **del** barrio.	This café is **the least** expensive one **in** the neighborhood.

(Use **el** to refer to a masculine singular noun, **el café.**)

Este supermercado tiene **los** precios **menos** competitivos **de** la ciudad.	This grocery store has **the least** competitive prices **in** town.

(Use **los** because you are referring to a masculine plural noun, **precios.**)

B. Un poco más sobre los superlativos. Spanish uses *irregular* superlative forms in the following cases. Note that these irregular forms are accompanied by the definite article that matches the noun in gender and number.

	singular	plural
the best	el/la mejor	los/las mejores
the worst	el/la peor	los/las peores
the oldest	el/la mayor	los/las mayores
the youngest	el/la menor	los/las menores

Estos dos son **los mejores** restaurantes **de** la ciudad.	These two are **the best** restaurants **in** the city.
Mi hermana Ana es **la menor de** la familia.	My sister Ana is **the youngest in** my family.

Ponerlo a prueba

Vocabulario útil

Yo creo que...
I think that . . .
En mi opinión...
In my opinion . . .
¿Qué piensas tú?
What do you think?
Estoy de acuerdo.
I agree.

5-27 En nuestra ciudad. Completa las oraciones oralmente con los nombres de restaurantes en tu área. Compara tus respuestas con las de tu compañero(a).

1. El restaurante más elegante y más caro de nuestra ciudad es _____.
2. El restaurante más económico y con la mejor comida es _____.
3. El restaurante con el servicio más rápido es _____.
4. El restaurante con el servicio menos rápido es _____.
5. El supermercado más limpio y con los mejores precios es _____.
6. El peor supermercado es _____ porque...
7. El restaurante con la mejor comida vegetariana es _____.
8. El supermercado con la mejor variedad de productos orgánicos es _____.

5-28 La publicidad. Con mucha frecuencia se usan los superlativos en la publicidad. Trabaja con un(a) compañero(a).

Primera parte: Aquí tienen una lista de negocios *(businesses)* y otra lista de lemas *(slogans)* de publicidad. Relacionen cada lema con el negocio más lógico.

Negocios

_____ 1. Supermercados Sánchez

_____ 2. Pastelería Josette

_____ 3. La Flor de América, Distribuidores de café

_____ 4. Restaurante El Azteca

_____ 5. Bodegas Dionisio, Distribuidores de bebidas alcohólicas

_____ 6. Floristería Bonsai

Lemas

a. ¡Los pasteles más finos con los ingredientes más frescos!
b. ¡La mejor selección de vinos de la región!
c. ¡Las plantas más bellas a los precios más económicos!
d. ¡Vengan a probar los mejores tamales de la provincia!
e. ¡El cafe más rico del Nuevo Mundo!
f. ¡Tenemos los precios más bajos y el estacionamiento *(parking)* más amplio de la ciudad!

Segunda parte: Tú y tu compañero(a) trabajan para una compañia de mercadeo *(marketing)*. Escriban un lema original para los siguientes lugares en tu comunidad. Usen superlativos en los lemas.

1. un restaurante
2. un supermercado
3. un café o una heladería *(ice cream parlor)*
4. una librería
5. una discoteca o un club

Síntesis

5-29 Extremos notables. En todas las ciudades, hay grandes diferencias de calidad *(quality)* entre los diferentes restaurantes. Trabaja con un(a) compañero(a); expresen sus opiniones sobre los restaurantes en su área. Usen comparativos y superlativos. Sigan el modelo.

Vocabulario útil
---

caro	*expensive*	fresco	*fresh*
cremoso	*creamy*	grasoso	*greasy*
crujiente	*crispy, crunchy*	nutritivo	*nutritious*
delicioso	*delicious*	picante	*spicy, hot*
dulce	*sweet*	sabroso	*tasty*
económico	*cheap, economical*	salado	*salty*
fino	*fine*	tierno	*tender*

MODELO: helados

Los helados de Baskin-Robbins son más sabrosos que los helados de Dairy Queen, pero en Dairy Queen los helados son menos caros. Sirven los helados más cremosos y deliciosos de la ciudad en Groucho's Deli.

1. hamburguesas
2. pizza
3. sándwiches

4. biftec
5. papas fritas
6. postres

7. pasta italiana
8. (tu comida favorita)

5-30 ¿Qué deben hacer? Imagínate que trabajas de voluntario(a) en una clínica con muchos clientes hispanos. Necesitas hacer un folleto *(brochure)* con información nutricional y recomendaciones sobre la buena salud. ¿Qué vas a escribir en el folleto? Trabaja con un(a) compañero(a) de clase; escriban el texto de un folleto para uno de los temas. Incorporen frases como **hay que... ; es mejor... ; es preferible... ; etcétera.**

Temas (Escojan uno):

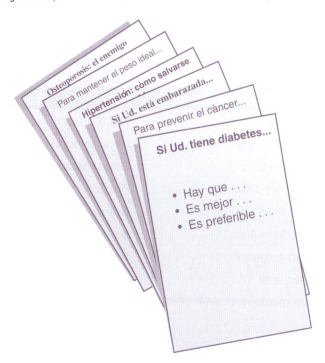

Vistazo gramatical
LOS MANDATOS FAMILIARES

A. Los mandatos. Commands are verb forms that are used to give people directions and instructions in a direct, straightforward way. Since the understood subject of commands is *you,* commands may be *formal* (corresponding to **usted** or **ustedes**) or *informal* (corresponding to **tú** or **vosotros**). In this section, you will learn more about informal commands, or **mandatos familiares.**

> **Pasa** la sal, por favor.　　　　　　　**Pass** *the salt, please.*
> **¡No comas** esas manzanas verdes!　**Don't eat** *those green apples!*

B. Mandatos afirmativos. In Spanish, **tú** commands use different verb forms for the affirmative *(Pass the bread.)* and the negative *(Don't spill your milk!).*

- For most verbs, the affirmative **tú** command uses the same verb form as the **él** form of the present tense.

Infinitive	Affirmative *tú* command	Meaning
-ar: jug**ar**	**¡Juega** con tu hermanito!	**Play** *with your little brother!*
-er: com**er**	**¡Come** las espinacas!	**Eat** *your spinach!*
-ir: escrib**ir**	**¡Escribe** en tu cuaderno!	**Write** *in your notebook!*

- Many common verbs have irregular command forms that must be memorized.

Infinitive	Affirmative *tú* command	Meaning
decir	**¡Di** la verdad!	**Tell** *the truth!*
hacer	**¡Haz** la tarea!	**Do** *your homework!*
ir	**¡Ve** a la tienda!	**Go** *to the store!*
poner	**¡Pon** tus cosas en tu cuarto!	**Put** *your things in your room!*
salir	**¡Sal** de la cocina!	**Get out** *of the kitchen!*
ser	**¡Sé** bueno!	**Be** *good!*
tener	**¡Ten** cuidado!	**Be** *careful! (literally, Have care!)*
venir	**¡Ven** acá!	**Come** *here!*

C. Los mandatos negativos. In order to tell somone what *not* to do, use a negative command. Here are the guidelines to form the negative **tú** commands:

- For most regular verbs, follow this two-step procedure.

  1. Conjugate the verb in the **yo** form of the present tense and drop the **-o.**
  2. Add **-es** to **-ar** verbs, and **-as** to **-er** and **-ir** verbs.

Infinitive	*yo* form of the present tense	Negative *tú* command	Meaning
-ar: tomar	tom∅ + **es**	**¡No tomes** más vino!	***Don't drink*** any more wine!
-er: poner	pong∅ + **as**	**¡No pongas** los pies en la mesa!	***Don't put*** your feet on the table!
-ir: salir	salg∅ + **as**	**¡No salgas** sin mí!	***Don't leave*** without me!

- The following verbs have irregular negative **tú** commands.

Infinitive	Irregular negative *tú* command	Meaning
dar	**No des** esa comida al perro.	**Don't give** that food to the dog.
estar	**No estés** tan triste.	**Don't be** so sad.
ir	**No vayas** solo.	**Don't go** alone.
ser	**¡No seas** tonto!	**Don't be** silly!

D. Los mandatos con complementos. Commands are often used together with reflexive pronouns or with direct and indirect object pronouns.

- With affirmative commands, the pronouns are attached to the end of the command, and an accent mark is added on the third-from-the-last syllable.

  ¿La leche? Cómpra**la,** por favor.   *Milk? Buy **it,** please.*

- With negative commands, the pronouns are placed in front of the verb.

  ¿El pescado? No **lo** compres, por favor.   *Fish? Don't buy **it,** please.*

E. Los mandatos plurales. In Latin America, the formal plural commands (**ustedes**) may be used for friends and strangers alike; you will learn more about how to form these in *Capítulo 7.* In Spain, however, the **ustedes** commands are used only for formal situations; to give commands and instructions to several friends or family members, the **vosotros** command is used.

- To form the affirmative **vosotros** commands: Drop the **-r** of the infinitive and add **-d.**

- To form the negative **vosotros** commands: First, conjugate the verb in the **yo** form of the present tense and drop the **-o;** then add **-éis** to **-ar** verbs, and **-áis** to **-er** and **ir** verbs.

Infinitive	Affirmative *vosotros* command	Negative *vosotros* command
-ar: trabajar	¡Trabaja**d**!	¡No trabaj**éis** tanto!
-er: comer	¡Come**d**!	¡No com**áis** ahora!
-ir: venir	¡Ven**ı**d!	¡No veng**áis** tan temprano!

Ponerlo a prueba

5-31 ¡Es lógico! Es la hora de comer y la familia Arabal está sentada alrededor de la mesa. ¿Qué le dice la Sra. Arabal a cada uno de sus hijos? Lee los mandatos e indica cuál es el mandato más lógico en cada caso. Después, escribe el infinitivo que corresponde al mandato.

MODELO: Paquito: (Limpia la mesa con la servilleta. /
   No limpies el piso con la servilleta.)

   No limpies el piso con la servilleta.

   limpiar

1. Marisa: (Pasa la sal, por favor. / No le pases el pan a tu abuelo.)
2. Albertico: (Juega con la mantequilla. / No juegues con la mantequilla.)
3. Ramona: (Come los dulces primero. / No comas el helado antes de la carne.)
4. Silvio: (Pon más azúcar en la carne. / No pongas ese plato caliente cerca del bebé.)
5. Maribel: (Di "gracias" cuando te pasan la comida. / No digas "por favor" cuando quieres más comida.)
6. Catalina: (¡Sé cortés! / No seas obediente.)

5-32 Los invitados. Tú y tu compañero(a) van a preparar un almuerzo para sus padres. ¿Qué le dices a tu compañero(a)? Escoge un verbo lógico y escríbelo en la forma de un mandato familiar.

comprar	hacer	lavar
decir	insistir	poner
hablar	ir	servir

1. Por favor, _____ tu cama hoy. Quiero tener la casa ordenada.
2. _____ a la tienda y _____ más pan. No tenemos leche tampoco.
3. Por favor, no _____ en tocar tus discos compactos de Macy Gray. A mis padres no les gusta nada ese tipo de música.
4. _____ bien la lechuga para la ensalada. Está muy sucia.
5. _____ con mi papá de fútbol o de béisbol. Le encantan todos los deportes.
6. Por favor, no _____ nada picante *(spicy)*. Mi madre tiene úlceras.

¡Vamos a hablar! | Estudiante (A)

Contexto: In this activity you and your partner will practice giving and taking food orders over the phone. You (**Estudiante A**) and your friends Martin and Mayra are working hard on a project and don't want to take time out to cook. You decide to order food from a restaurant that makes home deliveries. Keeping in mind the food preferences of your friends (described below), place an order for a complete meal, including dessert and beverages, for the three of you. Since you don't have a menu, you will need to ask what is available. Your partner (**Estudiante B**) will take your order, and he/she will begin by answering your phone call.

—— Vocabulario útil ——

Quiero hacer un pedido.	*I want to place an order.*
¿Tienen Uds.... ?	*Do you have . . . ?*
¿Qué me recomienda?	*What do you recommend?*
¿Cuánto cuesta... ?	*How much is . . . ?*

Las preferencias de tus amigos

- A Martín le gustan mucho las hamburguesas y la pizza.

- Mayra prefiere las ensaladas y la comida oriental. También quiere un postre.

¡¡¡LLÉVESE EL JUEGO DEL FÚTBOL DE teleChef POR PEDIDOS SUPERIORES A 2.5000 Ptas.!!!

vea al dorso

SERVICIO GRATUITO A DOMICILIO

tele Chef

"El restaurante en Casa"

91 320 99 03

De Lunes a Domingo de 13 a 17h. y de 20 a 23,30h. Viernes, Sábados, Domingos, festivos y vísperas hasta las 00h.

¡Vamos a hablar! | Estudiante **B**

Contexto: In this activity you and your partner will practice giving and taking food orders over the phone. Your partner (**Estudiante A**) and his/her friends have decided to order some food from a restaurant that makes home deliveries. You (**Estudiante B**) work at that restaurant. It is your job to take the order and complete the form. (Copy it on a separate piece of paper.) Your customers do not have a menu, so you will need to tell them what dishes are available and how much they cost. Refer to the menu on page 221. You will begin by saying: **Telechef. ¿En qué puedo servirle?**

—— Vocabulario útil ——

Tenemos...	*We have . . .*
Le recomiendo...	*I recommend . . .*
¿Qué desea Ud. para beber / de postre?	*What would you like to drink / for dessert?*
... cuesta(n)... pesetas.	*. . . cost(s) . . . pesetas.*

tele **Chef**

Nombre ———————————
Dirección ———————————
Teléfono ———————————

Plato	Precio
	Total

HAMBURGUESAS:

Todas con lechuga, tomate, cebolla, mayonesa, el pan recién tostado y la carne como prefiera: poco hecha, en su punto o muy hecha.

	130g	170g
ESPECIAL DEL CHEF (con queso, bacon y huevo frito)	650	725
NORMAL	525	625
CON QUESO Y BACON	575	675
CON QUESO Y CEBOLLA CONFITADA	575	675
INFANTIL (90g)	350	350

PIZZAS

Pizzas hechas al horno de piedra con nuestra masa con salsa de tomate, orégano y queso mozzarella.

	1 PERSONA	2 PERSONAS
ESPECIAL DEL CHEF (tomate, mozzarella, orégano, atún, anchoas, pimiento verde, pimiento rojo, champiñón y huevo frito)	525	990
MARGARITA (tomate, mozzarella y orégano)	450	595
CUATRO QUESOS (tomate, orégano y una mezcla especial de 4 quesos)	525	990
JAMÓN (tomate, mozzarella, orégano, cebolla, jamón de York, jamón serrano y bacon)	525	990
DE AHUMADOS (tomate, mozzarella, orégano y nuestra deliciosa mezcla de ahumados salmón, trucha y palometa)	525	990
EXTRA DE MOZZARELLA	115	115

TEX-MEX

ALITAS ESPECIALES DEL Chef (con patatas fritas)	550
JALAPEÑOS (4 uds.)*	590
QUESADILLAS (3 uds.)	450
FLAUTAS (crujientes tortillas de maíz rellenas de carne—3 uds.)	450

¡¡NUEVO!! COMIDA ORIENTAL

Todos los platos con salsa agridulce.

ARROZ TRES DELICIAS	415
ROLLITOS DE PRIMAVERA (2 unidades)	325
CERDO AGRIDULCE	485
PAN CHINO	160

ENSALADAS

Frescas y recién preparadas.

ESPECIAL DEL CHEF (lechuga, tomate, zanahoria, huevo, cebolla, bonito, espárragos y alcachofa)	495
DE POLLO (pollo, lechuga, tomate, huevo y salsa rosa)	415
DE COL (col, zanahoria rallada y una salsa muy cremosa)	275
ENSALADA LIGERA (lechuga, tomate, cebolla, huevo duro y espárragos con aceite y vinagre)	395

POSTRES Y BEBIDAS

POSTRES

YOGUR NATURAL O SABORES	125
YOGUR DE FRUTAS/YOGUR DESNATADO	135
CREMA DE CARAMELO, CHOCOLATE O VAINILLA	145
HELADOS CARTE D'OR 125 ml Chocolate, limón, fresa o caramelo	295

BEBIDAS

Coca Cola, Fanta, Sprite (33 cc)	155
Cerveza Mahou (33 cc)	175
Vino Bodegas LAN Crianza (1/5)	295
Agua Mineral (50 cl)	95
Pregunte a nuestras telefonistas por el menú diario	1.100
con vino de crianza	1.250

*In this context **uds.** means **"unidades"** or "pieces."

¡Vamos a leer!

5-33 Familiarizarse. Before reading an article in depth, use the following techniques to familiarize yourself with the content.

- Observe the overall *format* of the text, including the layout, titles, subtitles, photographs, tables, and charts in order to discover the main topic and intended audience of the article.

- *Skim* the text by reading "lightly" and selectively in order to confirm and clarify your understanding of the topic.

- Use your *background knowledge*—what you aleady know about the topic of the article—in order to anticipate and predict the content.

1. What or who is the main topic of the article "Dulce a la peruana"?
2. For whom is the article written? (Is the intended audience children, teenagers, adults, experts in the field, novices, etc.?)
3. What kinds of information will you find in an article of this sort? (Do you expect to find biographical information, tips on cooking, a description of foods, a review of a restaurant, a recipe?)

---

de la COCINA al COMEDOR
Por Virginia Flores de Apodaca

DULCE A LA PERUANA

Mazamorra morada, mousse de maracuyá, huevos chimbos, suspiro limeño, rollo de chocolate y lúcuma fueron algunos de los dulces peruanos que degustamos algunos residentes de Miami durante el primer festival gastronómico peruano auspiciado por AeroPerú y la Cámara de Comercio Peruano-Americana de Miami-Dade.

Con la participación de la incomparable chef peruana Marisa Guiulfo y ocho de los chefs que trabajan en su restaurantes en Lima, esta encantadora embajadora de la comida y dulces del Perú nos dejó con ganas de más.

"Al limeño le gusta comer dulces, por esta razón, la mayoría de los postres tradicionales peruanos son limeños", me dijo Marisa, "muchos de ellos provienen de las cocinas de las monjas de los conventos durante la Colonia. Al principio usaron los ingredientes que trajeron de Europa, tales como la leche y el azúcar y, a esos pronto incorporaron frutas del país, tales como la lúcuma (de la Sierra), la chirimoya, entre otras. Uno de los postres más conocidos es el suspiro limeño, compuesto por un manjar de leche y yemas coronado con un merengue italiano espumoso."

Los peruanos aman su patria y todo lo que ella produce. Otro postre muy popular es la mazamorra morada, un pudín hecho con maíz morado, harina de batata y frutas secas. De la Colonia también son las Ponderaciones, un buñuelo frito que se puede servir sólo o con helado de vainilla.

Rollo de Chocolate y Lúcuma

500 grs. de puré de lúcuma	300 grs. de chocolate amargo
1/2 taza de azúcar granulada	200 grs. de mantequilla sin sal
200 grs. de chocolate blanco	2 cucharadas de cognac o brandy
300 grs. de mantequilla sin sal	

Hacer un almíbar con el azúcar y un poco de agua y agregar al puré de lúcumas, mezclar bien. Derretir el chocolate blanco, batir los 300 grs. de mantequilla sin sal y una vez frío el chocolate blanco, agregarlo a la mantequilla y agregar esta mezcla a la de lúcuma.

Derretir el chocolate amargo, batir la mantequilla restante, y una vez frío el chocolate, agregárselo a la mantequilla, batir bien y añadirle el cognac.

Engrasar con mantequilla un papel encerado y estirar la mezcla de chocolate amargo y colocar encima la mezcla de lúcuma, estirándola también. Enrollar en forma de pionono o brazo de gitano, refrigerar y servir.

5-34 Detalles. Once you have a general notion about a text, you can use the following strategies to gain better insight into the article.

- *Scan* the article to find specific points of information, such as evidence that confirms predictions you have made or the answers to specific questions posed in an exercise.

- Take note of *subdivisions,* each of which deals with a particular aspect of the main topic, in order to seek specific information more efficiently.

- Look for *cognates*—words that are similar in meaning and form in Spanish and English.

- Try to *guess words from context* by studying the information you understand clearly and making logical predictions about unknown words.

1. What kinds of foods were featured at the festival?
2. Where was the festival held?
3. What organizations sponsored the festival?
4. Who prepared the specialties?
5. According to Marisa Guiulfo, Peruvian desserts are a blend of cuisines from what two cultures?
6. What are the Spanish equivalents of the following words and phrases?
   a. desserts, sweets
   b. sponsored by
   c. a native of Lima (Peru)
   d. nuns

Vocabulario útil

maracuyá	*passion fruit*	espumoso	*foamy*
lúcuma	*eggfruit*	mazamorra	*pudding of corn starch,*
degustamos	*we tasted, tried*		*sugar, honey*
embajadora	*ambassador*	batata	*sweet potato*
chirimoya	*custard apple*	secas	*dried*
manjar	*delicacy*	sabor	*flavor, taste*
yemas	*egg yolks*	labios	*lips*

Un paso más: Cuaderno de actividades

Vamos a escribir: Writing a simple review   Pág. 102

Reviews help the reader decide if a particular restaurant, book, movie, vacation spot, etc., is of interest. You'll examine a review of the San Juan, Puerto Rico, restaurant El Picoteo to learn what elements a good review should contain. Then, you'll practice by writing a review of a restaurant in your area. Have fun with this assignment, and remember to organize your thoughts before you write.

Vamos a mirar: Pág. 105

Vídeo 1: En el restaurante

You will visit two restaurants in Mexico City. Remember Laura from *Capítulo 2*? After visiting a **taquería** and listening to an interview with its owner, you will accompany Laura and her friend from work as they have lunch in a nice open-air restaurant.

Vídeo 2: Vistas de Perú

Perú

Datos esenciales

- **Nombre oficial:** República del Perú
- **Capital:** Lima
- **Población:** 26.624.582 habitantes
- **Unidad monetaria:** El nuevo sol
- **Principales industrias:** producción de minerales (vanadio, cobre, plata, cinc, plomo, hierro y oro); petróleo y gas natural; madera
- **De especial interés:** Perú se divide en tres áreas principales: la costa, cordillera *(mountain range)* de los Andes y las selvas amazónicas. Comparte *(It shares)* con Bolivia el lago Titicaca, el lago navegable más alto del mundo y el más grande de Sur América.
- Internet: http://avenidas.heinle.com

1100-1500   El avanzado Imperio Inca se extiende y controla el área andina: Perú, parte de Bolivia, Chile, Ecuador y Argentina.

1824   Perú es liberado por el venezolano Simón Bolívar y el argentino José de San Martín.

Un **vistazo** a la historia

1533   Pizarro captura y ejecuta al emperador inca Atahualpa.

Personajes de ayer y de hoy

Atahualpa: el último Inca (cacique o supremo gobernante) independiente. Gobernó de 1532 a 1533, cuando fue capturado y ejecutado por Pizarro. Atahualpa y su hermano Huáscar eran hijos del Inca Huayna Cápac. Al fallecer *(Upon dying)* Huayna Cápac, hubo *(there was)* un conflicto de sucesión entre los dos hermanos. Atahualpa se estableció como Inca Hanan y compartió *(shared)* el poder con Huáscar, Inca Hurin.

Mario Vargas Llosa: novelista, periodista *(journalist)*, crítico literario, profesor, anfitrión *(host)* de un programa de televisión y candidato a la presidencia de Perú en 1990. Fue catedrático *(professor)* en University of London, Washington State University y Columbia University. Ha ganado múltiples premios literarios como el *Ritz Paris Hemingway Award* y el Premio Internacional de Literatura Rómulo Gallegos. Ha sido *(He has been)* miembro de la Real Academia de la Lengua Española desde 1994.

Javier Pérez de Cuéllar: ex secretario general de la ONU y candidato a la presidencia del Perú en 1995. Desde 1961 sirvió como Embajador de Perú en Suiza, la Unión Soviética, Polonia y Venezuela. En 1981 llegó a ser *(became)* secretario general de la Organización de las Naciones Unidas. Fue condecorado *(decorated)* por veinticinco naciones y recibió el Premio Príncipe de Asturias por promover la cooperación iberoamericana y el Jawaharlal Nehru Award for International Understanding.

Notas culturales de interés

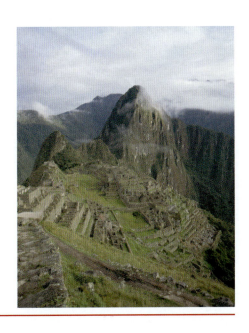

El tesoro arqueológico de Perú es la espectacular ciudad inca Machu Picchu, construida entre los siglos XV y XVI. La "ciudad perdida" estaba escondida *(hidden)* en los Andes entre la vegetación y por esta razón no fue destruida por los conquistadores españoles. En 1911 Hiram Bingham, un profesor de Yale, la descubrió en lo alto del cañón de Urubamba. Muchos la han estudiado y han conjeturado sobre su función: ¿Es una fortaleza *(fortress)*? ¿un sitio sagrado? ¡Nadie ha descifrado el misterio de Machu Picchu! Sus plazas, viviendas *(housing)*, templos, escalinatas y observatorio astronómico son de gran interés cultural. La UNESCO la declaró Patrimonio Cultural de la Humanidad.

1941 Guerra con Ecuador por límites territoriales.

1980 Comienza la inestabilidad política causada por huelgas *(strikes)* y los ataques de guerrillas del Sendero Luminoso.

1990 Sube a la presidencia Alberto Fujimori. Es reelegido en 1995, pero la democracia se convierte en *(becomes)* un régimen autocrático.

2001 Alejandro Toledo se convierte en el primer presidente peruano de ascendencia *(ancestry)* indígena.

1879 Guerra con Chile. Gana Chile, y Perú le cede tierras del desierto de Atacama.

¿Qué sabes sobre Perú?

5-36 La esencia de Perú. Encuentra los datos históricos y culturales que definen la esencia de este país.

1. El grupo indígena que logró un alto grado *(degree)* de civilización y cultura: _____

2. La cordillera que cruza por el centro del país: _____

3. El conquistador que destruye la civilización indígena y funda la capital del Perú actual: _____

4. Las legendarias ruinas arquitectónicas indígenas escondidas en las montañas: _____

5. Un intelectual peruano de fama internacional: _____

6. Los países con los cuales Perú ha tenido problemas territoriales a través de la historia: _____

7. El último emperador inca, ejecutado por los españoles: _____

5-37 El orgullo *(pride)* peruano. Los peruanos están muy orgullosos de Machu Picchu. ¿Por qué piensas tú que esta ciudad es una herencia *(heritage)* de importancia para Perú y para el mundo entero? Da tu opinión. Marca con una **X** las razones que tú encuentras para estar orgullosos.

☐ 1. Es un ejemplo de la riqueza *(richness)* cultural y el avanzado desarrollo *(development)* económico, político y social de grupos indígenas autóctonos de América.

☐ 2. No es fácil respirar *(to breathe)* allí porque está localizada en la cumbre de un pico muy alto.

☐ 3. Está construida en integración armoniosa con la naturaleza.

☐ 4. Es un refugio de la sociedad moderna, el ruido de las ciudades, el progreso y la tecnología.

☐ 5. Fue descubierta por un profesor de la famosa universidad de Yale.

☐ 6. Es un misterio cuál fue en realidad su función durante la época precolombina.

☐ 7. Una idea original...

Vocabulario

Sustantivos

el **aderezo** (salad) dressing
el **agua mineral** mineral water
el **almuerzo** lunch
el **arroz** rice
el **azúcar** sugar
la **banana** banana
la **barra (de pan)** loaf (of bread)
el **biftec** steak
la **bolsa** bag
la **botella** bottle
el **bróculi** broccoli
el **café** coffee
la **cafeína** caffeine
el **calcio** calcium
la **caloría** calorie
el (la) **camarero(a)** waiter/waitress
el **camarón** shrimp
la **cena** dinner, supper
el **cereal** cereal
la **cerveza** beer
el **chocolate** chocolate,
  hot chocolate
la **chuleta de cerdo** pork chop
el **churro** fritter, fried sweet dough
la **copa** (wine) glass, goblet
la **crema** cream
el **cubito de hielo** ice cube
la **cuchara** tablespoon
la **cucharita** teaspoon
el **cuchillo** knife
la **cuenta** bill, check
  (in a restaurant)
el **desayuno** breakfast
la **dieta** diet
la **docena** dozen
la **ensalada** salad
la **fibra** fiber
el **flan** caramel egg custard
el **frasco** jar

la **fresa** strawberry
los **frijoles** beans
la **galleta** cookie; cracker
la **grasa** fat
la **hamburguesa** hamburger
el **helado** ice cream
el **huevo** egg
los **huevos revueltos**
  scrambled eggs
el **ingrediente** ingredient
el **jamón** ham
el **jugo (de naranja)**
  (orange) juice
el **kilo** kilo
la **leche** milk
la **lechuga** lettuce
el **litro** liter
el **maíz** corn
la **mantequilla** butter
la **manzana** apple
la **margarina** margarine
los **mariscos** seafood
la **mayonesa** mayonnaise
el **melocotón/durazno** peach
el **melón** melon
el **menú** menu
el **mercado** market
la **merienda** snack
la **mermelada** marmalade/jam
la **naranja** orange
el **nivel de colesterol** cholesterol
  level
la **nutrición** nutrition
la **paella** rice dish with saffron,
  seafood, and chicken
el **pan** bread
el **pan tostado** toast
el **panecillo** roll
la **papa** potato

las **papas fritas** French fries
el **paquete** package
la **patata** potato (Spain)
la **pera** pear
el **pescado** fish
la **pimienta** pepper
la **piña** pineapple
el **plátano** plantain, banana
el **plato del día** special of the day
el **pollo** chicken
el **postre** dessert
la **presión arterial** blood pressure
el **primer plato** first course
la **propina** tip
el **queso** cheese
el **refresco** soft drink, soda pop
el **restaurante** restaurant
la **sal** salt
la **salud** health
la **sandía** watermelon
el **sándwich** sandwich
el **segundo** second course
la **servilleta** napkin
la **sopa** soup
los **suplementos de minerales**
  mineral supplements
la **taza** cup
el **té** tea
el **tenedor** fork
el **tomate** tomato
la **torta** cake
la **tortilla** omelette;
  flour tortilla (Mex.)
la **uva** grape
la **variedad** variety
el **vaso** glass
el **vegetal** vegetable
el **vino** wine
la **vitamina** vitamin

Verbos

almorzar (ue) to eat lunch
cenar to eat dinner/supper
consumir to eat, consume
desayunar to eat breakfast
mantener (ie) to maintain

mejorar to improve
merendar (ie) to have a snack
pedir (i) to ask for, request
probar (ue) to taste, try
recomendar (ie) to recommend

repetir (i) to repeat, have another
  helping of food
servir (i) to serve
vigilar to monitor, watch out for

Otras palabras

a la parrilla *grilled*
al horno *baked*
asado *roasted*
frito *fried*
más *more*
más (+ *adjective/adverb/noun* +)
  que *more . . . than*

mayor *older*
mejor *better*
menor *younger*
menos *fewer, less*
menos (+ *adjective/adverb/noun* +)
  que *less . . . than*

peor *worse*
revuelto *scrambled*
tan (+ *adjective/adverb* +) **como**
  as . . . as
tanto(a)... como *as much . . . as*
tantos(as)... como *as many . . . as*

Expresiones útiles

¿Algo más? *Anything else?*
¿Cuál es el plato del día? *What is the special of the day?*
¿Cuánto le debo? *How much do I owe you? / How much is it?*
Deseo... *I want . . .*
En seguida. *Right away. At once.*
Es aconsejable tomar... *It is advisable to take . . .*
Es importante... *It is important . . .*
Es preferible... *It's preferable . . .*
¿Está incluida la propina en la cuenta? *Is the tip included in the bill?*
Hay que... *We must (One must) . . .*

¿Me puede dar... ? *Could you (Can you) give me . . . ?*
Necesito... *I need . . .*
No, gracias, eso es todo. *No thanks, that's everything / that's all.*
¿Podría traerme... *Could you bring me . . . ?*
Por favor, tráigame... *Please bring me . . .*
¿Qué desea Ud.? *What would you like? / How may I help you?*
¿Qué ingredientes tiene... ? *What ingredients are in . . . ?*
¿Qué me recomienda? *What do you recommend?*
¿Quiere Ud. algo más? *Would you like anything else?*
Quisiera... *I would like . . .*

For further review, please turn to Appendix E.

Capítulo 6

La vida estudiantil

Objetivos

Speaking and Listening

- Describing everyday routines on campus
- Describing and discussing classes
- Expressing opinions about classes, professors, and school life
- Narrating actions and events in the past

Reading

- Recognizing opinion and how it is supported

Writing

- Developing a composition with comparison and contrast *(Cuaderno de actividades: ¡Vamos a escribir!)*

Culture

- Argentina *(Panorama cultural)*
- Primary and secondary education *(Puente cultural)*
- Social life at the university *(Comentario cultural)*
- Córdoba: Medieval center of learning *(Comentario cultural)*
- University classes and grading scale *(Comentario cultural)*

Grammar

- Reflexive verbs
- Verbs like **gustar: encantar, interesar, importar, faltar**
- Prepositional pronouns
- Preterite tense of regular **-ar, -er,** and **-ir** verbs
- Spelling-changing verbs in the preterite tense
- Preterite of some irregular verbs: **dar, estar, ir, hacer, ser,** and **tener**
- **Se me** + verb construction for unintended occurrences *(Vistazo gramatical)*

A primera vista

 Trabaja con un(a) compañero(a). Estudien el cuadro del pintor peruano contemporáneo Aquiles Ralli. Marquen todas las oraciones que describen el cuadro.

☐ 1. Las niñas llevan uniforme.

☐ 2. Las niñas llevan mochilas.

☐ 3. Las niñas regresan a casa después de un día típico de clases.

☐ 4. Los colegiales *(school-age children)* probablemente van a la escuela secundaria.

☐ 5. Es un cuadro alegre, de colores brillantes y vivos.

☐ 6. Las niñas no se conocen *(know one another)* bien.

☐ 7. Hay tres niñas en el grupo de colegiales.

Aquiles Ralli   (1925–   )

Nacionalidad: peruano

Otras obras: *Niño con paloma, Marinera, Barquitos de papel, Pescadora*

Estilo: Aquiles Ralli recuerda con cariño *(cherishes)* los primeros años de la escuela primaria. Las gratas *(pleasant)* experiencias con maestros y compañeros tienen gran influencia en muchos de sus cuadros. Pinta también bodegones *(still lifes)* y escenas de la vida típica de la ciudad de Lima. Ralli pone en sus cuadros, al igual que su maestro José Sabogal, su amor por Perú, la gente y la vida en su país.

In this *Paso* you will practice:
- Talking about everyday routines on campus
- Using expressions of chronological order to connect sentences

Grammar:
- Reflexive verbs

Vocabulario temático
LA VIDA DE LOS ESTUDIANTES

Antes de salir

Me despierto *a las ocho.*
         bastante temprano

Me levanto a las *ocho y cuarto.*

Me ducho y me visto rápidamente.

Salgo de casa a las *nueve menos cuarto.*

Durante el día

Por la mañana asisto a *tres* clases.
Mi primera clase empieza a las *nueve.*
Por la tarde tengo *un laboratorio de química (biología, física)* de *dos* a *cuatro.*
Mi última clase del día termina a las *cinco y media.*

Por la noche

Tengo que estudiar por *dos o tres* horas todas las noches.
No tengo mucho tiempo para *divertirme con mis amigos.*
Me acuesto *bastante tarde (después de la medianoche).*

¿ Sabías que...

- In expressions like **me levanto, me despierto, me ducho,** and **me acuesto,** the word **me** is a *reflexive pronoun.* You will study how reflexive pronouns are used in the next section of this *Paso.*

- A new stem-changing verb is introduced in this section: **empezar (ie)** *(to begin).* To express the notion *to begin doing something,* use the pattern **empezar** + **a** + infinitive.

Empiezo a estudiar a las siete y media.   *I begin studying at seven thirty.*

Ponerlo a prueba

Text Audio CD
Track CD1-30

6-1 Un estudiante de primer año. Gustavo acaba de pasar *(has just spent)* su primer mes en la Universidad de Texas. Ahora está en casa hablando con su madre. Escucha su conversación y completa estas oraciones.

1. Gustavo se despierta a las _____ de la mañana y se levanta a las _____. (¿A qué hora?)
2. ¿Desayuna? sí _____ no _____
3. Su primera clase empieza a las _____ de la mañana. (¿A qué hora?)
4. Tiene _____ clases por la mañana. (¿Cuántas?)
5. A la una o a la una y media, Gustavo _____. (¿Qué hace?)
6. Tiene un laboratorio los _____ por la _____. (¿Qué días? ¿Cuándo?)
7. Antes de cenar, él va al _____ y juega al _____. (¿Adónde va? ¿Qué hace?)
8. Por lo general, se acuesta a las _____ o a las _____. (¿A qué hora?)

6-2 Todo en un día. Tú y un(a) compañero(a) van a comparar sus rutinas. Completen las actividades juntos.

Primera parte: Descríbele a tu compañero(a) la rutina del día más ocupado. Lee las oraciones y complétalas con las palabras más lógicas. Después, escucha mientras tu compañero(a) describe su rutina. Tomen apuntes *(Take notes).*

Mi día más ocupado es el *(día de la semana).* Me despierto a las *(hora)* y me levanto a las *(hora).* Antes de mis clases, *(yo) (actividades).* Salgo de casa a las *(hora).* Por la mañana, tengo *(número)* clases. Mi primera clase empieza a las *(hora).* Casi siempre almuerzo a las *(hora)* con *(personas).* Por la tarde, tengo *(número)* clases. Mi última clase empieza a las *(hora).* Por lo general, regreso a casa a las *(hora).* Por la noche, muchas veces *(yo) (actividades).* Casi siempre me acuesto a las *(hora).*

Segunda parte: Compara tus respuestas con las de tu compañero(a) y completa la tabla con una **X** en la columna apropiada.

Entre tú y tu compañero(a), ¿quién... ?	Yo	Mi compañero(a)
1. se despierta más temprano por la mañana	☐	☐
2. tiene menos clases	☐	☐
3. come almuerzo más temprano	☐	☐
4. regresa a casa más tarde	☐	☐
5. se acuesta más temprano	☐	☐

¡NO TE OLVIDES!

To say at what time you usually do something, use the preposition **a** and a definite article before the hour:

Siempre estudio...

al mediodía
at noon

a la medianoche
at midnight

a las dos y cuarto
at two-fifteen

6-3 ¿Qué tal tu semestre? Trabaja con un(a) compañero(a) de clase y entrevístense con estas preguntas.

1. ¿Estás muy ocupado(a) este semestre? ¿Cuántas clases tienes en total? ¿Qué día de la semana estás más ocupado(a)? ¿menos ocupado(a)?
2. ¿A qué hora empieza tu primera clase? ¿A qué hora es tu última clase? ¿Prefieres tener tus clases por la mañana o por la tarde? ¿Por qué? ¿Tienes alguna clase por la noche?
3. ¿Tienes un laboratorio este semestre? ¿Cuándo es? ¿Es interesante?
4. ¿Desayunas todos los días? ¿Con quién almuerzas generalmente? ¿Dónde comen Uds.? ¿Cenas en el mismo lugar *(place)*? ¿Cómo es la comida allí, buena, tolerable o mala?
5. ¿Por cuántas horas tienes que estudiar todas las noches? ¿Cuándo tienes tiempo para divertirte con tus amigos? ¿Cuándo pasas tiempo con tu familia?

Comentario cultural: LA VIDA UNIVERSITARIA

¿Cómo es tu universidad? ¿Dónde viven los estudiantes? ¿Cuáles son las actividades sociales más populares entre los estudiantes?

Cuando piensas en la universidad, ¿cuáles son tus imágenes más claras y vívidas? ¿Piensas en el recinto universitario *(campus)*, en sus residencias estudiantiles y en sus cafeterías? Quizás *(Perhaps)* piensas en los partidos de fútbol americano, las grandes rivalidades y los animadores *(cheerleaders)*. Para muchos estudiantes norteamericanos, es sorprendente descubrir que muchos de los aspectos más "típicos" de la vida estudiantil en los Estados Unidos no forman parte de la vida estudiantil en España o Latinoamérica. La mayoría de los estudiantes hispanos, por ejemplo, no vive en residencias, sino en casa con sus padres u otros parientes. Muchos estudiantes practican deportes y juegan en equipos, pero por lo general los deportes tienen menos importancia que en los Estados Unidos. Además *(What's more)*, los clubes sociales como "sororities" o "fraternities" casi no existen; los estudiantes prefieren reunirse más informalmente. Los cafés y los bares cerca de los centros universitarios son muy populares con los estudiantes, porque allí pueden pasar un rato *(a while)* hablando de política o de otros temas de interés. También se reúnen *(get together)* en fiestas para conversar, para escuchar música y, sobre todo *(above all)*, para bailar.

Gramática
LOS VERBOS REFLEXIVOS

A. Los verbos reflexivos. Some of the verbs you used in the previous section of this *Paso,* such as **me levanto, me ducho,** and **me despierto,** are known as *reflexive verbs* (**verbos reflexivos**). When a verb is reflexive, the person who performs the action also receives the benefit or impact of the action (such as "washing yourself" or "brushing your teeth"). Many verbs can actually be used reflexively or nonreflexively, depending on the meaning of the sentence.

lavar	**Lavo** el coche.	*I wash* the car. (I perform the action; the car receives the benefit. This verb is *not* used reflexively.)
lavar**se**	Después, **me lavo** y salgo.	*Afterward, I wash up* and leave. (I perform the action of washing but also receive the benefit of it since I am washing *myself.* This verb *is* used reflexively.)
levantar	**Levanto** a mi hijo a las ocho.	*I get my son up* at eight o'clock. (I turn on the light and call out my son's name to get him up. This verb is *not* used reflexively.)
levantar**se**	**Me levanto** a las seis y media.	*I get up* at six-thirty. (I get up of my own accord, so I both perform and receive the benefit of the action. This verb *is* used reflexively).

B. Los pronombres reflexivos. Reflexive verbs are conjugated just like other verbs in the present tense, except that they must always be accompanied by *reflexive pronouns.* These reflexive pronouns must match the subject of the sentence; for example, the pronoun **me** is used when the subject is **yo,** the pronoun **te** is used when the subject is **tú,** etc.

levantarse *(to get up)*		
yo	**me**	**Me levanto** a las seis.
tú	**te**	¿A qué hora **te levantas?**
Ud., él, ella	**se**	Roberto **se levanta** temprano.
nosotros(as)	**nos**	**Nos levantamos** tarde los domingos.
vosotros(as)	**os**	¿**Os levantáis** ahora?
Uds., ellos, ellas	**se**	Mis padres no **se levantan** muy temprano.

The following guidelines describe where reflexive pronouns may be placed within a sentence.

- Reflexive pronouns are always placed *before* a single conjugated verb.

  Me levanto bastante temprano.   *I get up quite early.*

- With verb phrases consisting of conjugated verb + infinitive, reflexive pronouns are generally *attached* to the end of the infinitive. In some cases, it is possible to place them before the conjugated verb.

  Prefiero levantar**me** temprano.   *I prefer to get up early.*

- When an infinitive is used directly after a preposition (such as **después de, antes de, para,** etc.), the reflexive pronoun is always *attached* to the end of the infinitive.

  Después de levantar**me,** desayuno.   *After I get up (literally, after getting up),*
  I eat breakfast.

C. Otros verbos reflexivos. Just like all other verbs, reflexive verbs may be regular, stem-changing, or irregular in the present tense.

Verbos regulares: These common reflexive verbs are conjugated in the present tense with the regular endings for **-ar** verbs, just like **levantarse.**

bañarse	*to take a bath/to bathe*
levantarse	*to get up*
arreglarse	*to fix oneself up*

lavarse el pelo/
  las manos/la cara
	*to wash one's hair/
	  hands/face*

lavarse los dientes	*to brush one's teeth*
ducharse	*to take a shower*
quitarse	*to take off (clothing)*
afeitarse	*to shave*
maquillarse	*to put on make-up*
peinarse	*to comb one's hair*

Verbos irregulares: The verb **ponerse** *(to put on)* is irregular only in the **yo** form of the present tense: **me pongo, te pones, se pone, nos ponemos, os ponéis, se ponen.**

Verbos con cambios en la raíz: Reflexive verbs may have any of the three kinds of stem changes in the present tense. Like all stem-changing verbs, these verbs undergo changes in all persons except **nosotros** and **vosotros.**

Here are some other common stem-changing reflexive verbs:

o → ue
dormirse (ue)   *to fall asleep*

e → ie
despertarse (ie)   *to wake up*
sentarse (ie)   *to sit down*

e → i
despedirse (i)   *to say good-bye*

	o → ue acostarse *(to go to bed)*	e → ie divertirse *(to have a good time)*	e → i vestirse *(to get dressed)*
yo	me ac**ue**sto	me div**ie**rto	me v**i**sto
tú	te ac**ue**stas	te div**ie**rtes	te v**i**stes
Ud., él, ella	se ac**ue**sta	se div**ie**rte	se v**i**ste
nosotros(as)	nos acostamos	nos divertimos	nos vestimos
vosotros(as)	os acostáis	os divertís	os vestís
Uds., ellos, ellas	se ac**ue**stan	se div**ie**rten	se v**i**sten

Ponerlo a prueba

6-4 Un día típico. ¿Cómo es un día normal en la universidad? Vivian describe su rutina diaria. Combina los elementos y conjuga los verbos en el presente para formar oraciones completas.

MODELO: (yo) / levantarse / temprano / todos los días

Me levanto temprano todos los días.

1. (yo) / despertarse (ie) / a las siete y media / casi todos los días
2. mi compañera de cuarto / levantarse / a la misma hora
3. (yo) / ducharse / por la mañana / pero / ella / preferir (ie) / bañarse / por la noche
4. primero / (nosotras) vestirse (i) / y luego / (nosotras) peinarse
5. antes de desayunar / (nosotras) maquillarse
6. (yo) siempre / lavarse los dientes / después del desayuno
7. los fines de semana / (nosotras) divertirse (ie) / con nuestros amigos
8. mis amigos / acostarse (ue) / tarde / los sábados / y / levantarse / tarde / los domingos

6-5 ¿Lo (La) conoces bien? La clase va a entrevistar a su profesor(a) de español. Formen grupos de dos o tres personas y completen las actividades.

Primera parte: ¿Cómo es la rutina de su profesor(a)? Escriban sus predicciones sobre las siguientes actividades.

MODELO: ¿A qué hora se despierta su profesor(a)?

Nosotros creemos que nuestro(a) profesor(a) se despierta temprano, a las cinco y media o a las seis de la mañana.

1. ¿A qué hora se despierta su profesor(a) durante la semana?
2. ¿Cuánto tiempo necesita para arreglarse por la mañana?
3. ¿A qué hora se acuesta durante la semana?
4. ¿A qué hora se levanta los fines de semana?
5. ¿A qué hora se acuesta los viernes y los sábados?
6. ¿Qué hace para divertirse los fines de semana?

Segunda parte: Entrevisten a su profesor(a). Después de la entrevista, comparen sus "predicciones" con las respuestas de su profesor(a). ¿Quiénes lo (la) conocen mejor?

MODELO: *¿A qué hora se despierta Ud. por la mañana?*

6-6 Una encuesta. Una compañía de mercadeo *(marketing)* quiere investigar los hábitos de los estudiantes en tu universidad. Entrevista a un(a) compañero(a) de clase con las siguientes preguntas. Toma apuntes *(Take notes)* sobre las respuestas.

1. ¿Cuántas veces al día te lavas los dientes (una vez, dos veces, tres veces, cuatro veces o más)?
2. ¿Qué pasta dentífrica prefieres?
3. ¿Cuántas veces a la semana te lavas el pelo (una o dos veces, tres o cuatro veces, todos los días)?
4. ¿Qué champú te gusta más?
5. ¿Usas acondicionador? (sí, a veces, no)
6. ¿Prefieres bañarte o ducharte?
7. ¿Qué tipo de jabón *(soap)* prefieres (uno con desodorante, uno con crema, no importa)?
8. ¿Con qué frecuencia te pones colonia o perfume (todos los días, a veces, nunca)?
9. Para los chicos: ¿Qué crema prefieres para afeitarte?
10. Para las chicas: ¿Qué marca *(brand)* de cosméticos prefieres para maquillarte?

Vocabulario temático
EL ORDEN CRONOLÓGICO

Cómo expresar una serie

Primero, tengo la clase de cálculo.

Luego, tengo la clase de historia.

Después, asisto a la clase de antropología.

Más tarde, tengo un laboratorio de geología.

HORARIO DE CLASE					
Nombre:					
	lunes	**martes**	**miércoles**	**jueves**	**viernes**
9:00	cálculo	cálculo	cálculo	cálculo	cálculo
10:00	historia	historia	historia	historia	historia
11:00					
12:00	antropología	antropología	antropología	antropología	antropología
1:00	laboratorio de geología	laboratorio de geología	laboratorio de geología	laboratorio de geología	laboratorio de geología

Cómo expresar la hora

Por la mañana, debo ir a clases.　　*Por la tarde,* necesito trabajar.　　*Por la noche,* tengo que estudiar.　　Empiezo a trabajar *a las dos.*　　Trabajo *de dos a cuatro.*

Cómo expresar el orden

Antes de trabajar, debo ir a clases.
Mientras trabajo, escucho música.
Después de trabajar, tengo que estudiar.

¿Sabías que...

- Notice that an *infinitive* rather than a conjugated verb is used after **antes de** and **después de.** Infinitives are used after prepositions like these whenever the subject of both parts of the sentence is the same.

Antes de salir, me lavo
los dientes.

Before leaving (Before I leave), *I brush
my teeth.*

Después de cenar, miramos
la tele un rato.

After having supper (After we have supper),
we watch TV for a while.

- After the conjunction **mientras,** a conjugated verb (*not* an infinitive) should be used.

Mientras ceno, leo el periódico.
Escucho música **mientras estudio.**

While I eat supper, *I read the newspaper.*
*I listen to music **while I study.***

Text Audio CD
Track CD1-31

Ponerlo a prueba

6-7 ¿Cuándo? Lee estas preguntas y después escucha las conversaciones entre los dos estudiantes, Nieves y su novio Antonio. Completa las oraciones con las respuestas correctas.

Conversación 1

1. Primero, Nieves va a _____.
2. Después, va a _____.
3. Más tarde, va a _____.

   a. comer un helado
   b. trabajar en el restaurante
   c. estudiar geometría
   d. cenar con su novio

Conversación 2

4. Según Antonio, Nieves debe
llamar a su mamá _____.
5. Nieves prefiere llamar a su madre _____.

   a. antes de ir al partido
   b. después de ir al partido
   c. mientras están en el partido

Conversación 3

6. Normalmente, Antonio trabaja _____.
7. Este sábado, Antonio tiene
que trabajar _____.

   a. por la mañana
   b. por la tarde
   c. por la noche

6-8 El fin de semana. ¿Qué piensas hacer el próximo fin de semana? Trabaja con un(a) compañero(a) de clase. Completen las oraciones oralmente con infinitivos para describir sus planes para el fin de semana.

MODELO: Tú: El viernes por la tarde, voy a *tomar una siesta.*
            ¿Y tú?

       Tu compañero(a): Voy a *ir al laboratorio de química.*

1. El viernes por la noche, voy a _____. También, quiero _____. ¿Y tú?
2. El sábado por la mañana, pienso _____ primero. Luego, voy a _____.
¿Y tú?
3. El sábado por la tarde, tengo que _____ primero. Más tarde, espero
_____. ¿Y tú?
4. El sábado por la noche, me gustaría _____. Después, quiero _____. ¿Y tú?
5. El domingo, voy a _____ antes de _____. Voy a _____ después de _____.
¿Y tú?

Síntesis

6-9 ¿Cómo es la vida de Carlos? Estos dibujos representan un día normal en la vida de Carlos. Trabaja con un(a) compañero(a) de clase, y túrnense para describir los dibujos. Tienen que usar palabras como **primero, luego, antes de,** etcétera para indicar el orden de las actividades.

MODELO: *Primero, Carlos se despierta a las seis de la mañana.*
Tiene mucho sueño. No le gustan las mañanas. Luego...

1.

2.

3.

4.

5.

6.

6-10 ¿Quiénes son más compatibles? Imagínate que buscas un(a) nuevo(a) compañero(a) de cuarto. Completa las siguientes actividades.

Primera parte: En grupos de cuatro personas, entrevista a dos compañeros(as). Para cada pregunta, indica si tú y la otra persona son compatibles.

	¿Somos compatibles?		
	Sí	**Quizás** *(maybe)*	**No**
1. ¿A qué hora te levantas por la mañana?	☐ ☐	☐ ☐	☐ ☐
2. ¿Te duchas por la mañana o por la noche?	☐ ☐	☐ ☐	☐ ☐
3. ¿A qué hora prefieres acostarte?	☐ ☐	☐ ☐	☐ ☐
4. ¿A qué hora vuelves a casa después de tus clases?	☐ ☐	☐ ☐	☐ ☐
5. ¿Escuchas música mientras estudias?	☐ ☐	☐ ☐	☐ ☐
6. En general, ¿está ordenado o desordenado tu cuarto?	☐ ☐	☐ ☐	☐ ☐
7. ¿Te gusta cocinar o prefieres comer en la cafetería?	☐ ☐	☐ ☐	☐ ☐
8. ¿Qué te gusta hacer en tu tiempo libre?	☐ ☐	☐ ☐	☐ ☐
9. En general, ¿pasas los fines de semana aquí o sales de la ciudad?	☐ ☐	☐ ☐	☐ ☐
10. (dos o tres preguntas originales)	☐ ☐	☐ ☐	☐ ☐

Segunda parte: Después de entrevistar a dos o tres personas, decide quién es más compatible contigo. Completa la oración por escrito.

(Nombre) y yo somos más compatibles porque...

PUENTE CULTURAL

Háblanos un poco sobre la educación en la escuela primaria y secundaria.

Gabriela (Gabi) Marchesin Vergara
mexicana; 23 años; estudiante

En México la enseñanza *(schooling)* es obligatoria hasta el tercer año de secundaria, que es equivalente al noveno *(ninth)* grado en el sistema estadounidense. El sistema de notas que se usa es de números, del 0 al 10. Todas las escuelas tienen clases de educación física y facilidades para practicar deportes. Sin embargo *(However),* no existe una cultura del deporte como en otros países; no hay el mismo énfasis, ni la inversión *(investment)* económica. Las escuelas privadas tienen un mejor programa de estudios y de nivel académico. Por ejemplo, en las escuelas privadas existe el estudio de una segunda lengua, generalmente inglés, desde kinder.

Alicia Josefina Lewis
panameña, 47 años;
profesora

En Panamá la enseñanza es obligatoria hasta el sexto *(sixth)* grado, pero la mayoría de las personas asisten a la secundaria hasta *(until)* graduarse. El sistema de notas es del 1 al 5 (el 5 es equivalente a una A). Se practica todo tipo de deportes, pero el más popular es el béisbol. En la escuela pública se empieza a estudiar una lengua extranjera en el séptimo *(seventh)* grado. En la escuela privada se empieza antes, en primer grado. Las lenguas que más se estudian son el inglés, el francés y el latín. Las escuelas privadas generalmente son dirigidas por la iglesia y muchas veces los alumnos se gradúan en el grado once, en vez del *(instead of the)* doce.

Iván Claudio Tapia Bravo
chileno; 37 años; profesor

En Chile la enseñanza es obligatoria hasta el octavo *(eighth)* básico. El sistema de notas es de 0 a 7. Un 4 es la nota mínima de aprobación *(passing)*. La equivalencia sería *(would be)*: 4 = D, 5 = C, 6 = B, 7 = A. No se practican muchos deportes en la escuela primaria o secundaria; el principal es el fútbol. El estudio de lenguas extranjeras (inglés y francés o alemán) empieza muy temprano. Hay una gran diferencia entre la educación pública y la privada. La pública es gratuita *(free),* y en muchos casos hay una enorme falta *(lack)* de recursos. Los liceos privados son bastante caros; por lo tanto *(therefore),* pueden ofrecer una gran infraestructura, así como una enseñanza superior. Esto queda demostrado en el alto número de ingresos de alumnos de liceos privados a las universidades.

Te toca a ti

6-11 ¿En qué país? Decide en cuál de estos países (México, Panamá, Chile o los Estados Unidos) se darían las siguientes situaciones *(these situations would exist)*. **¡Ojo!** Puede ser solamente en un país, en varios de ellos o en ninguno.

1. Sacar un 5 en matemáticas es un motivo de celebración en _____.
2. Sacar un 4 en historia es una vergüenza *(embarrassment)* en _____.
3. Graduarse de secundaria con un promedio *(G.P.A.)* de 4.0 es excelente en _____.
4. El francés es una lengua extranjera que se estudia en _____.
5. En las escuelas privadas se inicia el estudio de una segunda lengua en los primeros años de la educación primaria en_____.
6. Los deportes son una parte esencial de la educación primaria y secundaria en _____.
7. La educación pública es tan buena como la privada en _____.

6-12 Ventajas y desventajas. Trabaja con un(a) compañero(a). Discutan los pros y contras de las siguientes situaciones que se dan en diferentes países. Después escriban en español una ventaja *(advantage)* y una desventaja de cada una de las situaciones. **¡Ojo!** No siempre hay ambas *(both)*.

1. En los Estados Unidos se les da mucha importancia a los deportes en las escuelas secundarias.

    VENTAJA:

   DESVENTAJA:

2. En muchos países extranjeros la enseñanza de un segundo idioma empieza cuando los niños son bien jóvenes.

    VENTAJA:

   DESVENTAJA:

3. En algunos países la asistencia a la escuela secundaria no es obligatoria.

    VENTAJA:

   DESVENTAJA:

4. En la mayoría de los países la educación privada es mejor y más completa que la pública.

    VENTAJA:

   DESVENTAJA:

Vocabulario temático
LAS ASIGNATURAS

¿Qué clases tomas este semestre?   Este semestre tomo *estadística, educación física, español e inglés.*

¿Cuál es tu carrera?   Todavía no (lo) sé.

Estudio *pedagogía.*
     periodismo
     negocios/comercio
     derecho

¿En qué año de estudios estás?   Estoy en mi *primer año* de estudios.
     segundo año
     tercer año
     cuarto año

¿Qué notas sacas?   Saco *buenas notas.*
     malas notas
     notas regulares

¿Cómo son tus clases?   Mi clase de *informática* es *fácil.*
     economía   *difícil*
     psicología   *aburrida*
          interesante

OTRAS ASIGNATURAS

Lenguas

alemán   italiano   ruso
francés   japonés

Humanidades y bellas artes

arte   literatura
cinematografía   música
fotografía   teatro
lingüística

Ciencias sociales

antropología   historia
ciencas políticas psicología
geografía   sociología

Ciencias naturales

astronomía   física   química
biología   geología

Matemáticas

álgebra   cálculo   trigonometría

Estudios profesionales

arquitectura   medicina
criminología   trabajo social
farmacia   turismo y hotelería
ingeniería   veterinaria

¿ Sabías que...

- Other ways of asking someone about his/her major are: **¿En qué te especializas? ¿Cuál es tu especialidad?** and **¿Cuál es tu especialización?** These expressions often refer to a field of study within a major.

- In many Spanish-speaking countries, students who want to go on to college must first finish a college-preparatory high school program that gives them a diploma known as **el bachillerato.** An undergraduate university degree is often called **un título universitario** or **una licenciatura.**

- The conjunction **y** *(and)* changes to **e** before words that begin with **i** or **hi.**

  Estudio física **e** historia.   *I study physics **and** history.*

Ponerlo a prueba

6-13 Las clases de Tomás. Escucha la conversación entre Tomás y su nueva amiga Patricia y contesta las preguntas.

Text Audio CD
Track CD1-32

1. Tomás describe su horario *(schedule)* para el _____.
   a. lunes   b. martes   c. miércoles

2. Tomás y Patricia están en el _____ año de estudios.
   a. primer   b. segundo   c. tercer

3. Tomás estudia _____.
   a. lenguas extranjeras   b. ciencias sociales   c. ciencias naturales

4. Tomás piensa que su profesor de biología _____.
   a. es fascinante   b. es difícil   c. no es muy interesante

5. La clase más difícil para Tomás es _____.
   a. la biología   b. el inglés   c. el álgebra

6-14 Adivina. ¿Cuál es la clase en la descripción?

Primera parte: Lee cada descripción y escribe el nombre de la clase correspondiente.

MODELO: En esta clase estudias cómo funcionan las computadoras y cómo programarlas.

         la informática

1. En esta clase lees y analizas las novelas, la poesía y las obras de teatro.

2. En esta clase estudias las formas de gobierno, tales como la democracia, la monarquía, la oligarquía, la república, etcétera.

3. En esta clase observas y estudias los planetas, los sistemas solares, las galaxias, etcétera.

4. En esta clase de bellas artes puedes escuchar las sinfonías de los grandes compositores.

5. En esta clase tienes que memorizar los símbolos para los elementos y hacer experimentos en un laboratorio.

Segunda parte: Escribe descripciones para otras tres clases. Léele tus descripciones a la clase. Tus compañeros tienen que identificar la clase en tu descripción.

6-15 Tu horario. Primero, copia la tabla en una hoja de papel y completa el horario con tus propias clases. Luego, entrevista a tu compañero(a) con las preguntas de abajo.

HORARIO DE CLASE

Nombre: _____

	lunes	martes	miércoles	jueves	viernes
9:00					
10:00					
11:00					
12:00					
1:00					
2:00					

1. ¿En qué año de estudios estás?
2. ¿Cuál es tu carrera?
3. ¿Qué clases tomas este semestre? ¿Tienes algún laboratorio?
4. ¿Te gusta tu horario? ¿Cuál es tu día más fácil?
5. ¿A qué hora empieza tu primera clase? ¿A qué hora termina tu última clase?
6. ¿Cómo son tus clases? ¿Cuál es tu clase más interesante? ¿la más difícil?
7. ¿Qué notas sacas?

Vocabulario temático
CÓMO PEDIR Y DAR OPINIONES

¿Qué piensas de *tus clases* este semestre?
                tus profesores

Me gusta mucho mi clase de *ciencias marinas*.

Me encanta mi clase de *historia del arte*.

Me interesa mucho la clase de *teoría de la música*.

Mi profesora de *literatura europea* es muy *dinámica*.
                                    organizada

Las conferencias de *historia medieval* son *fascinantes*.
                                    maravillosas

Los exámenes de *bioquímica* son muy *largos*.
                                difíciles

Mi profesor de *microbiología* es *desorganizado*.
                        demasiado exigente
                        quisquilloso
                        pésimo

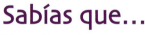

Sabías que...

- The verbs in the expressions **me encanta** and **me interesa** are patterned like the verb **gustar.** With a singular noun, use **encanta, interesa.**

  Me **encanta** la historia.   *I love* history.

  With a plural noun, use **encantan, interesan.**

  Me **interesan** mucho las matemáticas.   *I am* very much *interested in* mathematics.

- The phrase **¿Qué tal... ?** can also be used to ask for someone's opinion.

  ¿Qué tal tu clase?   *How's* your class? / What do you think of your class?

Estrategia: Using simpler language

Learning to speak another language can be a frustrating experience at times. This is especially so when we want to communicate sophisticated ideas but find that we don't have the language skills to do so. To keep communication from breaking down at times like that, it is important to stay focused on what you *can* communicate, by simplifying the message. You will probably need to make more general statements and omit certain details. Also, instead of using very picturesque or colloquial speech, try to use more basic words.

Read the examples below and then try to complete the chart with your own versions of simplified English and Spanish sentences.

Instead of saying . . .	You might say . . .	And express it in Spanish as . . .
It's so cool to dissect frogs in anatomy class.	*My biology lab is fascinating.*	**El laboratorio de biología es fascinante.**
Marie says that her biochem prof is a real jerk.	*Marie has a terrible chemistry professor.*	**El profesor de química de Marie es pésimo.**
Einstein himself couldn't pass one of my physics professor's tests.		
I haven't declared a major yet, but I'm thinking of going into computers.		

Ponerlo a prueba

Text Audio CD
Track CD1-33

6-16 ¿Cómo van las clases? Escucha la conversación entre dos estudiantes universitarios, Elsa y Andrés. Indica con un √ si las impresiones de sus clases son favorables o desfavorables. Después, escribe los adjetivos que los estudiantes usan para describir las clases y a los profesores (por ejemplo, quisquilloso, organizado, interesante, etcétera).

	Impresión favorable	Impresión desfavorable	Adjetivos
1. el profesor de química	☐	☐	
2. la clase de filosofía	☐	☐	
3. las conferencias de historia	☐	☐	
4. la profesora de sociología	☐	☐	

6-17 Comparación de clases. ¿Qué piensas de las clases y de los profesores este semestre? Escribe oraciones que comparan tus clases y tus profesores.

MODELO: clase: interesante

Mi clase de español es más interesante que mi clase de historia. Mi clase de inglés es menos interesante que mi clase de ciencias marinas.

1. clase: difícil
2. profesor(a): dinámico(a)
3. exámenes: largos y difíciles
4. conferencias: aburridas
5. profesor(a): quisquilloso(a)
6. profesor(a): organizado(a)

¡NO TE OLVIDES!

To make comparisons with adjectives, use these patterns:

más + adjective + **que**
more . . . than

menos + adjective + **que**
less . . . than

tan + adjective + **como**
as . . . as

6-18 ¿Y tú? Trabaja con un(a) compañero(a) de clase; comparen sus opiniones sobre las clases. Túrnense completando las oraciones y contestando las preguntas.

1. Me encanta mi clase de _____ este semestre. Es mi clase favorita. Y a ti, ¿qué clase te gusta mucho?

2. No me interesa mucho mi clase de _____. Y a ti, ¿qué clase te interesa poco?

3. Mi profesor(a) de _____ es muy simpático(a) pero es un poco aburrido(a). Y tú, ¿tienes un(a) profesor(a) así?

4. Mi profesor(a) de _____ es interesante pero no es muy organizado(a). Y tú, ¿tienes un(a) profesor(a) desorganizado(a)?

5. Me encanta mi profesor(a) de _____ porque sus conferencias son maravillosas y aprendo mucho. ¿Cuál de tus profesores da buenas conferencias?

6. Los exámenes de _____ son largos y difíciles; nadie nunca saca A. Y tú, ¿tienes una clase con exámenes muy difíciles?

Gramática
LOS VERBOS COMO *GUSTAR: ENCANTAR, INTERESAR, IMPORTAR, FALTAR*

A. Resumen del verbo *gustar*. The verb **gustar** *(to like, be pleasing)* follows a pattern different from most other verbs in Spanish.

- Only two forms of the verb are commonly used in the present tense: **gusta** is used with a singular subject (that is, a singular noun or an infinitive) and **gustan** is used with a plural one (a plural noun).

Me **gusta** la historia.	*I like history. (History is pleasing to me.)*
Me **gusta** leer.	*I like to read. (Reading is pleasing to me.)*
Me **gustan** mis clases.	*I like my classes. (My classes please me.)*

- An indirect object pronoun (**me, te, le, nos, os, les**) expresses *to whom* the activity or thing is pleasing.

¿**Te** gusta esa clase?	*Do you like that class? (Is that class pleasing **to you**?)*
No **le** gustan sus clases.	*He/She doesn't like his/her classes. (The classes are not pleasing **to him/her.**)*
A Carlos le gusta la geometría.	*Carlos likes geometry. (Geometry is pleasing **to Carlos.**)*

B. Los verbos semejantes a *gustar*. Several other verbs follow the same pattern as **gustar.** Notice in the following examples that only two forms of each verb are commonly used and that an indirect object pronoun is an integral part of the sentence.

encantar *(to love, enchant, delight)*	Me **encanta** la biología.	*I love biology. (Biology is delightful to me.)*
	Me **encantan** las ciencias marinas.	*I love marine science.*
interesar *(to interest; to be interested in)*	Nos **interesa** la literatura.	*We're interested in literature. (Literature interests us.)*
	Nos **interesan** las bellas artes.	*We're interested in fine arts.*

importar (to be important to; to care about; to matter)	Le **importa** mucho sacar buenas notas.	Getting good grades is very important to her (him).
	No le **importan** las notas.	Grades don't matter to him (her).
faltar (to be short [of something], be lacking/ missing [something])	A María le **falta** dinero para completar sus estudios.	Maria doesn't have (is lacking) money to finish her studies.
	A Alfredo le **faltan** $20 para comprar sus libros de texto.	Alfredo is short $20 to buy his textbooks.

C. Los pronombres preposicionales. When exchanging opinions with other people, we often compare and contrast who likes what. In English, we emphasize *who* by saying that part of the sentence more forcefully or more loudly. In Spanish, this same kind of emphasis is expressed by adding a phrase consisting of **a** + prepositional pronoun. Notice that this phrase is used in addition to the indirect object pronoun.

a mí	**A mí** me encanta esta clase.	*I love this class. (This class enchants **me**.)*
a nosotros(as)	**A nosotros** no nos interesa esa clase.	*That class doesn't interest **us**.*
a ti a Ud. a vosotros(as) a Uds.	¿**A ti** te gusta? ¿**A Ud.** le gusta? ¿**A vosotros** os gusta? ¿**A Uds.** les gusta?	*Do **you** like it? (Is it pleasing **to you**?)*
a él a ella	**A él** le encanta y **a ella** también.	***He** loves it (It is enchanting **to him**) and **she** does, too (it delights **her**, too).*
a ellos a ellas	**A ellos** les interesa pero **a ellas** no.	***They (The guys)** are interested in it, but **they (the girls)** aren't.*

⌐Comentario cultural: EL SISTEMA EDUCATIVO⌐

Los estudiantes universitarios de España o de Hispanoamérica tienen un sistema educativo muy diferente al de los Estados Unidos. Primero, casi siempre tienen que seguir un plan de estudios que es un poco rígido y que no les da oportunidad de tomar muchos cursos electivos. Además, algunos profesores no toman la asistencia y sus conferencias no siempre incluyen discusiones con los estudiantes. Por último, muchas veces los estudiantes solamente tienen un examen final al concluir el año escolar y reciben las notas según un sistema numérico de uno a diez, o con descripciones como las siguientes:

sobresaliente (outstanding)   aprobado (passed)
notable (very good)   deficiente (unsatisfactory)
bien (good)   suspenso (failed)

Ponerlo a prueba

6-19 Muchas opiniones. Completa las oraciones con el verbo más lógico de la lista. No repitas los verbos.

encanta   falta   interesa   importa

encantan   faltan   interesan   importan

1. A Marisa le _____ la clase de cinematografía. Es su clase favorita.
2. A Marcos no le _____ mucho la clase de geología porque él prefiere las humanidades.
3. Nos _____ mucho sacar buenas notas porque queremos asistir a la escuela de medicina el próximo año.
4. A Margarita y a Elvina no les interesa ser maestras porque les _____ la paciencia para trabajar con niños pequeños.
5. Me _____ las matemáticas; voy a ser ingeniero.
6. Julio quiere ser veterinario, pero le _____ la aptitud y el dinero para seguir sus estudios.

6-20 Más opiniones. Tú y tu compañero(a) van a comparar sus opiniones sobre el estudio de las lenguas. Primero, completen las oraciones oralmente con sus propias opiniones. Después, escriban oraciones comparando sus opiniones.

MODELO: *A mí me encanta estudiar lenguas; a mi compañero(a) francamente no le gusta mucho.*

1. A mí (me encanta / me gusta mucho / no me gusta mucho) estudiar lenguas. ¿Qué opinas tú de las lenguas?
2. A mí (me interesa muchísimo / me interesa bastante / no me interesa mucho) la cultura de otros países. ¿Y a ti?
3. A mí (me importa mucho / me importa un poco / en realidad, no me importa mucho) poder hablar bien otra lengua. ¿Y a ti?

6-21 Entrevista. Entrevista a un(a) compañero(a) sobre sus opiniones respecto a la vida estudiantil. Toma apuntes.

1. ¿Cuál es tu carrera? ¿Por qué te interesa? ¿Qué otras carreras te interesan?
2. ¿Qué clases tomas este semestre? ¿Cuál de tus clases te encanta? ¿Cuál no te interesa mucho?
3. A ti y a tus amigos, ¿les importa sacar buenas notas? ¿Les importa estudiar una carrera de mucho prestigio? ¿Qué otros aspectos de la vida universitaria les importan?
4. ¿Dónde vives ahora *(now)*? ¿Con quién? ¿Dónde te interesa vivir el próximo año? ¿Por qué?
5. ¿A qué hora empieza tu primera clase este semestre? ¿Te gusta tener clases a las ocho de la mañana? ¿Cuándo prefieres estudiar? ¿Te gusta escuchar música mientras estudias?

Síntesis

6-22 Un argentino en los Estados Unidos. Adrián Pinasco es argentino, pero estudia y trabaja en los Estados Unidos. Lee la descripción de su rutina, y contesta las preguntas con oraciones completas.

¡Hola! Me llamo Adrián Pinasco; soy de Argentina y tengo veintisiete años. Soy profesor de educación física y como postgrado *(as for graduate work/studies)*, tengo dos masters en Buenos Aires. Actualmente estoy estudiando mi tercer master, el cual es en fisiología del ejercicio, y voy por el segundo año. Este semestre estoy cursando *(I'm taking)* dos clases, las cuales son durante el mediodía y la tarde, así que puedo dormir a la mañana. ¡Eso es algo que de verdad me encanta! No me gustan las clases a la mañana temprano, ya que prefiero quedarme durmiendo *(sleep in)*. Cuando me levanto, desayuno —generalmente con leche con chocolate o café con leche. Después, almuerzo, que usualmente yo mismo me cocino *(I cook for myself)*. Después de almorzar, voy a clase. Y de ahí voy directamente a entrenar con el equipo de fútbol, del cual soy uno de los entrenadores *(coaches)*. Si tengo tiempo, vuelvo a casa para comer antes de ir a trabajar a la noche en un gimnasio donde soy supervisor de los torneos deportivos para estudiantes *(intramurals)*. Al final del día, vuelvo a casa, leo los e-mails en la computadora hasta las doce o la una, y de ahí me voy a dormir. Éste es uno de mis días típicos en la Universidad de Carolina.

1. ¿Cuál es la carrera de Adrián Pinasco?
2. ¿Para qué título *(degree)* estudia?
3. ¿En qué año de estudios está?
4. En general, ¿se levanta temprano? Explica.
5. ¿Cuántas clases tiene este semestre?
6. ¿Cuándo tiene clases?
7. ¿Dónde come generalmente?
8. ¿En qué trabaja? ¿Cuándo trabaja?
9. ¿Qué hace Adrián después de trabajar? ¿A qué hora se acuesta?
10. ¿Qué piensas de la rutina de Adrián? ¿Es parecida *(similar)* a la tuya? ¿Cómo es parecida o diferente?

6-23 Una encuesta. Completa esta encuesta *(survey)* con tus compañeros de clase en grupos de cuatro personas. Comparen los resultados con otros grupos.

Las asignaturas y las preferencias

1. ¿Cuántas clases tienes este semestre? _____

2. ¿Cuándo prefieres tener clases?
   - ☐ todas por la mañana
   - ☐ todas por la tarde
   - ☐ algunas por la mañana y otras por la tarde

3. ¿Cuántas horas en total estudias en un día típico?
   - ☐ una o menos
   - ☐ de dos a tres
   - ☐ cuatro o más

4. ¿Con qué frecuencia estudias los fines de semana?
   - ☐ (casi) siempre
   - ☐ a veces
   - ☐ nunca

5. ¿Cuál de las dos opciones te gusta más en cada caso?

   a. una clase difícil pero interesante ☐ o una clase fácil pero aburrida ☐

   b. una clase de ciencias con laboratorio ☐ o una clase de ciencias sin laboratorio ☐

   c. una clase con muchas conferencias ☐ o una clase con mucha discusión entre estudiantes ☐

   d. una clase con exámenes y pocos trabajos escritos *(papers)* ☐ o una clase con pocos exámenes y muchos trabajos escritos ☐

   e. un profesor dinámico pero desorganizado ☐ o un profesor organizado pero un poco aburrido ☐

Comentario cultural: LOS COGNADOS FALSOS

¿Conoces a alguna persona bilingüe? ¿Alguna vez le oyes a esta persona usar una palabra o expresión que suena raro *(sounds odd)* en el contexto de lo que la persona está diciendo?

Al hablar del sistema educativo en español, nos encontramos con muchos "cognados falsos", palabras que no son lo que parecen ser. Aquí hay una lista de algunas de estas palabras con su significado correcto en inglés:

conferencia	*lecture*
lectura	*reading*
facultad	*college/school (of architecture, for example)*
colegio	*elementary or secondary school*

Paso 3

In this *Paso* you will practice:

● Talking about past actions and events

Grammar:

● Preterite of regular **-ar, -er,** and **-ir** verbs

● Preterite of irregular verbs: **dar, estar, hacer, ir, ser,** and **tener**

● Spelling-changing verbs in the preterite

Vocabulario temático
CÓMO HABLAR DEL PASADO: EXPRESIONES TEMPORALES

¿Cuándo te graduaste de la escuela secundaria?

Me gradué *hace tres meses.*
    hace dos años
    en el 2001 (dos mil uno)

¿Cuándo entraste a la universidad?

Entré *en septiembre.*
    el mes pasado
    el año pasado

¿Cuándo conociste a tu nuevo(a) compañero(a) de cuarto?

Lo (La) conocí *la semana pasada.*
    ayer
    anoche
    anteayer
    el fin de semana
       pasado

Sabías que...

● Spanish uses the preterite tense (**el pretérito**) to narrate past events. The verb forms **me gradué, entré,** and **conocí** are examples of this new tense. You will study the preterite in more detail later in this *Paso.*

   ● To tell how long ago something happened, use the phrase **hace** + amount of time.

     hace una semana   *a week ago*

● People often refer to the past by telling how old they were when something happened. To do this, use the expression **cuando tenía _____ años.**

     Aprendí a conducir **cuando**   *I learned how to drive **when***
       tenía dieciocho años.   ***I was eighteen years old.***

● Here are two more useful time expressions.

     esta mañana   *this morning*
     esta tarde   *this afternoon*

Text Audio CD
Track CD1-34

Ponerlo a prueba

6-24 Una reunión. Hoy hay una fiesta para celebrar el aniversario de graduación de la universidad. Escucha las conversaciones entre los graduados de 1990 y escoge la mejor respuesta a cada pregunta.

Primera conversación: Javier y Cristina hablan con Miguel sobre su ascenso *(promotion)*.

1. ¿Cuál es el nuevo trabajo de Miguel?
   a. presidente de la compañía
   b. vicepresidente de la compañía
   c. director de personal de la compañía

2. ¿Cuándo recibió la buena noticia *(news)*?
   a. ayer
   b. la semana pasada
   c. el mes pasado

3. ¿Cuándo empezó a trabajar para la compañía?
   a. el año pasado
   b. hace dos años
   c. hace doce años

Segunda conversación: Ana le explica a Pablo qué hizo después de graduarse.

4. ¿Cuándo se graduó Ana de la Universidad de Arizona?
   a. en 1990   b. en 1995   c. en 2000

5. ¿Cuándo empezó a trabajar para el gobierno?
   a. después de obtener su doctorado
   b. hace cinco años
   c. en 2001

6. ¿Cuándo se casaron *(got married)* Ana y Eric?
   a. el mes pasado
   b. hace varios años
   c. el año pasado

6-25 ¿Cuándo lo hiciste? Dile *(Tell)* a tu compañero(a) de clase cuándo hiciste estas cosas. Después, decide quién hizo cada cosa más recientemente.

esta mañana	la semana pasada	cuando tenía *veintiún* años
ayer	el mes pasado	hace *dos* años
anoche	el semestre pasado	en... *(año)*
anteayer	el año pasado	

1. Me gradué de la escuela secundaria _____. ¿Y tú? ¿Cuándo te graduaste?
2. Entré a la universidad por primera vez _____. ¿Cuándo entraste tú?
3. Conocí a mi mejor amigo(a) _____. ¿Cuándo conociste a tu mejor amigo(a)?
4. Tuve *(I got)* mi primer trabajo _____. ¿Cuántos años tenías cuando tuviste tu primer trabajo?
5. Aprendí a usar las computadoras _____. ¿Cuándo aprendiste tú?
6. Empecé a estudiar español _____. ¿Y tú? ¿Cuándo empezaste tú a estudiarlo?
7. Escribí mi primer trabajo de investigación *(research/term paper)* _____. ¿Y tú?
8. Tomé un examen difícil _____. ¿Cuándo tomaste tú uno difícil?
9. Saqué una nota buena _____. ¿Y tú?
10. Estudié mucho _____. ¿Y tú?

Gramática
EL PRETÉRITO DE LOS VERBOS REGULARES

A. El pretérito. In Spanish, two common verb tenses are used to talk about the past: the *preterite* and the *imperfect.* Each of these tenses has a slightly different usage and focus. In this section you will begin learning one of these tenses—the preterite (**el pretérito**). This tense is used to tell what happened or what somebody did with reference to a particular point in time, such as *yesterday* or *last week.*

Ayer **me desperté** a las ocho menos cuarto; luego **me vestí** y **tomé** el desayuno.	*Yesterday **I woke up** at a quarter to eight; then **I got dressed** and **had** breakfast.*

B. Verbos regulares. To conjugate regular verbs in the preterite, you must remove the **-ar, -er,** or **-ir** ending from the infinitive and add a new ending that matches the subject of the sentence. Notice that in the preterite **-er** and **-ir** verbs share the same set of endings. Accent marks are needed over the endings corresponding to **yo** and **Ud., él, ella.**

-ar verbs: **tomar** *(to take)*		
yo	tom**é**	No **tomé** historia este semestre.
tú	tom**aste**	¿Qué clases **tomaste** en tu último año?
Ud., él, ella	tom**ó**	Marta **tomó** biología.
nosotros(as)	tom**amos**	Edgardo y yo **tomamos** inglés con la Sra. Wright.
vosotros(as)	tom**asteis**	¿**Tomasteis** álgebra el semestre pasado?
Uds., ellos, ellas	tom**aron**	Carla y Mayra **tomaron** esa clase en su tercer año.

-er and **-ir** verbs: **volver** *(to return)*		
yo	volv**í**	Anoche **volví** a casa a medianoche.
tú	volv**iste**	**Volviste** a tu residencia tarde, ¿verdad?
Ud., él, ella	volv**ió**	Esteban **volvió** de la fiesta temprano.
nosotros(as)	volv**imos**	**Volvimos** del cine antes que ellos.
vosotros(as)	volv**isteis**	¿**Volvisteis** en taxi?
Uds., ellos, ellas	volv**ieron**	Mis amigos **volvieron** del concierto a las once.

The verb **ver** *(to see)* is conjugated as a regular **-er** verb but does not use accent marks: **vi, viste, vio, vimos, visteis, vieron.**

- The verb **gustar** generally uses only two forms in the preterite: **gustó** is used with infinitives and singular nouns; **gustaron** is used with plural nouns. Verbs similar to **gustar** (such as **encantar, interesar, faltar,** and **importar**) also follow this pattern.

Me **gustó** mucho esa conferencia.	*I liked that lecture a lot. (That lecture was pleasing to me.)*
No le **gustaron** esas dos películas.	*He didn't like those two films. (Those two films were not pleasing to him.)*

C. Más sobre el pretérito. Here are some additional characteristics of the preterite tense.

- Infinitives that end in **-ar** or **-er** never have stem changes in the preterite tense, even if they do in the present tense. Compare, for example, the present tense and the preterite of the verbs **despertarse** and **volver.**

    present

Me desp**ie**rto a las seis.	*I wake up at six.*
Iván siempre v**ue**lve tarde.	*Ivan always returns late.*

    preterite

Me desp**e**rté a las siete.	*I woke up at seven.*
Iván v**o**lvió a las doce.	*Ivan returned at twelve.*

- Some **-ir** verbs do have stem changes in the preterite tense. You will study these in *Capítulo 8.*

- Reflexive verbs must be used with reflexive pronouns; however, they take the same verb endings as nonreflexive verbs.

Yo **me desperté** a las siete hoy, pero mi compañera de cuarto **se despertó** a las ocho.	*I **woke up** at seven today, but my roommate woke up at eight.*

Ponerlo a prueba

6-26 El fin de semana pasado. Completa las oraciones y describe tus actividades del fin de semana pasado *(last weekend)*. Compara tus respuestas con las de un(a) compañero(a) de clase.

1. Yo pasé un fin de semana (estupendo / bueno / regular / malo). ¿Qué tal tu fin de semana?
2. El viernes, (me divertí con mis amigos / trabajé mucho / no salí de casa / ?). ¿Y tú?
3. El sábado, me levanté (temprano / antes del mediodía / después del mediodía). ¿A qué hora te levantaste tú?
4. El sábado por la noche, mis amigos y yo (trabajamos / salimos / estudiamos / no hicimos nada especial / ?). ¿Qué hiciste tú con tus amigos?
5. El domingo pasé mucho tiempo (con mi familia / en la biblioteca / en el trabajo / ?). ¿Dónde pasaste el domingo tú?

6-27 Ayer. ¿Qué hiciste *(did you do)* ayer? Conversa con un(a) compañero(a) de clase.

Primera parte: Entrevista a tu compañero(a) de clase con estas preguntas. Toma apuntes *(Take notes)*.

1. ¿A cuántas clases asististe ayer?
2. ¿Estudiaste mucho o poco?
3. ¿Tomaste un examen? ¿en qué clase?
4. ¿Limpiaste tu cuarto?
5. ¿Lavaste tu ropa?
6. ¿Dónde comiste?
7. ¿Trabajaste?
8. ¿Salieron tú y tus amigos?
9. ¿Pasó algo especial? ¿algo malo?
10. ¿A qué hora te acostaste?

Segunda parte: Lee los apuntes sobre tu conversación. ¿Cómo fue *(How was)* el día de tu compañero(a)? Indica todos los adjetivos aplicables.

☐ ocupado	☐ emocionante *(exciting)*	☐ rutinario
☐ difícil	☐ tranquilo	☐ malo
☐ divertido	☐ fácil	☐ triste
☐ bueno	☐ aburrido	☐ activo

6-28 Todo en un día. ¿Qué hizo la familia Martínez ayer? Describe sus actividades con oraciones completas. Hay que usar el pretérito y escribir tres o cuatro oraciones para cada dibujo. Usa los infinitivos indicados.

MODELO: trabajar, hablar, estudiar

Ayer don Arturo trabajó en su oficina. Habló con sus clientes por teléfono. Estudió algunas estadísticas para el banco en su computadora.

1.

2.

Arturo
(trabajar, hablar, estudiar)

Elisa y Tía Felicia
(beber, comer, ver, jugar)

Beatriz
(trabajar, hablar, explicar)

3.

4.

Dulce y sus compañeros de clase
(asistir, estudiar, escuchar, escribir)

Carlos y sus amigos
(pasar, escuchar, nadar, hablar)

Gramática

MÁS SOBRE EL PRETÉRITO: ALGUNOS VERBOS IRREGULARES Y CON CAMBIOS ORTOGRÁFICOS

A. Cambios ortográficos. In the preterite tense, a number of verbs use the regular endings but undergo small spelling changes that affect the letter *in front of* the verb ending. These verbs are known as spelling-changing verbs, or **verbos con cambios ortográficos.** Here are the most common kinds.

Infinitives that end in **-car, -gar,** or **-zar** have spelling changes in the **yo** form of the preterite tense; the other persons (**tú, él, nosotros, etcétera**) retain the original consonant.

- Verbs that end in **-car** change the **c** to **qu** (**tocar, buscar, sacar, etcétera**).

to**c**ar *(to touch; to play)*   yo to**qu**é (tocaste, tocó, tocamos, tocasteis, tocaron)

- Verbs that end in **-gar** change the g to **gu** (**llegar, jugar, pagar, etcétera**).

  lle**gar** *(to arrive)*   yo lle**gu**é (llegaste, llegó, llegamos,
                                                              llegasteis, llegaron)

- Verbs that end in **-zar** change the z to **c** (**empezar, comenzar, almorzar, etcétera**).

  empe**zar** *(to begin, start)*   yo empe**c**é (empezaste, empezó,
                                                              empezamos, empezasteis, empezaron)

Verbs that end in vowel + **-er** or vowel + **-ir** change the **i** to **y** (**leer, creer, construir, etcétera**) only in the third person singular (**Ud., él, ella**) and plural (**Uds., ellos, ellas**).

	leer *(to read)*	caerse *(to fall down)*	creer *(to believe)*
yo	leí	me caí	creí
tú	leíste	te caíste	creíste
Ud., él, ella	le**y**ó	se ca**y**ó	cre**y**ó
nosotros(as)	leímos	nos caímos	creímos
vosotros(as)	leísteis	os caísteis	creísteis
Uds., ellos, ellas	le**y**eron	se ca**y**eron	cre**y**eron

B. Verbos irregulares. Here are six important irregular verbs in the preterite tense; notice that they do *not* have accent marks.

	ir *(to go)* / **ser** *(to be)*	**dar** *(to give)*
yo	fui	di
tú	fuiste	diste
Ud., él, ella	fue	dio
nosotros(as)	fuimos	dimos
vosotros(as)	fuisteis	disteis
Uds., ellos, ellas	fueron	dieron

	hacer *(to do; to make)*	**tener** *(to have)*	**estar** *(to be)*
yo	hice	tuve	estuve
tú	hiciste	tuviste	estuviste
Ud., él, ella	hizo	tuvo	estuvo
nosotros(as)	hicimos	tuvimos	estuvimos
vosotros(as)	hicisteis	tuvisteis	estuvisteis
Uds., ellos, ellas	hicieron	tuvieron	estuvieron

Although the verbs **ser** and **ir** share the same conjugation, it is easy to distinguish the two through the context of the sentence.

El Sr. González **fue** profesor
    durante muchos años.

Mr. Gonzalez **was** a teacher
    for many years.

El profesor González **fue** a Chile
    para ver a su familia.

Professor Gonzalez **went** to
    Chile to see his family.

Ponerlo a prueba

6-29 En el recinto universitario. Completa las siguientes conversaciones con el pretérito.

Primera parte: Fernando y Lupita, dos buenos amigos, conversan durante la primera semana de clases.

Fernando: ¿Qué tal pasaste las vacaciones?

Lupita: De lo mejor. Mi familia y yo (ir) (1) _____ a Argentina y nos divertimos muchísimo.

Fernando: ¡Qué suerte! Bueno, cuéntame *(tell me)*... ¿Qué (hacer) (2) _____ Uds. allí? ¿(Ir) (3) _____ a Buenos Aires?

Lupita: Sí, claro, pero para mí, lo más interesante (ser) (4) _____ la excursión a Bariloche. Las montañas allí son tan hermosas... Y tú, ¿qué (hacer) (5) _____ durante las vacaciones?

Fernando: Pues, (yo) no (hacer) (6) _____ nada en particular. (Yo: Tener) (7) _____ que trabajar este año.

Segunda parte: Beti, Martika y Luz, tres compañeras de clase, hablan antes del primer examen del semestre.

Beti: Oye, Martika, ¿(tú: hacer) (8) _____ la tarea para la clase de inglés hoy?

Martika: Para decirte la verdad, no (yo: hacer) (9) _____ la tarea para ninguna de las clases. Es que Enrique y su compañero de cuarto (dar) (10) _____ una fiesta anoche.

Luz: Yo tampoco la (hacer) (11) _____. (Yo: Estar) (12) _____ enferma toda la noche.

Beti: ¡Pobrecita! (Tú: Tener) (13) _____ que ir al médico?

Luz: No, (yo: ir) (14) _____ a la farmacia y el farmacéutico me (dar) (15) _____ un remedio muy bueno.

Beti: ¡Menos mal!

6-30 Detalles. ¿Qué hicieron ayer tú y tu compañero(a) de clase? Entrevístense con estas preguntas.

1. ¿A qué hora te levantaste ayer? ¿A qué hora tuviste que salir de casa? ¿Adónde fuiste primero?

2. ¿Tuviste un examen o una prueba ayer? ¿Cuál de tus profesores te dio el examen (la prueba)? ¿Qué nota piensas que sacaste?

3. ¿Dónde almorzaste? ¿Con quién? ¿Qué comiste?

4. ¿Adónde fuiste después del almuerzo? ¿Qué hiciste? ¿A qué hora llegaste a casa?

5. ¿Practicaste algún deporte con tus amigos ayer? ¿Jugaron Uds. a las cartas *(cards)*? ¿Hicieron Uds. ejercicios aeróbicos?

6. ¿A qué hora empezaste a estudiar por la noche? ¿Cuántas horas dedicaste a tus estudios? ¿Cuántas páginas leíste para tus clases?

7. ¿A qué hora te acostaste anoche? ¿Te bañaste o te duchaste antes de acostarte?

Text Audio CD
Track CD1-35

Síntesis

6-31 La vida estudiantil de la Sra. Martínez. Escucha la entrevista entre Elisa y Beatriz y completa las oraciones con la información correcta. Antes de escuchar la entrevista, lee las oraciones.

1. La Sra. Martínez asistió a la universidad de ＿＿＿ en ＿＿＿.

2. A la Sra. Martínez le gustaba más su clase de ＿＿＿ porque ＿＿＿.

3. En la universidad, ella hizo la carrera de ＿＿＿.

4. Escogió esa carrera para poder *(in order to be able to)* ＿＿＿.

5. Su peor clase era ＿＿＿.

6-32 Preguntas personales. Tú y tu compañero(a) van a entrevistarse. Primero, el (la) Estudiante A tiene que completar la oración con una expresión temporal, como **anoche, el mes pasado,** etcétera. Luego, el (la) Estudiante B le hace muchas preguntas sobre el evento o la experiencia. El (La) Estudiante A tiene que contestar con oraciones completas en el pretérito.

MODELO: Estudiante A: Fui a una fiesta *el viernes por la noche.*
             Estudiante B: *¿Bailaste mucho?*
                             ¿Qué comieron y bebieron Uds.?

Estudiante A	**Estudiante B**
1. Me gradué de la escuela secundaria *hace dos años.*	¿(Tú: Tener) ＿＿＿ una fiesta para celebrar la graduación? ¿Qué regalos (tú: recibir) ＿＿＿ de tu familia y de tus amigos? ¿(Tú: Hacer) ＿＿＿ un viaje con tus amigos después de graduarte?
2. Entré en la universidad por primera vez *el año pasado.*	¿(Tú: Estar) ＿＿＿ nervioso(a) tu primer día en el campus? ¿Cuándo (tú: conocer) ＿＿＿ a tu compañero(a) de cuarto? ¿Qué nota (tú: sacar) ＿＿＿ en tu primer examen de la universidad?
3. Tomé dos exámenes *la semana pasada.*	¿Cuántas horas (tú: estudiar) ＿＿＿ para los exámenes? ¿Qué nota (tú: sacar) ＿＿＿ en cada examen? ¿Cuál (ser) ＿＿＿ el examen más difícil?
4. Tuve un día muy bueno *ayer.*	¿Qué (tú: hacer) ＿＿＿ de especial? ¿(Tú: Divertirse) ＿＿＿ mucho? ¿(Tú: Tener) ＿＿＿ alguna sorpresa?
5. Tuve un día muy malo *la semana pasada.*	¿(Tú: Recibir) ＿＿＿ una mala noticia *(news)*? ¿(Tú: Estar) ＿＿＿ enfermo(a)? ¿(Tú: Tener) ＿＿＿ un accidente?

Vistazo gramatical
OTROS USOS DE *se*

A. La construcción *se le*. In everyday conversation, we often talk about things we do intentionally or on purpose. Sometimes, such as when we forget, break, or drop something, our actions are accidental rather than intentional. The following pair of sentences contrasts these two kinds of actions. In the first sentence, the little boy got frustrated or mad and broke his toy on purpose; in the second, the toy broke while he was playing with it, but not necessarily because of anything he did to it. While English expresses this difference simply by adding a word such as *accidentally,* Spanish uses an entirely different sentence pattern.

Intentional action

subject	verb	direct object
Paco	rompió	su juguete.
Paco rompió su juguete.		
Paco broke his toy.		

Unintentional/Accidental action

A + indirect object noun	**se** + indirect object pronoun + verb	subject
A Paco	se le rompió	el juguete.
A Paco se le rompió el juguete.		
Paco accidentally broke his toy./Paco's toy accidentally broke.		

The sentence structure for the "accidental" event is characterized by the following:

- The *thing* that got broken is the *subject* of the sentence (**el juguete).**

- The *verb* is used reflexively and agrees with the subject (**se rompió).**

- The *person* who accidentally broke the toy is expressed as an *indirect object* (**A Paco... le).**

B. Otros verbos. The following common verbs express accidental or unplanned occurrences. In each case, the verb is used reflexively and an indirect object indicates the "innocent victim" of the "accident."

- **caérsele a uno**   *to fall; to drop*

  Se me cayeron los libros.   *I accidentally dropped my books.*

- **perdérsele a uno**   *to lose (an object)*

  Se nos perdieron las llaves.   *We lost our keys.*

- **olvidársele a uno**   *to forget, slip one's mind*

  Se le olvidó la tarea.   *He/She forgot the homework. /*
                                     The homework slipped his/her mind.

- **rompérsele a uno**   *to break*

  Se te rompió el plato.   *You accidentally broke the dish.*

Ponerlo a prueba

6-33 ¿Qué pasó? Lee las situaciones y completa las oraciones con la palabra más lógica de la lista.

el bolígrafo	la computadora	la llave
las botellas	los libros	la tarea

1. No puedo abrir la puerta de mi cuarto en la residencia porque se me perdió _____ .

2. La profesora está enojada con Cecilia porque se le olvidó _____ otra vez.

3. Esta mañana en el laboratorio se nos cayeron _____ de alcohol.

4. Roberto no terminó su composición a tiempo porque se le rompió _____ .

5. ¿Por qué no estudiaste para el examen? ¿Se te perdieron _____ ?

6. ¿Puedo usar uno de tus lápices? Se me olvidó _____ .

6-34 Un día muy malo. Combina frases de las dos columnas para expresar qué te pasó ese día tan malo. Escribe cinco oraciones.

MODELO: *Se me cayó una taza de café caliente.*

A	**B**
Se me perdió	todos mis apuntes *(notes)* para la clase de historia
Se me perdieron	las probetas *(test tubes)* en el laboratorio de química
Se me olvidó	estudiar para la prueba *(quiz)* de estadística
Se me olvidaron	mi composición para la clase de inglés
Se me rompió	una taza de café caliente
Se me rompieron	los lentes de contacto
Se me cayó	mi radio nuevo
Se me cayeron	la llave de mi coche

Contexto: Tú **(Estudiante A)** tienes un dibujo y tu compañero(a) **(Estudiante B)** tiene otro. Los dos dibujos son muy similares pero no idénticos. Uds. tienen que descubrir diez diferencias entre los dibujos, ¡pero sin mirar el dibujo de la otra persona! Para encontrar las diferencias, concéntrense en los detalles, por ejemplo:

- la descripción física de los dos chicos
- la ubicación *(placement)* de las cosas en el cuarto
- las actividades de las personas, ahora y anoche

Tú vas a empezar con esta oración: **En mi dibujo son las siete de la mañana.**

¡Vamos a hablar! | Estudiante **B**

Contexto: Tú **(Estudiante B)** tienes un dibujo y tu compañero(a) **(Estudiante A)** tiene otro. Los dos dibujos son muy semejantes pero no idénticos. Uds. tienen que descubrir diez diferencias entre los dibujos, ¡pero sin mirar el dibujo de la otra persona! Para encontrar las diferencias, concéntrense en los detalles, por ejemplo:

● la descripción física de los dos chicos

● la ubicación *(placement)* de las cosas en el cuarto

● las actividades de las personas, ahora y anoche

Tu compañero(a) va a empezar.

¡Vamos a leer!

Estrategia: Recognizing opinion and how it is supported

The following article from the magazine *Tú internacional* presents all sides of a controversial matter. At the center of the debate is Sergio, a seventeen-year-old student who wants to postpone going to college so that he can marry his girlfriend, Susana. As you read this article, you will practice the strategy of recognizing opinion and how it is supported.

Vocabulario útil

a largo plazo	*long term*
casarnos	*get married*
esperar	*to wait*
la boda	*wedding*
presiona	*pressures*
mayor de edad	*adult (of age)*
la madurez	*maturity*
puestos	*jobs*

DEBATE

Habla Sergio: "Estoy seguro".

¡Nadie me comprende! No tomo esta decisión a lo loco. Sinceramente, creo que es lo mejor para mi novia y para mí. Susana y yo somos novios desde hace tres años y lo nuestro es muy en serio. Queremos casarnos. Si entro a la universidad, tendremos que esperar por lo menos cuatro años para la boda y, la verdad, estamos muy enamorados. No queremos esperar.

El padre de Sergio comenta:

Mi hijo es muy impulsivo y no se detiene a pensar en las consecuencias a largo plazo de esta clase de decisión. Sergio quiere casarse porque —vamos a hablar la realidad— quiere tener relaciones íntimas con Susana. Eso no es criticable; lo que veo mal es 1. que no es capaz de tener la madurez de decidir qué es lo mejor para ambos, y 2. que tampoco tiene la disciplina de saber esperar lo que desea. Las cosas no se logran de la noche a la mañana.

La madre declara: "Ella presiona a mi hijo".

Mi hijo dice que no tiene vocación, pero eso no es cierto. Siempre le gustó la carrera de abogado. Era lo que planeaba estudiar antes de conocer a esa chica. Lo que sucede es muy simple: Susana quiere escaparse de la casa de sus padres —que por lo que tengo entendido son muy dominantes— y mi hijo es la solución a su problema. Ella lo presiona para que abandone los estudios y se case con ella. ¡Qué error!

El maestro de Sergio opina:

Sergio no entiende que el mundo cada día se hace más especializado; hace falta gente preparada, bien entrenada, para asumir posiciones de mando y responsabilidad. Pero aun los puestos más simples requieren algún tipo de entrenamiento. A la persona que no estudia le resulta más difícil abrirse camino; ésa es una realidad innegable. Él desea formar un hogar… pero, ¿cómo espera mantenerlo? ¿Qué clase de vida o de seguridad económica piensa ofrecerles a su esposa y a los hijos que vengan? Sinceramente, pienso que ésta es una decisión que él ha hecho "a lo loco", porque desea gratificación instantánea. Lo trágico es que —a los diecisiete años— está tomando una decisión que afectará su vida y la de su futura esposa y sus hijos.

Susana confiesa: "Es Sergio quien me presiona".

La madre de Sergio no sabe lo que dice. A mí, francamente, no me importa si él deja los estudios o no. Creo que esta decisión le corresponde a él; para eso ya es casi mayor de edad. La realidad es que yo no presiono a mi novio; él me presiona a mí para que tenga relaciones íntimas con él y yo le he dicho una y mil veces que no. No estoy preparada para eso. Quiero esperar a casarme.

6-35 Comprensión. Lee el artículo y completa las actividades.

Primera parte: ¿A quién corresponden estas opiniones? Escribe la letra de la persona al lado de su opinión:

    a. Sergio dice que...
    b. Susana piensa que...
    c. El padre de Sergio cree que...
    d. La madre de Sergio piensa que...
    e. Según *(According to)* el maestro de Sergio,

____ 1. Susana no quiere vivir con sus padres; por eso quiere casarse con Sergio.

____ 2. Sergio tiene casi dieciocho años y por eso debe tomar esta decisión sin la interferencia de otras personas.

____ 3. Sergio necesita reconocer *(to recognize)* que si no asiste a la universidad, no va a ganar suficiente dinero para mantener a una familia.

____ 4. Él quiere casarse porque tiene una relación seria y estable con su novia.

____ 5. Sergio necesita aprender a esperar; no está listo para el matrimonio.

Segunda parte: Contesta las preguntas.

1. En tu opinión, ¿es correcta la decisión de Sergio? ¿Por qué?
2. En tu opinión, ¿qué debe hacer Sergio?

6-36 Estrategia. Controversial topics, such as Sergio's decision to postpone going to college, provide opportunities for people to state and support their opinions. Various techniques can be used to argue a point and convince others of a particular point of view; some of these include:

- using words or phrases with special emotional impact

- stating the facts surrounding an issue

- referring to statistics or survey results

- quoting experts or authorities in the field

- clarifying and illustrating a point with anecdotes or personal examples

A number of these techniques are used in this debate over Sergio's future. Scan the article and find the answers to the following questions.

1. Sergio states that his relationship with Susana is a serious one. What fact does he use to support this position?
2. Sergio's mother thinks that Susana is pressuring her son into marriage. What anecdotal evidence does she provide to support this position?
3. Sergio's teacher thinks that Sergio isn't fully aware of the economic realities of not pursuing a degree. Although he does not cite particular sources of information, he draws—in a very general way—on market research on job opportunities. What evidence of this sort does he use to bolster his opinion?
4. Sergio's father uses forceful language to make his point and to highlight the sincerity of his view. What expression does he use to convey that he is truly aware of the underlying reason for Sergio's decision?
5. What additional arguments would you have presented if you were Sergio? What might you have said if you were one of his parents?

Un paso más: Cuaderno de actividades

Vamos a escribir: Developing a composition with comparison and contrast   Pág. 125

In *Capítulo 4* you practiced descriptive writing, which appeals to the reader's senses. Comparison and contrast are examples of expository writing **(la exposición)** which targets the reader's intellect. You'll practice the key skills of generating ideas on similarity and difference, and making smooth transitions, in a composition comparing and contrasting one or two aspects of high school and college life.

Vamos a mirar: Pág. 127

Vídeo 1: La vida universitaria.

You will watch as Miguel interviews two Spanish university students who talk about the difficulties in balancing work and leisure time.

Vídeo 2: Vistas de Argentina

Argentina

Datos esenciales

- **Nombre oficial:** República Argentina
- **Capital:** Buenos Aires
- **Población:** 36.737.664 habitantes
- **Unidad monetaria:** El peso
- **Principales industrias:** producción de ganado *(livestock)* y cereales, maquinaria *(machinery)* y equipo de transporte, petróleo
- **De especial interés:** Es el segundo país en tamaño *(size)* en Sudamérica y el octavo *(eighth)* en el mundo. Sus rasgos geográficos más conocidos son: las vastas llanuras de la pampa, el pico Aconcagua (el más alto del hemisferio), las cataratas de Iguazú (más altas que las del Niágara) y el glaciar Perito Moreno. El mes más caluroso es enero y el más frío es julio.
- **Internet:** http://avenidas.heinle.com

1536 Pedro de Mendoza funda Buenos Aires.

1850 Principio de la gran inmigración europea, especialmente de España e Italia. El 85% de la población argentina es de origen europeo.

Un **vistazo** a la historia

1816 Argentina se declara un país independiente.

Personajes de ayer y de hoy

José de San Martín, héroe de la independencia sudamericana. Nació en Yapeyú en 1778. Vivió en España muchos años, donde inició su carrera militar en 1789. Estuvo a cargo de la liberación de Perú y Chile de la corona española. Murió en Francia en 1850.

Jorge Luis Borges, brillante autor de poesía, ensayos y cuentos. Nació en 1899. Desde los seis años decidió que quería ser escritor y empezó a escribir a los siete años. Ya era bilingüe (inglés y español) cuando su familia se mudó a Ginebra en 1914. Hizo traducciones del inglés y escribió poesía en francés. Entre sus obras más famosas, escritas en español, encontramos: *El jardín de los senderos que se bifurcan* y *El Aleph.* Aunque recibió numerosos premios, la Academia Sueca nunca le otorgó el Premio Nóbel. Murió en 1986.

Eva Duarte de Perón, carismática segunda esposa del presidente Juan Domingo Perón. Nació en 1919. Después de una niñez *(childhood)* difícil y humilde *(poor)*, Eva fue a Buenos Aires para hacerse *(to become)* actriz. Se casó con Perón en 1945 y se convirtió en *(became)* la defensora de los "descamisados" (la gente humilde y sin recursos). Comenzó una cruzada personal de ayuda social directa. A pesar de *(In spite of)* la hostilidad y crítica de ciertos sectores de la sociedad, se convirtió en "Evita", ídolo de las masas y mito de la cultura popular argentina. Murió en 1952.

Notas culturales de interés

La figura legendaria de El Gaucho nació en la peculiar geografía de la pampa durante el siglo XVIII. La pampa es una llanura *(plain)* vasta cubierta de hierba, trigo *(wheat)*, alfalfa, girasoles *(sunflowers)* y miles de cabezas de ganado *(cattle)*. En estas praderas inmensas se estableció una población criolla (mezcla de indígena y español) que se alejó de las leyes españolas *(got away from Spanish law)* para vivir en absoluta libertad, disfrutando de *(enjoying)* la abundancia de la naturaleza. La palabra **gaucho** se deriva del quechua **huacho,** que significa "huérfano" *(orphan)* o "vagabundo". En esta tierra sin leyes la vida de los gauchos era libre pero difícil; eran hombres valientes *(courageous)* y taciturnos. En su soledad *(loneliness)* aprendieron a tocar la guitarra y a cantar coplas. Su ropa tradicional es el poncho, las bombachas y el chiripá; sus armas: el facón, las boleadoreas y el lazo; su bebida: el mate; su alimento: el biftec o asado *(steak)*. Esta figura nacional fue inmortalizada en la obra de Miguel Hernández, *Martín Fierro,* y aparece a través de la literatura argentina.

1982 Guerra entre Argentina y Gran Bretaña por derechos territoriales sobre las islas Malvinas.

1989 Retorno definitivo a la democracia tras *(after)* años de dictaduras militares. Elección del presidente Carlos Saúl Menem (re-elegido en 1995).

1946 Juan Domingo Perón es elegido presidente.

1983 Primeras elecciones libres desde los años setenta.

¿Qué sabes sobre Argentina?

6-37 Un proyecto sobre Argentina. Imagínate que eres profesor de historia y quieres asignarles a tus estudiantes temas *(topics)* interesantes para un proyecto de investigación *(research)* sobre Argentina. Sugiéreles *(Suggest)* un tema (personaje, acontecimiento, lugar, etcétera) para cada una de las siguientes áreas de interés de tus estudiantes. Sigue el modelo.

MODELO: Los estudiantes interesados en historia de la independencia sudamericana: *pueden hacer su proyecto de investigación sobre José de San Martín.*

1. Los estudiantes interesados en política: _____
2. Los estudiantes interesados en geografía/geología: _____
3. Los estudiantes interesados en comercio/economía: _____
4. Los estudiantes interesados en literatura: _____
5. Los estudiantes interesados en antropología: _____

6-38 ¿Gaucho o vaquero *(cowboy)*? En el viejo oeste de los EE.UU. también apareció una figura que hoy es legendaria y símbolo de la cultura de este país. Trabajen en parejas para hacer un paralelo entre estas dos figuras, indicando todas las semejanzas *(similarities)* que encuentren.

	Gaucho	**Vaquero**	**Ambos** *(Both)*
1. Fue inmortalizado en un género artístico.	☐	☐	☐
2. No vivía en las ciudades, sino *(but, rather)* en áreas que no estaban civilizadas.	☐	☐	☐
3. Llevaba sombrero, botas y accesorios de cuero *(leather)*.	☐	☐	☐
4. Vivió en el siglo XVIII.	☐	☐	☐
5. Trabajaba con el ganado.	☐	☐	☐
6. Era una mezcla de dos razas.	☐	☐	☐
7. Vivía "fuera de la ley".	☐	☐	☐
8. Sus armas eran el revólver y el rifle.	☐	☐	☐
9. Bebía té.	☐	☐	☐

Vocabulario

Sustantivos

el alemán German
el álgebra algebra
la antropología anthropology
la arquitectura architecture
el arte (f.) art
la asignatura class subject
la astronomía astronomy
las bellas artes fine arts
la biología biology
el cálculo calculus
la carrera major, course of study
las ciencias sociales social sciences
las ciencias políticas political science
las ciencias naturales natural sciences
las ciencias marinas marine science
la cinematografía filmmaking
la conferencia lecture
la criminología criminal justice
el derecho law
la economía economics

la educación física physical education
la escuela secundaria high school
la estadística statistics
los estudios profesionales professional studies
el examen exam
la farmacia pharmacy
la física physics
la fotografía photography
el francés French
la geografía geography
la geología geology
la historia history
las humanidades humanities
la informática computer science
la ingeniería engineering
el italiano Italian
el japonés Japanese
el laboratorio laboratory, lab
la lingüística linguistics
la literatura literature

las matemáticas mathematics
la medicina medicine
la microbiología microbiology
la música music
los negocios / el comercio business
la nota grade
la pedagogía education
el periodismo journalism
la química chemistry
el ruso Russian
el semestre semester
la psicología psychology
la sociología sociology
el teatro theater
la teoría theory
el trabajo social social work
la trigonometría trigonometry
el turismo y hotelería hotel, restaurants, and tourism
la universidad university
la veterinaria veterinary science

Verbos

acostarse (ue) to go to bed
afeitarse to shave
arreglarse to fix oneself up
bañarse to take a bath / to bathe
despedirse (i) to say good-bye
despertarse (ie) to wake up
divertirse (ie) to have fun, have a good time
dormirse (ue) to fall asleep
ducharse to take a shower

encantar to love, enchant, delight
faltar to be short (of something), be lacking/missing (something)
importar to be important to; to matter
interesarse en to interest; to be interested in
lavarse el pelo / las manos / la cara to wash one's hair/hands/face

lavarse los dientes to brush one's teeth
levantarse to get up
maquillarse to put on make-up
peinarse to comb one's hair
ponerse to put on (clothing)
quitarse to take off (clothing)
sentarse (ie) to sit down
vestirse (i) to get dressed

Otras palabras

aburrido(a) boring
anoche last night
anteayer the day before yesterday
el año pasado last year
ayer yesterday
bastante quite
demasiado(a) too (much)
desorganizado(a) disorganized
después afterward
difícil hard
dinámico(a) dynamic
exigente demanding

fácil easy
fascinante fascinating
el fin de semana pasado last weekend
interesante interesting
largo(a) long
luego then, next
maravilloso(a) marvelous
más tarde later on
el mes pasado last month
organizado(a) well organized
pésimo(a) awful, terrible

por la tarde in the afternoon; in the evening
por la mañana in the morning
por la noche at night
primero first
quisquilloso(a) picky
regular average
la semana pasada last week
todavía yet, still
último(a) last

Expresiones útiles

¿Cuál es tu carrera? What's your major?
¿En qué año de estudios estás? What year (of school) are you in?
Estoy en
  primer año. I'm in my first year / a freshman.
  segundo año my second year / a sophomore
  tercer año my third year / a junior
  cuarto año my fourth year / a senior

Hace tres meses... Three months ago . . .
Me interesa mucho... I'm quite interested in . . .
Me encanta... I love . . .
¿Qué piensas de tus clases este semestre? What do you think of your classes this semester?
¿Qué notas sacas? What kind of grades do you get?
¿Qué clases tomas este semestre? What classes are you taking this semester?

For further review, please turn to Appendix E.

A. ¡Mucho gusto! Trabaja con un(a) compañero(a). Hoy es el primer día de clases y Uds. se conocen por primera vez *(for the first time)*. Completen el diálogo oralmente. Cubran *(Cover)* la parte del diálogo de su compañero(a) y escuchen con atención.

Estudiante A

1. *(Greet classmate.)* Me llamo _____.

3. Encantado(a). Perdón... pero... ¿Cómo se escribe tu nombre/apellido?

5. *(Ask him/her what he/she is studying.)*

7. Estoy en mi _____ año de _____ *(your major).*

9. *(Say where you're from.)*

11. *(Give geographical location of your country/state/city.)* ¿Y tú? ¿De dónde eres?

13. *(Ask him/her where he/she lives now.)*

15. *(Say if you live in a dorm/apartment and give the address.)*

17. *(Say how long.)*

19. Sí, _____ *(Give name and nationality of your roommate.)*

21. *(Accept the invitation.)* Llámame esta noche.

23. *(Give your phone number.)*

Estudiante B

2. ¡Mucho gusto! *(Introduce yourself.)*

4. Se escribe _____ *(Spell out.)*

6. Estoy en mi _____ *(1st, 2nd, etc.)* año de estudios de _____ *(your major).* ¿Y tú?

8. ¿Eres de aquí?

10. ¿Dónde está _____?

12. *(Say where you were born and where your hometown is.)*

14. *(Say if you live in a dorm/apartment and give the address.)* ¿Y tú?

16. ¿Cuánto tiempo hace que vives aquí?

18. ¿Ya tienes compañero(a) de cuarto?

20. ¿Te gustaría almorzar juntos mañana o pasado?

22. *(Ask for his/her phone number.)*

24. *(Part with a polite, friendly phrase.)*

B. ¿Qué haces en tu tiempo libre? Trabaja con un(a) compañero(a). Uds. hablan sobre sus pasatiempos y otras actividades que hacen con amigos y familia en su tiempo libre.

Primera parte: Preparen individualmente de cinco a diez preguntas que quieren hacerle a su compañero(a).

MODELOS: *¿Te gusta hablar por teléfono?*

¿Piensas esquiar el próximo invierno?

EXPRESIONES ÚTILES

¿**Te gusta** + infinitivo... ? ¿**Te gusta(n)** + sustantivo(s)... ? ¿**Prefieres** + sustantivo/infinitivo... ? ¿**Tienes que** + infinitivo... ? ¿**Debes** + infinitivo... ? ¿**Tienes ganas de** + infinitivo... ? ¿**Vas a** + infinitivo... ? ¿**Quieres** + infinitivo... ? ¿**Te gustaría** + infinitivo... ? ¿**Piensas** + infinitivo... ? ¿**Esperas** + infinitivo... ? ¿**Necesitas** + infinitivo... ?

VERBOS ÚTILES

asistir	divertirse	jugar	patinar
bailar	dormir	leer	practicar
charlar	escribir	mirar	salir
coleccionar	escuchar	montar	tener
correr	esquiar	nadar	ver
descansar	ir	pasar tiempo	viajar

Segunda parte: Usen las preguntas que escribieron para conversar con su compañero(a). Encuentren qué tienen en común y resuman su conversación haciendo dos listas de actividades.

Actividades que tenemos en común	Actividades que no tenemos en común

 C. Un buen fin de semana. A los estudiantes les gusta divertirse en el fin de semana: salir a comer o bailar, ir al cine, hacer un corto viaje, etcétera. Trabaja con un(a) compañero(a). Imagínense que están en las siguientes situaciones, representando *(role-playing)* los papeles *(parts)* en las diferentes escenas.

En el restaurante:

> ESTUDIANTE A: Estás en un restaurante: Pide el menú. Pide una descripción de un plato. Ordena una comida completa (primer y segundo plato, bebida y postre). Pide la cuenta. Paga.

> ESTUDIANTE B: Eres un(a) mesero(a) en un restaurante: Saluda a tu cliente. Pregúntale qué desea comer, beber y ordenar de postre. Contesta sus preguntas y sírvele su comida.

Una cita:

> ESTUDIANTE A: Quieres salir con un(a) compañero(a) de clase: Llámalo(a) por teléfono. Invítalo(a) a hacer alguna actividad interesante. Decidan el día y la hora.

> ESTUDIANTE B: Un(a) compañero(a) de clase te llama por teléfono para invitarte a salir: Acepta su invitación (si te gusta la actividad) o sugiere otra opción. Decidan el día y la hora.

Un viaje corto:

ESTUDIANTE A: Deseas viajar este fin de semana para conocer algún lugar interesante en el estado donde está tu universidad. Estás en la agencia de viajes: Pregunta sobre excursiones y sus precios. Pide información sobre transportación. Decide adónde quieres ir y la fecha. Paga.

ESTUDIANTE B: Un cliente está en tu agencia de viajes. Ayúdalo(a) a decidir qué hacer y adónde ir en un viaje corto de fin de semana. Pregúntale cómo prefiere viajar, qué actividades quiere hacer, cuándo piensa viajar, cómo desea pagar, etc. Sugiere varias opciones y dale toda la información necesaria sobre transportación, documentación, horarios, etc.

D. ¿Puedes adivinar (guess)? Van a jugar un juego en dos equipos. Cada equipo debe describir a una persona/personaje (character) o un lugar al equipo contrario. El otro equipo tiene que adivinar quién o qué fue descrito. El equipo que adivine el mayor número de personas o lugares en menos tiempo será el ganador.

MODELO: EQUIPO A:

Estudiante 1: *Los estudiantes van a este lugar en el verano.*

Estudiante 2: *Llevan su traje de baño para tomar el sol en la arena.*

Estudiante 3: *En este lugar podemos nadar y bucear en el mar.*

EQUIPO B: *¿Es la playa?*

Sugerencias:

PERSONAJES: una modelo, el famoso ratón Miguelito (Mickey) de Disney, uno de los miembros de la familia de Bart Simpson, el héroe llamado El Hombre Murciélago (Batman), el famoso cantante puertorriqueño Ricky Martin...

LUGARES: la cafetería de la universidad, una biblioteca, un salón de clase, la habitación de un hotel, una cocina moderna...

E. Tus padres quieren saber de tu vida. Trabaja con un(a) compañero(a). Tu compañero(a) es tu mamá/papá que te llama por teléfono para saber sobre tu vida universitaria. Contesta sus preguntas. ¡OJO! No mires las preguntas. Cierra el libro y escucha con atención.

1. ¿Qué estás haciendo ahora? ¿Por qué no estás estudiando?
2. ¿Qué clases tienes y a qué horas? ¿Cómo son tus clases?
3. ¿Estás sacando buenas notas?
4. ¿Cómo es tu cuarto? ¿Qué muebles tienes? ¿Haces tu cama todos los días?
5. ¿Qué hay en tu refrigerador en este momento?
6. ¿A qué hora te levantas? ¿A qué hora te acuestas?
7. ¿Por qué no nos escribes nunca?
8. ¿Cuándo vuelves a casa?

F. ¡Pueden estar tranquilos! Para que tus padres no se preocupen necesitas probarles *(prove to them)* que eres una persona responsable que sabe usar inteligentemente su independencia. Escríbeles una carta dándoles la siguiente información:

- Con quién saliste anoche y adónde fueron. A qué hora regresaste a tu residencia.

- Qué desayunaste, almorzaste y cenaste ayer.

- Las notas que sacaste en tus exámenes recientemente.

- Qué hiciste durante el último fin de semana y dónde estuviste.

- Cómo gastaste el dinero que te mandaron el mes pasado.

- Qué hiciste cuando te sentiste enfermo(a) el martes pasado.

3 de noviembre

Queridos mami y papi:
No se imaginan lo bien que me va en la universidad. Pueden estar tranquilos y orgullosos de su hijo(a). Estoy comiendo bien, acostándome temprano, aprendiendo mucho y siendo muy responsable. Anoche...

Capítulo 7

Somos turistas

Objetivos

Speaking and Listening

- Describing vacation preferences
- Handling common banking and post office transactions
- Asking for and giving directions around a city
- Giving instructions and advice
- Describing customary actions
- Consulting a doctor about illnesses common to travelers

Reading

- Consulting a bilingual dictionary for reading

Writing

- Using a bilingual dictionary when writing *(Cuaderno de actividades: ¡Vamos a escribir!)*

Culture

- Ecuador *(Panorama cultural)*
- Popular tourist and vacation spots *(Puente cultural)*
- Plazas *(Comentario cultural)*
- Pharmacies *(Comentario cultural)*
- Health tips for travel abroad *(Comentario cultural)*

Grammar

- Review of the present indicative tense
- Formal commands
- Impersonal and passive **se**
- Introduction to the present subjunctive
- The future tense *(Vistazo gramatical)*

A primera vista

 Trabaja con un(a) compañero(a). Estudien el cuadro del pintor chileno Camilo Mori. Escojan las oraciones que, en su opinión, describen el cuadro.

1. El cuadro se llama *La viajera (The Traveler)* porque esta mujer _____.
   a. viaja constantemente
   b. está haciendo un viaje
   c. hace su primer viaje muy importante

2. El motivo del viaje de la señora es _____.
   a. hacer negocios
   b. un problema familiar
   c. hacer turismo

3. Durante el viaje la viajera pasa el tiempo _____.
   a. leyendo
   b. escuchando música
   c. pensando

4. El destino *(destination)* de la viajera es _____.
   a. una gran ciudad
   b. el campo
   c. otro país

Camilo Mori (1896–1973)

Nacionalidad: chileno

Otras obras: *Retrato de Maruja Vargas, Retrato de Señora, Escena*

Estilo: Viajó varias veces a Europa (1920, 1928 y 1957) para estudiar a los grandes maestros de la vanguardia. Allí, la pintura de vanguardia, el postimpresionismo, el fauvismo y la obra de Cézanne dejaron su marca en el estilo de Camilo Mori. En su último viaje, las influencias europeas lo afectan nuevamente y su nuevo estilo será de un impresionismo abstracto.

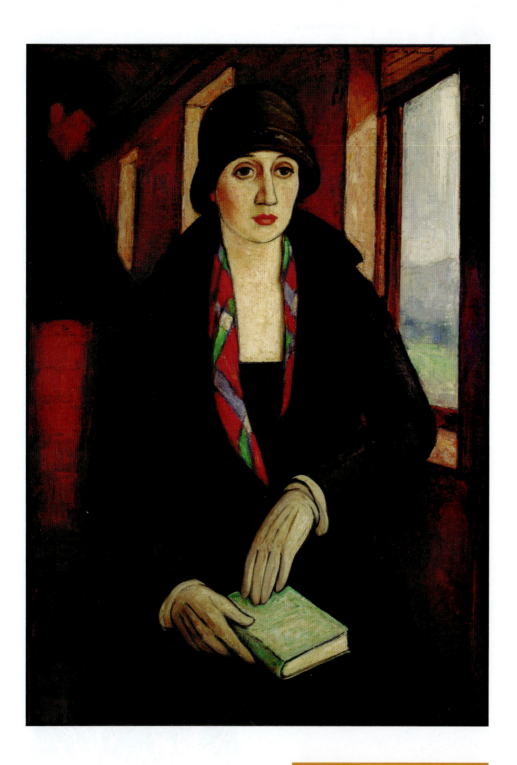

Paso I

In this *Paso* you will practice:
● Talking about vacation preferences
● Describing customary actions

Grammar:
● Review of the present indicative tense
● Impersonal and passive **se**

Vocabulario temático
LAS VACACIONES Y LAS PREFERENCIAS

Me gusta visitar las ciudades grandes porque se puede *pasear por las calles y ver cosas interesantes.*

Me encanta ir a las islas tropicales porque se puede *hacer surfing y bucear por los arrecifes de coral.*

Prefiero ir al extranjero porque se puede *visitar ruinas antiguas* y *probar la comida típica.*

Me encanta hacer ecoturismo porque se puede *caminar por el bosque y descender por los ríos en balsa.*

OTRAS ACTIVIDADES

ver exposiciones de arte
ir al ballet y a la ópera
jugar al golf y al tenis
hacer tablavela

visitar los sitios históricos
comprar artesanía en el mercado
escalar montañas
sacar fotos de animales exóticos

¿ Sabías que...

- The names for rain forests, jungles, and woods vary somewhat from region to region. Here are some common usages.

el bosque	*forest, woods*
el bosque pluvial	*rain forest*
la selva	*jungle*

- The phrase **se puede** means *one can* or—less formally—*you can.* You will learn more about this new use of **se** later in this *Paso.*

Ponerlo a prueba

Text Audio CD
Track CD2-2

7-1 Lindas vacaciones. Ester y Juan Vargas están en una agencia de viajes. La agente de viajes les habla de dos excursiones diferentes. Escucha su conversación y completa las actividades.

Primera parte: Relaciona las actividades con la excursión.

1. En la excursión combinada a México, a Tulum y Xel-Há, se puede _____, _____, y _____.

2. En el tour a Quito, Ecuador, se puede _____, _____, _____, y _____.

a. caminar por la selva
b. ir al Ballet Folklórico
c. escalar montañas
d. probar la comida típica
e. ver monumentos y sitios históricos
f. nadar con los delfines *(dolphins)*
g. ver ruinas antiguas
h. comprar artesanía en el mercado
i. bucear

Segunda parte: Contesta las preguntas con oraciones completas.

1. ¿Cuál de los viajes prefiere Ester? ¿A Juan le gusta el mismo *(same)* viaje? Explica.
2. ¿Cuál de los tours te gusta más a ti? ¿Por qué?

7-2 ¿Dónde? ¿Dónde se puede practicar estas actividades en los Estados Unidos? Trabaja con tu compañero(a) de clase y sigue el modelo.

MODELO: hacer surfing

Se puede hacer surfing en Hawai y en la costa de California.

1. visitar sitios históricos de la Guerra *(War)* Civil
2. jugar en los parques acuáticos
3. escalar montañas
4. pasear por los barrios *(neighborhoods)* chinos e italianos
5. comprar cerámica y joyería *(jewelry)* de turquesa
6. ir a la ópera y ver estrellas *(stars)* famosas
7. probar la comida *cajun*
8. ir a un parque de atracciones *(amusement)*
9. hacer tablavela
10. bucear por los arrecifes de coral

7-3 En Puerto Rico. Copladet Tours ofrece excursiones de un día a diferentes partes de Puerto Rico. Lee la información sobre dos de las excursiones en la página 281 y contesta las preguntas con un(a) compañero(a) de clase.

1. **La isla del Tesoro:** ¿Quiénes se refugiaban *(used to take shelter)* en esta isla *(island)* hace mucho tiempo? ¿Para qué sirve actualmente *(at present)*? ¿Qué pueden hacer los turistas allí?
2. **Caminata por el Viejo San Juan:** ¿En qué año fue designado el Viejo San Juan Patrimonio de la Humanidad? ¿Qué se puede visitar en esta excursión?
3. ¿Cuál de las excursiones te interesa más? ¿Por qué?

─ Vocabulario útil ─

piratas	*pirates*	fuentes	*fountains*
tesoro	*treasure*	fortaleza	*fortress*
faro	*lighthouse*	fuertes	*forts*
tortugas	*tortoises, turtles*	edificios	*buildings*

Gramática
RESUMEN DEL TIEMPO PRESENTE DE INDICATIVO

A. El tiempo presente. The present indicative tense, or **el presente de indicativo,** is one of the most versatile and important verb tenses you will learn. It can be used in Spanish in three basic ways.

● To describe people, places, and routines or customary actions

Mario **va** a la playa todos los años para las vacaciones. Como **es** una persona activa, le **gusta** bucear y nadar.

*Mario **goes** to the beach every year on vacation. Since he **is** an active person, he **likes** to go diving and swimming.*

● To express an action that is ongoing and will likely continue

¿Dónde **trabajas** ahora?
Trabajo en una agencia de viajes.

*Where **are you working** now?*
*I'm **working** at a travel agency.*

● To describe plans for the future

Mañana **salimos** para México.

*We're **leaving** for Mexico tomorrow.*

Vamos a viajar por tren.
Pensamos pasar quince días en la capital.

*We're **going to** travel by train.*
*We **plan** to spend two weeks in the capital.*

B. La formación del presente. Verbs in the present tense can be classified by their pattern of conjugation.

● *Regular verbs* use endings that match their infinitve endings: **-ar, -er,** or **-ir.**

	-ar verbs visitar *(to visit)*	**-er** verbs correr *(to run)*	**-ir** verbs vivir *(to live)*
yo	visit**o**	corr**o**	viv**o**
tú	visit**as**	corr**es**	viv**es**
Ud., él, ella	visit**a**	corr**e**	viv**e**
nosotros(as)	visit**amos**	corr**emos**	viv**imos**
vosotros(as)	visit**ais**	corr**éis**	viv**ís**
Uds., ellos, ellas	visit**an**	corr**en**	viv**en**

- *Stem-changing verbs* use the same verb endings as regular **-ar, -er,** and **-ir** verbs. However, the vowel in the root of stem-changing verbs undergoes a change in all persons except the **nosotros** and **vosotros** forms. There are three kinds of stem changes in the present tense.

  e → ie:

  descender *(to descend)* desc**ie**ndo, desc**ie**ndes, desc**ie**nde, descendemos, descendéis, desc**ie**nden

  o → ue:

  probar *(to taste, try)* pr**ue**bo, pr**ue**bas, pr**ue**ba, probamos, probáis, pr**ue**ban

  e → i:

  vestirse *(to get dressed)* me v**i**sto, te v**i**stes, se v**i**ste, nos vestimos, os vestís, se v**i**sten

- *Reflexive* verbs can be identified by the pronoun **se** attached to the infinitive. They may be regular, stem-changing, or irregular. With these verbs, you must use a reflexive pronoun before the conjugated verb: **me, te, se, nos, os, se.** See the conjugation of **vestirse** above as a model of this kind of verb.

- *Irregular* verbs have conjugations that must be individually memorized. Some verbs, like **estar, ser,** and **ir** are irregular in all persons. (See *Capítulos 1* and *3* for conjugations of these verbs.)

Other verbs are irregular only in the first person singular, or **yo** form.

dar *(to give):* **doy,** das, da, damos, dais, dan

saber *(to know [information]):* **sé,** sabes, sabe, sabemos, sabéis, saben

ver *(to see; to watch):* **veo,** ves, ve, vemos, veis, ven

conducir *(to drive):* **conduzco,** conduces, conduce, conducimos, conducís, conducen

conocer *(to know [a person or place]):* **conozco,** conoces, conoce, conocemos, conocéis, conocen

hacer *(to do; to make):* **hago,** haces, hace, hacemos, hacéis, hacen

poner *(to put, place):* **pongo,** pones, pone, ponemos, ponéis, ponen

traer *(to bring):* **traigo,** traes, trae, traemos, traéis, traen

salir *(to leave, go out):* **salgo,** sales, sale, salimos, salís, salen

A few verbs—such as **tener, venir,** and **decir**—have both an irregular **yo** form and stem changes.

venir *(to come):* **vengo,** v**ie**nes, v**ie**ne, venimos, venís, v**ie**nen

decir *(to say; to tell):* **digo,** dices, dice, decimos, decís, dicen

Ponerlo a prueba

7-4 Muchas preguntas. Aquí tienes varias situaciones relacionadas con los viajes y con las vacaciones. Para cada situación, combina los elementos para formar preguntas. Escribe otras dos preguntas originales también.

1. Estás en Quito, Ecuador, y quieres ir a las islas Galápagos. Vas a una agencia de viajes y hablas con el/la agente. ¿Qué le preguntas?

   a. cuánto / costar (ue) / un billete de ida y vuelta / en avión

   b. a qué hora / salir / el avión

   c. qué hotel / me / recomendar (ie)

   d. dos preguntas orginales

2. Estás hablando con un grupo de amigos de México. Tus amigos Iván y Ronaldo dicen que van a Nueva Zelanda para las vacaciones. ¿Qué les preguntas?

   a. cuándo / ir / Uds. / a Nueva Zelanda

   b. por qué / querer (ue) / ir / allí

   c. conocer / a alguien / allí

   d. dos preguntas originales

3. Un(a) amigo(a) de Costa Rica te invita a pasar las vacaciones con su familia en San José. ¿Qué le preguntas?

   a. qué tipo de ropa / deber (yo) / llevar

   b. (nosotros) poder (ue) / ir / a Limón / para ver las tortugas *(tortoises)*

   c. cómo / llamarse / tus hermanos

   d. dos preguntas personales

7-5 Las actividades durante las vacaciones. Trabaja con un(a) compañero(a) y entrevístense con estas preguntas.

1. ¿Te gusta visitar ciudades grandes cuando vas de vacaciones? ¿Qué ciudades grandes conoces? ¿Qué prefieres hacer cuando visitas esos lugares?

2. ¿Traes tu cámara cuando vas de vacaciones? ¿Prefieres sacar fotos de lugares históricos o de la naturaleza? ¿Hay personas en las fotos también? En general, ¿pones tus fotos en un álbum?

3. ¿Te interesa hacer ecoturismo? ¿Qué bosques, ríos, parques nacionales o montañas quieres visitar? ¿Qué esperas hacer allí?

4. ¿Viajas con frecuencia en avión? ¿Qué haces para pasar el tiempo durante el vuelo? ¿En qué circunstancias pierdes la paciencia con los otros pasajeros *(passengers)*?

5. Cuando vas de vacaciones, ¿les mandas muchas tarjetas postales a tus amigos? ¿Compras muchos recuerdos *(souvenirs)*?

Gramática
EL *SE* PASIVO Y EL *SE* IMPERSONAL

A. Introducción al concepto. In the most common sentence pattern in Spanish and English, the subject of the sentence is the person who performs the action.

(Yo) Voy a Buenos Aires.	*I'm going to Buenos Aires.*
Mi hermano va conmigo.	*My brother is going with me.*

Sometimes, however, the person who performs the action may be de-emphasized:

- In *impersonal* sentences, the subject of the sentence refers to people in general, rather than to a specific person. This kind of sentence is often used to make generalizations, such as "In Ecuador *they* (people) tend to eat a light breakfast."

- In sentences in the *passive voice,* the person who performs the action is often not mentioned at all. For example, when we say, "Olive oil is produced in the south of Spain," there is no explicit reference to *who* produces the oil.

In Spanish, sentences in the passive voice and sentences with impersonal subjects are formed with a unique structure involving the pronoun **se.**

B. El *se* impersonal. The impersonal **se** structure is used when an unspecified person performs the action of the sentence. In English, we use *one, they, you, it,* and *people* as impersonal subjects. In Spanish, it is more common to use the word **se** and a third-person singular verb form.

- **se** + third-person singular verb

¿Cómo **se va** al correo?	*How do **you go** to the post office?* *How does **one go** to the post office?*
En España, **se cena** muy tarde.	*In Spain, **people eat supper** very late.* *In Spain, **they eat supper** very late.*
No **se debe nadar** inmediatamente después de comer.	*One shouldn't swim right after eating.*

C. El *se* pasivo. The "passive **se**" construction is used when the action of the verb is emphasized and the performer of the action is unknown, irrevelant, or de-emphasized. In Spanish, this structure consists of the word **se** and a third-person verb that may be singular or plural, depending on whether the passive subject is singular or plural.

- **se** + third-person singular verb + singular noun

Aquí **se habla** español.	*Spanish **is spoken** here.*
Se sirve el desayuno entre las ocho y las diez de la mañana.	*Breakfast **is served** between eight and ten in the morning.*
Se debe pelar la fruta.	*The fruit **should be** peeled.*

- **se** + third-person plural verb + plural noun

Aquí **se venden** sellos.	*Stamps **are sold** here.*
Se necesitan guías turísticos.	*Tour guides **are needed.***
Se deben evitar estas comidas.	*These foods **should be** avoided.*

Ponerlo a prueba

7-6 ¿Qué se hace? Combina la información de las columnas A y B para hacer oraciones lógicas.

MODELO: Se hacen las reservaciones para los viajes... *en una agencia de viajes.*

A
1. No se permite fumar...
2. Se ven muchos artefactos antiguos...
3. Se nada y se toma el sol...
4. Se ven muchos pájaros exóticos...
5. Se puede comprar cerámica muy bonita...
6. Se prueba la comida típica...
7. Se toma un refresco...
8. Se visitan los museos...

B
a. en un avión
b. en los restaurantes turísticos
c. en un mercado de artesanía
d. en el museo de arqueología
e. en las grandes ciudades
f. en la playa
g. en un café
h. en el bosque tropical

7-7 Contraste de costumbres. Acabas de regresar de Ecuador y quieres hacer un contraste entre las costumbres *(customs)* de ese país y de los Estados Unidos. Primero, combina las palabras para describir una costumbre de Ecuador. Después, cambia la oración para describir una costumbre de los Estados Unidos. Tienes que usar el *se* **pasivo** o el *se* **impersonal** en las dos oraciones.

MODELO: servir la sopa como primer plato frecuentemente
*En Ecuador, **se sirve** sopa como primer plato frecuentemente.*
*En los Estados Unidos, **se sirve sopa o ensalada** frecuentemente como primer plato.*

1. almorzar entre la una y las tres de la tarde
2. beber jugos de frutas con la comida
3. merendar a las seis de la tarde
4. viajar con frecuencia en tren
5. tomar las vacaciones en agosto
6. hablar español, quechua y aymará
7. tocar la marimba con frecuencia
8. jugar mucho al fútbol

 7-8 Preguntas personales. Trabaja con un(a) compañero(a) y entrevístense con estas preguntas sobre el turismo.

1. ¿Cuáles de estos factores se deben considerar al seleccionar el destino de las vacaciones?

el precio	las actividades que se ofrecen
la estabilidad política	la distancia que se tiene que viajar
el clima	la lengua que se habla

En tu opinión, ¿qué otros factores se deben tomar en consideración?

2. ¿Cuáles de estos alimentos se deben evitar *(avoid)* al viajar al extranjero? ¿Por qué?

el agua	la carne	el hielo
el pescado	la fruta fresca	los postres

¿Qué más se puede hacer para evitar las enfermedades durante las vacaciones? ¿Cómo se puede combatir el "jet lag"?

3. ¿Hay mucho turismo en la ciudad donde estudias? ¿Cuáles de estas actividades se pueden hacer allí?

ver exposiciones de arte	ir al teatro
comer en restaurantes elegantes	comprar artículos de artesanía
jugar muchos deportes	ir al ballet o a la ópera

¿Qué se puede hacer en tu universidad, respecto al turismo?

Síntesis

7-9 Encuesta sobre las vacaciones. En grupos de cuatro o cinco personas, entrevístense y tomen apuntes. Después, escriban juntos un resumen de los datos.

1. ¿Dónde pasas las vacaciones generalmente?

   ☐ en casa   ☐ en las montañas

   ☐ en el extranjero   ☐ en las grandes ciudades

   ☐ en la playa   ☐ ?

2. ¿Con quién(es) pasas las vacaciones por lo general?

   ☐ solo(a)   ☐ con amigos(as)

   ☐ con mi novio(a)   ☐ ?

   ☐ con mi familia

3. ¿En qué mes te gusta más viajar?

   ☐ mayo   ☐ agosto

   ☐ junio   ☐ diciembre

   ☐ julio   ☐ ?

4. ¿Cómo viajas, en general?

   ☐ en coche   ☐ en avión

   ☐ en tren   ☐ ?

5. ¿Cuánto tiempo pasas fuera de casa?

   ☐ dos o tres días   ☐ dos semanas

   ☐ una semana   ☐ ?

6. ¿Con qué frecuencia vas de vacaciones?

   ☐ cada dos (o más) años ☐ dos veces al año

   ☐ una vez al año   ☐ ?

7. ¿Cuánto gastas en un viaje típico?

   ☐ menos de $100   ☐ de $500 a $1.000

   ☐ de $100 a $500   ☐ más de $1.000

8. ¿Cuáles de estas vacaciones te interesan más? Indica tus preferencias con esta escala:

   1——————————2——————————3

   | | |

   Me interesa mucho.   Me interesa un poco.   No me interesa nada.

   _____ hacer un crucero alrededor del mundo

   _____ hacer un tour de las capitales de Europa

   _____ explorar las selvas amazónicas

   _____ hacer un safari en África

   _____ divertirse en los parques acuáticos o en los parques de atracciones

   _____ ?

7-10 En Lima. Aquí tienes información sobre algunos de los principales atractivos turísticos de Lima, Perú. Lee la información y después completa el diálogo, incorporando los datos sobre Lima. En el diálogo, el guía le explica al turista qué se puede hacer y ver en Lima.

ATTRACTIVOS TURÍSTICOS

Palacio de Gobierno

También conocido como la Casa de Pizarro debido a que, desde la fundación de Lima, fue éste el lugar donde el conquistador vivió y gobernó hasta su muerte en 1541.

Cuenta con magníficos salones como el Salón Dorado, donde se exhiben importantes pinturas. Tiene además una elegante ala que es la residencia oficial del Presidente de Perú.

Se recomienda presenciar el cambio de guardia, el cual se lleva a cabo todos los días a las 11:45 A.M.

Iglesia y Convento de Santo Domingo

(Jr. Conde de Superunda, esquina con Camaná)

Data de fines de siglo XVI. En el altar lateral izquierdo se venera a la Virgen del Rosario; en el lateral derecho a los santos peruanos: Santa Rosa de Lima, San Martín de Porras y San Juan Masías. Bajo cada una de las imágenes hay urnas de plata que contienen reliquias de estos santos.

El convento es uno de los mejores conservados en Lima y la torre de la iglesia es de singular estilo arquitectónico.

MUSEOS

Museo Nacional de Antropología, Arqueología e Historia

Plaza Bolívar, Pueblo Libre.
Telfs.: (51-1) 463-5070–463-2009
Visitas: martes a sábados
de 09:00 a 17:45 hrs.
domingos
de 09:00 a 16:45 hrs.

En forma didáctica y cronológica se exhiben evidencias de todas las culturas de la civilización peruana, destacando las colecciones: Chavín, Paracas, Nasca, Mochica, Huari, Chimú e Inca.

En la casa-quinta aledaña, que fuera la antigua residencia de los virreyes Pezuela y La Serna y de los Libertadores San Martín y Bolívar, se muestran pinturas, objetos, documentos y reliquias del virreinato, emancipación, independencia y república.

PARQUE DE LAS LEYENDAS

Altura de la cuadra 24 de Av. de la Marina, San Miguel.
Teléfono: (51-1) 451-4046
Visitas diarias de 09:00 a 17:00 hrs.

En él se han representado las tres regiones naturales del país, en las que se muestran especímenes propios de la flora y fauna peruana. Cerca del ingreso se puede apreciar talleres artesanales y puestos de venta.

Turista: ¿Qué lugares vamos a visitar hoy?

Guía: Primero, por la mañana, vamos al Palacio de Gobierno, donde Francisco Pizarro vivió y gobernó. Es realmente impresionante porque se puede _____.

Turista: ¿Adónde vamos por la tarde?

Guía: Vamos a la Iglesia y el Convento de Santo Domingo. Es famoso porque _____. También _____.

Turista: ¡Qué interesante! ¿Y mañana?

Guía: A las nueve en punto vamos al Museo de Antropología, Arqueología e Historia, donde _____. Además (*In addition*), se puede ver _____.

PUENTE CULTURAL

¿Tienes algunas recomendaciones para los turistas que visitan tu país?

A México se podría *(one could)* viajar en cualquier parte del año, debido a que el clima es muy benigno; pero, por costumbre, la gente viaja de junio a agosto. Dentro del país, la mejor manera de viajar es por autobús. No es estrictamente necesario para el turista hablar español, pero en caso de emergencias puede ser de gran ayuda tener ciertos conocimientos básicos del español.

Juan Eduardo Vargas Ortega
mexicano; 47 años;
profesor asociado universitario

En Colombia tenemos diferentes regiones con diferentes climas. La mejor época *(time)* para visitar el interior es en junio, julio y agosto. En la costa atlántica siempre hace calor *(it's hot),* pero en diciembre hace más fresco *(it's cooler).* La gente viaja mucho en autobús—es económico y cómodo. Si se viaja solamente a ciudades que viven del turismo, como Cartagena, siempre se encontrarán personas que hablan inglés. Pero en el resto del país es necesario hablar español para poder comunicarse.

**Victoria Eugenia (Vicky)
Duque Montoya**
colombiana; 28 años; estudiante

En España lo más fácil es viajar por tren, coche o autobús. El tren es barato y muy puntual. La mejor época del año para hacer turismo depende de la región. El norte es agradable *(pleasant)* en el verano *(summer),* mientras que en el invierno *(winter)* es frío *(cold)* y lluvioso *(rainy).* El sur es demasiado cálido en el verano. La población española es muy servicial *(helpful)* y amable, pero la mayoría no habla inglés. Claro, en grandes ciudades siempre es posible encontrar gente joven que hable un poco de inglés, igual que en las zonas costeras muy turísticas.

Manel Lirola Hernández
español; 34 años; representante
de servicios al consumidor

Te toca a ti

7-11 Recomendaciones prácticas. Trabaja con un(a) compañero(a). Lean las siguientes recomendaciones y decidan en qué país sería *(would be)* conveniente seguirlas *(to follow them)*. **¡Ojo!** Pueder haber recomendaciones apropiadas para más de un país.

	Colombia	México	España
1. Viajar de una ciudad a otra en autobús es práctico y barato.	☐	☐	☐
2. ¿No le gusta la combinación de frío y lluvia? ¡Entonces no visite el norte del país en el invierno!	☐	☐	☐
3. Si Ud. va a viajar en el interior del país, debe aprender a hablar un poquito de español para poder comunicarse.	☐	☐	☐
4. Si va a ciudades eminentemente turísticas, háblele a la gente en inglés; tarde o temprano encontrará *(you will find)* a alguien que lo hable también.	☐	☐	☐
5. Si no le gusta lidiar con *(to deal with)* multitudes de turistas, no debe viajar entre los meses de junio y agosto, los meses de turismo más populares.	☐	☐	☐
6. Si no le importa el calor, puede visitar Andalucía en el verano.	☐	☐	☐

7-12 Turismo en los Estados Unidos. Trabaja con un grupo de compañeros. Completen las oraciones con información práctica para los turistas que visitan los Estados Unidos.

1. La mayoría de la gente se toma vacaciones en *(el mes o la estación)*...
2. El medio de transporte más común para viajar de una ciudad a otra / de un estado a otro es...
3. Visite... *(una región)* en... *(el mes o la estación)* porque...
4. Si no le gusta lidiar con multitudes de turistas, no debe viajar a *(una región, un estado o una ciudad)*...
5. Puede encontrar gente que habla... *(una lengua extranjera)* en *(una ciudad o un pueblo* [town]*)*...

Vocabulario temático
HACIENDO DILIGENCIAS

En el banco

Cliente	Empleado(a)
Por favor, quisiera cambiar *dólares* **a** *pesos.*	¿Tiene Ud. *cheques de viajero* o *billetes?*
Tengo *cheques de viajero.*	
¿A cuánto está el cambio?	Está a *nueve pesos el dólar* para *cheques de viajero.*
¿Cuánto es la comisión?	Es *el uno por ciento.*
	¿Me permite su *pasaporte?*
Aquí *lo* **tiene.**	Firme aquí... y pase a la caja.

En la oficina de correos

Cliente	Empleado
¿Cuánto cuesta mandar *esta carta* **a los Estados Unidos?** *esta tarjeta postal* *este paquete* *este sobre*	Por correo aéreo, cuesta *nueve pesos.*
Déme cinco estampillas de *nueve pesos.*	Aquí *las* tiene.

En la farmacia

El (La) farmacéutico(a)	Cliente
Buenos días. ¿Qué desea?	Quiero *unas aspirinas.* *unos antiácidos* *unas tiritas/unas curitas*
¿Algo más?	No, gracias, eso es todo.
	Sí, ¿puede recomendarme algo para *la diarrea?* *una quemadura de sol* *la tos*
Pruebe *estas pastillas.* *esta crema* *este jarabe*	

¿ Sabías que...

- In many Hispanic banks, the teller takes your checks and handles the paperwork for your transaction, but you must go to a separate window (called **la caja**) to receive your money.

- In the U.S., many pharmacies sell everything from prescription drugs to potato chips to desk supplies. While some pharmacies in Spanish-speaking countries also sell general merchandise, most **farmacias** specialize in health remedies. Often you will need to ask the clerk for both prescription and nonprescription medicines.

- Words like **firme, pase, pruebe,** and **déme** are known as commands. You will learn more about these new verb forms later in this *Paso.*

Estrategia: Listening in "layers"

Language students often feel frustrated when they listen to recorded materials because native speakers seem to talk very fast and run their words together. The technique of "listening in layers" can help you overcome these problems. This strategy involves listening to a recorded passage repeatedly, with a different focus each time.

 First listening: As you listen to the recorded conversation, concentrate on getting the "gist" of it. At this stage, you should try to decipher what the main topic is and/or where the conversation takes place. For example, you might gather that a conversation has to do with money or that it takes place in a bank.

 Reflection: Before listening again, make some educated guesses about the details of the conversation. Using the topic or location as a point of departure, consider what kinds of information are commonly exchanged in that situation. You might also review words related to the topic or place. For example, if you are fairly confident that the conversation involves money and takes place in a bank, you might hypothesize that the conversation concerns exchanging money in a bank and review key words like **cheques de viajero, cambiar,** and **tasa de cambio.**

 Second and subsequent listenings: As you listen to the conversation again, confirm or reject your hypotheses. Continue to form new hypotheses and listen again until you have understood most of the conversation. In our example, you may finally decide that the young woman is exchanging money in a bank in Costa Rica and that the exchange rate is 250 **colones** to one American dollar.

Ponerlo a prueba

Text Audio CD
Track CD2-3

7-13 Dos turistas en México. Escucha las dos conversaciones en tu disco compacto y completa las actividades. **¡Ojo!** Antes de escuchar, debes leer **Estrategia:** Listening in "layers."

Primera parte: Escucha los dos diálogos y completa las frases con la respuesta más probable.

1. El tema de la Conversación 1 es _____.
   a. el dinero
   b. un problema médico
   c. una reservación de hotel

2. Conversación 2 tiene lugar *(takes place)* en _____.
   a. una oficina de correos o una papelería
   b. una farmarcia o un consultorio médico
   c. una agencia de viajes o una oficina de turismo

Segunda parte: Piensa en *(Think about)* las dos conversaciones. Estudia el vocabulario relacionado a los temas. En tu opinión, ¿qué hace el turista en la Conversación 1? ¿en la Conversación 2?

Tercera parte: Vuelve a escuchar las conversaciones y contesta las preguntas.

Conversación 1

3. ¿Cuánto dinero quiere cambiar el turista?
4. ¿A cuánto está el cambio?
5. ¿Cuánto es la comisión?

Conversación 2

6. ¿Qué quiere comprar la turista?
7. ¿Qué problemas tiene?
8. ¿Qué le recomienda la empleada?

7-14 Diligencias. ¿Cuál es la mejor respuesta a cada pregunta/comentario? Relaciona las oraciones de las dos columnas.

MODELO: *Quisiera cambiar dinero.*
¿Tiene Ud. cheques de viajero o billetes?

A	**B**
1. ¿A cuánto está el cambio?	a. Es el dos por ciento.
2. ¿Puede Ud. recomendarme algo para una quemadura del sol?	b. Pruebe *(Try)* este jarabe.
3. ¿Cuánto cuesta mandar este paquete a Irlanda?	c. Está a nueve pesos el dólar.
4. ¿Cuánto es la comisión?	d. ¿Por correo aéreo?
5. ¿Se puede cambiar dinero aquí?	e. Aquí no. Debe ir al banco. Hay uno muy cerca de aquí, en la calle Ribera.
6. ¿Me permite su pasaporte?	f. Esta crema tiene áloe. ¿Quiere probarla?
7. Tengo una tos horrible.	g. Lo dejé en el hotel. ¿Le sirve mi tarjeta de identidad universitaria?
8. Aquí tiene las tiritas/curitas. ¿Desea algo más?	h. No, gracias, eso es todo.

7-15 Haciendo recados. El año pasado, Mireya y su familia fueron de vacaciones a la República Dominicana. Aquí tienes dos escenas de su viaje. Escribe un diálogo para cada situación con un(a) compañero(a) de clase.

1.

2.

Vocabulario temático
CÓMO PEDIR Y DAR INSTRUCCIONES

Unas diligencias

Perdone, ¿hay *un banco* cerca de aquí?   Sí, *el banco* está *en la esquina.*
       un correo   *el correo*   *al final de esta calle*
       una farmacia   *la farmacia Cruz Blanca*

¿Se puede ir a pie?   No, está lejos de aquí.
                                        No se puede ir a pie. Hay
                                         que tomar *el metro.*
                                              el autobús nº 16
                                              un taxi

Pidiendo instrucciones

Oiga, ¿dónde está *la parada de autobuses?*   Está *en la esquina.*
       el correo   *enfrente del restaurante*
       el Museo de Arqueología   *Luigi*
       la Iglesia de San Juan   *a tres cuadras de aquí*
           Bautista   *en la segunda calle a la*
                                          derecha

Por favor, ¿cómo se va *al centro comercial?*   Vaya *a la esquina.*
       a la Clínica de la   Tome *la Avenida de la*
           Merced   *Independencia.*
       a la oficina de turismo   Siga *derecho por cuatro*
                                         cuadras.
                                     Doble *a la izquierda en la*
                                         calle República.
                                     Está *allí mismo, a mano*
                                         izquierda.

¿ Sabías que...

- To get the attention of a stranger on the street, you can say **Disculpe** *(Pardon me)*, **Oiga** *(Say there)*, or **Por favor** *(Please)*. It is also common, but not necessary, to address a stranger with a title such as **señor** or **señora.**

- Another way of prefacing your request for directions around a city is to explain that you are lost: **Estoy perdido(a).**

- City blocks are called **cuadras** in much of Spanish-speaking America and **manzanas** in Spain.

- There are only two contractions in the Spanish language: the preposition **a** + the definite article **el** form the contraction **al** *(to the);* and the preposition **de** + the definite article **el** form the contraction **del** *(from the/of the).* The other definite articles do not form contractions with these prepositions.

  ¿Cómo se va **al** cine Rex?   *How do you get **to the** Rex Theater?*
  ¿Cómo se va **del** cine **a la**   *How do you get **from the** movie theater*
     farmacia Betimar?   ***to the** Betimar Pharmacy?*

Ponerlo a prueba

7-16 ¿Para ir a... ? Aquí tienes el plano de la pequeña ciudad de Otavalo, Ecuador. Un policía y un turista están en el punto indicado con una X en el plano. En tu disco compacto, escucha las instrucciones del policía. ¿Cuál es el destino del turista? (**¡Ojo!** *The directions are given from the perspective of some-one looking up Montalvo Street, with his/her back to the train station.*)

MODELO: Primero escuchas: No está lejos de aquí. Siga por esta calle, la calle Montalvo, por una cuadra. En la primera esquina, doble a la derecha. Siga por la calle Roca por una cuadra, y doble a la izquierda en la próxima esquina. Está a la derecha.

Luego escribes: *Transportes Otavalo*

```
                                          Jaramillo

   La        Mercado
 Policía
 •

          Iglesia  [Montalvo]  Restaurante   El Mesón
                                Mamá         de Arrayan
                                Rosita •      •
                                              Sucre
 Farmacia•         Banco del    Restaurante  •Restaurante
                   Pichincha    •Centro       Pollo Koko
 Correo•   Plaza   •Restaurante  Latino        Rico
                    •Copacabana  Cine
                                 Bolívar
 [Piedrahita]  [García Moreno]              Bolívar
 Industria  Restaurante  Restaurante  Transportes
 Papelera   Casa de      Cambay       Otavalo
            • Korea       Huasy •
                                              Roca
 Teatro•   •Hotel •Hotel            [Calderón]
 Apolo      Riviera Otavalo
            Sucre
                   X                          Atahualpa
                                    [Colón]
           Bar     Plaza
          Huaspungo Copacabana
                    (autobuses)

 Estación de tren
   Otavalo, Ecuador
```

1. _____

2. _____

3. _____

4. _____

5. _____

7-17 Disculpe... Imagínate que estás de visita en la ciudad de Otavalo. Acabas de llegar en autobús y estás en el lugar indicado con una X en el mapa. Le pides instrucciones a un policía. Completa los diálogos de una manera lógica.

1. Tú: _____, ¿_____?
   Policía: El correo está en la calle García Moreno.
   Tú: ¿_____?
   Policía: Sí, está bastante cerca.

2. Tú: _____, ¿_____?
   Policía: Siga derecho por la calle Montalvo; doble a la derecha en la calle Sucre. Está allí a la izquierda.

3. Tú: Perdone, quiero pasar la noche en Otavalo. ¿_____?
   Policía: Sí. ¿Por qué no va Ud. al Hotel Otavalo? Está muy cerca de aquí, en la próxima esquina.

4. Tú: Por favor, ¿cómo se va a la iglesia?
   Policía: _____.

5. Tú: Me robaron la billetera *(wallet)* y quiero hacer una denuncia.
   ¿Dónde está la comisaría de policía?
   Policía: _____.

6. Tú: ¿Cómo se va al mercado?
   Policía: _____.

7-18 Por el campus. El profesor Navarro está visitando tu campus y necesita direcciones. Explícale cómo se va a estos lugares desde *(starting from)* el edificio donde tienes la clase de español.

1. Por favor, ¿dónde está la biblioteca?
2. ¿Hay una cafetería o un restaurante de servicio rápido cerca de aquí?
3. ¿Cómo se va al centro de educación física?
4. Tengo una cita con el rector *(president)* de la universidad esta tarde. ¿Sabe Ud. dónde tiene su oficina?

Comentario cultural: LA PLAZA

¿Vives en una ciudad? ¿Hay un lugar especial donde se reúne el público?

Una característica de las ciudades hispanas es la plaza. Casi todas las ciudades en España y en Latinoamérica tienen varios de estos grandes espacios abiertos. Generalmente, en la plaza principal de una ciudad se encuentran los edificios más importantes, como el ayuntamiento *(town/ city hall)* o la catedral. Las plazas más pequeñas muchas veces tienen pequeños parques con árboles,

fuentes *(fountains)* y bancas *(park benches)*. La plaza es el alma *(soul)* de los pueblos. La gente viene a comerciar *(to do business)*, a pasear, a encontrarse con amigos, a lucir *(to show off)* ropa nueva, a comprar billetes de lotería y otras cosas más.

Gramática
LOS MANDATOS FORMALES

A. Los mandatos formales. Commands are often used to give directions and instructions, as in the following examples.

Vaya a la esquina y **doble** a la derecha.	*Go to the corner and turn right.*
Abran el libro y **escriban** el ejercicio B.	*Open your books and write out Exercise B.*

Since the understood subject of commands is *you,* Spanish has both informal (**tú**) and formal (**Ud.**) commands. In this section you will practice *formal commands*—those that can be used with people you normally address as **Ud.** or **Uds.**

B. Formación de los mandatos formales. To form the singular **Ud.** command (to give directions to *one* person) follow these two steps.

	tomar	volver	salir
Conjugate the verb in the **yo** form of the present indicative and drop the **-o** ending.	tom**ø**	vuelv**ø**	salg**ø**
Add **-e** to **-ar** verbs, and **-a** to **-er** and **-ir** verbs.	tom**e**	vuelv**a**	salg**a**

- To form the plural **(ustedes)** command (to talk to two or more people), add an **-n** to the **Ud.** command.

  Examples of plural commands: tom**en**   vuelv**an**   salg**an**

  to one person:
  Tome este dinero para el taxi.   **Take** *this money for the taxi.*

  to more than one person:
  Tomen este dinero para el taxi.   **Take** *this money for the taxi.*

- To make a command negative, add the word **no** in front of the verb. There is no need to translate the English *don't.*

  No vuelvan tarde.   ***Don't come back*** *late.*

C. Verbos irregulares y verbos con cambios ortográficos. Certain verbs have irregular command forms that must be individually memorized.

Mandatos irregulares		
ir	**Vaya(n)** a la esquina.	***Go*** *to the corner.*
saber	**Sepa(n)** este vocabulario para mañana.	***Know*** *these words for tomorrow.*
dar	**Dé (Den)** esos documentos a mi secretaria.	***Give*** *those documents to my secretary.*
ser	No **sea(n)** tonto(s).	***Don't be*** *silly.*
estar	Por favor, **esté(n)** aquí antes de las seis.	*Please **be** here before six o'clock.*

Many verbs have predictable spelling changes, which are summarized below.

	Infinitivo	Mandato formal
Verbs ending in **-gar**, change to **-gue(n)**	lle**gar**	lle**gue(n)**
Verbs ending in **-zar**, change to **-ce(n)**	empe**zar**	empie**ce(n)**
Verbs ending in **-car**, change to **-que(n)**	sa**car**	sa**que(n)**
Verbs ending in **-ger**, change to **-ja(n)**	esco**ger**	esco**ja(n)**

D. Los mandatos y los complementos. Commands are frequently used with pronouns. Reflexive verbs, such as **acostarse** or **divertirse,** take the pronoun **se.** Most verbs can be used with direct (**me, te, lo, la, nos, os, los, las**) or indirect (**me, te, le, nos, os, les**) object pronouns. Follow these guidelines for pronoun placement with commands.

- Attach pronouns to the end of affirmative commands; add an accent mark to the vowel in the third-to-last syllable.

¡Acuéste**se** ahora mismo!	*Go to bed right now!*
¿Los cheques? Cámbie**los** en el banco.	*The checks? Exchange **them** at the bank.*

- Place pronouns immediately before the verb in negative commands.

¡No **se** acuesten en el sofá!	*Don't lie down on the sofa!*
¿Los cheques? No **los** cambie en el hotel.	*The checks? Don't exchange **them** at the hotel.*

E. Alternativas a los mandatos. It is common to use commands for giving instructions and directions even to people who we do not know well. At the same time, in some formal situations it may be considered more polite to make requests of others by asking "Could you . . . ?" or "Will you . . . ?"

¿**Podría Ud.** hacerme el favor de llamar antes de venir?	***Could you** please call before coming over?*
¿**Quieres** abrir la ventana?	***Will you** open the window?*

Ponerlo a prueba

7-19 ¿Quiénes hablan? Lee las siguientes instrucciones y completa las actividades. Primero, indica quiénes están hablando; escoge una de las opciones de la lista. Después, identifica dos mandatos formales en cada situación; escribe los mandatos y los infinitivos correspondientes.

MODELOS: *¡Marta! ¡María! Vengan aquí inmediatamente y hagan las camas en el dormitorio.*

   c. Una mamá habla con sus dos hijas.

   Mandatos: vengan (venir); hagan (hacer)

_____ 1. Ahora vamos a entrar a la catedral. Observen la escultura de la Virgen al lado del altar. Pero, por favor, no saquen fotos. Está prohibido.

_____ 2. ¿Qué están haciendo Uds.? ¡No jueguen en la calle! Hay demasiado tráfico. Vayan al patio para jugar al fútbol.

_____ 3. Más de cincuenta compañías mandan representantes a nuestra feria de trabajo cada año, así que es una oportunidad increíble para todos Uds. Por favor, sean puntuales para sus entrevistas, y no pregunten por el salario hasta el final de la entrevista.

_____ 4. No, no se puede ir a pie. Tomen el autobús número veintitrés. La parada está en la próxima esquina. O, si prefieren, vayan en taxi. Es más cómodo.

a. El recepcionista les da instrucciones a dos turistas para ir al parque zoológico.

b. La guía turística está dando un tour a un grupo de treinta turistas.

c. Una mamá habla con sus dos hijas.

d. Un(a) profesor(a) de negocios les da consejos *(advice)* a los estudiantes que van a graduarse este año.

e. Un padre habla con sus tres hijos.

7-20 De visita. Todos los turistas del tour están reunidos en Guayaquil con su guía, la señorita Medina. Ella les da unos consejos para el día. Completa los siguientes consejos oralmente con tu compañero(a) de clase. Hay que escoger la expresión más lógica de las listas y cambiar el infinitivo a un mandato formal.

MODELO: *Compren las estampillas en esta papelería.*
         Está más cerca que el correo.

almorzar en el restaurante   visitar el Museo de
    El León   Arte por la mañana
no perder el pasaporte   ✓comprar las estampillas
no beber el agua de la llave   en esta papelería
    (faucet)   volver al hotel antes de
probar los helados de la   las nueve
    heladería italiana   no darles propina a
cambiar su dinero en un banco,   los camareros
    no en el hotel   pagar con cheques
tener cuidado en el mercado   de viajero

1. _____. Es el documento más importante que Uds. tienen.

2. _____. La tasa de cambio *(exchange rate)* es más favorable.

3. _____. Hay menos personas y pueden ver los cuadros *(paintings)* más fácilmente.

4. _____. Hay muchos carteristas *(pickpockets)* allí.

5. _____. Allí Uds. pueden probar todos los platos típicos de la región.

6. _____. Son riquísimos (deliciosos) y naturales.

7. _____. Nuestra gran cena de gala es a las nueve y cuarto en el salón B.

8. _____. Ya está incluida en el precio de la cena.

7-21 En los Estados Unidos. Unos estudiantes de intercambio quieren hacer un tour de los lugares más interesantes de los Estados Unidos. ¿Adónde deben ir? ¿Qué deben hacer? Trabaja con un(a) compañero(a); escriban cinco recomendaciones. Las recomendaciones deben incluir:

● un mandato formal

● un comentario o una explicación

MODELO: ***Visiten** los Museos Smithsonian en Washington, D.C. Tienen una magnífica colección de historia natural; también es fascinante el museo sobre la exploración del espacio.*

─ Vocabulario útil ─

no perderse (ie) de	*not to miss out*
explorar	*to explore*
investigar	*to investigate, look into*
intentar	*to try, attempt*

Síntesis

7-22 **Por nuestro campus universitario.** Imagínate que estás hablando con Beatriz y Fernando, dos estudiantes ecuatorianos que estudian en tu universidad. Ellos no conocen bien la ciudad y te hacen muchas preguntas. Completa los diálogos oralmente, con tu compañero(a) de clase.

1. **Cambiando dinero**

    Beatriz: ¿Dónde se puede cambiar dinero?

    Tú: _____.

    Beatriz: ¿Está lejos de aquí?

    Tú: _____.

    Beatriz: Eh... Fernando y yo no conocemos la ciudad muy bien. ¿Podrías explicarnos cómo se va?

    Tú: _____.

2. **El correo**

    Fernando: ¿Cuánto cuesta mandar una carta por correo aéreo a Ecuador?

    Tú: _____.

    Fernando: ¿Dónde se puede comprar estampillas?

    Tú: _____.

    Fernando: ¿Cómo se va allí?

    Tú: _____.

3. **Vamos a comer**

    Fernando: Queremos comer comida típica norteamericana, ¿Puede recomendarnos un restaurante cerca de aquí?

    Tú: _____.

    Fernando: ¿Se necesita una reservación?

    Tú: _____.

    Fernando: ¿Cuáles son algunas de las especialidades de ese restaurante?

    Tú: _____.

7-23 **Unas diligencias.** Trabaja con un(a) compañero(a) de clase; preparen un diálogo para esta situación.

Estudiante 1: Estás en México de vacaciones. Vas al banco para cambiar dinero. Después de preguntar por el cambio y la comisión, descubres que no tienes el pasaporte. No tienes tiempo para volver al hotel porque el banco va a cerrar en diez minutos. Tienes que convencer *(to convince)* al empleado del banco que te cambie el dinero.

Estudiante 2: Trabajas en un banco en México. Un(a) turista norteamericano(a) quiere cambiar dinero y tú lo (la) atiendes. Después de contestar sus preguntas, le pides su pasaporte, el cual es necesario para completar la transacción.

In this *Paso* you will practice:
- Naming parts of the human body
- Describing symptoms of illnesses common to travelers
- Understanding a doctor's orders

Grammar:
- Introduction to the present subjunctive

Vocabulario temático
EL CUERPO HUMANO

Las partes del cuerpo

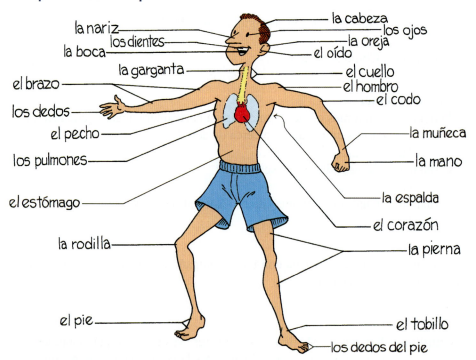

la nariz
los dientes
la boca
la garganta
el brazo
los dedos
el pecho
los pulmones
el estómago
la rodilla
el pie

la cabeza
los ojos
la oreja
el oído
el cuello
el hombro
el codo
la muñeca
la mano
la espalda
el corazón
la pierna
el tobillo
los dedos del pie

Para indicar lo que te duele

El (La) doctor(a)	El (La) paciente
¿Qué le pasa? (formal)	Me siento *mal.*
¿Qué te pasa? (informal)	*peor*
	mejor

Me duele *el pecho.*
Me duelen *los pies.*
Tengo dolor de *cabeza.*
      garganta
      estómago
Me lastimé *la espalda.*
Me torcí *el tobillo.*

¿ Sabías que...

- The verb **doler (ue)** *(to hurt)* follows the same structural pattern as the verb **gustar.** Use the singular verb form **duele** for one part of the body, the plural **duelen,** for more than one. Indirect object pronouns (**me, te, le, nos, os, les**) must be used with this verb.

  Me **duele** el pecho.   *My chest **hurts.***
  Me **duelen** los pies.   *My feet **hurt.***
  A mi abuela le **duele** la espalda. *My grandmother's back **hurts.***

- When we speak of a part of the body, in English we use a possessive adjective (*my, your, his,* etc.). In Spanish, the definite article (**el, la, los,** or **las**) is used instead, and the "owner" of the body part is identified by a reflexive or an indirect object pronoun.

  Me duele **el** brazo izquierdo.   *My left arm hurts.*
  Marcos **se** lastimó **la** espalda.   *Marcos hurt **his** back.*

- The word **oído** is used for *inner ear,* while **oreja** means *ear.*

Ponerlo a prueba

7-24 ¿Qué médico me recomienda? Lee los anuncios de los médicos en San José, Costa Rica. Después, escucha los fragmentos de las llamadas telefónicas de varios pacientes. Según los síntomas que describen, ¿qué médico le recomiendas a cada paciente? ¿Por qué? Completa las siguientes frases.

Text Audio CD
Track CD2-5

1. La señora debe consultar al doctor _____ porque se lastimó _____ y se torció _____.

2. La niña necesita ver al doctor _____ porque le duele _____ y no puede _____.

3. Este paciente tiene que ver al doctor _____ porque le duele _____.

1 MUÑOZ CAVALLINI, MARCO ANTONIO DR.

CIRUJANO DENTISTA
ESPECIALISTA EN PRÓTESIS DENTAL
SERVICIOS EN: IMPLANTES DENTALES
• DISFUNCIÓN • TEMPOROMANDIBULAR

U. de C.R., U. de Missouri, U.S.A.,
University of California, Philadelphia College
of Osteopathic Medicine, Normandie Study
Group, Montgomery, AL U.S.A.
Edificio URU 2º piso
ofc 1 a 5 y 7   22-8443

2 ÁLVAREZ COSMELLI, PATRICIA

| BARRIO LA CALIFORNIA | Traumatología Ortopedia Columna Vertebral |

Edificio Dallas 2do piso, Del Cine Magaly,
50 mts. Sur y 50 mts. Este
Consultorio   33-5637
Emergencias   21-4545
                     23-2424
r. Escazú   28-0119

3 RODRÍGUEZ ESPINOZA, JOSÉ J. DR.

| CLÍNICA SAN ÁNGEL | Cardiólogo |

HORARIO: 4 p.m. A 7 p.m.
Frente a Parqueo Público
Clínica Católica, Guadalupe
TELÉFONOS:
    Habitación: 35-4493
    Localizador: 21-4545
    Oficina
Sn Antonio Guadalupe: 53-6767

4 TOVAR FAJA, MARIANO MED.
OFTALMÓLOGO

MÉDICO CIRUJANO • OFTALMÓLOGO
CIRUGÍA DE CATARATA
LENTES
INTRA-OCULARES
HOSPITAL
CLÍNICA BÍBLICA
Oficina c 1 a 14 y 16   21-3922
                          21-9179
r. Guadalupe   22-6864

5 IZQUIERDO SANDI, EDGAR MARIO

ESPECIALISTA EN APARATO DIGESTIVO
Y MEDICINA INTERNA
Clínica Morazán • 200 mts. oeste de I.N.S.
           Residencia: 25-2535
ofc. 5 a 7   33-1302

6 JOHANNING MULLER, ALYARD MED.

OTORRINOLARINGÓLOGO
NIÑOS Y ADULTOS
CLÍNICA PEDIÁTRICA
           Residencia: 24-0357
ofc 20 a ctl y 2   22 1310

7-25 ¿Qué parte del cuerpo usa? Identifica oralmente la(s) parte(s) del cuerpo que cada persona usa.

MODELO: un artista

Un artista usa los ojos, las manos y los brazos.

1. un instructor de ejercicio aeróbico
2. un jugador de básquetbol
3. una cantante de ópera
4. un boxeador
5. una dentista
6. un violinista
7. una telefonista
8. un conductor de orquesta
9. una bailarina de ballet
10. un jugador de fútbol

¡NO TE OLVIDES!

The verb **doler,** like **gustar,** must be used with indirect object pronouns.

Me duele(n)... el pie (los pies).

Te duele(n)...

Le duele(n)...

Nos duele(n)...

Os duele(n)...

Les duele(n)...

The verbs **lastimarse** *(to hurt oneself)* and **torcerse (ue)** *(to twist, sprain)* are reflexive and must be used with reflexive pronouns.

Me lastimé... el pie (los pies).

Te lastimaste...

Se lastimó...

Nos lastimamos...

Os lastimasteís...

Se lastimaron...

7-26 El viaje inolvidable. Tú y tu familia fueron a Ecuador de vacaciones. ¿Qué síntomas tienen Uds. como consecuencia de sus actividades? Sigue el modelo.

MODELO: Comiste muchos llapingachos *(fried potato and cheese patties)* y fritada *(fried pork).*

Me duele el estómago.

1. Fuiste a la playa y pasaste todo el día allí. Se te olvidó *(You forgot)* ponerte protector solar.
2. Tus padres subieron *(climbed, went up)* al volcán Pichincha; llevaban *(they were wearing)* sandalias.
3. El vuelo de tu hermana llegó a las tres de la madrugada. La pobre chica no durmió nada.
4. Te lavaste los dientes con el agua del hotel.
5. La cama en la habitación de tus padres es muy incómoda.
6. Todos Uds. bebieron mucha chicha *(fermented, alcoholic fruit drink).*
7. Tu hermano bailó toda la noche en la discoteca.
8. Por su altitud, el aire de Quito tiene poco oxígeno; es problemático porque tu mamá sufre de asma.

Vocabulario temático
LAS ENFERMEDADES

Los síntomas y los análisis

El (La) doctor(a)
¿Qué tiene?

El (La) paciente
Tengo *tos.*
    fiebre
    náuseas

Estoy *resfriado(a).*
    mareado(a)

Me corté *el pie.*

Me quemé *la espalda* con el sol.

Tengo que *sacarle unas radiografías.*
    hacerle unos análisis de sangre

El diagnóstico y los remedios

Ud. tiene *la gripe.*
    un virus
    una fractura
    una quemadura muy grave
    una infección
    una intoxicación alimenticia

Voy a *darle unos puntos.*
    ponerle un yeso
    ponerle una inyección

Voy a recetarle *estos antibióticos.*
    este jarabe para la tos
    una crema

Le recomiendo que tome *una pastilla cada cuatro horas.*
    dos apirinas cuatro veces al día

Sabías que...

- Indirect object pronouns are used to indicate *to (for) whom* a medical treatment is given.

  Voy a poner**le** una inyección.   *I'm going to give **[to] you** a shot.*
  El médico **me** recetó unas pastillas.   *The doctor prescribed some pills **for me.***

- If you are running a fever, the doctor or nurse will want to know your temperature in degrees centigrade. The normal body temperature of 98.6°F is approximately 37°C; a low-grade fever of 100°F is approximately 38°C, and a fever of 102°F is approximately 39°C. Use this formula to convert from Fahrenheit to centigrade: degrees centigrade = (degrees Fahrenheit − 32) × 5/9.

- To wish someone a speedy recovery in Spanish, say **¡Que se mejore pronto!** (formal) or **¡Que te mejores pronto!** (informal). Also, when someone sneezes, it is common to say **¡Salud!** or **¡Jesús!**

¿Qué cosas compras en las farmacias de tu ciudad? ¿Le pides consejos (advice) médicos al farmacéutico (pharmacist)?

En España y en Latinoamérica, la farmacia o botica es donde puedes comprar medicinas o artículos de uso personal como champú o pasta dentífrica. Generalmente, no hay una gran variedad de artículos como en las farmacias de los Estados Unidos. Sin embargo, si tienes una enfermedad ordinaria y necesitas atención médica, los farmacéuticos te pueden recetar medicinas sin necesidad de consultar con un médico. Es aconsejable ir al médico si los síntomas son graves.

Text Audio CD
Track CD2-6

Ponerlo a prueba

7-27 ¿Qué le pasa? Repasa la estrategia *Listening in layers,* de la página 291. Después, completa estas actividades.

Primera parte: Mira los dibujos de los pacientes y describe oralmente sus síntomas.

Segunda parte: Escucha las tres conversaciones en tu disco compacto. ¿A qué dibujo corresponde cada conversación?

Conversación 1: _____

Conversación 2: _____

Conversación 3: _____

Tercera parte: Vuelve a escuchar las conversaciones y completa las oraciones.

Conversación 1: La doctora cree que esta paciente tiene _____. Necesita tomar _____ por veinticuatro horas; también debe tomar _____ todos los días.

Conversación 2: La doctora piensa que este paciente tiene _____ y _____. Ella le receta dos medicamentos: _____ y _____.

Conversación 3: Este paciente no tiene nada grave. La doctora le dice que necesita tomar _____ y _____ y descansar. Pero, el paciente debe regresar al consultorio médico si tiene _____.

a.

b.

c.

d.

e.

7-28 ¿Qué pasó? Las siguientes personas sufrieron unos pequeños problemas durante las vacaciones. Completa las actividades.

Primera parte: Combina la información de las dos columnas para formar oraciones lógicas.

MODELO: Mi amiga Lolita fue a la playa y tomó el sol por cuatro horas. No se puso crema bronceadora y por eso... *se quemó la espalda y tuvo que ir al consultorio médico.*

A

1. Cuando yo fui a esquiar en las montañas de Colorado...
2. Mi compañero de cuarto, Eduardo, fue a Guatemala y bebió el agua del grifo *(tap)*. ¡El pobre...
3. Mi novia se cortó el pie en la playa. Fue a la sala de urgencias donde el médico...
4. Mi tía fue a las Bahamas en un crucero y se enfermó de la gripe; el médico del barco...
5. Una vez mi novia y yo fuimos a las montañas de excursión. Ella se torció el tobillo y yo...
6. Cuando mi abuelo y mi padre se enfermaron de sinusitis durante su viaje al bosque tropical...

B

a. me caí y me rompí la pierna
b. se quemó la espalda y tuvo que ir al consultorio médico
c. la llevé al hospital, donde le sacaron una radiografía
d. tuvo muchos dolores de estómago y no comió nada por cuatro días
e. le recetó jarabe para la tos y unas pastillas para los dolores musculares
f. le dio unos puntos y tuvo que ponerle una inyección antitetánica
g. tomaron antibióticos para combatir la infección

Segunda parte: ¿Y tú? ¿Sufriste alguna vez un problema médico durante un viaje? Escribe dos o tres oraciones sobre una mala experiencia que tuviste durante las vacaciones.

MODELO: *Cuando fui a la playa el año pasado, me quemé la espalda. Tuve que ir a la farmacia y comprar una crema especial.*

¡NO TE OLVIDES!

To form the preterite tense of regular verbs, drop the **-ar, -er,** or **-ir** ending from the infinitive and add these endings:

	-ar	-er	-ir
yo	-é	-í	-í
tú	-aste	-iste	-iste
Ud., él, ella	-ó	-ió	-ió
nosotros(as)	-amos	-imos	-imos
Uds., ellos, ellas	-aron	-ieron	-ieron

The following verbs are irregular:

ser, ir: fui, fuiste, fue, fuimos, fuisteis, fueron
tener: tuve, tuviste, tuvo, tuvimos, tuvisteis, tuvieron
hacer: hice, hiciste, hizo, hicimos, hicisteis, hicieron
dar: di, diste, dio, dimos, disteis, dieron

7-29 Estoy enfermo(a). Estás de vacaciones y te sientes mal. Vas al consultorio médico.

Primera parte: ¿Cómo le describes tus síntomas al doctor?

MODELO: Piensas que tienes mononucleosis.
Me siento muy mal. Estoy cansado(a) todo el tiempo.
Tengo un poco de fiebre. Me duelen la cabeza y la garganta.

1. Crees que tienes la gripe.
2. Comiste unos mariscos, y ahora tienes una intoxicación.
3. Te caíste en un camino de grava *(gravel road)*.
4. Fuiste a la playa y no usaste protector solar.
5. Crees que estás refriado(a).

Segunda parte: Con un(a) compañero(a), escribe un diálogo entre el (la) paciente y el (la) médico(a) para **una** de las situaciones de la **Primera parte.**

Comentario cultural: PARA NO ENFERMARTE

¿Qué precauciones tomas antes de viajar? ¿Qué precauciones deben tomar los extranjeros *(foreigners)* para no enfermarse en los Estados Unidos?

Debes tomar algunas precauciones para no enfermarte mientras viajas por el extranjero. Primero, en algunos países, es mejor que no tomes ni el agua local ni bebidas con hielo. Tampoco se recomienda que comas ni frutas ni verduras frescas. Es preferible que comas comida bien cocinada. En resumen, es importante que tengas cuidado para que puedas disfrutar de tu viaje.

Gramática
EL PRESENTE DE SUBJUNTIVO

A. Cómo dar consejos. In both Spanish and English you can give advice and make recommendations in a number of ways. You have already practiced these three ways.

- Make suggestions with *polite phrases* such as **¿Por qué no... ?** or **Debe(s)...** These expressions are followed by an infinitive.

Debe comprar esta crema para su quemadura.	*You should buy* this cream for your sunburn.

- Give direct orders and explicit instructions with a formal command.

Use esta crema cada seis horas.	*Use this cream every six hours.*

- Make recommendations or express generalizations with *impersonal expressions* such as **Es importante... , Es recomendable... ,** or **Es necesario... .** These expresssions are often followed by an infinitive.

Es recomendable usar un bloqueador solar.	*It's a good idea to use a sunblock.*

In both Spanish and English, the advice found in impersonal expressions may also be "personalized" and directed toward a particular person. When this is done in Spanish, the impersonal expression is followed by a special verb form known as the present subjunctive, or **el presente del subjuntivo.**

Es recomendable **que Ud. use** un bloqueador solar durante su viaje a la playa.	*It's a good idea **for you to use** a sunblock during your trip to the beach.*

B. Formación del subjuntivo. Verbs in the present subjunctive can be conjugated in all persons; basically, however, the forms are derived in the same way as the formal commands.

To form the present subjunctive of all regular and most irregular verbs, follow the two-step procedure described below. Note that **-ar** verbs have an **e** in their endings, while **-er** and **-ir** verbs have an **a.**

- Conjugate the verb in the **yo** form of the present indicative and drop the **-o** ending.

- Add the appropriate ending from the chart below.

-ar verbs: **llevar** *(to take along, carry)*		
Es necesario que (yo)	llev**e**	las pastillas.
Es necesario que (tú)	llev**es**	los antibióticos.
Es necesario que (Ud., él, ella)	llev**e**	las aspirinas.
Es necesario que (nosotros[as])	llev**emos**	la crema.
Es necesario que (vosotros[as])	llev**éis**	el jarabe.
Es necesario que (Uds., ellos, ellas)	llev**en**	la medicina.

-er and **-ir** verbs: **comer** *(to eat)*		
Es mejor que (yo)	com**a**	vegetales.
Es mejor que (tú)	com**as**	mariscos.
Es mejor que (Ud., él, ella)	com**a**	ensaladas.
Es mejor que (nosotros[as])	com**amos**	poco.
Es mejor que (vosotros[as])	com**áis**	frutas.
Es mejor que (Uds., ellos, ellas)	com**an**	bien.

Verbs that have an irregular **yo** form in the present indicative maintain the same change for *all forms* of the present subjunctive. Here are a few examples:

conocer *(to know):* conozca, conozcas, conozca, conozcamos, conozcáis, conozcan

hacer *(to do; to make):* haga, hagas, haga, hagamos, hagáis, hagan

tener *(to have):* tenga, tengas, tenga, tengamos, tengáis, tengan

decir *(to say; to tell):* diga, digas, diga, digamos, digáis, digan

Verbs that end in **-car, -gar, -zar,** and **-ger** require a spelling change in all persons. This is the same kind of change you saw with the formal commands.

Infinitives ending in	Spelling change	Examples
-car	c → qu	buscar: bus**que**, bus**que**s, bus**que**, bus**que**mos, bus**qué**is, bus**que**n
-gar	g → gu	llegar: lle**gue**, lle**gue**s, lle**gue**, lle**gue**mos, lle**gué**is, lle**gue**n
-zar	z → c	alcanzar: alcan**ce**, alcan**ce**s, alcan**ce**, alcan**ce**mos, alcan**cé**is, alcan**ce**n
-ger	g → j	escoger: esco**ja**, esco**ja**s, esco**ja**, esco**ja**mos, esco**já**is, esco**ja**n

C. Usos del subjuntivo. In order to give advice or make recommendations in this new way, the sentences must follow the special pattern outlined below. The present subjunctive must be used after the conjunction **que,** in the part of the sentence known as the *dependent clause.*

			Dependent clause		
subject	verb	*que*	new subject	verb	other elements
(Yo)	Le recomiendo	que	(Ud.)	tome	estas pastillas.
I	*recommend*	*that*	*you*	*take*	*these pills.*

All of the following expressions of advice "trigger" the use of the present subjunctive in the dependent clause. Notice that in every case the word **que** links the triggering verb phrase with the rest of the sentence.

Le recomiendo que haga ejercicio.
I recommend that you (formal) exercise.

Es aconsejable que no fumes.
It is advisable that you (informal) not smoke.

Es necesario que tomemos vitaminas todos los días.
It is necessary that we take vitamins every day.

Es preferible que Uds. no coman carne.
It is preferable that you (plural) not eat meat.

Es mejor que vuelva Ud. mañana.
It is better that you return tomorrow.

Es recomendable que Sara se ponga una crema para la quemadura.
It is a good idea for Sara to put some lotion on her burn.

Ponerlo a prueba

7-30 En una clínica. Usa la(s) frase(s) adecuada(s) para completar los diálogos entre los pacientes y los doctores. Escribe los verbos en el presente de subjuntivo.

beber líquidos	guardar *(to stay in)* cama	comer comida blanda
no usar el pie	no caminar mucho	usar bloqueador
no salir al sol	tomar Pepto-Bismol	descansar en casa unos días
tomar aspirinas	volver al consultorio	aplicarse compresas frías

1. Sr. Alonso: Doctor, no puedo caminar. Me caí y me torcí el tobillo. Ahora, me duele mucho el pie derecho. No sé qué hacer porque estoy aquí de vacaciones. ¿Debo regresar a mi país?

   Dr. López: ¡Cálmese, Sr. Alonso! Si usted se torció el tobillo, le recomiendo que _____ por varios días. Entonces, es mejor que _____ por un tiempo.

2. Sra. Moreno: Dra. Aguilar, me siento mal. Todos en mi familia han tenido la gripe. Hace dos días que tengo dolor de cabeza, fiebre y una tos horrible.

   Dra. Aguilar: Sí, tenemos casi una epidemia con la gripe. Le recomiendo a usted que _____. También, es necesario que usted _____.

3. Félix: Doctor, fui a la playa con mis amigos ayer, pero no usé bloqueador de sol y me quemé la espalda.

   Dr. Poveda: Déjame ver, Félix. Tienes razón. Tienes una quemadura terrible en la espalda. En el futuro, es preferible que _____. Te aconsejo que _____.

4. Ramón Blanco: Doctor, soy turista; acabo de llegar de Canadá. Desde que llegué he tenido problemas estomacales. No puedo comer nada. Tengo dolor de estómago y diarrea.

   Dr. Figueroa: Sr. Blanco, su problema es típico de los turistas. Es necesario que usted _____. Si no se siente mejor en dos o tres días, le recomiendo que _____.

7-31 ¿Qué más me recomiendas? Varios de tus amigos están enfermos y te piden consejos *(advice)*. ¿Qué remedios caseros *(home remedies)* les recomiendas? Trabaja con un(a) compañero(a); completen los diálogos con sus recomendaciones. Hay que usar el presente del subjuntivo.

MODELO: Sara: Tengo dolor de cabeza.

Tú: Es mejor que... *bebas algo con cafeína, como una Coca-Cola o una taza de café.*

1. Benjamín: Estoy resfriado.
   Tú: Te recomiendo que _____.

2. Elvira: Tengo insomnio, no puedo dormir.
   Tú: Te recomiendo que _____.

3. Rafael: Me duele el estómago.
   Tú: Es preferible que _____.

4. Rosa: Me duele la garganta.
   Tú: Te recomiendo que _____.

5. Catalina: Creo que tengo la gripe.
   Tú: Es mejor que _____.

Síntesis

7-32 La enfermedad de Gregorio. Greg está enfermo y le pide consejos a Tía Felicia. Antes de escuchar la conversación, lee las preguntas. Luego, escucha el diálogo y completa las oraciones.

1. Gregorio tiene _____.
   a. dolor de estómago y fiebre
   b. dolor de garganta, poca energía y tos
   c. dolor de cabeza y sinusitis

2. Tía Felicia piensa que Gregorio tiene _____.
   a. alergias
   b. un virus
   c. la gripe

3. Tía Felicia le recomienda a Gregorio que _____.
   a. vea a un médico inmediatamente
   b. vaya a la farmacia
   c. vaya a la sala de emergencia

4. Don Alfonso es _____.
   a. farmacéutico e íntimo amigo de la familia
   b. enfermero y buen amigo de los vecinos
   c. un médico e íntimo amigo de la familia

5. Tía Felicia le dice a Gregorio que doble a la izquierda, _____.
   a. siga por cuatro cuadras y que doble a la derecha
   b. vaya por cuatro cuadras y que doble a la izquierda
   c. siga por tres cuadras y que doble a la derecha

6. Gregorio está preocupado _____.
   a. de perderse
   b. de llegar tarde
   c. de cuánto va a costar la atención médica

7-33 La farmacia Bertita. Estás de vacaciones en Lima, Perú. Estás enfermo(a) y necesitas ir a la farmacia Bertita. Completa las actividades con un(a) compañero(a) de clase.

Primera parte: Usa la información en el anuncio en la página 311 para completar la conversación telefónica con el farmacéutico(a).

Farmacéutico(a): ¡Farmacia Bertita! ¡A sus órdenes!

Tú: Sí, estoy de vacaciones y necesito comprar una medicina. ¿Dónde está la farmacia?

Farmacéutico(a): _____.

Tú: ¿Es mejor tomar un taxi o conducir?

Farmacéutico(a): Le recomiendo que _____. Pero, para servirle mejor nosotros tenemos estacionamiento.

Tú: ¡Qué cómodo! ¿A qué hora se abre y se cierra la farmacia?

Farmacéutico(a): _____.

Tú: Hoy es viernes. Por casualidad, ¿está abierta la farmacia mañana?

Farmacéutico(a): _____.

Tú: Mire, solamente tengo cheques de viajero y tarjetas de crédito. ¿Qué métodos de pago se aceptan?

Farmacéutico(a): _____.

Segunda parte: Dramaticen esta situación entre el (la) cliente y el (la) farmacéutico(a).

Cliente	Farmacéutico(a)
Te sientes muy mal. Vas a la farmacia Bertita y le describes todos tus síntomas al farmacéutico. Tienes fiebre, problemas estomacales, dolores musculares, etcétera. Le pides sus consejos.	Un(a) cliente te describe sus problemas y tú le haces unas preguntas para obtener más información sobre sus síntomas. Después, le recomiendas varios remedios.

Vistazo gramatical
EL FUTURO

A. La formación del futuro. In Spanish there are three ways to refer to actions that will take place in the future. You have already practiced the first two ways.

- The present tense may be used to express events that will take place in the near future.

  Mañana **salimos** para Ecuador.   *Tomorrow **we are leaving** for Ecuador.*

- The expression **ir + a +** infinitive is widely used to describe future plans.

  Vamos a viajar al Ecuador el próximo verano.   ***We are going to travel** to Ecuador next summer.*

- The future verb tense expresses what *will* take place in the future.

  Tomaremos el avión de Miami.   ***We will take** the plane from Miami.*

In this section, we will focus on the future verb tense. Follow these guidelines to form this new verb tense.

Regular verbs: Add the following set of verb endings to the *entire infinitive*. The same set of endings is used for **-ar, -er,** and **-ir** verbs.

		viajar *(to travel)*	volver *(to return)*	ir *(to go)*
yo	-é	viajar**é**	volver**é**	ir**é**
tú	-ás	viajar**ás**	volver**ás**	ir**ás**
Ud., él, ella	-á	viajar**á**	volver**á**	ir**á**
nosotros(as)	-emos	viajar**emos**	volver**emos**	ir**emos**
vosotros(as)	-éis	viajar**éis**	volver**éis**	ir**éis**
Uds., ellos, ellas	-án	viajar**án**	volver**án**	ir**án**

Irregular verbs: Use the same endings as for the regular verbs, but attach them to the irregular stems listed below.

Verb	Irregular stem	Example
decir *(to say; to tell)*	**dir-**	(Yo) Le **diré** la verdad.
hacer *(to do; to make)*	**har-**	(Tú) **Harás** las reservaciones.
tener *(to have)*	**tendr-**	(Ella) **Tendrá** problemas estomacales.
poner *(to put, place)*	**pondr-**	(Nosotros) **Pondremos** los boletos en la maleta.
venir *(to come)*	**vendr-**	(Vosotros) **Vendréis** a visitarnos pronto, ¿no?
salir *(to leave)*	**saldr-**	(Uds.) **Saldrán** el 5 de agosto.
saber *(to know)*	**sabr-**	(Ellos) **Sabrán** la fecha de su llegada.
querer *(to want)*	**querr-**	(Nosotros) **Querremos** una reservación.
poder *(to be able)*	**podr-**	(Ellos) No **podrán** ir con nosotros.

The impersonal form of the verb **haber** in the future tense is *habrá*.

—¿**Habrá** una excursión por la tarde?

—No, pero **habrá** una por la mañana.

***Will there be** an excursion this afternoon?*

*No, but **there will be** one in the morning.*

B. La función del futuro. In Spanish, the future tense is used in two major ways.

- To refer to events and actions that will take place in the future

In English, the key marker of the future tense is the word *will*. In Spanish, the meaning conveyed by *will* is expressed through the future tense.

Su tour **empezará** con un corto viaje en autobús. Después, usted **visitará** la hermosa catedral.

*Your tour **will begin** with a short trip by bus. Afterward, you **will visit** the beautiful cathedral.*

- To speculate about what is *probably* taking place *right now*

In English, this notion of probability is expressed by using separate words such as *probably* or *must* with a verb, while in Spanish the idea of probability is conveyed by the use of the future tense.

—¿Qué hora es, mamá?

—No sé, hija. **Serán** las cinco.

What time is it, Mom?

*I don't know. **It must be (It's probably)** five o'clock.*

—¿Dónde está papá?

—**Estará** en su oficina todavía.

Where is Daddy?

*He **is probably (He must be)** still at the office.*

Ponerlo a prueba

7-34 Un viaje a Ecuador. El Sr. Pacheco quiere viajar a Ecuador. Ahora está hablando con una agente de viajes. Lee la conversación y completa los espacios en blanco con la forma correcta del futuro.

Sr. Pacheco: ¿Qué ciudades (1) _____ (nosotros: visitar)?

Agente: Bueno, primero, (2) _____ (Uds.: pasar) dos días en Quito, la capital. Luego, (3) _____ (Uds.: empezar) las excursiones a otras ciudades —lago Agrio, Otavalo, Riobamba, Cuenca y otros lugares.

Sr. Pacheco: ¿(4) _____ (Ser) posible explorar un poco las selvas amazónicas?

Agente: ¡Por supuesto! También (5) _____ (haber) una excursión opcional a los Andes.

Sr. Pacheco: ¿(6) _____ (Nosotros: tener) la oportunidad de visitar las islas Galápagos?

Agente: Claro que sí. Ese tour (7) _____ (salir) el miércoles, dieciséis de mayo, y (8) _____ (volver) el martes, día veintidós.

Sr. Pacheco: ¡Fenomenal! Parece un viaje fantástico. (9) _____ (Yo: Hablar) con mi esposa y la (10) _____ (yo: llamar) la próxima semana con nuestra decisión.

Agente: Muy bien. Hasta pronto.

7-35 Los turistas. Examina el dibujo y contesta las preguntas con oraciones completas. ¿Qué pasará *(is probably happening)*?

1. ¿En qué país estarán estos turistas? ¿De dónde serán?
2. ¿Quién será el señor? ¿la señora a la izquierda?
3. ¿Quién será la niña? ¿Cuántos años tendrá?
4. ¿Qué le dirá el señor a la vendedora *(vendor)*? ¿Qué le dirá la vendedora?
5. ¿Cuánto costará la piñata? ¿Comprará la piñata el señor?
6. ¿Qué querrá comprar la señora? ¿Cuánto costará?

¡Vamos a hablar! | Estudiante Ⓐ

Contexto: Tú (**Estudiante A**) y otro(a) turista (**Estudiante B**) están de vacaciones en San Felipe. Desgraciadamente, Uds. tienen un plano o mapa incompleto de la ciudad. Debes intercambiar información con la otra persona para completar tu plano. Cuando te toque dar instrucciones, debes empezar desde el punto marcado con una **X**. Tú (**Estudiante A**) vas a iniciar la conversación con la pregunta: **¿Dónde esta la agencia de viajes Turisol?**

Necesitas localizar estos sitios que no están en tu plano:

la agencia de viajes	la oficina de turismo	la oficina de correos
la librería Universal	el cine Rex	la tienda Unisex

Vocabulario útil

¿Dónde está... ?
Está a la izquierda de...
Tome la Avenida...
Doble a la derecha en...
Siga por...

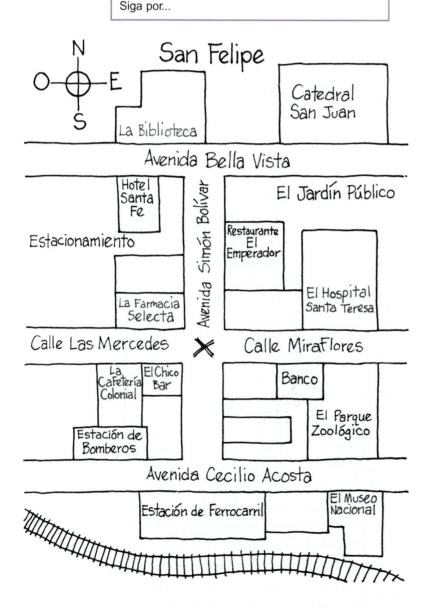

¡Vamos a hablar! | Estudiante B

Contexto: Tú (**Estudiante B**) y otro(a) turista (**Estudiante A**) están de vacaciones en San Felipe. Desgraciadamente, Uds. tienen un plano o mapa incompleto de la ciudad. Debes intercambiar información con la otra persona para completar tu plano. El (La) turista (**Estudiante A**) va a iniciar la conversación y tú tienes que dar las instrucciones. Debes empezar tus instrucciones desde el punto marcado con una **X.** Para continuar la actividad, tienes que preguntar dónde están los lugares en la lista a continuación.

Estos edificios no están en tu mapa:

el Chico Bar	la farmacia Selecta	la cafetería Colonial
la biblioteca	el hospital Santa Teresa	el Museo Nacional

Vocabulario útil

¿Dónde está... ?
Está a la izquierda de...
Tome la Avenida...
Doble a la derecha en...
Siga por...

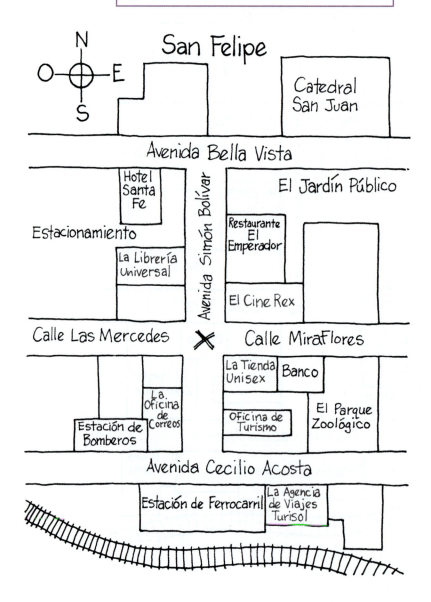

¡Vamos a leer!

Estrategia: Consulting a bilingual dictionary

When consulting a Spanish-English dictionary, the "inexperienced" user often selects the first definition that appears in a word entry. Unfortunately, that technique generally results in the wrong translation. Here are some tips on how to use a bilingual dictionary effectively.

 Identify the part of speech. Dictionary entries are subdivided into categories that reflect the part of speech, that is, the use of the word in a sentence. Here are some commmon abbreviations for the basic parts of speech:

adj	adjective	*sust*	noun
v	verb	*m*	masculine noun
adv	adverb	*f*	feminine noun

 Search for verbs by their infinitive. When you encounter a conjugated verb in a sentence, you must try to deduce its infinitive ending (**-ar, -er,** or **-ir**) in order to find the verb in the dictionary. For example, the conjugated verb **cierra** is derived from the infinitive **cerrar,** which is what you would look up in the dictionary.

 Use context to select an appropriate definition. Words may have multiple meanings, so it is important to read through all the possible meanings before determining which one best fits the context of the sentence. The English word *shade,* for example, could refer to a color, the absence of bright sunlight, or the covering of a table lamp. While all the definitions are correct, only one is appropriate in any given sentence.

Check for idiomatic use. Words are often used in set phrases that have a unique meaning different from that of the individual words combined. For example, the English expression *to kick the bucket* can mean *to die,* which usually has little to do with kicking or with buckets. For this reason, it is important to look at the surrounding words and to check the dictionary entry for possible idiomatic phrases.

A. Planifica tus vacaciones. The following article, taken from the Puerto Rican magazine *Imagen,* has tips on planning for vacations. As you read it, you will need to use the tips suggested in the *Estrategia* section above and consult the dictionary entries provided on page 318. Answer the questions from page 318 on a separate sheet of paper.

Planifica tus vacaciones

Si prefieres viajar en crucero, infórmate sobre los precios, cabinas disponibles, impuestos de puerto, propinas, excursiones en tierra, la duración del viaje, si hay gastos de viaje en avión o no, la temperatura, qué ropa debes llevar y los detalles de las fiestas y eventos especiales.

Consulta a un agente de viajes—Si la tarifa para visitar el país que te interesa no está a tu alcance, pide opciones a tu agente de viajes. Éste, además de ayudarte a conseguir una oferta que se ajuste a tu presupuesto, te podrá conseguir excursiones, servicios de alquiler de auto, reservación de hotel, cruceros y otros detalles.

Reserva tus boletos con antelación—Si ya decidiste el país que vas a visitar, reserva tus boletos. Existen diferentes categorías y clasificaciones de boletos para viajar. Por lo regular, las tarifas son más bajas si los boletos se compran con 30 días o más de anticipación. Ten a mano los recibos de pagos de las reservaciones y confírmalas de una a dos semanas antes del viaje.

1. **impuestos**

   Find the word **impuestos** in the first section of this article: "Si prefieres viajar en crucero,..."

   a. Is the word used in this sentence as a noun, an adjective, or a verb? (Hint: Since **impuestos** appears in a list, it may match the part of speech of the other words it appears with.)

   b. Look at the dictionary entry for **impuesto.** Under which section should you look for its meaning in this particular sentence?

   c. Which of the meanings seems to fit this sentence best?

   > **impuesto, ta** *adj* imposed ‖ FIG *estar impuesto de* or *en* to be acquainted with *o* informed of. ◆ *m* tax (tributo); *impuesto de utilidades* or *sobre la renta* income tax; *impuesto territorial* land tax; *exento de impuesto* free of tax, tax-exempt ‖ rate, tax (sobre una propiedad) ‖ duty (derecho); *impuesto del timbre* stamp duty ‖ — *gravar con un impuesto* to levy a tax on, to impose a tax on ‖ *impuesto concertado* composition tax ‖ *impuesto de circulación* Road (Fund) tax ‖ *impuesto degresivo* degressive taxation

2. **alcance**

   Find the word **alcance** in the second section of the reading: "Consulta a un agente de viajes."

   a. Since the dictionary entry for **alcance** lists only nouns, part of speech is not an issue here. There are, however, many idioms listed. Look at the sentence in the magazine article again. What words seem to be associated with **alcance?**

   b. Which of the idioms listed seems to fit the context of the sentence?

   > **alcance** *m* reach; *libro que está a mi alcance* book which is within my reach; *póngalo fuera del alcance de los niños* put it out of the children's reach *o* out of reach of the children ‖ range (de telescopio, arma de fuego, emisora de radio, etc.); *cañón de largo alcance* long-range gun; *estar al alcance* to be within range ‖ FIG importance, significance; *noticia de mucho alcance* news of great importance ‖ scope; *un proyecto de mucho alcance* a plan with great scope ‖ deficit (en las cuentas) ‖ stop press (en los periódicos) ‖ pastern tumour (del caballo) ‖ — *afirmación de mucho alcance* far-reaching statement ‖ *al alcance de la mano* within reach, handy ‖ *al alcance de la vista* in sight ‖ *al alcance de la voz* within call ‖ *al alcance del oído* within earshot ‖ *buzón de alcance* collection box

3. **se ajuste**

   Find the verb **se ajuste** in the second section: "Consulta a un agente de viajes."

   a. Since this is a verb, we must look up the infinitive form, **ajustarse.** The **se** indicates the verb is reflexive, so it would be best to check that part of the entry first. Scan the dictionary entry and look at the abbreviations before each section. Which abbreviation seems to be used for reflexive verbs in this dictionary?

   b. If **presupuesto** means *budget,* which of the meanings seems to fit best the context of this sentence?

> **ajustar** *vt*   to fit; *ajustar un vestido* to fit a dress ‖ to make fit; *ajustar una tapa a una caja* to make a lid fit a box ‖ to arrange; *ajustar un matrimonio* to arrange a marriage ‖ to work out, to arrange; *ajustar un horario* to work out a timetable ‖ to reconcile (enemigos) ‖ to take on, to employ (un criado, un empleado) ‖ to settle, to pay (una cuenta) ‖ to draw up (un tratado) ‖ to fix; *hemos ajustado el alquiler en 2.000 pesetas* we have fixed the rent at 2,000 pesetas

> ◆ *vi*   to fit; *esta tapadera no ajusta* this lid doesn't fit ‖ to cling, to be tight (un vestido) ‖ FIG to fit in; *esto ajusta con lo que te dije* that fits in with what I said
> ◆ *vpr*   to adjust *o* to adapt o.s.; *me ajusto a todo* I adapt myself to everything ‖ to conform; *ajústate exactamente a mis instrucciones* conform exactly with my instructions ‖ to be consistent, to fit in; *lo que me dices se ajusta a la verdad* what you say is consistent with the truth ‖ to cling, to be tight (un vestido) ‖ to tighten; *ajustarse el cinturón* to tighten one's belt ‖ to come to an agreement (llegar a un acuerdo)

7-36 Más aplicaciones. Lee "Planifica tus vacaciones" y, para cada sección, busca el vocabulario que corresponde a estas definiciones.

MODELO: un viaje turístico en barco _crucero_

1. En la sección "Si prefieres viajar en crucero":
   a. la cantidad de dinero que necesitas pagar _____
   b. las opciones de alojamiento en el barco _____
   c. el período de tiempo, el número de días _____

2. En la sección "Consulta a un agente de viajes":
   a. un sinónimo de **precio** _____
   b. obtener _____
   c. el uso de un coche _____

3. En la sección "Reserva tus boletos con antelación":
   a. antes de la fecha _____
   b. generalmente _____
   c. los documentos que verifican que ya pagaste _____

7-37 ¿Cómo planificas tus vacaciones? Contesta las preguntas sobre el artículo.

1. ¿Qué aspectos de un crucero afectan el precio del viaje?
2. ¿Cómo puede ayudar un agente de viajes en el momento de planificar las vacaciones?
3. ¿Qué se puede hacer para economizar en los boletos de avión?

Un paso más: Cuaderno de actividades

Vamos a escribir: Using a bilingual dictionary when writing   Pág. 147
  You've heard the expression, "Something is lost in the translation." You will learn how and when using a bilingual dictionary can help with your writing, and you will develop important skills to help you avoid translation errors and get the most out of using a bilingual dictionary.
Vamos a mirar: Pág. 148
Vídeo 1: Una visita a la farmacia
As you accompany Miguel to the pharmacy, you'll notice that pharmacists in Spain (and in other Spanish-speaking countries) can recommend and prescribe medicines for common ailments to a greater extent than pharmacists in the U.S.
Vídeo 2: Vistas de Ecuador

PANORAMA CULTURAL

Ecuador

Datos esenciales

- **Nombre oficial:** República de Ecuador
- **Capital:** Quito
- **Población:** 12.562.496 habitantes
- **Unidad monetaria:** Dólar americano (el sucre)
- **Principales industrias:** Maquinaria y equipo para transporte; productos químicos y agricultura (banano, café y cacao)
- **De especial interés:** Son notorios *(well-known):* El archipiélago Galápagos, por su extraordinaria variedad de fauna, y el Cotopaxi, el volcán activo más alto del mundo. El país está en el centro del fenómeno ambiental "El niño" y sufre devastadoras inundaciones periódicamente.
- **Internet:** http://avenidas.heinle.com

1100-1500 El avanzado Imperio Inca se extiende y controla el área andina: Perú, partes de Bolivia, Chile, Ecuador y Argentina.

1821 Los venezolanos Antonio José de Sucre y Simón Bolívar liberan Ecuador. Se forma la República de la Gran Colombia, que consiste en Venezuela, Ecuador y Colombia.

Un **vistazo** a la historia

1534 Los españoles conquistan el área y ocupan Quito. Muchas tribus, como los quechuas, sobreviven y hoy ocupan partes de Ecuador.

Personajes de ayer y de hoy

José Ayala Lasso, Alto Comisionado para los Derechos Humanos de la Organización de las Naciones Unidas *(U.N. High Commissioner for Human Rights)*. Nació en 1932 en Quito. Fue ministro de Asuntos Exteriores *(Foreign Affairs)* y embajador *(ambassador)* de Ecuador y representante de Ecuador en la ONU. En 1994 fue elegido Alto Comisionado para los Derechos Humanos por sus altos valores morales, integridad personal, experiencia en el campo *(field)* de los derechos humanos y comprensión de diversas culturas.

Lourdes G. Baird, juez en la Corte Federal del Distrito Central de California en 1990. Nació en 1935 en Quito. Esposa y madre, a los 41 años obtuvo su doctorado en jurisprudencia (J.D.). Trabajó como abogada, fiscal *(district attorney)* y juez *(judge)* de la Corte Municipal y la Corte Superior de Los Ángeles. En 1990 fue juramentada en el cargo *(sworn into office)* de fiscal general *(U.S. attorney)* del Distrito Central de California y en 1992 ocupó el cargo de juez. Su carrera legal se destaca por su labor a favor de los derechos de las mujeres y su lucha contra las drogas y el crimen.

Pancho Segura, miembro de la Sala de la Fama del Tenis *(Tennis Hall of Fame)*. Nació en 1921. Para ejercitar las piernas deformes, a causa de su nacimiento prematuro y de enfermedades, empezó a jugar al tenis de niño. Obtuvo en 1937 la victoria en los Juegos Olímpicos en Bogotá. Un mestizo, de sangre inca y española, de origen pobre, se convirtió en *(he became)* héroe nacional. En 1947 se hizo tenista profesional con una larga carrera de victorias internacionales.

Notas culturales de interés

La capital de Ecuador, Quito, fue pronunciada Patrimonio de la Humanidad *(World Heritage Site)* por la UNESCO en 1970. Esta ciudad de eterna primavera tiene un clima maravilloso y está llena de sitios de interés histórico. Quito ha podido conservar su atmósfera colonial y antigua. Entre sus tesoros *(treasures)* históricos se encuentran La Catedral, el Palacio Arzobispal, el Museo de Arte Colonial y el Cementerio de San Diego. Sus mercados al aire libre son un tesoro de artesanía indígena local. Al norte de Quito se puede visitar el monumento que marca la mitad del mundo (la línea de la latitud cero grados, cero minutos y cero segundos) y poner un pie en cada hemisferio.

1941 Guerra con Perú por límites territoriales. En el Protocolo de Río en 1942 se propone un tratado que Ecuador rechaza *(rejects)* porque le da ventajas *(advantages)* territoriales a Perú.

1979 La nueva constitución establece la elección democrática de un presidente.

1994 Los EE.UU. impone un bloqueo a la importación de atún ecuatoriano al mercado estadounidense porque debido a los métodos de pesca, se están matando muchos mamíferos marinos.

1830 Ecuador se declara una república, pero no hay estabilidad política. Se suceden una serie de presidentes, dictadores y juntas militares.

¿Qué sabes sobre Ecuador?

7-38 Hay una razón para todo *(There's a reason for everything).* Trabaja con un(a) compañero(a). Den las razones para las siguientes situaciones.

1. ¿Por qué fue escogido José Ayala Lasso como Alto Comisionado para los Derechos Humanos de la ONU?
2. ¿Por qué hay en la ciudad de Quito calles que se llaman Simón Bolívar, Sucre y Venezuela?
3. ¿Por qué es Lourdes Baird un modelo para las mujeres hispanas contemporáneas?
4. ¿Por qué Perú y Ecuador continúan teniendo problemas?
5. ¿Por qué la UNESCO declaró a Quito "Patrimonio de la Humanidad"?
6. ¿Por qué aparece Pancho Segura en una estampilla *(postal stamp)* de cincuenta centavos?

7-39 Patrimonio de la Humanidad. Trabaja con un(a) compañero(a). Decidan a cuáles Patrimonios de la Humanidad se refieren las descripciones.

a. El Parque Nacional Rapa Nui
b. La ciudad precolombina de Copán
c. El Parque Nacional de Iguazú
d. La ciudad colonial de Santo Domingo

_____ 1. La catarata central es una de las más espectaculares del mundo. A su alrededor *(surroundings)*, hay un bosque húmedo tropical con más de 2.000 especies de flora y fauna. Se encuentra en la frontera de Brasil y Argentina.

_____ 2. Es el nombre indígena de la isla de Pascua *(Easter Island)*, territorio de Chile. Sus monumentales esculturas de piedra, que datan del año 300 dC *(A.D.)*, han sido por siglos motivo de fascinación para el resto del mundo.

_____ 3. Fue la sede *(site)* de la primera catedral, el primer hospital y la primera universidad de las Américas. Esta ciudad colonial fue fundada en 1492 y es hoy la capital de la República Dominicana.

_____ 4. Situada en Honduras, es una de las más importantes ciudades de la civilización maya y símbolo de su misteriosa desaparición. Sus imponentes *(imposing)* ruinas fueron descubiertas en 1570 y excavadas en el siglo XIX.

Vocabulario

Sustantivos

el análisis *analysis*
el antiácido *antacid*
el antibiótico *antibiotic*
el arrecife de coral *coral reef*
la artesanía *handicrafts*
la aspirina *aspirin*
el autobús *bus*
el ballet *ballet*
la balsa *raft*
el banco *bank*
el billete *bill*
la boca *mouth*
el bosque *forest*
el brazo *arm*
la cabeza *head*
la caja *cashier; cash register*
la calle *street*
el cambio *exchange rate*
la carta *letter*
el centro comercial *shopping center; shopping mall*
el cheque de viajero *traveler's check*
la ciudad *city*
la clínica *hospital; clinic*
el codo *elbow*
la comisión *commission; exchange fee*
el corazón *heart*
el correo aéreo *air mail*
la cosa *thing*
la crema *cream, lotion*
la cuadra *block*
el cuello *neck*
el cuerpo *body*
la curita *band-aid*

el dedo del pie *toe*
el dedo *finger*
el diagnóstico *diagnosis*
la diarrea *diarrhea*
el diente *tooth*
la diligencia *errand*
el dolor de cabeza *headache*
el ecoturismo *ecotourism*
la espalda *back*
la esquina *corner*
la estampilla *(postage) stamp*
el estómago *stomach*
la exposición de arte *art exhibit*
el extranjero *abroad*
la farmacia *drugstore; pharmacy*
la fiebre *fever*
la fractura *fracture*
la garganta *throat*
el golf *golf*
la gripe *flu*
el hombro *shoulder*
la iglesia *church*
la infección *infection*
la intoxicación *food poisoning*
la inyección *shot*
la isla tropical *tropical island*
el jarabe (para la tos) *(cough) syrup*
la lengua *tongue*
la mano *hand*
el mercado *market*
el metro *subway*
la montaña *mountain*
la muñeca *wrist*
la nariz *nose*
las náuseas *nausea*

la oficina de turismo *tourist information office*
la oficina de correos *post office*
el oído *inner ear*
el ojo *eye*
la ópera *opera*
la oreja *ear*
el paquete *package*
la parada de autobuses *bus stop*
el pasaporte *passport*
la pastilla *tablet; pill*
el pecho *chest*
el pie *foot*
la pierna *leg*
el pulmón *lung*
el punto *stitch*
la quemadura de sol *sunburn*
la radiografía *X-ray*
la receta *prescription*
el remedio *remedy, medicine*
el río *river*
la rodilla *knee*
las ruinas *ruins*
la sangre *blood*
el sitio histórico *historic site*
el sobre *envelope*
la tarjeta postal *postcard*
el taxi *taxi*
el tenis *tennis*
la tirita *bandage, band-aid*
el tobillo *ankle*
la tos *cough*
la vez *time*
el virus *virus*
el yeso *cast*

Verbos

bucear *to go diving; to go snorkeling*
cambiar *to exchange*
caminar *to walk*
comprar *to buy*
cortarse *to cut oneself, get cut*
dar puntos *to stitch*
descender (ie) *to descend, go down*
doblar *to turn*

doler (ue) *to hurt*
escalar *to climb*
firmar *to sign*
hacer surfing *to go surfing*
hacer tablavela *to go wind surfing*
ir *to go*
ir a pie *to go on foot*
lastimarse *to hurt oneself, get hurt*
mandar *to send*
pasear *to stroll; to take a ride*

ponerle un yeso *to put a cast (on someone)*
probar (ue) *to taste, try*
quemarse *to get burned*
recetar *to prescribe*
sacar fotos *to take photographs*
seguir (i; i) *to continue*
sentirse (ie; i) *to feel*
tomar *to take*
torcer (ue) *to twist, to sprain*

Otras palabras

allá mismo *right there*
allí mismo *right there*
antiguo(a) *ancient*

derecho *straight ahead*
exótico(a) *exotic*
grave *severe*

mejor *better*
peor *worse*
típico(a) *local, typical*

Expresiones útiles

¿A cuánto está el cambio? *What is the exchange rate?*
al final de esta calle *at the end of the street*
¿Cómo se va a... ? *How does one/do I get to . . . ?*
Estoy mareado(a). *I am dizzy/nauseated.*
Estoy resfriado(a). *I have a cold.*
Hay que... *You have to . . ./One must . . .*
Le recomiendo que... *I recommend that you . . .*
Me duele(n)... *My . . . hurt(s).*
Oiga, ¿dónde está... ? *Say there, where is . . . ?*
Perdone. *Excuse me.*
¿Puede recomendarme algo para... ? *Can you recommend something for . . . ?*
¿Qué tiene? *What do you have? (formal)*
¿Qué desea? *How can I help you? (formal)*
¿Qué le duele? *Where does it hurt? (formal)*
Se puede... *You/One can . . .*

For further review, please turn to Appendix E.

Capítulo 8

¡A divertirnos!

Objetivos

Speaking and Listening

- Extending, accepting, and declining invitations
- Describing last weekend's activities
- Talking about the weather in different seasons
- Describing present and past holidays and celebrations
- Telling stories in the past

Reading

- Paraphrasing and summarizing

Writing

- Writing a personal narrative in the past *(Cuaderno de actividades: ¡Vamos a escribir!)*

Culture

- Costa Rica *(Panorama cultural)*
- Popular pastimes *(Puente cultural)*
- Climate in the Americas *(Comentario cultural)*
- Converting Fahrenheit to Celsius *(Comentario cultural)*
- Holiday celebrations *(Comentario cultural)*

Grammar

- Additional irregular preterite verbs
- Stem-changing verbs in the preterite
- Some uses of the preterite
- The imperfect tense
- Uses of the preterite and the imperfect
- **Por** vs. **para** *(Vistazo gramatical)*

A primera vista

Trabaja con un(a) compañero(a). Estudien el cuadro de la artista chicana Carmen Lomas Garza y discutan las preguntas.

1. ¿Qué celebran todas estas personas? ¿Quiénes son?
2. ¿Cómo se divierten los niños en esta fiesta?
3. ¿Por qué quiere pegar *(to hit)* la niña la piñata? ¿Qué hay dentro de la piñata?
4. ¿Qué van a hacer los otros niños cuando la niña rompa *(breaks)* la piñata?
5. ¿Qué hacen los adultos para divertirse?
6. ¿Cómo son las celebraciones de cumpleaños en tu familia? ¿En qué se parecen a *(How are they similar to)* las del cuadro?
7. ¿En qúe celebraciones familiares te diviertes más? ¿Por qúe? ¿Cómo te diviertes?

Carmen Lomas Garza   (1948–)

Nacionalidad: estadounidense (de herencia mexicana)

Otras obras: *Cascarones, Camas para sueños, Lotería, En mi familia* (su libro para niños)

Estilo: Rico en colores y detalles, su estilo es de una viveza *(vividness)* refrescante. Las tradiciones familiares cobran vida *(come alive)* en imágenes de la niñez de la autora, pintadas con orgullo *(pride)* de su herencia chicana. Es un arte lleno de amor y recuerdos íntimos que nos invitan a recordar nuestros propios *(own)* momentos especiales en familia.

Vocabulario temático
¡A DISFRUTAR DEL TIEMPO LIBRE!

Para invitar y aceptar una invitación

¿Qué piensas hacer *el sábado?*

No sé. ¿Quieres ir *al cine?*
al teatro
al Museo de Arte
Moderno
a un concierto

¡Qué buena idea!
¡Cómo no!

¿Qué película dan?

Dan la película *Casablanca.*

¿Qué van a presentar?

Van a presentar *una obra de*
García Lorca.

¿Qué exhiben?

Tienen una exposición de *Miró.*

¿Quiénes van a tocar?

Va a tocar *el conjunto Cusco.*

¿A qué hora *vamos?*
empieza

Vamos a las siete.
Empieza

La primera función es a *las ocho.*

¿Dónde nos encontramos?

Paso por tu casa *a las siete y media.*
Te espero en *el cine.*
el teatro

Para invitar y declinar una invitación

¿Por qué no *jugamos a las cartas*
esta tarde?
vamos de picnic
damos un paseo

Lo siento, pero *tengo que estudiar.*

No puedo porque *estoy cansado(a).*
no sé jugar a eso
tengo otro
compromiso

Bueno, entonces, la próxima vez.

¿ Sabías que...

- A ticket for a social event may be called **un boleto** or **una entrada,** depending on the country.

- When someone invites you out, you may wish to ask for additional information with questions such as these: **¿Dónde es? ¿Cuándo quieres ir? ¿Cuánto cuesta el boleto/ la entrada?**

- An invitation sometimes implies that the person extending the invitation will pay all of the expenses related to the activity; this is generally the case when a man invites a woman on a date. When groups of friends go out together, usually everyone pays his/her own way; if one person wants to treat the others, he or she will say **Yo invito.**

Ponerlo a prueba

Text Audio CD
Track CD2-8

8-1 ¿Quieres ir a... ? Dos chicas están escuchando la radio y oyen algo interesante. Primero, escucha el anuncio de radio y la reacción de las jóvenes en tu disco compacto. Luego, completa las oraciones con la información correcta.

1. El anuncio es para _____.
   a. una obra teatral
   b. un ballet
   c. un concierto

2. El acontecimiento *(event)* va a tener lugar _____.
   a. el diez de noviembre
   b. el doce de noviembre
   c. el dieciséis de noviembre

3. Se puede comprar los boletos _____.
   a. por correo
   b. en el Palacio de Bellas Artes
   c. veinticuatro horas al día

4. Carmen no está segura si puede ir porque _____.
   a. tiene que estudiar para los exámenes
   b. no le gusta el acontecimiento
   c. los boletos cuestan mucho dinero

5. Las chicas no pueden comprar los boletos porque _____.
   a. la taquilla del Palacio de Bellas Artes ya se cerró
   b. prefieren ir de compras
   c. tienen otro compromiso el mismo día

¿Prefieres asistir a los conciertos o a las obras de teatro?

8-2 Las invitaciones. Completa los diálogos de una manera lógica; trabaja con un(a) compañero(a). Después, dramaticen los diálogos para la clase.

1. **Una invitación al cine y una aceptación:**

   Tu amigo(a): Oye, ¿quieres ir al cine esta noche?

   Tú: ¡_____! ¿_____?

   Tu amigo(a): Dan *La momia (The Mummy)*.

   Tú: ¿_____?

   Tu amigo(a): La primera función es a las ocho y cuarto, y la segunda empieza a las diez y media.

   Tú: Prefiero _____ porque _____.

   Tu amigo(a): De acuerdo. ¿Dónde nos encontramos?

   Tú: _____.

   Tu amigo(a): Muy bien. ¡Hasta muy pronto!

2. **Una invitación y una declinación:**

   Tu amigo(a): No tengo ganas de ir a clase esta tarde. ¿Por qué no vamos al parque y hacemos un picnic?

   Tú: Lo siento, pero _____.

   Tu amigo(a): Ah, pues... ¿quieres dar un paseo esta noche? Los jardines botánicos están muy bellos durante esta época *(time, season)* del año.

   Tú: _____.

   Tu amigo(a): Bueno, entonces será la próxima vez.

8-3 ¿Quieres ir? Aquí tienes varios anuncios de *La Nación,* un importante periódico de San José, Costa Rica. ¿Cuál de los eventos es más interestante? Invita a uno(a) de tus compañeros a ese evento.

MODELO: Tú: *Oye, Mindy, ¿qué piensas hacer el viernes por la noche?*

Tu compañero(a): *No sé.*

Tú: *¿Quieres ir a... ?*

TIEMPO LIBRE

Actividades de la semana

- **Teatro**

Matrimonio para tres. Teatro La Comedia, Cuesta de moras. De jueves a domingo, 8 P.M. Entrada: ¢1.600. Tel. 255-3255.

- **Plástica**

Tierra portátil. Museo de Arte y Diseño Contemporáneo. De martes a sábado, de 10 A.M. a 5 P.M. Entrada: ¢300, general; ¢150, estudiantes universitarios con carné; los ciudadanos de edad avanzada *(senior citizens)* y los niños no pagan. Tel. 257-7202.

- **Cine**

La serie negra. Ciclo de cine policiaco francés. Alianza Francesa. 7 P.M. Entrada gratuita. Tel. 222-2283.

Vocabulario temático
EL FIN DE SEMANA

Un fin de semana divertido

¿Qué tal tu fin de semana?

Me divertí *mucho.*
     muchísimo
Lo pasé *bien.*
     muy bien

¿Adónde fuiste?

Fui *al campo* con *un(a) amigo(a).*
   a un concierto
   al gimnasio
   a un festival

¿Qué hiciste?

Mi amigo(a) y yo *vimos una película*
   muy divertida.

      escuchamos un
       conjunto fabuloso
      corrimos y levantamos
       pesas
      vimos mucha artesanía

¡Qué bien!

Un fin de semana regular

¿Cómo pasaste el fin de semana?

No hice nada de particular.
Lo pasé *así, así.*
   mal
   fatal

¿Qué pasó?

Me enfermé y no pude *salir.*
Tuve que *quedarme en casa* y
   terminar un trabajo.

¡Qué lástima!

Sabías que...

- A variation of **nada de particular** is **nada en particular.**

- **Pude** is the preterite **yo** form of the irregular verb **poder.** You will learn more about irregular and stem-changing verbs in the preterite later in this *Paso.*

Estrategia: Tips on sustaining a conversation

To sustain a conversation, you need to be an active participant. Express your interest in the topic by asking follow-up questions and by reacting to the news with appropriate phrases, such as the following.

To react to happy news		To react to a disappointment	
¡Fantástico!	*That's fantastic!*	¡Qué malo!	*That's too bad!*
¡Magnífico!	*That's wonderful!*	¡Qué mala suerte!	*What bad luck!*
¡Qué buena suerte!	*What good luck! (Wasn't that lucky?!)*	¡Qué pena!	*That's very sad!*
¡Estupendo!	*That's great!*	¡Qué decepción!	*What a disappointment!*

Text Audio CD
Track CD2-9

Ponerlo a prueba

8-4 ¿Qué tal el fin de semana? Pilar, Marcos y Guillermo están hablando de su fin de semana. ¿Qué hizo cada persona? Escucha su conversación en tu disco compacto y completa las actividades.

Primera parte: Escucha la conversación e identifica las actividades de cada persona con una **X.**

	1. Pilar	2. Marcos	3. Guillermo
a. comer			
b. descansar			
c. enfermarse			
d. estudiar			
e. levantar pesas			
f. ir a una fiesta			
g. ir al campo			
h. ir al cine			
i. ir al gimnasio			
j. mirar la televisión			
k. montar a caballo			
l. pescar			

Segunda parte: Escribe oraciones en el pretérito para hacer un resumen (*summary*) de lo que hicieron los tres amigos.

MODELO: *El fin de semana pasado, Pilar fue al gimnasio, donde levantó pesas. También, estudió y fue al cine.*

8-5 Pablo y Paula. Pablo pasó un fin de semana muy divertido, pero Paula lo pasó muy mal. Usa la información en las columnas de la página 333 para inventar un diálogo entre los dos amigos. Trabaja con un(a) compañero(a) de clase; preséntenle el diálogo a la clase.

MODELO: Paula: *¿Cómo pasaste el fin de semana?*

Pablo: *Lo pasé muy bien. Mis amigos y yo fuimos a un concierto. Escuchamos un conjunto de jazz fabuloso. Después, comimos pizza en Luigi's.*

Paula: *¡Qué bien!*

Pablo: *¿Qué tal tu fin de semana?*

Preguntas	Lugares y actividades		Reacciones
A	**B**	**C**	**D**
¿Cómo pasaste el fin de semana?	al campo	montar a caballo	¡Qué bien!
¿Qué tal tu fin de semana?	a la biblioteca	pescar	¡Fantástico!
¿Qué hiciste anoche?	al trabajo	hacer investigaciones *(research)*	¡Estupendo!
	a las montañas	ver artesanía	¡Qué malo!
	a un concierto	esquiar	¡Qué lástima!
	a un festival	bailar	¡Qué mala suerte!
	al gimnasio	escuchar un conjunto	
	a una fiesta	levantar pesas	
	al parque	descansar	
		ganar dinero	
		enfermarse	
		dar un paseo	
		otras actividades (Di cuáles.)	

¡NO TE OLVIDES!

Use the preterite tense to narrate what someone did or what happened in the past.

- Regular verbs: Attach these endings to the stem of the verb.

	-ar	**-er/-ir**
yo	-é	-í
tú	-aste	-iste
Ud., él, ella	-ó	-ió
nosotros(as)	-amos	-imos
vosotros(as)	-asteis	-isteis
Uds., ellos, ellas	-aron	-ieron

- These verbs are irregular in the preterite:

   ir *(to go)* / **ser** *(to be):* fui, fuiste, fue, fuimos, fuisteis, fueron

   estar *(to be):* estuve, estuviste, estuvo, estuvimos, estuvisteis, estuvieron

   hacer *(to do; to make):* hice, hiciste, hizo, hicimos, hicisteis, hicieron

   tener *(to have):* tuve, tuviste, tuvo, tuvimos, tuvisteis, tuvieron

   dar *(to give):* di, diste, dio, dimos, disteis, dieron

- The verb **gustar** generally uses only two forms in the preterite: **gustó** and **gustaron**.

   Me **gustó** mucho la película.
   Me **gustaron** mucho los regalos.

8-6 ¿Qué tal tu fin de semana? Entrevista a tu compañero(a) de clase sobre el fin de semana pasado.

1. ¿Qué tal tu fin de semana?
2. ¿Qué hiciste el viernes por la noche?
3. ¿Qué hiciste el sábado?
4. ¿Hiciste algo interesante el domingo?
5. (una pregunta original)

Gramática

A. Los verbos con cambios en la raíz. In *Capítulo 6*, you learned how to form the preterite tense of regular verbs (pages 253–254) and several irregular verbs (pages 255–256). The preterite tense has two kinds of stem-changing verbs: **e → i** and **o → u.** These stem changes occur only in the third-person forms: **Ud., él, ella** or **Uds., ellos, ellas.**

Los verbos con cambios en la raíz en el pretérito		
	e → i servir *(to serve)*	o → u dormir *(to sleep)*
yo	serví	dormí
tú	serviste	dormiste
Ud., él, ella	sirvió	durmió
nosotros(as)	servimos	dormimos
vosotros(as)	servisteis	dormisteis
Uds., ellos, ellas	sirvieron	durmieron

Otros verbos con el cambio
   e → i

Ejemplo

conseguir *(to get)*
divertirse *(to have a good time)*
pedir *(to ask for; to order)*
repetir *(to repeat)*
vestirse *(to get dressed)*

Paco consiguió boletos para el concierto.
Su novia y él se divirtieron mucho.
Marta pidió camarones en el restaurante.
Los estudiantes repitieron el vocabulario.
Elena se vistió muy elegantemente para su cita.

Otro verbo con el cambio
   o → ue

Ejemplo:

morir *(to die)*

Los soldados murieron en la guerra.

B. Los verbos irregulares. A number of common verbs are irregular in the preterite. Although these verbs all have irregular stems, they share a common set of endings. These are the same endings that you already learned for the irregular verbs **tener** and **estar.**

	Endings	Example: **estar** *(to be)*
yo	-e	estuve
tú	-iste	estuviste
Ud., él, ella	-o	estuvo
nosotros(as)	-imos	estuvimos
vosotros(as)	-isteis	estuvisteis
Uds., ellos, ellas	-ieron	estuvieron

Verbo	Raíz irregular	Ejemplo
poder *(to be able to)*	**pud-**	¿No pud**iste** ir al concierto? *Weren't you able to go to the concert?*
poner *(to put)*	**pus-**	¿Dónde pus**o** mis libros Ana? *Where did Ana put my books?*
saber *(to know)*	**sup-**	Sup**imos** la noticia ayer. *We found out the news yesterday.*
tener *(to have)*	**tuv-**	¡Qué suerte tuv**isteis**! *You were so lucky! (What luck you had!)*
venir *(to come)*	**vin-**	Vin**ieron** a visitarte ayer. *They came to visit you yesterday.*
querer *(to want)*	**quis-**	Mis padres no quis**ieron** acampar. *My parents refused to camp out.*

Some verbs that are irregular in the preterite have a **j** in their stem; these verbs use the same endings as other irregular verbs in all persons *except* the third person plural (**Uds., ellos, ellas**).

	Endings	Example: **decir** *(to say; to tell)*
yo	-e	dij**e**
tú	-iste	dij**iste**
Ud., él, ella	-o	dij**o**
nosotros(as)	-imos	dij**imos**
vosotros(as)	-isteis	dij**isteis**
Uds., ellos, ellas	**-eron**	dij**eron**

Verbo	Raíz irregular con *j*	Ejemplo
traer *(to bring)*	traj-	¿Quiénes traj**eron** estos platos tan sabrosos? *Who brought these delicious dishes?*
conducir *(to drive)*	conduj-	¿Conduj**o** Martita a la fiesta? *Did Martita drive to the party?*

C. Los usos del pretérito. In Spanish, both the preterite and the imperfect verb tenses are used to talk about the past. The preterite expresses *what happened* or *what somebody did* on a *particular occasion*.

- When you want to tell what happened or what somebody did at a particular time, use the preterite with time expressions such as these: **ayer, anteayer, anoche, la semana pasada, hace dos semanas, el año pasado, en 1999, para mi cumpleaños,** etc. You can mention just one event or a whole series of actions that took place at that time.

Mis padres me **visitaron ayer**.	*My parents **visited** me **yesterday**.*
Primero fuimos al partido de béisbol, y **después comimos** en un restaurante mexicano.	***First, we went** to the baseball game, and **then we ate** at a Mexican restaurant.*

- When you want to state that an action or event occurred several times, use the preterite with an expression using **vez** *(time),* such as **una vez, dos veces, varias veces,** etc.

Vi la película *Lo que el viento se llevó* **dos veces.**	*I **saw** the movie Gone With the Wind **twice.***

- To express that an action or event took place for a specific amount of time, use the preterite with the expression **por** + amount of time, such as **por unos minutos, por dos horas, por varios días, por veinte años, por siglos,** etc.

Mi compañero de cuarto y yo **estudiamos por tres horas.**	*My roommate and I **studied for three hours.***

- You can also "sum up" an experience or a day's events by using the preterite. This is usually done at the beginning or end of a story or an anecdote.

Ayer **fue** un día horrible. Primero, me desperté tarde; luego...	*Yesterday **was** a terrible day. First, I got up late; then . . .*

- Certain verbs have a special translation in English when they are used in the preterite. Here are a few of the more common ones.

conocer	Anoche **conocí** a mis futuros suegros.	*Last night **I met/was introduced to** my future in-laws.*
saber	**Supe** la mala noticia ayer.	***I found out** the bad news yesterday.*
querer	Carmen **quiso** ir, pero nevaba demasiado.	*Carmen **tried** to go, but it was snowing too hard.*
no querer	**No quise** ir a la fiesta.	***I refused** to go to the party.*

Ponerlo a prueba

8-7 En Costa Rica. ¿Qué hicieron Rosaura y sus amigos durante su visita a Costa Rica?

Primera parte: Combina la información de las columnas A y B de una manera lógica.

Una carreta hecha a mano

A

1. Mi amiga Yensy y yo hicimos una excursión a Sarchí, un pueblo famoso por su artesanía.
2. Hermando y Saúl alquilaron un coche y condujeron al Parque Nacional Volcán Poás.
3. Glenda fue a un restaurante típico y pidió un casado, un plato combinado con arroz, frijoles, huevo y ensalada.
4. Silvia y Patricio tomaron el Ferrocarril (tren) del Atlántico para ver las junglas *(jungles).*
5. José, Martita y yo tuvimos la suerte de ver las cavernas subterráneas en el Parque Nacional de Barra Honda.

B

a. Pero no quiso probar la sopa de mondongo *(tripe).*
b. Silvia se divirtió mucho mirando los animales, pero Patricio se durmió y no vio nada.
c. Allí pudimos ver unas carretas *(ox carts)* hechas a mano y muchos artículos de madera *(wood).*
d. ¡No sé por qué no trajimos nuestra cámara!
e. Por desgracia, no consiguieron ver el cráter, porque estaba muy nublado *(cloudy).*

Segunda parte: Lee las oraciones de nuevo. Identifica los verbos conjugados en el pretérito y escribe el infinitivo correspondiente.

MODELO: Mi amiga Yensy y yo hicimos una excursión...

Verbo en el pretérito: *hicimos*

Infinitivo correspondiente: *hacer*

8-8 La fiesta de Paloma. Con tu compañero(a), mira la escena de la fiesta de Paloma y contesta las preguntas oralmente sobre lo que ocurrió.

1. ¿Cuándo fue la fiesta de Paloma?
2. ¿Por qué dio una fiesta?
3. ¿A qué hora llegó Miguel? ¿Qué le trajo Miguel a Paloma?
4. ¿Qué hizo doña Eugenia para la fiesta?
5. ¿Qué sirvió don Patricio durante la fiesta?
6. ¿A qué jugaron Antonio y Felipe?
7. ¿Qué hicieron Neeka y Kelly durante la fiesta?
8. ¿Cómo se divirtieron Ricardo y Margarita? ¿Celso y Bernadette?
9. ¿Cómo pasaron el tiempo en la fiesta Paco y Juan?
10. En tu opinión, ¿quiénes se divirtieron más en la fiesta? ¿Por qué?

8-9 ¿Cómo lo pasaste? Tú y tu compañero(a) de clase van a entrevistarse sobre algunas de sus actividades recientes. Completen las siguientes actividades.

Primera parte: Escriban los verbos de las preguntas en el pretérito. También, escriban dos preguntas originales para cada tema.

Tema A: Anoche

¿Lo (tú: pasar) bien anoche?
¿(Tú: Estar) en casa toda la noche?
¿(Tú: Tener) que hacer alguna *(some)* tarea?
¿(Tú: Poder) salir con tus amigos? ¿Adónde (ir) Uds.?
¿(Tú: Visitar) a alguien? ¿A quién?
¿Qué más (tú: hacer)?
(+ dos preguntas originales)

Tema B: El fin de semana pasado

¿(Tú: Divertirse) mucho el fin de semana pasado?
¿(Tú: Ir) a alguna fiesta?
¿(Tú: Conocer) a alguien interesante?
¿(Tú: Jugar) a algún deporte? ¿Cuál?
¿(Tú: Ver) alguna película divertida? ¿Cuál?
¿(Tú: Dormir) mucho o poco?
(+ dos preguntas originales)

Segunda parte: Entrevista a tu compañero(a) con las preguntas de Tema A. Después, tu compañero(a) tiene que entrevistarte a ti con las preguntas de Tema B.

Text Audio CD
Track CD2-10

8-10 El dilema de Dulce. Primero, escucha la conversación que Dulce tiene con Tomás y con sus padres; completa las oraciones a continuación. Luego, escribe tu predicción para la resolución del dilema de Dulce.

1. El problema de Dulce es que ella _____.
   a. no quiere salir con Tomás
   b. tiene miedo de salir con Tomás
   c. piensa que sus padres no van a permitirle pasar el día con Tomás

2. El sábado, ellos piensan _____.
   a. jugar al golf, nadar y bailar
   b. montar a caballo, esquiar y jugar al tenis
   c. nadar, hacer el "snorkeling" y jugar al vóleibol

3. Tomás _____.
   a. es el hijo del director del banco
   b. trabaja en el banco de su padre
   c. es el hijo de un empleado del Sr. Martínez

4. La Sra. Martínez está preocupada porque _____.
   a. la excursión es muy lejos de su casa
   b. Dulce no tiene transporte
   c. no va a estar presente ningún adulto

5. En tu opinión, ¿los padres de Dulce van a permitirle ir al campo? Si no se lo permiten, ¿cómo va a reaccionar Dulce?

8-11 La última vez. Trabaja con tu compañero(a) de clase. Entrevístense con estas preguntas sobre "la última vez".

1. ¿Cuándo fue la última vez que fuiste al cine?
   ¿Qué película viste?
   ¿Te gustó?
   ¿Adónde fuiste después de ver la película?

2. ¿Cuándo fue la última vez que fuiste a una fiesta?
   ¿Fue para una ocasión especial?
   ¿Quién dio la fiesta?
   ¿Qué sirvió de comer y beber?
   ¿Conociste a muchas personas?

3. ¿Cuándo fue la última vez que saliste con tus amigos a un restaurante mexicano?
   ¿Qué pidieron Uds. para comer?
   ¿Fue bueno o malo el servicio allí?
   ¿Tocaron música de mariachis?

4. ¿Cuándo fue la última vez que pasaste el día completo en casa?
   ¿Estuviste enfermo(a) ese día?
   ¿Hasta qué hora dormiste?
   ¿Qué hiciste el resto del día?

¡NO TE OLVIDES!

Use one of these expressions to pinpoint *when* in the past you did something.

ayer	*yesterday*
anteayer	*the day before yesterday*
anoche	*last night*
la semana pasada	*last week*
el fin de semana pasado	*last weekend*
el mes pasado	*last month*
hace dos semanas	*two weeks ago*
hace un mes	*a month ago*

PUENTE CULTURAL

Gabriela (Gabi) Marchesín Vergara
mexicana; 23 años; estudiante

Los hombres generalmente asisten a eventos deportivos como juegos de béisbol o fútbol *(soccer)*, corridas de toros *(bullfights)* o peleas de gallo *(cockfights)*. Se practican mucho el fútbol y el béisbol, frecuentemente en partidos informales entre amigos. Las mujeres generalmente se reúnen en sus casas a conversar. Los estudiantes frecuentan bares, discos o fiestas y bailes organizados por las asociaciones estudiantiles universitarias. Las personas mayores se reúnen generalmente en sus casas y disfrutan diversos juegos de mesa.

John Martínez
dominicano-americano,
24 años; estudiante
de postgrado

A los hombres les gusta hablar, bailar, hacer ejercicios, comer o jugar deportes. Se practican muchos deportes, especialmente el béisbol, fútbol, básquetbol y natación. Las mujeres prefieren comprar, hablar, bailar y también cocinar. Entre los estudiantes universitarios es popular salir a bailar y a beber. Los ancianos *(elderly)* prefieren dormir y dar quejas *(complain)*.

Yensy Marcela Archer
costarricense, 23 años;
estudiante

A los hombres les encanta el fútbol. ¡Es el deporte más popular del país! En general se practican mucho los deportes en las escuelas, en los parques, en casi todo lugar. A las mujeres les gusta bailar y hablar de diferentes cosas, de todo —y comprar ropa también. Las actividades más populares de los estudiantes universitarios son tomar, jugar fútbol, bailar, buscar novio o novia, irse de fiesta y pasear. Los pasatiempos de los viejitos son dormir, cocinar, hablar, averiguar lo que está pasando en la familia y aconsejar *(give advice)* a los más jóvenes.

Te toca a ti

8-12 Aquí también nos divertimos. Trabajen en parejas. Entrevisten a un(a) compañero(a) sobre cómo la gente se divierte en su estado o ciudad. Usen los modelos y escriban la información en el lugar correspondiente.

MODELO: *¿Cómo se divierten los hombres / las mujeres en... ?*
¿Cuáles son los pasatiempos de los jóvenes en... ?
¿Qué actividades prefieren las personas mayores en... ?

Las mujeres	Los hombres	Los jóvenes universitarios	Las personas mayores

8-13 ¿Somos tan diferentes? Trabajen en parejas.

Primera parte: Preparen un diagrama Venn que compare los pasatiempos favoritos de los jóvenes universitarios en los países de Gabi, John y Yensy.

Los pasatiempos de los jóvenes universitarios

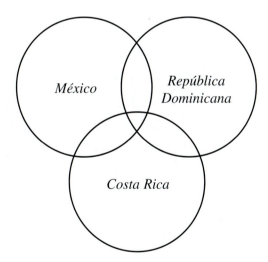

Segunda parte: Ahora escojan uno de los tres países hispanohablantes y comparen los pasatiempos de los jóvenes universitarios en ese país con los de los jóvenes en los EE.UU. Hagan un diagrama Venn.

Los pasatiempos de los jóvenes universitarios

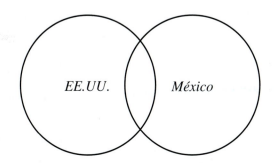

Vocabulario temático
LAS ESTACIONES Y EL TIEMPO

Las estaciones

¿Cuál es tu estación favorita?

Me encanta *la primavera* porque hace *buen tiempo.*
       el verano   *mucho sol*

No me gusta mucho *el invierno* porque *nieva* constantemente.
          el otoño   *llueve*

El tiempo

¿Qué tiempo hace hoy?

Hace buen tiempo. Hace mucho sol y calor.

El día está pésimo. Está lloviendo mucho.

Hace mucho frío. Está nevando.

Hace mucho viento. Hace fresco y va a llover.

Otras expesiones de tiempo

Hace *fresco.*
   (mucho) calor
   (mucho) frío
   (mucho) viento
   (muy) buen tiempo
   (muy) mal tiempo

Está *lloviendo.*
   nevando
   despejado
   nublado

El día está *pésimo.*
   fatal

¿Cuál es la temperatura?   Está a veinte grados.

¿Cuál es el pronóstico para mañana?   Va a *llover.*
                                   hacer buen tiempo
                                   nevar
                                   haber una tormenta

¿ Sabías que...

- **Hace** is used to describe most weather conditions: **hace frío, hace calor, hace sol,** etc. However, **hace** is not used with snow or rain.

- The expressions **Está nevando** and **Está lloviendo** describe current weather conditions; to make generalizations, use **nieva** (from the verb **nevar**) and **llueve** (from **llover**).

Está lloviendo fuerte.	*It's raining hard (right now).*
Aquí **llueve** mucho en la primavera.	*It rains a lot here in the spring.*

- The nouns for snow and rain are **la nieve** and **la lluvia,** respectively,

A los niños les gusta jugar en **la nieve.**   *Children like to play in **the snow**.*

Comentario cultural: EL CLIMA

¿Cómo es el clima donde tú vives? ¿Varía *(Does it vary)* mucho durante las cuatro estaciones?

El clima de los países hispanoamericanos es tan variado como la geografía del Caribe, América Central y América del Sur. Más del 75 por ciento de las tierras de América Central y del Sur se encuentran en la zona tropical. En las islas del Caribe, el clima es tropical; entre junio y noviembre la región puede recibir depresiones tropicales o huracanes.

En América Central, al igual que en América del Sur, el clima depende de la altitud de cada región del país; algunas regiones tienen clima tropical, mientras que las áreas que están a gran altitud muestran variaciones de clima. Los países al sur del ecuador tienen estaciones opuestas a los que están situados al norte del ecuador. Así, cuando es invierno en los Estados Unidos es verano en Chile y Argentina.

Ponerlo a prueba

Text Audio CD
Track CD2-11

8-14 El pronóstico para los Estados Unidos. Vas a escuchar un pronóstico del tiempo para los Estados Unidos. Para cada zona y cada ciudad, escribe las letras que corresponden a los símbolos del tiempo. Antes de escuchar el pronóstico, oriéntate bien con los símbolos.

1. Noreste: _____, _____; Nueva York: _____

2. Sureste: _____, _____; Miami: _____

3. Zona central norte: _____, _____, _____; Chicago: _____

4. Zona central sur: _____; Houston: _____

5. Oeste: _____, _____; Los Ángeles: _____, _____

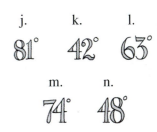

8-15 ¿Qué tiempo hace en... ? Con un(a) compañero(a), usa la información siguiente para hablar del tiempo y del clima en diferentes lugares.

MODELO:
Tú: *¿Qué tiempo hace en primavera en Madrid, España?*

Tu compañero(a): *Hace fresco y llueve.*

Tú: *¿Cuál es la temperatura media en Madrid en primavera?*

Tu compañero(a): *Es de 60 grados (Fahrenheit).*

	diciembre enero febrero	marzo abril mayo	junio julio agosto	septiembre octubre noviembre
Madrid, España	45°	60°	85°	60°
Buenos Aires, Argentina	80°	72°	57°	76°
San José, Costa Rica	75°	79°	78°	77°
tu ciudad	?	?	?	?

Comentario cultural:

CÓMO CAMBIAR LOS GRADOS DE TEMPERATURA

¿Conoces el sistema Celsius para las temperaturas? ¿En qué ocasiones usas ese sistema? ¿Prefieres usar el sistema Celsius o el sistema Fahrenheit?

En España y en Latinoamérica se acostumbra a usar el sistema de grados centígrados o Celsius para hablar de la temperatura. Para convertir de grados Fahrenheit a Celsius, se deben restar 32 grados, multiplicar por 5 y dividir por 9. Para convertir de Celsius a Fahrenheit, se debe multiplicar por 9, dividir por 5 y agregar 32 grados.

°F → °C   Si la temperatura está a 80°F:
$$80 - 32 = 48$$
$$48 \times 5 = 240$$
$$240 \div 9 = 27°C$$

°C → °F   Si la temperatura está a 15°C:
$$15 \times 9 = 135$$
$$135 \div 5 = 27$$
$$27 + 32 = 59°F$$

Vocabulario temático

LOS DÍAS FESTIVOS Y LAS CELEBRACIONES

¿Cómo celebras *el Día de la Independencia?*
el Día de Acción de Gracias
tu cumpleaños

Para el Día de la Independencia, vamos a ver un desfile en mi pueblo.

De niño(a), me gustaba *ver los fuegos artificiales.*

Para el Día de Acción de Gracias, toda la familia se reúne en mi casa y
comemos pavo.

De niño(a), me gustaba *jugar al fútbol americano con mis primos.*

Para mi cumpleaños, salgo a comer con mi familia.

De niño(a), me gustaba *apagar las velas en mi pastel de cumpleaños.*

Sabías que...

- The phrase **me gustaba** is the imperfect form of **gustar** and is translated as *I used to like* or *I liked.* You will study the imperfect verb tense later in this *Paso.*

- The verb **acostumbrar** is used to describe customary or traditional practices; it is followed by an infinitive. This verb may be used in place of adverbs such as **generalmente** or **normalmente.**

En la Nochebuena, **acostumbramos** ir a la misa de gallo.

*On Christmas Eve, **we usually** go to Midnight Mass.*

Text Audio CD
Track CD2-12

Ponerlo a prueba

8-16 Días festivos. Tres hispanos que viven en los Estados Unidos van a describir su día festivo favorito. Escucha las descripciones de sus actividades y completa las actividades.

Primera parte: Después de escuchar las tres descripciones, identifica el día festivo que cada persona está describiendo.

1. Marisa describe _____.

2. Rolando habla de _____.

3. Miriam describe _____.

Segunda parte: Escucha las descripciones otra vez y contesta las preguntas.

Descripción 1: Marisa
- a. ¿Dónde se reúnen Marisa y su familia el día 24? ¿y el día 25?
- b. De niña, ¿qué le gustaba hacer?
- c. Para Marisa, ¿cuál es el aspecto más importante del día?

Descripción 2: Rolando
- a. En general, ¿cómo celebra Rolando ese día?
- b. ¿Cómo fue diferente su celebración el año pasado?
- c. ¿Qué le gustaba hacer de niño?

Descripción 3: Miriam
- a. ¿Qué actividades tienen en la base militar para celebrar ese día?
- b. Cuando Miriam era niña, ¿por qué no hacían nada de particular para celebrar el día?

8-17 Así se celebra. Vamos a investigar las celebraciones de algunos días festivos. Completa las siguientes actividades.

Primera parte: ¿Qué días festivos asocias con estas actividades? A veces hay varias respuestas posibles.

MODELO: beber champaña
Acostumbramos beber champaña para el Año Nuevo y para los cumpleaños y los aniversarios.

1. encender velas
2. dar y recibir regalos
3. mirar fuegos artificiales
4. comer pavo
5. mirar partidos de fútbol americano
6. decorar un árbol
7. mirar desfiles
8. regalar chocolates o flores
9. pedir dulces *(candies)*
10. llevar un disfraz

Segunda parte: Cándido acaba de llegar a los Estados Unidos y no comprende algunas costumbres. Descríbele cómo se celebran estos días festivos en general.

MODELO: el Día de Acción de Gracias

El Día de Acción de Gracias es el cuarto jueves de noviembre. Muchas familias acostumbran reunirse para comer una gran cena. Generalmente se come pavo (turkey). *Algunas personas miran los partidos de fútbol americano por la tarde.*

1. el Día de las Brujas
2. el Día de los Enamorados
3. el Día de la Independencia

¡NO TE OLVIDES!

There are several ways to describe customs and make generalizations:
• Use subjects that refer to people or groups of people.

todo el mundo; todos	*everyone*
algunas personas	*some people*
muchas personas	*many people*

• Use adverbs that refer to frequency.

(casi) siempre	*(almost) always*	normalmente	*usually*
muchas veces	*often*	generalmente	*generally*

• Use verbs with the impersonal/passive **se** construction.

Se bebe champaña.	*People drink champagne.*
Se cantan villancicos.	*People sing Christmas carols./Carols are sung.*

8-18 Mi día favorito. ¿Cuál es tu celebración favorita? Explícale a tu compañero(a) cómo lo celebras tú. Incluye las tradiciones de tu familia en tu descripción y usa adverbios como **siempre, muchas veces, a veces, de vez en cuando** y **nunca.**

MODELO: *El Día de Año Nuevo es muy especial en mi familia porque* **casi siempre** *lo celebramos en casa de mis abuelos.* **Generalmente,** *todos llegamos temprano para mirar los partidos de fútbol americano. Mi abuela* **siempre** *prepara una cena fenomenal: arroz y frijoles, carne y verduras como espinacas. Después de la cena,* **muchas veces** *mi papá y mis tíos toman una siesta mientras que mi mamá y mis tías lavan los platos.* **A veces** *mis primos y yo salimos al patio a jugar al fútbol.*

Comentario cultural: LOS DÍAS FESTIVOS

¿Cuál es tu día festivo favorito? ¿Qué tradiciones asocias con ese día? ¿Cuál es tu día patriótico favorito? ¿Cuál es tu día religioso favorito?

No todos los días festivos en tu país son días festivos universales. Cada país tiene su propia herencia y, en consecuencia, una tradición que influye en varios aspectos de su cultura, tales como los días festivos. En el mundo hispano hay días festivos patrióticos, religiosos y de celebraciones locales.

Lee la lista de días festivos que se incluyen en el calendario de Costa Rica. ¿Puedes identificar algunas celebraciones religiosas? ¿Cuáles son celebraciones patrióticas? ¿Cuáles son diferentes a las que tú celebras? ¿Hay algunas celebraciones universales?

Calendario de feriados

1 de enero:	Día de Año Nuevo
19 de marzo:	San José (patrono de la ciudad capital)
marzo/abril:	Semana Santa
11 de abril:	Juan Santamaría (héroe nacional)
1 de mayo:	Día del Trabajador
9 de junio:	San Pedro y San Pablo
25 de julio:	Anexión de la provincia de Guanacaste
2 de agosto:	Virgen de los Ángeles (patrona de Costa Rica)
15 de agosto:	Día de la Madre
15 de septiembre:	Día de la Independencia
12 de octubre:	Día de las Culturas
25 de diciembre:	Navidad

Gramática
EL IMPERFECTO

A. Una breve introducción. Spanish uses two different verb tenses to narrate and describe past events and actions: the preterite (**el pretérito**) and the imperfect (**el imperfecto**). The two tenses may not be used interchangeably, however. In *Paso 1* you reviewed a number of uses of the preterite tense. In this section, you will learn how to form and use the imperfect.

B. La formación del imperfecto. The imperfect tense is a very regular tense, compared to the present and the preterite, since only three verbs are irregular in the imperfect.

To conjugate verbs in the imperfect, drop the infinitive ending and add the following endings to the stem.

	-ar verbs tomar *(to take)*	-er and -ir verbs escribir *(to write)*
yo	tom**aba**	escrib**ía**
tú	tom**abas**	escrib**ías**
Ud., él, ella	tom**aba**	escrib**ía**
nosotros(as)	tom**ábamos**	escrib**íamos**
vosotros(as)	tom**abais**	escrib**íais**
Uds., ellos, ellas	tom**aban**	escrib**ían**

There are only three irregular verbs in the imperfect.

	ir *(to go)*	**ser** *(to be)*	**ver** *(to see)*
yo	iba	era	veía
tú	ibas	eras	veías
Ud., él, ella	iba	era	veía
nosotros(as)	íbamos	éramos	veíamos
vosotros(as)	ibais	erais	veíais
Uds., ellos, ellas	iban	eran	veían

Here are some additional guidelines for the imperfect tense.

- There are no stem-changing verbs in the imperfect tense. Verbs that are stem-changing in the present or the preterite are regular in the imperfect.

presente:	Siempre v**ue**lvo a casa a las diez.	*I always return home at ten.*
imperfecto:	Cuando era joven, siempre v**o**lvía a casa a las ocho.	*When I was young, I would always come home at eight.*

- The impersonal form of **haber** is regular in the imperfect: **había** *(there was/were)*.

Había mucha gente cuando llegué.	***There were** a lot of people when I arrived.*

- The verb **gustar** commonly uses only two forms, just as it does in other verb tenses: **gustaba** and **gustaban.**

De niño, me **gustaba** ver los desfiles.	*As a child, **I used to enjoy** watching parades.*
También me **gustaban** los fuegos artificiales.	*I also **liked** fireworks.*

C. Los usos del imperfecto. Although both the **pretérito** and the **imperfecto** are used to talk about the past, each of these verb tenses refers to different *aspects* of past time. The imperfect is used in everyday conversation in the following ways.

- To describe customs, habits, and routines in the past. An adverb of frequency often accompanies the imperfect tense: **generalmente, normalmente, (casi) siempre, todos los días, todos los años, con frecuencia, a menudo, a veces, de vez en cuando, etcétera.** In English, we often describe past routines by saying *used to* or *would*.

De niño, yo **visitaba** a mis abuelos todos los años.	*As a child, **I used to visit** my grandparents every year.*
A veces **hacíamos** picnics en el campo.	*Sometimes **we would go** on picnics in the country.*

- To describe people, places, and things in the past, including physical appearance (**grande, bonito, etcétera**), nonphysical characteristics (**interesante, difícil, etcétera**), mental, physical, and emotional states (**agitado, enfermo, furioso, etcétera**), and personal information such as one's name, age, nationality, or religion

Felipe **era** alto, inteligente y simpático.	*Felipe **was** tall, smart, and nice.*
La profesora **tenía** cincuenta años, pero **parecía** más joven.	*The professor **was** fifty years old, but **she appeared** younger.*

- To provide the background or setting against which other actions take place, by telling the time of day, date, or location, or by describing the weather

Eran las once de la noche y **nevaba.**	*It **was** eleven o'clock at night, and **it was snowing.***
Era una mañana tranquila, fresca y llena de paz.	*It **was** a quiet, cool, and peaceful morning.*

- To describe actions that were taking place, or "in progress," at some particular point in time in the past. In English, this notion is expressed by the past progressive tense (*was/were* + *-ing* form).

¿Qué **hacías**?	*What **were you doing**?*
El perro **dormía** en mi cuarto.	*The dog **was sleeping** in my room.*

- To express ongoing thought processes, such as *knew, thought,* or *believed*

No **sabía** que tú lo **conocías**.	*I **didn't know** that you **knew** him.*
El niño no **creía** en Papá Noel.	*The little boy **didn't believe** in Santa Claus.*

Ponerlo a prueba

8-19 La niñez. ¿Cómo era tu vida cuando eras niño(a)? Completa las oraciones con tu información personal. Comparte la información con un(a) compañero(a) de clase.

1. Cuando yo era niño(a), mi familia vivía en <u>Columbus</u>. ¿Dónde vivía tu familia?
2. Teníamos <u>un perro</u> que se llamaba <u>Jake</u>. ¿Tenían Uds. algún animal doméstico?
   O: No teníamos animales pero yo quería <u>un gato</u>.
3. Yo era un(a) niño(a) <u>tímido(a)</u>. ¿Cómo eras tú?
4. Me gustaba <u>muchísimo</u> ir a la escuela. ¿A ti te gustaba ir a la escuela?
5. Durante el recreo *(recess),* mis amigos y yo jugábamos <u>al softball</u> con frecuencia. ¿A qué jugaban tú y tus amigos durante el recreo?

6. Los sábados por la mañana, generalmente miraba "Superfriends" en la televisión. ¿Mirabas tú la televisión los sábados por la mañana?

7. Mi comida favorita eran las papas fritas; detestaba comer vegetales. ¿Cuáles eran tus alimentos favoritos? ¿Cuáles no te gustaban mucho?

8. Normalmente, yo tenía que hacer mi cama y secar los platos. ¿Cómo ayudabas tú con los quehaceres domésticos?

9. Mi día festivo favorito era la Navidad porque recibía muchos regalos. ¿Cuál era tu día festivo favorito?

10. Me encantaba el verano porque entonces mis amigos y yo podíamos nadar en la piscina. ¿Cuál era tu estación favorita?

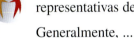 **8-20 El cumpleaños de Felicia.** Con tu compañero(a), mira una de las fotos más representativas de las fiestas de cumpleaños de Felicia y contesta las preguntas.

Generalmente, ...

1. ¿dónde tenían la fiesta de cumpleaños de Felicia?
2. ¿quiénes asistían a las fiestas de cumpleaños?
3. ¿qué servían los padres de Felicia?
4. ¿cómo se vestían los invitados?
5. ¿qué hacían los invitados?
6. ¿qué entretenimiento tenían para los niños?
7. ¿quién encendía las velas de la torta?

En la fiesta de cumpleaños de 1950,...

8. ¿qué tiempo hacía ese día?
9. ¿cuántos años tenía Felicia en esta foto?
10. ¿qué hacía Felicia en el momento en que se sacó esta foto?

8-21 Una mini-encuesta. En grupos de tres o cuatro estudiantes, hagan una mini-encuesta sobre la adolescencia *(teenage years)*.

Primera parte: Completen las preguntas en el imperfecto. Después, entrevisten a los compañeros en su grupo.

Preguntas generales

1. ¿Dónde (tú: vivir) cuando (ser) adolescente?
2. ¿Cómo (ser) tu casa? ¿tu dormitorio?
3. ¿(Tú: Tener) un animal? ¿Cómo (llamarse)?
4. ¿Cómo (tú: ayudar) con los quehaceres domésticos?

La escuela secundaria

1. ¿A qué escuela (tú: asistir)?
2. ¿Cómo (ser) tu escuela?
3. ¿Qué clase te (gustar) más? ¿Por qué?
4. ¿En qué actividades extracurriculares (tú: participar)?

El tiempo libre

1. ¿Qué (tú: hacer) en tu tiempo libre?
2. ¿A qué deportes (tú: jugar)?
3. ¿Qué programas (tú: mirar) en la televisión?
4. ¿Quiénes (ser) tus mejores amigos? ¿Qué (hacer) Uds. juntos?

Las vacaciones

1. En general ¿adónde (ir) tu familia de vacaciones?
2. ¿Cuánto tiempo (pasar) Uds. allí?
3. ¿Cómo (tú: divertirse) allí?
4. ¿Qué aspecto de las vacaciones no te (gustar)?

Segunda parte: Analicen la información para su grupo y completen las oraciones.

Cuando éramos adolescentes, ...

1. nos gustaba _____ o _____ con nuestro mejor amigo.
2. el animal doméstico más popular era _____.
3. nuestra clase favorita en la escuela era _____.
4. respecto a los deportes, nos gustaba jugar al _____ y al _____.
5. muchas veces mirábamos _____ o _____ en la televisión.
6. generalmente para las vacaciones íbamos a _____.

Síntesis

8-22 Charlas. Con un(a) compañero(a), entrevístense con las preguntas a continuación y tomen apuntes.

Las estaciones y el tiempo

1. ¿Qué estación del año te gusta más? ¿Por qué?
2. ¿Qué estación preferías cuando eras niño(a)? ¿Por qué?
3. ¿Qué te gusta hacer cuando hace mucho frío y nieva? ¿Cuando llueve?
4. Cuando eras niño(a), ¿qué hacías cuando llovía y no podías salir a jugar?

Los cumpleaños y los días festivos

5. ¿Cuál es la fecha de tu cumpleaños? En general, ¿cómo celebras tu cumpleaños?
6. Cuando eras niño(a), ¿tenías fiestas para celebrar tu cumpleaños? Describe una fiesta típica: dónde la tenías, quiénes iban, qué hacían, etcétera.
7. ¿Cuál es el día festivo más importante para tu familia? ¿Cómo lo celebran Uds.?
8. Cuando eras niño(a), ¿qué día festivo te gustaba más? ¿Cómo lo celebrabas?

8-23 El paraíso terrenal. ¿Cuál es tu lugar predilecto *(favorite place)* para las vacaciones? ¿Es una ciudad? ¿una playa? ¿un lugar en las montañas? Ahora vas a hacer un folleto *(brochure)* turístico para ese lugar. Incluye breves descripciones de lo siguiente:

- cómo se llama el lugar y dónde está
- algunos datos básicos sobre el lugar
- el clima en las cuatro estaciones del año
- actividades populares
- festivales y otras celebraciones especiales

¡Vengan a San Antonio!

La bonita ciudad de San Antonio fue fundada en el siglo XVIII por misioneros españoles. Está ubicada en el sur de Texas. Tiene un clima ideal para el turismo. Hace mucho sol y llueve poco. En el invierno, la temperatura es de 50ºF; en el verano es de 90ºF.

Sitios de interés y atracciones

El Álamo: El famoso sitio histórico donde los héroes tejanos Davey Crockett, Jim Bowie y William B. Travis lucharon contra el general mexicano Santa Anna por la independencia de Texas.
Paseo del Río: El centro social y comercial de la ciudad, con numerosos restaurantes, hoteles, galerías de arte y boutiques
Misión de San José: La bella e histórica iglesia es una de las misiones originales del área.

Festivales

Abril - Fiesta de San Antonio: Una gran celebración de diez días, con desfiles por el Paseo del Río
Diciembre - Las Posadas: Representación dramática de la llegada de José y María a Belén para el nacimiento de Jesús

Otras actividades

Baloncesto: Los Spurs juegan en el Alamodome de noviembre a abril.
Sea World: Espectáculos marinos, con delfines y otros animales del mar
Fiesta Texas: Parque de atracciones, a sólo quince minutos de la ciudad

In this *Paso* you will practice:
- Telling stories about past events
- Reacting to stories that others tell

Grammar:
- Using the imperfect and the preterite verb tenses

Vocabulario temático
CÓMO CONTAR UN CUENTO

MODELO:

¿Qué me cuentas?

¿Sabes lo que pasó?
Déjame contarte lo que pasó.

Dime, ¿qué pasó?

A Carlos se le rompió la pierna.

¡No me digas!

¿Cuándo ocurrió?

Esta mañana.

¿Dónde estaba?

Estaba en *el campo de fútbol.*

¿Cómo fue?

(La hora) Eran las *diez.* (El tiempo) *Llovía* muchísimo. (Los acontecimientos) Carlos jugaba con sus amigos, y cuando iba a marcar un gol, chocó con un jugador del otro equipo.

Ay, pobrecito. ¡Qué lástima!

¿ Sabías que…

- When someone is telling you a story, you can use the following phrases to indicate your interest and empathy:

¡No me digas!	*You're kidding!*
¿De veras?	*Really?*
¿De verdad?	*Really?*
¡Ay, pobrecito(a)!	*Oh, poor thing!*
¡Qué horror!	*How awful!*
¡Qué alivio!	*What a relief!*
¡Menos mal!	*Thank goodness!/ That's a relief.*
Eso es increíble.	*That's incredible.*

- Asking appropriate questions is a good way to show interest in the conversation:

¿Dónde estaba?	*Where was he/she?*
¿Cuándo ocurrió?	*When did it happen?*
¿Qué hora era?	*What time was it?*
¿Qué tiempo hacía?	*What was the weather like?*
¿Cómo fue?	*How did it happen?*
Y luego, ¿qué?	*And then what (happened)?*

Ponerlo a prueba

Text Audio CD
Track CD2-13

8-24 Y luego, ¿qué? Escucha la conversación entre Elisa y su mamá. Elisa le está contando lo que le pasó a Carlos. Luego, indica la respuesta correcta para cada una de las preguntas.

1. ¿Cómo estaba Elisa cuando llegó a casa?
   a. contenta
   b. triste
   c. agitada

2. ¿Cuándo ocurrió el accidente de Carlos?
   a. antes de su partido de fútbol
   b. mientras jugaba fútbol
   c. después de su partido de fútbol

3. ¿Quién examinó a Carlos primero?
   a. el padre de otro jugador
   b. otro jugador del equipo
   c. un auxiliar médico en la ambulancia

4. ¿Adónde llevaron a Carlos?
   a. a casa
   b. a un hospital
   c. al consultorio médico

5. ¿Qué se le rompió a Carlos?
   a. la pierna derecha
   b. la pierna izquierda
   c. el pie izquierdo

6. ¿Qué hizo Beatriz (la madre) al final de este cuento?
   a. Esperó en casa la llamada del médico.
   b. Llamó a su esposo.
   c. Fue al hospital.

8-25 El accidente. Aquí tienes una conversación entre Gonzalo y Patricia. Completa el diálogo con las expresiones más lógicas. ¡Hay que usar un poco de imaginación también!

Gonzalo: Hola, Patricia. ¿Qué tal?

Patricia: _____ ¿Y tú?

Gonzalo: Para decirte la verdad, las cosas no andan muy bien. ¿_____?

Patricia: No, no sé nada. Hombre, ¿_____?

Gonzalo: Estuve en un accidente de coche.

Patricia: ¡¿_____?!

Gonzalo: Sí, estoy hablando en serio. Pero gracias a Dios no fue muy grave. El coche quedó totalmente destruido, pero Alejandro y yo salimos ilesos *(unharmed)*.

Patricia: ¿_____?

Gonzalo: La semana pasada, el miércoles.

Patricia: ¿_____?

Gonzalo: Íbamos a un concierto.

Patricia: ¿_____?

Gonzalo: Bueno, (la hora) _____ y estábamos en la calle Romero. No podíamos ver casi nada porque (el tiempo) _____. Yo doblaba a la derecha, cuando de repente (los acontecimientos) _____.

Patricia: ¡_____! Pero, ¿nadie se lastimó?

Gonzalo: No, nadie. Gracias a Dios.

Patricia: ¡_____!

Gramática
EL IMPERFECTO Y EL PRETÉRITO: EL PRIMER CONTRASTE

A. El imperfecto. The imperfect and the preterite tenses must be carefully woven together to tell a story. Usually we begin a story by setting the scene and providing background information. Here are some of the major ways the **imperfecto** is used to set the stage for a story.

- To establish the time, date, and/or place

Era una noche fría de invierno. Yo **estaba** en casa, sola y aburrida.	*It was a cold winter night. I was at home, alone and bored.*
Bueno, no **estaba** completamente sola porque allí a mi lado **tenía** a mi gato.	*Well, I wasn't completely alone because I had my cat at my side.*

- To describe the characters and/or the location

Mi gato **se llamaba** Tigre y **era** un gato de esos egoístas y fríos.	*My cat's name was Tigre, and he was one of those cold, egotistical kinds of cats.*

- To describe what was customary, habitual, or routine for the characters

Normalmente, Tigre **pasaba** la noche en el dormitorio, donde **dormía** en mi cama.	*Tigre usually spent the evening in my bedroom, where he would sleep in my bed.*

- To describe what was going on at the particular moment in time that the story takes place

Pero esa noche **parecía** un poco nervioso, y **se escondía** detrás de los cojines del sofá.	*But that night, he seemed a little nervous and was hiding behind the pillows on the sofa.*

B. El pretérito. After the scene has been set, the storyteller usually continues on to the heart of the story. The **pretérito** is used to move the story line forward in this way.

- To narrate the main actions or events of the story, to tell what happened

De repente, Tigre **saltó** del sofá y **corrió** a la puerta. Yo lo **seguí** y **abrí** la puerta con cuidado.	*Suddenly, Tigre leaped off the sofa and ran to the door. I followed him and opened the door cautiously.*

C. En combinación. As the story continues, both the imperfect and preterite continue to work together.

- The **imperfecto** is used whenever there is a pause in the action so that further description of the scene or character may be added.

Afuera, **nevaba** lentamente. La luna **brillaba** como el sol, pero no se **veía** a nadie.	*Outside, snow was lightly falling. The moon shone brightly like the sun, but there was no one to be seen.*

This pattern—with some variations—may be repeated until the story comes to a close. You will learn more about some of these variations later in this *Paso.* You may also wish to review the more specific guidelines on the use of the preterite and the imperfect, on pages 334–336 and 348–350.

- The preterite is used when the action resumes, and the story line moves forward again.

Cerré la puerta y **volví** a sentarme en el sofá.	*I closed the door and sat down on the sofa again.*

Ponerlo a prueba

8-26 El Día de los Enamorados. Silvia cuenta lo que pasó el año pasado para el Día de los Enamorados. Lee el cuento; cambia los verbos de la columna A al imperfecto, y los verbos de la columna B al pretérito.

A: El imperfecto

1. (Ser) _____ el 14 de febrero, el Día de los Enamorados, pero yo (estar) _____ en casa, sola y triste.

2. Normalmente mi novio Marcos y yo (salir) _____ para celebrar el día, pero como el pobre (tener) _____ un poco de gripe, no (poder) _____ ir a ninguna parte.

5. (Yo: Estar) _____ preocupada. Quizás *(Perhaps)* Marcos (sentirse) _____ peor y me (necesitar) _____.

8. En ese momento (yo: estar) _____ realmente alarmada. No (saber) _____ qué hacer.

11. Marcos (llevar) _____ su pijama, pero en los brazos, (tener) _____ una docena de rosas.

B: El pretérito

3. (Yo: Decidir) _____ llamarlo por teléfono para animarlo *(to cheer him up)*.

4. (Yo: Marcar) _____ su número de teléfono y el teléfono (sonar *[to ring]*) _____ varias veces, pero nadie (contestar) _____.

6. (Yo: Vestirse) _____ rápidamente y (conducir) _____ mi coche a su casa.

7. (Yo: Tocar) _____ el timbre *(doorbell)* tres veces... pero ¡nadie (abrir) _____ la puerta!

9. Por fin, (yo: decidir) _____ volver a mi casa y llamar a los padres de Marcos.

10. Cuando (yo: llegar) _____ a mi casa, (ver) _____ a Marcos en el porche.

12. (Nosotros: Entrar) _____ a la casa. Entonces, Marcos me (dar) _____ las rosas y me (pedir) _____ la mano en matrimonio. Yo (aceptar) _____.

13. Ese Día de San Valentín (ser) _____ el más sorprendente y el mejor de mi vida.

8-27 Las vacaciones de mi niñez. En el siguiente cuento, Nuria habla de cómo pasaba los veranos cuando era niña. Para cada verbo, escoge el tiempo adecuado *(proper verb tense)*. También indica con **a, b, c** o **d** por qué escogiste *(why you picked)* el imperfecto o el pretérito.

El imperfecto
   a. Costumbres, rutinas o acciones habituales
   b. Identificación y descripción de personas, lugares, cosas, animales, etcétera (condición física o emocional, características, edad, profesión, etcétera)

El pretérito
   c. Las acciones principales del cuento
   d. Una acción o una condición para la cual se especifica la duración (**por** + período de tiempo) o el número de repeticiones (número + veces).

MODELO: De niña, yo casi siempre (pasaba)/ pasé) las vacaciones en la playa de Bellavista con mi familia.
            ¿Por qué?   *a.*

   1. Bellavista (era / fue) un lugar muy bonito donde siempre (hacía / hizo) sol.
   2. Todos los días mis hermanos y yo (nadábamos / nadamos) en el mar.
   3. A veces nosotros (salíamos / salimos) en un pequeño barco con nuestro papá y (pescábamos / pescamos).
   4. Pero un año, cuando yo (tenía / tuve) ocho años, (hacíamos / hicimos) un viaje a Nueva York.
   5. Allí (nos quedábamos / nos quedamos) en un hotel de lujo en Manhattan, en el centro de la ciudad.
   6. Como *(Since)* el hotel (era / fue) caro, (estábamos / estuvimos) en la ciudad por sólo cinco días.
   7. Pero (hacíamos / hicimos) muchas cosas diferentes.
   8. Por ejemplo, un día (íbamos / fuimos) a Broadway para ver una obra musical.
   9. Recuerdo muy bien el Parque Central porque (era / fue) muy grande y muy bonito y también porque (montábamos / montamos) a caballo allí un día por la tarde.
   10. Mamá, como siempre, (sacaba / sacó) un montón de fotos de nuestro viaje a Nueva York.

8-28 Pepe el papagayo. Completa la historia de Pepe, el papagayo *(parrot)*, con el imperfecto o el pretérito, según el caso.

   1. Pepe, el papagayo, (ser) un pájaro muy bonito y (tener) una personalidad genial.
   2. Todas las mañanas, (decir): "Buenos días, amigos" y (cantar) "Frère Jacques" en francés.
   3. Pero a veces, cuando Pepe (estar) aburrido, (atormentar) *(to tease, torment)* a nuestro gato, Félix.
   4. Por ejemplo, con frecuencia Pepe (beber) agua del plato de Félix.
   5. Un día, algo terrible (ocurrir).
   6. Félix (ver) a Pepe cerca de su plato, y lo (atacar).
   7. Inmediatamente, Pepe (empezar) a gritar: "¡Socorro! ¡Auxilio!"
   8. Yo (correr) a la cocina para investigar.
   9. (Haber) plumas *(feathers)* por todas partes.
   10. ¡Y Félix (tener) una de las patas *(legs)* de Pepe en la boca!
   11. Yo (gritar) *(to shout)* y Félix (soltar) *(to let loose)* a Pepe, ileso.
   12. Esa (ser) la última vez que Pepe (tomar) el agua del plato de Félix.

Gramática
EL IMPERFECTO Y EL PRETÉRITO: EL SEGUNDO CONTRASTE

A. Resumen y continuación. The preterite and the imperfect work hand in hand in storytelling. In general, the imperfect answers the question "What was it like?" while the preterite replies to the question "What happened?"

Imperfect: What was it like?	Preterite: What happened?
• set the scene (day, time, location, weather)	• move the story line forward, tell who did what
• describe people, places, things, and routines	• make a summative statement about the experience
• tell what was going on or was in progress	

B. Dos acciones. The actions of a story may be related to one another in three different ways. Each way requires a different combination of tenses.

- Two or more simultaneous, ongoing actions are expressed with all the verbs in the imperfect. The two clauses are often connected with **y** *(and),* **mientras** *(while),* or **mientras tanto** *(meanwhile).* Visually, we might represent each of these actions with wavy lines, to convey their "ongoing" aspect.

Ella **leía** el periódico mientras yo **cocinaba.**

*She **was reading** the newspaper while I **was cooking.***

〜〜〜〜〜〜 leía
〜〜〜〜〜〜 cocinaba } acciones simultáneas

- A sequence or series of completed actions is expressed with all the verbs in the preterite. Visually, we might picture these actions as a series of straight vertical lines; each line represents a single completed action or event, one coming after the other.

Después de leer el periódico, Ángela **puso** la tele y **miró** las noticias. Luego, **dio** un paseo con su amiga y **comió** un helado.

*After reading the paper, Angela **turned on** the TV and **watched** the news. Then **she went for a walk** with her friend and **ate** some ice cream.*

| | | | | } acciones en serie
puso   miró   dio   comió

- When an ongoing action is interrupted by another action or event, the imperfect and the preterite must be used together in the same sentence. The imperfect is used for the ongoing action; the preterite is used for the action that began, ended, or otherwise interrupted the ongoing one. The two parts of the sentence are often connected with **cuando** *(when)* or **mientras** *(while).* We might mentally picture the ongoing action as a long, wavy line, and the interruption as a short, straight, vertical line that cuts through the wavy one.

Ton **se duchaba** cuando el teléfono **sonó.**
*Ton **was taking a shower** when the telephone **rang.***

Empezó a llover mientras **hacíamos** nuestro picnic.
*It **began** to rain while **we were having** our picnic.*

〜〜|〜〜 se duchaba
      sonó

〜〜|〜〜 hacíamos
      empezó

Ponerlo a prueba

8-29 La Navidad. Aquí tienes a la familia Sosa el día 23 de diciembre del año pasado. Mira el dibujo y completa las oraciones de una manera lógica.

Primera parte: Completa estas oraciones con otras acciones simultáneas. Usa el imperfecto.

1. Dorotea cantaba villancicos mientras su hermana Juanita...
2. Mientras Dorotea y Juanita cantaban, Albertico...

Segunda parte: Completa estas frases con otras acciones completadas en la serie. Usa el pretérito.

3. Papá envolvió *(wrapped)* los regalos y...
4. Abuelito preparó una galletas y...

Tercera parte: Completa estas oraciones para indicar que una acción ya había comenzado *(had already started)* cuando otra acción ocurrió. Usa el imperfecto para el número 5, y el pretérito para el número 6.

5. Mamá se quemó un dedo mientras...
6. Cuando Albertico jugaba con el perro...

8-30 El accidente de Gloria Estefan. Al principio de *(Early in)* su carrrera, la cantante Gloria Estefan sufrió un accidente serio. Completa la historia de su accidente con el pretérito o el imperfecto, según el caso.

1. (Ser) _____ un día frío de marzo.
2. Gloria Estefan (viajar) _____ en su autobús privado a su próximo concierto.
3. Gloria (decidir) _____ acostarse en un sofá en el autobús porque (tener) _____ sueño.
4. Mientras ella (dormir) _____, (empezar) _____ a nevar mucho.
5. De repente, el conductor del autobús (ver) _____ un camión *(truck)* enorme parado *(stopped)* en la carretera.
6. El conductor (parar *[to stop]*) _____ el autobús.
7. Pero mientras el autobús (estar) _____ parado, otro camión (chocar *[to run into]*) _____ con el autobús por detrás *(from behind)*.
8. El impacto (lanzar *[to throw]*) _____ a Gloria como un proyectil y (romperse) _____ dos vértebras de la espalda.
9. Ella no (poder) _____ mover las piernas bien y (tener) _____ miedo de estar paralizada.
10. Después de una hora, las ambulancias (llegar) _____ y la (transportar) _____ al hospital.

8-31 La primera cita. Las escenas de los dibujos representan la primera cita *(date)* de Ana. Describe cómo fue, contestando las preguntas oralmente con un(a) compañero(a) de clase.

1. ¿Qué hacía Ana cuando Ramón la llamó por teléfono? ¿Qué la invitó a hacer? ¿Cómo reaccionó ella?

2. ¿Estaba lista Ana cuando Ramón llegó a su casa? ¿Qué llevaba ella? ¿Qué le trajo Ramón? ¿Qué hizo el papá de Ana?

3. Cuando Ramón y Ana llegaron a la fiesta, ¿qué hacían sus amigos? ¿Qué clase de música tocaba la orquesta?

4. ¿Qué le pasó a Ramón mientras bailaba con Ana?

5. ¿Adónde tuvo que ir Ramón? ¿Lo acompañó Ana? ¿Qué tratamiento médico recibió Ramón? ¿Tuvieron que ponerle un yeso?

6. ¿Adónde fueron Ana y Ramón después de salir del hospital? ¿Qué hicieron? En tu opinión, ¿se divirtieron Ramón y Ana en su primera cita?

1.

2.

3.

4.

5.

6.

Síntesis

8-32 ¡Trágame, tierra! A veces, todos metemos la pata *(put our foot in our mouth)*. Para algunos, es un momento de horror; para otros, puede ser un momento de risa *(laughter)*. En el siguiente artículo, una chica cuenta su historia de "horror". Lee el artículo "Alergia inoportuna" y contesta las preguntas. Después, cuéntale a tu compañero(a) de clase una experiencia semejante.

Vocabulario útil

ponerse de acuerdo	*to agree on*
insoportable	*unbearable*
besar	*to kiss*
acercarse	*to approach, draw near*
estornudo	*sneeze*
volver a ver	*to see again*

1. ¿Adónde fueron los dos amigos?
2. ¿Cómo se sentía la chica?
3. ¿Qué tipo de película era?

4. ¿Qué pasó cuando el chico trató de besar a la chica?
5. ¿Qué pasó al final?

Alergia inoportuna

Llevaba meses detrás de un chico y hacía lo imposible porque él se diera cuenta de mi existencia. Un día me invitó al cine y acepté. Nos pusimos de acuerdo para salir esa noche. Mis nervios estaban a millón y mi alergia insoportable. La película era romántica y el chico quiso besarme, pero cuando se acercó, lo bañé con un estornudo horrible. ¿Resultado? ¡Debut y despedida! Nunca más lo he vuelto a ver.

8-33 Cuéntame... Escribe pequeños cuentos para los dibujos. Tienes que usar el imperfecto y el pretérito e incorporar el vocabulario correspondiente.

MODELO: ser las once de la noche / estar en una fiesta / bailar con Elena / ver a su ex novia
Eran las once de la noche. Miguel estaba en una fiesta. Mientras bailaba con Elena, vio a su ex novia. ¡Qué sorpresa!

1. montar en bicicleta / ver a una chica / correr en el parque / ser muy guapa / perder *(to lose)* a concentración / chocar con *(to run into)* un árbol

2. ser un día bonito / hacer mucho sol / decidir ir al campo / hacer un picnic / ver a unos extraterrestres / correr al coche

Vistazo gramatical
POR VS. PARA

A. Los usos de *por* and *para*. Although the prepositions **para** and **por** are often translated into English as *for,* they are not interchangeable.

Para is used in the following ways.

- Before infinitives, to express an objective or goal: *in order to; to*

Vamos al centro **para** comprar regalos de Navidad.	We're going downtown **(in order) to** buy Christmas presents.

- With expressions of time (including dates, holidays, seasons, etc.), to indicate a deadline: *by, for*

Necesito hacer la reservación **para** el lunes.	I need to make the reservation **by** Monday.
¿Qué le vas a regalar a papá **para** el Día del Padre?	What are you going to give Dad **for** Father's Day?

- With the names of people, things, or entities, to express an intended recipient or the intended use of a thing: *for*

Este regalo es **para** ti.	This gift is **for** you.
Compré estos adornos **para** nuestro árbol.	I bought these decorations **for** our Christmas tree.
Alicia trabja **para** el Gobierno Federal.	Alice works **for** the Federal Government.

Por is used in the following ways.

- With certain time expressions (**minutos, días, meses, años, etcétera**) to indicate a period or span of time: *for*

Estuvimos en Hawai **por** dos semanas.	We were in Hawaii **for** two weeks.

- To express *in exchange for* or *in place of: for*

Verónica compró los boletos de avión en el Internet **por** sólo $200.	Verónica bought the plane tickets over the Internet **for** only $200.

- To express the notion *per: per*

Una habitación en este hotel cuesta $80 **por** persona.	A room in this hotel costs $80 **a (per)** person.

- With places or locations, to express movement through or along: *through, along, beside, by*

Yo caminaba **por** la calle cuando vi a Andrés.	*I was walking **along** the street when I saw Andres.*
¿Quieres dar una vuelta **por** el parque?	*Would you like to take a walk **through/around** the park?*

Ponerlo a prueba

8-34 El collar de plata. Aquí tienes un cuento sobre Andrés y el regalo especial que compró para su novia para el Día de los Enamorados. Completa los espacios en blanco con **por** or **para,** según el significado.

Un día, cuando Andrés estaba caminando (1) _____ el mercado de curiosidades, vio un collar *(necklace)* de plata muy antiguo y elegante. "¡Ah!" pensó. "Eso sería *(That would be)* el regalo ideal (2) _____ Carmela."

Se acercó *(He approached)* al vendedor y le preguntó: —¿Cuánto quiere usted (3) _____ ese collar?

El vendedor bajó la cabeza y no dijo nada (4) _____ varios largos segundos. Por fin contestó: —Ese collar era de mi querida esposa, que murió hace dos años *(who died two years ago)*. No se lo vendo (5) _____ ningún dinero del mundo.

Andrés se quedó perplejo. —Ah, pues, siento mucho lo de su esposa, pero, ¿por qué lo tiene usted aquí si no es (6) _____ venderlo?

—Mire usted, joven. Compré ese collar (7) _____ mi esposa el día que nos hicimos *(we became)* novios. Y nos trajo muy buena suerte. Estuvimos casados (8) _____ unos cuarenta y siete años antes de que... bueno, ya sabe usted. Ahora, lo tengo aquí sólo (9) _____ acordarme *(to remind me)* de ella. Pero, dígame usted, ¿(10) _____ quién quiere comprar este collar?

—(11) _____ mi novia, Carmela. Vamos a casarnos muy pronto y quería un regalo especial (12) _____ el Día de los Enamorados.

—¡Carmela! Así se llamaba mi querida esposa, también. —Después de una larga pausa, continuó: —Mire usted. En este caso, sí se lo vendo... y (13) _____ un precio muy especial.

Andrés compró el collar y se fue del mercado muy contento.

El viejo señor contempló al joven (14) _____ varios minutos y, cuando estaba seguro de que el joven ya no volvía, sacó de su maletín otro hermoso collar de plata, muy antiguo y elegante...

 8-35 Charlas. Trabaja con tu compañero(a) de clase y entrevístense con las siguientes preguntas oralmente. Observen bien los usos de **por** y **para.**

1. **Los regalos:** ¿Compras muchos regalos? ¿Para qué ocasiones te gusta dar regalos? En tu opinión, ¿es necesario pagar mucho por un buen regalo? ¿Qué regalos se pueden comprar por poco dinero?

2. **Los estudios:** ¿Para qué clases tienes que estudiar más este semestre? ¿Para qué clases tienes que escribir muchos informes? En general, ¿cuántas horas estudias por semana? ¿Cuántas horas estudiaste para tu último examen? ¿Qué se debe hacer para tener éxito en los cursos universitarios?

¡Vamos a hablar! | Estudiante Ⓐ

Contexto: Hay muchos hispanos que se destacan por sus duraderas y valiosas contribuciones al mundo. Tú y tu compañero(a) van a usar la información a continuación para completar la tabla. Tú tienes parte de la información y tu compañero(a) tiene otros datos diferentes. Tú **(Estudiante A)** vas a iniciar la conversación con unas preguntas sobre Gabriela Mistral. Después, tu compañero(a) debe continuar la conversación con otra pregunta sobre la misma persona.

MODELO: *¿Cuándo murió Gabriela Mistral?*
¿Cuál era la nacionalidad de Desi Arnaz?
¿Cuál era la ocupación de Ernesto Lecuona?
¿Por qué era famoso Roberto Clemente?

Vocabulario útil

poeta	*poet*
monja	*nun*
compositor	*composer*
jugador	*player*
Salón de la Fama	*Hall of Fame*

Desiderio (Desi) Arnaz y su esposa Lucille Ball

Frida Kahlo

Roberto Clemente

Gabriela Mistral

	Fechas	Nacionalidad	Ocupación	Famoso(a) por
Gabriela Mistral	1889–?	chilena	?	?
Desiderio (Desi) Arnaz	?–1986	?	actor y director de orquesta	fundar Desilú (compañía de teleproducción) casarse con Lucille Ball
Sor Juana Inés de la Cruz	1651–?	mexicana	?	?
Ernesto Lecuona	?–1963	cubano	?	componer canciones, danzas y obras líricas: "Malagueña"
Frida Kahlo	1907–?	?	pintora	?
Roberto Clemente	?	puertorriqueño	?	ser el primer hispano nombrado al Salón de la Fama

¡Vamos a hablar! | Estudiante Ⓑ

Contexto: Hay muchos hispanos que se destacan por sus duraderas y valiosas contribuciones al mundo. Tú y tu compañero(a) van a usar la información a continuación para completar la tabla. Tú tienes parte de la información y tu compañero(a) tiene otros datos diferentes. Tu compañero(a) va a inciar la conversación con unas preguntas sobre Gabriela Mistral. Después, tú debes continuar la conversación con otra pregunta sobre la misma persona.

MODELO: *¿Cuándo nació Gabriela Mistral?*
¿Cuándo murió Desi Arnaz?
¿Cuál era la nacionalidad de Sor Juana Inés de la Cruz?
¿Por qué era famosa Frida Kahlo?

```
─────── Vocabulario útil ───────
poeta            poet
monja            nun
compositor       composer
jugador          player
Salón de la Fama Hall of Fame
```

Desiderio (Desi) Arnaz y su esposa Lucille Ball

Frida Kahlo

Roberto Clemente

Gabriela Mistral

	Fechas	Nacionalidad	Ocupación	Famoso(a) por
Gabriela Mistral	?–1957	?	maestra y poeta	escribir *Los poemas a las madres* recibir el premio Nóbel de literatura
Desiderio (Desi) Arnaz	1917–?	cubano	?	?
Sor Juana Inés de la Cruz	?–1695	?	poeta y monja	escribir poesías como las llamadas *Romance* ser "la Décima Musa"
Ernesto Lecuona	1895–?	?	compositor	?
Frida Kahlo	?–1954	mexicana	?	pintar *Autorretrato* casarse con Diego Rivera
Roberto Clemente	1934–1972	?	jugador de béisbol	?

¡Vamos a leer!

Estrategias: Paraphrasing and summarizing

 La paráfrasis
When you paraphrase a sentence or a paragraph, you restate the main ideas in your own words. In Spanish, this technique is called **parafrasear.**

 El resumen
When you summarize (**resumir**) an article, you provide an overview of the whole piece by recounting only the most important points. Your summary (**resumen**) should be much shorter than the original article.

8-36 Selena. The young Mexican American singer Selena was tragically killed while she was still rising to the height of her career. The following selections are taken from an article published by a Chicago newspaper on the fifth anniversary of her death. As you read the article and complete the activities below, you will practice two important strategies—paraphrasing and summarizing.

1. Here is a paraphrase in Spanish of the first two paragraphs of the article on Selena; compare it to the original text:

   La cantante Selena es una figura importante en la música tejana; pero es aun más importante por el gran impacto positivo que tuvo en los jóvenes latinos de los Estados Unidos.

   The following is a paraphrase in English of the third paragraph:

   Lourdes Castillo, a Mexican filmmaker who directed a documentary about Selena's fans, believes that Selena's work increased recognition of the presence of Mexican elements in American music and culture.

   a. Read the first paragraph under the section subtitled **El recuerdo.** Then write a paraphrase of this information in English.
   b. Next, read the second paragraph in the same section. (**La muerte de la joven...**) and write a simple paraphrase of it in Spanish.

2. Using the following list as a starting point, write a brief summary (ten to twelve sentences) of this article in Spanish.

   • **Introductory sentence:**
   Identify the person under discussion and explain briefly her importance.

   • **Her life and times:**
   Provide basic biographical information, recount the growth of her career, and explain how and when she died.

   • **Selena, the legend:**
   Describe the impact Selena had on music in the United States and the ways in which she continues to be remembered.

Selena

más que estrella, símbolo

POR LUIS PARDO SALABARRIA

El fenómeno Selena sobrepasa los marcos musicales. Su trayectoria artística, más que una importante obra discográfica, impone un precedente inspiracional de índole social.

La joven cantante, nombrada por su inmensa legión de admiradores *Reina de la música tejana*, es modelo para millones de jóvenes latinos que en Estados Unidos tratan de convertir sus esperanzas en realidad.

"Era una figura muy importante del arte popular, que revindicó la presencia de los rasgos mexicanos, diferentes a los anglosajones, en el espectáculo y en la cultura de Estados Unidos", afirma Lourdes Castillo, cineasta de origen mexicano que dirigió el documental Corpus, centrado en los fans de Selena, que encontraron en ella un símbolo a imitar.

Su trayectoria

Selena Quintanilla nació el 16 de abril de 1971 en Lake Jackson, Tejas y, ocho años más tarde, debutó como cantante, ganándose rápidamente la simpatía y preferencia del público latino en México y Estados Unidos. Durante los ochenta Selena creció como artista y pulió su estilo. Su reputación florecía cada vez más.

En 1992 contrajo matrimonio con Chris Pérez, guitarrista de su banda y, dos años más tarde, ganó un premio Grammy por su disco *Selena Live*. En 1995, su álbum *Amor prohibido* se situó en el primer lugar de la cartelera latina de la revista *Billboard* y también resultó nominada para otro Grammy.

El 31 de marzo de 1995, la estrella de la música tejana fue asesinada a tiros por su amiga Yolanda Zaldívar en el motel Days Inn de Corpus Christi, Tejas. Tenía al morir 23 años y estaba a punto de lanzar su primer disco en inglés. Zaldívar, presidenta del Club de Admiradores, fue condenada a cadena perpetua en la prisión de Gatesville, Tejas.

El recuerdo

"Para mí, Selena era como una hermana. Más que nada perdí a una gran compañera, una amiga, que fue una gran influencia en mi vida", relata el cantautor Pete Astudillo, quien compuso algunos temas para la artista.

La muerte de la joven estrella se convirtió en un negocio altamente lucrativo. Después de su asesinato, los discos de Selena lograron ventas

(sigue)

(sigue)

astronómicas. Solamente en México y Estados Unidos se comercializaron millones de ejemplares.

Entre los mayores triunfos de la artista están los Discos de Oro logrados por sus álbumes *Selena Live* y *Amor prohibido* y diez trofeos otorgados por la revista *Billboard*, en 1994, así como su inclusión en el Salón de la Fama de *Billboard* y la salida de *Dreaming of You* (triple platino en Estados Unidos). Pero, sin duda, el más importante de todos ha sido el de permanecer en el recuerdo de sus seguidores.

"A partir de su muerte, la música tejana adquirió mayores dimensiones, aunque antes de su muerte, Selena ya le estaba abriendo muchas puertas", recuerda Pete Astudillo.

Con posterioridad a su asesinato, se filmó la película *Selena*, protagonizada por James Olmos y Jennifer López.

Un lustro

Este año Selena recibe dos nuevos homenajes. Uno de ellos es la puesta en escena de *Selena Forever*, una obra que representa la trayectoria de una familia que trata de triunfar en el campo musical. El otro gran proyecto para recordar a Selena ha sido el lanzamiento del CD *Todos mis éxitos volumen 2* (EMI Latin), que agrupa 16 hits internacionales.

Lo cierto es que Selena se convirtió en una gran estrella que cada día brilla más con su música en los corazones de sus seguidores.

Vocabulario útil

cantante	*singer*	estrella	*star*
reina	*queen*	asesinada a tiros	*shot to death*
tratan de	*try to*	cadena perpetua	*life sentence*
esperanzas	*hopes*	muerte	*death*
rasgos	*characteristics*	ventas	*sales*
pulió	*polished*	recuerdo	*memory*

ATAJO

Un paso más: Cuaderno de actividades

Vamos a escribir: Writing a narrative in the past   Pág. 171
You will practice using the past tenses you've learned, **el pretérito** and **el imperfecto,** to tell a story. You will also explore the structure of a basic narration, including **la situación,** which gives an introduction to your story and sets the scene, **el punto culminante** or climax, and the **desenlace,** which tells the outcome of events. You will also explore the elements of narrative voice and tone as you read a sample narration before writing one of your own. It is a good idea to review the uses of the preterite and imperfect tenses before getting started!

Vamos a mirar: Pág. 172

Vídeo 1: El álbum de fotos
Laura and her children are looking at the family photo album. As you watch, notice how the photos spark questions on the part of the children and stories from Laura's childhood. What verb tenses do you suppose she uses to tell the stories?

Vídeo 2: Vistas de Costa Rica

PANORAMA CULTURAL

Costa Rica

Datos esenciales

- **Nombre oficial:** República de Costa Rica
- **Capital:** San José
- **Población:** 3.674.490 habitantes
- **Unidad monetaria:** El colón
- **Principales industrias:** Exportación de café, bananos, azúcar, flores, plantas ornamentales y energía hidroeléctrica. Manufactura de textiles y productos farmacéuticos. El ecoturismo es una importante industria.
- **De especial interés:** Este país de enorme belleza natural tiene un 25% de su tierra dedicado a parques nacionales. Siete de sus conocidos volcanes continúan activos. El Irazú hizo erupción en 1963 y 1964.
- **Internet:** http://avenidas.heinle.com

1502 Llega Cristóbal Colón al área pero, como ésta no tiene grandes riquezas minerales, la corona española no le presta mucha atención y la coloniza lentamente.

1821 Costa Rica se une a otras naciones centroamericanas y declara su independencia de España.

1736 Antonio Vázquez de la Cuadra funda San José.

Personajes de ayer y de hoy

Óscar Arias Sánchez, presidente de Costa Rica y ganador del Premio Nóbel de la Paz en 1987. Nació en 1941 en Heredia. Ganó las elecciones presidenciales en 1986, una época *(a time)* de grandes conflictos internos en muchos países centroamericanos. Arias promovió la paz, la democracia, la libertad y la protección de los derechos *(rights)* humanos. Preparó en 1987 un Plan para la Paz, el cual fue firmado *(signed)* por todos los presidentes centroamericanos. En 1988 fundó La Fundación para la Paz y el Progreso Humano. Hoy día continúa promoviendo la desmilitarización, el control de armas, la prevención de una guerra nuclear, en fin, la paz global.

Quince Duncan, uno de los más conocidos autores del tema negrista *(African American)* de Centroamérica. Nació en San José en 1940, de padres de herencia jamaiquina. Ha escrito cuentos *(short stories)*, novelas, ensayos, artículos y poemas. En su obra *(work)*, trata el tema de los sufrimientos, la discriminación social y las aspiraciones de los ciudadanos negros de Costa Rica. Su obra documenta la historia de los negros y presenta las características culturales que contribuyeron a la enajenación *(alienation)* de los negros en la sociedad.

Franklin Chang-Díaz, científico y primer astronauta hispano en el espacio. Nació en San José en 1950. Cuando tenía siete años, con el lanzamiento del *Sputnik I* ruso, comenzaron sus sueños de llegar a ser *(become)* astronauta. Decidió ir a vivir con parientes en Hartford para estudiar la secundaria en los EE.UU. En la Universidad de Connecticut se graduó de ingeniería mecánica y obtuvo su doctorado de MIT en física. Fue escogido como astronauta por la NASA en 1980. Demostró su orgullo *(pride)* de ser hispano cuando en 1986, a bordo del *Columbia,* en el espacio, les habló en español a todos los hispanos que lo aplaudían desde la Tierra *(Earth)*.

Notas culturales de interés

Los majestuosos bosques húmedos tropicales de Costa Rica son lugares ricos y misteriosos que atraen a turistas que buscan estar en contacto con la naturaleza. Estos bosques, con su densa vegetación, ofrecen una diversidad biológica sorprendente. Allí proliferan especies espectaculares, como macaos y aves multicolores, enormes y brillantes mariposas *(butterflies)*, jaguares, caimanes, monos *(monkeys)*, ardillas *(squirrels)*, culebras *(snakes)*, ranas *(frogs)* y miles de tipos de insectos. Aunque hace escasamente *(barely)* cien años el 14% de la superficie del planeta estaba cubierta de bosques húmedos tropicales, hoy es solamente un 7%. ¡A este paso *(At this rate)* no quedarán bosques húmedos tropicales para el año 2040! Costa Rica es uno de los líderes mundiales en el esfuerzo de conservación.

1949 Después de una guerra civil en 1948, se abolió formalmente el ejército, pero se mantiene una guardia civil.

1990 Se empieza a planificar la unificación de los países del área en la Comunidad Económica Centroamericana.

1998 Empiezan las disputas con Nicaragua sobre las fronteras.

1843 El país tiene uno de los mejores años en la producción de café. Por casualidad *(By chance)*, un barco inglés lleva el café costarricense a Europa y la economía del país florece.

¿Qué sabes sobre Costa Rica?

 8-36 Un dato *(fact)* **de importancia.** Trabaja con un(a) compañero(a). Encuentren estos datos de especial importancia.

1. Un personaje de importancia histórica y política, no solamente para Costa Rica, sino también para toda Centroamérica es _____.

2. Una condición geológica de importancia y potencial peligro es _____.

3. Un científico costarricense que logró grandes éxitos en su carrera es _____.

4. Un documento que fue firmado por presidentes de varias naciones y que significa un gran progreso en las relaciones internacionales es _____.

5. Un producto que crece con facilidad en la tierra volcánica del país y cuya exportación fue el primer paso hacia la prosperidad económica de Costa Rica es _____.

6. Un autor que documentó la historia y cultura de un grupo étnico minoritario dentro de la sociedad costarricense es _____.

7. Una fecha de importancia que marca un paso definitivo hacia la paz en el país es _____.

8-37 Una herencia mundial. La condición en que dejemos *(we leave)* el planeta afectará la vida de las generaciones futuras. Trabajen en grupos para organizar las palabras a continuación en tres categorías: (1) las causas de la destrucción de los bosques húmedos tropicales, (2) los efectos de esa destrucción y (3) los diferentes tipos de acción que se pueden tomar para parar esta destrucción antes de que sea demasiado tarde *(before it's too late)*.

urbanización	grupos conservacionistas a nivel
tala *(cutting)* de árboles	internacional
campañas publicitarias	crecimiento de la población
control del turismo	protección gubernamental
industria ganadera	educación de los niños en
ecoturismo	las escuelas
concientización de la población	extinción de especies
aumento de la contaminación	creación de parques nacionales
desaparición de curas potenciales	destrucción de ecosistemas
para enfermedades	ayuda económica entre países
	agricultura comercial

Causas	Efectos	Acciones

Vocabulario

For further review, please turn to Appendix E.

Sustantivos

el árbol *tree*
la artesanía *arts and crafts; handicrafts*
el campo de fútbol *soccer field*
el candelabro *candelabra; menorah*
las cartas *(playing) cards*
la celebración *celebration*
la champaña *champagne*
el compromiso *engagement*
el concierto *concert*
el conjunto *(musical) group, band*
el cuento *story*
el cumpleaños *birthday*
el desfile *parade*
el día festivo *holiday*
el Día de Año Nuevo *New Year's Day*
el Día de Acción de Gracias *Thanksgiving*

el Día de las Brujas *Halloween*
el Día de la Independencia *Independence Day*
el Día de los Enamorados *Valentine's Day*
el disfraz *costume*
el equipo *team*
la estación *season*
la exposición *exhibit*
el fin de semana *weekend*
los fuegos artificiales *fireworks*
la función *show*
el gol *goal*
el grado *degree*
la iglesia *church*
el invierno *winter*
la Janucá *Hanukkah*
el jugador *player*
la Navidad *Christmas*
la Noche Vieja *New Year's Eve*
la Nochebuena *Christmas Eve*

la obra de teatro *play*
el otoño *fall, autumn*
la Pascua Florida *Easter*
el pastel de cumpleaños *birthday cake*
el pavo *turkey*
Pésaj *Passover*
la primavera *spring*
el pronóstico *forecast*
el pueblo *town*
el regalo *gift*
la sinagoga *synagogue*
el teatro *theater*
la temperatura *temperature*
el tiempo *weather*
la tormenta *storm*
el trabajo *work*
la vela *candle*
el verano *summer*
el villancico *(Christmas) carol*

Verbos

acostumbrar *to be accustomed to*
bailar *to dance*
brindar *to make a toast*
cantar *to sing*
celebrar *to celebrate*
chocar *to run into*
conocer *to meet*
contar (ue) *to tell (a story)*
dar *to give*
dar un paseo *to take a walk*
decorar *to decorate*

divertirse (ie) *to have fun, have a good time*
encender (ie) *to light*
encontrar (ue) *to meet*
enfermarse *to get sick*
esperar *to wait; to hope*
exhibir *to be on exhibit*
ir de picnic *to go on a picnic*
levantar pesas *to lift weights*
llevar *to wear; to carry; to take*
llover (ue) *to rain*
marcar *to score*

nevar (ie) *to snow*
ocurrir *to happen*
pasarlo bien *to have a good time*
presentar *to present; to introduce*
regalar *to give (as a present)*
quedarse *to stay, remain*
recibir *to receive*
reunirse *to get together*
romper *to break*
terminar *to finish*
tocar *to play (an instrument)*

Otras palabras

despejado(a) *clear*
divertido(a) *funny*
fabuloso(a) *great*

fatal *terrible*
muchísimo(a) *very much*
nublado(a) *cloudy*

otro(a) *other; another*
pésimo(a) *awful, terrible*
toda la noche *all night*

Expresiones útiles

¿A qué hora vamos? *What time shall we go?*
¡Ay, pobrecito(a)! *Oh, the poor thing!*
¡Cómo no! *Of course!; Why not!*
¿Cómo pasaste el fin de semana? *How did you spend last weekend?*
Déjame contarte lo que pasó. *Let me tell you what happened.*
¿Dónde nos encontramos? *Where shall we meet?*
Está despejado. *It's clear.*
Está lloviendo. *It's raining.*
Está nevando. *It's snowing.*
Está nublado. *It's cloudy.*
Hace buen (mal) tiempo. *The weather's good (bad).*
Hace calor. *It's hot.*
Hace fresco. *It's cool.*
Hace frío. *It's cold.*
Hace mucho sol. *It's very sunny.*
la próxima vez *next time*

Lo pasé así, así. *I had a so-so time.*
Lo pasé mal/fatal. *I had a bad time.*
Lo siento. *I am sorry.*
Nada de particular. *Nothing special; Nothing in particular.*
¡No me digas! *You are kidding!*
No sé. *I don't know.*
No puedo porque... *I can't because . . .*
Paso por tu casa. *I'll pick you up/ come by your house.*
¡Qué buena idea! *What a good idea!*
¡Qué lástima! *What a shame!*
¿Qué me cuentas? *What's new?*
¿Qué pasó? *What happened?*
¿Qué piensas hacer... ? *What are you thinking of doing . . . ?*
¿Sabes lo que pasó? *Do you know what happened?*
Tengo otro compromiso. *I have another engagement.*

Gaceta 3

EL ROCK

Más que una música, una manera de ser

El Hard Rock Café de Miami —ciudad en la que actualmente confluyen los ritmos latinos con el Rock and Roll.

La guitarra eléctrica y los ritmos repetitivos son los fundamentos del Rock.

Desde sus orígenes en unos Estados Unidos y una Europa en plena posguerra, El Rock and Roll ha venido a ser más de un estilo de música. A partir de los años cincuenta, ha venido a ser toda una cultura, una manera de ser y una importantísima industria. Es una parte esencial y sustancial de este mundo que nos rodea tanto como los automóviles o el poliéster. Sin embargo, en sus raíces es una música muy sencilla con un ritmo binario y repetitivo sonado con la guitarra eléctrica y la batería.

El Rock resultó de la confluencia de dos corrientes —el *blues,* tradición de los afroamericanos y popularizado por artistas como Fats Domino, y el *country western* de un Nashville de gran porvenir. No fueron los músicos quienes bautizaron al nuevo son con el nombre de "Rock", sino que fue el locutor de radio Alan Freed en 1952 cuando quiso describir los nuevos ritmos que se escuchaban. En 1954, Bill Haley solicitó la colaboración de Fats Domino y Hank Williams para llevar al público la canción *Rock around the clock.* Desde el estreno de ese himno, los grupos de Rock multiplicaron y los jóvenes se apoderaron del nuevo estilo. El Rock vino a ser la música de la rebeldía juvenil en los años cincuenta cuando grandes números de jóvenes reaccionaban contra una sociedad norteamericana que veían mojigata y racista. Sin embargo, lo que surgió de la confluencia de una tradición negra y otra blanca no iba a solucionar de golpe los problemas raciales del país. Pronto el Rock se bifurcó en dos corrientes: por un lado el *Rockabilly* con Buddy Holly, Jerry Lee Lewis y Elvis, y por otro el *Rhythm and Blues* con el Pequeño Richard y Chuck Berry. De entre todos, claro está, salió Elvis como el primer ícono de la edad del Rock.

Fue oportuno que el Rock naciera después de la segunda guerra mundial, en una época de avances técnicas de grabación y *broadcasting.* Las emisoras de radio y el fenómeno del disco *single* ayudaron en la popularización y difusión del Rock. Para fines de los años cincuenta y habiendo alcanzado todos los rincones de Estados Unidos, el Rock se extendió hacia Europa. Entre los Who y los Rolling Stones emergieron los Beatles y con este mítico cuarteto empezó la llamada "invasión británica".

En Estados Unidos los músicos *folk* empezaron a experimentar con un estilo más audaz. Basta pensar en Bob Dylan; Crosby, Stills y Nash; los Byrds y los Eagles. ¿No fueron partícipes del fenómeno rock?

El Rock estaba en su edad de oro y la segunda mitad de los años sesenta traía vertiginosos cambios sociales, actitudes más abiertas hacia el sexo y vasta experimentación con las drogas. El fenómeno hippy, el culto de la paz, la psicodelia, todos tienen el Rock como soundtrack. Las grandes protestas contra la nueva guerra en Viet Nam y los primeros superconciertos como Woodstock reunieron a artistas como Janis Joplin, Jimi Hendrix y Carlos Santana y grupos como los Kinks, los Doors, Pink Floyd y The Mamas and The Papas. Desde ambos lados del mar vinieron a ser parte de nuestra mitología. No hay nada mejor para consagrar un mito que la muerte, aunque sea de sobredosis como en el caso de varios de estos nuevos héroes culturales.

Los setenta trajeron el *Hard Rock* y el *Heavy Metal* con Motorhead, Deep Purple, Led Zeppelin, ACDC y Black Sabbath. Cantantes chillones y acordes disonantes reflejaban la realidad paradójica de una juventud cada vez más libre (libre amor y *swinging*) pero al mismo tiempo aquejados de más estreses y mayores problemas (crisis económicas, políticas y sociales). Sintonizando otra emisora, el radio oyente podía perderse en una balada rica en teclado de Yes, Genesis o Queen. O bien, podía poner a Lou Reed o David Bowie. Sonidos eran todos destacados y diferentes, pero cada uno oriundo en el Rock.

Como reacción, surgieron los movimientos *Punk* y de Nueva Ola con grupos que ofrecieron temas y ritmos más uniformes. Pero los ochenta revitalizaron el Rock con cantautores de sonido y personalidad originales como Bruce Springsteen, el otro Elvis (Costello), Tom Petty, Michael Jackson y Prince, así como grupos de categoría como los Police y U2. Al ocaso del siglo, los noventa hicieron de los disc jockeys estrellas casi tan brillantes como los artistas cuyos discos tocaban para animar pies y caderas en las discotecas y las fiestas

particulares. No quedaron atrás los artistas, sino que siguen produciéndose íconos como Nirvana, Madonna, Red Hot Chili Peppers y Whitney Houston.

¿Qué traerá el nuevo milenio para el Rock? Lo cierto es que con Ricky Martin, Enrique Iglesias, la incansable labor de Santana o Gloria Estefan y éxitos más recientes como el de Shakira, los sabrosos ritmos latinos empiezan a enriquecer ese estilo de vida que es el Rock.

CRONOLOGÍA

● **1954**
La canción *Rock around the clock,* de Bill Haley, inicia la era del rock.

● **1963**
Please, please me, de los Beatles, primer puesto en las listas inglesas.

● **1965**
Los Rolling Stones lanzan su éxito *Satisfaction.*

● **1966**
Se publica *Blonde on Blonde,* de Bob Dylan.

● **1969**
Festival de Woodstock.

● **1972**
David Bowie publica *Ziggy Stardust.*

Anticipación a la lectura

A. ¿Qué sabes del rock? El rock es un estilo musical popular en todo el mundo. Probablemente lo escuchas diariamente. Pero, ¿conoces su historia, raíces, artistas... ? Trabaja con un(a) compañero(a). Escojan las respuestas correctas a las siguientes preguntas.

1. ¿De dónde son los Beatles y los Rolling Stones?
   a. de los EE.UU.   b. de Inglaterra   c. de Escocia

2. ¿Qué tienen en común Janis Joplin, Jim Morrison y Brian Jones?
   a. su estilo *heavy metal*   b. sus éxitos en los años 80   c. sus muertes prematuras

3. ¿Cuáles son las raíces *(roots)* del rock?
   a. Elvis Presley   b. la guitarra eléctrica y la batería   c. el *blues* y el *country western*

4. ¿A partir de *(From)* qué canción *(song)* tomó fuerza este estilo de música?
   a. "Rock Around the Clock" de Bill Haley
   b. "Blue Suede Shoes" de Elvis
   c. "Yesterday" de los Beatles

5. ¿Jimi Hendrix era un virtuoso de qué instrumento?
   a. la guitarra eléctrica   b. la batería   c. la caja de ritmos o percusión electrónica

6. ¿Cuáles de los siguientes son representantes del rock contemporáneo?
   a. Little Richard y Chuck Berry
   b. Oasis y Red Hot Chili Peppers
   c. Eric Clapton y Pink Floyd

7. ¿Cuál era el estilo de Bob Dylan?
   a. letras *(lyrics)* de protesta social   b. el hard rock potente   c. el rockabilly

8. ¿En qué año fue el primer festival de Woodstock?
   a. 1969   b. 1972   c. 1966

Vocabulario útil

mitos	*myths*
locutor	*announcer*
rebeldía	*rebellion*
mojigata	*sanctimonious*
emisoras	*stations*
edad de oro	*golden age*
fallecen	*die*
teclado	*keyboards*
raíces	*roots*
porvenir	*future*
estreno	*debut*
se bifurcó	*it split*
vertiginoso	*dizzying*
sobredosis	*overdose*
sintonizar	*to tune in*
ocaso	*sunset*
cadera	*hip*

Lectura y comprensión

B. La genealogía del rock. El artículo narra la historia de este estilo musical desde sus raíces a partir de la Segunda Guerra Mundial. Trabaja con un(a) compañero(a). Completen el "árbol genealógico" del rock.

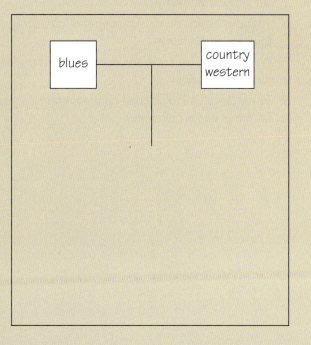

Análisis y expansión

C. Una flor semántica. Para clasificar el nuevo vocabulario que encontramos en una lectura es divertido preparar este tipo de esquema. En el centro de la flor semántica está la idea principal. Cada pétalo indica una categoría diferente. Trabaja con un(a) compañero(a). Busquen en la lectura palabras o frases que pertenezcan a cada una de las categorías.

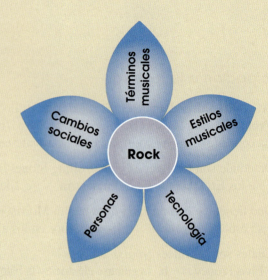

D. ¿Para bien o para mal? *(For good or for evil?)* El artículo explica cómo la música rock se ha convertido en un estilo de vida, una cultura, una parte sustancial del mundo occidental. Muchos críticos nos advierten *(warn us)* que un fenómeno con tanta influencia sobre los miembros de una sociedad puede ser muy peligroso. Trabaja con un(a) compañero(a). Decidan los efectos negativos **(N)** o positivos **(P)** para la sociedad.

	N	P
1. El rock une dos estilos: el blues negro y el folklore norteamericano blanco.	☐	☐
2. El rock es símbolo de rebeldía y una actitud más abierta ante el sexo.	☐	☐
3. Los artistas son ídolos, íconos adorados y modelos imitados por la juventud.	☐	☐
4. Las letras de algunas canciones protestan las injusticias sociales.	☐	☐
5. La música es un escape, un instrumento para desahogar *(to vent)* sentimientos.	☐	☐
6. Algunos estilos de música, como el rap, denigran a las mujeres en las letras.	☐	☐
7. Los padres y los hijos no comparten *(share)* los mismos gustos musicales.	☐	☐
8. El romance en la sociedad contemporánea sobrevive en las letras de las canciones.	☐	☐

Nuestros mejores amigos

Nos ayudan en las malas y nos acompañan en las buenas sin pedir nada a cambio excepto un poco de cariño.

Cuando no se trata de perro ni gato, sino de cotorra, ¡las mascotas pueden ofrecer conversación tanto como compañía!

En una encuesta, casi el 90% de las personas dijo que su perro o su gato era "como un miembro de la familia" y el 30% que su mascota era como un espejo que reflejaba las felicidades y las angustias de la familia. No sólo dentro de la familia, sino en medida más amplia, las mascotas son verdaderos seres sociales. De la encuesta surgió que las personas se conocían y conversaban paseando a su perro por el vecindario o el parque. Al mudarse a un barrio nuevo los chicos conocían a vecinos de su edad gracias a sus perros.

¿Será, como afirman algunos, que estos animales tienen un sexto sentido o poderes que sus amos desconocemos? Si bien se estudió el efecto de las mascotas en el plan familiar y social, no faltaron estudios sobre sus efectos terapéuticos. Los pacientes en un instituto para enfermos de Alzheimer en Santiago abandonaron el comportamiento ansioso y violento cuando se estableció la interacción con animales como parte de su terapia. Los efectos en una residencia para la tercera edad en Barcelona fueron semejantes. Además de hacerles alegres, los cuatro perros y un gato que vinieron a residir con los ancianos les hicieron aumentar la energía y mejorar el estado físico.

Encontrar un animal corriendo por la casa sería, para cualquier familia, motivo de pánico a no ser que ese animal fuera gato o perro. En España casi el 45% de las familias tiene un perro o un gato y en Estados Unidos hay unos 60 millones de perros. ¿Por qué será que estos animales gozan de su lugar en el sofá y tienen su comida servida a una hora determinada sin siquiera tener que preocuparse por lavar el plato? Tiene que ser porque la mayoría de los seres humanos disfruta del contacto con ellos.

El perro nos ofrece lealtad y compañerismo —no por nada se le considera el "mejor amigo del hombre". El gato trae otra "personalidad" a la casa. Pero varios psicólogos han comprobado que las mascotas ofrecen más que simple compañía. Al hacer estudios, informaron que cuando preguntaban a sus pacientes con qué miembro de la familia se sentían más a gusto o más unido, a veces nombraban a su perro o su gato.

Aparentemente, las mascotas no sólo ayudan a pacientes en terapia. Al investigar más a fondo el efecto de tener una mascota en la dinámica familiar, se comprobó que los miembros de familias con mascotas solían ser más unidos entre ellos. Pasaban más tiempo "en familia" cuidando y jugando con la mascota y había menos discusiones.

Así como en la familia o en situaciones terapéuticas, la compañía de una mascota tiene efectos favorables en la rehabilitación de delincuentes. Se ha observado que la interacción con animales ayuda a los jóvenes maladaptados a desarrollar un sentido de responsabilidad y a la vez les mejora el autoestima y las relaciones con otras personas.

Lo cierto es que a medida que siga estudiándose la relación entre los seres humanos y sus mascotas, más se descubrirá sobre los beneficios de esta amistad de hace miles de años.

El disfrutar la compañía que brinda una mascota es el lugar común entre los elementos más dispares de la sociedad.

Vocabulario útil

a cambio	in exchange
amo	master
autoestima	self-esteem
cariño	affection
comportamiento	behavior
comprobó	verified
cuidar	to take care of
deleitoso	criminal
discusiones	arguments
el papel	role
la tercera edad	old age
solían ser	were usually

Anticipación a la lectura

A. Los mejores amigos del hombre. Dicen que el perro es el mejor amigo del hombre. ¿y los gatos? ¿y otras mascotas *(pets)*? Casi todos hemos tenido en nuestras vidas algún animal con un significado especial para nosotros. Trabaja con un(a) compañero(a). Entrevístense con las preguntas sobre los animales en su vida.

1. Cuando eras niño, ¿mirabas algún programa de televisión en que un animal era el protagonista o co-protagonista? En tus dibujos animados *(cartoons)* y películas favoritos, ¿eran los personajes animales?

2. ¿Tenías una mascota especial? ¿Cómo se llamaba? ¿Por qué era tan especial para ti? ¿La considerabas parte de tu familia?

3. ¿Querías tener una mascota? ¿Por qué no podías tenerla?

4. Ahora que eres un adulto... ¿tienes una mascota? ¿Por qué?

5. Cuando tengas hijos... ¿vas a comprarles una mascota? ¿Por qué?

Lectura y comprensión

B. La idea principal. Cada párrafo tiene **una** idea principal. En este artículo, cada párrafo reitera la idea principal del artículo mismo *(itself)*. Trabaja con un(a) compañero(a). Decidan cuál es la idea principal de cada uno de los siguientes párrafos; marquen solamente una. Después, expresen en sus propias palabras el mensaje del artículo.

Párrafo 1:

☐ En EE.UU. hay más perros que en España.
☐ Muchas personas tienen mascotas porque se sienten bien con ellas.
☐ Solamente al 45% de los españoles les gustan las mascotas.

Párrafo 2:

☐ Muchas personas consideran a sus mascotas parte de la familia.
☐ Una psicóloga estudió a sus pacientes.
☐ Las familias que no tienen mascotas tienen una mejor relación familiar.

Párrafo 3:

☐ Las mascotas son parte integral de la familia.
☐ Las mascotas no tienen un papel en el hogar.
☐ Los niños juegan más con las mascotas pero los adultos las cuidan.

Párrafo 5:

☐ Los ancianos se benefician del contacto con mascotas física y emocionalmente.
☐ En Barcelona y Santiago de Compostela hay programas de interacción de animales y ancianos.
☐ Los animales reclaman *(demand)* más energía de la que los ancianos pueden ofrecerles.

Párrafo 7:

☐ Los seres humanos han tenido amor hacia los animales domésticos desde hace miles de años.
☐ La interacción con animales ha tenido efectos positivos por miles de años.
☐ Los animales curan todos los problemas de salud, trastornos mentales y sociales.

IDEA PRINCIPAL DEL ARTÍCULO: _____

_____

Análisis y expansión:

C. Análisis de los tiempos pasados. En el **Capítulo 8** aprendieron los usos del **pretérito** y el **imperfecto**. Trabaja con un(a) compañero(a). Analicen el uso de estos tiempos en el artículo y decidan por qué los usó el autor. Indiquen primero si el verbo subrayado está en el pretérito o el imperfecto. Después, escojan el número que mejor explique la(s) razón(es) de su uso en cada caso. Pongan el número debajo del verbo.

MODELO: ...se comprobó que los...
              Pret. #1

Usos del pretérito:	Usos del imperfecto:
1. Acción específica; acción repetida un número de veces específico o que duró un tiempo específico	1. Acciones rutinarias, repetidas habitualmente durante un período de tiempo no especificado
2. Serie de acciones; acciones que interrumpen a otras acciones en curso	2. Acciones en curso *(in progress)*; acciones simultáneas
3. Acción principal de una historia	3. Escenario *(Setting)* y descripciones: tiempo, edad, día, estados, características, hora, etcétera
4. Resumen de eventos	4. Indicación de procesos mentales

Párrafo 3: Aparentemente, las mascotas no sólo ayudan a pacientes en terapia. Al investigar más a fondo el efecto de tener una mascota en la dinámica familiar, (1) se comprobó que los miembros de familias con mascotas (2) solían ser más unidos entre ellos. (3) Pasaban más tiempo "en familia" cuidando y jugando con la mascota y (4) había menos discusiones.

Párrafo 4: En una encuesta, casi el 90% de las personas (5) dijo que su perro o su gato (6) era "como un miembro de la familia" y el 30% que su mascota era como un espejo que (7) reflejaba las felicidades y las angustias de la familia. No sólo dentro de la familia, sino en medida más amplia, las mascotas son verdaderos seres sociales. De la encuesta (8) surgió que las personas (9) se conocían y conversaban paseando a su perro por el vecindario o el parque. Al mudarse a un barrio nuevo los chicos (10) conocían a vecinos de su edad gracias a sus perros.

Párrafo 5: ¿Será, como afirman algunos, que estos animales tienen un sexto sentido o poderes que sus amos desconocemos? Si bien (11) se estudió el efecto de las mascotas en el plan familiar y social, no (12) faltaron estudios sobre sus efectos terapéuticos. Los pacientes en un instituto para enfermos de Alzheimer en Santiago (13) abandonaron el comportamiento ansioso y violento cuando (14) se estableció la interacción con animales como parte de su terapia. Los efectos en una residencia para la tercera edad en Barcelona (15) fueron semejantes. Además de hacerles alegres, los cuatro perros y un gato que (16) vinieron a residir con los ancianos les (17) hicieron aumentar la energía y mejorar el estado físico.

D. ¿Apruebas esta conducta? La relación de los seres humanos con los animales es muy antigua, diversa y complicada. Usa la escala para dar tus opiniones a favor o en contra de las siguientes actitudes de los seres humanos hacia los animales. Después, entrevista a un(a) compañero(a) y apunta sus opiniones. Finalmente, comparen sus opiniones con las del resto de la clase.

0_____1_____2_____3_____4_____5
La desapruebo 100%   **La apruebo 100%**

	Mi opinión	La opinión de mi compañero(a)	La opinión de la mayoría
1. Tratar a una mascota como a un miembro de la familia	_____	_____	_____
2. Usar animales para ayudar a personas con impedimentos físicos o mentales	_____	_____	_____
3. Permitir que la mascota duerma en nuestra cama	_____	_____	_____
4. Hablar con una mascota y contarle nuestros problemas; hacerla nuestro confidente o amigo	_____	_____	_____
5. Utilizar animales para la experimentación científica de tratamientos, cirugías y medicamentos	_____	_____	_____
6. Amarrar *(Tie up)* la mascota para que no se escape o moleste a los vecinos	_____	_____	_____
7. Usar animales en laboratorios para probar productos de belleza	_____	_____	_____

Capítulo 9

De compras

Objetivos

Speaking and Listening

- Naming articles of clothing, colors, and fabrics
- Handling shopping transactions for clothing and accessories
- Referring to floors of a building with ordinal numbers
- Bargaining for souvenirs
- Shopping for personal items, school supplies, and electronic goods

Reading

- Decoding complex sentences

Writing

- Editing and proofreading *(Cuaderno de actividades: ¡Vamos a escribir!)*

Cultura

- Bolivia *(Panorama cultural)*
- Clothing styles for different occasions *(Puente cultural)*
- Shopping and clothing sizes *(Comentario cultural)*
- Fashion designers *(Comentario cultural)*
- The guayabera *(Comentario cultural)*
- Bargaining over prices *(Comentario cultural)*

Grammar

- Other verbs like **gustar: parecer** and **quedar**
- More on indirect objects and indirect object pronouns
- More on direct objects and direct object pronouns
- Double object pronouns
- Conditional *(Vistazo gramatical)*

A primera vista

Trabaja con un(a) compañero(a) de clase. Estudien el cuadro y lean los datos biográficos de Luis Paret y Alcázar. Después discutan las siguientes preguntas. Marquen todas las respuestas posibles.

1. El cuadro se llama *La tienda (The Shop/Store).* ¿Les parece a Uds. una tienda? ¿Qué características de una tienda típica pueden encontrar?
   - ☐ Hay un mostrador *(counter).*
   - ☐ Hay dependientes *(clerks).*
   - ☐ Hay muchos letreros de ¡Venta! *(Sale!).*
   - ☐ Hay una caja registradora *(cash register).*
   - ☐ Hay clientes *(customers).*
   - ☐ Las señoras están mirando un artículo con interés.

2. ¿Qué características de esta tienda pueden hacerla parecer *(make it seem)* más bien una habitación en un palacio?
   - ☐ los cuadros y tapices *(tapestries)*
   - ☐ el trono *(throne)* del rey
   - ☐ No hay mucha gente de compras.
   - ☐ la elegancia de las señoras y el señor sentado
   - ☐ los manerismos tan galantes de la gente
   - ☐ No se ve claramente qué artículos se venden.

3. De todo lo que puede ofrecer una tienda hoy en día... ¿qué es lo más importante para Uds.? ¿Qué les hace comprar en una tienda en lugar de otra?
   - ☐ la variedad de productos, la selección
   - ☐ la calidad y el estilo de los productos
   - ☐ el servicio amable y rápido
   - ☐ los buenos precios, los descuentos y las ventas
   - ☐ las marcas famosas *(name brands)* y de diseñadores
   - ☐ la conveniencia; se encuentra de todo bajo un solo techo *(under one roof)*

4. Imagínense que uno de Uds. es un pintor contemporáneo y decide pintar una versión moderna de *La tienda.* ¿Qué elementos deben aparecer para mostrar un día de compras típico de hoy en día?

Luis Paret y Alcázar (1746–1799)

Nacionalidad: español (madrileño)

Otras obras: *La Comida de Carlos III, Las parejas reales, La concha de San Sebastián, La circunspección de Diógenes, Jura de Fernando VII como Príncipe de Asturias*

Estilo: Luis Paret y Alcázar presenta en sus obras la elegancia y el refinamiento de la vida del Madrid del siglo XVIII. El ambiente cortesano, elaborado y exquisito de París, cobra vida *(comes alive)* en su estilo rococó lleno de gracia y elegancia. Es conocido como el segundo pintor de su época, por haber sido su fama opacada *(outshined)* por su contemporáneo Francisco de Goya.

In this _Paso_ you will practice:
- Naming articles of clothing, colors, and fabrics
- Making clothing purchases in a store
- Referring to floors of a building with ordinal numbers
- Expressing your reactions to the style and fit of clothing

Grammar:

Other verbs like **gustar: parecer** and **quedar**

Vocabulario temático
EN UN GRAN ALMACÉN

Cliente

Por favor, ¿dónde se encuentran
   los pantalones para hombres?
   las blusas para niñas
   los zapatos para mujeres

Dependiente

Están en _el sótano._
   la planta baja
   el primer (1er) piso
     segundo (2º)
     tercer (3er)
     cuarto (4º)
     quinto (5º)
     sexto (6º)
     séptimo (7º)
     octavo (8º)
     noveno (9º)
     décimo (10º)

La ropa

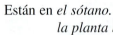

un traje   una camisa   una corbata   unos calcetines   una falda

un vestido   unas pantimedias   unos vaqueros   unos pantalones cortos   una sudadera

un suéter   un cinturón   un traje de baño   unas sandalias   un abrigo

un impermeable

una chaqueta

unas botas

unos guantes

una camiseta

Los colores y otros detalles

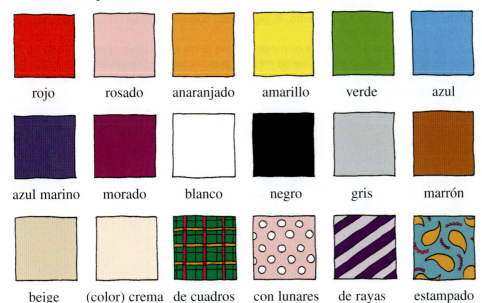

rojo	rosado	anaranjado	amarillo	verde	azul
azul marino	morado	blanco	negro	gris	marrón
beige	(color) crema	de cuadros	con lunares	de rayas	estampado

Sabías que...

- When the names of colors are used as adjectives to describe clothing (or other things), you must make the color words agree in number and gender with the noun they are describing.

  ¿Tienen Uds. vestid**os** amarill**os**?   *Do you have yellow dresses?*

  This agreement is *not* made, however, when you say *in* what color you would like an item.

  ¿Tienen Uds. estos zapatos **en negro**?   *Do you have these shoes **in black**?*

- The word *brown* has several equivalents in Spanish: for hair and eye color, **castaño** is often used; for clothing and other items, **marrón** or **café** is more common. The color **pardo** refers to a grayish brown or taupe shade.

- Ordinal numbers are adjectives and must agree in number and gender with the nouns they modify; they are generally placed before the noun. **Primer** and **tercer** drop the **-o** ending before a masculine singular noun.

  los **primeros** exploradores   *the **first** explorers*
  el **primer** piso   *the **first** floor*

- After **décimo,** Spanish speakers tend to use cardinal numbers (**once, doce, trece, etcétera**) instead of ordinal numbers.

  Mi apartamento está en el piso **doce**.   *My apartment is on the **twelfth** floor.*

- In many Hispanic countries, the gound floor or street level is called **la planta baja** and the second floor is called **el primer piso.** Sometimes **planta** is used instead of **piso** for other floors as well.

Comentario cultural: DE COMPRAS EN EL MUNDO HISPANO

¿Prefieres comprar la ropa en los grandes almacenes *(department stores)* o en las boutiques? ¿Te gusta ir de compras en los pulgueros *(flea markets)*?

En el mundo hispano, al igual que en los Estados Unidos, las grandes ciudades ofrecen una gama completa de tiendas, boutiques y grandes almacenes donde se puede ir de compras. En Madrid, España, por ejemplo, puedes comprarlo todo, desde comida para tus perros hasta abrigos de piel *(fur)*, en El Corte Inglés, uno de los grandes almacenes más importantes del país. Si prefieres, puedes caminar por el barrio de Salamanca e "ir de escaparates" *(go window-shopping)* en las boutiques de famosos diseñadores. Si quieres buscar gangas *(bargains)* o curiosidades, entonces debes ir al Rastro, el gigantesco pulguero que se extiende por las calles de la Plaza Mayor los domingos por la mañana.

Una diferencia entre los Estados Unidos y los países hispanos son las tallas y los números de zapatos. En España y en Latinoamérica las tallas se basan en el sistema métrico; puedes ver las diferencias en la tabla. En España usan el sistema de tallas europeo; en Latinoamérica usan los tres sistemas, según el país *(depending on the country)*. ¿Qué tallas llevas tú en el sistema europeo?

Las tallas y los números

Caballeros

Zapatos							
				10	11		12
Estados Unidos	7	8	9				
				44	45		46
Europa	39	41	43				

Trajes/Abrigos							
				40 42	44 46	48
Estados Unidos	34	36	38	50 52	56 58	60
Europa	44	46	48			

Camisas							
				15½ 16	16½ 17	17
Estados Unidos	14	14½	15	39 40	41 42	43
Europa	36	37	38			

Damas

Zapatos						
				7	8	9
Estados Unidos	4	5	6	38	39	40
Europa	35	36	37			

Vestidos/Trajes						
				14	16	18
Estados Unidos	8	10	12	42	44	46
Europa	36	38	40			

Ponerlo a prueba

9-1 Una orden por catálogo. La Sra. Davis quiere pedir algunas cosas del catálogo de J.C. Penney. Escucha la conversación entre ella y la operadora; después, completa la información del formulario en una hoja de papel.

Apellido: _____   Nombre: _____

Dirección: _____

Ciudad: _____

Estado: _____   Código postal: _____

Teléfono: (   ) _____

Método de pago: ☐ Cargar a su cuenta # _____   ☐ Al contado

☐ Entrega a domicilio   ☐ Recoger en la tienda

Número de artículo	Artículo	Talla	Color	Cantidad	Precio

9-2 De compras en El Corte Inglés. Imagínate que estás de compras en El Corte Inglés. Consulta la guía y luego usa la información para completar el ejercicio oralmente con tu compañero(a). Sigan el modelo.

MODELO: Cliente (Tu compañero[a]): *Por favor, ¿dónde se encuentran las maletas?*

Dependiente (Tú): *Están en el primer piso.*

1. los cosméticos
2. los vestidos para niñas de uno o dos años
3. los pantalones vaqueros para los jóvenes de dieciséis años
4. los trajes para hombres
5. las raquetas de tenis
6. el supermercado
7. el restaurante
8. las faldas para mujeres
9. las sandalias
10. el tabaco

EL CORTE INGLÉS: PRECIADOS CALLAO
Preciados, 3 MODA

7 CAFETERÍA-RESTAURANTE, OPORTUNIDADES, PROMOCIONES ESPECIALES.

6 DEPORTES. Agencia de Viajes.

5 MODA JOVEN. Territorio Vaquero.

4 MODA MUJER. Peluquería de Mujer.

0 MODA HOMBRE. Peluquería de Hombre.

2 MODA INFANTIL. Bebés. Juguetes. Futura Mamá. Centro de Seguros. Servicio al cliente.

1 LENCERÍA Y CORSETERÍA. ZAPATERÍAS. Artículos de Viaje. Tejidos y Mercería. Agencia de Viajes.

B COMPLEMENTOS DE MODA. Perfumería y Cosmética. Turismo. Optica 2000. Servicio al Cliente.

S SUPERMERCADO. Artículos de Limpieza. Pastelería. Papelería. Juegos de Sociedad. Artículos de Fumador. Estanco.

● APARCAMIENTO. Taller del Automóvil. Estafeta de Correos. Carta de Compras.

● APARCAMIENTO.

● APARCAMIENTO.

9-3 ¿Formal o informal? ¿Qué te gusta llevar en las siguientes situaciones? Trabaja con un(a) compañero(a) y comparen sus respuestas. Luego, decidan: ¿quién se viste más formalmente?

MODELO: para ir a un partido de fútbol americano

Normalmente, llevo vaqueros y una camiseta. Si hace frío, me pongo una sudadera o una chaqueta. ¿Y tú? ¿Qué llevas para ir a un partido de fútbol americano?

1. para asistir a clases
2. para ir a un concierto sinfónico o al ballet
3. para ir a una fiesta entre amigos
4. para salir a comer con tus padres
5. para ir al cine con tu novio(a) o con un(a) buen(a) amigo(a)

Vocabulario temático
DE COMPRAS

Dependiente	Cliente
¿*Lo* atienden?	Gracias, sólo estoy mirando.
La	¿Podría mostrarme *el suéter* que está en el escaparate?
¿Qué desea?	Estoy buscando un suéter *de lana.* *de algodón* *de seda*
¿De qué color?	Prefiero un suéter *verde.*
¿Qué talla lleva Ud.?	Llevo talla *mediana.* *pequeña* *grande* *extra grande*
¿Qué le parece éste?	Me parece *un poco caro.* *demasiado formal*
	¿Tiene otro *más barato?* *más sencillo*
¿Quiere probarse *éste?*	Sí, ¿dónde está el probador?
¿Cómo le queda el suéter?	Me queda *bien.* *mal*
	¿Tiene una talla más *grande?* *pequeña*
	¿Cuánto cuesta?
Está rebajado.	
Cuesta *$40.*	Voy a llevárme*lo.* ¿Podría envolvérme*lo* en papel de regalo?

Sabías que...

- In most smaller stores, a clerk will wait on you as soon as you enter; however, should you need to ask for assistance, simply say **Señor, Señora,** or **Señorita** to get a clerk's attention.

- When using a direct object pronoun **(lo, la, los, las),** you must choose the pronoun that agrees in number and gender with the noun it is replacing. For example, when you say *I'll take it,* you would express *it* with **la** if you were buying **una falda; lo,** if you were buying **un suéter.**

- By adding an accent mark to any form of the demonstrative adjectives **este** *(this)* and **ese** *(that),* you can use these adjectives as pronouns to express *this one* and *that one.*

¿Cuál te gusta más, **esta falda azul** o **esa falda gris?**	*Which do you like better—**this blue skirt** or **that gray skirt?***
Me gusta más **ésa.**	*I like **that one** better.*

- In Spanish, you must use different words for *size* and *to wear* when referring to footwear as opposed to clothing.

For shoes or other footwear:	For clothing:
¿Qué **número calza** Ud.?	¿Qué **talla lleva** Ud.?
Calzo número 43.	**Llevo talla** mediana.

- The verbs **parecer** and **quedar** have structures similar to the verb **gustar.** You will study them in more detail later in this *Paso.*

Ponerlo a prueba

Text Audio CD
Track CD2-15

9-4 En Shopping Norte. Carla está de compras en una boutique en Shopping Norte, un centro comercial en La Paz, Bolivia. Escucha la conversación entre ella y una dependiente; después, contesta las preguntas.

1. ¿Qué está buscando Carla?
   a. un vestido para su boda *(wedding)*
   b. un vestido para la boda de una amiga
   c. un vestido para la boda de su hermana

2. ¿Qué talla lleva?
   a. 36   b. 48   c. 38

3. ¿De qué color prefiere el vestido?
   a. un color dramático, como el negro
   b. el color tradicional —el blanco
   c. un color claro *(light),* como el rosado

4. ¿Qué le parece el primer vestido?
   a. Le encanta.
   b. Le parece muy caro.
   c. No quiere un vestido de seda.

5. ¿Cómo le queda el vestido que se prueba?
   a. Le queda un poco grande.
   b. Le queda perfectamente.
   c. Le queda un poco pequeño.

6. ¿Cuánto cuesta el vestido que quiere comprar?
   a. 120 bolivianos
   b. 1.200 bolivianos
   c. 12.000 bolivianos

9-5 En una tienda. María Luisa va de compras. Relaciona las oraciones/preguntas de las dos columnas de una manera lógica para formar una conversación entre María Luisa y la dependiente.

Dependiente

1. ¿La atienden?
2. ¿Qué le parecen estas blusas?
3. ¿Qué talla lleva su madre?
4. Tenemos esa blusa en verde claro y amarillo. ¿Qué color prefiere?
5. ¿Desea algo más?
6. Aquí la tiene. Es de algodón de primera calidad. ¿Quiere probársela?
7. Todas las camisetas están rebajadas hoy.
8. ¿Cómo quiere pagar?

María Luisa

a. No estoy segura. Creo que lleva la talla 38 o 40.
b. No, la talla mediana siempre me queda bien. ¿Cuánto cuesta?
c. Estoy buscando un regalo para mi madre. ¿Podría recomendarme algo?
d. Con tarjeta de crédito.
e. Están muy bien de precio. Voy a llevarme la camiseta y la blusa.
f. Sí. Me gusta la camiseta que está en el escaparate. ¿Podría mostrármela en talla mediana?
g. Me encanta la verde. ¿Podría envolvérmela para regalo?
h. Son muy elegantes. Son de seda, ¿verdad?

 9-6 Situaciones. Aquí tienes dos situaciones. Trabaja con un(a) compañero(a) de clase; escriban un diálogo para **una** de las situaciones.

Situación 1

Cliente
Necesitas comprar un regalo para el cumpleaños de tu tía. No sabes qué comprar y le pides una recomendación al (a la) dependiente. Sólo puedes gastar $35, y quieres algo bonito y especial. Tú empiezas el diálogo así:
Necesito comprar un regalo para mi tía. ¿Qué me recomienda?

Dependiente
Hace mucho tiempo *(It's been a long time)* que no vendes nada y estás preocupado(a) porque trabajas por comisiones. Cuando un(a) cliente te pide una recomendación, intentas vender lo máximo posible.

Situación 2

Cliente
Recibiste un suéter de regalo. No te gusta y te queda mal. Quieres devolverlo *(return it)* a la tienda, pero no tienes recibo *(receipt)*. Prefieres que te den dinero en efectivo porque no necesitas más ropa. Tú empiezas el diálogo así:
Acabo de recibir este suéter de regalo, pero no me queda bien.

Dependiente
En la tienda donde trabajas, no se permite devolverle *(to return)* dinero al cliente sin recibo *(receipt)*. Los clientes deben cambiar *(exchange)* su ropa por otras prendas *(garments)*.

Gramática
OTROS VERBOS COMO *GUSTAR: PARECER Y QUEDAR*

A. En resumen. The verb **gustar** *(to like, be pleasing to)* follows a special sentence structure: only two forms of the verb **(gusta/gustan)** are commonly used, and an indirect object pronoun **(me, te, le, nos, os, les)** expresses *to whom* the thing or activity is pleasing.

Indirect object pronoun	Verb	Subject
Nos	gusta	ir de compras.
We like to go shopping. (Going shopping is pleasing to us.)		
Nos	gustan	esos zapatos.
We like those shoes. (Those shoes are pleasing to us.)		

The following verbs follow the same pattern as **gustar.**

encantar *to love*	Me encantan esos zapatos. *I love those shoes. (Those shoes delight me.)*
importar *to care about;* *to matter*	A Marisa no le importa el precio. *Marisa doesn't care about the price.* *(The price isn't important to Marisa.)*
interesar *to be interested in*	¿Te interesa ser modelo? *Are you interested in being a model?* *(Does being a model interest you?)*
faltar *to be short,* *missing, or lacking*	Les falta un dólar. *They are a dollar short.*
quedar *to be left; to remain*	No nos quedan más suéteres azules. *We don't have any more blue sweaters left.*

B. *Parecer y quedar.* Two new verbs—**parecer** and **quedar**—follow a pattern similar to that of **gustar.** With these verbs, however, an adjective or adverb is an integral part of the sentence structure.

- **Parecer** *(to seem, appear)* and **quedar** *(to fit).* In this pattern, the adjective after the verb agrees with the subject of the sentence. With **quedar** an adverb like **bien** or **mal** is often used after the verb. It is also possible to use an adjective such as **grande, pequeño, estrecho** *(narrow),* **ancho** *(wide),* or **apretado** *(tight).*

(No) Indirect object	Verb	Adjective	Subject
Me	parece	muy **bonita**	**esa falda.**
That skirt seems very pretty to me.			
Nos	parecen	**caros**	**esos pantalones.**
Those pants seem expensive to us.			

(No) Indirect object	Verb	Adverb/Adjective	Subject
¿No le	queda	un poco apretada	la chaqueta?
Isn't the jacket a little tight on her/him/you?			
No me	quedan	muy bien	esos zapatos.
Those shoes don't fit me very well.			

- As you can see in the models on page 391, the sentence pattern for **quedar** and **parecer** places the subject at the end of the sentence for both statements and questions. With statements only, it is also possible to place the subject first in the sentence. Notice how the statements from the models have been rephrased below.

  Esa falda me parece muy bonita. **Esos pantalones** nos parecen caros. **Esos zapatos** no me quedan muy bien.

Ponerlo a prueba

9-7 Comentarios. Dulce está de compras con su amiga Cristina. ¿Qué le comenta Dulce? Combina las oraciones y las preguntas de la columna A con las de la columna B para formar comentarios lógicos.

MODELO: *Ese vestido es fabuloso.*
¡Me encanta!

A: Dulce

1. Esos zapatos cuestan $175.
2. Necesito la talla mediana.
3. Marisa siempre compra ropa de los grandes diseñadores *(designers)*.
4. ¿Cómo vas a comprar ese abrigo? Sólo tienes $80.
5. ¡¿Piensas comprar ese vestido de seda para ir al cine?!
6. Creo que necesito zapatos más grandes.
7. Tía Felicia nos regaló unas camisetas moradas con lunares amarillas.

B: Cristina

a. Sí, la talla grande te queda mal.
b. ¡Me encanta!
c. ¿Te parece demasiado formal?
d. Ésos te quedan pequeños.
e. Me parecen muy feas.
f. No le importa el precio.
g. Me parecen muy caros.
h. Me faltan $25.

9-8 ¿Qué te parece? Lee las situaciones con un(a) compañero(a) de clase; expresen sus opiniones sobre cada caso.

Para expresar opiniones:

Me parece... bien (mal, absurdo, lógico, extravagante, normal, de mal gusto *[in poor taste]*, una locura *[crazy]*, tonto, elegante, demasiado (in)formal, etcétera).

Y a ti, ¿qué te parece?

1. Los alumnos del Colegio de San Blas tienen que llevar uniforme —pantalones o falda de color azul marino y blusa o camisa blanca. Los alumnos tienen de siete a doce años.
2. Rita, una chica de once años y va con su familia a la boda *(wedding)* de su primo; insiste en llevar zapatos de tacón alto *(high heels)*.
3. Para comer en el restaurante del Club Campestre *(Country Club)* Altavista, los hombres necesitan usar saco y corbata.
4. Martín tiene dieciséis años; quiere llevar pantalones cortos y camiseta para ir a la iglesia los domingos.
5. Elena se compra un vestido de novia *(bridal gown)* que cuesta $1.500.
6. Luis lleva pantalones verdes, una camisa rosada y calcetines rojos para ir a una fiesta de graduación.

¿Te gusta llevar ropa de diseñadores? ¿Cuáles prefieres? ¿Conoces algunos diseñadores hispanos?

Aunque muchos jóvenes hispanos llevan vaqueros y camisetas para asistir a clases, hay una tendencia en los países latinos a vestirse un poco más formalmente para salir a la calle *(to go out in public)*. Quizás debido a *(on account of)* este interés en la apariencia personal, España y Latinoamérica han producido muchos diseñadores de fama internacional como el dominicano Óscar de la Renta, la española Paloma Picasso, la venezolana Carolina Herrera y el cubano Luis Estévez. Entre los nuevos diseñadores de este milenio se encuentran la peruana Sarah Bustani, la española Agatha, el mexicano Víctor Alfaro y el cubano Narciso Rodríguez.

Óscar de la Renta con una de sus modelos

Paloma Picasso presenta sus diseños

Síntesis

9-9 Vamos a charlar. Trabaja con un(a) compañero(a) de clase; entrevístense con estas preguntas sobre las compras y la ropa.

1. ¿Te gusta ir de compras? ¿Qué te parecen las tiendas de ropa de segunda mano? ¿Compras de los catálogos a veces? ¿De cuáles? ¿Te gusta comprar por Internet?
2. ¿Piensas comprar ropa nueva? ¿Qué necesitas comprar? Cuando compras ropa nueva, ¿te importa más el precio, la moda *(fashion)* o la calidad *(quality)*?
3. ¿Qué estilos y colores están de moda entre estudiantes de tu universidad? ¿Qué te parecen los últimos modelos de los diseñadores?
4. ¿Usas la ropa de otras personas a veces? (por ejemplo, la ropa de tus hermanos, tus amigos o tus padres) ¿Cuáles de sus prendas *(garments)* te quedan bien? ¿Te importa si tu compañero(a) de cuarto usa tu ropa sin pedir permiso?
5. Cuando estabas en la escuela secundaria, ¿quién compraba tu ropa, tú o tus padres? En tu escuela secundaria, ¿había reglamentos *(rules)* en cuanto a la ropa? ¿Qué **no** se permitía llevar a clase?
6. ¿Cuándo fue la última vez que fuiste de compras? ¿Adónde fuiste? ¿Qué ropa compraste? ¿Compraste otras cosas también? ¿Cómo pagaste?

9-10 Lucía. Lucía va a un gran almacén porque le hace falta ropa nueva para ir de vacaciones. Mira el dibujo y contesta las preguntas.

1. Probablemente, ¿adónde va Lucía de vacaciones?
2. ¿Qué ropa necesita comprar?
3. ¿Qué talla lleva Lucía normalmente?
4. ¿Qué color prefiere ella?
5. ¿Cómo le queda la camiseta? ¿Cómo le quedan los pantalones?

6. ¿Cuál es la prenda *(garment)* más cara? ¿la más barata? ¿Están rebajadas algunas de las prendas? ¿Qué te parecen los precios de esa tienda?
7. ¿Qué te parece el vestido negro? ¿el otro vestido?

PUENTE CULTURAL

Háblanos de cómo viste la gente en tu país

Juan Eduardo Vargas Ortega
mexicano; 47 años;
profesor asociado universitario

El estilo de ropa que llevan los estudiantes para ir a clases en la universidad es muy casual. El hombre viste pantalón, camisa y suéter, cuando el clima lo exige. La mujer también se viste sencillamente. Para ir al cine o a una discoteca a bailar, los jóvenes acostumbran llevar ropa más llamativa *(flashy)*, que resalte *(emphasizes)* los atributos físicos. Para ir a misa *(mass)* se lleva ropa sencilla; es muy raro que se vista elegantemente. En fiestas especiales se pueden llevar trajes típicos de las diferentes regiones. México es un caleidoscopio de trajes regionales.

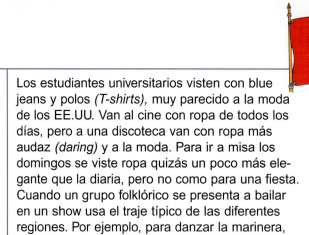

Lucía Vega Alfaro
peruana; 42 años;
gerente financiera

Los estudiantes universitarios visten con blue jeans y polos *(T-shirts),* muy parecido a la moda de los EE.UU. Van al cine con ropa de todos los días, pero a una discoteca van con ropa más audaz *(daring)* y a la moda. Para ir a misa los domingos se viste ropa quizás un poco más elegante que la diaria, pero no como para una fiesta. Cuando un grupo folklórico se presenta a bailar en un show usa el traje típico de las diferentes regiones. Por ejemplo, para danzar la marinera, de la costa norte, se usan vestidos de faldas amplias *(full)* y hombros caídos *(bare shoulders).*

Manel Lirola Hernández
español; 34 años; representante
de servicios al consumidor

Los estudiantes universitarios van a clase en ropa informal, tejanos y camisa, por ejemplo. Normalmente no llevan pantalones cortos. Al cine se viste informalmente. A una discoteca se lleva ropa elegante, ropa bien de moda. A la iglesia se lleva lo que llamamos "ropa de domingo", de cierta formalidad y elegancia. En España hay docenas de trajes típicos que se llevan para celebrar el día o la semana de festividad de cada región. En cada región hay un traje diferente y la fecha de la celebración también varía.

Te toca a ti

9-11 ¿Varía mucho la moda? Trabaja con un(a) compañero(a). Llenen el cuadro comparativo sobre la ropa que se lleva en los diferentes países para diferentes ocasiones. Después, escriban varias frases que resuman sus conclusiones sobre las semejanzas y las diferencias.

MODELO: *En España la gente lleva trajes típicos regionales durante las festividades de una región, mientras que en Perú los trajes típicos se usan para espectáculos de bailes folklóricos.*

	México	Perú	España	EE.UU.
para ir a la universidad				
para ir al cine				
para ir a una discoteca				
para ir a la iglesia				

9-12 ¿Qué empaco para mi viaje? Trabaja con un(a) compañero(a). Uno de Uds. va a viajar al extranjero y le pide consejo al otro sobre la ropa que debe empacar en su maleta. Completen los mini-diálogos para cada situación. **¡Ojo!** No se olviden de justificar sus recomendaciones.

Diálogo 1: En Perú

Estudiante A: Mañana salgo para Lima a tomar unos cursos de verano en la universidad. Quiero ir de compras esta tarde pues necesito unos vestidos elegantes (o pantalones de vestir).

Estudiante B: No necesitas comprar... porque los estudiantes peruanos...

Estudiante A: Pero necesito vestirme elegantemente para salir con mis nuevos amigos, ¿no?

Estudiante B: En realidad...

Diálogo 2: En España

Estudiante A: Ya tengo mi maleta empacada para mi viaje a Madrid. Puse muchos pantalones cortos para asistir a clases pues en España hace tremendo calor en el verano.

Estudiante B: Pues yo creo que debes... porque...

Estudiante A: Oye, ¿crees que puedo salir a discotecas con estos blue jeans?

Estudiante B: Mira, mejor... porque...

In this *Paso* you will practice:
- Shopping in a market
- Bargaining

Grammar:
- More about indirect object pronouns

Vocabulario temático
EN UN MERCADO

En un mercado, se puede comprar...

un paraguas

una gorra

unas gafas de sol

una guayabera

un bolso de cuero

una billetera

un plato de cerámica

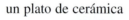

un sarape

unas maracas

una piñata

un sombrero

un collar

unos aretes

un anillo

una cadena de oro

un brazalete de plata

Sabías que...

- A woman's handbag may be called **un bolso** or **una cartera,** depending on the country. A bag used to carry groceries or other purchases is **una bolsa.**

- Names for women's jewelry vary widely from country to country. Earrings may be called **pendientes** in Spain or **pantallas** in Puerto Rico. A simple ring is **un anillo,** while one with a gemstone setting may be called **una sortija.** In Spain and many Caribbean countries, bracelets are called **pulseras.**

Ponerlo a prueba

Text Audio CD
Track CD2-16

9-13 Muchos regalos. Liliana y su amiga Cristina están en La Paz, Bolivia, de vacaciones. Liliana fue a un mercado y compró muchos regalos. Cuando llegó al hotel, le enseñó a Cristina todas sus compras *(purchases).* Escucha su conversación y completa la tabla.

¿Qué compró?	¿Para quién?	¿Cuánto pagó?
1. suéter de alpaca		
2.	madre	
3.		18 bolivianos
4. charango		
5.	hermana	
6.		80 bolivianos
7. brazalete		

9-14 Tesoros puertorriqueños. Imagínate que estás de compras en este mercado. Usa la información en el dibujo para contestar las preguntas.

1. ¿Cómo se llaman los dos puestos *(stalls)*?
2. Hoy hace mucho sol y quieres comprar unas gafas de sol. ¿Dónde se venden? ¿Cuánto cuestan? ¿Dónde puedes comprar un paraguas si empieza a llover?
3. Quieres comprar unos recuerdos *(souvenirs)* —unas maracas y unas camisetas. ¿Dónde cuestan menos?
4. A tu padre le gustan mucho las guayaberas. ¿Dónde se venden? ¿Cuánto cuestan?
5. Tu amiga quiere comprar un bolso de cuero y una billetera también, pero tiene solamente $30. ¿Dónde debe comprarlos?
6. Quieres comprarle un brazalete de plata a tu mejor amiga. ¿Dónde se venden? ¿Cuánto cuestan?
7. ¿Cuál es la diferencia entre el precio de una cadena de plata y el de una cadena de oro? ¿Cuál de las dos prefieres?
8. Tienes $30 para comprar tres recuerdos: uno para tu padre, uno para tu hermanito(a) y otro para tu mejor amigo(a). ¿Qué vas a comprar?

La guayabera

Para cierto hombre latino de raíces, o afinidades caribeñas, la guayabera clásica, de manga larga, de lino o algodón, es casi un uniforme. Esta prenda, descendiente de la túnica militar, imparte un aire de sobria disciplina, reemplazando el traje en ocasiones formales.

En su famosa **Casa de las Guayaberas** de Miami (305-

266-9683) Ramón Puig, vende guayaberas hechas, o las corta para una selecta clientela de latinos y norteamericanos. Unos las prefieren ajustadas y otros más sueltas. Y a sus clientes que son policías, Puig les pregunta de que lado del torso cargan el arma para darles un poco más de tela y evitar un bulto sospechoso. ◆

¿Qué ropa te pones cuando tienes que vestirte formalmente, pero hace mucho calor? ¿Qué prendas o telas (fabrics) son más prácticas en este caso?

Aunque no se puede generalizar demasiado sobre la manera en que los hispanos visten, en los países de clima tropical o semi-tropical muchos hombres acostumbran llevar una camisa muy cómoda que se llama **la guayabera.** Las guayaberas no se usan con corbata, pero son muy versátiles porque son apropiadas para ocasiones formales e informales. La popularidad de esta prenda de vestir se debe al clima tan cálido de la región. Lee el artículo arriba para aprender más sobre esta prenda de ropa tan interesante.

Vocabulario temático
¡A REGATEAR!

Cliente	Vendedor(a)
¿Podría mostrarme *esos aretes*? *esas maracas*	Aquí *los* tiene. *las*
¿Cuánto *cuestan*? *valen*	*Cuestan* cien pesos. *Valen*
¡Qué horror! ¡Qué *caros*! *caras*	
¿Me puede hacer un descuento?	Le doy un descuento de *veinte* pesos. Solamente me tiene que pagar *ochenta* pesos.
¡Eso es mucho dinero! No le pago más de *sesenta* pesos.	¡Es muy poco! No puedo aceptar menos de *setenta* pesos.
Está bien. Me *los* llevo. *las*	

Sabías que...

• While most stores have fixed prices on their merchandise, it is customary to bargain over prices in most markets. Read the *Comentario cultural* on page 401 for some tips.

• The indirect object pronouns **me** (*to/for me*) and **le** (*to/for you*) are used frequently in this vocabulary section. You will study this kind of pronoun in greater detail later in this *Paso.*

Estrategia: Circumlocution

Sometimes conversation breaks down because we either cannot remember or do not know a word that we need to express. Circumlocution is the art of talking "around" these missing words. Here are some tips to help you circumlocute successfully.

- Explain that you don't know how to say the word.

    No sé la palabra exacta pero...   *I don't know the exact word but . . .*

- Try to describe the person or thing by referring to its size, shape, color, composition, etc.

    Es algo...   *It's something . . .*
       redondo/de metal/de   *round/made of metal/made of*
       plástico/de madera/suave   *plastic/made of wood/soft*

- Narrow down the range of items by using a classification.

    Es... una persona   *It's . . . a person*
          una cosa   *a thing*
          un lugar   *a place*
          un objeto   *an object*
          un aparato   *a device*
          un producto   *a product*

- Describe how the object is used.

    Se usa para... escribir   *It's used to . . . write*
                   indicar   *indicate*
                   transportar   *transport*
                   hacer   *make*

- Explain what it is similar to.

    Es parecido a...   *It's similar to . . .*

Ponerlo a prueba

9-15 En el mercado de artesanías. En el mercado de artesanías en Cartagena, Colombia, se regatea mucho. Escucha las tres conversaciones entre un cliente y un vendedor. Completa la tabla con:

- el artículo que el cliente quiere comprar

- unos detalles o una descripción del artículo

- el precio que el cliente paga, después de regatear

Text Audio CD
Track CD2-17

Artículo	Detalles/Descripción	Precio final
1.		
2.		
3.		

9-16 ¿Qué es? Lee la sección *Estrategia: Circumlocution* antes de completar las actividades. Trabaja con un(a) compañero(a) de clase.

Primera parte: Sara no recuerda la palabra exacta pero puede describir el artículo bien. ¿Qué está describiendo?

1. Es un pequeño artículo de plata o de oro. Se lleva en la oreja.
2. Es algo en la forma de un animal. Los niños juegan con esto en su fiesta de cumpleaños. Hay que romperla y tiene dulces adentro.
3. Es un artículo de cuero o de piel. Se usa para llevar dinero.
4. Es parecido a un brazalete pero es para el dedo.
5. Es el lugar en el mercado donde un dueño vende sus cosas. Hay muchos lugares diferentes.

Segunda parte: Describe una de las cosas de la lista sin decir la palabra exacta. Tu compañero(a) tiene que escuchar e identificar qué es. Túrnense.

unas maracas	unas botas
una cadena	una tormenta
un sarape	la primavera
una gorra	una estampilla
un paraguas	la oficina de turismo
una guayabera	una receta

 9-17 ¿Cuánto vale... ? Estás en el mercado de artesanías del dibujo y quieres comprar unos regalos. Tu compañero(a) es el (la) vendedor(a) y va a regatear sobre los precios. Sigan el modelo.

MODELO:

Cliente: *¿Cuánto cuesta... [the item]?*
Vendedor(a): *Cuesta... [amount of money].*

Cliente: *¡Qué caro(a)! Le doy... [amount of money].*
Vendedor(a): *No, eso es muy poco. Necesito... [discounted price].*

Cliente: *Muy bien.*

Comentario cultural: EL REGATEO

¿Para qué productos o servicios acostumbramos negociar el precio? ¿A ti te gusta "regatear", o prefieres pagar precios fijos (set prices)? ¿Por qué?

El regateo es la práctica de negociar un precio más barato de lo que piden por un artículo. Es muy común en los países hispanos, pero hay cierta etiqueta que se debe seguir para no insultar al (a la) vendedor(a). En primer lugar, esta práctica nunca se debe intentar en las tiendas o los grandes almacenes; solamente es aceptable en los mercados. Generalmente, se regatea cuando uno tiene intenciones serias de comprar el artículo. Se debe ofrecer un precio razonable y no demasiado bajo. Por último, nunca se debe insultar la calidad del objeto.

Gramática
LOS COMPLEMENTOS INDIRECTOS

A. Los complementos indirectos pronominales. You have seen that indirect objects are always used with verbs like **gustar.** They are also commonly used with other kinds of verbs simply to express *to whom* or *for whom* the action is done. Here are the indirect object pronouns in Spanish and English.

Los complementos indirectos

Inglés	Español	Ejemplo
to/for me	me	Mi amigo **me** dio una blusa. *My friend gave **me** a blouse.*
to/for you (informal)	te	Tus padres **te** dieron una billetera. *Your parents gave **you** a wallet.*
to/for you (formal)	le	**Le** doy un descuento. *I'll give **you** a discount.*
to/for him, her, it	le	**Le** regalé una corbata. *I gave **him** a necktie.*
to/for us	nos	Margarita **nos** dio un disco compacto de jazz. *Margarita gave **us** a jazz CD.*
to/for you (informal, Spain)	os	La tía Ana **os** dio un cartel. *Aunt Ana gave **you** (pl.) a poster.*
to/for you (formal, Spain; formal/informal, Latin America)	les	**Les** dimos el dinero a Uds. *We gave **you** (pl.) the money.*
to/for them	les	¿Qué **les** compraste? *What did you buy **for them**?*

Since the indirect object pronouns **le** and **les** have multiple meanings, they are often used with prepositional phrases for clarification: **le... a él (a ella, a Ud.)** and **les... a ellos (a ellas, a Uds.).**

Le dije **a ella** la verdad.   *I told **her** the truth. **(to her)***
No **les** compré nada **a ellos.**   *I did not buy anything **for them**.*

Follow these guidelines to place indirect object pronouns within a sentence.

- When a sentence has a single conjugated verb, place the indirect object pronoun before the verb.

  ¿Qué **le** regalaste?   *What did you give **(to) her**?*

- With verb phrases in the pattern of conjugated verb + infinitive, place the pronoun before the conjugated verb or attach it to the end of the infinitive.

  ¿**Me** puede hacer un descuento?
  ¿Puede hacer**me** un descuento?   *Can you give **me** a discount?*

- Place indirect object pronouns before negative commands, but attach them to affirmative commands.

  afirmativo: Cómpren**me** un collar.   *Buy **me** a necklace.*
  negativo: No **me** compren un brazalete.   *Don't buy **me** a bracelet.*

B. Los sustantivos. Often an indirect object is a *noun (to my **father**, for **Mary**, etc.)* instead of a pronoun *(to him, to me, etc.)*. English and Spanish use quite different sentence structures to express indirect objects that are nouns.

- In English, the words *to* and *for* may be omitted, depending on the placement of the indirect object in the sentence. In Spanish, the preposition **a** is *always* used before the noun.

  No le doy nada **a David** para   *I'm not giving **David** anything for his*
    su cumpleaños.   *birthday./I'm not giving anything **to***
                                                         ***David** for his birthday.*

- In Spanish, when you use an indirect object noun phrase such as **a mi padre** or **a Elena,** you must also use the corresponding indirect object pronoun. **Le** is used if the indirect object noun is singular, **les** if it is plural.

  singular noun:

  Le compré una guayabera   *I bought a guayabera **for Dad**./I bought*
    a papá.   ***Dad** a guayabera.*

  plural noun:

  Les mandamos los sarapes   *We sent the sarapes **to my cousins**./We*
    a mis primos.   *sent **my cousins** the sarapes.*

- When you answer a question that contains an indirect object noun, you may omit the noun in your response and use the indirect object pronoun alone.

  —¿Qué **le** regalaste **a Pepe**?   *What did you give **(to) Pepe**?*
  —**Le** regalé un cinturón.   *I gave **(to) him** a belt. (It is understood*
                                                         that him refers to Pepe.)

Ponerlo a prueba

9-18 Recuerdos de mi viaje. Acabas de regresar de un viaje a Bolivia. Escribe una lista de todos los regalos que trajiste. Sigue el modelo. Tienes que usar **le** or **les** en tus oraciones.

MODELO: a mis padres

*A mis padres **les** compré un casete de música andina.*

Los recuerdos

una cadena de oro
un cartel de La Paz
un suéter de alpaca
un cuadro del lago
 Titicaca
una camiseta de la
 Universidad de La Paz
una alfombra de
 Cochabamba

un disco compacto de música
 andina
un brazalete de plata
una botella de singani (una bebida
 alcohólica)
una pollera (una falda típica de las
 indígenas)
unos guantes de piel
una quena (una flauta andina)

1. a mis padres
2. a papá
3. a mis hermanos
4. a mi hermano(a)
5. a mi mejor amigo(a)
6. a mi compañero(a) de cuarto
7. a mamá
8. (a ?)

9-19 Los regalos. Es el día antes de Navidad y todos están hablando de los regalos que han comprado o recibido. Lee los diálogos y complétalos con la forma correcta del complemento indirecto, según el modelo.

MODELO: —Mira qué sudadera más linda *le* compré a Mimi.
 —Ella *les* dijo a Nina y a Paco que la quería.

1. —¿Quién _____ trajo a Ernesto y a mí ese cuadro tan fabuloso?
 —Yo _____ traje el cuadro a Uds.

2. —Marisa, ¿cuándo _____ dio Fabio ese collar tan bello que llevas?
 —Fabio _____ lo dio ayer. ¡Yo no lo esperaba!

3. —Teresa, ¿qué _____ compraste a mami y a papi?
 —A mami _____ compré una chaqueta y a papi _____ compré una corbata.

4. —Julia, ¿sabes si Eugenio _____ compró el brazalete que yo quería?
 —Pilar, no empieces. No voy a decir _____ lo que *(what)* Eugenio _____ compró.

5. —¿Quién _____ dio a los niños esas maracas?
 —No sé, ¡pero ese ruido _____ da un dolor de cabeza terrible a nosotros!

9-20 Más preguntas. Trabaja con un(a) compañero(a); entrevístense con estas preguntas sobre los regalos. Contesten con oraciones completas e incluyan complementos indirectos pronominales en las respuestas.

1. ¿Qué **te** dieron tus padres para tu último cumpleaños?
2. ¿Qué **le** vas a dar **a tu novio(a)** o **a tu mejor amigo(a)** para su próximo cumpleaños?
3. ¿Qué **les** compraste **a tus abuelos** en su último aniversario?
4. ¿Cuál fue el regalo más interesante que alguien **te** dio recientemente? ¿Cuál fue la ocasión?
5. ¿En qué ocasión **le** diste ropa **a tu padre**? ¿Qué **le** diste?
6. ¿Qué regalo **le** diste **a tu madre** que le gustó mucho?

Síntesis

Text Audio CD
Track CD2-18

9-21 Gregorio va de compras. Escucha la conversación entre Gregorio y la dependiente de una tienda y completa las oraciones con la información correcta del diálogo.

1. Gregorio no compra el perfume porque _____.
   a. no le gusta
   b. no sabe qué marca *(brand)* prefiere la señora
   c. no tienen la marca que él busca

2. Gregorio tampoco compra el reloj porque _____.
   a. no es de oro
   b. no es automático
   c. cuesta mucho dinero

3. A la señora le encantan _____.
   a. los libros
   b. la música y el arte
   c. las joyas

4. Se venden discos compactos en _____.
   a. la planta baja
   b. la tercera planta
   c. el mercado

5. Gregorio decide ir al mercado de artesanías porque _____.
   a. la tienda se va a cerrar
   b. no tiene mucho dinero y necesita un descuento
   c. no venden tangos en la tienda

9-22 Nuestro mercado. Vamos a hacer un mercado en nuestra sala de clase. La mitad *(half)* de los estudiantes son vendedores y tienen que "vender" sus productos (bolígrafos, gafas de sol, camisetas, libros, etcétera). Los otros estudiantes son clientes y van a "comprar" varios regalos. Sigan el modelo.

MODELO: Cliente: *¿Cuánto cuesta ese reloj?*

    Vendedor(a): *Ciento ochenta dólares. ¡Es de oro!*

    Cliente: *¡Qué caro! ¿Me puede hacer un descuento?*

    Vendedor(a): *Sí, le doy un descuento de diez dólares. Sólo me tiene que pagar ciento setenta dólares.*

    Cliente: *Es mucho dinero...*

Vocabulario temático
MÁS COMPRAS

En una tienda de electrónica, se puede comprar...

un radio casete con CD (disco compacto)

una videocámara

un lector de DVD

una videocasetera/ un vídeo

un teléfono celular

un beeper

un contestador automático

una cámara

un radio casete portátil con audífonos

En una farmacia o en una droguería, se puede comprar *la pasta dentífrica.*
un cepillo de dientes
el champú
el acondicionador
el jabón

En una papelería, se puede comprar *unas tijeras.*
unos rotuladores
una grapadora
una goma de borrar
unas presillas
unas fichas
un sacapuntas

¿ Sabías que...

- While all of the items presented in the *Vocabulario temático* are available in large stores such as **hipermercados,** there is still a strong tradition in Spain and Latin America of shopping in smaller, more specialized stores.

- The words for modern electronic devices vary widely from country to country; often, the English word is borrowed and used with Spanish pronunciation.

Text Audio CD
Track CD2-19

Ponerlo a prueba

9-23 Muchas gangas. Escucha el anuncio de la radio y completa el formulario con la información que escuchas.

Nombre de la tienda _____

Dirección _____

Horario (Días y horas) _____

Artículo	Precio
1. Videocámaras	
2.	$189
3. Televisores	
4.	$59
5. Contestadores automáticos	
6.	$29
7. Radios	

9-24 Adivina qué es. Antes de completar esta actividad, repasa la sección *Estrategia: Circumlocution* en el *Paso 2.* Trabaja con un(a) compañero(a) de clase.

Primera parte: Lean las descripciones e identifiquen cada cosa. Si quieren, consulten el *Vocabulario temático* para una lista de cosas.

1. Es un aparato electrónico. Se usa para filmar los cumpleaños, los días festivos, etcétera.
2. Es un producto personal. Se usa para lavarse el pelo.
3. Es algo pequeño. Si escribes mucho con lápiz, lo necesitas para hacer correcciones.
4. Es un objeto de metal. Se usan para cortar.
5. Es pequeño y de plástico. Lo necesitas para lavarte los dientes.

Segunda parte: Una persona debe describir una de las cosas de la lista; la otra persona tiene que adivinar *(to guess)* qué es. Túrnense.

el cepillo de dientes	la calculadora
la tiza	la pasta dentífrica
el jabón	una cámara
el sacapuntas	la videocasetera
el diccionario	el desodorante

9-25 La electrónica. Trabaja con un(a) compañero(a). Entrevístense con estas preguntas.

1. ¿Te gusta sacar fotos? ¿Qué tipo de cámara tienes? ¿Sabes revelar *(to develop)* fotos?
2. ¿Tiene alguien en tu familia una videocámara? ¿En qué ocasiones se usa? ¿Te gusta que te filmen?
3. ¿Cuántos teléfonos hay en tu casa (o en la casa de tus padres)? ¿Cuánto tiempo pasas hablando por teléfono en un día normal? ¿Gastas mucho en llamadas *(calls)* de larga distancia?
4. ¿Tienes un teléfono celular? ¿un beeper? ¿un contestador automático? ¿Qué te parecen estos aparatos electrónicos? ¿Cuáles de estos artículos son indispensables? ¿Cuáles son un lujo *(luxury)*?
5. ¿Tienes computadora? ¿Está conectada al Internet? ¿Cuánto tiempo pasas trabajando en tu computadora en un día normal? ¿Cuánto tiempo pasas en la computadora con fines lúdicos *(for enjoyment, recreation)*?
6. ¿Qué aparatos electrónicos tiene el estudiante "típico" en tu campus? ¿Cuáles tienes tú? ¿Cuáles te gustaría comprar?

Gramática
LOS COMPLEMENTOS DIRECTOS

A. El complemento directo. A direct object, or **complemento directo,** is the part of the sentence that receives the action of the verb. As you saw in *Capítulo 5,* a direct object may refer to a person or to a thing; it answers the questions *whom?* or *what?* with respect to the verb.

Ayer vi a **Marta** en El
   Corte Inglés.
(Whom did I see in El Corte Inglés?
   Marta.)

Ella compró un **abrigo** nuevo.
(What did she buy?—A new coat.)

B. Los pronombres. Direct objects are often replaced with direct object pronouns in conversation and in writing to avoid repetition.

In *Capítulo 5* you practiced using these pronouns to refer to things.

lo	it (masculine)	¿El suéter? **Lo** compré ayer. *The sweater? I bought **it** yesterday.*
la	it (feminine)	¿La falda? **La** compré por $35. *The skirt? I bought **it** for $35.*
los	them (masculine)	¿Los vaqueros? **Los** llevo todos los días. *Jeans? I wear **them** every day.*
las	them (feminine)	¿Las sandalias? No **las** llevo nunca. *Sandals? I never wear **them**.*

To refer to people, use the following direct object pronouns.

me	*me*	Papá no **me** vio en la tienda. *Dad didn't see **me** in the store.*
te	*you (informal)*	No **te** vi allí. *I didn't see **you** there.*
lo	*him; you (formal, masc.)*	¿Miguel? No **lo** veo a menudo. *Miguel? I don't see **him** often.*
la	*her; you (formal, fem.)*	¿Teresa? **La** veo todos los días. *Teresa? I see **her** every day.*
nos	*us*	Mamá **nos** acompañó a la tienda. *Mom accompanied **us** to the store.*
os	*you (plural, informal, Spain)*	No **os** comprendo. *I don't understand **you**.*
los	*them (masc.); you (plural, masc.)*	¿Los chicos? No **los** veo. *The boys? I don't see **them**.*
las	*them (fem.); you (plural, fem.)*	¿Las chicas? No **las** veo. *The girls? I don't see **them**.*

To refer to an idea or to a whole clause, use the pronoun **lo.**

—¿Sabes dónde puedo encontrar las camisetas de seda?   *Do you know where I can find some silk T-shirts?*
—No, no **lo** sé.   *No, I don't know (**it:** that is, where you can find them.).*

C. La posición en la oración. Direct object pronouns follow the same rules of placement as indirect object pronouns.

- Place the direct object pronoun directly in front of a single conjugated verb.

  ¿Esta falda? **La** compré en una nueva boutique en la calle Ocho.   *This skirt? I bought **it** at a new boutique on Eighth Street.*

- With verb phrases of the pattern conjugated verb + infinitive, you may place the pronoun before the conjugated verb or attach it to the end of the infinitive.

  ¡Qué rosas más bonitas! **Las** voy a comprar./Voy a comprar**las.**   *What pretty roses! I'm going to buy **them**.*

- Attach pronouns to the end of *affirmative* commands and add an accent mark to the third-from-last syllable.

  Esa chaqueta le queda bien. ¡Cómpre**la**!   *That jacket fits you well. Buy **it**!*

- Place pronouns directly before *negative commands.*

  Esa chaqueta le queda mal. ¡No **la** compre!   *That jacket doesn't fit you well. Don't buy **it**!*

Ponerlo a prueba

9-25 En una tienda. Las siguientes conversaciones tienen lugar *(take place)* en una tienda. Léelas y complétalas con los complementos directos pronominales más lógicos.

MODELO: Alejandro: Luis, ¿dónde está **la dependiente**?
Luis: No sé, no *la* veo.

1. Dependiente: ¿Quiere Ud. **este suéter** también?

   Roberto: No, no _____ quiero. Me parece un poco caro.

2. La Sra. Huang: Si estás muy cansado, ¿por qué no **me** esperas en la cafetería en el segundo piso?

   El Sr. Huang: Muy bien. _____ espero en la cafetería.

3. Mamá: Sarita, ¿por qué quieres comprar **esa** falda? Ya tienes muchas en casa.

   Sarita: Pero, mamá, _____ necesito para ir al baile el sábado.

4. La Sra. Calvo: Por favor, señorita. Estoy buscando a **mis hijas gemelas.** Son altas, rubias, tienen quince años...

   Dependiente: ¡Ah, sí! _____ vi en el probador hace un momento.

5. Dependiente: ¿**La** atienden?

   Marta: Sí, ya _____ atiende la otra señorita.

9-26 Cuéntame. Trabaja con un(a) compañero(a) y entrevístense con estas preguntas sobre las compras. Tienen que sustituir los pronombres de complemento directo por las palabras en letra negrita *(boldface type)*.

MODELO: ¿Dónde compras **tus libros de texto**?

   Los compro en la Librería University Co-op.

1. En general, ¿dónde compras **los artículos personales**, como el champú, el jabón, etcétera? ¿Por qué prefieres **esa tienda**? Cuando compras los artículos personales, ¿te importa más la marca *(brand name)* o el precio?

2. ¿Dónde prefieres comprar **los aparatos electrónicos**? ¿Tienen precios buenos allí? ¿Están bien informados los empleados sobre los aspectos técnicos de sus productos?

3. ¿Compras **la ropa** de los grandes diseñadores a veces? ¿Conoces **al diseñador Óscar de la Renta**? ¿**a la diseñadora Paloma Picasso**? ¿Sabes **de dónde son**?

4. ¿Cuándo compraste **tu computadora**? ¿Quién armó *(assembled)* **todos los componentes** de la computadora? ¿Tuviste algún problema técnico durante los primeros días?

5. Cuando eras chico(a), ¿**te** acompañaba tu madre cuando ibas de compras? ¿Recuerdas **la primera vez que fuiste de compras solo(a)**? ¿Cómo te sentiste ese día?

Gramática
DOS COMPLEMENTOS

A. Repaso y resumen. Here is a summary of the forms and uses of three important kinds of pronouns: reflexive, indirect object, and direct object pronouns.

- *Reflexive pronouns* are used with reflexive verbs like **divertirse, vestirse,** and **ponerse** to indicate that the subject of the sentence both performs and receives the action of the verb. The pronouns correspond to the subject of the sentence.

Los pronombres reflexivos	
me	nos
te	os
se	se

Daniel **se baña** todas las noches.   *Daniel bathes (himself) every night.*

- *Indirect object pronouns* tell *for whom* or *to whom* the action is done; they generally refer to a person.

Los complementos indirectos	
me	nos
te	os
le	les

¿Quién va a comprar**le** una computadora?   *Who is going to buy **(for) him** a computer?*

- *Direct object pronouns* answer the questions *whom?* or *what?* with respect to the verb. They may refer to a person or to a thing.

Los complementos directos	
me	nos
te	os
lo	los
la	las

¿La empleada? No **la** veo.   *The clerk? I don't see **her.***
¿El suéter? No **lo** necesito.   *The sweater? I don't need **it.***

B. Dos pronombres. It is common in conversation to use two pronouns in the same sentence.

¿Cuándo te dio tu novio esas rosas?   *When did your boyfriend give you those roses?*
Me las dio para el Día de los Enamorados.   *He gave **them to me** for Valentine's Day.*

When using two pronouns in a sentence in Spanish, follow these guidelines.

- Place the pronouns in their proper order: *reflexive, indirect, direct.*

| indirect, direct: | ¿Los aretes? **Me los** regaló mamá. | *The earrings? Mom gave **them to me.*** |
| reflexive, direct: | ¿La falda? Marta ya **se la** probó. | *The skirt? Marta already tried **it** on (**herself**).* |

- When the indirect object pronoun **le** or **les** is followed by the direct object pronouns **lo, la, los,** or **las,** you must substitute **se** for **le/les.** In this case **se** is *not* used as a reflexive pronoun; it is taking the place of **le/les.**

indirecto	directo		indirecto		directo
le les	+	lo la los las	→ se	+	lo la los las

—¿Quién **les** dio **esa cámara a los niños**?	*Who gave **that camera to the kids**?*
—Rafael **se la** dio.	*Rafael gave **it to them**.*
—**¿A quién le** mandaste **ese regalo**?	***To whom** did you send **that present**?*
—**Se lo** mandé **a mi hermana**.	*I sent **it to my sister**.*

Ponerlo a prueba

9-27 ¿Cuándo? ¿Para qué ocasiones o en qué circunstancias llevas las siguientes prendas? Contesta las preguntas con oraciones completas por escrito e incluye dos complementos.

MODELO: pantalones cortos
¿Cuándo **te** pones pantalones cortos?
***Me los** pongo para ir a la playa o al gimnasio.*
o: *No **me los** pongo nunca.*

¿Cuándo te pones... ?

1. botas
2. vaqueros viejos
3. un traje elegante
4. perfume
5. una corbata de seda
6. sandalias
7. guantes de piel
8. un collar de perlas
9. sombrero
10. una chaqueta de cuero

9-28 La venta. Tina y Gonzalo tienen que mudarse a otra ciudad y deciden tener una gran venta de artículos usados. Muchas personas van a la venta y compran varios artículos. Con un(a) compañero(a), hagan diálogos como los del modelo.

MODELO: El (La) cliente (tú): *¿Cuánto cuesta **esa silla**?*

Gonzalo/Tina (tu compañero[a]): ***Se la** vendo por **$15**.*

El (La) cliente (tú): *Muy bien. **Me la** llevo.*

¡NO TE OLVIDES!

Demonstrative adjectives are used to point out specific people or things: **esos libros** *(those books);* **esta camisa** *(this shirt),* etc.

	masculino	**femenino**
this	este	esta
these	estos	estas
that	ese	esa
those	esos	esas
that (over there)	aquel	aquella
those (over there)	aquellos	aquellas

Síntesis

9-29 Los regalos. Trae a clase uno o dos regalos especiales que recibiste de tu familia o tus amigas (artículos de ropa, joyería, electrónica, etcétera). En clase, habla de los regalos con varios compañeros. Sigan el modelo.

MODELO: Tú: *Recibí esta camisa para mi cumpleaños.*

Tu compañero(a): *¿Quién te la dio?*

Tú: *Me la dio mi mamá. ¿Qué recibiste tú?*

9-30 En privado. Aquí tienes una carta que apareció en la sección "En privado" de la revista *Tú internacional*. En esta sección, los lectores le escriben cartas a Nikki pidiéndole consejos. Completa las actividades con un(a) compañero(a) de clase.

ME ROBAN LA ROPA

Hola Nikki:
Necesito tu ayuda con urgencia. ¿Qué puedo hacer para evitar que mis hermanas usen mi ropa? Cada vez que busco en mi clóset una chaqueta, mi blusa favorita o los short de mezclilla, nunca <u>los encuentro</u>. No soy una persona egoísta, y comparto mis cosas, pero no <u>me gusta</u> que saquen mi ropa sin <u>pedírmela</u>. Estoy cansada de <u>hablarles</u>, y lo único que ellas hacen es <u>reírse</u> y <u>decirme</u> que soy una exagerada, que me molesto por todo. <u>Entiéndeme</u>. Soy demasiado celosa y muy organizada con mis cosas.

Alicia
Jalisco, México

en privado
en privado
en privado
en privado

Primera parte: Lean la carta y contesten las preguntas.

1. ¿Cuál es el problema de Alicia?
2. ¿Quién tiene la culpa *(is at fault)* en esta situación?
3. ¿Tiene remedio esta situación? ¿Cuál es?
4. ¿Has tenido un problema semejante *(similar)* alguna vez? ¿Cómo lo resolviste?

Segunda parte: Busquen estas frases en la carta. Para cada pronombre, contesten estas preguntas.

- ¿Es un complemento directo, indirecto o reflexivo?

- ¿A qué o a quién se refiere el pronombre?

MODELO: los encuentro

> *"Los" es un complemento directo.*

> *Se refiere a "una chaqueta", "mi blusa favorita" y "los short de mezclilla".*

1. me gusta
2. pedírmela
3. hablarles
4. reírse
5. decirme

Tercera parte: Escríbele una carta a Alicia con tu solución a su problema.

Vistazo gramatical
EL CONDICIONAL

A. La formación del condicional. The conditional, or **el condicional,** is used to tell what somebody *would do* under a particular set of circumstances.

Yo que tú, **compraría** el traje azul marino y no el negro.	*If I were you, **I would buy** the navy blue suit and not the black one.*
Si tuviera más dinero, no **tendría** que usar mi tarjeta de crédito tanto.	*If I had more money, **I wouldn't have** to use my credit card so much.*

Follow these guidelines to form the conditional.

* For regular verbs, you must add the following endings to the *whole infinitive;* the same set of endings is used with **-ar, -er,** and **-ir** verbs.

	llegar (to arrive)	volver (to return)	vivir (to live)
yo	llegaría	volvería	viviría
tú	llegarías	volverías	vivirías
Ud., él, ella	llegaría	volvería	viviría
nosotros(as)	llegaríamos	volveríamos	viviríamos
vosotros(as)	llegaríais	volveríais	viviríais
Uds., ellos, ellas	llegarían	volverían	vivirían

* Irregular verbs use the same set of endings, but these endings must be attached to an irregular stem. These are the same irregular stems that are used to form the future tense (see *Vistazo gramatical, Capítulo 7*).

Verb		Stem	Endings	Example (hacer)
decir	*(to say; to tell)*	**dir-**	-ía	yo haría
hacer	*(to do; to make)*	**har-**	-ías	tú harías
tener	*(to have)*	**tendr-**	-ía	Ud., él, ella haría
poner	*(to put, place)*	**pondr-**	-íamos	nosotros haríamos
venir	*(to come)*	**vendr-**	-íais	vosotros haríais
salir	*(to leave, go out)*	**saldr-**	-ían	Uds., ellos, ellas harían
saber	*(to know)*	**sabr-**		
querer	*(to want)*	**querr-**		
poder	*(to be able)*	**podr-**		

- The impersonal form of **haber** in the conditional is **habría** *(there would be)*.

Habría más clientes en el mercado si rebajaran los precios.	**There would be** more customers at the market if they lowered prices.

B. Los usos del condicional. The conditional is used in the following ways.

- To express what somebody would potentially do under certain hypothetical circumstances

  This notion is expressed in English with the word *would* and in Spanish by the conditional verb endings.

En tu lugar, no **pagaría** más de $85.	If I were in your place, **I wouldn't pay** more than $85.
Si tuviéramos más dinero, le **compraríamos** un reloj de oro.	If we had more money, **we would buy** him a gold watch.

- To soften requests and make them more polite

  This occurs in Spanish with the verbs **gustar, poder,** and **deber.** English uses words like *would, should,* and *could* to express the same idea.

Me gustaría ver el vestido que está en el escaparate.	**I would like** to see the dress in the window.
¿**Podría** mostrármelo?	**Could you** show it to me?
No **deberías** usar tu tarjeta de crédito tanto.	**You shouldn't use** your credit card so much.

- To express plans in reported speech

  Reported speech refers to statements that are attributed to other people *(Mary said that . . . , Robert asked if . . . , etc.).*

Marta dijo que no **iría** al baile sin un vestido nuevo.	Marta said that **she would**n't **go** to the dance without a new dress.

It is very important to remember that English also uses the word *would* to express customary actions in the past. However, in Spanish, the imperfect—not the conditional—is used to express routine actions in the past.

Cuando era joven, **iba** de compras a menudo.	When I was young, **I would go** shopping often./**I used to go** shopping often.

Ponerlo a prueba

9-31 ¿Qué harías tú? Lee las situacciones y decide cuál de las opciones harías tú.

1. Estás de compras y ves a una chica de dieciséis años robar unos aretes.
   ¿Qué harías?
   a. Llamaría al detective de la tienda.
   b. Hablaría directamente con la chica y le explicaría que no debería robar.
   c. Saldría de la tienda sin decir nada.
   d. ? (una idea original)

2. Necesitas comprar un abrigo para el invierno y encuentras exactamente lo
   que quieres. Cuando intentas pagar, el dependiente te dice que tu tarjeta de
   crédito está al máximo y que no puedes usarla. ¿Qué harías?
   a. Le diría al vendedor que eso es imposible; insistiría en que la aceptara.
   b. Usaría la tarjeta de crédito de mis padres.
   c. No compraría nada más ese día.
   d. ?

3. Cuando llegas a casa después de un día de compras, descubres que el dependiente te cobró *(charged you for)* sólo una de las dos camisetas que compraste. ¿Qué harías?
   a. Volvería inmediatamente a la tienda y pagaría la otra camiseta.
   b. Pensaría "¡Qué buena suerte!" y no haría nada.
   c. Me sentiría culpable *(guilty)*, pero no pagaría la otra camiseta.
   d. ?

 9-32 Con $100.000. Imagínate que acabas de ganar $100.000 en la lotería.
¿Qué harías con tu dinero? Trabaja con un(a) compañero(a) y entrevístense con
estas preguntas.

1. ¿Dejarías *(Would you leave)* la universidad o seguirías tus estudios?
2. ¿Adónde irías de vacaciones?
3. ¿Qué regalos les comprarías a tus amigos y a tu familia?
4. ¿Qué te comprarías para ti *(for yourself)*?
5. ¿Qué cuentas *(bills)* pagarías?
6. ¿Cuánto dinero les darías a las instituciones de beneficencia *(charities)*?
7. ¿Qué más harías?

¡Vamos a hablar! | Estudiante Ⓐ

Contexto: Tú y tu compañero(a) van a hacer un pedido por teléfono de varios artículos anunciados en el catálogo *Terra Firma*.

Tú (**Estudiante A**) acabas de recibir este catálogo y decides hacer un pedido. Tienes ciento setenta y cinco dólares para gastar en artículos para tu próximo viaje. Tu compañero(a) (**Estudiante B**) trabaja para *Terra Firma* y tomará tu pedido.

Tú empiezas la conversación así: **Quisiera hacer un pedido** (*I'd like to place an order*).

TERRA FIRMA: Novedades de verano a precios fantásticos

Traje de baño
Para él, de 100% de nilón
Colores: verde cocodrilo, limón tropical
Tallas: 32–40

$38

Bikinis y trajes de baño
Para ella, de 82% de nilón, 18% de spandex
Colores: chile picante, limón tropical, negro
Tallas: 6–14

$48

Chaqueta
Unisex, de 100% de algodón
Colores: crema de coco, caqui
Tallas: pequeña, mediana, grande, super-grande

$62

Cinturón
De cuero, para él o ella
Colores: marrón, blanco
Tallas: pequeña, mediana, grande, super-grande

$22

Huaraches
Importados de México, de cuero
Números: 5–12

$32

Gafas de sol

$29

Pantalones cortos
Para él o ella, de 100% de algodón
Colores: azul marino, limón tropical, blanco
Tallas: para él, 32–40; para ella 6–16

$26

Camiseta
Unisex, de manga corta, 75% de algodón, 25% de poliéster
Colores: blanco, chile picante, limón tropical
Tallas: pequeña, mediana, grande, super-grande

$18

Llamar gratis a 1-800-555-5711

Contexto: Tú y tu compañero(a) van a hacer un pedido por teléfono de varios artículos anunciados en el catálogo *Terra Firma*. Tú (**Estudiante B**) trabajas para *Terra Firma*, una compañía que vende por catálogo. Tienes que tomar el pedido de un(a) cliente (**Estudiante A**) y llenar el formulario. **¡Ojo!** Tienes que consultar la tabla para asegurarte *(to be sure)* de que *Terra Firma* tenga la mercancía en inventario *(in stock)*. Tu compañero(a) va a empezar.

TERRA FIRMA

Nombre y apellido _____

Dirección _____

Ciudad _____   Código postal _____

Estado _____

Tarjeta de crédito: número _____

Artículo	Color	Talla	Cantidad	Precio
				Total: _____

— Vocabulario útil —

¿Cuál es su primer artículo?
Lo siento, pero...
¿Quiere Ud. otro color / otra talla?
Gracias por su pedido.

Traje de baño	32	34	36	38	40
verde cocodrilo	•	•	□	•	□
limón tropical	•	□	•	•	

Bikini/Traje de baño	6	8	10	12	14
chile picante	•	•	□	•	•
limón tropical	•	•	•	•	□
negro	•	□	•	□	•

Camiseta	P	M	G	SG
blanca	□	•	□	•
chile picante	•	•	•	□
limón tropical	•	•	•	□

Cinturón	P	M	G	SG
marrón	•	•	•	□
blanco	•	□	•	•

Chaqueta	P	M	G	SG
crema de coco	□	□	•	•
caqui	•	•	□	□

Gafas de sol
•

Huaraches/Sandalias	5	6	7	8	9	10	11	12
	•	□	•	•	□	•	_	•

Pantalones cortos para él	32	34	36	38	40
azul marino	•	•	□	•	□
limón tropical	_	•	•	•	□
blanco	□	□	•	•	•

Pantalones cortos para ella	6	8	10	12	14	16
azul marino	□	•	•	□	•	•
limón tropical	□	□	□	•	□	•
blanco	•	•	•	•	•	•

Clave
• **en inventario** *(in stock)*
□ **agotado** *(out of stock)*

¡Vamos a leer!

Estrategia: Decoding complex sentences

While you may not be able to speak or write using long complex sentences, you *can* learn to understand them in your readings. In this section you will practice some techniques for decoding complex sentences as you read "Adicción a las compras," an article on compulsive shopping.

Estrategia. There are a number of sentence types in Spanish and English. By learning to recognize the sentence type you are reading, you can understand it more easily. Read the following information about sentence types and complete the activities on a sheet of paper.

1. A *simple sentence* is composed of one independent clause, that is, one subject and its corresponding verb. The sentence may have, of course, many other elements that help complete the thought, such as direct objects, adverbs, prepositional phrases, etc.

   In the following simple sentence, taken from the article on page 420, the subject of the sentence is **personas** and the verb is **son; adictas** completes the thought and refers back to the subject.

   ... en Gran Bretaña aproximadamente 700 mil <u>personas</u> <u>son</u> adictas a las compras.
   subject   verb

   Here is another simple sentence from the article. What is the subject of this sentence? the verb?

   En Estados Unidos, unos quince millones compran de manera compulsiva.

2. *Compound sentences* consist of two independent clauses that are joined by the conjunctions **y, pero,** or **porque.** Each clause has its own subject and verb and could stand alone. The following compound sentence is a paraphrase of the first sentence of the article. In the first clause, the subject is **comprar por impulso** and the verb is **es.** What conjunction connects the second independent clause to the first? What is the subject of the second clause? the verb?

   Comprar por impulso es más común en Navidad porque la cultura da mucho énfasis a los regalos.

3. *Complex sentences* contain a main clause as well as one or more subordinate, or dependent, clauses. A subordinate clause has a subject and a verb but cannot stand alone. It forms an integral part of the sentence, and the whole dependent clause may function as an adjective, an adverb, or a noun. The subordinate clause is often joined to the main clause by the word **que.**

   The following complex sentence is taken from the section "Perfil *(Profile)* de un comprador compulsivo." In the main clause, the subject is **estudiosos** *(experts)* and the verb is **señalar** *(to point out).* In the dependent clause, the subject is **comprar** *(buying),* an infinitive that is used as a noun; the verb is **es.**

   Los <u>estudiosos</u> <u>señalan</u> que <u>comprar</u> compulsivamente <u>es</u> un mecanismo
   subject 1   verb 1   subject 2   verb 2
   de defensa...

It is interesting that this sentence continues with another subordinate clause that further describes **"un mecanismo de defensa."** This third clause is printed below in bold. What is the subject of the third clause? the verb?

Los estudiosos señalan que comprar compulsivamente es un mecanismo de defensa **que las personas utilizan para evadir** *(to avoid)* **sentimientos, hechos** *(facts)* **o situaciones negativas en su vida.**

9-34 Comprensión. Lee el artículo y contesta las preguntas en la página 421.

En Navidad puede ser que comprar por impulso sea más común porque todos los caminos conducen hacia las tiendas. No es que comprar sea malo, en muchas ocasiones es necesario, pero debe hacerse con moderación. Según las estadísticas, en Gran Bretaña aproximadamente 700 mil personas son adictas a las compras. En Estados Unidos unos quince millones compran de manera compulsiva. Por otro lado, unos cuarenta millones adicionales luchan cada día contra el impulso de gastar más de lo que pueden.

Perfil de un comprador compulsivo

Los expertos señalan que comprar compulsivamente es un mecanismo de defensa que las personas utilizan para evadir sentimientos, hechos o situaciones negativas en su vida. Un comprador compulsivo es aquella persona que siente una satisfacción y un placer desmedido en el momento que compra. En el momento en que siente ese placer agradable, pierde el control de sus actos, al punto de interferir con sus finanzas, su trabajo y hasta su vida íntima y familiar.

Coloma Ríos Rodríguez, psicóloga clínica, explicó a *Buena VIDA* que la publicidad que presentan los medios de comunicación, hasta cierto punto, influye en las personas al momento de comprar. También destaca que en Navidad, las personas gastan más.

La persona que es comprador compulsivo por lo regular se siente deprimida, tiene una autoestima baja y es propensa a la fantasía.

¡Controla tus compras!

Si te identificas con la descripción de un comprador compulsivo no te alarmes, tu problema tiene solución. Lo primero que debes hacer es reconocer y aceptar que estás derrochando tu dinero sin ninguna necesidad.

Algunos especialistas concuerdan en que para controlar el placer de comprar, debes reducir:

- los niveles de ansiedad y de nerviosismo;
- el vacío espiritual;
- el aislamiento;
- la baja autoestima y la inseguridad;
- y la sensación de dependencia.

Si ésta es tu situación no vaciles en buscar ayuda psicológica y apoyo en libros de autoayuda. "La psicoterapia es una buena opción para reforzar tu imagen, tener una actitud positiva y reforzar tu autoestima", indicó Ríos Rodríguez.

--- Vocabulario útil ---

evadir	*to avoid, evade*	propensa	*prone to, inclined to*
un placer	*a pleasure*	derrochando	*wasting, squandering*
desmedido	*disproportionate*	no vaciles	*don't hesitate*
deprimido	*depressed*	el aislamiento	*isolation*

1. ¿Cómo sabemos que la adicción a las compras es un problema serio?
2. En general, ¿por qué compran compulsivamente las personas?
3. Según la psicóloga Coloma Ríos Rodríguez, ¿cuál es otro factor que contribuye al problema?
4. ¿Cuáles son algunas características del comprador compulsivo?
5. ¿Qué debe hacer una persona que sufre de este problema?

Un paso más: Cuaderno de actividades

Vamos a escribir: Editing and proofreading   Pág. 192

You'll practice these two very important steps that all good writers follow. In **Capítulo 2,** you practiced revising your work as the last step in the writing process. Now, you'll expand on each step separately; **editar** *(editing)* for idea- or fact-content, and **corregir** *(proofreading)* for grammatical accuracy, spelling, and punctuation. These are useful skills no matter what the context of your writing.

Vamos a mirar: Pág. 194

Vídeo 1: Vamos de compras

You will watch as Miguel interviews two young women about the clothes they like to buy and wear on different occasions. Then you will accompany Laura and one of her friends on a shopping trip to a local boutique.

Vídeo 2: Vistas de Bolivia

Bolivia

Datos esenciales

- **Nombre oficial:** República de Bolivia
- **Capitales:** La Paz (capital administrativa; sede del gobierno) y Sucre (capital constitucional e histórica)
- **Población:** 7.826.350 habitantes
- **Unidad monetaria:** El boliviano
- **Principales industrias:** Minería de estaño *(tin),* antimonio y tungsteno. Exportación de metales y minerales, cinc, oro, plata, plomo *(lead),* petróleo, gas natural, madera, soya, café y azúcar
- **De especial interés:** Bolivia tiene varios idiomas oficiales: el castellano (español) y las lenguas indígenas quechua y aymará. Bolivia y Paraguay son los dos únicos países americanos que no tienen costas. La variedad topográfica de Bolivia incluye: los Andes, volcanes activos, el Altiplano y el famoso lago Titicaca.
- **Internet:** http://avenidas.heinle.com

1400 Los incas conquistan los aymarás y otras tribus indígenas.

1825 Bolivia finalmente obtiene su independencia de España.

Un **vistazo** a la historia

1531 Pizarro comienza la conquista. Para 1538 toda Bolivia queda bajo el dominio español.

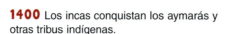

Personajes de ayer y de hoy

Jaime Escalante, maestro de física y matemáticas famoso por su extraordinaria labor como profesor. Nació en La Paz y emigró a los Estados Unidos. Su gran logro *(accomplishment)* fue ayudar a estudiantes pobres latinos en una escuela llena de violencia, drogas, pandillas *(gangs)* y múltiples problemas sociales a tener interés en sus estudios. Con su motivación y apoyo, todos sus estudiantes tuvieron éxito en su examen de cálculo avanzado *(AP calculus)*. Recibió la Medalla Presidencial de los EE.UU. y el Premio Andrés Bello de la Organización de Estados Americanos (OEA).

Marina Núñez del Prado, una de las más aclamadas escultoras latinoamericanas. Nació en La Paz. Viajó por el mundo, estudiando la escultura, arquitectura y pintura distintiva de cada país, trabajando en sus esculturas y presentando exhibiciones de su obra. Su mayor inspiración artística fue la cultura aymará y sus tradiciones, los problemas sociales de los indígenas y las formas ondulantes del paisaje de su querida tierra boliviana.

Simón I. Patiño, un mestizo pobre, aprendiz *(apprentice)* de minero, que se convirtió en uno de los magnates más ricos del mundo en la primera mitad del siglo XX. A principios de siglo la producción europea de estaño disminuyó *(diminished)* y la lucrativa minería de ese metal fue monopolizada en Bolivia por los "barones del estaño": Simón I. Patiño, Carlos Aramayo y Mauricio Hochschild. El gobierno apoyó estos intereses de la oligarquía minera imponiendo impuestos *(taxes)* mínimos y aceptando el despojo *(despoilment)* de tierras indígenas.

Notas culturales de interés

El lago Titicaca, de 170 kilómetros de largo, es el lago más grande de América del Sur. Está a 3.820 metros sobre el nivel del mar en un altiplano entre los picos nevados de los Andes. Se extiende entre Bolivia y Perú. El folklore andino y la cultura antigua aún sobreviven en este lago sagrado. Entre los más interesantes lugares se encuentran las islas del Sol y de la Luna, la isla de Suriki y las islas de totora *(reed islands),* comunidades flotantes construidas por los indígenas de la tribu Uros al estilo de sus antepasados *(ancestors)*. Cuenta la leyenda inca que los hijos del Sol, Manco Capac y Mama Ocllo, emergieron de las profundas aguas azules del lago para fundar su imperio. Según la profecía inca, con la llegada del nuevo milenio se inicia un nuevo ciclo cósmico o Inti, una época de grandes cambios.

1952 El Movimiento Nacionalista Revolucionario (MNR) logra que el gobierno les devuelva *(gives back)* a los grupos indígenas tierras que les había quitado *(had taken away)*.

1964 Comienza una serie de golpes de estado y dictaduras militares; la economía decae; la inflación sube y aumentan los abusos contra la población indígena.

1879 En la Guerra del Pacífico, Chile obtiene 850 kilómetros de territorio costero boliviano. Bolivia pierde su acceso al mar y a un área rica en minerales en el desierto de Atacama.

¿Qué sabes sobre Bolivia?

9-34 Datos de importancia. Trabaja con un(a) compañero(a). Preparen un cuadro según el modelo, con información sobre Bolivia. Expliquen en una o dos oraciones por qué cada persona, lugar u objeto es de importancia.

Área	Personaje/Lugar/Objeto	Importancia en su área
negocios		
artes		
educación		
geografía		
historia		
folklore		
lenguas		

9-35 ¿Qué tienen en común? Trabaja con un(a) compañero(a). Recuerden la información sobre Venezuela, Perú, Argentina y Ecuador, los países sudamericanos presentados en anteriores capítulos. Después, digan cuáles de esos países tienen cada característica en común con Bolivia.

1. Partes de estos cuatro países pertenecieron *(belonged)* al antiguo Imperio Inca.
2. Tienen una historia de dictaduras militares y golpes de estado.
3. Fueron liberados por Bolívar, exportan petróleo y tienen fronteras con Brasil.
4. El lago Titicaca es compartido *(shared)* Bolivia y este otro país.
5. Todavía se encuentran volcanes activos.

Vocabulario

Sustantivos

el abrigo coat
el acondicionador hair conditioner
el almacén store
el anillo ring
el arete earring
el audífono headphone
el beeper pager
la billetera wallet
el bloc memo/note pad
la blusa blouse
el bolso de cuero leather pocketbook (handbag, purse)
la bota boot
el brazalete bracelet
la cadena chain
el calcetín sock
la cámara camera
la camisa shirt
la camiseta T-shirt
el cepillo de dientes toothbrush
el champú shampoo
la chaqueta jacket
la cinta adhesiva adhesive tape
el cinturón belt
el collar necklace
el color color
el contestador automático answering machine
la corbata necktie
el descuento discount

el disco compacto/CD CD
la droguería drugstore
el escaparate window
la falda skirt
la farmacia pharmacy
la ficha filing/note card
las gafas de sol sunglasses
la goma de borrar eraser
la gorra cap
la grapadora stapler
el guante glove
la guayabera guayabera shirt
el hombre man
el impermeable raincoat
el jabón soap
el lector de DVD DVD player
las maracas maracas
la mujer woman
la niña girl
los pantalones pants, trousers
los pantalones cortos shorts
pantimedias pantyhose
el papel de regalo wrapping paper
la papelería stationery store
el paraguas umbrella
la pasta dentífrica toothpaste
el peine comb
la piñata piñata
el piso floor (level)
la planta baja ground floor

el plato dish
las presillas paperclips
el probador dressing room
el radio casete boom box
el radio casete portátil (con audífonos) portable radio/tape player (with headphones)
la regla ruler
los rotuladores felt-tipped pens
el sacapuntas pencil sharpener
la sandalia sandal
el sarape poncho
el sombrero hat
el sótano basement
la sudadera sweatshirt
el suéter sweater
la talla size
el teléfono celular cell phone
la tienda de electrónica electronics store
las tijeras scissors
el traje suit
el traje de baño bathing suit
los vaqueros jeans
el vestido dress
el vídeo video
la videocámara video camera, camcorder
la videocasetera VCR
el zapato shoe

Verbos

aceptar to accept
buscar to look for
encontrar (ue) to find
envolver (ue) to wrap

llevar to wear; to take
mostrar (ue) to show
pagar to pay (for)
parecer to seem

probarse (ue) to try on
quedar to fit
regatear to bargain
valer to cost, to be worth

Otras palabras

amarillo(a) *yellow*
anaranjado(a) *orange*
azul *blue*
azul marino *navy blue*
barato(a) *cheap, inexpensive*
beige *beige*
blanco(a) *white*
caro(a) *expensive*
con lunares *with polka dots, polka-dotted*
(color) crema *off-white, cream (color)*
cuarto(a) *fourth*
de cuadros *plaid*
de algodón *cotton*

de seda *silk*
de lana *wool, woolen*
de oro *gold*
de plata *silver*
de rayas *striped*
décimo(a) *tenth*
estampado(a) *print (fabric)*
extra grande *extra large*
formal *dressy, formal*
grande *large*
gris *gray*
marrón *brown*
mediano(a) *medium*
morado(a) *purple*
negro(a) *black*

noveno(a) *ninth*
octavo(a) *eighth*
pequeño(a) *small*
primer(a) *first*
quinto(a) *fifth*
rojo(a) *red*
rosado(a) *pink*
segundo(a) *second*
sencillo(a) *simple*
séptimo(a) *seventh*
sexto(a) *sixth*
solamente *only*
tercer(a) *third*
verde *green*

Expresiones útiles

Aquí los tiene. *Here they are.*
¿Cómo le queda(n)... ? *How does (do) the . . . fit? (formal)*
¿Cuánto cuestan? *How much do they cost?*
¿De qué color? *What color?*
Está rebajado(a). *It is on sale/reduced.*
Estoy buscando... *I'm looking for . . .*
Gracias, sólo estoy mirando. *Thanks, I'm just looking.*
¿Me puede hacer un descuento? *Can you give me a discount?*
Me los (las) llevo. *I'll take them.*
¿Podría mostrarme... ? *Could you show me . . . ?*
Por favor, ¿dónde se encuentra(n)... ? *Excuse me, where can I find . . . ?*
¿Qué desea? *What would you like?/May I help you?*
¿Qué le parece éste? *What do you think of this one? (formal)*
¡Qué horror! *How awful!*
¡Qué caro(a)! *How expensive!*
¿Qué talla lleva Ud.? *What size (clothing) do you wear?*
Voy a llevármelo(la). *I'll take it.*

For further review, turn to Appendix E.

Capítulo 10

¡Así es la vida!

Objetivos

Speaking and Listening

- Talking about the "ups and downs" of every-day life
- Giving advice
- Expressing empathy and emotion
- Expressing doubt or certainty about future events

Reading

- Recognizing word families (Part I)

Writing

- Composing simple poems *(Cuaderno de actividades: ¡Vamos a escribir!)*

Culture

- Chile *(Panorama cultural)*
- Major preoccupations and worries *(Puente cultural)*
- Marriage customs *(Comentario cultural)*

Grammar

- Uses of the present subjunctive: noun clauses expressing will and influence; emotion; uncertainty, doubt, and denial
- Spelling-changing and irregular verbs in the present subjunctive
- Stem-changing verbs in the present subjuntive
- Uses of the indicative with expressions of certainty
- Relative pronouns and relative clauses *(Vistazo gramatical)*

A primera vista

 Trabaja con un(a) compañero(a). Estudien el cuadro y lean los datos sobre Salvador Dalí. Después discutan las preguntas.

1. ¿Pueden ver las tres fases principales de la vida que pinta Dalí?
2. ¿Cuál de las tres figuras aparece más prominentemente? ¿Por qué creen que es así?
3. Ahora enfoquen *(focus)* su vista en las otras dos figuras justo en el centro del cuadro. ¿Quiénes serán la mujer sentada y el niño vestido de azul parado a su lado?
4. Hay varias figuras cabizbajas *(downhearted)* (fíjense en la nariz / el ojo del viejo, en la oscuridad entre el viejo y el adolescente, y en el ojo / la nariz / la boca del infante). ¿Cómo interpretan Uds. el mensaje que estas figuras dan sobre la vida?
5. Describan en una o dos oraciones las etapas de la vida. Pueden añadir *(add)* más etapas a las tres de Dalí.

Salvador Dalí (1904–1989)

Nacionalidad: español

Otras obras: *La persistencia de la memoria, El torero alucinogénico, Leda atómica*

Estilo: Dalí fue el líder del movimiento surrealista. Pero, sobre todo, Dalí fue Dalí: eccéntrico y original como pocos. Dalí es un maestro de la técnica y la perspectiva. En sus cuadros mezcla la realidad con los sueños; y el mundo que pinta es paradójico, lleno de contradicciones, dobles imágenes y símbolos. Su estilo es intrigante, especialmente las imágenes superimpuestas que le ofrecen al espectador dos posibles versiones de la misma realidad.

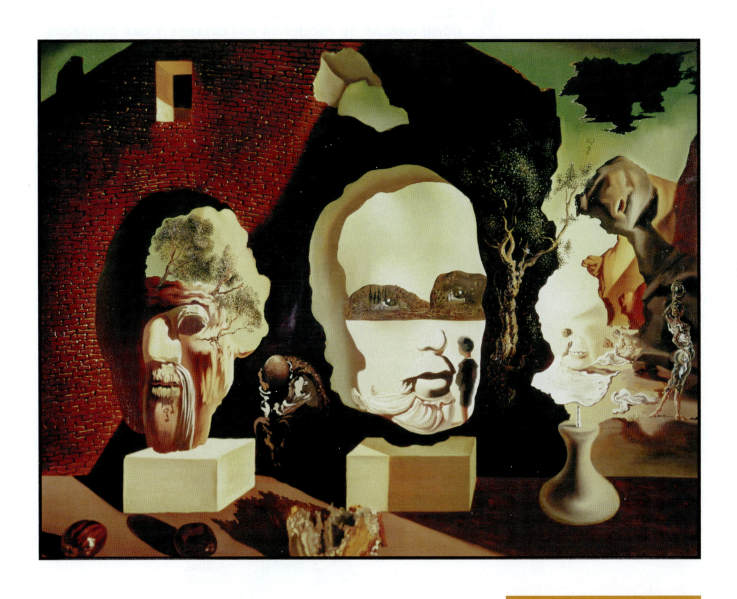

Vocabulario temático
CÓMO HABLAR DE PEQUEÑOS MALESTARES Y DAR CONSEJOS

Unos malestares comunes

¿Qué te pasa? Tienes mala cara.

No es nada grave. Es que *estoy agotado(a) de tanto trabajar.*

No es nada grave, pero a veces *padezco de insomnio porque tengo mucho estrés.*

Es que *no me estoy alimentando bien y no tengo energía para nada.*

Los consejos

Bueno, ¿por qué no *te tomas unos días libres?*
tratas de descansar más
comes comidas más balanceadas
dejas de fumar

Deberías *tomar vitaminas.*
cuidarte mejor
ir al médico

Te aconsejo que *duermas una siesta.*
no trabajes tanto

Las reacciones a los consejos

Tienes razón.
Es buena idea.
Bueno, no sé. No estoy seguro(a).

¿ Sabías que...

- Notice that there are several ways to give advice in Spanish, each of which follows a particular sentence pattern.

  ¿Por qué no... ? *(Why don't you . . . ?)* + present indicative
  ¿Por qué no **tomas** más vitamina C?   *Why don't **you take** more vitamin C?*

  Deberías... *(You should . . . , from the infinitive deber)* 1 infinitive
  Deberías tomar unas vacaciones.   ***You should take** a vacation.*

  Te aconsejo que... *(I advise you to . . .)* + present subjunctive
  Te aconsejo que dejes de fumar.   ***I advise you to stop** smoking.*

- To wish someone who is ill a speedy recovery, say **Que te mejores pronto.**

Ponerlo a prueba

10-1 ¡Pobre Selena! Selena y su amiga Carmen viven en Valparaíso, Chile. Escucha la conversación entre las dos jóvenes mujeres. ¿De qué pequeños malestares sufre Selena? ¿Qué consejos le da Carmen? Completa las oraciones con las letras correspondientes a las mejores respuestas.

Text Audio CD
Track CD2-20

1. Selena dice que _____ y _____.
   a. sufre de estrés
   b. tiene la gripe
   c. está agotada
   d. padece de insomnio
   e. no tiene energía

2. Los consejos de Carmen son _____, _____ y _____.
   a. tomar unos días libres
   b. comer comidas más balanceadas
   c. tomar unas vacaciones
   d. tomar vitaminas
   e. hacer más ejercicio

3. Selena decide _____.
   a. ir de vacaciones
   b. trabajar menos horas
   c. tomar más vitaminas
   d. ir a una clase de ejercicios aeróbicos
   e. ir a una clase de yoga

10-2 La salud. Varios miembros de la familia Martínez están sufriendo de pequeños malestares. ¿Qué consejos les dan sus familiares en estas situaciones? Completa las frases según las indicaciones en los dibujos.

1. Beatriz: Arturo, no deberías _____.
   Carlos: Papá, ¿por qué no _____?
   Felicia: Te aconsejo que _____.

2. Dulce: Deberías _____.
   Arturo: Hija, te aconsejo que _____.
   Beatriz: ¿Por qué no _____?

3. Elisa: Tía, ¿por qué no _____?
   Beatriz: Felicia, deberías _____.
   Dulce: Te aconsejo que _____.

10-3 Querida Ana María. Ana María es una periodista que escribe una columna de consejos sobre la salud y los problemas personales. Aquí tienes varias cartas que los lectores le han escrito. ¿Cómo las contestarías tú? Escribe dos o tres consejos para cada carta. Usa expresiones como: **Deberías... , Te aconsejo que... , ¿Por qué no... ?**

Querida Ana María:

Soy estudiante de primer año en la universidad. Estoy muy preocupada porque aunque no hago más que estudiar, no saco
buenas notas. El estrés en la universidad es increíble. Todas las
semanas tenemos exámenes. Además, vivo con mis padres y,
por eso, no tengo muchos amigos en la universidad. Espero que
tú me puedas ayudar.

María Elena

1.

Estimada Ana María:

Necesito tus consejos. Estoy locamente enamorado de una
chica que está en mi clase de cálculo. Desgraciadamente, ella ni
se da cuenta (has no idea) que existo. Es que soy un poco
tímido y no me atrevo (I don't dare) a hablar con ella. ¿Qué
debo hacer para conocerla?

José

2.

Estimada Ana María:

Mi esposo y yo estamos separados desde hace un año; por
eso me corresponde a mí toda la responsabilidad de cuidar a
nuestra hija de tres años. Además, soy estudiante en la universidad y trabajo en un banco. Con todas estas responsabilidades, no tengo tiempo para mí misma. Estoy agotada y no sé
qué hacer. Para colmo, últimamente padezco de insomnio y
estoy más cansada que nunca.

Rosa

3.

Gramática

A. El presente de subjuntivo. Advice to other people may be phrased in several different ways in Spanish. One of these ways requires the use of a special sentence pattern consisting of a main clause connected by the word **que** to a dependent noun clause. The verb in this dependent clause is conjugated in the *present subjunctive* (**el presente de subjuntivo**).

subject	expression of advice	*que*	dependent noun clause	
			new subject	verb in present subjunctive
(Yo)	Te aconsejo	que	(tú)	**duermas** una siesta.
I	*advise*		*you*	*to take a nap.*
(Yo)	Le recomiendo	que	(Ud.)	**tome** estos antibióticos.
I	*recommend*	*that*	*you*	*take these antibiotics.*

To form the present subjunctive of most verbs, you must follow a two-step process.

- Conjugate the verb in the **yo** form of the present indicative and drop the **-o** ending.

- Add a new ending, according to the chart below.

	-ar verbs descansar	*-er/-ir* verbs hacer
	yo descansø	yo hagø
que yo	descans**e**	hag**a**
que tú	descans**es**	hag**as**
que Ud., él, ella	descans**e**	hag**a**
que nosotros(as)	descans**emos**	hag**amos**
que vosotros(as)	descans**éis**	hag**áis**
que Uds., ellos, ellas	descans**en**	hag**an**

B. Las expresiones de influencia. When we give advice to others, we are trying to influence their behavior. We also attempt to influence behavior in other ways: by giving orders, making requests, expressing our preferences, giving permission, or prohibiting someone from doing something. When the verb in the main clause of a sentence expresses any of these kinds of influence, the verb in the dependent clause (*after* the word **que**) must be conjugated in the subjunctive.

Here are some common verbs and expressions of influence that "trigger" the use of the subjunctive in the dependent clause.

aconsejar	Te aconsejo que tomes esta medicina.	*I advise you (informal) to take this medicine.*
recomendar (ie)	Te recomiendo que...	*I recommend that you . . .*
pedir (i)	Te pido que...	*I ask you to . . .*
prohibir	Te prohíbo que...	*I forbid you to . . .*
sugerir (ie)	Te sugiero que...	*I suggest that you . . .*
querer (ie)	Quiero que...	*I want (you) to . . .*
preferir (ie)	Prefiero que...	*I prefer that (you) . . .*
	Es preferible que...	*It's preferable that . . .*
	Es mejor que...	*It's better that . . .*
	Es necesario que...	*It's necessary that . . .*
	Es importante que...	*It's important that . . .*

C. Verbos de comunicación. With certain expressions of influence—the verbs of communication—it is common to use an indirect object pronoun in the main clause. This indirect object pronoun refers to the person that you are trying to influence. The most common verbs of communication are **aconsejar, recomendar, pedir, sugerir,** and **prohibir.**

aconsejar   El médico **nos** aconseja que hagamos más ejercicio.
*The doctor recommends that **we** do more exercise.*

recomendar   También **le** recomienda **a papá** que deje de fumar.
*He also recommends that **Dad** stop smoking.*

Ponerlo a prueba

10-4 Muchos consejos. Pobre Jaime está muy preocupado por sus problemas y por los de sus parientes y amigos. Su amiga Clarisa le da muchos consejos. Combina las oraciones de las dos columnas de una manera lógica. Conjuga cada verbo entre paréntesis en el presente del subjuntivo.

MODELO: Jaime: Mi padre trabaja demasiado.
            Clarisa: *c.* Es importante que (él) ***aprenda*** a relajarse.

Los problemas de Jaime

1. Quiero dejar de fumar.
2. Mi novia tiene anorexia.
3. Mi madre siempre está nerviosa pero insiste en beber café constantemente.
4. Mis amigos beben mucha cerveza.
5. Mis compañeros y yo tenemos mucho estrés.

Los consejos de Clarisa

a. Te recomiendo que (tú) le **(comprar)** café descafeinado.
b. Te sugiero que (tú) **(probar)** los parches *(patches)* de nicotina.
c. Es importante que (él) **(aprender)** a relajarse *(to relax)*.
d. Es mejor que (ella) **(ver)** a un psicólogo.
e. Les aconsejo a Uds. que **(hacer)** más ejercicio.
f. Es importante que (ellos) no **(manejar** *[to drive]*) cuando toman.

10-5 El diablito. Estás cuidando a *(taking care of)* Ángel, un niño de ocho años que es un poco desobediente. ¿Cómo reaccionas a cada una de las siguientes declaraciones de Ángel? Tienes que incorporar estas expresiones:

Quiero que...   Te recomiendo que...
Prefiero que...   Te pido que...
Te aconsejo que...   Te prohíbo que...

MODELO: Ángel: Mis amigos no tienen que hacer la cama. Yo tampoco voy a
                  hacerla. Bueno, ¡hasta luego! Voy a salir a jugar.
              Tú: *Te prohíbo que salgas a jugar. Quiero que hagas tu cama*
                  inmediatamente.

1. ¡Detesto las espinacas! Son tan verdes y tan... tan horribles. No pienso comerlas jamás.
2. ¡Mira! Pepito me dio este vídeo. ¿Quieres mirarlo conmigo? Se llama *Pasión prohibida.*
3. ¿Una camisa blanca? ¿Una corbata? ¡Por favor, no! Todo el mundo lleva vaqueros a la iglesia. No quiero ponerme ese traje feo.
4. ¿Tarea? ¿Qué tarea? La profesora no nos mandó tarea. Además, mañana no tenemos clase.
5. ¿Más leche? Pero si bebí un vaso grande esta mañana para el desayuno. No quiero beber más leche hoy.
6. ¡Hasta luego! Voy a la casa de Pepito. Sus padres le compraron unos fuegos artificiales. ¡Qué suerte! ¡Chao!
7. Quiero navegar el Internet. Mi amigo Marcos me dijo que hay muchas páginas interesantes con rifles y pistolas.
8. ¿Puedo usar tu teléfono celular? Mi amiga Sarita está en el Japón con sus padres y quiero llamarla.

Gramática
EL PRESENTE DEL SUBJUNTIVO: VERBOS CON CAMBIOS ORTOGRÁFICOS Y VERBOS IRREGULARES

A. Los cambios ortográficos. Many verbs use regular endings in the present subjunctive but undergo spelling changes in the consonants just *before* the verb ending. Here are the four major kinds of spelling-changing verbs; notice that the spelling change occurs in *all* persons.

-car verbs: c → qu

bus**car** *(to look for):* bus**que**, bus**qu**es, bus**que**, bus**que**mos, bus**qu**éis, bus**que**n

-gar verbs: g → gu

ju**gar** *(to play):* jue**gue**, jue**gu**es, jue**gue**, ju**gu**emos, ju**gu**éis, jue**gu**en

-zar verbs: z → c

almor**zar** *(to eat lunch):* almuer**ce**, almuer**c**es, almuer**ce**, almor**c**emos, almor**c**éis, almuer**ce**n

-ger verbs: g → j

esco**ger** *(to choose):* esco**ja**, esco**ja**s, esco**ja**, esco**ja**mos, esco**já**is, esco**ja**n

B. Los verbos irregulares. The five verbs below have irregular forms in the present subjunctive. Note also that the impersonal form of **haber** in the present subjunctive is **haya** *(there is/are).*

	ir *(to go)*	ser *(to be)*	estar *(to be)*	saber *(to know)*	dar *(to give)*
que yo	vaya	sea	esté	sepa	dé
que tú	vayas	seas	estés	sepas	des
que Ud., él, ella	vaya	sea	esté	sepa	dé
que nosotros(as)	vayamos	seamos	estemos	sepamos	demos
que vosotros(as)	vayáis	seáis	estéis	sepáis	deis
que Uds., ellos, ellas	vayan	sean	estén	sepan	den

Like all other verbs, these forms of the present subjunctive may be used in the dependent noun clause after expressions of advice or of influence.

Es importante que **haya** más ventilación en este cuarto.	*It's important that **there be** more ventilation in this room.*
Es necesario que Uds. **vayan** a la clínica inmediatamente.	*It's necessary for you (plural) **to go** to the hospital at once.*
Te pido que **seas** más prudente con tu dieta.	*I ask you **to be** wiser about your diet.*

Ponerlo a prueba

10-6 El diario de Catalina. Catalina, una estudiante de la Universidad Católica de Valparaíso, está un poco enfadada y preocupada por su compañera de cuarto, Rosa. Aquí tienes un fragmento del diario de Catalina. Complétalo con el presente del subjuntivo de los verbos entre paréntesis.

Mi buena amiga Rosa se está comportando como una loca. Antes, era una chica seria y estudiosa. Pero ahora ella quiere que nosotras (1) _____ (salir) todas las noches. A veces ella quiere que las dos (2) _____ (ir) a una discoteca para bailar; otras noches prefiere que nosotras (3) _____ (ver) una película en el cine. Los fines de semana, salgo con ella y con los demás amigos. Pero durante la semana es necesario que yo (4) _____ (estar) en casa para poder estudiar. Quiero asistir a la escuela de medicina después de terminar mi carrera en biología, y por eso es importante que yo (5) _____ (sacar) notas muy buenas. Cuando le explico todo esto a Rosa, ella se enfada.

Anoche los padres de Rosita la llamaron por teléfono. Ellos quieren que Rosa (6) _____ (ser) más prudente con su tiempo. Según ellos, es necesario que ella (7) _____ (empezar) a aplicarse más a sus estudios. Para la familia de Rosa, es un gran sacrificio pagar la matrícula y los costos de sus estudios, y es importante que ella (8) _____ (saber) eso.

No sé qué va a pasar. Pero si Rosa no cambia, le voy a recomendar que (9) _____ (buscar) otra compañera de cuarto.

10-7 Más consejos, por favor. ¿Qué consejos les darías a estas personas?
Trabaja con tu compañero(a). Escojan dos consejos de la lista para cada situación
y cambien los infinitivos al presente del subjuntivo. Deben incorporar expresiones
como las siguientes.

Le(s) recomiendo que...	Es necesario que...
Es mejor que...	Es preferible que...
Es importante que...	Le/Les recomiendo que...

MODELO: Carolina y Javier quieren ser instructores de una clase de
ejercicios aeróbicos.
Les aconsejo (a ellos) *que sepan tomarse el pulso.*
También, *es necesario que estén en forma.*

buscar remedio pronto	ir a un médico o a un psicólogo
darle flores a su compañera	llegar a tiempo
darle una buena impresión al jefe	saber cuál es su peso ideal
estar en forma	saber tomarse el pulso
estar informada sobre la nutrición	sacar buenas notas
empezar a solicitar información pronto	ser cortés y sincero

1. Luis está un poco gordo y quiere adelgazar *(to lose weight).*
   Le recomiendo a Luis que _____.
   También, _____.

2. Eduardo tiene una entrevista importante para conseguir un nuevo empleo.
   Le recomiendo a Eduardo que _____.
   También, _____.

3. Tonya y Angélica piensan hacer estudios de postgrado pero no saben todavía
   a qué universidad quieren asistir.
   Es necesario que ellas _____.
   También, _____.

4. Laura y su hermana Francisca sufren de depresión a veces.
   Es importante que ellas _____.
   También, _____.

5. Ramón tiene una cita el sábado con una chica que no conoce.
   Es preferible que él _____.
   También, _____.

10-8 Los problemas de mis amigos. Varios amigos consultan contigo cuando quieren resolver sus problemas. Con un(a) compañero(a), dramatiza las siguientes escenas.

MODELO: Tu amigo Germán: *No sé qué hacer. Mañana tengo tres exámenes importantes. También tengo que escribir una composición para mi clase de inglés. Pero todo el mundo va a la fiesta de Mauricio esta noche, y a mí me gustaría ir también.*

Tú: *Es necesario que seas responsable, Germán. No te recomiendo que vayas a la fiesta de Mauricio. Es importante que estudies para tus exámenes.*

1.

2.

Síntesis

10-9 Los enemigos de la memoria. Algunos estudiantes se preparan mucho para los exámenes, pero cuando llega el día del examen, se olvidan de *(they forget)* todo. El siguiente artículo explica cómo combatir este problema. Lee el artículo y escribe un resumen con cinco recomendaciones. Incorpora expresiones como **es mejor que, es necesario que, es importante que,** etcétera.

MODELO: *Según el artículo, es preferible que no bebamos más de dos tazas de café al día.*

LOS ENEMIGOS DE LA MEMORIA

En época de preparación de exámenes hay que evitar:

- **El café:** el exceso de cafeína produce estrés e impide pensar con claridad. Toma un máximo de 2 cafés al día.
- **El alcohol:** disminuye la memoria.
- **El tabaco:** dificulta la capacidad de utilizar la información que ha almacenado la memoria.
- **Tranquilizantes:** favorecen el "letargo" del cerebro.
- **Estimulantes:** porque sus efectos sobre la memoria son muy breves y luego producen desconcentración.
- **Dormir poco:** la falta de sueño impide concentrarse y memorizar.

10-10 La salud de los estudiantes. Completa esta encuesta en grupos de cuatro o cinco personas. Después, analicen los resultados juntos.

Primera parte: Entrevístense con estas preguntas.

	Nunca	A veces	A menudo
1. ¿Con qué frecuencia padeces de estos malestares?			
a. el estrés y la tensión	☐	☐	☐
b. el insomnio	☐	☐	☐
c. falta *(lack)* de energía	☐	☐	☐
d. pérdida *(loss)* de apetito	☐	☐	☐
e. otro problema _____	☐	☐	☐
2. ¿Con qué frecuencia...			
a. fumas cigarrillos?	☐	☐	☐
b. duermes menos de seis o siete horas?	☐	☐	☐
c. comes galletas, tomas chocolate, refrescos, etcétera?	☐	☐	☐
d. te saltas *(skip)* el desayuno?	☐	☐	☐
3. ¿Con qué frecuencia...			
a. comes comidas balanceadas?	☐	☐	☐
b. te acuestas a una hora prudente?	☐	☐	☐
c. haces ejercicio?	☐	☐	☐
d. te relajas con una actividad agradable?	☐	☐	☐

4. ¿Cuáles son las fuentes *(sources)* de estrés y tensión en tu vida?

	Un factor importante	Contribuye a veces	Irrelevante
a. los exámenes	☐	☐	☐
b. las clases universitarias	☐	☐	☐
c. el trabajo	☐	☐	☐
d. las preocupaciones familiares y personales	☐	☐	☐
e. problemas financieros	☐	☐	☐

Segunda parte: Analicen los datos y contesten las preguntas.

1. ¿Cuáles son los malestares más frecuentes entre las personas en su grupo?
2. ¿Cuál es el vicio *(vice)* más común? ¿el menos problemático?
3. ¿Qué hace la mayoría de las personas en su grupo para mejorar la salud?
4. ¿Qué factor contribuye más al problema de estrés? ¿Qué factor contribuye menos?
5. ¿Qué les recomiendan Uds. a sus compañeros que hagan para mejorar la salud?

PUENTE CULTURAL

Cecilia Carro
argentina; 21 años; estudiante

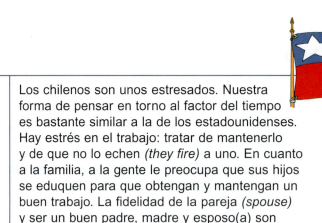

En realidad la gente en Argentina se queja más de la política y de la crisis económica del país que del estrés. Por ejemplo, una gran parte de la población no tiene trabajo y lo que más le preocupa es conseguir uno. Los que ya tienen trabajo, se preocupan por mantenerlo o ascender a un mejor puesto *(position)*. También hay preocupaciones de tipo familiar, por ejemplo, que el esposo o la esposa le sea fiel, que los hijos sean personas respetuosas y se mantengan lejos de problemas como drogas, alcoholismo o delincuencia.

Iván Claudio Tapia Bravo
chileno; 37 años; profesor

Los chilenos son unos estresados. Nuestra forma de pensar en torno al factor del tiempo es bastante similar a la de los estadounidenses. Hay estrés en el trabajo: tratar de mantenerlo y de que no lo echen *(they fire)* a uno. En cuanto a la familia, a la gente le preocupa que sus hijos se eduquen para que obtengan y mantengan un buen trabajo. La fidelidad de la pareja *(spouse)* y ser un buen padre, madre y esposo(a) son también preocupaciones.

Gabriela (Gabi) Marchesín Vergara
mexicana; 23 años; estudiante

Las preocupaciones de la gente dependen de su nivel socioeconómico, pero en general se vive con mucho menos estrés que en los EE.UU. En la clase alta existe más estrés. La clase media se preocupa más por el nivel de vida y en la clase baja la preocupación es de tipo más básico: tener o no tener trabajo. Las preocupaciones de tipo familiar son la educación y formación espiritual de los hijos y mantener respeto, cooperación y comunicación en la pareja *(couple)*.

Te toca a ti

10-11 Preocupaciones de cada día. Trabaja con un(a) compañero(a). Escriban en oraciones cortas las preocupaciones que, según Cecilia, Iván y Gabi, parecen tener en común las personas en sus países. Después marquen (√) las preocupaciones que la gente en los EE.UU. también comparte *(share)*.

Preocupaciones a nivel socioeconómico	Preocupaciones a nivel familiar

10-12 Los factores que influyen en el estrés. Gabi Marchesín dice que el nivel socioeconómico de una persona es un factor que determina el nivel de estrés en su vida. ¿Cuáles son los demás factores? Trabaja con un(a) compañero(a). Decidan las mayores causas del estrés. Enumeren los siguientes factores en orden de importancia, de 1 (el más importante) a 9 (el menos importante).

_____ el nivel socioeconómico de cada individuo; la clase social

_____ la debilidad *(weakness)* emocional de una persona que fácilmente se siente abrumada *(overwhelmed)*

_____ el tren de vida general de la sociedad o el país en que uno vive

_____ la situación económica del país

_____ tener una familia grande, donde hay posibilidad de que existan muchos problemas y tensiones

_____ vivir solo y aislado, sin amistades ni familiares con quienes compartir las presiones

_____ la profesión individual (en algunas profesiones hay más estrés que en otras)

_____ la edad (a ciertas edades hay menos estrés)

_____ el materialismo (quien más quiere en la vida, más sufre de estrés por alcanzarlo *[to attain it]*)

_____ la pérdida *(loss)* trágica de un ser querido *(loved one)*

_____ un evento catastrófico a nivel nacional

_____ los conflictos a nivel nacional

In this *Paso* you will practice:
- Talking about important family events
- Expressing your feelings

Grammar:
- Using the present subjunctive with expressions of emotion
- Stem-changing verbs in the present subjunctive

Vocabulario temático
ALGUNOS ACONTECIMIENTOS FAMILIARES

Cómo expresar las buenas noticias

¿Cómo te va?

Estoy (muy) *orgulloso(a).*
emocionado(a)
alegre
encantado(a)
contentísimo(a)

¿Sí? Cuéntame qué pasa.

Acabo de enterarme de que *mi hermanita va a tener su primera cita para la fiesta de sus quince.*

...mi primo está enamorado y va a comprometerse con su novia.

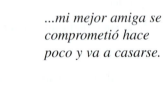

...mi mejor amiga se comprometió hace poco y va a casarse.

...mi hermana mayor está embarazada y voy a ser tío(a).

Cómo reaccionar y continuar la conversación sobre las buenas noticias

¡Ay! ¡Qué buena noticia!
¡Cuánto me alegro!
¡Qué sorpresa!

¿Quién va a ser su compañero(a)?
¿Cuándo le dio su novio el anillo de compromiso?
¿Cuándo es la boda?
¿Cuándo va a nacer el bebé?

Cómo expresar las malas noticias

¿Qué hay de nuevo?

Estoy (un poco) *preocupado(a).*
triste
deprimido(a)
desanimado(a)

Acabo de recibir malas noticias.
Mi hermano y su novia rompieron su
compromiso ayer.
Mis tíos están separados.
La vecina de al lado se murió anoche.

Cómo reaccionar y continuar la conversación sobre las malas noticias

¡Qué pena!
¡Cuánto lo siento!
¡Qué lástima!
¡Ojalá que todo salga bien!

¿Es algo permanente o temporal?
¿Van a divorciarse?
¿Cuándo es el velorio?

Sabías que...

- The words **¡Felicitaciones!** and **¡Felicidades!** are used to congratulate someone in Spanish.

- You can express your condolences in Spanish by saying **(Tiene Ud.) Mi más sentido pésame** *(You have my deepest sympathy).*

- The phrase **acabar de** + infinitive is expressed in English as *to have just . . . (done something).*

Acabo de recibir una carta de mis padres.   *I have just received a letter from my parents.*

Ponerlo a prueba

Text Audio CD
Track CD2-21

10-13 ¿Qué hay de nuevo? Escucha las dos conversaciones sobre las buenas y las malas noticias en tu disco compacto. Completa las oraciones de una manera lógica.

Conversación 1

1. Aurora y Gloria hablan de _____.
   a. un médico en la clínica donde trabajan
   b. Alejandro, el hermano de una amiga
   c. Luisa, una enfermera de la clínica

2. La noticia es de _____.
   a. una boda
   b. un divorcio
   c. un velorio

3. Aurora está _____ por la noticia.
   a. sorprendida *(surprised)*
   b. preocupada
   c. deprimida

Conversación 2

4. Según el médico, Mariana _____.
   a. está embarazada
   b. tiene una enfermedad grave
   c. va a sentirse mejor pronto

5. Rodolfo es el _____ de Mariana.
   a. padre
   b. hijo
   c. esposo

6. Cuando oye la noticia, Rodolfo está _____.
   a. muy deprimido
   b. contentísimo
   c. un poco preocupado

10-14 Buenas y malas noticias. Aquí tienes varias situaciones, algunas con buenas noticias y otras con malas noticias. Con un(a) compañero(a), lean los diálogos y complétenlos con una expresión apropiada (**¡Qué sorpresa! ¡Cuánto lo siento! etcétera**) y con una pregunta lógica (**¿Cuándo es la boda? etcétera**).

1. Lupe: ¡Estoy tan emocionada! Tengo una cita para el baile de etiqueta *(formal)* de mi sororidad.

   Tú: ¡_____! ¿_____?

2. Octavio: Estoy deprimido. Mi esposa acaba de decirme que quiere divorciarse.

   Tú: ¡_____! ¿_____?

3. Mario: ¡Estoy contentísimo! ¿Te acuerdas *(Do you remember)* de la chica que conocí en la fiesta de Enrique el mes pasado? Pues, ¡nos hemos comprometido!

   Tú: ¡_____! ¿_____?

4. Dalia: Estoy muy triste. Mi abuela se murió anoche.

   Tú: ¡_____! ¿_____?

5. Tu compañero(a): (Inventa una **buena** noticia.)

   Tú: ¡_____! ¿_____?

6. Tú: (Inventa una **mala** noticia.)

   Tu compañero(a): ¡_____! ¿_____?

10-15 Los grandes momentos de la vida. El matrimonio y el nacimiento de un bebé son dos acontecimientos muy importantes en la vida. Entrevista a un(a) compañero(a) sobre **uno** de estos temas.

Tema A: El matrimonio

Piensa en una boda especial entre algunos de tus amigos o familiares.

1. ¿Cuándo fue la boda?
2. ¿Quiénes se casaron?
3. ¿Cómo fue la ceremonia, sencilla *(simple)* o muy elegante? ¿Dónde se celebró?
4. ¿Pasó algo divertido o conmovedor *(moving)* durante la ceremonia o la recepción?
5. ¿Adónde fueron los novios de luna de miel *(honeymoon)*?
6. ¿Quieres casarte algún día? ¿A qué edad? ¿Qué tipo de ceremonia te gustaría tener? ¿Adónde quieres ir de luna de miel?

Tema B: El nacimiento de un(a) bebé

Piensa en el nacimiento de un bebé entre algunos de tus amigos o familiares.

1. ¿Quién tuvo el (la) bebé?
2. ¿Es su primer(a) bebé?
3. ¿Qué nombre le pusieron?
4. ¿Cuánto pesó *(did he/she weigh)*?
5. ¿Cómo reaccionaste tú cuando viste al (a la) bebé por primera vez?
6. ¿Quieres tener hijos algún día? ¿A qué edad? ¿Cuántos te gustaría tener?

Comentario cultural: EL MATRIMONIO

¿A qué edad se casaron tus padres? ¿A qué edad quieren casarse la mayoría de tus amigos? ¿Qué tipo de ceremonia esperan tener?

En los países hispanos las prácticas respecto al matrimonio varían un poco de país en país. En muchos países, los jóvenes se casan cuando tienen de veinte a veinticinco años, al igual que en los Estados Unidos. En España, en cambio, muchos jóvenes se comprometen más tarde y el noviazgo *(engagement)* puede durar muchos años. Los novios se casan después de haber ahorrado *(saved)* bastante dinero para montar su propia casa o apartamento.

En México y en muchos otros países, la pareja tiene dos ceremonias: una religiosa y otra civil. En algunos países, la ceremonia religiosa es la tradicional, pero la civil es la que es legal.

Gramática
USOS DEL SUBJUNTIVO: LAS EMOCIONES

A. Una breve introducción. In Spanish, a special sentence pattern must be used to express how we feel about events taking place in our lives. This pattern is similar to the one used to give advice (see *Paso 1*). It requires the use of the present subjunctive in the dependent noun clause, after the connecting word **que.**

subject	expression of emotion	que	dependent noun clause new subject	verb in the present subjunctive
(Yo)	Estoy contentísimo de	que	mi hija	**se case** pronto.
I	*am very happy*	*that*	*my daughter*	*is getting married soon.*
(Ella)	Está triste de	que	su abuela	no **pueda ir** a la boda.
She	*is sad*	*that*	*her grandma*	*can't go to the wedding.*

B. Expresiones de emoción. Below are some common expressions of emotion that require the use of the present subjuntive in the dependent clause. These expressions may be grouped into three main sentence patterns.

Basic pattern: The following expressions of emotion follow the same sentence pattern modeled in the chart in section A above.

- **sentir (ie)** *(to regret, be sorry)*

  Sentimos mucho que Uds. no **puedan** venir a la boda.
  We're very *sorry* that *you can't come to the wedding.*

- **es** + adjective/noun (es triste, es bueno, es mejor, es preferible, es una lástima, etcétera)

  Es triste que tus tíos **piensen** divorciarse.
  It's sad that your uncle and aunt *are planning* on getting a divorce.

- **ojalá que** *(I hope that / May)*

  Ojalá que sean muy felices.
  I hope that they are very happy. (May they be very happy.)

Basic pattern + *de:* The following personal expressions of emotion follow the basic pattern but add **de** before the **que.** The subject of the main clause may be conjugated in any person: **yo, tú, él, ella,** etc.

- **estar** + adjective + **de que**

Estamos muy **orgullosos de que** nuestro hijo **se gradúe** de la universidad pronto.	*We're very **proud that** our son **is graduating** from the university soon.*

- **tener miedo** *(to be afraid)* **de que**

Tengo miedo de que mi novia **quiera** romper nuestro compromiso.	*I'm afraid that my fiancée **may want** to break our engagement.*

Gustar-type verbs: **Gustar** and a number of similar verbs use indirect object pronouns in the main clause but otherwise follow the basic pattern.

- **gustar** *(to like; to be pleasing to [someone])*

No **nos gusta** que no **se casen** por la iglesia.	*We don't **like** the fact **(It displeases us)** that **they are**n't **getting married** in church.*

- **alegrar** *(to be glad; to make [someone] happy)*

A mi padre le alegra que yo **siga** con mis estudios.	*My dad is happy **(It makes my dad happy)** that **I am continuing** with my studies.*

- **preocupar** *(to worry [someone])*

Me preocupa que mis padres **se separen.**	*It worries me that my parents **are separating.***

- **sorprender** *(to surprise [someone])*

¿**Te sorprende** que ellos **se comprometan**?	*Are you surprised **(Does it surprise you)** that they **are getting engaged?***

Ponerlo a prueba

10-16 Chismes. La Sra. García es la chismosa *(the gossip)* de su barrio en Viña del Mar, Chile. ¿Qué observa y dice ella sobre la vida de los vecinos? Combina las columnas de una manera lógica y escribe seis oraciones con los chismes de la Sra. García. Escribe el verbo en el presente del subjuntivo.

MODELO: *Es una lástima que los vecinos de enfrente **se divorcien**.*

A	B
Me sorprende que	los Ortiz (separarse)
Me enfada que	Mimí (llevar) a su novio a su apartamento
Es una lástima que	los vecinos de enfrente (divorciarse)
Es escandaloso que	el soltero de al lado (casarse) por fin
Me alegra que	los Guzmán (celebrar) sus bodas de oro este año
Me preocupa que	
Estoy contentísima de que	Beto nunca (volver) a casa antes de las cuatro de la madrugada
	los Garza siempre (decir) que yo soy chismosa

10-17 ¿Qué te parece? ¿Cuáles son tus reacciones ante estos acontecimientos (hipotéticos) en tu universidad? Sigue el modelo. **¡Ojo!** Hay que usar el presente del subjuntivo en la cláusula dependiente.

MODELO: **Aumentan** la matrícula *(tuition)* el próximo año.
*Me enfada que **aumenten** la matrícula otra vez.*

Reacciones positivas

Me alegra que...
Estoy contentísimo(a) de que...
Me gusta que...
Es bueno que...

Reacciones negativas

Me preocupa que...
Me enfada que...
Me molesta que...
Es una lástima que...

1. Las nuevas residencias estudiantiles **tienen** apartamentos con cocina y baño privado.
2. Les **pagan** mucho dinero a los entrenadores *(coaches)* de fútbol americano.
3. No **hay** suficiente aparcamiento para los coches de los estudiantes.
4. Les **dan** muchas becas *(scholarships)* a los atletas.
5. La biblioteca ya no *(no longer)* **está** abierta los domingos.
6. No se **permite** fumar en los salones de clase.
7. Las conexiones al Internet **son** muy lentas en la biblioteca.
8. Los estudiantes **necesitan** una nota promedio de "B" en su especialidad para graduarse.

Gramática
EL PRESENTE DEL SUBJUNTIVO: LOS VERBOS CON CAMBIOS EN LA RAÍZ

A. Los infinitivos *-ar, -er.* Many **-ar** and **-er** verbs have stem changes of **e → ie** and **o → ue** in the present subjunctive. These stem changes occur in all forms, except for **nosotros** and **vosotros,** just as they do in the present indicative.

Infinitivos con *-ar:* encontrar (ue), despertarse (ie), merendar (ie), pensar (ie), contar (ue), almorzar (ue), jugar (ue), probar(se) (ue), acostar(se) (ue), etcétera

	e → ie pensar *(to think; to plan)*	o → ue acostarse *(to go to bed)*
que yo	pi**e**nse	me ac**ue**ste
que tú	pi**e**nses	te ac**ue**stes
que Ud., él, ella	pi**e**nse	se ac**ue**ste
que nosotros(as)	pensemos	nos acostemos
que vosotros(as)	penséis	os acostéis
que Uds., ellos, ellas	pi**e**nsen	se ac**ue**sten

Infinitivos con -er: entender (ie), atender (ie), querer (ie), perder (ie), poder (ue), volver (ue), etcétera.

	e → ie entender (to understand)	o → ue volver (to return)
que yo	ent**ie**nda	v**ue**lva
que tú	ent**ie**ndas	v**ue**lvas
que Ud., él, ella	ent**ie**nda	v**ue**lva
que nosotros(as)	entendamos	volvamos
que vosotros(as)	entendáis	volváis
que Uds., ellos, ellas	ent**ie**ndan	v**ue**lvan

B. Los infinitivos -ir. Infinitives that end in **-ir** have three different kinds of stem changes. With these verbs, there are stem changes in *all* persons. Note in the following models the kinds of changes that the **nosotros** and **vosotros** forms undergo.

Infinitives -ir: divertirse (ie), preferir (ie), vestirse (i), repetir (i), servir (i), sentir(se) (ie), morir (ue), dormir(se) (ue), etcétera

	e → ie/i sentir (to regret, be sorry)	o → ue/u dormir (to sleep)	e → i/i servir (to serve)
que yo	s**ie**nta	d**ue**rma	s**i**rva
que tú	s**ie**ntas	d**ue**rmas	s**i**rvas
que Ud., él, ella	s**ie**nta	d**ue**rma	s**i**rva
que nosotros(as)	s**i**ntamos	d**u**rmamos	s**i**rvamos
que vosotros(as)	s**i**ntáis	d**u**rmáis	s**i**rváis
que Uds., ellos, ellas	s**ie**ntan	d**ue**rman	s**i**rvan

Ponerlo a prueba

10-18 Un día en la universidad. ¿Cómo reaccionas ante los comentarios de tu amigo Tomás? Combina las oraciones de las dos columnas de una manera lógica. Cambia el infinitivo al presente del subjuntivo.

Los comentarios de Tomás

1. Voy a una fiesta esta noche.
2. Anoche tuve un caso de insomnio horrible.
3. Me es imposible ir al cine contigo mañana.
4. Saqué una "D" en el primer examen de física pero saqué una "B" en este último.
5. Tengo la gripe.
6. Voy a darle el anillo de compromiso a mi novia para el Día de los Enamorados.

Tus reacciones

a. Siento mucho que no (tú: poder) ir.
b. ¡Ojalá que (tú: divertirse) mucho!
c. Me sorprende que (tú: pensar) comprometerte tan pronto.
d. Ojalá que (tú: dormir) bien esta noche.
e. Ojalá que (tú: sentirse) mejor pronto.
f. Me alegra que ya (tú: entender) mejor.

10-19 El matrimonio de Lupe y Leopoldo. Lupe y Leopoldo se casan y todo el mundo tiene una reacción diferente. Completa las frases con una expresión de la lista a continuación; cambia el verbo al presente del subjuntivo.

> su mejor amigo / no *poder (ue)* ir a la boda
> su hija / *preferir (ie)* una boda sencilla, no muy costosa
> los jóvenes / no *repetir (i)* sus errores
> su nieta / *pensar (ie)* vivir cerca de casa
> Lupe / no le *servir (i)* los platos favoritos a su hijo
> su hermano mayor / ya no *dormir (ue)* en el mismo dormitorio con él
> su futuro esposo / *querer (ie)* viajar a Europa en su luna de miel

1. Los abuelos de Lupe están contentos de que...
2. Al padre de Lupe le alegra que...
3. A la madre de Leopoldo le preocupa un poco que...
4. Al hermanito de Leopoldo le gusta mucho que...
5. Lupe está encantada de que...
6. Leopoldo está triste de que...
7. Los padres de Lupe están contentísimos de que...

Estrategia: Gestures

The use of gestures varies greatly from country to country, as do the forms gestures take. In Spanish-speaking countries, gestures are used frequently to punctuate conversations in both informal and formal settings. Depicted below are five gestures common to most of the Hispanic world. Can you match each one to its meaning?

a. Dinero
b. ¡Ojo! ¡Ten ciudado!
c. ¡Excelente!
d. ¡Adiós! ¡Hasta luego!
e. ¡Tacaño! *(Stingy!)*

Síntesis

10-20 La sorpresa de Carlos. Escucha la conversación entre los miembros de la familia Martínez y completa las oraciones.

1. La sorpresa de Carlos es que _____.
   a. se casó anoche
   b. va a casarse en el verano
   c. piensa pedirle la mano a su novia esta noche

2. Arturo y Beatriz reaccionan con _____.
   a. alegría   b. sorpresa   c. enfado

3. Carlos conoció a Estelita en _____.
   a. la universidad   b. un restaurante   c. una fiesta

4. Carlos y Estelita piensan vivir _____.
   a. con los padres de Estelita
   b. en un apartamento
   c. con Arturo y Beatriz

5. Probablemente, Carlos y Estelita _____.
   a. se van a casar pronto
   b. van a casarse cuando Carlos termine su carrera
   c. van a romper el compromiso

10-21 ¿Buenas o malas noticias? Pepe tiene unas noticias importantes que quiere contarle a su amiga Lucía.

Primera parte: Trabaja con un(a) compañero(a). Completen el siguiente diálogo de una manera lógica. Usen la imaginación para inventar los detalles.

Pepe: Hola, Lucía.

Lucía: Hola, Pepe. ¿Cómo te va?

Pepe: ¡_____! Estoy saliendo con la chica de mis sueños (*dreams*).

Lucía: ¡_____! ¿Cómo la conociste?

Pepe: _____.

Lucía: ¿Cómo es esta diosa (*goddess*)?

Pepe: _____.

Lucía: Oye, Pepe, me parece que esto es algo serio, ¿verdad?

Pepe: _____.

Lucía: ¡No me digas! ¿Cuándo va a ser la boda?

Pepe: _____.

Lucía: A propósito, ¿cómo se llama?

Pepe: _____.

Lucía: ¡Ay, no! Pepe... tengo que decirte algo serio...

Segunda parte: ¿Qué necesita decirle Lucía a su amigo Pepe? ¿Es una mala noticia? Terminen el diálogo de una manera original: expliquen el problema, elaboren la reacción de Pepe y formulen algunas recomendaciones o consejos.

Lucía: No sé cómo decirte esto, pero _____.

Pepe: ¡_____! ¿Ahora qué voy a hacer?

Lucía: _____.

In this *Paso* you will practice:

● Talking about everyday concerns

● Expressing doubt, denial, uncertainty, and certainty

Grammar:

● Using the present indicative to affirm certainty and belief

● Using the present subjunctive to express doubt, denial, and uncertainty

Vocabulario temático
DIME DE TU VIDA

Buenas noticias

¿Qué me cuentas?

Acabo de tener una entrevista
para *un buen puesto.*
una beca
un internado

Bueno. ¿Cómo te fue?
¿Te *lo* van a dar?
   la

Creo que sí.
¡Ojalá que sí!
Es casi seguro.

Malas noticias

¿Qué hay de tu vida?

Nada bueno. *No salí bien en la prueba
de biología.
Mi compañero(a) de cuarto y yo no
nos llevamos bien.
No tengo suficiente dinero para pagar
mis cuentas.
La policía me dio otra multa.*

Y, ¿no puedes *pedirle ayuda a*
tu profesor(a)?
   cambiar de compañero(a) de cuarto
   pedirles un préstamo a tus padres

Quizás.
Creo que no.
Es posible, pero lo dudo.

¿ Sabías que...

● **Quizás** and **tal vez** mean *maybe* and *perhaps*. When a verb follows one of these, the present subjunctive may be used to express uncertainty.

Quizás tengamos un examen hoy.   ***We might have*** *a test today.*

●   In addition to answering the questions *to whom?* or *for whom?*, indirect objects may also express *from whom* or *of whom* some favor is requested.

¿No puedes perdirle ayuda a tu profesor?   *Can't you ask **your professor** for help?
(Couldn't you ask for help **from
your professor**?)*

Ponerlo a prueba

10-22 **Las vicisitudes de los estudiantes.** Escucha las conversaciones entre estudiantes universitarios. Contesta las preguntas con respuestas breves.

1. ¿Por qué están preocupados Raquel, Sofía y Diego?
2. ¿Qué problema adicional tiene Diego?
3. ¿Por qué les hace falta dinero a Raquel y Diego?
4. ¿Cómo piensa Diego resolver su problema?

10-23 **Probabilidades.** Trabaja con un(a) compañero(a) y entrevístense con estas preguntas. Contesten con las siguientes expresiones y justifiquen sus respuestas.

Creo que sí/no.	Es imposible.	Ojalá que sí.
Es posible (pero lo dudo).	Es (casi) seguro.	Ojalá que no.

MODELO: Tú: ¿Va a casare tu hermano el año próximo?
Tú compañero(a): *Es imposible. ¡Tiene solamente diez años.*

El romance

1. ¿Se va a casar pronto tu mejor amigo(a)?
2. ¿Va a romper contigo tu novio(a)?
3. ¿Piensas casarte antes de graduarte de la universidad?

La familia

4. ¿Te van a comprar un coche tus padres?
5. ¿Vas a ser tío(a) muy pronto?
6. ¿Te van a mandar un regalo especial tus abuelos?

La vida estudiantil

7. ¿Vas a salir bien en todas tus clases este semestre?
8. ¿Vas a poder pagar todas las cuentas este semestre?
9. ¿Vas a tener suficiente dinero para pagar la matrícula *(tuition)* el año próximo?

10-24 **Preguntas personales.** ¿Qué piensan tú y tu compañero(a) de clase sobre estos temas relacionados a la vida universitaria? Entrevístense con las siguientes preguntas y comparen sus opiniones.

Los compañeros de cuarto

1. A veces los compañeros de cuarto no se llevan bien. ¿Cuáles son algunas de las fuentes *(sources)* de fricción y tensión?
2. En tu opinión, ¿es necesario que dos personas sean buenos amigos para ser compañeros de cuarto? Explica por qué sí o por qué no.

Las cuentas

3. ¿Cuáles de estas cuentas tienes que pagar: el gas, la electricidad, el agua, el cable, la matrícula *(tuition)* para la universidad, el alquiler *(rent),* la conexión al Internet?
4. Cuando no tienes suficiente dinero para pagar tus cuentas, ¿a quién le pides un préstamo? Aparte de pedir un préstamo, ¿qué otras soluciones hay para este tipo de problema?

Las becas

5. ¿Ofrecen muchas becas en tu universidad? ¿En qué se basa la concesión *(granting)* de becas: en la habilidad atlética, en las buenas notas, en la necesidad económica? En tu opinión, ¿es justo el sistema de conceder becas? Explica.
6. ¿Tienes tú una beca? ¿Qué notas tienes que sacar para mantener tu beca?

Gramática
USOS DEL PRESENTE DE INDICATIVO: LA CERTEZA

A. Una breve introducción. When we speculate about the outcome of events in our lives, we may experience varying degrees of doubt or certainty. When considering a new job prospect, for example, we can express our opinon about the chances of receiving the position in a number of ways, depending on how the job interview went. Here are some examples of typical reactions.

Estoy seguro(a) de que me van a ofrecer el puesto.	**I'm sure** that they are going to offer me the job.
Creo que me van a ofrecer el puesto.	**I believe** that they are going to offer me the job.
Dudo que me ofrezcan el puesto.	**I doubt** that they will offer me the job.
Es imposible que me ofrezcan el puesto.	**It's impossible** that they're going to offer me the job.

In this section you will study how Spanish expresses certainty and belief, as in the first two sentences above. In the last section of this *Paso* you will explore how Spanish expresses doubt and uncertainty, as in the last two sentences.

B. Certeza. The following verbs and expressions are used in Spanish to affirm your certainty or strong belief about events in your life.

Expresiones de certeza

saber	**Sé** que le van a dar el puesto.	**I know** that they are going to give him the job.
estar seguro(a) de	**Estoy seguro de** que va a llover hoy.	**I'm sure** that it's going to rain today.
es seguro	**Es seguro** que no hay clase hoy.	**It's certain** that there is no class today.
es verdad	**Es verdad** que Paco y Lisa se van a casar.	**It's true** that Paco and Lisa are going to get married.
es cierto	**Es cierto** que mi hermano está separado.	**It's true** that my brother is separated (from his wife).
es evidente	**Es evidente** que están enamorados.	**It is evident** that they are in love.
creer	**Creo** que me voy a graduar en mayo.	**I believe** that I'm going to graduate in May.
pensar (ie)	**Pienso** que voy a vivir en una ciudad grande.	**I think** I'm going to live in a large city.
parecer	**Me parece** que él tiene razón.	**It seems to me** that he is right.

Expressions of certainty and strong belief follow a familiar sentence pattern, with a main clause connected by **que** to the dependent noun clause. However, unlike other sentences we have seen with this pattern, the subjunctive is *not* used in the dependent clause. Instead, the present indicative is used to refer to present and future events, and the preterite or imperfect to past events. Look at the examples on page 454.

| subject | expression of certainty/belief | que | dependent noun clause | |
			subject	verb in the indicative (present, preterite, imperfect)
(Yo)	Estoy seguro de	que	(yo)	**voy** a vivir en Nueva York.
I	*am sure*	*that*	**I**	***am going** to live in New York.*
(Yo)	Creo	que	(ellos)	le **dieron** el puesto.
I	*believe*	*that*	***they***	***gave** him the job.*

Ponerlo a prueba

10-25 Es la pura verdad. ¡La pobre Sra. Tierno! Los vecinos le contaron muchos rumores sobre su hijo Bernardo, y resulta *(it turns out)* que todos son la pura verdad.

Primera parte: Completa el diálogo con las afirmaciones de Bernardo; escoge una expresión de la columna a la derecha.

MODELO: Sra. Tierno: La vecina me dijo que tú y Sofía están divorciados.
Yo le dije que no podía ser.

Bernardo: *b. Sí, mamá, es verdad que estamos divorciados.*

Sra. Tierno

1. Un pajarito *(A little bird)* me dijo que te casaste con tu secretaria.

2. Pero, hijo, tú ya tienes treinta y cinco años y me parece que tu secretaria es mucho más joven.

3. ¿Cómo pueden Uds. llevarse bien con esa diferencia tan grande entre las edades?

4. Mi amiga Matilde me dijo que dejaste tu puesto en la compañía.

5. ¿Cómo vas a poder pagar todas tus cuentas?

6. Matilde me dijo que piensas mudarte a una isla tropical en Polinesia. Hijo, dime que eso no es verdad.

Bernardo

a. Me parece que el abuelo de Lulú se murió recientemente y le dejó todo su dinero.

b. Sí, mamá, es verdad que estamos divorciados.

c. Es cierto que me casé con ella. Creo que tú ya la conoces. Se llama Lulú.

d. Lulú y yo sabemos que el amor puede vencer *(conquer)* todo.

e. Creo que las posiblidades de trabajo son enormes allí.

f. Pienso que ella tiene veinticinco años. Es evidente que es una mujer madura *(mature)*.

g. Estoy seguro de que voy a encontrar otro puesto sin problema.

Segunda parte: Identifica cinco expresiones diferentes de certeza en las afirmaciones de Bernardo.

MODELO: *Sí, mamá, es verdad que estamos divorciados.*

10-26 Insegura. Tu amiga Rocío no tiene mucha confianza *(confidence)* en sí misma y además es un poco melodramática. ¿Qué le dices para calmarla? Usa expresiones de certeza y afirmación.

MODELO: Rocío: Tengo otro examen de bioquímica hoy y estoy super-nerviosa.

Tú: *Sé que vas a salir bien.*

o: *Estoy segura(a) de que vas a sacar una "A".*

1. Tuve una entrevista ayer para un puesto para el verano. No me fue muy bien.
2. Todavía no tengo un compañero para el baile y es en dos semanas.
3. Si no apruebo *(I pass)* la clase de matemáticas, no voy a poder graduarme en junio.
4. Les escribí una carta a mis padres y les pedí dinero para la matrícula *(tuition),* pero no me contestaron.
5. Mi compañera de cuarto y yo no nos llevamos bien. Quiero mudarme a otra residencia en la primavera.
6. Fui a la peluquería y me teñí *(I dyed)* el pelo. ¡Mira qué color más horrible!
7. Se me perdió el bolso con todo mi dinero, mis tarjetas de crédito y mi tarjeta de identidad. Y me parece muy raro *(strange)* porque ayer pasé todo el día en mi cuarto.

Gramática
USOS DEL PRESENTE DE SUBJUNTIVO: LA DUDA

A. Una breve introducción. In the previous section of this *Paso,* you learned how to express information that you either know or believe to be true. In this section you will learn to express uncertainty and to make denials.

uncertainty:	**Dudo** que ella esté embarazada.	*I doubt that she is pregnant.*
denial:	**No es verdad** que ella esté embarazada.	*It's not true that she is pregnant.*

B. Expresiones de duda. In order to express uncertainty or denial, you must follow the same basic sentence pattern that is used to express belief or certainty. However, in the case of uncertainty and denial, the verb in the dependent clause—after the word **que**—must be in the *present subjunctive.*

			dependent noun clause	
subject	expression of uncertainty/denial	*que*	subject	verb in the subjunctive
	Es posible	que	(ella)	**esté** embarazada.
It	*is possible*	*that*	*she*	*is pregnant.*
	No es verdad	que	(ella)	**esté** embarazada.
It	*isn't true*	*that*	*she*	*is pregnant.*

- To express that you do not believe something or that you are not completely certain about it, use the following expressions.

no creer	No creo que mis padres me **den** el préstamo.	*I don't believe that my parents will give me the loan.*
no pensar	No pienso que Enrique y Cary se **comprometan.**	*I don't think that Enrique and Cary are getting engaged.*
dudar	Dudo que mis padres **vengan** hoy.	*I doubt that my parents will come by today.*

| es posible | Es posible que **saquemos** una "A" en el examen. | *It's possible that **we'll get** an "A" on the exam.* |
| **(no) es probable** | (No) Es probable que **se casen** en abril. | *It's (un)likely that **they're getting married** in April.* |

- To deny that something is so, use the following expressions.

no es verdad	No es verdad que Ana **se case** con Eduardo.	*It's not true that Ana **is marrying** Eduardo.*
no es cierto	No es cierto que Pablo **llegue** mañana.	*It's not true that Pablo **is arriving** tomorrow.*
es imposible	Es imposible que me **den** una beca.	*It's impossible that they **will give** me the scholarship.*
no es posible	No es posible que le **ofrezcan** el puesto.	*It's not possible that **they will offer** him the job.*

C. Un contraste. When creating sentences expressing your belief, disbelief, certainty, uncertainty, etc., keep in mind that adding **no** before the verb in the main clause may change completely the meaning of the sentence.

Indicative required:	**Subjunctive required:**
belief, certainty, affirmation	**disbelief, doubt, uncertainty, denial**
Creo que... *(I believe that . . .)*	No creo que... *(I don't think that . . .)*
Estoy seguro(a) de que... *(I'm sure that . . .)*	No estoy seguro(a) de que... *(I'm not sure that . . .)*
No dudo que... *(I don't doubt that . . .)*	Dudo que... *(I doubt that . . .)*
Es verdad que... *(It's true that . . .)*	No es verdad que... *(It's not true that . . .)*

Ponerlo a prueba

10-27 ¿Estás de acuerdo? ¿Cuáles son las características de un(a) buen(a) compañero(a) de cuarto?

Primera parte: Lee las oraciones y decide si estás de acuerdo o no.

	Estoy de acuerdo	No estoy de acuerdo
1. Es verdad que un estudiante serio y estudioso **puede** llevarse bien con un compañero de cuarto perezoso *(lazy)*.	☐	☐
2. Es posible que una estudiante ordenada **tenga** problemas en compartir *(sharing)* un cuarto con una compañera desordenada.	☐	☐
3. Es imposible que un fumador **se lleve** bien con un compañero de cuarto no fumador.	☐	☐
4. Es posible que un chico y una chica **sean** buenos amigos sin ser novios.	☐	☐
5. Es cierto que los compañeros de cuarto **son** más compatibles si tienen los mismos intereses académicos.	☐	☐

Segunda parte: Analiza las oraciones en la **Primera parte.** Determina si el verbo de la cláusula subordinada está conjugado en el presente del indicativo o el presente del subjuntivo. Escribe **I** (indicativo) o **S** (subjuntivo) al lado de cada verbo.

10-28 Dentro de cinco años. Usa la siguiente escala de probabilidades y expresa cómo va a ser tu vida dentro de cinco años. Comparte tus ideas con un(a) compañero(a) de clase. **¡Ojo!** Hay que usar el presente del subjuntivo en todos los casos.

MODELO: Voy a **trabajar** para una compañía internacional.
            Tú: *No es probable que yo **trabaje** para una compañía internacional. ¿Y tú?*
            Tu compañero(a): *Es muy probable que yo **trabaje** para una compañía internacional.*

X————————X————————X————————X
Es muy probable   **Es probable**   **Es poco probable**   **No es probable**

En cinco años...

1. Voy a **estar** casado(a).
2. Voy a **tener** uno o dos hijos.
3. Voy a **ganar** mucho dinero.
4. Voy a **vivir** en una ciudad grande.
5. Voy a **viajar** mucho.
6. Voy a **tener** más preocupaciones.
7. Voy a **usar** el español en mi trabajo.
8. Voy a **divertirme** más.

10-29 Polos opuestos. Ignacio e Isabel siempre tienen puntos de vista completamente contrarios *(opposite)*. ¿Cómo responde Ignacio a los comentarios de Isabel sobre la boda de sus amigos, Marisa y Julián? Escribe los comentarios de Ignacio. Sigue los modelos y usa tu imaginación. **¡Ojo!** A veces hay que usar el presente del indicativo, y a veces hay que usar el presente del subjuntivo.

MODELOS: Isabel: Creo que Marisa y Julián van a vivir con los padres de él.
            Ignacio: No creo que Julián... ***quiera*** *vivir con sus padres.*

            Isabel: Dudo que Marisa quiera una boda grande.
            Ignacio: Estoy seguro de que... ***invitaron*** *a más de ochocientas personas.*

1. Isabel: Pienso que Marisa va a tener una boda sencilla *(simple, plain)*.
   Ignacio: Dudo que...

2. Isabel: Dudo que sus padres les regalen una casa.
   Ignacio: ¿No? Pues yo creo que...

3. Isabel: Es posible que Julián no quiera vivir cerca de sus suegros *(in-laws)*.
   Ignacio: Yo conozco a Julián muy bien. Estoy seguro de que...

4. Isabel: Estoy segura de que Marisa y Julián son felices.
   Ignacio: En mi opinión, es posible que...

5. Isabel: Es seguro que Marisa sabe adónde van de luna de miel.
   Ignacio: Julián me dijo ayer que era un secreto, así que es imposible que...

6. Isabel: Creo que los padres de Marisa están un poco tristes, pero no sé por qué.
   Ignacio: Es probable que...

Síntesis

10-30 Una consulta sobrenatural. Nacho es un poco supersticioso y decide consultar a una adivinadora *(fortuneteller)*. La adivinadora, quien en realidad no tiene ningún poder *(power)* sobrenatural, intenta animar *(to cheer up)* a Nacho con sus respuestas. Trabaja con un(a) compañero(a); completen el diálogo. ¡Se permiten respuestas locas y tontas!

Nacho: Gracias, señora, por permitirme esta consulta hoy. La verdad es que estoy muy preocupado.

La adivinadora: Estoy aquí para servirle. Dígame, ¿qué lo tiene preocupado?

Nacho: Bueno, primero, respecto a mi novia, tengo miedo de que (1) _____.

La advinadora: Mmm, déjeme meditar sobre eso un momento. ¡Ah, sí! Ahora siento las vibraciones, son muy fuertes... Estoy segura de que (2) _____.

Nacho: ¡Qué alivio! Eh, tengo otro problema. Respecto a mis estudios en la universidad, ¿(3) _____?

La advinadora: Déjeme consultar mi bola de cristal. Mmm... no está totalmente claro, pero es muy probable que (4) _____.

Nacho: ¡Qué bien! Tengo otra pregunta. Respecto a mi trabajo, ¿(5) _____?

La adivinadora: Déjeme ver la palma de su mano derecha... Mmm... ¡Ajá! Es evidente que (6) _____.

Nacho: ¡Qué buena suerte! Si hay tiempo para una pregunta más... ¿(7) _____?

La adivinadora: Vamos a consultar las estrellas. Mmm... no creo que (8) _____, pero es posible que (9) _____.

Nacho: Ud. es una maravilla, señora. Ya no estoy preocupado.

10-31 ¿Qué opinas? ¿Qué piensan tú y tu compañero(a) sobre los siguientes temas? Completen las actividades oralmente.

Primera parte: Entrevístense con estas preguntas y expresen sus opiniones.

MODELO: Todos los estudiantes deben estudiar un idioma extranjero por un mínimo de dos años.

Tú: *Es una buena idea. Creo que es importante aprender otras lenguas. ¿Y tú? ¿Qué piensas?*

Tu compañero(a): *No creo que sea una buena idea. Debemos tener menos cursos obligatorios en la universidad.*

1. La universidad debe conceder *(award)* becas según la necesidad económica, sin otros factores (estatus minoritario, talento atlético o artístico, mérito académico, etcétera).
2. Todos los estudiantes universitarios deben pasar parte de su carrera académica estudiando en el extranjero.
3. La universidad debe obligar a sus estudiantes a hacer servicio a la comunidad para graduarse.
4. Un aprendizaje *(apprenticeship/internship)* debe ser una parte integral de todas las carreras en la universidad.

Segunda parte: Comparen sus respuestas a los cuatro temas y decidan cuál de estas frases se aplica más.

☐ Mi compañero(a) y yo somos de la misma opinión.
☐ Nuestras ideas se parecen *(are similar)* pero no son iguales.
☐ Nuestros puntos de vista no coinciden en lo más mínimo.

Vistazo gramatical
LOS PRONOMBRES RELATIVOS

A. Los tipos de cláusulas. In the course of this chapter you have learned how to construct complex sentences—sentences with both a main and a dependent clause. Dependent clauses are often classified according to the grammatical relationship they have with the main clause. The complex sentences from the previous sections of this chapter have dependent clauses known as noun or nominal clauses because they function just as nouns do, as either the subject or the direct object of the main clause.

- Noun as a direct object

  Quiero **una beca.**   *I want **a scholarship.***

- Noun clause as a direct object

  Quiero **que me den una beca.**   *I want **them to give me a scholarship.***

Dependent clauses may also describe nouns and act as adjectives; these are called adjective or relative clauses.

- Adjective that describes **estudiante**

  Ana María es una estudiante **aplicada**.   *Ana Maria is a **serious** student.*

- Adjective/relative clause that describes **estudiante**

  Ana María es la estudiante **que ganó la beca.**   *Ana Maria is the student **who won the scholarship.***

B. Los pronombres relativos. Relative or adjective clauses must be joined to the main clause by a *relative pronoun*. Here are some important guidelines on relative clauses and relative pronouns.

- In English, relative clauses may be joined by *who*, *whom,* or *that*. In Spanish, the equivalent of all three is **que.**

  Éste es el señor **que** me ofreció el puesto.   *This is the man **who** offered me the job.*

  Ésta es la casa **que** María quiere comprar.   *This is the house **that** Maria wants to buy.*

- In English, *where* is sometimes used as a relative pronoun; in Spanish, **donde** may be used in the same way.

  Ésta es la oficina **donde** yo trabajo.   *This is the office **where** I work.*

- In English, relative pronouns are often omitted; in Spanish, they must *always* be stated.

  El puesto **que** le dieron es muy bueno.   *The job **(that)** they gave him is very good.*

- The relative pronoun **que** is used after the short prepositions **a, con, de,** and **en** to refer to antecedents that are inanimate objects.

El puesto **de que** me hablaron parece interesante.

The job (that) they talked to me about seems interesting.

- The relative pronouns **quien** and **quienes** are used after the short prepositions **a, con, de,** and **en** to refer to one or more people.

El representante **con quien** hablé parece simpático.

The sales rep (that) I spoke with seems nice.

- The following pronouns are used after longer prepositions such as **para, debajo de, encima de, después de, etcétera.** They must agree in gender and number with their antecedents, which may be people or inanimate objects.

	singular	plural
masculino	el que, el cual	los que, los cuales
femenino	la que, la cual	las que, las cuales

Ésa es la señora **para la cual** trabaja mi esposo.
 (**La cual** refers to **la señora.**)
Ésa es la señora **para la que** trabaja mi esposo.
 (**La que** is a synonym of **la cual.**)
That is the woman (that) my husband works for.

Ponerlo a prueba

10-32 Un tour de mi oficina. Ricardo llevó a su hija a su oficina hoy para enseñarle dónde y con quién trabaja. Lee las descripciones de Ricardo. Identifica en cada una el pronombre relativo y su antecedente.

MODELO: Mira, hija, éste es el edificio donde yo trabajo. *(donde, el edificio)*

1. Aquí tienes la oficina donde paso el día.
2. Ésta es la computadora que uso para analizar los datos.
3. Ésa es la secretaria que me ayuda con la correspondencia.
4. Ésos son los colegas con quienes tengo que colaborar en mis proyectos.
5. Ése es el supervisor para el cual trabajo.
6. Los técnicos *(technicians)* que me ayudan no están aquí hoy.

10-33 Los preparativos. Gabriela está hablando con una compañera sobre los preparativos para su boda. ¿Qué le dice? Combina los elementos de las columnas A y B para formar oraciones completas. Utiliza **que** antes de las cláusulas relativas.

MODELO: El vestido *que quiero llevar en la boda* es un poco caro.

A

1. Vamos a tener la ceremonia en una iglesia _____.
2. La recepción va a ser en un hotel _____.
3. Los vestidos _____ son rosados.
4. Una amiga _____ es mi dama de honor.
5. Enrique me va a dar un anillo _____.

B

a. tiene salones muy elegantes y grandes
b. quiero llevar en la boda
c. conozco de toda la vida
d. tiene un diamante de dos quilates *(carats)*
e. fue construida en el año 1875
f. escogí para las damas de honor *(bridesmaids)*

¡Vamos a hablar! | Estudiante Ⓐ

Contexto: Tú tienes seis dibujos y tu compañero(a) tiene seis también. Uds. tienen que comparar los dibujos mediante *(through)* descripciones orales y decidir en cada caso si los dibujos son iguales o diferentes.

Tú tienes que describir los dibujos 1, 3 y 5. Para los números 2, 4 y 6, tienes que escuchar las descripciones de tu compañero(a) y determinar si tú tienes el mismo dibujo. Aquí tienes las "reglas" *(rules)* de esta actividad:

- Tu descripción del dibujo debe consistir en sólo **tres oraciones completas.**

- Tu descripción debe incluir la siguiente información: qué pasa en el dibujo, cómo se sienten las personas y qué piensan del acontecimiento.

- A la persona que escucha la descripción se le permite hacer sólo **dos preguntas.**

- Tú vas a empezar así: **En el dibujo 1, la mujer acaba de enterarse de que está embarazada. Ella está muy contenta porque quiere tener un bebé. Ella espera que sea una niña.**

1.

2.

3.

4.

5.

6.

¡Vamos a hablar! | Estudiante B

Contexto: Tú tienes seis dibujos y tu compañero(a) tiene seis también. Uds. tienen que comparar los dibujos mediante *(through)* descripciones orales y decidir en cada caso si los dibujos son iguales o diferentes.

Tú tienes que describir los dibujos 2, 4 y 6. Para los números 1, 3 y 5, tienes que escuchar las descripciones de tu compañero(a) y determinar si tú tienes el mismo dibujo. Tu compañero(a) va a empezar. Aquí tienes las "reglas" *(rules)* de esta actividad:

- Tu descripción del dibujo debe consistir en sólo **tres oraciones completas.**

- Tu descripción debe incluir la siguiente información: qué pasa en el dibujo, cómo se sienten las personas y qué piensan del acontecimiento.

- A la persona que escucha la descripción se le permite hacer sólo **dos preguntas.**

¡Vamos a leer!

Estrategia: Recognizing word families (Part I)

Languages, rather like people, change and develop over time. Because English and Spanish share some common historical roots and influences, there are many similarities in their respective vocabularies. In this section, you will explore some of these linguistic connections as you prepare to read an article on how age differences may affect romantic relationships.

10-34 Prefijos. Both English and Spanish form new words by adding prefixes, or **prefijos,** to the root or base word. Here are some common prefixes used in both languages.

ante-	*before, in front of*
des-	*negates the root*
en-	*in, inside of*
i-, im-, in-, ir-	*lacking in*
inter-	*between*
intra-	*within*
pos-, post-	*after*
pre-	*before, previous to*
re-	*again*
sub-	*under*
trans-, tras-	*across, beyond*

1. Divide the following words into their prefix and root. What is the meaning of each?

   MODELO: irresistible = ir + resistible *(cannot be resisted)*

   transatlántico = _____ + _____ (_____)

   precolombino = _____ + _____ (_____)

   subgraduado = _____ + _____ (_____)

2. In the article, we read that some divorced people get romantically involved with younger people in order to **"refrescar su vida."** You have learned that the adjective **fresco** means *fresh* or *cool.* What do you think the verb **refrescar** means in this expression?

10-35 Sufijos. Suffixes, or **sufijos,** may be added to the ends of a root or base word to create new parts of speech. In this way, suffixes help indicate if a word is a noun adjective, verb, etc. Here are some common suffixes in Spanish and English.

Part of Speech	Spanish	English	Examples
adverb	-mente	-ly	rápidamente *rapidly*
adjective	-ivo	-ive	competitivo *competitive*
adjective	-able, ible	-able, -ible	aplicable *aplicable*
noun or adjective	-ario	-ary	ordinario *ordinary*
	-torio	-tory	observatorio *observatory*
noun	-ción	-tion	atención *attention*
noun	-miento	-ment	establecimiento *establishment*
noun	-dad	-ty	entidad *entity*
	-tad		
noun (especially, an occupation)	-ador	*(may vary)*	toreador *bullfighter*
	-ero	-er	panadero *baker*
	-or	-or	instructor *instructor*
	-ista	-ist	dentista *dentist*
	-ólogo	-ologist	radiólogo *radiologist*
	-afo	-apher	fotógrafo *photographer*

1. Divide the following words into their root and suffix and give the English equivalent.

MODELO: realmente   =   real + mente *(really)*

probablemente   =   _____ + _____ (_____)

educación   =   _____ + _____ (_____)

oceanógrafo   =   _____ + _____ (_____)

2. In the article, there are several examples in which the English equivalents from the suffix chart do not seem to apply. On closer examination, however, we discover that the suffix still provides useful information. For example, **consultor** contains the suffix **-or,** which is associated with professions, so we might guess the word means *consultant.* Give the part of speech and English equivalent of the following words:

consultor	*noun (of profession)*	*consultant*
agencia publicitaria	_____	_____
surfista	_____	_____
aceptación	_____	_____
saludable	_____	_____

¿Importa la diferencia de edad?

Si la pregunta pasa por tu mente, es mejor que prestes inmediata atención.

Preguntas como ésta requieren buen juicio y un gran ejercicio mental para ser contestadas, ya que no existe una sola respuesta correcta.

Caso real, nombres ficticios—se conocieron hace un año en un aeropuerto. Marta es directora de arte de una agencia publicitaria, madre soltera de un adolescente de 17, vive días de 12 y 15 horas de trabajo, tiene una activa vida deportiva y social. Es una mujer independiente, culta y con un magnífico sentido del humor.

Juan es oceanógrafo marino, trabaja por su cuenta como consultor, más que nada porque también es surfista y disfruta de una vida relajada frente al mar, donde los días transcurren apaciblemente entre unas horas de surf en la mañana, llamadas y seguimiento de información vía Internet por la tarde, comida saludable y amigos en la noche.

Se conocieron antes de abordar un avión hacia Australia. Ambos viajaban solos y desde que se preguntaron la hora en la fila de espera, hasta el día de hoy, andan juntos.

Ni siquiera cuando Marta regresó a la locura babilónica de la agencia de publicidad, ni cuando su hijo conoció a Juan, éste le prestó atención al asunto de la edad. El tema salió a relucir hace poco cuando para el 47 cumpleaños de Marta, Juan hizo una fiesta magnífica en la playa, invitó a todos los amigos de ambos y anunció a los presentes su deseo de casarse con Marta. En ese mismo instante lo que fue una instantánea lluvia de aplausos se convirtió en silencio cuando Marta se retiró sin decir ni palabra. Desde entonces su decisión es firme: NO hay nada ni nadie que la convenza de aceptar casarse con Juan. Ella aduce que esto sólo arruinaría la vida del hombre que más ama en la vida, que Juan no tiene la madurez, pero ella sí, para saber lo que hace. No porque ella no quiera casarse, sino porque no soporta la idea de tener 20 años más que Juan, el terror de que pronto deje de resultar físicamente atractiva para él, el miedo a dejarlo solo muy temprano en la vida.

Juan ha llegado a arrepentirse de haberse fijado en Marta. Dice que ha pensado lo suficiente en las razones de ella, pero que ninguna le preocupa. Piensa que ella es quién, por miedo, puede llegar a dañar esa química perfecta que existe entre los dos.

Juliana García, consejera familiar, opina lo siguiente de los amores difíciles debido a la diferencia de edades: "Algo muy típico en estos casos es que las relaciones se inician sin pensar demasiado en el asunto de la edad. Yo considero esto un error, ya que el inicio es el momento perfecto para pensar con mente fría las cosas. ¿Podré yo sostener una relación con esta persona a través de los años? ¿Confligirán mis expectativas con las de mi pareja?"

La consejera recomienda formularse las siguientes preguntas, antes de que la relación se torne seria:

- Investiga el estatus marital de la persona que te atrae. Muchas personas con planes de divorcio se inmiscuyen con personas menores para "refrescar" su vida, cuando realmente sólo viven una crisis temporal.

- Pregunta, pregunta y pregunta todo lo que se te ocurra sobre sus planes en la vida: ¿le interesa casarse, tener hijos?

Antes de comprometerte en una relación seria con cualquier persona debes contestar con sinceridad estas cuestiones. No pienses nunca que un NO puede convertirse en un SÍ con el tiempo. Si es NO, probablemente la respuesta seguirá siendo NO con el paso de los años.

10-36 Comprensión. Lee el artículo "¿Importa la diferencia de edad?" y contesta las preguntas.

1. En el caso de Juan y Marta, ¿quién es mayor?
2. ¿Cómo se conocieron?
3. ¿Cuándo se dio cuenta Marta de que no podía casarse con Juan?
4. ¿Cuál es la razón principal para su decisión?
5. ¿Cuál es la profesión de Juliana García?
6. ¿Qué les recomienda la Sra. García a las personas que piensan inciar una relación con una persona mayor?

Un paso más: Cuaderno de actividades

Vamos a escribir: Writing simple poetry   Pág. 213
   Don't be intimidated! You will learn the very simple structure of the "cinquain," a one-stanza poem of five lines. This structure allows you to combine adjectives, verb participles, whole sentences, and single nouns to express yourself creatively in Spanish. Have fun with this assignment, and challenge yourself to write a poem of several stanzas by "stacking" cinquains on a related theme.

Vamos a mirar: Pág. 214
Vídeo 1: El amor
Remember Carlos and Susana, whom you met in the **cibercafé** in *Capítulo 1*? Watch as they discuss the ins and outs of internet dating.
Vídeo 2: Vistas de Chile

Chile

Datos esenciales

- **Nombre oficial:** República de Chile
- **Capital:** Santiago
- **Población:** 14.973.843 habitantes
- **Unidad monetaria:** El peso
- **Principales industrias:** Exportación de cobre y sal; frutas y vegetales; productos industriales, incluyendo alimentos, papel, productos químicos y de petróleo; agricultura; pesca
- **De especial interés:** Chile posee numerosas islas, entre ellas la Isla de Pascua. El desierto de Atacama es uno de los lugares más secos del planeta. Chile se disputa con Gran Bretaña parte del terreno de La Antártida. Los terremotos son frecuentes.
- **Internet:** http://www.avenidas.heinle.com

1541 Comienza la conquista española. Pedro de Valdivia funda Santiago.

1879-1884 En la Guerra del Pacífico, Chile obtiene territorios bolivianos y peruanos, incluyendo un área rica en minerales en el desierto de Atacama.

Un **vistazo** a la historia

1810-1818 Guerra de independencia contra España, ganada con la ayuda de las tropas de José de San Martín y Bernardo O'Higgins.

Personajes de ayer y de hoy

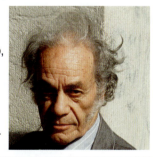

Gabriela Mistral, seudónimo de la conocida poetisa chilena Lucía Godoy Alcayaga. Nació en Vicuña en 1889. Fue profesora y periodista. En 1914 comenzó su fama literaria con sus *Sonetos de la muerte.* Sus libros más leídos internacionalmente son *Desolación* (1922), *Tala* (1938) y *Lagar* (1954). En 1945, a los cincuenta y seis años de edad, fue la ganadora del primer Premio Nóbel de Literatura concedido a un escritor latinoamericano. Fue cónsul de Chile en varias ciudades de Europa y América, incluyendo Nueva York, donde murió en 1957.

"El Libertador", General Bernando O'Higgins, héroe de la independencia chilena. Nació en Chillán en 1778. Vivió y se educó en Perú, España e Inglaterra. Sirvió en varios cargos políticos, como el de alcalde de Chillán. Con José de San Martín liberó al país de España y se autoproclamó director supremo de la República. Sus reformas contribuyeron a su destitución del cargo y su exilio en Perú.

Lupe Serrano, bailarina principal del American Ballet Theater, donde bailó con grandes figuras como Rudolf Nureyev. Nació en Santiago en 1930. También fue instructora en la Universidad de Milwaukee y el Conservatorio de Milwaukee, asistente de dirección en la Academia de Artes de Champaign, directora del Ballet de Pennsylvania, asociada artística del Ballet de Washington y directora de la Academia Nacional de las Artes, Illinois. Hoy es maestra del American Ballet Theater, del cual su hija, Veronica Lynn, ha sido solista desde 1992.

Notas culturales de interés

En Chile prolifera la literatura y los escritores aclamados a nivel mundial. En la constelación de autores chilenos se encuentran: Pablo Neruda, Nicanor Parra, José Donoso, María Luisa Bombal, Fernando Alegría, Isabel Allende, Vicente Huidobro y Marjorie Agosín. Nicanor Parra ganó en 1969 el Premio Nacional de Literatura chileno. Fue el creador del antipoema, ejemplo del surrealismo literario. Igual que Dalí en la pintura, Parra se deja llevar *(is carried away)* por el automatismo psíquico que mezcla la realidad con el subconsciente, creando asociaciones paradójicas, llenas de contradicciones. Sus versos son coloquiales, no líricos.

1970 Elección del presidente marxista Salvador Allende, quien lleva al país al borde del desastre económico.

1973-1990 Augusto Pinochet Urgarte se instala en la presidencia después de un golpe de estado militar.

1891-1932 Época de guerra civil, golpes militares y gobiernos inestables.

¿Qué sabes sobre Chile?

10-37 Explica su importancia. Trabaja con un(a) compañero(a). Expliquen la importancia para Chile de cada uno de los siguientes asuntos.

1. Bernardo O'Higgins:
2. La Guerra del Pacífico:
3. El desierto de Atacama:
4. 1884:
5. Gabriela Mistral:

B. Tu antipoema. Lee el poema de Nicanor Parra. Después, escribe tus propios "sueños", dejándote llevar por las ideas que te vengan a la mente automáticamente. Mezcla *(Mix)* cosas que haces rutinariamente con otras que quieres hacer (Sueño que...), objetos comunes y corrientes con visiones fantásticas (Sueño con...). No te detengas *(stop)* a pensar. ¡Deja volar *(soar)* la imaginación!

Sueño con...

Sueño que...

Sueño que...

Sueño con...

Sueño con...

Sueño que...

Sueño con...

> SUEÑOS de Nicanor Parra (1914–)
>
> Sueño con *(I dream about)* una mesa y una silla
> Sueño que me doy vuelta en automóvil
> Sueño que estoy filmando una película...
> Sueño con un aviso luminoso
> Sueño con una dama de bigotes
> Sueño que voy bajando una escalera...
> Sueño con el sistema planetario
> Sueño que estoy luchando con un perro
> Sueño que estoy matando una serpiente...
> Sueño también que se me cae el pelo

Vocabulario

Sustantivos

el acontecimiento *event*
el anillo de compromiso *engagement ring*
la ayuda *help, assistance*
el (la) bebé *baby*
la beca *scholarship*
la boda *wedding*
la cita *date; appointment*
el (la) compañero(a) *escort, date*
el compromiso *engagement*

el consejo *advice*
la cuenta *bill*
la energía *energy*
la entrevista *interview*
el estrés *stress*
el insomnio *insomnia*
el internado *(medical) internship*
el malestar *slight illness, discomfort*

la multa *ticket, fine*
la noticia *news*
el (la) novio(a) *fiancé (fiancée)*
la policía *police*
el préstamo *loan*
la prueba *quiz*
el puesto *job*
el velorio *wake, vigil*
la verdad *truth*
la vitamina *vitamin*

Verbos

acabar de (+ infinitive) *to have just (done something)*
aconsejar *to advise*
alegrarse de *to be happy (about something)*
alimentarse *to eat, nourish oneself*
cambiar *to change*
casarse *to get married*
comprometerse *to become engaged*
contar (ue) *to tell*
creer *to believe*

cuidarse *to take care of oneself*
dejar de (+ infinitive) *to quit, stop (doing something)*
descansar *to rest*
divorciarse *to get divorced*
dudar *to doubt*
enfadar *to anger*
enterarse *to find out*
fumar *to smoke*
llevarse (bien/mal) *to get along (well/badly)*
molestar *to bother, irritate*

morirse (ue, u) *to die*
nacer *to be born*
padecer (de) *to have (an illness), suffer from*
preocuparse *to worry*
prohibir *to prohibit, forbid*
reaccionar *to react*
recomendar (ie) *to recommend*
romper *to break*
salir (bien/mal) *to do (well/badly)*
sorprender *to surprise*
tratarse *to treat oneself*

Otras palabras

agotado(a) *exhausted*
alegre *happy*
balanceado(a) *balanced*
contentísimo(a) *extremely happy*
cierto(a) *true, certain*
deprimido(a) *depressed*
desanimado(a) *discouraged*

embarazada *pregnant*
emocionado(a) *excited*
enamorado(a) *in love*
encantado(a) *delighted*
grave *serious, grave*
imposible *impossible*
libre *free*
necesario *necessary*

orgulloso(a) *proud*
permanente *permanent*
posible *possible*
preferible *preferible*
seguro(a) *sure, certain; safe*
separado(a) *separated*
suficiente *enough*
temporal *temporary*

Expresiones útiles

Acabo de enterarme de que... *I just found out that . . .*
¿Cómo te fue? *How did it go?*
¿Cómo te va? *How is it going?*
Creo que no. *I don't think so.*
Creo que sí. *I think so.*
¡Cuánto lo siento! *I am so sorry!*
Deberías... *You should, ought to . . .*
Es buena idea. *It's a good idea.*
Es casi seguro. *It's almost certain (a sure thing).*
Es que... *It's just that . . .*
Espero que todo salga bien. *I hope that everything turns out OK.*
Nada bueno. *Nothing good.*

No estoy seguro(a). *I'm not sure.*
¡Ojalá que sí! *I hope so!*
¡Ojalá que todo salga bien! *I hope everything turns out well!*
¡Qué buena noticia! *What good news!*
¿Qué hay de nuevo? *What's up?/What's new?*
¿Qué hay de tu vida? *What's new with you?*
¡Qué lástima! *What a pity!*
¡Qué pena! *What a shame!*
¡Qué sorpresa! *What a surprise!*
¿Qué (te) pasa? *What's wrong (with you)?*
Quizás. *Maybe./Perhaps.*
Tienes razón. *You're right.*
Tienes mala cara. *You don't look well.*

For further review, please turn to Appendix E.

Gaceta 4

CONEXIÓN CON... **La antropología:** Misterios inexplicables

A tamaño sobrenatural

Amanece en la pampa peruana. El sol ilumina la tierra marrón rosácea de una de las más grandes y misteriosas llanuras de la Tierra. Kilómetros de parajes áridos, surcados por pequeños cúmulos de tierra a los lados de lo que, a primera vista, parecen canales de irrigación. Subiendo a la plataforma del Mirador, aparece la maravilla. A medida que nos vamos elevando, apreciamos unas enormes figuras realizadas hace miles de años que aún se pueden ver nítidas y blancas sobre el oscuro terreno de aluviones. Arañas, monos, espirales, hombres, líneas infinitas y aves, decenas de aves con las alas extendidas. Se trata de los geoglifos, término surgido de la unión de las palabras griegas *geo* (tierra) y *gliphé* (incisión), con el que se definen estas extrañas líneas excavadas que hacen del desierto de Nazca (a lo largo de la costa meridional de Perú, a unos 500 km. de Lima) uno de los lugares más misteriosos del mundo. Pero, ¿cómo fueron realizados estos enormes dibujos que recorren un área de 525 kilómetros cuadrados? ¿Cuándo y con qué fin se grabaron? Los estudios arqueológicos y arqueoastronómicos han conseguido responder sólo a las dos primeras preguntas. Pero las hipótesis sobre el porqué son muchas.

Las líneas de Nazca no se conocieron hasta finales de 1926, cuando Julio Tello (considerado el fundador de la arqueología peruana) descubrió los dibujos y divulgó una nota científica proponiendo exploraciones de la zona, al ser «insólitamente abundante en extraños canales de irrigación». En junio de 1939, durante una serie de estudios en el Perú arcaico, Paul Kosok, geofísico de la universidad Long Island de Nueva York, se dio cuenta de que los presuntos canales eran en realidad líneas y dibujos que recordaban las figuras de la cerámica de una etnia local poco conocida todavía: los nyca. El atardecer del 21 de junio cuando Kosok se dio cuenta de que el Sol se ponía en el punto exacto en el que una de las líneas iba hacia el horizonte. Una coincidencia de estas características justo en el día del solsticio debía significar algo.

Todo ello le llevó a contactar con Maria Reicher, una matemática alemana que se había establecido en Perú para tratar de interpretar el significado de los cientos de líneas y dibujos que se extendían a lo largo de la pampa. La hipótesis a la que llegaron ambos científi-cos era que se trataba de una inmensa obra arqueoas-tronómica, una especie de calendario gigantesco con el que los sacerdotes de Nazca calculaban y predecían los movimientos del Sol, la luna y las estrellas.

Y, tras un análisis con radiocarbono, se ha podido establecer cuándo se realizaron los dibujos: hace entre 2.800 y 1.400 años. Para despejar las dudas sobre su posible utilización para el aterrizaje de ovnis, el terreno de Nazca es demasiado blando, y las rayas no son antiguas pistas, pues algunas terminan bruscamente en cumbres, mientras otras no llevan a ninguna parte. La teoría arqueoastronómica de Maria Reiche y Paul Kosok ha intentado demostrar que los signos indicaban las posiciones de los cuerpos celestes (por ejemplo, la dirección en que surgen y se ponen las constelaciones de Orión y de la Osa Mayor), y que servían para determinar el momento exacto del año para la siembra, la aparición de agua en los ríos y la estación exacta para la cosecha. Con estos dibujos, quizás era posible presagiar los solsticios de verano e invierno, los equinoccios de primavera y otoño y los eclipses. También se ha especulado que los dibujos reproducen las constelaciones de la Vía Láctea.

El trabajo que podría dar la respuesta definitiva es el Proyecto Nazca, realizado hace unos 17 años por el profesor Giuseppe Orefici y un grupo internacional de científicos. «La mayoría serían lugares de oración bajo forma de figuras simbólicas del agua y de la fertilidad, senderos sagrados que los fieles recorrían durante los ritos para invocar la lluvia», explica Orefici.

Los estudiosos han dividido los 1.400 años durante los que se realizaron los geoglifos en tres períodos, cada uno de ellos caracterizado por un tipo distinto de imágenes que representan otros tantos momentos socioeconómicos y culturales. «En la primera fase (del 800 a.C. al 100 d.C.), aparecen las espirales y las figuras naturalistas: distintos símbolos de animales como la araña gigante, y de vegetales ligados al concepto de agua». Las aves, cada vez más grandes (hasta los 140 metros) y con el plumaje muy patente, símbolo de la lluvia, manifiestan un creciente malestar en el pueblo. Los signos en los estratos del terreno correspondientes a estos 400 años muestran largos periodos de sequía.

El Proyecto Nazca también ha dotado de signi-ficado los centenares de líneas rectas que se cruzan con los dibujos. Las primeras rectas tenían la función de *borrar* las invocaciones anteriores. Pero hay otras, realizadas por poblaciones sucesivas para darnos testimonio de su función religiosa, entre las líneas se han hallado restos de objetos ceremoniales de cerámica e instrumentos musicales. «La mayor sorpresa nos la hemos llevado hace poco al encontrar, a cuatro kilómetros de la gran ciudad sagrada de Cahauachi, el último centro ceremonial del mundo de ladrillo crudo (adobe). Es un área de 24 kilómetros cuadrados que se remonta al 550 d.C., y que contiene pirámides prácti-camente íntegras, estructuras arquitectónicas civiles y religiosas, e inmensas y fascinantes necrópolis».

El último misterio de los nazca es no haber dejado descendientes ni testimonios escritos. Pero aquellos simples agricultores nos han dejado un gran legado: la llave para comprender mejor de dónde venimos. Desvelar los secretos de Nazca significará añadir una pieza fundamental en ese gran puzzle, todavía inacabado, que es la historia de nuestra civilización.

DEDICADOS A QUIEN OBSERVA DESDE EL CIELO. Los dibujos de Nazca hay que admirarlos desde un lugar elevado. En el centro de la pampa, hay una torre metálica, llamada Mirador, desde la que se han efectuado los primeros análisis arqueoastronómicos.

Anticipación a la lectura

A. **¿Misterios inexplicables?** Hay enigmas que son motivo constante de discusiones controversiales. Danos tu opinión. Si estás de acuerdo con las siguientes ideas, marca **Sí**; si no estás de acuerdo, marca **No**; si no tienes una opinión definida al respecto, marca **¿?**

	Sí	No	¿?
1. Hay vida en otros planetas.	☐	☐	☐
2. Las líneas de Nazca fueron creadas por seres extraterrestres.	☐	☐	☐
3. El gobierno tiene pruebas escondidas de visitas de OVNIs *(UFOs)* a la Tierra.	☐	☐	☐
4. Los monolitos de la Isla de Pascua son prueba de una cultura indígena antigua.	☐	☐	☐
5. Los avances científicos de los incas indican la clara influencia de una civilización más avanzada que la suya.	☐	☐	☐
6. Todo misterio tiene una explicación científica que se descubrirá tarde o temprano.	☐	☐	☐

> **Vocabulario útil**
>
> | | |
> |---|---|
> | pampa, llanura | *plain* |
> | surcados | *furrowed* |
> | realizadas | *made* |
> | con qué fin | *with what purpose* |
> | presuntos | *alleged* |
> | el sol se ponía | *the sun was setting* |
> | sacerdotes | *priests* |
> | bosquejo | *sketch* |
> | palo | *stick* |
> | cuerdas | *ropes* |
> | jalones | *stakes* |
> | cumbres | *peaks, mountain tops* |
> | surgen | *appear* |
> | siembra | *sowing* |
> | cosecha | *harvest* |
> | La Vía Láctea | *The Milky Way* |
> | oración | *prayer* |
> | malestar | *uneasiness* |
> | sequía | *drought* |
> | se remonta a | *dates back to* |
> | tamaño | *size* |

Lectura y comprensión

 B. Incógnitas sobre las líneas de Nazca. Los enormes dibujos *(drawings)* excavados en la roca del desierto peruano han sido motivo de fascinación por décadas. Este artículo trata de destruir el mito de un origen extraterrestre dando información concreta y con base en estudios científicos. Trabaja con un(a) compañero(a). Encuentren la siguiente información.

1. Nombre científico de los dibujos:
2. Significado del nombre:
3. Localización de los dibujos:
4. Extensión de los dibujos:
5. Tipos de dibujos:

6. Método de observación más conveniente:
7. Civilización indígena a la cual han sido atribuidos los dibujos:
8. Una de las teorías científicas sobre el propósito de los geoglifos:

Análisis y expansión

C. *¿Se* reflexivo, impersonal o pasivo? Recuerda que el pronombre **se** tiene muchos usos.

En la frase "José **se** baña todos los días" se usa **reflexivamente** porque José baña a José. En la frase "Se dice que las playas de Miami son fabulosas" se usa para indicar que una acción es **impersonal**, porque no sabemos exactamente quién la ejecuta (quién lo dice). La frase **"Se** venden aguacates" es una indicación de una acción **pasiva** porque los **aguacates** (el sujeto) reciben la acción de ser vendidos.

Trabaja con un(a) compañero(a). Clasifiquen las siguientes frases del artículo: reflexivas (**R**), impersonales (**I**) o pasivas (**P**).

Párrafo 1: unas enormes figuras se pueden ver... ¿con qué fin se grabaron estos dibujos?

Párrafo 2: Kosok se dio cuenta de que... el Sol se ponía en el punto exacto...

Párrafo 4: se ha podido establecer... se ha especulado que los dibujos...

Párrafo 7: es un área que se remonta al 550 d.C.

D. Testimonios de nuestra civilización. Los geoglifos de Nazca son fascinantes por lo difícil que ha sido descifrarlos sin ayuda de testimonios escritos de esa civilización. Imagínense que, por algún cataclismo, todo documento escrito de nuestros tiempos desaparece. Los científicos del futuro sólo podrán conocer nuestra civilización a través de *(through)* monumentos y artefactos que hayamos dejado atrás *(we left behind)*. Trabajen en grupos pequeños. ¿Cómo se interpretaría nuestra civilización en base a estos testimonios solamente?

1. Un televisor:
2. Una supercarretera:
3. Una botella de cerveza:

4. Un pañal desechable *(disposable diaper)*:
5. Unas uñas postizas *(fake nails)*:

CONEXIÓN CON... *La economía:* las monedas del mundo

Contienda de divisas

Al comenzarse el nuevo milenio, el panorama del comercio internacional se caracteriza por la lucha entre tres monedas. Respaldadas por compañías de alta tecnología, bancos, manufactureros de autos, aviones, satélites y armas, bonos e inversiones, y enormes fuerzas laborales, el euro, el yen y el dólar librarán la contienda por ser la divisa más poderosa del mundo.

Según dicen algunos economistas, el euro tiene gran potencial porque representa la descomunal fuerza de una Europa unida comercial, industrial y financialmente. Pero ¿cómo llega una moneda a ser materialmente poderosa? El valor de una moneda estriba en la demanda por los productos del país que representa. A mediados del siglo XIX, casi no figuraban productos de Estados Unidos en el mercado mundial. Sin embargo, gracias a la innovación que trajo la revolución industrial, la calidad y el precio de los productos yanquis, el mundo ha venido pidiendo cada vez más los vaqueros y la Coca Cola entre otros muchos productos norteamericanos. ¿La clave? Eso se paga en dólares. Pongamos el caso de que un distribuidor argentino de máquinas de lavar quiera importar 100 modelos Maytag. No podrá pagar con pesos argentinos porque a la Maytag esos pesos no le sirven para nada. Es decir, no existe la misma demanda en EE.UU. por productos argentinos. Así se hace fuerte una moneda con el poder que tiene para adquirir otros productos en el mercado internacional. Los comerciantes y los bancos de otros países aceptan y tramitan en dólares ya que hacerlo les brinda oportunidades. Así mismo los gobiernos atesoran dólares para pagar sus deudas y compromisos comerciales internacionales.

Los EE.UU. tienen casi el 12% de los productos que se intercambian a nivel mundial. Actualmente, su ecomomía es cuatro veces más grande que la de Alemania y dos veces la del Japón. Siempre habrá demanda por lo *made in the USA,* y mientras hay estabilidad y una inflación controlada, la economía estadounidense ayudará al país a mantener su estatus de superpotencia.

¿Alcanzará el euro lo mismo en Europa?

Hasta ahora eran 15 países, cada uno con una moneda diferente. Un comerciante en Bolivia vendía estaño a Alemania y recibía marcos. Luego si quería comprar coches Peugeot, tenía que convertir los marcos en francos, arriesgándose a perder algo por cuestiones de diferencia y devaluación. En cambio ahora, un distribuidor de alimentos en La Paz paga el aceite de oliva española y el queso holandés con la misma moneda sin preocupaciones. Según un artículo en *Business Week,* si el euro tiene éxito, puede hacer de Europa uno de los jugadores más competitivos del siglo y no sólo servirá para unificar a Europa financialmente, sino que traerá inversión a sus bolsas de valores y animará sus industrias.

No será fácil lidiar contra el dólar. La mayoría de las grandes empresas son estadounidenses y un 50% del comercio a nivel mundial se efectúa en dólares. Las monedas europeas cuentan con sólo el 33% y el yen japonés con el 5%. No por esta diminuta cifra debe descontarse al Japón de la lucha por el dominio económico del mundo. Los japoneses son muy ahorradores y en gran medida son los prestamistas del mundo. El banco Tokio Mitsubishi es el más grande del mundo a pesar de grandes fusiones entre bancos europeos y americanos. El Japón tiene también las mayores compañías de telecomunicaciones y de automóviles.

En un mundo de cada vez más y mayores fusiones y adquisiciones, la batalla entre el dólar, el euro y el yen por ser la moneda más poderosa será una contienda hasta ahora incontemplable.

EE UU — Dólar U E — Euro Japón — Yen

Anticipación a la lectura

A. En cada país, una moneda *(currency)*. Cuando un estadounidense viaja, lleva dólares. ¿Qué hace cuando llega a un país extranjero? ¿Usa dólares o cambia éstos a la moneda local? Vamos a ver si tú sabes a qué moneda cambiar tus dólares en cada uno de estos países.

1. el peso   _____ a. Ecuador
2. el yen   _____ b. Venezuela
3. el colón   _____ c. Costa Rica, El Salvador
4. el sucre   _____ d. España
5. el bolívar   _____ e. Guatemala
6. la peseta   _____ f. Perú
7. el quetzal   _____ g. Japón
8. el sol   _____ h. México, Uruguay, Colombia,
                          Chile, Bolivia, Argentina, Cuba,
                          República Dominicana

Lectura y comprensión

Vocabulario útil

atesoran	*treasure*	fusión	*merger*
batalla	*battle*	inversión	*investment*
bolsas de valores	*stock exchange*	lidiar	*to fight*
bonos	*bonds*	lucha	*fight, struggle*
brindar	*offer*	moneda	*currency*
contienda	*competition*	poderoso	*powerful*
clave	*key*	prestamista	*moneylender*
descomunal	*huge*	respaldado	*backed*
divisa	*currency*	superpotencia	*superpower*
estribar	*to be based on*		

B. El contrincante más fuerte. El artículo indica que la lucha entre el dólar, el euro y el yen no va a ser fácil. Cada una de estas monedas es fuerte de varias maneras. Trabaja con un(a) compañero(a). Comparen las áreas ventajosas *(advantageous)* de cada una de ellas. Después, decidan cuál será la moneda más poderosa del siglo.

	dólar $	euro €	yen ¥
1. La moneda representa la fuerza económica de muchas naciones juntas.			
2. Los productos del país son populares en el mercado internacional.			
3. La moneda representará al mayor poder comercial, industrial y financiero del mundo.			
4. Representa a muchas de las mayores empresas del mundo.			
5. Sus poderosos bancos dan los mayores préstamos.			
6. La gente del país es la más trabajadora y ahorradora del mundo.			
7. Un mayor por ciento del comercio mundial se realiza en esta moneda.			

Análisis y expansión

C. El futuro del euro. Después de leer el artículo y hacer el ejercicio anterior, probablemente habrán concluido que será difícil arrebatarle *(to take away)* al dólar el control económico mundial. ¿Qué hará la Comunidad Europea (CE) para convertirse en un contendiente de peso y lograr establecer al euro en el comercio internacional? Trabaja con un(a) compañero(a). Primero, para cada oración, escojan el verbo en el tiempo futuro. Después, marquen las ideas más lógicas.

_____ **1.** La CE (pagó, pagará) la deuda extranjera *(foreign debt)* en euros.

_____ **2.** Las industrias se (revitalizarán, revitalizan) y el mercado de valores se (globaliza, globalizará).

_____ **3.** Los europeos (gastan, gastarán) euros cuando viajen por negocios o vacaciones a otros países.

_____ **4.** Con el intercambio de fuerza laboral, el problema del desempleo se (resolverá, resolvía).

_____ **5.** La CE (exportó, exportará) menos productos e (importará, importó) más.

D. Y de las finanzas personales, ¿qué? El artículo menciona una importante característica de la fuerza de la economía japonesa: los japoneses saben ahorrar. ¿Crees que los estadounidenses tenemos buen control de nuestras finanzas personales? Llena el cuadro con tu información y después entrevista a un(a) compañero(a). Después compararán sus hábitos financieros con los de la clase.

	yo	mi compañero(a)
1. Hago un presupuesto *(budget)* mensual y me ciño a él *(I stick to it)*.		
2. Sacar dinero para divertirme es tan importante como cubrir necesidades básicas.		
3. Tengo dos trabajos para cubrir mis necesidades y para tener ahorros en caso de emergencias.		
4. Ahorro un 5% o más de mis ingresos *(income)* mensuales.		
5. Tengo varias inversiones *(investments)* en la bolsa que me dan buenas ganancias *(returns)*.		
6. Prefiero poner mis ahorros en certificados de depósitos porque tienen intereses más altos que las cuentas de ahorros *(savings accounts)*.		
7. A finales de cada mes pago el saldo *(balance)* de mis tarjetas de crédito para no pagar intereses innecesarios y altos.		
8. Pienso invertir en bonos del estado porque es menos riesgoso que comprar acciones *(stocks)*.		

Capítulo 11

¡A trabajar!

Objetivos

Speaking and Listening

- Identifying professions and occupations
- Talking about personal and career plans for the future
- Describing work-related activities
- Expressing employment preferences
- Describing past employment experiences

Reading

- Recognizing word families (Part II)

Writing

- Preparing a curriculum vitae *(Cuaderno de actividades: ¡Vamos a escribir!)*

Culture

- Hispanics in the United States *(Panorama cultural)*
- Careers and job opportunities *(Puente cultural)*
- Women in the work force *(Comentario cultural)*

Grammar

- The present subjunctive in adverbial clauses
- Relative clauses
- The present subjunctive in adjective clauses
- The present perfect tense
- **Hace** in time clauses
- The past perfect tense *(Vistazo gramatical)*

A primera vista

 Trabaja con un(a) compañero(a). Estudien el cuadro y lean los datos sobre este gran maestro del realismo pictórico. Después, escojan la(s) respuesta(s) que mejor contesta(n) las preguntas.

1. ¿Qué elementos del cuadro indican que las mujeres en primer plano (*foreground*) están trabajando?
   a. La rueca (*spinning wheel*) está en movimiento.
   b. Cada una de las mujeres está en acción, haciendo algo.
   c. No hay mucha luz en la habitación.

2. ¿Además del trabajo, qué otras actividades ocupan a las mujeres?
   a. Se toman un descanso para beber un cafecito.
   b. Conversan.
   c. Piensan.

3. ¿Qué indica que las señoras en la habitación del fondo (*back*) no trabajan en el taller de tapices (*tapestry workshop*)?
   a. Están en otra habitación.
   b. No están vestidas como mujeres de la clase trabajadora.
   c. No están trabajando.

Diego de Silva Velázquez (1599–1660)

Nacionalidad: español

Otras obras: *Las meninas* (su obra maestra); *La rendición de Breda; La crucificción;* y muchos retratos (*portraits*) de los miembros de la corte del rey Felipe IV

Estilo: Salvador Dalí describió acertadamente (*accurately*) a Velázquez como un genio. Pinta con una técnica casi fotográfica, capturando el movimiento detenido en el tiempo (*suspended in time*). La característica más notable de su técnica es la manipulación de la luz y la sombra (*shadow*) y la gradación del color para crear perspectiva y profundidad (*depth*). En sus retratos no pinta solamente el exterior, sino también el alma (*soul*) de sus sujetos.

In this *Paso* you will practice:
- Identifying professions and occupations
- Describing work-related activities
- Describing personal and career plans for the future

Grammar:
- Adverbial time clauses

Vocabulario temático
LAS PROFESIONES Y LAS OCUPACIONES

¿A qué se dedica *tu hermano?*
tu prima

Es *abogado/abogada.*   Es *médico/médica.*

Resuelve *problemas legales.*   Atiende a *sus pacientes.*
Informa a sus clientes sobre   Recomienda *tratamientos*
   sus derechos legales.   *para enfermedades.*

Es *hombre de negocios.*   Es *asesor técnico.*
   mujer de negocios   *asesora técnica*

Dirige *una empresa.*   Analiza *situaciones y datos.*
Trabaja *en equipo.*   Da *consejos.*

Es *periodista.*

Es *funcionario público.*
funcionaria pública

Investiga *acontecimientos.*
Reporta *noticias.*

Trata con *el público.*
Ayuda a la gente con *trámites*
y papeleo.

OTRAS PROFESIONES Y OCUPACIONES

agente de bienes raíces
  (real estate agent)
agricultor(a)
ama de casa *(housewife)*
consejero(a) *(counselor)*
contador(a) *(accountant)*
corredor(a) de bolsa
  (stock broker)
dentista
diplomático(a)
director(a) de personal
dueño(a) de un negocio
  (business owner)

enfermero(a) *(nurse)*
gerente *(manager)*
ingeniero(a)
maestro(a)
  (grade-school teacher)
obrero(a) *(laborer)*
programador(a)
psicólogo(a)
representante de ventas
  (salesperson)
trabajador(a) social
  (social worker)
veterinario(a)

Sabías que...

- Unlike English, Spanish does not use **un** or **una** to identify someone's profession unless a descriptive adjective is present.

  Mi padre es escritor.   *My father is **a** writer.*
  Mi padre es **un** escritor **famoso.**   *My father is **a famous** writer.*

- To indicate someone's profession in a more general way, state where or for whom they work.

  Mi madre trabaja en un hospital.   *My mother works in a hospital.*
  Mi hermano trabaja para una   *My brother works for a multinational*
    compañía multinacional.   *company.*

- Use the following expressions for people who are not working:

  estar jubilado(a)   *to be retired*
  estar desempleado(a) / estar en paro   *to be unemployed*

Text Audio CD
Track CD2-24

Ponerlo a prueba

11-1 Se busca. Escucha las oportunidades de empleo que se ofrecen en una agencia de empleo. Completa la tabla.

Ocupación	Requisitos *(Requirements)*
1.	
2.	
3.	
4.	
5.	
Para mayor información: Llame al teléfono _____.	

11-2 ¿Cuál es la profesión? Completa las actividades con un(a) compañero(a) de clase.

Primera parte: Lean las descripciones e identifiquen la ocupación o profesión.

1. Atiende a los pacientes en una clínica o un hospital; por ejemplo, les toma la temperatura o la presión arterial. No les puede recetar medicinas.
2. Trata con los oficiales gubernamentales de otros países. Resuelve problemas políticos internacionales. Informa a los oficiales sobre situaciones globales.
3. Ayuda a la gente con sus problemas personales y emocionales. Da consejos sobre conflictos familiares. Recomienda alternativas para resolver problemas.
4. Analiza los datos sobre la condición económica de una compañía. Ayuda con el papeleo para los impuestos *(taxes)*.
5. Trata con los clientes de una compañía. Analiza sus necesidades y les informa sobre los mejores productos.

Segunda parte: Un(a) estudiante debe describir una profesión o una ocupación de la lista. El (La) otro(a) tiene que adivinar *(to guess)* cuál es. Túrnense.

agente de viajes   ama de casa
veterinario   trabajador social
pediatra   gerente
mecánico   maestro
dependiente   agente de bienes raíces

11-3 Las ocupaciones de mis familiares. Conversa con un(a) compañero(a) sobre las ocupaciones de sus padres, abuelos y hermanos.

MODELO: padres

> Tú: *¿A qué se dedican tus padres?*
> Tu compañero(a): *Mi padre es ingeniero; trabaja para una compañía en Greenville. Mi madre es maestra; enseña inglés en la escuela primaria McCants. Y tus padres y familiares, ¿en qué trabajan?*

1. padre
2. madre
3. hermanos(as)
4. abuelos

480 cuatrocientos ochenta Capítulo 11

LAS MUJERES Y SUS PAPELES

¿Cuáles son algunas de las profesiones populares entre las mujeres de los Estados Unidos? ¿Cómo han cambiado las oportunidades de empleo para las mujeres en años recientes?

Gisele Ben-Dor
conductora
uruguaya

Mireya Moscoso
primera mujer presidente de Panamá

El papel *(role)* de las mujeres ha cambiado mucho en los últimos años. En la actualidad, las oportunidades educativas y profesionales varían según el país y la clase social.

    La función tradicional de la mujer, ser madre y ama de casa, está pasando por un período de transición. Hoy en día, muchas mujeres de clase alta o de clase media trabajan como profesoras, enfermeras, doctoras, abogadas, escritoras, etcétera. Para muchas mujeres de la clase social baja, sin embargo, las oportunidades siguen limitadas. Pero, cada día la mujer tiene más oportunidades para autorrealizarse en el campo profesional y personal.

    ¿Conoces a estas mujeres hispanas profesionales?

Isabel Allende
escritora chilena

Vocabulario temático
LOS PLANES PARA EL FUTURO

¿Qué planes tienes para el futuro?

Me gustaría *hacer estudios de postgrado.*
                estudiar medicina
                estudiar derecho

Pienso dedicarme *a la investigación científica.*
                a la política
                al estudio del medio ambiente

Espero *conseguir un puesto en una compañía multinacional.*
                trabajar en el área de mercadeo
                poder servir a mi comunidad

Tan pronto como me gradúe, voy a *buscarme un buen trabajo.*
                volver a mi pueblo natal
                mudarme a una ciudad grande

Cuando tenga seguridad económica, voy a *casarme.*
                comprar una casa
                viajar por el mundo

¿ Sabías que...

- Many expressions can be used to refer to future plans; all of the following ones follow the pattern of conjugated verb + infinitive.

ir (a)	**Voy a trabajar** en un banco.	*I'm going to work in a bank.*
pensar	**Pienso hacer** estudios de postgrado.	*I plan on doing (to do) graduate work.*
querer	**Quiero estudiar** derecho.	*I want to study law.*
esperar	**Espero trabajar** con niños.	*I hope to work with children.*
gustar	**Me gustaría volver** a mi pueblo natal.	*I'd like to return to my hometown.*

Text Audio CD
Track CD2-25

Ponerlo a prueba

11-4 La abuelita. La abuela de David quiere saber todo sobre los planes de su nieto, que es estudiante universitario. Escucha su conversación y contesta las preguntas con oraciones completas.

1. ¿Cuándo va a graduarse David de la universidad?
2. ¿Qué planes tiene David respecto a su carrera?
3. ¿Qué área le interesa?
4. ¿Qué planes tiene respecto a su vida personal?
5. ¿Por qué quiere esperar un año?

11-5 Muchas opciones. Lee las oraciones e indica cuál(es) de las opciones prefieres en cada caso. Después, completa la oración al lado de tu opción.

1. Cuando me gradúe de la universidad, quiero...
   - ☐ buscarme un bueno trabajo. Me gustaría trabajar _____.
   - ☐ hacer estudios de postgrado. Quiero estudiar _____.
   - ☐ pasar un año al servicio de la comunidad. Me interesa el área de _____.

2. Cuando tenga un buen puesto, pienso...
   - ☐ dedicarme plenamente a mi carrera. Para mí, es importante _____.
   - ☐ casarme y tener hijos. Espero casarme a los _____ años y quiero tener _____ hijos.
   - ☐ volver a la universidad para seguir estudios más avanzados. Me gustaría obtener el título de _____.

3. Cuando tenga seguridad económica, espero...
   - ☐ viajar por el mundo. Quisiera conocer _____.
   - ☐ comprar una casa. Quiero vivir en _____.
   - ☐ ayudar a mi familia. Me gustaría _____.

4. Una de mis metas *(goals)* más importantes es...
   - ☐ ser famoso(a), porque _____.
   - ☐ ganar mucho dinero, porque _____.
   - ☐ llevar una vida sencilla y tranquila, porque _____.

Gramática

A. Las cláusulas adverbiales. Adverbial time clauses (**Las cláusulas adverbiales de tiempo**) describe *when* the action of the verb in the main clause takes place.

Like all clauses, adverbial time clauses have a subject and a verb; they may be linked to the main sentence either before or after the main clause.

Main clause	Conjunction	Adverbial clause
Voy a mudarme	tan pronto como	(yo) me gradúe.
I'm going to move as soon as I graduate.		

Conjunction	Adverbial clause	Main clause
Cuando	me gradúe,	quiero buscarme un buen trabajo.
When I graduate, I want to find a good job.		

The following conjunctions are used to introduce adverbial clauses:

antes de que	*before*
después de que	*after*
cuando	*when*
tan pronto como	*as soon as*
en cuanto	*as soon as*
mientras	*while, as long as*
hasta que	*until*

B. Indicativo o subjuntivo. Like other kinds of dependent clauses, adverbial clauses may use verbs in the indicative or the subjunctive, depending on the circumstances.

- Use the *present indicative* (**el presente de indicativo**) in the adverbial clause to express actions that take place *routinely* or habitually in the *present*.

Siempre cenamos *tan pronto*	*We always eat supper as soon as*
como **vuelvo** del trabajo.	*I **return** from work.*
Después de que **cenamos,**	*After **we eat** supper, Jaime does*
Jaime lava los platos.	*the dishes.*

- Use the *preterite* (**el pretérito**) and the *imperfect* (**el imperfecto**) to express actions that took place in the *past*.

Cuando mamá **era** estudiante en	*When Mom **was** a student at the*
la universidad, siempre sacaba	*university, she would always get*
buenas notas.	*good grades.*
Mamá dejó de trabajar después	*Mom stopped working after my*
de que **nació** mi hermano mayor.	*older brother **was born.***

- Use the *present subjunctive* (**el presente de subjuntivo**) in the adverbial clause to express actions or plans for actions that will take place in the *future*.

No vamos a casarnos **hasta que**	*We aren't going to get married **until***
me gradúe.	***I graduate.***
Después de que **tenga** unos años	*After **I have** a few years' experience,*
de experiencia, pienso pedir	*I intend to ask for a promotion.*
un ascenso.	

C. *Antes de que.* The adverbial conjunction **antes de que** *(before)* is an exception to the rules outlined in section B. The subjunctive is *always* used after this conjunction, whether the main action refers to the past, present, or future.

Generalmente la Sra. Martín habla con sus clientes por teléfono antes de que **vengan** a verla en la oficina.	*Generally Mrs. Martin speaks with her clients on the phone before **they come in** to the office to see her.*
Quiero hablar con el Sr. Gómez antes de que le **demos** el contrato.	*I want to speak with Mr. Gómez before **we give** him the contract.*

Ponerlo a prueba

11-6 ¿Quién está hablando? Aquí tienes unas citas *(quotes)* de varias personas en diferentes profesiones. Lee las oraciones y haz lo siguiente:

- Decide cuál es la profesión de cada persona.

- Indica si la acción se refiere al pasado, al presente o al futuro.

- Subraya *(Underline)* la cláusula adverbial.

MODELO: Profesión: un estudiante

Tiempo: el futuro

Cuando me gradúe de la universidad, quiero hacer estudios de postgrado.

un(a) funcionario(a) público(a)	un(a) asesor(a) técnico(a)
un(a) estudiante	un(a) médico(a)
un(a) arquitecto(a)	un(a) veterinario(a)
un(a) corredor(a) de bolsa	un(a) periodista

1. No puedo recomendarle un tratamiento hasta que lleguen los resultados de sus radiografías.
2. Cuando yo trabajaba en la Oficina de Pasaportes, ayudaba a la gente con sus trámites.
3. Después de que estudiemos los datos un poco más, voy a escribir una serie de artículos especiales sobre el impacto social y económico del videopóquer.
4. Generalmente, escribo un informe para el jefe tan pronto como analizo los datos de la computadora.
5. Le puse la inyección a su perro mientras estaba bajo anestesia. No sufrió nada.
6. Le recomiendo que venda sus acciones *(stocks)* antes de que pierdan más valor.

11-7 Mis planes. Combina los elementos de las columnas A y B para escribir cinco oraciones verdaderas sobre tus planes para el futuro. Tienes que cambiar los verbos entre paréntesis al presente de subjuntivo.

MODELO: Quiero hacer estudios de postgrado... *antes de que mi novio y yo nos casemos.*

A

Quiero hacer estudios de postgrado...
Pienso dedicarme al servicio de la comunidad...
Espero casarme...
Me gustaría tener hijos...
Quiero viajar por el mundo...
Espero alcanzar mis metas *(goals)* profesionales...
(No) Voy a comprar una casa...
Espero ser rico(a)...
(No) Voy a comprar un nuevo coche...
Quiero independizarme de mis padres...

B

tan pronto como (yo: graduarse)
cuando (yo: tener) seguridad económica
en cuanto (yo: casarse)
después de que mi esposo(a) y yo (comprar) una casa
hasta que (yo: conseguir) mi maestría o doctado
cuando (yo: tener) veinticinco o veintiséis años
antes de que mi novio(a) y yo (casarse)
cuando (yo: estar) jubilado(a)
?

¡NO TE OLVIDES!

To form the present subjunctive, conjugate the verb in the **yo** form of the present tense; drop the **-o** and add these endings:

	-ar verbs:	**-er/-ir** verbs:
yo	compr**e**	teng**a**
tú	compr**es**	teng**as**
Ud., él, ella	compr**e**	teng**a**
nosotros(as)	compr**emos**	teng**amos**
vosotros(as)	compr**éis**	teng**áis**
Uds., ellos, ellas	compr**en**	teng**an**

Here are a few important irregular verbs:

ser: sea, seas, sea, seamos, seáis, sean
estar: esté, estés, esté, estemos, estéis, estén
ir: vaya, vayas, vaya, vayamos, vayáis, vayan

11-8 Biografía. Aquí tienes una pequeña biografía del Dr. Pedro Rosselló, el ex-gobernador de Puerto Rico. Lee la información y después completa las oraciones de una manera lógica, con los verbos en el imperfecto o el pretérito, según el caso.

MODELO: Después de graduarse de la escuela secundaria,... *Pedro Roselló asistió a la Universidad de Notre Dame.*

Dr. Pedro Rosselló

1944	Nace en San Juan de Puerto Rico.
1962–1966	Asiste a la Universidad de Notre Dame, donde es capitán del equipo de tenis. Obtiene el grado de Bachiller en Ciencias magna cum laude.
1969	Se casa con Margarita Nevares.
1970	Obtiene el grado de Doctor en Medicina de la Universidad de Yale.
1970–1985	Se especializa en cirugía *(surgery)* general y pediátrica en la Universidad de Harvard; ejerce la profesión de cirujano pediátrico. Nacen sus tres hijos en 1971, 1973 y 1979.
1985	Es designado director del Departamento de Salud de San Juan; entra en la política.
1991	Es elegido presidente del Partido Nuevo Progresista.
1992	Es elegido gobernador de Puerto Rico.
1996	Es reelegido gobernador.

1. Mientras asistía a la Universidad de Notre Dame,...
2. En cuanto recibió el grado de Bachiller en Ciencias,...
3. Mientras estudiaba para su título en medicina,...
4. Dos años después de casarse,...
5. Trabajó como cirujano pediátrico hasta que,...
6. Antes de ser elegido gobernador de Puerto Rico,...

Síntesis

11-9 El mundo laboral. Trabaja con un(a) compañero(a); entrevístense con estas preguntas.

1. **La familia:** ¿A qué se dedica tu padre? ¿Y tu madre? En tu opinión, ¿están contentos y satisfechos de sus trabajos? ¿Cuándo quieren jubilarse *(to retire)*? ¿Qué quieren hacer cuando estén jubilados? En tu opinión, ¿qué deben hacer tus padres para prepararse mejor para la jubilación?

2. **Los intereses profesionales:** ¿Qué carreras y profesiones te interesan más ahora? ¿Qué aspectos positivos y qué oportunidades ofrecen? ¿Qué aspectos negativos tienen? ¿Sientes mucha presión por parte de tus padres para seguir alguna carrera en particular? ¿Qué quieren tus padres que hagas, respecto a una carrera?

3. **Los planes:** ¿En qué año vas a graduarte de la universidad? ¿Qué quieres hacer en cuanto te gradúes? ¿Cuáles son algunas de tus aspiraciones o metas *(goals)* profesionales? ¿Cuáles de estas metas esperas alcanzar *(to reach)* antes de tener treinta y cinco años?

11-10 El centro de orientación. Tú y tu compañero(a) trabajan en el centro de orientación profesional de la universidad, donde Uds. tienen que aconsejar a los estudiantes sobre posibles carreras. Aquí tienen pequeños perfiles *(profiles)* de tres estudiantes. ¿Para qué profesiones debe prepararse cada uno? Den tres o cuatro opciones para cada estudiante y justifiquen sus respuestas.

1.

Maricarmen Suárez

Personalidad: Es paciente, compasiva y extrovertida.

Intereses: Le gustaría trabajar con niños o ancianos y poder ayudar a los demás *(others)*.

2.

Guadalupe Silva

Personalidad: Es organizada e imaginativa; tiene disciplina.

Intereses: Le gustan las ciencias naturales.

3.

José Luis Domínguez

Personalidad: Es práctico y adaptable; tiene buen sentido del humor.

Intereses: Le gustaría viajar; está dispuesto *(willing)* a trabajar en equipo.

PUENTE CULTURAL

¿Cuáles son las ocupaciones más prestigiosas en tu país? ¿En qué campos *(fields)* hay más oportunidades de empleo?

Alicia Josefina Lewis
panameña, 47 años; profesora

Gozan de *(enjoy)* más prestigio los médicos, profesores y licenciados *(lawyers)*. Las mejores oportunidades de empleo están en los campos de la educación, la tecnología y el sistema bancario.

Iván Claudio Tapia Bravo
chileno; 37 años; profesor

Los doctores, cirujanos *(surgeons)*, abogados y profesores tienen las profesiones más prestigiosas. Las mayores oportunidades de empleo se encuentran en la construcción, el comercio y la industria frutícola *(fruit)*.

Glenda Liz Carmona Ramos
puertorriqueña; 23 años; estudiante

Las ocupaciones de más prestigio son las de médico, dentista, ingeniero, abogado, juez *(judge)* y veterinario. En todas estas profesiones hay buenas oportunidades de empleo —también en las profesiones tecnológicas y mecánicas, y también para los químicos, porque en la isla hay un gran número de empresas químicas y técnicas.

Te toca a ti

11-11 **¿Qué carrera elegir?** Trabaja con un(a) compañero(a). Lean las opciones al elegir una carrera y escojan la(s) más plausible(s). **¡Ojo!** Tendrán que justificar su selección.

1. Iván probablemente escogió la carrera de profesor porque...
   - ☐ en su país es una profesión de respeto y prestigio
   - ☐ en los EE.UU. es una profesión de respeto y prestigio
   - ☐ tenía mejores oportunidades de empleo que en la construcción o el comercio

2. Los médicos tienen prestigio en muchos países porque...
   - ☐ ganan muchísimo dinero
   - ☐ hay que ser muy inteligente y dedicado para hacerse médico
   - ☐ son personas que ayudan a los demás y nuestras vidas muchas veces dependen de ellos

3. Los profesores tienen prestigio en Chile y Panamá porque...
   - ☐ ganan muchísimo dinero
   - ☐ hay que ser muy inteligente y dedicado para hacerse educador
   - ☐ son personas que ayudan a los demás y el futuro de la juventud (y del país) depende de ellos

4. En los EE.UU. las carreras más prestigiosas son... porque...

11-12 **La ética profesional.** Trabajen en grupos pequeños para decidir cuáles de estas frases definen la ética profesional en los EE.UU. Marquen con **Sí** o **No.** Den un ejemplo para cada una.

_____ 1. Los trabajadores son fieles a la compañía; se quedan *(they stay)* con la empresa por décadas.
_____ 2. Los trabajadores dan el máximo de su esfuerzo sin pensar constantemente en la remuneración.
_____ 3. El éxito de la compañía es orgullo *(pride)* personal de cada empleado.
_____ 4. La mejor profesión/ocupación/negocio es la/el que da más ganancias.
_____ 5. La mejor profesión/ocupación/negocio es la/el que se ama y se disfruta *(enjoy)*.
_____ 6. Los profesionales usan sus talentos para ayudar a la comunidad.
_____ 7. La comunidad es una fuente de ganancias *(source of income)* que se explota para beneficio personal o de una compañía.

In this *Paso* you will practice:
- Expressing your job preferences
- Describing your talents and job qualifications

Grammar:
- Relative/adjective clauses
- Using the subjunctive in adjective clauses

Vocabulario temático
EN UNA ENTREVISTA (PRIMERA PARTE)

¿Qué tipo de trabajo le interesa?

Me gustaría un trabajo *con horario flexible.*
            de tiempo completo
            de medio tiempo

Quiero un puesto que *pague bien.*
            ofrezca oportunidades de ascenso
            no sea rutinario

Prefiero un trabajo que me permita *demostrar mi creatividad.*
            desarrollar mis habilidades
            contribuir activamente a la sociedad

¿Qué talentos y habilidades tiene?

Soy *emprendedor(a).*
    cooperador(a)
    imaginativo(a)
    honrado(a)
    compasivo(a)

Sé *hablar varios idiomas.*
    expresarme bien
    escribir claramente

Puedo *trabajar bien bajo presión.*
        tomar decisiones con facilidad
        adaptarme a los cambios

Sabías que...

- In phrases like **Quiero un trabajo que pague bien,** the verb **pague** is used in the present subjunctive because it describes a hypothetical job. You will learn more about this use of the subjunctive later in this *Paso.*

Estrategia: Body language and conversational approaches

Intercultural communication involves much more than just knowing the right words to say. The way we stand and the way we conduct conversations can greatly influence how people in another culture perceive our intentions.

Because body language varies from country to country, what is courteous in one place or situation may sometimes be considered inappropriate in another. For example, the space between two people engaged in conversation is several inches greater for business conversations than it is for "friendly" ones. In Spanish-speaking countries, both distances—the "formal" and the "friendly"—tend to be shorter than they are in the United States. If people from the two cultures are speaking together and are not aware of these different cultural norms, misunderstandings can easily arise. For example, in a conversation between an American and a Panamanian, the American may end up feeling that the Panamanian is too forward or pushy because he/she has "invaded" the American's personal space; at the same time, the Panamanian may find the American cold or standoffish because he/she has stood too far away.

Conversational styles also vary from culture to culture. In the United States, it is generally considered rude to start talking before the other person has stopped. However, in Spanish-speaking cultures, it is common to have interruptions and overlapping comments in informal conversations among friends. In some circumstances, failing to do this may be viewed as demonstrating a lack of interest in the conversation.

Ponerlo a prueba

Text Audio CD
Track CD2-26

11-13 Una entrevista. Un estudiante universitario está hablando con la directora de una agencia de colocación *(employment agency)*. Escucha la entrevista y completa el formulario con los datos personales y la información sobre sus preferencias y sus talentos.

Apellido: Nombre:

Dirección:

Número de teléfono:

Fecha de nacimiento:

Estado civil:

1. Cualidades y capacidades del cliente:

2. Tipo de trabajo que busca:

11-14 El trabajo ideal. ¿Qué tipo de trabajo te gustaría tener después de graduarte? Completa las actividades con un(a) compañero(a).

Primera parte: Para Uds., ¿cómo es el trabajo ideal? Lean las descripciones e indiquen sus preferencias según la escala.

1	2	3	4	5
Es importantísimo.				No tiene ninguna importancia.

Quiero un trabajo...	Yo	Mi compañero(a)
1. con un horario flexible.		
2. que pague bien.		
3. que me permita viajar mucho.		
4. que ofrezca oportunidades de ascenso.		
5. que me permita demostrar mi imaginación y creatividad.		
6. que no sea rutinario.		
7. que me permita contribuir activamente a la sociedad.		
8. que me permita trabajar independientemente.		
9. que tenga prestigio.		
10. que me ofrezca la oportunidad de conocer a muchas personas.		

Segunda parte: Analicen sus respuestas y contesten las preguntas.

1. ¿Cuáles son las tres características más importantes del trabajo ideal?
2. ¿Qué profesiones y carreras asocian Uds. con el trabajo ideal?

11-15 Mis talentos y habilidades. ¿Qué talentos y habilidades tienes en común con tus compañeros de clase? Trabajen en grupos de tres o cuatro personas. Encuentren cinco talentos, cualidades o habilidades que tengan en común.

MODELO:	Tú:	*Yo tengo talento artístico.*
	Un(a) compañero(a):	*Yo no tengo talento artístico, pero sé tocar dos instrumentos musicales.*
	Otro(a) compañero(a):	*Yo sé cantar, pero no toco ningún instrumento.*

Expresiones para conversar

Tengo... talento artístico, talento musical, facilidad para los números, etcétera
Soy... emprendedor(a), imaginativo(a), creativo(a), etcétera
Me gusta... resolver problemas, analizar datos, etcétera
Sé... escribir claramente, usar computadoras con facilidad, etcétera
Puedo... trabajar bajo presión, tomar la iniciativa, etcétera

Gramática
LAS CLÁUSULAS ADJETIVALES

A. Las cláusulas adjetivales. Adjective clauses (**Las cláusulas adjetivales**) are dependent clauses that modify and describe nouns in the same way adjectives do. In the examples below, both the adjective **interesante** and the adjective clause **que pague bien** describe the noun **trabajo** in their respective sentences.

adjetivo

Quiero un trabajo **interesante.**   *I want an **interesting** job.*

cláusula adjetival

Quiero un trabajo **que pague bien.**   *I want a job **that pays well.***

Since nouns may be positioned in various parts of a sentence, adjective clauses may be found either within the main clause or after it. The **que** that joins the adjective clause to the main clause is called a *relative pronoun;* the noun that the adjective clause modifies is called an *antecedent.*

cláusula adjetival

El puesto **que Juan consiguió** es muy bueno.   *The job **that Juan got** is very good.*

cláusula adjetival

Es un trabajo **que paga muy bien.**   *It's a job **that pays very well.***

B. Los antecedentes. As with all dependent clauses, it is important to know whether to use the subjunctive or the indicative in adjective clauses. To determine this, we must examine the antecedent carefully. When the antecedent refers to a *concrete, specific,* or *known* person, place, or thing, the *indicative* must be used.

- Use the **pretérito** and the **imperfecto** in adjective clauses to refer to the past.

  Ayer conocí al señor **que fundó la compañía.**   *Yesterday I met the man **who founded the company.***

- Use the **presente de indicativo** to refer to the present.

  Nueva York es una ciudad **que ofrece muchas oportunidades de empleo.**   *New York is a city **that offers a lot of employment opportunities.***

- Use the future tense or a verb phrase such as a conjugated form of **ir** + **a** + infinitive to refer to the future.

  Acaban de inventar un chip **que va a revolucionar el mundo tecnológico.**   *They've just invented a computer chip **that is going to revolutionize the world of technology.***

Later in this *Paso* you will learn about when to use the subjunctive in adjective clauses.

Ponerlo a prueba

11-16 Personajes famosos. ¿Sabes por qué son famosas estas personas? Combina la información en las dos columnas de una manera lógica. Tienes que cambiar los infinitivos al pretérito.

MODELO: Miguel de Cervantes fue el autor que...
creó a Don Quijote de la Mancha.

1. Alexander Graham Bell fue el inventor que...
2. Ludwig van Beethoven fue el compositor que...
3. Gustave Eiffel fue el arquitecto que...
4. Teresa de Calcuta fue la monja que...
5. Isaac Newton fue el científico que...
6. Euclides fue el matemático que...
7. Amelia Earhart fue la pilota que...
8. Jackie Robinson fue el primer jugador norteamericano de color que...

a. (escribir) los *Elementos,* la base de la geometría plana
b. (inventar) el teléfono
c. (hacer) investigaciones sobre la gravedad
d. (ayudar) a los pobres de la India y (ganar) el Premio Nóbel
e. (cruzar) el Atlántico en avión
f. (jugar) en las Grandes Ligas de béisbol
g. (crear) la *Novena Sinfonía*
h. (diseñar) la famosa torre en París

11-17 En nuestra universidad. ¿Qué te gusta de tu universidad? Completa las frases con tus preferencias y justifica tus respuestas con cláusulas adjetivales. Compara tus respuestas con las de un(a) compañero(a) de clase.

MODELO: Me gusta *la Universidad de Iowa.* Es una universidad que... *ofrece excelentes programas académicos.*

1. *La doctora Liskin-Gasparro* es mi profesora favorita. Es una profesora que...
2. Estudio *biología* porque es una carrera que...
3. Me gusta vivir en *Maxcy* porque es una residencia que...
4. El mejor restaurante en el campus es *Garibaldi's;* es el único *(only)* lugar que...
5. Respecto a las organizaciones en el campus, me gusta participar en *Amnistía Internacional.* Es una organización que...

Gramática
USOS DEL SUBJUNTIVO: LAS CLÁUSULAS ADJETIVALES

A. Los antecedentes indefinidos. You have seen that the indicative tenses (such as the present, preterite, or imperfect) may be used in adjective clauses to refer to specific or known persons, places, and things.

cláusula adjetival

Jaime tiene un puesto **que paga mal.**   *Jaime has a job **that pays poorly.***

Sometimes, however, adjective clauses refer to antecedents that are *hypothetical* or *nonspecific.* In these cases, the verb in the adjective clause must be in the *present subjunctive.*

cláusula adjetival

Jaime quiere un puesto **que pague bien.**

*Jaime wants a job **that pays well.** (He doesn't have any particular job in mind.)*

cláusula adjetival

Quiere trabajar para una compañía **que ofrezca buenos beneficios.**

*He wants to work for a company **that offers good benefits.** (He is willing to look at any company that might offer good benefits.)*

B. Los antecedentes negativos. The present subjunctive is also used in adjective clauses when the antecedent is a negative word such as **nadie** *(nobody)* or **ninguno** *(not one, not any).* In these cases, we are expressing either that no such person, place, or thing exists, or that we are unaware of their existence. These are known as *negative antecedents.*

cláusula adjetival

No tenemos ningún empleado **que sepa analizar estos datos.**

*We don't have a single employee **who knows how to analyze these data.***

cláusula adjetival

No conozco a nadie **que pueda resolver este problema.**

*I don't know of anyone **who can solve this problem.***

Ponerlo a prueba

11-18 Muchas quejas. Los funcionarios en el Departamento de Trabajo Social no están contentos con las condiciones de trabajo. Completa las frases con una expresión lógica de la lista. Cambia los infinitivos al presente de subjuntivo.

MODELO: Sr. Calvo: Mi computadora es muy vieja y lenta. Quiero una computadora que *tenga conexiones rápidas al Internet.*

estar más cerca de mi casa
ofrecerme oportunidades de ascenso
permitirme contribuir a la sociedad
ser más flexible con los horarios
ser rutinario
tener conexiones rápidas al Internet
tener más ventanas

1. Sra. Flores: Mi oficina es muy oscura *(dark).* Quiero una oficina que _____.

2. Sr. Quiñones: Este trabajo es muy monótono. Quiero un puesto que no _____.

3. Srta. Villanueva: Tengo que conducir mi coche veinte kilómetros para venir a trabajar. Quiero trabajar en un lugar que _____.

4. Sr. Ruiz: Todos los días no hago más que papeleo. Quiero un puesto que _____.

5. Sra. Muñoz: No quiero pasar toda la vida trabajando como funcionaria. Quiero un puesto que _____.

6. Sr. Barceló: Nuestro jefe insiste en que estemos aquí de nueve a cinco. Quiero un jefe que _____.

11-19 El puesto ideal. ¿Qué tipo de puesto te gustaría tener en el futuro? Describe el puesto con cláusulas adjetivales. Trabaja con un grupo de tres o cuatro personas. Cada persona debe describir su puesto ideal conjugando los verbos entre paréntesis en el presente de subjuntivo.

Algunas ideas:

(no) (estar) cerca de dónde viven mis padres

(no) (ofrecerme) la oportunidad de viajar mucho

(no) (requerir) muchos viajes

(no) (tener) grandes responsabilidades

(no) (tener) pocas responsabilidades

(no) (permitirme) usar la creatividad

(no) (permitirme) contribuir activamente a la sociedad

(no) (ofrecer) muchos retos *(challenges)*

(no) (ofrecer) estabilidad y seguridad económica

?

1. Quiero un puesto que _____ y que _____. También, prefiero un puesto que _____.

2. No quiero un puesto que _____. Tampoco quiero un puesto que _____.

11-20 Se busca profesor(a) de español. La Facultad de Español de tu universidad busca un(a) nuevo(a) profesor(a). El jefe de la Facultad quiere saber las opiniones y preferencias de los estudiantes. Trabajen en grupos de dos o tres; completen las oraciones con sus sugerencias.

1. Queremos un(a) profesor(a) que siempre _____ y que nunca _____.

2. También preferimos una persona que _____ de vez en cuando.

3. No queremos a nadie que _____.

4. Es muy importante que la Facultad de Español emplee a alguien que_____.

Síntesis

Text Audio CD
Track CD2-27

11-21 Los planes de Gregorio. Muy pronto Gregorio va a terminar su pasantía *(internship)* en un banco y va a volver a los Estados Unidos. Escucha mientras habla con el Sr. Martínez sobre sus planes para el futuro. Contesta las preguntas en oraciones completas.

1. ¿Cuándo va a terminar Gregorio su pasantía en Venezuela?
2. ¿Qué quiere hacer Gregorio en cuanto se gradúe de la universidad?
3. ¿Qué tipo de puesto le interesa?
4. Según el Sr. Martínez, ¿qué cualidades personales de Gregorio lo hacen un candidato serio para trabajar en el banco?
5. ¿Cómo reacciona Gregorio a la oferta del Sr. Martínez?

11-22 Los anuncios clasificados. Tu amiga Lidia nació en los Estados Unidos, pero sus padres son de Argentina. A Lidia le intriga la idea de ir a Argentina para trabajar por unos años para conocer mejor el país de sus padres. Aquí tienes dos anuncios que ella encontró en un periódico argentino. Lee los anuncios y completa las actividades.

Primera parte: Contesta las preguntas oralmente con un(a) compañero(a) de clase.

1. ¿A qué campo *(field)* corresponden los dos anuncios?
2. ¿Qué requisitos *(requirements)* tienen en común los dos puestos?
3. ¿Qué características personales deben tener los solicitantes *(applicants)*?
4. ¿Qué sueldos *(salaries)* se ofrecen?
5. ¿En qué aspectos se diferencian estos anuncios argentinos de los que aparecen *(appear)* en los periódicos norteamericanos?

Segunda parte: ¿Cuál es el mejor puesto para Lidia? ¿Por qué? Recuerden que Lidia se graduó de la Universidad de Pennsylvania en 1999 con un Máster en Administración de Empresas. Hace varios años que trabaja para Ford en la sección de contabilidad.

IMPORTANTE EMPRESA
Selecciona:
ADMINISTRATIVA CONTABLE

REQUISITOS:
Edad: mujeres entre 21 y 30 años, dinámica, responsable, c/capacidad de trabajo, manejo de PC, muy buena redacción y dicción, idioma inglés, con experiencia en tareas administrativas contables, liq. de sueldos, tarj. horarias, carga de datos, etc.
Disponibilidad de 8 a 18 horas
Excelente presencia

SE OFRECE:
Capacitación
Incorporación inmediata
Sueldo acorde a capacidad laboral
Presentarse c/currículum y foto
4x4 actual (excluyente) en:
Antonio Gianelli 841
B. Gral. Bustos
Lunes y martes de 8 a 13 horas
024454

A

STAFF
CONTADOR
LIC. EN ADMINISTRACION
ESPEC. EN COSTOS IND.
Con radicación en el interior

BUSQ. 1353 - RUBRO: INDUSTRIA

Se solicita el concurso de contadores, Lic. en Administración o Ing. Industriales, con experiencia en costos preferentemente en industrias. Dominio fluido de Inglés (excluyente). Además deberá poseer experiencia en contabilidad general. Edad hasta 45 años. Ingresos aproximados de $ 2.500 a $ 3.000, variable, según experiencia acreditada.

Presentarse el
MIERCOLES y JUEVES de 9.30
a 12.30 y de 14 a 17.30 hs. en:
AV. GRAL. PAZ 120 - 5° PISO
OFICINA "C"
378729

B

In this *Paso* you will practice:
● Talking about past job experiences

Grammar:
● **Hace** in time clauses
● Present perfect tense

Vocabulario temático
EN UNA ENTREVISTA (SEGUNDA PARTE)

¿Dónde trabaja Ud.?

No tengo empleo porque *todavía estoy en la universidad.*

Hace *un año* que trabajo *para un bufete de abogados.*

                    como secretario(a) en una firma de contadores
                    de mensajero(a)
                    como voluntario(a) en un asilo de ancianos

¿Qué experiencia tiene?
Tengo experiencia en *trabajo de oficina.*

                    ventas
                    computadoras
                    construcción

He trabajado *como salvavidas.*

                    con niños en un campamento de verano
                    de cocinero(a) en un restaurante de comida rápida
                    de niñero(a)

Sabías que...

● The phrase **He trabajado** (*I have worked*) is a conjugation of the verb **trabajar** in the present perfect tense. You will learn more about this tense later in this *Paso*.

● When we identify a person's job with the verb **ser,** we imply that this is the person's true occupation or profession. When we use **trabajar como** or **trabajar de,** we often mean that this is a temporary job rather than one's calling in life.

Juan **es** cocinero.	Juan *is* a cook.
Marcos **trabaja como** cocinero.	Marcos *is working as* a cook.

● In most Spanish-speaking countries, the term **niñero(a)** is more likely to be understood as *nanny* than *babysitter.* In Spain, where teenagers are occasionally hired to care for children by the hour, a babysitter is called a **canguro** or *kangaroo.*

Ponerlo a prueba

11-23 La entrevista (continuación). Joaquín Ibarra está hablando con la directora de una agencia de colocación *(employment)*. Es estudiante y busca trabajo de media jornada. En esta parte de la entrevista, la directora le pregunta sobre su experiencia laboral. Escucha su conversación y toma apuntes para completar el formulario.

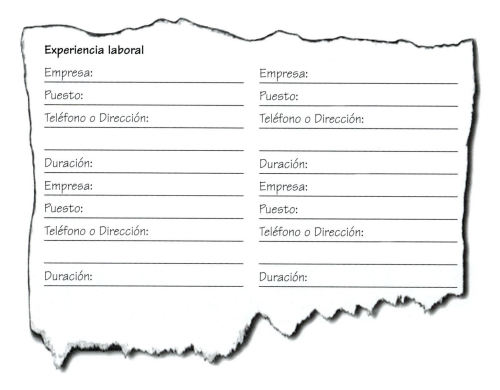

Experiencia laboral

Empresa: _____   Empresa: _____

Puesto: _____   Puesto: _____

Teléfono o Dirección: _____   Teléfono o Dirección: _____

_____   _____

Duración: _____   Duración: _____

Empresa: _____   Empresa: _____

Puesto: _____   Puesto: _____

Teléfono o Dirección: _____   Teléfono o Dirección: _____

_____   _____

Duración: _____   Duración: _____

11-24 Un puesto bueno. Tú y tu compañero(a) van a hablar sobre algunos puestos de media jornada que son populares entre los estudiantes universitarios. Completen las actividades. La segunda parte está en la página 500.

Primera parte: ¿Cuáles son las ventajas *(advantages)* de cada puesto? Completen la tabla con un ✓ para indicar sus opiniones.

Puesto	Ventajas			
	Paga bien	Tiene horario flexible	No se necesita mucha experiencia	?
mensajero(a)				
secretario(a)				
niñero(a)				
cocinero(a)				
camarero(a)				
salvavidas				
dependiente				
pintor(a) (de casas)				

Segunda parte: Entrevístense con estas preguntas.

1. En tu opinion, ¿cuáles son los mejores puestos para los estudiantes universitarios? ¿los peores? Explica.
2. ¿Trabajas ahora? ¿Dónde? ¿En qué consiste tu trabajo? ¿Qué horario tienes? ¿Pagan bien?
3. ¿Qué experiencia laboral tienes? (Para contestar: He trabajado...)

Gramática
EL PRESENTE PERFECTO

A. El presente perfecto. The present perfect tense (**El presente perfecto**) is used to express what we have or haven't done.

He trabajado como secretaria.	*I've worked* as a secretary.
Nunca **he trabajado** en un bufete de abogados.	*I've never worked* in a law firm.

In both English and Spanish, the present perfect is composed of two parts: the auxiliary verb *to have* (**haber**) and a past participle, such as *broken, worked,* or *been.* To form the past participle of most verbs, you must replace the **-ar** infinitive ending with **-ado,** or the **-er/-ir** infinitive ending with **-ido.**

El presente perfecto			
	haber +	participio pasado	
yo	**he**	trabaj**ado**	**He trabajado** como secretaria.
tú	**has**	ten**ido**	**¿Has tenido** tus entrevistas?
Ud., él, ella	**ha**	viv**ido**	Luis nunca **ha vivido** allí.
nosotros(as)	**hemos**	habl**ado**	**Hemos hablado** con el asesor.
vosotros(as)	**habéis**	atend**ido**	**¿Habéis atendido** a los pacientes?
Uds., ellos, ellas	**han**	analiz**ado**	Los asesores **han analizado** los datos.

Some verbs have irregular past participles:

infinitivo	participio pasado	ejemplo
abrir	abierto *opened*	**He abierto** la ventana.
decir	dicho *said, told*	Luis no **ha dicho** la verdad.
escribir	escrito *written*	**¿Has escrito** la carta?
hacer	hecho *done, made*	Los asesores **han hecho** un buen trabajo.
morir	muerto *died*	El director **ha muerto** esta mañana.
poner	puesto *put, set*	¿Dónde **han puesto** Uds. las cartas?
resolver	resuelto *resolved, solved*	La abogada **ha resuelto** el problema.
romper	roto *broken*	¿Quién **ha roto** mi computadora?
ver	visto *seen*	**¿Ha visto** Ud. al médico?
volver	vuelto *returned*	El cliente **ha vuelto** dos veces.

B. Expresiones corrientes. The following expressions are commonly used with the present perfect tense. Notice their position in the sentences in the models below; in Spanish, unlike in English, no words may be placed between the two parts of the present perfect tense.

- **alguna vez** *(ever)*

  ¿Has trabajado de voluntario **alguna vez**?   *Have you **ever** done volunteer work?*

- **nunca; no... nunca** *(never)*

  Nunca he hecho ese tipo de trabajo.
  No he hecho ese tipo de trabajo **nunca**.   *I've **never** done that kind of work.*

- **ya** *(already)*

  Eduardo **ya** ha tenido su entrevista.   *Eduardo has **already** had his interview.*

- **no... todavía; todavía no** *(not yet; still not)*

  Elisa **no** ha terminado el proyecto **todavía**.   *Elisa has**n't** finished her project **yet**.*

  Elisa **todavía** no ha terminado el proyecto.   *Elisa **still** has**n't** finished her project.*

Ponerlo a prueba

11-25 ¿Qué han hecho hoy? Completa las frases con las expresiones más lógicas de la lista. Escribe los verbos en el presente perfecto del indicativo. **¡Ojo!** Algunos de los verbos tienen participios pasados irregulares.

dar la buena noticia
escribir un artículo revelante
hacer inventario
investigar los problemas financieros
poder vender nada
resolver un problema legal
tener tiempo
ver a más de cincuenta pacientes

1. Emilia Vargas es periodista. Hoy _____ de la empresa Multiplex y _____.

2. Osvaldo Fernández y Roberto Sánchez son representantes de ventas. Esta mañana _____ de los productos de su compañía, y por eso no _____.

3. Yo soy médico en una clínica que sirve a personas con pocos recursos económicos. Hoy, ¡ya _____! Todavía no _____ para almorzar.

4. Mi colega Tomás y yo somos abogados. Estamos contentos porque por fin _____ para un cliente importante. Todavía no le _____, pero se va a sorprender mucho.

11-26 Preguntas personales. Trabaja con un(a) compañero(a). Entrevístense con estas preguntas.

1. ¿Has trabajado de voluntario(a) alguna vez? ¿Dónde? ¿En qué consistía tu trabajo allí? ¿Te gustaba?
2. ¿Qué empleos de media jornada has tenido? ¿Cuál te gustó más? ¿Cuál te gustó menos? Explica por qué. ¿Has tenido un empleo de jornada completa alguna vez?
3. ¿Has decidido qué vas a hacer después de graduarte? ¿Has decidido dónde quieres vivir? ¿Qué factores te han influido a tomar estas decisiones?

Gramática
LAS EXPRESIONES DE TIEMPO CON *HACE*

A. Como expresar *ago*. The verb **hace** is used in several time expressions in Spanish. To express the notion *ago,* you may use either of these two patterns.

- **hace** + amount of time + preterite/imperfect

The preterite is used to refer to a specific, one-time action (what someone did), while the imperfect is used to refer to a customary or habitual action (what somone used to do).

Hace dos meses conocí al director del banco.	*Two months ago I met the bank director.*
Hace muchos años él trabajaba para la UNESCO.	*Many years ago he used to work for UNESCO.*

- preterite/imperfect + **hace** + amount of time

Conocí al director del banco **hace dos meses.**	*I met the bank director two months ago.*

B. Para expresar acciones continuas. The structure **hace** + amount of time may also be used to tell how long something has been going on. Note that although English can use the present perfect tense in this kind of expression, Spanish uses the present tense.

- **hace** + amount of time + **que** + present indicative

Hace cinco años que trabajo para esa compañía.	*I have been working for that company **for five years.***

- present indicative + **desde** + **hace** + amount of time

Trabajo para esa compañía **desde hace cinco años.**	*I have been working for that company **for five years.***

To ask a question about how long something has been going on, follow this pattern:

¿Cuánto tiempo hace que + present tense?

¿Cuánto tiempo hace que Ud. **trabaja** allí?	*How long have you been working there?*

Similar patterns are used to express how long something *had* been going on; however, in this case **hacía** is used instead of **hace,** and the verb in the main clause is conjugated in the imperfect tense:

Hacía diez años **que trabajaba** allí cuando lo despidieron.	*He had been working there for ten years when they fired him.*
Trabajaba allí **desde hacía** diez años cuando lo despidieron.	*He had been working there for ten years when they fired him.*

Ponerlo a prueba

11-27 Mucha experiencia. Aquí tienes la sección sobre experiencia laboral del currículum de Anita Morales. Lee la información y completa las oraciones de una manera lógica.

> **Experiencia laboral**
>
> 1992–1995   Banco de Panamá, Departamento Comercial
> 1995–1996   Banco de Panamá, Departamento de Préstamos (Loans)
> 1997–1999   Banco Central, Departamento de Préstamos al Consumidor
> 2000–2001   Banco Nacional, Departamento de Préstamos de Autos
> 2002–al presente   Banco Nacional, Departamento de Préstamos Hipotecarios
>   (Mortgage)

1. La Sra. Morales consiguió su primer trabajo hace _____ años.
2. Hacía _____ años que trabajaba en el Departamento Comercial del Banco de Panamá cuando cambió al Departamento de Préstamos.
3. La Sra. Morales empezó a trabajar para el Banco Central hace _____ años.
4. Trabajaba en el Banco Central desde hacía _____ años cuando se fue a trabajar en el Banco Nacional.
5. Hace _____ años que trabaja para el Banco Nacional.
6. Hace _____ años que trabaja en el Departamento de Préstamos Hipotecarios.

11-28 ¿Cuánto hace? Trabajen en grupos de tres o cuatro personas para completar las actividades.

Primera parte: Entrevístense y tomen apuntes con las respuestas de sus compañeros.

Preguntas	Persona #1	Persona #2	Persona #3	Persona #4
1. ¿Cuánto tiempo hace que estudias en la universidad?				
2. ¿Cuánto tiempo hace que vives en tu residencia/apartamento actual *(current)*?				
3. ¿Cuánto tiempo hace que vives con tu compañero(a) de cuarto actual?				
4. ¿Cuánto tiempo hace que trabajas en tu puesto actual?				

Segunda parte: Analicen sus datos y completan estas frases.

1. _____ es la persona que lleva más tiempo en la universidad. Empezó sus estudios hace _____.
2. _____ es la persona que lleva más tiempo en el mismo domicilio. Se mudó a su residencia/apartamento hace _____.
3. _____ es la persona que consiguió trabajo más recientemente. Empezó ese puesto hace _____.

Síntesis

11-29 La entrevista. Trabaja con un(a) compañero(a); dramaticen una entrevista para **uno** de los siguientes puestos. Tú eres el (la) candidato(a) para el puesto, y tu compañero(a) es el (la) director(a).

Se busca profesor(a) de inglés Una pequeña escuela privada busca profesor(a) de inglés para impartir clases a los alumnos de primer grado. Dos clases por día; horario flexible. Perfecto para estudiante universitario(a).	**Se busca asistente administrativo** Campamento de verano necesita asistente administrativo. Cuatro horas diarias, de lunes a jueves. Se requiere persona bilingüe (español e inglés) con experiencia en trabajo de oficina.

Text Audio CD
Track CD2-29

11-30 La mejor candidata. ¿Quién es la mejor candidata para el puesto? Completa las actividades con un(a) compañero(a) de clase.

Primera parte: Este anuncio apareció en un periódico de Madrid, España. Lean el anuncio y contesten las preguntas.

1. ¿Qué puesto se anuncia?
2. ¿Qué tipo de persona buscan?
3. ¿Cómo deben responder al anuncio las personas interesadas en el trabajo?

Segunda parte: Escuchen las descripciones de las dos candidatas: Magaly Pacheco y Rosario de la Vega. Tomen apuntes sobre sus aptitudes y experiencias laborales.

Tercera parte: ¿Quién es la mejor candidata para el puesto? Expliquen por qué.

MODELO: *La Srta. Pacheco (nunca) ha trabajado...*

   Hace dos años que la Srta. de la Vega...

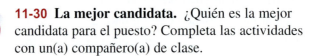

Un paso más

Vistazo gramatical
EL PLUSCUAMPERFECTO

A. El pluscuamperfecto. The past perfect tense, or **pluscuamperfecto,** is used to tell what somebody *had done* or to indicate what *had happened* before another past event took place.

Antes de conseguir el puesto, Alonso **se había entrevistado** con varias compañías.

*Before getting the job, Alonso **had interviewed** with a number of companies.*

Cuando fui a hablar con el jefe, él ya **había tomado** su decisión.

*When I went to talk with the boss, he **had** already **made** his decision.*

B. La formación del pluscuamperfecto. The past perfect tense, like the present perfect, consists of two parts: the conjugation of the helping verb **haber** and a past participle. The forms of **haber** are **había, habías, había, habíamos, habíais, habían.** You may review the formation of past participles on page 500.

	haber + past participle	
yo	Todavía no **había analizado** los datos.	*I hadn't **analyzed** the data yet.*
tú	**¿Habías conocido** al jefe?	*Had you **met** the boss?*
Ud., él, ella	Isaac ya **había visto** su oficina.	*Isaac **had** already **seen** his office.*
nosotros(as)	**Habíamos resuelto** el problema.	*We **had solved** the problem.*
vosotros(as)	**¿Habíais consultado** a un abogado?	*Had you **consulted** an attorney?*
Uds., ellos, ellas	No **habían hecho** su trabajo.	*They **hadn't done** their work.*

When using the past perfect, keep in mind that in Spanish no words may be placed between **haber** and the past participle, even though this is commonly done in English.

¿Ya habías firmado el contrato?   *Had you **already** signed the contract?*

Ponerlo a prueba

11-31 ¿Quién? Lee las oraciones y determina la profesión de la persona que está hablando. Después, identifica el verbo en el pluscuamperfecto.

MODELO: Cuando me senté en mi silla, inmediatamente me di cuenta de que alguno de mis estudiantes había puesto su chicle *(chewing gum)* allí.

Profesión de la persona: *una profesora*

Verbo en el pluscuamperfecto: *había puesto*

un abogado   un ingeniero
una asesora técnica   una periodista
un detective   una profesora
una enfermera

1. Cuando llegué a la escena del robo, vi que alguien había roto la ventana del dormitorio.
2. Nuestros clientes no habían tenido suficiente tiempo para leer el contrato cuando su jefe los forzó a firmarlo.
3. Mi colega y yo ya habíamos revisado el programa mil veces. No comprendemos por qué no funcionó la computadora.
4. ¿Ya le habías puesto la inyección a la Sra. Bonito cuando se quejó *(she complained)* de náuseas?
5. Yo todavía no había terminado de escribir el primero artículo cuando el jefe me mandó a hacer otra investigación.

 11-32 ¿Qué habías hecho? ¿Cuáles de estas cosas habías hecho antes de venir a la universidad? Trabaja con un(a) compañero(a); entrevístense con estas preguntas.

Antes de venir a la universidad,...

1. ¿habías decidido qué querías estudiar?
2. ¿habías tenido varios puestos de media jornada?
3. ¿habías vivido lejos de tu familia?
4. ¿habías lavado tu propia *(own)* ropa?
5. ¿habías hecho tanta tarea?
6. ¿ya habías estudiado español?

¡Vamos a hablar! | Estudiante Ⓐ

Contexto: In this activity, you and your partner will help each other solve word puzzles. You have the solution to your partner's puzzle and must give him/her clues in Spanish so that he/she can complete a blank puzzle. Your partner has the solution to your puzzle and will give you clues so that you can complete your blank puzzle. To give your partner clues, make up simple definitions for each word. You will begin by saying: **Número 1 es la última letra del alfabeto.**

--- Vocabulario útil ---

Es una persona que...	*It's a person who . . .*
Es un sinónimo (antónimo) de...	*It's a synonym (antonym) of . . .*
Es el participio pasado del verbo...	*It's the past participle of the verb . . .*
Es el lugar donde...	*It's the place where . . .*

1. Z
2. H E
3. M E S
4. H A C E
5. V I S T O
6. B U F E T E
7. H O R A R I O
8. C O M P A Ñ Í A
9. H A B I L I D A D
10. S A L V A V I D A S
11. I M A G I N A T I V O

¡Vamos a hablar! | Estudiante B

Contexto: In this activity, you and your partner will help each other solve word puzzles. You have the solution to your partner's puzzle and must give him/her clues in Spanish so that he/she can complete a blank puzzle. Your partner has the solution to your puzzle and will give you clues so that you can complete your blank puzzle. To give your partner clues, make up simple definitions for each word. Your partner will begin by giving you a clue for the first line of your puzzle.

Vocabulario útil

Es una persona que...	*It's a person who . . .*
Es un sinónimo (antónimo) de...	*It's a synonym (antonym) of . . .*
Es el participio pasado del verbo...	*It's the past participle of the verb . . .*
Es el lugar donde...	*It's the place where . . .*

1	A									
2	N	O								
3	A	Ñ	O							
4	R	O	T	O						
5	A	N	T	E	S					
6	E	Q	U	I	P	O				
7	D	E	R	E	C	H	O			
8	C	O	C	I	N	E	R	O		
9	R	U	T	I	N	A	R	I	O	
10	E	N	T	R	E	V	I	S	T	A
11	F	U	N	C	I	O	N	A	R	I	O

¡Vamos a leer!

Estrategia: Recognizing word families (Part II)

Both English and Spanish are rich in words derived from Latin. You will explore some of these borrowed words in this section as you read the article on preparing for a job interview.

11-33 Las raíces. While the Spanish language can trace the majority of its words to Latin, English draws heavily from both Latin and the Germanic languages. In fact, in many cases English has two words for the same concept; the shorter, more common words are often Germanic in origin, while the longer, more learned ones are usually derived from Latin.

Everyday words	Learned words
car	automobile
test	examination
to show	to demonstrate
to chew	to masticate

By keeping in mind the root meaning of these "learned" words in English, we can sometimes approximate the meaning of new words in Spanish. For example, upon seeing the word **débil** in Spanish, we might think of English words that have the same Latin root, such as *debil*ated and *debil*ity; from the meaning of these related words, we might deduce that **débil** means *weak*. The following Spanish words and phrases are from the article "La mejor preparación." What learned English words share the same Latin roots as the Spanish words?

Spanish word	Common English equivalent	Learned English word(s) with the same root
aumentar	*to grow (in size)*	
propietario	*owner*	
anual	*yearly*	
solicitar	*to ask for*	
(bien) articulado	*(well) spoken*	
posterior (a)	*after*	

11-34 La mejor preparación. Lee el artículo de la página 510 con los consejos sobre la mejor preparación para una entrevista. Contesta las preguntas con oraciones completas.

1. ¿En qué tipo de compañía trabaja la Sra. Torres?
2. Según la Sra. Torres, ¿por qué necesitan los candidatos prepararse bien para las entrevistas?
3. ¿Qué puede hacer un candidato para informarse bien sobre una compañía?
4. ¿Qué debe hacer un candidato para causar unas buenas primeras impresiones?
5. ¿Cómo puede un candidato indicar que le interesa mucho un puesto?

La mejor preparación

➢ Un candidato debe saber todo lo posible sobre la compañía a la que aspira, y considerar lo que quiere transmitir durante la entrevista

Aunque la demanda por profesionales latinos sigue aumentando por su carácter multicultural, eso no quiere decir que todos consiguen trabajo en poco tiempo, o que consiguen el trabajo que desean.

"El campo es muy competitivo", comentó Lisa Torres, socia de Lisa Peña & Associates, una firma que recluta profesionales latinos con sede en Coral Gables, Florida.

Con una especialización en empresas multinacionales clasificadas como Fortune 500, las propietarias exhortan a que los candidatos se preparen para una entrevista de esta manera:

• Haga su investigación preliminar

"Queremos que el candidato sepa todo lo posible sobre la compañía", explicó. Para hacerlo, puede visitar la página que la compañía tiene en el Web, leer su informe anual y cualquier artículo reciente que apareció sobre la empresa y su futuro.

• Prepárese para la entrevista con tiempo

"Es conveniente que piensen bien en el mensaje que desean transmitir", sugirió la experta. "Las primeras impresiones son difíciles de borrar".

Asimismo, Torres recomienda que practique cómo expresar lo que quiere hacer con su futuro en un lenguaje bien articulado.

Aconsejan que los postulantes examinen otros aspectos de su vida que quizá no estén directamente relacionados con la carrera profesional pero que pueden tener un gran impacto sobre la misma.

Estos factores pueden incluir presentaciones que uno ha hecho fuera del trabajo o trabajo que ha hecho como voluntario.

• Demuestre interés en trabajar en la empresa

Si piensa que la entrevista salió bien, resuma los puntos importantes antes de su conclusión. Por ejemplo: "Haría un buen trabajo porque soy..."; "Estoy muy interesado en este puesto y me gustaría proseguir hacia el próximo paso. ¿Cuál sería ese paso?"

"Tampoco olvide de seguir el resultado rápidamente", insistió Torres. "Es buena idea que envíe una carta o tarjeta de agradecimiento dentro de las 24 horas posteriores a la entrevista". ■

GRACIELA KENIG ES CONSULTORA Y ESCRITORA DE COMUNICACIONES.

Para más información comuníquese con:
Lisa Torres & Associates
(305) 669-8600
www.penatorres.com

Un paso más: Cuaderno de actividades

Vamos a escribir: Preparing a résumé   Pág. 234

You will learn how résumés differ, slightly, in some Spanish-speaking cultures, and learn how to prepare your own **currículum vitae.**

Vamos a mirar: Pág. 236

Vídeo 1: Una entrevista importante

You'll follow along as Marisol Acevedo, a college student from Puerto Rico, has a job interview. What topics are usually discussed in any job interview?

Vídeo 2: Los hispanos en los Estados Unidos

Los hispanos
en los EE.UU.

Datos esenciales

- **Nombre oficial:** Estados Unidos de América
- **Capital:** Washington, D.C.
- **Población:** 281.421.906 habitantes;
  32.804.000 de origen hispano
- **Grupos étnicos hispanos en los EE.UU.:**
  mexicanos, 66%; puertorriqueños, 9%;
  cubanos, 4%; centro y sudamericanos, 15%; otros, 6%
- **Principales áreas de concentración de hispanos:** el suroeste del país y
  los estados de la Florida, Nueva York y California
- **De especial interés:** Los idiomas predominantes en el país son el inglés
  y, en segundo lugar, el español. En muchas ciudades la influencia cultural
  hispana se hace notar en el arte, la arquitectura, la comida, la música, el
  comercio y los medios de comunicación.
- **Internet:** http://avenidas.heinle.com

1547 El suroeste de los EE.UU. es poblado
por españoles y luego por mexicanos.

1803 EE.UU. compra el territorio de
Louisiana, que había pertenecido a
España por treinta y siete años.

Un **vistazo**
a la historia

1565 Los españoles fundan San Agustín, en la
Florida, la ciudad más antigua de los EE.UU.

Personajes de ayer y de hoy

Ellen Ochoa doctora en ingeniería eléctrica de ascendencia mexicana. Nació en Los Ángeles, California, el 10 de mayo de 1958. Tiene un doctorado de la Universidad de Stanford. NASA la escogió *(chose)* en 1991 como la primera hispana astronauta.

El popularísimo **Ricky Martin** ha conquistado el mundo entero con el sabor latino de su música. Nació en Puerto Rico en 1971. En 1984 su carrera se lanzó *(was launched)* en el grupo Menudo. Ha alcanzado fama internacional de superestrella. Con su estilo electrificante se ha convertido en uno de los líderes de la música latina y la música pop norteamericana.

Cristina Saralegui, dinámica señora cubana que tiene un programa de televisión muy popular *(El Show de Cristina)* y una revista con su nombre. Por eso, todos los hispanos en los EE.UU. la conocen por su nombre de pila. A los cuarenta y nueve años publicó su autobiografía, *My Life As a Blonde.*

Notas culturales de interés

Durante la colonización del Nuevo Mundo, España llegó a dominar dos tercios del área hoy cubierta por los EE.UU. Numerosos hispanos en el sudoeste del país son descendientes de estos primeros habitantes españoles. Sin embargo, la mayoría de los hispanos en los EE.UU. son emigrantes de los veintiún países de habla hispana alrededor del mundo. Los hispanos no son una minoría definida racialmente, pues en cada país las razas blanca, negra e india se han mezclado por quinientos años en diferentes proporciones. Su mundo es multirracial y multicultural. El escritor mexicano Carlos Fuentes habló de las "tres hispanidades": los españoles, los latino-americanos y los hispanos en los EE.UU.

1917 El Congreso pasa una legislación otorgándoles a los puertorriqueños la ciudadanía de los EE.UU.

1960 Empieza a llegar la primera ola *(wave)* de refugiados cubanos huyendo del régimen comunista de Fidel Castro.

1970 Por primera vez la categoría de "hispano" apareció en los formularios del Censo de los EE.UU.

1997 Una nueva ley obliga a unos cinco millones de inmigrantes ilegales a legalizar su situación.

1848 El Tratado de Guadalupe Hidalgo termina la guerra México-americana, cediendo a los EE.UU. casi la mitad del territorio mexicano: Texas, Nuevo México, Arizona, parte de California, Nevada y Colorado.

¿Qué sabes sobre los hispanos en los EE.UU.?

11-35 Saca tus propias conclusiones. Trabaja con un(a) compañero(a). Respondan a las preguntas con información que puedan deducir de la información en *Panorama cultural.*

1. ¿De qué origen son la mayoría *(majority)* de los hispanos en los EE.UU.? ¿Por qué?
2. ¿En qué se diferencian los puertorriqueños de los demás hispanos en los EE.UU.?
3. ¿Qué aspectos de la cultura hispana han enriquecido *(enriched)* la cultura de los EE.UU.?
4. ¿Cómo se sintieron los mexicanos cuando la guerra de 1846 los redujo a la condición de minoría étnica, de extranjeros en su propia tierra?
5. ¿Por qué la condición de refugiados políticos hace la posición y situación de los cubanos diferente a la de otros grupos hispanos?
6. Opinen sobre la definición de los EE.UU. como un "crisol de razaS" *(melting pot)* o un "país de inmigrantes".

11-36 La experiencia de la inmigración. Trabaja con un grupo de compañeros. Preparen un diagrama que resuma la experiencia de la inmigración para uno de los grupos principales de hispanos en los EE.UU. Sigan el modelo.

Vocabulario

Sustantivos

el abogado(a) *attorney*
el acontecimiento *event*
el agente de bienes raíces *realtor*
el (la) agricultor(a) *farmer*
el ama de casa *housewife*
el área *(f.) area*
el ascenso *advancement, promotion*
el (la) asesor(a) técnico(a) *technical consultant*
el asilo de ancianos *home for the elderly, nursing home*
el bufete *law firm*
el cambio *change*
el campamento *camp*
el (la) cliente *client*
el (la) cocinero(a) *cook*
la compañía multinacional *multinational company*
la comunidad *community*
el (la) consejero(a) *counselor*
la construcción *construction*
el (la) contador(a) *accountant*
el (la) corredor(a) de bolsa *stockbroker*
la creatividad *creativity*
los datos *data*
la decisión *decision*
el (la) dentista *dentist*
el departamento *department*
el derecho *(practice of) law*
el (la) diplomático(a) *diplomat*

el (la) director(a) de personal *personnel (human resources) director*
el (la) dueño(a) de un negocio *business owner*
la enfermedad *illness, disease*
el (la) enfermero(a) *nurse*
el equipo *team*
el estudio *study*
la experiencia *experience*
la facilidad *facility*
la firma *firm*
el (la) funcionario(a) público(a) *government employee*
la gente *people*
el (la) gerente *manager*
la habilidad *ability*
el hombre de negocios *businessman*
el horario *schedule*
el idioma *language*
el (la) ingeniero(a) *engineer*
la investigación *research*
el (la) maestro(a) *teacher*
la medicina *medicine*
el (la) médico(a) *doctor*
el medio ambiente *environment*
el (la) mensajero(a) *messenger*
el mercadeo *marketing*
la mujer de negocios *businesswoman*
el mundo *world*

el (la) niñero(a) *babysitter; nanny*
el (la) obrero(a) *laborer*
la oportunidad *opportunity*
el (la) paciente *patient*
el papeleo *paperwork*
el (la) periodista *journalist*
la política *politics*
la presión *pressure*
el problema *problem*
el (la) programador(a) *programmer*
el (la) psicólogo(a) *psychologist*
el público *public*
el pueblo natal *hometown*
el puesto *job*
el (la) representante de ventas *sales representative*
el (la) salvavidas *lifeguard*
el (la) secretario(a) *secretary*
la seguridad *security*
la situación *situation*
la sociedad *society*
el (la) trabajador(a) social *social worker*
el trabajo de oficina *office work*
el trámite *procedure, formality*
el tratamiento *treatment*
el (la) voluntario(a) *volunteer*

Verbos

adaptar *to adapt*
analizar *to analize*
atender (ie) *to attend*
ayudar *to help*
buscar *to look for*
conseguir (i) *to get, obtain*
dedicarse *to devote oneself, dedicate oneself*

demostrar (ue) *to demonstrate, show*
desarrollar *to develop*
dirigir *to direct*
expresar *to express*
graduarse *to graduate*
hacer estudios de postgrado *to go to graduate school*

informar *to inform*
investigar *to research, investigate*
ofrecer *to offer*
pagar *to pay*
reportar *to report*
resolver (ue) *to resolve*
tratar con *to deal with*

Otras palabras

científico(a) *scientific*
claramente *clearly*
compasivo(a) *compassionate*
cooperador(a) *cooperative*
de tiempo completo *full-time*
de medio tiempo *part-time*
económico(a) *economic*

emprendedor(a) *enterprising*
flexible *flexible*
honrado(a) *honest, honorable*
imaginativo(a) *imaginative*
legal *legal*
pronto *soon*
rutinario(a) *routine*

Expresiones útiles

¿A qué se dedica Ud.? *What do you do (for a living)?*
¿Qué tipo de trabajo le interesa? *What kind of job are you interested in?*
¿Qué talentos y habilidades tiene? *What talents and abilities do you have?*
¿Qué planes tienes para el futuro? *What plans do you have for the future?*
¿Qué experiencia tiene? *What kind of experience do you have?*

For further review, please turn to Appendix E.

¡Vamos a España!

Objetivos

Speaking and Listening

- Making comparisons and expressing preferences
- Providing information about yourself, your family, friends, and daily routine
- Issuing, accepting, and declining invitations
- Handling everyday transactions
- Asking for directions and finding your way around a city
- Describing people, places, and customs
- Expressing reactions to cultural differences and expressing feelings about new experiences
- Describing and narrating events in the past

Reading

- Review of selected reading strategies

Writing

- Writing a research paper *(Cuaderno de actividades: ¡Vamos a escribir!)*

Culture

- Spain and Latin America: socially appropriate behaviors and values *(Puente cultural)*

Grammar

- Present tense of regular, irregular, stem-changing, and reflexive verbs
- Sentence structure, negation, and question formation
- Present indicative and present subjunctive in noun, adjective, and adverbial clauses
- Preterite vs. imperfect
- Imperfect subjunctive *(Vistazo gramatical)*

A primera vista

 Trabaja con un(a) compañero(a). Estudien el cuadro y lean los datos sobre El Greco. Después discutan las preguntas.

1. ¿Creen Uds. que estos colores vibrantes y dramáticos son realistas, o sea *(that is)*, que son los verdaderos colores del paisaje *(landscape)* de Toledo? ¿Por qué?

2. En el cuadro se pueden ver algunos de los fascinantes detalles de la ciudad de Toledo. Encuentren: el río Tajo, la colina *(hill)* donde está construida Toledo, la torre de la Catedral y el macizo *(massive)* Alcázar.

3. ¿Por qué creen que El Greco es siempre mencionado entre los grandes pintores españoles, a pesar de *(in spite of)* no haber nacido en España?

Domenikos Theotokopoulos, El Greco (1541–1614)

Nacionalidad: Nació en Grecia, pero es considerado como un pintor español.

Otras obras: *El entierro del Conde de Orgaz, Madona y niño, San Gerónimo*

Estilo: Exploró el estilo del manerismo hasta sus límites más intensos. Su pintura se destaca *(stands out)* por las figuras artificialmente alargadas *(elongated)*, escenas con figuras en poses complejas y los contrastes de colores, luz y sombras *(shadows)*. Sus temas son mayormente religiosos, como expresión de la importancia de las figuras religiosas y los sacramentos durante la Contrarreforma.

Repaso de vocabulario y gramática
INFORMAR E INFORMARSE

In this chapter you will plan and "take" a simulated trip to Spain, where you will live with a Spanish family as you continue your studies in Spanish. In _Paso 1_—the first phase of your trip—you will gather information about available programs, compare the features, decide which program you prefer, and make your travel arrangements.

REPASO DE VOCABULARIO: In order to gather information about the study options in Spain, you will need to learn more about the programs available. The following vocabulary and expressions will help you formulate your inquiries and understand the responses. Refer to the chapters listed to review the information in each category in more detail.

A. Los números (Capítulo[s] 1, 3)

- Numerals in Spanish use the decimal point where English uses a comma and vice versa. **Mil** _(One thousand)_ and **cien** _(one hundred)_ do not use **un** _(one)_ before the number.

  El curso regular anual   _The regular full-year course_
     cuesta 1.422€.   _costs 1,422€._

- Telephone numbers are often given in groups of two. With street addresses, the street name is given before the house/building number.

  ENFOREX
  Alberto Aguilera, 26
  28015 Madrid, España
  Tel. (34) 91 594 37 76

B. Los días, los meses, las fechas (Capítulo[s] 3)

- The days of the week and the months of the year are not capitalized in Spanish. When writing dates in Spanish, days come first, then months. To indicate _on_ with dates, use the article **el.**

  El curso empieza **el** once de octubre   _The course begins **on** October_
     del dos mil tres (11/10/03).   _11, 2003 (10/11/03)._

REPASO DE GRAMÁTICA: As you read and learn more about programs in Spain, you will need to understand and use the present tense with ease. You will also need to be able to formulate various kinds of questions. Study the following grammar tips carefully. Refer to the chapters cited for a more in-depth review.

C. El presente del indicativo (Capítulo[s] 2, 7)

The present tense, or **el presente de indicativo,** is used in the following ways.

- to describe people, places, and things in the present (See also **ser/estar,** Capítulo[s] 1, 3.)

Nuestros profesores **son** nativos y cualificados.	*Our instructors **are** native and qualified.*
Los centros **están** localizados en ciudades principales.	*The schools **are** located in major cities.*

- to describe routines and customs in the present

Muchos estudiantes **viven** con una familia española.	*Many students **live** with a Spanish family.*

D. Los sujetos (Capítulo[s] 1)

When using the present tense, the subject may be expressed in two main ways.

- When the subject refers to a specific person, a proper name, noun, or pronoun may be the subject of the sentence.

Josep es español. **Él** es de Barcelona.	***Josep** is Spanish. **He** is from Barcelona.*

- When the context is clear, the subject may be inferred from the verb ending.

Necesit**as** tomar un examen de nivel antes de matricularte en un curso.	***You** need to take a placement exam before you enroll in a course.*

- When the subject is de-emphasized or not mentioned, Spanish uses a special structure with **se,** known as the *se* **impersonal.** This structure is similar to the use of subjects such as *one, they, people,* and *you* in English.

Se aprende español mientras **se viaja.**	***One learns** Spanish while **traveling (one travels).***

E. Las preguntas (Capítulo[s] 2)

Questions may be asked in three different ways.

- **Yes/No questions:** Place the subject of the sentence after the verb or at the end of the question; make your voice rise at the end of the question.

¿Incluye el precio del alojamiento el uso de las instalaciones deportivas?	*Do the room and board fees include the use of sports facilities?*

- **Information questions:** Place the question word at the beginning of the question; place the subject after the verb or at the end of the question.

¿Cuánto cuesta el alojamiento con pensión completa?	***How much** does room and board, including three daily meals, cost?*

- **Tag questions:** Add a "tag" such as **¿no?** or **¿verdad?** at the end of a sentence.

Su escuela ofrece cursos a nivel intermedio, **¿no?**	*Your school offers courses at the intermediate level, **right?***

Ponerlo a prueba

12-1 Infórmate bien. Trabaja con un(a) compañero(a). Estudien cuidadosamente el folleto de la Escuela Internacional y contesten las siguientes preguntas sobre su programa de estudios.

1. ¿Hay cursos a diferentes niveles?
2. ¿En qué ciudades tiene centros de estudios la Escuela Internacional?
3. ¿A qué niveles se enseñan los cursos de español comercial?
4. ¿Dónde se ofrece el curso intensivo de verano?
5. ¿Qué curso se ofrece en Cancún, México?
6. ¿Cuál es la duración del curso en casa del profesor?
7. ¿Cuándo empieza el curso de español comercial?
8. ¿Cuánto cuesta el curso intensivo de verano por ocho semanas?

Cursos

TIPO DE CURSO	OBJETIVOS	NIVELES	N° DE LECCIONES POR SEMANA	DURACIÓN (semanas)	LUGAR	INICIO
INTENSIVO p. 11	Máximo aprendizaje en poco tiempo. Método interactivo	8	30	2-32	Todos	Todos los lunes
INTENSIVO DE VERANO p. 12	Máximo aprendizaje en poco tiempo. Método interactivo	8	30	2-12	Alcalá Salamanca Málaga	Julio, Agosto y Septiembre
VERANO p. 12	Aprovechar las vacaciones para aprender español práctico	8	20	2-12	Alcalá Salamanca Málaga	Julio, Agosto y Septiembre
ESPAÑOL COMERCIAL p. 14	Aprender rápidamente vocabulario específico. Para trabajos que necesiten la lengua española	Alto y avanzado	25	2-16	Alcalá Cancun	Todos los lunes
EN CASA DEL PROFESOR p. 14	Alto dominio en poco tiempo	Todos	10	2-32	Alcalá	Todos los lunes

ALCALÁ DE HENARES

	LECCIONES/ SEMANA	N° DE SEMANAS Y PRECIOS EN PESETAS Y EUROS						
		2	**3**	**4**	**8**	**12**	**32**	**+1**
Intensivo	30	48.000 Ptas. 288 €	72.000 Ptas. 432 €	96.000 Ptas. 576 €	192.000 Ptas. 1.152 €	288.000 Ptas. 1.728 €		24.000 Ptas. 144 €
Intensivo de verano	30	55.000 330	82.500 495	110.000 660	220.000 1.320	330.000 1.980		27.500 165
Verano	20	43.000 258	64.500 387	86.000 516	172.000 1.032	258.000 1.548		21.500 129
Comercial	25	48.000 288	72.000 432	96.000 576	192.000 1.152	288.000 1.728		24.000 144
Anual	20						540.000 3.227	
Individual		1 hora: 3.300 Ptas. o 20 Euros; 20 horas: 62.000 Ptas. o 370 Euros; 40 horas: 116.000 Ptas. o 694 Euros						
Curso en casa del profesor	10	100.000 600	150.000 900	200.000 1.200				50.000 300

12-2 ¿Qué información necesitas saber? Lee el folleto y completa las actividades.

Primera parte: Prepara cinco preguntas para obtener información sobre el Centro de Estudios Internacionales ENFOREX.

MODELO: *¿Cuál es el objetivo del curso de "lengua española + flamenco"?*

Alberto Aguilera, 26
28015 Madrid • España

ENFOREX
CENTRO DE ESTUDIOS INTERNACIONALES

Tel. (+34) 91 594 37 76
Fax. (+34) 91 594 51 59
E-mail: spanish@enforex.es
www.enforex.es

CURSO	CIUDAD	FECHA/NIVEL	PRECIO	DURACION	Nº LECC. SEMANA
TASAS DE INCRIPCIÓN (material didáctico y libro); Tasa única			8.500 pts. 720 €		
CURSOS INTENSIVOS DE ESPAÑOL Semi-intensivo: 12 lecciones por semana Intensivo: 22 lecciones por semana Super-intensivo: 30 lecciones por semana	Madrid Barcelona Marbella Salamanca	No principiantes; todos los lunes del año Principiantes: Ene 3,17,31; Feb 14,28; Mar 13,27; Abr 10,24; May 8,22; Jun 12,26 Jul 3, 10, 17, 24, 31 Ago 7, 14, 21, 28 Sep 11,25; Oct 9, 23; Nov 6,20; Dic 4, 18	15.000 pts. 90 € 20.000 pts. 120 € 30.000 pts. 235 €	por semana por semana por semana	12 22 30
CURSO DE LARGA DURACIÓN **(22 LECCIONES) +12 SEMANAS**	Madrid / Barcelona Marbella / Salamanca	Ver fechas cursos generales Español Todos los niveles	210.000 pts. 1.265 € 17.500 pts. 105 €	12 semanas semana extra	22 22
APRENDE ESPAÑOL VIAJANDO **(22 LECCIONES) +12 SEMANAS**	Madrid / Barcelona Marbella / Salamanca	Ver cursos generales de Español Todos los niveles	210.000 pts. 1.265 € 17.500 pts. 105 €	12 semanas semana extra	22 22
CLASES PARTICULARES (LA 2ª PERSONA PAGA EL 50%)	Madrid Barcelona Marbella Salamanca	Cada lunes del año Todos los niveles	5.000 pts. 30 € 45.000 pts. 270 € 80.000 pts. 480 € 105.000 pts. 630 € 3.500 pts. 21 €	1 hora 10 horas 20 horas 30 horas hora extra	1 10 20 30 +1
Lengua Española + **HISTORIA** de España Lengua Española + **LITERATURA** Española Lengua Española + **ARTE**	Madrid Barcelona	Ene 3 y 31; Jul 3; Oct 2 Nivel intermedio alto/avanzado	120.000 pts. 720 € 120.000 pts. 720 € 120.000 pts. 720 €	4 semanas 4 semanas 4 semanas	20 20 20
Lengua Española + **FLAMENCO**	Madrid	Ver cursos generales de Español Todos los niveles	140.000 pts. 840 € 35.000 pts. 210 €	4 semanas semana extra	22 + 8

Segunda parte: Trabaja con un(a) compañero(a). Intercambien sus papeles con preguntas. Contesten las preguntas de su compañero(a) con información del folleto de ENFOREX.

MODELO: *¿Cuál es el objetivo del curso de lengua española + flamenco?*

El objetivo del curso es aprender a hablar español y a bailar el flamenco.

Comentario cultural:
LAS OPCIONES DE ALOJAMIENTO

Si piensas estudiar en España, debes mirar los folletos de varias escuelas. La variedad de opciones de estudio es tan amplia como las opciones de alojamiento. Las residencias para estudiantes ofrecen habitaciones dobles o individuales (pagando un suplemento). Muchas de estas residencias tienen la conveniencia de una cafetería, lavandería, gimnasio, piscina y canchas de tenis. La pensión completa incluye todas las comidas en el precio del alojamiento. Muchas escuelas también te ofrecen la opción de vivir con una familia española, en un hotel-residencia, un hostal o en un apartamento (se llaman pisos en España). Vivir con una familia tiene la ventaja de una inmersión total en el idioma, las costumbres y la cultura local. Pero si tu independencia es lo más importante, tu mejor opción es un piso amueblado con cocina equipada. Estudia bien tus opciones antes de tomar una decisión final.

Repaso de vocabulario y gramática
PARA COMPARAR Y OPINAR

After gathering information about programs, courses, accommodations, and cities, you will start to form an opinion about what and where you'd like to study.

REPASO DE VOCABULARIO: You may express your preferences by using the following expressions. Refer to the chapters listed to review the information in each category in more detail.

A. Los adjetivos (Capítulo[s] 1, 2, 4)

Descriptive adjectives describe nouns; they provide information such as physical characteristics *(small)*, qualities *(expensive)*, and conditions *(clean)*.

- To describe your home/lodging, you may say:

   Esta opción de alojamiento es... cara / barata *(inexpensive)*.
   Prefiero una habitación... doble / sencilla / grande / pequeña.
   Quiero un piso... amueblado / con cocina equipada.

- To describe programs/classes/professors, you can say:

   Hay actividades... culturales / recreativas / divertidas.
   Los profesores son... nativos / cualificados / exigentes.

B. Los gustos y las preferencias (Capítulo[s] 2, 5)

Here are some phrases you can use to express your preferences and opinions:

(No) Me gusta el curso intensivo porque...	*I (don't) like the intensive course because . . .*
Me encanta viajar porque...	*I love to travel because . . .*
(No) Me interesan los cursos individualizados porque...	*I am (not) interested in individualized courses because . . .*
Prefiero/quiero un programa flexible porque...	*I prefer/want a flexible program because . . .*

REPASO DE GRAMÁTICA: Before you can decide in favor of one program or another, you need to consider your options and compare the programs in question. Then, to express your opinions, use these structures. You will find a more in-depth review in the chapters cited.

C. Los adjetivos (Capítulo[s] 1)

Adjectives must agree in number and gender with the noun they are modifying.

Los cursos en casa del profesor son **caros.**	*The courses in teachers' homes are expensive.*

D. Los comparativos y los superlativos (Capítulo[s] 5)

- The following patterns are used to compare and contrast.

más/menos	+ adjective/adverb/noun	+	**que**
tan	+ adjective/adverb	+	**como**
tanto/tanta/tantos/tantas	+ noun	+	**como**

El programa de la Escuela Internacional es **más flexible que** el programa de ENFOREX.	*The program of the Escuela Internacional is **more flexible than** the ENFOREX program.*
La Escuela Internacional ofrece **tantos tipos de alojamiento como** ENFOREX.	*The Escuela Internacional offers **as many types of accommodations as** ENFOREX.*

- To express *the most* or *-est (fanciest, safest),* use the superlative: definite article + **más/menos** + adjective

El alojamiento con media pensión es **el más barato.**	*Room and board fees with two daily meals are **the cheapest.***

- The irregular comparatives and superlatives are: **mayor** *(older),* **menor** *(younger),* **mejor** *(better),* and **peor** *(worse).*

Este centro de estudios tiene **mejor** ubicación **que** los demás.	*This school has a **better** location **than** the others.*

E. Verbos tipo *gustar* (Capítulo[s] 2, 5, 6)

- Only two forms of **gustar** are commonly used: **gusta** and **gustan.** The singular is used before singular nouns or infinitives. The plural is used before plural nouns. An indirect object pronoun (**me, te, le, nos, os, les**) is used before **gusta/gustan.** This pronoun expresses *to whom* the activity or thing is pleasing. To mention someone by name, use **a** + name(s) + **le(s).**

A Rita le gustan los cursos cortos.	*Rita likes short courses.*

- Some verbs that follow the same pattern as **gustar** are: **importar** *(to matter),* **interesar** *(to interest),* **parecer** *(to seem),* **encantar** *(to love),* **preocupar** *(to worry),* **alegrar** *(to be glad),* **fascinar** *(to fascinate).*

A Raúl le interesa aprender español.	***Raul is interested in** learning Spanish.*

Ponerlo a prueba

12-3 ¡A comparar los programas! Trabaja con un(a) compañero(a). Hagan las actividades.

Primera parte: Llenen el cuadro comparativo con la información de los folletos de ENFOREX y de la Escuela Internacional.

	cursos de interés	niveles	precios	ciudades	fechas
ENFOREX					
Escuela Internacional					

Segunda parte: Comparen los programas de ENFOREX y de la Escuela Internacional en las siguientes áreas. Usen los comparativos y los superlativos. Escriban una oración para cada uno de los temas a continuación.

MODELO: *La Escuela Internacional tiene menos cursos especializados que ENFOREX.*

1. cursos de interés personal
2. niveles
3. precios
4. localización de los centros
5. fechas en que se ofrecen los cursos

12-4 Y finalmente... ¿qué opinan? Trabaja con un(a) compañero(a). Discutan los programas de la Escuela Internacional y de ENFOREX. Completen oralmente las oraciones con sus opiniones.

MODELO: *Me gustan los cursos intensivos.*

1. Me gusta(n) _____.
2. Me interesa(n) _____.
3. Me parece caro/barato/divertido *(fun)* _____.
4. A nosotros(as) nos _____.
5. Quiero _____.
6. Mi compañero(a) prefiere _____.

Repaso de vocabulario y gramática
PARA HACER PLANES

Now that you have decided which course and city interest you the most, it's time to begin planning your trip to Spain.

REPASO DE VOCABULARIO: Here are some useful expressions to help you make plans. Refer to the chapters listed to review the information in each category in more detail.

A. Los planes de viaje (Capítulo[s] 3, 7)

To express travel plans and preferences, review the vocabulary in the chapters cited above.

B. El orden cronológico (Capítulo[s] 6)

Use phrases like the following to express chronological order and when things need to be done.

primero	*first*	**antes de** + infinitive	*before*
luego	*then*	**después de** + infinitive	*after*
después	*afterward*	**por la mañana / tarde / noche**	*in the morning / afternoon / evening*
más tarde	*later on*	**mañana / pasado mañana**	*tomorrow / day after tomorrow*

Primero, voy a llamar a ENFOREX para obtener los precios de alojamiento. **Luego,...**

First, *I'm going to call ENFOREX to get the room and board prices.* ***Then, . . .***

REPASO DE GRAMÁTICA: To express plans and obligations use the following structures. Study the following grammar tips carefully. Refer to the chapters cited for a more in-depth review.

C. Las frases verbales (Capítulo[s] 2, 3, 7)

Verb phrases follow the pattern conjugated verb + infinitive. Some common verb phrases are:

ir + **a** + infinitive	*to be going to*
pensar + infinitive	*to plan to*
tener + que + infinitive	*to have to*
querer + infinitive	*to want to*
deber + infinitive	*should*

Tenemos que pagar la inscripción y alojamiento por anticipado.

We have to pay *the application and accommodation fees in advance.*

D. Las expresiones impersonales (Capítulo[s] 10)

- You can also express general necessity by using impersonal expressions (**es importante, es necesario, es preferible, es mejor**) followed by an infinitive.

  Es mejor tomar un examen de nivel antes de matricularse en un curso.

  It's better to take *a placement exam before enrolling in a course.*

- These same impersonal expressions can be followed by the present subjunctive to refer to the need of specific persons.

  Es preferible que todos tomemos un curso hecho a la medida para nuestro grupo.

  It's preferable that we all take *a custom-made course for our group.*

E. El presente del subjuntivo (Capítulo[s] 7, 10, 11)

The present subjunctive is used in dependent noun clauses when we try to influence the behavior of others by giving advice, making requests, expressing our preferences, giving permission, or prohibiting someone from doing something. Some of these expressions of influence are: **aconsejar, recomendar (ie), pedir (i), prohibir, sugerir (ie, i), querer (ie), preferir (ie, i).**

		dependent clause		
subject	verb	que	subject	present subjunctive
Mis padres	quieren	que	yo	**tome** un mini-curso.

*My parents want me **to take** a mini-course.*

Ponerlo a prueba

12-5 Preparen su lista. Antes de hacer un viaje, es necesario hacer ciertos preparativos *(preparations)*. Trabaja con un(a) compañero(a) y escriban la lista de cosas que Uds. necesitan hacer. Pueden usar las ideas de la lista que sean apropiadas o añadir *(add)* otras más. Usen frases verbales y expresiones impersonales con infinitivos.

- llenar el formulario de inscripción
- sacar el pasaporte
- cambiar dólares a euros en el banco
- llamar para pedir más información
- tomar el examen de nivel
- hacer las maletas
- pagar por adelantado

- comprar un seguro médico internacional
- obtener una visa
- mandar el formulario por fax
- llamar a mi agente de viajes y comprar mi pasaje
- pedirles permiso a mis padres comprarme una buena cámara fotográfica
- elegir mis actividades recreativas favoritas

Para hacer hoy:

✔ Primero, voy a hacerme un examen médico para saber si estoy en buena salud.

Luego, necesito decidir si prefiero quedarme en una residencia de estudiantes o con una familia.

También es importante _____.

Antes de _____ es necesario _____.

Después, necesito _____.

Mañana por la tarde tengo que _____.

Más tarde, debo _____.

12-6 ¡Consejos y más consejos! Tus padres, amigos y maestros quieren ayudarte en tus planes. ¿Qué consejos te dan? Trabaja con un(a) compañero(a). Completen las recomendaciones de cada una de estas personas con una idea pertinente en el presente de subjuntivo.

MODELO: Tu mamá: Es necesario que *pongas en tu maleta un suéter; hace frío en España.*

1. Tu papá: Te recomiendo que _____.
2. Tu profesor(a) de español: Es mejor que _____.
3. Tu mejor amigo(a): Te sugiero que _____.
4. Tu novio(a): Te prohibo que _____.
5. Tu familia anfitriona *(host family)* española: Es importante que _____.

Síntesis

12-7 Comparte *(Share)* tus planes. Tú y tu compañero(a) van a discutir sus planes de estudio en España. Entrevístense con las siguientes preguntas. Usen la información de los folletos de **ENFOREX** y de la Escuela Internacional... y un poquito de imaginación.

1. Los cursos:
   ¿Qué curso te interesa tomar en España? ¿En qué escuela piensas tomarlo?
   ¿Qué tipo de curso es? ¿A qué nivel?
   ¿Cuándo va a empezar? ¿Cuál es la duración?

2. La escuela:
   ¿Cuál es la dirección, el teléfono o número de fax de la escuela?
   ¿Es importante tomar un examen de nivel antes de matricularse?
   ¿Qué tienes que hacer para matricularte?

3. El alojamiento:
   ¿Qué tipo de alojamiento te gusta más? ¿Por qué es la mejor opción para ti?
   ¿Es necesario pagar el monto *(in full)* del alojamento por anticipado?

4. La ciudad:
   ¿Te gustan las ciudades grandes y cosmopolitas o prefieres los pueblos pequeños y pintorescos?
   ¿Adónde sugieren tus padres que vayas?

12-8 ¿Me podría decir... ? Varios jóvenes estadounidenses llaman a una universidad en España para obtener información sobre cursos de español. Escucha las conversaciones y marca en el cuadro qué tipo de información pide cada joven.

Text Audio CD
Track CD2-30

	Charles	Nashira	Sarah
dirección			
un curso específico			
cursos en general			
fechas			
precios			
alojamiento			

PUENTE CULTURAL

¿Qué comportamientos son apropiados o inapropiados en tu país?

Andar descalzo *(barefoot)* por la casa e ir a misa en bluejeans son comportamientos aceptables. Pero no es apropiado tratar de **tú** a los padres de un amigo, poner los codos *(elbows)* en la mesa, bostezar *(to yawn)* o llevar gorra *(cap)* en clase o decirles piropos *(flattering comments)* a los compañeros de trabajo.

Glenda Liz Carmona Ramos
puertorriqueña; 23 años;
estudiante

No es aceptable tratar de **tú** a los padres de un amigo, andar descalzo, poner los codos en la mesa, bostezar o llevar gorra en clase. No se ve bien llevar en la iglesia bluejeans si son muy entallados *(tight).* Son aceptables los piropos a compañeros de trabajo.

Yensy Marcela Archer
costarricense; 23 años;
estudiante

Es importante respetar las tradiciones. Por ejemplo, no es apropiado tratar de **tú** a los padres de un amigo, ir a misa en vaqueros *(jeans)* o andar descalzo en la casa. Es mala educación *(bad manners)* poner los codos en la mesa mientras comes, bostezar o llevar gorra en clase. No está mal piropear amablemente a un compañero de trabajo por su aspecto físico o la ropa que lleva.

Manel Lirola Hernández
español; 34 años; representante
de servicios al consumidor

Te toca a ti

12-9 ¿Cómo te debes comportar *(behave)*? Cuando viajamos debemos recordar que en cada país hay ciertas normas de comportamiento que debemos respetar. Decide qué comportamiento es apropiado (A) o inapropiado (I) en España, Costa Rica y Puerto Rico, según las opiniones de Manel, Yensy y Glenda.

	España	C.R.	P.R.
1. Poner los codos en la mesa durante la cena con tu familia anfitriona	☐	☐	☐
2. Ir a clases sin zapatos y con gorra	☐	☐	☐
3. Decirle a la señora de la casa: "Hola, ¿cómo estás?"	☐	☐	☐
4. Ir a la iglesia en tus nuevos jeans de marca *(designer)*	☐	☐	☐
5. Que un chico le diga a una compañera: "Te queda fenomenal ese vestido."	☐	☐	☐

12-10 Expresa tu opinión. Trabaja con un(a) compañero(a). Reaccionen a las costumbres que Manel mencionó. Expresen sus opiniones completando las siguientes frases.

1. Respecto a la ropa y los zapatos, en los EE.UU. es / no es aceptable _____. Cuando estés en España te recomiendo que _____.
2. Cuando cenamos en casa de amigos, en los EE.UU. es / no es recomendable _____. En España es mejor que _____.
3. En cuanto a los piropos, me molesta (gusta) _____. En España te sugiero que _____.
4. Para demostrar buenos modales, en España voy / no voy a _____. Siempre es aconsejable que _____.

In this *Paso* you will practice:

- Introducing yourself, meeting, and greeting people
- Issuing, accepting, and declining invitations
- Handling everyday transactions at the post office, bank, market, restaurant, travel agency, store, pharmacy, and doctor's office
- Asking for directions and finding your way around a city

Repaso de vocabulario y gramática
PARA CONOCERSE Y SOCIALIZAR

In this *Paso* you continue your simulated trip to Spain. You made it! You are in the Spanish city of your choice. Once you get there you begin meeting people and making friends. You get to know your host family and tell them about yourself.

REPASO DE VOCABULARIO: To be polite when meeting new people, there are a few things to keep in mind. Refer to the chapters listed to review the information in each category in more detail.

A. La cortesía (Capítulo[s] 1)

- In Spanish, you must distinguish carefully between the use of **tú** and **usted.** When you address someone your age or younger, it is appropriate to use the informal **tú.** When requesting information from strangers, talking with older people (such as the "mom" and "dad" of your host family), administrators or professors at a university, use the more formal and polite **usted.** Titles are often used to show respect.

María, **¿(tú) sabes** si la residencia estudiantil tiene una cafetería?	María, **do you know** if the dorm has a cafetería?
Doctor Montero, ¿sabe **usted** si **su** universidad ofrece cursos de español comercial?	Doctor Montero, do **you** know if **your** university offers Spanish business courses?

- Courtesy pays off. There are "magic words" in Spanish too: **por favor** *(please),* **gracias** *(thank you),* **de nada** *(you're welcome),* **con permiso** *(excuse me),* **lo siento** *(I'm sorry).*

Con permiso, señora, ¿dónde está la residencia para estudiantes?... **Muchas gracias.**	**Excuse me,** ma'am, where's the dorm? . . . **Thank you very much.**

B. Las presentaciones y los saludos (Capítulo[s] 1)

- Introduce yourself by saying **Soy** _____ or **Me llamo** _____, **¿Cómo te llamas (se llama Ud.)?** The polite responses to an introduction are: **encantado(a), mucho gusto, es un placer.**

- Use the informal greetings **¡Hola! ¿Qué tal? ¿Qué hay de nuevo?** with people your own age. With older people, use the more polite **buenos días, buenas tardes, buenas noches.**

C. Las invitaciones (Capítulo[s] 8)

- The following expressions will help you formulate invitations.

¿Qué piensas hacer el sábado?	***What are your plans*** *for Saturday?*
¿Por qué no vamos al parque esta tarde?	***Why don't*** *we go to the park this afternoon?*

- To accept and demonstrate interest in an invitation, use expressions like the following.

¡Qué buena idea!	***What a great idea!***
¡De acuerdo!	***Sure!***

- To decline politely, you may say:

Lo siento, pero tengo que estudiar.	***I'm sorry, but*** *I have to study.*
Me gustaría, pero tengo otro compromiso.	***I'd like to, but*** *I have another engagement.*

REPASO DE GRAMÁTICA: Study the following grammar tips carefully. Refer to the chapters cited for a more in-depth review.

D. La negación (Capítulo[s] 2, 4)

- To make a sentence negative, just add the word **no** before the verb. The English words *do* and *does* are never translated in this case. To answer a question negatively, say **no** followed by a negative sentence with another **no** in front of the verb.

¿Nadas bien?	*Do you swim well?*
No, no nado bien.	*No, I **don't** (swim well).*

- The words **nadie, nada, ningún (ningúno[a]), nunca, ni... ni,** as well as the word **tampoco,** are negative words. When a negative word comes after the verb, there must be a negative word in front of the verb, too. This word in front of the verb is usually **no.** In Spanish, unlike in English, it is correct to use multiple negative words in the same sentence.

Nunca veo películas de horror.	*I **never** watch horror movies.*
No veo películas de horror **nunca.**	*I **don't** ever watch horror movies.*

Ponerlo a prueba

12-11 ¡Bienvenida! La estudiante estadounidense Kinisha Johnson llega a España y su familia anfitriona le da una fiesta de bienvenida. Trabaja con un(a) compañero(a). Escriban mini-diálogos entre las personas del dibujo que se saludan y presentan. Usen las reglas de cortesía y frases apropiadas. **¡Ojo!** Cuidado con el uso de **tú** y **usted.** El dibujo está en la próxima página.

1. El señor y la señora Oramas se presentan a Kinisha.
2. Kinisha y los hijos de los señores Oramas se saludan *(greet each other)*.
3. El profesor Muñoz y Kinisha se presentan.
4. Katerina y Carlota se presentan y saludan a Kinisha.

Sr. y Sra. Oramas
Kinisha Johnson
Daniel Emilio
Dr. Julián Muñoz
Carlota Patterson
Katerina Blanco
Nicolás

Comentario cultural: DE VISITA EN ESPAÑA

La familia y los amigos son de gran importancia en España. Los españoles se casan alrededor de los treinta años, así que disfrutan su juventud *(they enjoy their youth)* saliendo en grupos con amigos. También a la gente le gusta visitarse; pero lo correcto es anunciar la visita por teléfono y no "aparecerse" de repente *(just show up)*. Si te hacen una invitación a comer, lleva vino, un postre, flores o algo sencillo como gesto de amabilidad *(polite gesture)*. ¡Y recuerda que en España se cena después de las nueve de la noche! Los españoles tienen un gran orgullo regional y cada región tiene sus especialidades culinarias. Siempre acepta un poco más si la anfitriona *(hostess)* insiste.

12-12 ¿Te gustaría ir? *(Would you like to go?)* Cuando tú llegas a España tu familia anfitriona te da la bienvenida. Todo el mundo te quiere invitar a hacer actividades interesantes. Trabaja con un(a) compañero(a). Escojan algunas de las actividades en la página 535. Preparen mini-diálogos haciendo y aceptando (o rechazando amablemente) diferentes invitaciones.

1. Los padres de la familia anfitriona te invitan a hacer una actividad cultural.
2. El hijo mayor de la familia anfitriona te invita a comer.
3. Los niños de la familia también quieren salir contigo a divertirse.
4. Una amiga de la familia de tu misma edad *(your age)* quiere que conozcas un poco más la cultura española.

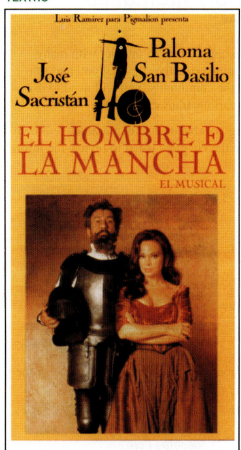

Luis Ramírez para Pigmalion presenta

José Sacristán Paloma San Basilio

EL HOMBRE Đ LA MANCHA
EL MUSICAL

¡¡6 MESES: 300.000 ESPECTADORES,
1.200 MILLONES DE RECAUDACION!!
EL MAYOR ÉXITO TEATRAL DE LA
HISTORIA DE ESPAÑA
¡¡ULTIMAS SEMANAS!!

TEATRO LOPE DE VEGA

EL HOMBRE DE LA MANCHA. MUSICAL.
2h. 30m. aprox. Hasta/ Till: 2-Agos. Venta antici-
pada en taquillas de 11:00 a 14:00 y de 17:00 en
adelante. TEATRO LOPE DE VEGA. C/ Gran Vía, 57.
Metro. Santo Domingo. Tel: 91 548 70 91

Tablao Flamenco
ARCO DE CUCHILLEROS

Cuchilleros, 7 • Tels. 364 02 63 - 429 56 75 • Metro Sol

PARQUE DE ATRACCIONES
M A D R I D

PARQUE DE ATRACCIONES
Casa de Campo de Madrid. Tel. 91-526 80 30.
  Abierto todos los días desde las 12:00. Espectáculos,
conciertos en directo,
amplia oferta gastronó-
mica, festival de la cerveza, etc,. Las mejores
atracciones: Los Rápi-
dos, Los Fiordos, La
Lanzadera, La Máquina,

El Flume Ride, las más refrescante; el Top Spin, para los
más atrevidos; el Star Láser, la emoción de un combate
intergaláctico; una escalofriante visita al viejo caserón; el
Tren Elevado, de época, y muchas más.

Museo Nacional de Antropología.
C/ Alfonso XII, 68. Tel. 91 530 64 18.
(M: Atocha).
Jul.–Ago.   **"Pueblos Primitivos
                del Mundo"**

Circulo de Bellas Artes.
C/ Alcalá, 41. Tel. 91 531 77 00.
(M: Banco de España).
Jul.   **"Hemingway y España"**

Repaso de vocabulario y gramática
PARA HACER LAS DILIGENCIAS

When you are in Spain you will have the opportunity to interact with many people in the community as you go shopping, visit the sites, eat out, and run errands. In your dealings with people in the community, you will need to use the following phrases and structures for various transactions.

REPASO DE VOCABULARIO: The following vocabulary and expressions will help you make different transactions. Refer to the chapters listed to review the information in each category in more detail.

A. Las transacciones (Capítulo[s] 2, 3, 5, 7, 9)

- To get someone's attention, say:

  Perdón / Con permiso / Oiga, señor, *Excuse me, Sir,* is this the line for
  ¿es ésta la cola para la exposición *the Dali exhibit?*
  de Dalí?

- To ask about opening and closing times, and the time that an event takes place say:

  ¿A qué hora empieza la obra? *At what time* does the play begin?

- To ask for help or to ask for permission to do something, use a form of the verb **poder.**

  ¿Puedo abrir una cuenta con 200€? *Can I* open an account with 200€?
  ¿Se puede cambiar dólares por *Can one* exchange dollars for
  pesetas aquí? *pesetas here?*
  ¿Podría decirme dónde está el *Could you* tell me where the
  banco más cercano? *nearest bank is?*

- In order to handle everyday business in Spain, you need to review the following functions.

  Asking for directions (Capítulo[s] 7)
  Handling restaurant transactions (Capítulo[s] 5)
  Making purchases in the market (Capítulo[s] 5)
  Handling post office transactions (Capítulo[s] 7)
  Handling bank transactions (Capítulo[s] 7)

REPASO DE GRAMÁTICA: Study the following grammar tips carefully. Refer to the chapters cited for a more in-depth review.

B. Los mandatos formales (Capítulo[s] 7)

Formal commands are often used to give directions and instructions. You will use them mostly with strangers (waiters, clerks, etc.) and people you normally address as **usted** or **ustedes.** Formal commands have the same forms as the present subjunctive.

Por favor, **déme** dos estampillas de *Please give me* two airmail stamps
correo aéreo para los EE.UU. *for the U.S.*

Ponerlo a prueba

12-13 ¿Podría decirme... ? Estás en Madrid y necesitas ayuda para llegar a los lugares donde necesitas ir. Le pides direcciones a un madrileño en la calle. Trabaja con un(a) compañero(a) y preparen diálogos. Usen el mapa; empiecen en la salida del metro en la esquina de Goya y Alcalá.

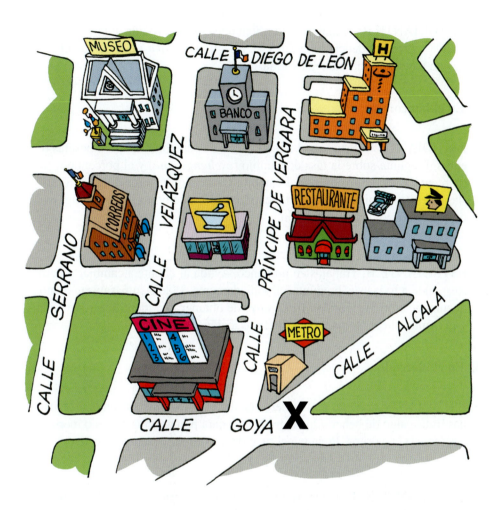

1. Necesitas saber dónde puedes comprar sellos.
2. Pregunta cómo llegar a un banco.
3. También quieres comprar unas aspirinas.
4. Más tarde te gustaría ver una película, pero no sabes dónde queda el cine.
5. En caso de una emergencia deberías averiguar *(find out)* dónde hay una estación de policía y un hospital en el área.

12-14 Las primeras necesidades. Necesitas hacer tus primeras transacciones en España: cambiar dinero, mandar una carta a los EE.UU., comprar comida en el mercado y comer en un restaurante. Trabaja con un(a) compañero(a). Usen las tarjetas con situaciones en la próxima página.

1. **En el correo:**

> ESTUDIANTE A: Necesitas mandarles tres tarjetas y dos cartas a tus amistades y familiares en los EE.UU. Pregunta cuánto cuesta mandarlas y compra los sellos necesarios.

> ESTUDIANTE B: Trabajas en la oficina de correos. Ayuda al cliente a mandar correspondencia a los EE.UU. Asegúrate *(Make sure)* de que el cliente pague en una moneda válida.

2. **En el banco:**

> ESTUDIANTE A: Estás en el banco. Necesitas cambiar dinero a pesetas o euros. Pregunta sobre la tasa de cambio *(exchange rate)* y el porcentaje *(percentage)* de comisión por el cambio. Cambia quinientos dólares. Si el (la) cajero(a) te pide el pasaporte, explícale por qué no lo llevas contigo y ofrece otro tipo de identificación.

> ESTUDIANTE B: Trabajas en un banco. Ayuda al cliente a cambiar dinero. Responde a todas sus preguntas apropiadamente. Pídele su pasaporte como documentación. Asegúrate *(Make sure)* de obtener una identificación válida y la firma del cliente para hacer la transacción.

3. **En el mercado:**

> ESTUDIANTE A: Estás en un mercado al aire libre. Quieres comprar algunas frutas, algo de beber y los ingredientes para preparar tus platos o meriendas *(snacks)* favoritos. Pregunta el total de tu compra y paga en efectivo.

> ESTUDIANTE B: Trabajas en un mercado en Madrid. Pregúntale al cliente qué necesita y en qué cantidades. Ayúdalo(la) a escoger lo que necesita.

4. **En el restaurante:**

> ESTUDIANTE A: Estás en un restaurante elegante. Pídele el menú al mesero(a). Pídele una recomendación. Ordena una comida completa (incluyendo primer y segundo plato, bebida y postre). Pide la cuenta y pregunta si la propina está incluida. Paga.

> ESTUDIANTE B: Eres camarero(a) en un restaurante elegante. Saluda a tu cliente amablemente. Menciona la especialidad de la casa. Pregúntale qué desea comer, beber y ordenar de postre. Sírvele su comida con cortesía.

Repaso de vocabulario y gramática
PARA HACER OTRAS DILIGENCIAS

Living in Spain will require quite a number of transactions. You will go shopping and sightseeing; perhaps you will make travel arrangements to see other parts of Spain and Europe. You may even get sick and need to get medications at the pharmacy or see a doctor.

REPASO DE VOCABULARIO: Refer to the chapters listed to review the phrases you will need for each situation.

A. Más transacciones

Other functions you may need to review are:

Making travel arrangements in a travel agency (Capítulo 3)
Handling transactions in a store (Capítulo 9)
Bargaining in an outdoor market (Capítulo 5)
Handling a visit to the doctor (Capítulo 7)
At the drugstore (Capítulo 7)
Minor illnesses (Capítulo 7)

REPASO DE GRAMÁTICA: Study the following grammar tips carefully. Refer to the chapters cited for a more in-depth review.

B. Los demostrativos (Capítulo[s] 4)

- Demonstrative adjectives and pronouns (*this, that, these,* or *those*) are used to point out and specify particular nouns. They have different forms and agree with nouns in number and gender: **este/estos, esta/estas, ese/esos, esa/esas, aquel/aquellos, aquella/aquellas.**

- Demonstrative adjectives precede the noun. Demonstrative pronouns replace the noun and have an accent mark.

Por favor, dígame cuánto cuesta **esta blusa** azul y **aquélla** blanca.

*Please, tell me the price of **this** blue blouse and of **that** white one **over there**.*

C. Las cláusulas adjetivales (Capítulo[s] 11)

Adjective clauses are dependent clauses that describe nouns. The indicative is used to describe specific or known persons, places, and things. However, the subjunctive is used to refer to antecedents that are hypothetical or nonspecific. Handy rules of thumb are:

- to describe something specific you are already familiar with, use the **presente de indicativo.**

Prefiero el antiácido TUMS **que viene en pastillas masticables.**

*I want the TUMS antiacid **that comes in chewable tablets.***

- to express your preferences and needs in general, use the **presente de subjuntivo;**

Necesito un jarabe **que me quite esta tos.**

*I need a cough syrup **that gets rid of this cough.***

D. El indicativo y el subjuntivo con expresiones de certidumbre y de duda (Capítulo[s] 10)

- To express your opinion with certainty, use an expression of certainty (**es seguro, es verdad, creo...**) followed by a verb in the **presente de indicativo.**

  ¡Es evidente que usted tomó demasiado sol; ésta es una quemadura de segundo grado!

  It is evident that you sunbathed for too long; this is a second-degree burn!

- To express your opinion with doubt, use an expression of doubt (**no creo, es imposible, no es probable...**) followed by a verb in the **presente de subjuntivo.**

  Dudo que Julio tome aspirina para su dolor de cabeza; él es alérgico a la aspirina.

  I doubt Julio will take aspirin for his headache; he's allergic to aspirin.

Text Audio CD
Track CD2-31

Ponerlo a prueba

12-15 ¿Dónde está Paola? Paola Samorán tiene muchas diligencias que hacer hoy. Escucha las transacciones que hace en diferentes lugares.

Primera parte: Enumera los lugares que ella visitó en el orden correcto.

_____ una agencia de viajes

_____ una farmacia

___1___ una estación del metro

_____ una oficina de correos

_____ un banco

_____ un almacén

_____ un restaurante

Segunda parte: Vuelve a escuchar las transacciones y escribe la transacción que Paola hizo en cada lugar.

1. En la estación del metro pidió instrucciones para llegar a un banco.
2.
3.
4.
5.
6.
7.

12-16 Otras transacciones. Trabaja con un(a) compañero(a). Completen las oraciones sobre las transacciones en los dibujos.

1. La señora Hernández va a viajar a Toledo. Toledo es una ciudad española que...
2. Es seguro que el viaje a Toledo...

3. Tamara busca unos lentes de sol que...
4. Sus amigos creen que...

5. El vendedor les muestra a la pareja un televisor de pantalla grande que...
6. No es probable que...

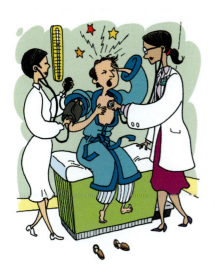

7. Ricardo necesita una medicina que...
8. La Dra. Shapiro está segura de que...

Síntesis

12-17 Las expresiones más importantes. Piensa en todas las transacciones que has practicado recientemente. Para sobrevivir en una comunidad hispanohablante debes saber cómo preguntar y decir ciertas expresiones de necesidad básica.

Primera parte: Escribe las dos frases o preguntas más importantes (necesarias y prácticas) en cada una de estas situaciones.

1. Para presentarse y saludar a otra persona
2. Para invitar a alguien a salir
3. Para aceptar o rechazar una invitación
4. Para pedir ayuda o preguntar instrucciones
5. Para explicar lo que buscas en una tienda o un mercado
6. Para describirle a un farmacéutico o a un doctor un problema físico

 Segunda parte: Ahora trabaja con un grupo de tres o cuatro compañeros. Compartan su lista con el grupo y escriban entre todos una lista con las veinte expresiones más necesarias y prácticas.

12-18 Experiencias de la vida diaria. Cuando vivas en una comunidad hispanohablante tendrás muchas experiencias diferentes y tratarás de *(you'll try to)* comunicarte en español. Escribe lo que dirías en las siguientes situaciones.

1. El primer día de clases no conoces el campus y le preguntas a un(a) extraño(a) *(stranger)* cómo encontrar la cafetería...

2. El segundo día de clases estás almorzando en la cafetería de la universidad y ves a un(a) chico(a) que está en una de tus clases. Decides presentarte y tratar de conocerlo(la) mejor. Te acercas a su mesa y dices...

3. Varios días después ves a tu nuevo(a) amigo(a) en la biblioteca y decides invitarlo(la) a salir...

4. Unos meses más tarde es el cumpleaños de tu amigo(a). Vas a comprarle un regalo y le describes al (a la) dependiente el artículo de ropa que buscas en la talla y el color específicos...

5. En la fiesta de cumpleaños de tu amigo(a) sirvieron unos mariscos que no estaban frescos y te sentiste muy mal toda la noche. Vas al (a la) médico(a) y le explicas los síntomas de tu intoxicación...

6. Vas a la farmacia con la receta del (de la) doctor(a). También decides comprar unos artículos de primeros auxilios y de higiene personal que necesitas. Le dices al farmacéutico(a)...

In this *Paso* you will practice:

- Describing people, places, and customs
- Expressing reactions to cultural differences
- Talking about your daily routine
- Expressing your opinions and feelings about the new experiences in your life
- Describing and narrating in the past

Repaso de vocabulario y gramática
PARA HABLAR DE LA VIDA DIARIA

Once you get settled in Spain, you will want to tell your friends and family back home about your new environment: new home, family, schedule, school . . . in short, new life!

REPASO DE VOCABULARIO: Refer to the chapters listed to review some expressions you will need to talk about your daily life.

A. La vida diaria

Describing the house, its rooms, and furniture (Capítulo[s] 4)

Common family activities (Capítulo[s] 4)

Daily activities and pastimes (Capítulo[s] 1, 2, 4)

Telling time and describing schedules (Capítulo[s] 3)

A typical day's activities (Capítulo[s] 1, 2)

Describing classes and professors (Capítulo[s] 1, 2)

REPASO DE GRAMÁTICA: Study the following grammar tips carefully. Refer to the chapters cited for a more in-depth review.

B. Los verbos reflexivos (Capítulo[s] 6)

A verb is reflexive when the person who performs the action also receives the impact of that action (such as *brushing one's teeth*). The reflexive pronoun corresponds to the subject of the sentence and is placed before the reflexive verb. With verb phrases and prepositional phrases that end in an infinitive, reflexive pronouns are attached to the end of the infinitive.

Me levanto a las ocho de la mañana.	*I get up at 8:00 A.M.*
El viernes **voy a acostarme** tarde.	*Friday I'm going to go to bed late.*

C. *Ser* vs. *estar* (Capítulo[s] 1, 4)

Ser and **estar** have different uses and are not interchangeable.

- Use **estar** to indicate location and—with adjectives—to express emotional, mental, and physical *states* or *conditions*.

- The verb **ser** is used in a wider range of circumstances such as to indicate relationships, occupations, professions, nationalities; to express possession and origin; to tell time and give dates. With adjectives, **ser** is used to describe *characteristics* or *inherent qualities*.

El campus universitario **es** moderno y pequeño.	*The college campus **is** modern and small.*

D. El presente perfecto (Capítulo[s] 11)

In both English and Spanish, the present perfect is formed with the auxiliary verb *to have* (**haber**) and a past participle. To form the past participle of most verbs, replace the **-ar** infinitive ending with **-ado,** and the **-er/-ir** ending with **-ido.** Some verbs have irregular past participles.

Todavía no **han empezado** las clases.   *Classes **have** not **begun** yet.*

Ponerlo a prueba

12-19 ¡Cuéntame de tu nueva vida! Cuando llamas por teléfono a un(a) amigo(a) en los EE.UU., él (ella) quiere saber todos los detalles sobre tu vida en España. Trabaja con un(a) compañero(a) para contestar las preguntas. Usen su imaginación.

1. ¿Qué te parece tu familia española?
2. ¿Cómo es tu día típico? ¿A qué hora te levantas? ¿A qué hora te acuestas?
3. ¿Ya han empezado las clases?
4. ¿Ya has conocido a gente interesante en la universidad?
5. ¿Has salido mucho a divertirte? ¿Adónde has ido?

12-20 Una carta a los EE.UU. Después de acomodarte *(settling in)* en tu nuevo hogar en España, le escribes a tu profesor(a) de español en los EE.UU. una carta contándole sobre tu nueva familia española, la casa y tu nueva vida en general. Usa el dibujo y da todos los detalles que puedas en tu carta.

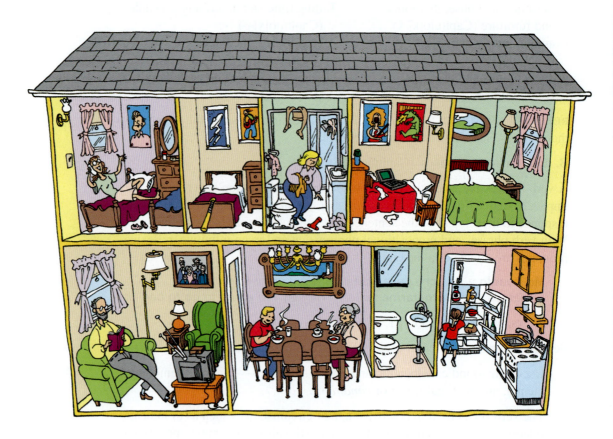

Repaso de vocabulario y gramática
PARA REACCIONAR

You will experience many reactions to all the new experiences that you are encountering in your new surroundings in Spain. To express how you feel about the program, the family you're staying with, the customs, etc., keep in mind the following expressions and structures.

REPASO DE VOCABULARIO: Refer to the chapters listed to review some expressions you will need to express your reactions to your new life in Spain.

A. Verbos tipo *gustar* (Capítulo[s] 9)

Some verbs that follow the same pattern as **gustar** are: **importar** *(to matter)*, **interesar** *(to interest)*, **parecer** *(to seem)*, **encantar** *(to love)*, **preocupar** *(to worry)*, **alegrar** *(to be glad)*, **sorprender** *(to surprise)*, **fascinar** *(to fascinate)*. All these verbs are accompanied by indirect object pronouns.

> **¡Me encanta** la comida española!   *I love Spanish food!*
> *(Spanish food **delights me!**)*

B. Las expresiones de emoción (Capítulo[s] 10)

Some common expressions of emotion are **estar contento de** *(to be happy about/to [do something])*, **tener miedo de** *(to be afraid of)*, **sentir** *(to regret, be sorry)*, and impersonal expressions such as **es triste, es bueno, es una lástima** *(it's sad, good, a pity)*, and **ojalá que** *(I hope that)*.

> **Estoy contento de** poder estudiar   *I'm happy to be able to study*
> español en España.   *Spanish in Spain.*

REPASO DE GRAMÁTICA: Study the following grammar tips carefully. Refer to the chapters cited for a more in-depth review.

C. El participio pasado (Capítulo[s] 3)

Past participles can be used with the verb **estar** to express mental and physical states and conditions. To form the past participle, replace the **-ar** ending with **-ado** and the **-er** or **-ir** ending with **-ido.** As adjectives, they must agree in number and gender with the noun they are modifying.

> **Estoy aburrido** porque no conozco   *I'm bored because I don't know*
> a nadie de mi edad.   *anyone my age.*

D. El subjuntivo con verbos de emoción (Capítulo[s] 10)

To express how you feel about events taking place in your life now or in the future, use the present subjunctive in the dependent noun clause. The main clause may have a **gustar**-type verb **(me preocupa)**, a verb of emotion **(tengo miedo de)**, an impersonal expression with the structure **es** + adjective/noun **(es una lástima)**, or the structure **estar** + adjective + **de (estoy orgulloso de).**

> **Me molesta** que los españoles **se**   *It bothers me that Spaniards **stay***
> **queden** conversando en la mesa   *chatting at the table for hours*
> por horas después de comer.   *after eating.*

Ponerlo a prueba

12-21 Reacciones naturales. Muchas cosas van a ser diferentes en tu nueva vida en España. Usa la estructura **estar** + **adjetivo** para expresar tus reacciones a los cambios en tu vida diaria.

MODELO: La gente te habla español muy rápidamente y con un acento difícil de entender.

¡Estoy frustrado(a)!

enojado(a)	preocupado(a)	muerto(a) de cansancio
encantado(a)	muy divertido(a)	perdido(a)
frustrado(a)	ocupado(a)	sorprendido(a)
preparado(a)	bronceado(a)	contentísimo(a)

1. Tienes clases toda la mañana; por la tarde haces actividades extracurriculares y culturales; en la noche sales a divertirte con tus nuevos amigos.
2. La señora de tu familia anfitriona te cocina platos típicos de diferentes regiones de España.
3. Aunque *(Although)* estás en la calle Cervantes, no encuentras el bar de tapas donde tus amigos te están esperando.
4. Son las seis de la tarde y tienes hambre, pero la cena en España se sirve más tarde, a veces a las nueve o las diez de la noche.
5. Fuiste de excursión a la Costa del Sol el fin de semana.
6. La camarera de un restaurante no quiere aceptar tu tarjeta de crédito y no te comprende cuando le hablas en español.

12-22 ¿Qué te parece? A través de todo el año has leído en este libro notas culturales (en *Comentario cultural* y *Puente cultural*) sobre la vida y las costumbres de los hispanos. Ahora que vives en España... ¿cómo te parece la vida de los españoles? Trabaja con un(a) compañero(a). Expresen sus reacciones de algunas de las costumbres. **¡Ojo!** No olviden usar el subjuntivo.

Algunas reacciones positivas	**Algunas reacciones negativas**
Me alegra que...	Me preocupa que...
Estoy contento de que...	Me sorprende que...
Me parece interesante que...	Me molesta que...
Es bueno que...	Es una lástima que...
Me gusta que...	Es triste que...

MODELO: En el *Puente cultural* del *Capítulo 1* John Martínez, Lucía Vega Alfaro y Vicky Duque Montoya dijeron que en sus países es costumbre besar a los padres como saludo y despedida.

Me parece bien que los hispanos besen a sus padres; yo también beso a mis padres.

1. Vicky también dijo que a veces los compañeros de clase se besan en la mejilla para saludarse.

2. En un *Puente cultural* del *Capítulo 2* leíste que los hijos casi siempre viven con sus padres hasta que se casan.

3. También leíste que a veces los abuelos u otros parientes viven en la misma casa con la familia.

4. En un *Puente cultural* del *Capítulo 4* Alicia Lewis expresó que las muchachas tienen más obligaciones con los quehaceres domésticos que sus hermanos y que los hijos varones tienen más libertad que sus hermanas para salir con frecuencia por la noche.

5. En un *Comentario cultural* del *Capítulo 5* se menciona la costumbre de la sobremesa: después de la comida principal del día, la familia se queda un rato más en la mesa para conversar.

Repaso de vocabulario y gramática
PARA NARRAR

When you call or write home, you will have many experiences and anecdotes to recount to your family and friends. You will use the following expressions and structures to narrate and describe in the past.

REPASO DE VOCABULARIO: To tell a story or narrate an event, you'll need to keep in mind the following expressions. Refer to the chapters listed to review the information in each category in more detail.

A. La narración

How to tell what happened or tell a story in the past (Capítulo[s] 6, 8)
Describing last weekend's activities (Capítulo[s] 8)
Expressions of chronological order (Capítulo[s] 6, 8)
Time references (Capítulo[s] 3, 6, 8)

REPASO DE GRAMÁTICA: Study the following grammar tips carefully. Refer to the chapters cited for a more in-depth review.

B. El pretérito (Capítulo[s] 6, 8)

The preterite is used to narrate what someone did in the past or what happened in the past. There are regular, irregular, and stem-changing ($e \rightarrow i$ and $o \rightarrow u$) verbs in the preterite. Use the preterite in the following ways.

- to refer to a specific past action or a particular event

  Mi prima Vivian **se mudó** el año pasado.   *Mi cousin Vivian **moved** last year.*

- to indicate that an action occurred several times or a specific number of times

  El semestre pasado **tuvimos** cuatro exámenes.   *Last semester **we had** four tests.*

- to express an action or event that took place for a specified period of time

  Anoche solamente **durmieron** tres horas.   *Last night **they slept** for only three hours.*

- to narrate the completed main actions of a story or a sequence of events

  Ayer **desayuné** en la cafetería, **asistí** a clases toda la mañana y **fui** a trabajar a las doce.   *Yesterday **I ate breakfast** in the cafeteria, **attended** classes all morning, and **went** to work at noon.*

C. El imperfecto (Capítulo[s] 8)

The imperfect is a more regular tense than the preterite. There are no stem-changing verbs and only three irregular verbs in the imperfect (**ir, ser, ver**). Use the imperfect in the following ways.

- to describe habitual or routine actions in the past

En casa nosotros siempre **cenábamos** a las seis.	At home **we** always **used to eat dinner** at six.

- to describe physical appearance, mental, physical, and emotional states

Marta se **sentía** triste porque su hermano **estaba** enfermo.	Martha **was feeling** sad because her brother **was** ill.

- to give personal information (name, age, etc.)

El chico **se llamaba** Fernando y **era** del sur de España.	The guy's **name was** Ferdinand and he **was** from the south of Spain.

- to provide the background or setting for other actions (time, date, location, weather)

Eran las cinco de la tarde y **llovía** a cántaros.	**It was** 5:00 P.M. and **it was raining** cats and dogs.

- to state ongoing actions or actions "in progress"

Íbamos en camino a la playa.	**We were** on our way to the beach.

D. El pretérito vs. el imperfecto (Capítulo[s] 8)

The preterite and the imperfect are the two main verb tenses used in Spanish to talk about the past. They work hand-in-hand to tell a story.

- Begin by using the **imperfecto** to set the stage or give the background for your story and to describe the characters and scene.

Cuando yo **era** pequeña **vivía** en Cuba y **hablaba** solamente español.	When **I was** small I **used to live** in Cuba and **spoke** only Spanish.

- Use the **pretérito** to move the story line forward, indicating a sequence of events.

En 1963 **nos mudamos** a los EE.UU. y **empecé** a estudiar inglés en la escuela.	In 1963 **we moved** to the U.S., and **I started to** study English in school.

- The imperfect and the preterite are interwoven throughout a narration. They may even appear together in the same sentence, as when an action in progress (in the imperfect) is interrupted by another action or event (in the preterite).

Una tarde, cuando **estudiaba** en la biblioteca, un chico guapísimo **se** me **acercó** y me **habló**.	One afternoon, when **I was studying** in the library, a very handsome guy **came up** to me and **talked** to me.

Ponerlo a prueba

12-23 Un día ocupadísimo. Trabaja con un(a) compañero(a). ¿Cuál fue tu día más ocupado esta semana? Cuéntaselo a tu amigo(a). Usen vocabulario cronológico y verbos en el pretérito.

1. ¿Cuál fue tu día más ocupado esta semana?
2. ¿A qué hora te levantaste?
3. ¿Qué desayunaste?
4. ¿Qué más hiciste antes de salir?
5. ¿Qué hiciste después?
6. Y, ¿qué pasó más tarde?
7. ¿Tuviste algún problema?
8. Y luego, ¿adónde fuiste?
9. ¿Cuándo regresaste a casa?
10. ¿Te acostaste muy tarde?

12-24 Una anécdota interesante. En la vida siempre ocurren cosas interesantes (agradables, desagradables, chistosas, ridículas, tristes, etcétera). Escribe sobre alguna experiencia especial en tu vida. Usa los tiempos del pretérito e imperfecto. Incluye la siguiente información.

- **El escenario** *(setting/stage):*
  ¿Qué día era?
  ¿Qué hora era?
  ¿Qué tiempo hacía?
  ¿Dónde estabas?
  ¿Cómo era el lugar? Descríbelo.
  ¿Quién más estaba allí? ¿Había allí alguna persona especial? Descríbela y da información personal como nombre, edad, profesión, etcétera.
  ¿Qué estaban haciendo (simultáneamente) las diferentes personas?

- **La acción principal** *(main action):*
  ¿Cómo comenzó la acción?
  ¿Qué ocurrió primero?
  Continúa la historia.
  ¿Qué pasó después?
  ¿Y luego qué?
  ¿Cuál fue la secuencia de acciones?

- **El desenlace** *(ending/outcome):*
  ¿Qué pasó al final *(end)*?
  ¿Cómo terminó la experiencia?

Síntesis

12-25 Querido Diario. Siempre es buena idea llevar un diario cuando estás pasando por experiencias nuevas que no quieres olvidar. Éstas fueron tus actividades durante el mes de septiembre. Anota en tu diario lo que hiciste en estos días y explica por qué fueron especiales.

30 de agosto – 12 de septiembre

ESCUELA INTERNACIONAL MÁLAGA

lunes	martes	miércoles	jueves	viernes	sábado	domingo
30 ago 8:00 EXAMEN DE NIVEL 17:00 ORIENTACIÓN 18:00 PASEO POR PEDROGALEJO 20:00 FIESTA DE BIENVENIDA	**31 ago** 17:00 VIDEO "ME GUSTAN LOS LÍOS"	**1 sep**	**2 sep** 19:00 TOMAR REFRESCO EN LA PLAYA	**3 sep**	**4 sep** 8:00 EXC. A GRANADA.	**5 sep**
6 sep 18:00 PASEO POR LA CIUDAD DE MÁLAGA.	**7 sep** 17:00 VIDEO "BOCA A BOCA"	**8 sep**	**9 sep** 18:00 VOLLEYBALL EN LA PLAYA	**10 sep** 20:00 LA NOCHE DE MÁLAGA.	**11 sep** 8:00 EXC. A CÓRDOBA.	**12 sep**

1.

lunes 30 de agosto

Querido Diario:
Hoy me levanté temprano. La familia y yo comimos churros de desayuno. Estaban deliciosos. Entonces, la Sra. Torres me llevó al campus y allí tomé el examen de orientación a las... Después...
Me gustó...

2.

jueves 2 de septiembre

Querido Diario:
Cuando me levanté hacía un lindo día soleado. ¡Perfecto! La actividad de hoy fue... Conocí a... Todos los estudiantes... Luego los profesores...

3.

Otra fecha

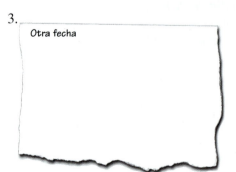

12-26 De tu álbum de fotos. Durante tu estadía *(stay)* en España conociste muchos lugares y mucha gente interesante. ¡Y seguro que tomaste muchas fotos! Muéstrales a tus compañeros de clase tres o cuatro de tus fotos. Háblales de cada foto usando el pretérito y el imperfecto.

- Diles cómo se llamaba el lugar / la persona.

- Describe cómo era el lugar / la persona.

- Cuéntales qué hiciste allí o qué pasó con la persona.

- Explícales tu impresión del lugar / la persona / el incidente.

La Plaza Mayor

Compañeros de la universidad

Profesora Rodríguez

Mi familia anfitriona

Vistazo gramatical
EL IMPERFECTO DE SUBJUNTIVO

A. El imperfecto de subjuntivo. The past subjunctive, or **imperfecto de subjuntivo** is used in noun, adjective, and adverbial clauses just like the present subjunctive. You must use the following special sentence pattern:

main clause + **que** + dependent clause

Two rules of thumb:

- When the main clause is in the present indicative, the dependent clause will be in the **presente de subjuntivo.**

- When the main clause is in the imperfect or preterite of the indicative, the dependent clause will be in the **imperfecto de subjuntivo.**

			dependent clause	
subject	verb	que	subject	present subjunctive
Mis padres	quieren	que	(yo)	les **escriba** regularmente.

*My parents want me **to write** to them on a regular basis.*

			dependent clause	
subject	verb	que	subject	imperfect subjunctive
Mis padres	me pidieron	que	(yo)	les **escribiera** todas las semanas.

*My parents asked me **to write** to them every week.*

B. La formación del imperfecto de subjuntivo. To form the imperfect subjunctive of most verbs, you must follow a two-step process:

1. Conjugate the verb in the **ellos** form of the preterite indicative and drop the **-on** ending.
2. Add a new ending, according to the chart on page 553.

-ar/-er/-ir verbs			
andar *(to walk)*		hacer *(to do, to make)*	
ellos anduvier~~on~~		ellos hicier~~on~~	
que yo	anduvier**a**	que yo	hicier**a**
que tú	anduvier**as**	que tú	hicier**as**
que Ud., él, ella	anduvier**a**	que Ud., él, ella	hicier**a**
que nosotros(as)	anduviér**amos**	que nosotros(as)	hiciér**amos**
que vosotros(as)	anduviér**ais**	que vosotros(as)	hiciér**ais**
que Uds., ellos, ellas	anduvier**an**	que Uds., ellos, ellas	hicier**an**

C. Usos del imperfecto del subjuntivo en claúsulas nominales. The imperfect subjunctive, like the present subjunctive, is used after expressions of influence, emotion, or doubt.

		dependent clause		
Subject	+ *expression of influence*	+ **que**	+ *subject*	+ *imperfect subjunctive*
Los profesores	nos dijeron	que	(nosotros)	**trajéramos** los libros a clase.
		*The teachers told us **to bring** the books to class.*		

		dependent clause		
Subject	+ *expression of emotion*	+ **que**	+ *subject*	+ *imperfect subjunctive*
Rosalinda	estaba feliz de	que	su amiga	**viniera** a visitarla a España.
		*Rosalind was happy that her friend **was coming** to visit her in Spain.*		

		dependent clause		
Subject	+ *expression of doubt*	+ **que**	+ *subject*	+ *imperfect subjunctive*
Ellos	dudaban	que	los pisos	**costaran** menos que las residencias.
		*They doubted that apartments **would cost** less than dorms.*		

Ponerlo a prueba

12-27 ¿Qué te decían? Antes de ir a vivir en España, todo el mundo tenía algo que decir sobre esta "aventura" tuya. ¿Lo recuerdas? Completa cada oración con información lógica de la lista. Después subraya el verbo en el imperfecto del subjuntivo.

> estudiara todos los días
> hiciera siempre mi tarea
> no saliera con otros(as) chicos(as)
> escribiera o llamara a menudo
> (no) me llevara mi computadora a España
> (no) comiera bien en la cafetería de la universidad
> (no) pudiera sobrevivir *(survive)* en España
> (no) fuera feliz en una cultura tan diferente

1. Antes de ir a España, mis padres me recomendaron que...
2. Mi novio(a) me pidió que...
3. A mi mamá le preocupaba que...
4. Mi profesora de español me aconsejó que...
5. Mis amigos de la universidad no creían que...
6. Mi hermana(o) menor estaba triste (o feliz) de que yo...

 12-28 Y tú, ¿qué opinabas? Tú probablemente también tenías ciertas ideas preconcebidas y sentimientos antes de llegar a España. Trabaja con un(a) compañero(a). Entrevístense con las siguientes preguntas.

Antes de venir a la universidad aquí en España...

1. ¿Cómo esperabas que fueran las clases (grandes, pequeñas, intensivas, etcétera)? ¿y el campus? ¿y tu familia anfitriona?
2. ¿Cómo te sentías de que tus padres te dejaran tener esta "aventura"? ¿Estabas contento(a)/sorprendido(a)/encantado(a)/triste... ?
3. ¿Dudabas que la comida española te gustara?
4. ¿Les pediste a tus padres que te mandaran dinero regularmente?
5. ¿Qué te preocupaba más sobre la "aventura"?

¡Vamos a hablar! | Estudiante Ⓐ

Contexto: Vas a jugar a "Sabelotodo" con un(a) compañero(a) de clase. Tú **(Estudiante A)** y tu compañero(a) **(Estudiante B)** tienen dos listas diferentes de preguntas sobre el vocabulario, la gramática y la cultura. Uds. tienen que hacerse preguntas. La persona que conteste mejor gana *(wins)*. Nota las siguientes reglas *(rules):*

- Cada pregunta vale un punto. Tienes que contestar correctamente todas las partes de la pregunta para ganar el punto. (Las respuestas correctas están entre paréntesis.)

- Las preguntas indicadas con dos asteriscos (∗∗) valen dos puntos.

- Si no contestas correctamente una pregunta indicada en morado, pierdes *(you lose)* un punto.

Tú empiezas con la primera pregunta.

1. En el siguiente nombre, ¿cuál es el apellido paterno y cuál es el apellido materno: Yasmín Pérez Maldonado? (El apellido materno es Pérez y el apellido paterno es Maldonado.)

2. ¿Cuáles son los doce meses del año? (enero, febrero, marzo, abril, mayo, junio, julio, agosto, septiembre, octubre, noviembre, diciembre)

3. Dime la forma verbal que corresponde a la persona **yo** en el presente del indicativo de estos verbos: salir (salgo), traer (traigo), hacer (hago), ver (veo).

∗∗ 4. ¿Cuáles son los números ordinales que corresponden a los números del uno al diez? (primero, segundo, tercero, cuarto, quinto, sexto, séptimo, octavo, noveno, décimo)

5. Dime los antónimos de estos adjetivos: bajo (alto), viejo (joven), fea (bonita).

6. ¿Cuál es la capital de Chile? (Santiago)

7. Menciona seis medios de transporte. (avión, barco, coche, tren, autobús, metro, taxi, bicicleta, motocicleta, caballo, etcétera)

8. ¿Qué verbo tienes que usar con estas palabras: hambre, sed, prisa, miedo, sueño? (tener)

∗∗ 9. Di las formas del verbo **decir** en el pretérito. (dije, dijiste, dijo, dijimos, dijisteis, dijeron)

10. ¿Cuáles son las cuatro estaciones del año? (la primavera, el verano, el otoño, el invierno)

11. Menciona cuatro tipos de carne o de pescado que comemos (biftec, pollo, pavo, cerdo, jamón, mariscos, hamburguesas, etcétera)

12. ¿Cómo se llama la moneda nacional de España? (peseta/euro)

13. ¿Cuáles son las tres comidas del día? (el desayuno, el almuerzo / la comida y la cena)

14. Dime si las siguientes expresiones se refieren al pasado o al futuro: anoche (pasado), hace diez años (pasado), el año que viene (futuro), ayer (pasado).

∗∗15. Nombra el único país en América del Sur que tiene costas en el océano Atlántico y en el Pacífico. (Colombia)

16. ¿En qué cuarto de una casa se encuentran las siguientes cosas: un lavabo, un inodoro, una tina? (el baño)

17. Dime los antónimos de los siguientes adverbios y expresiones: lejos (cerca), detrás de (delante de), a la izquierda (a la derecha).

18. ¿En qué ciudad está el Museo del Prado? (Madrid)

19. ¿Cómo se dice en español: *It's raining.* (Está lloviendo.); *It's snowing.* (Está nevando.)?

20. ¿Qué país se asocia con la civilización indígena de los aztecas? (México)

— Vocabulario útil —

¿A quién le toca?
Whose turn is it?
Me toca a mí.
It's my turn.
¿Cuántos puntos tengo?
How many points do I have?
Un momento.
Just a second.

¡Vamos a hablar! | Estudiante Ⓑ

Contexto: Ahora vas a jugar al "Sabelotodo" con un(a) compañero(a) de clase. Tú (**Estudiante B**) y tu compañero(a) (**Estudiante A**) tienen dos listas diferentes de preguntas sobre el vocabulario, la gramática y la cultura. Uds. tienen que hacerse preguntas. La persona que conteste mejor gana *(wins)* el juego. Nota las siguientes reglas *(rules)*:

- Cada pregunta vale un punto. Tienes que contestar correctamente todas las partes de la pregunta para ganar el punto. (Las respuestas correctas están entre paréntesis.)

- Las preguntas indicadas con dos asteriscos (**) valen dos puntos.

- Si no contestas correctamente una pregunta indicada en morado, pierdes *(you lose)* un punto.

── Vocabulario útil ──

¿A quién le toca?
  Whose turn is it?
Me toca a mí.
  It's my turn.
¿Cuántos puntos tengo?
  How many points do I have?
Un momento.
  Just a second.

Tu compañero(a) va a empezar.

1. Identifica los siguientes parientes: el hermano de mi madre (mi tío), el hijo de mi hermano (mi sobrino), la hija de mi hijo (mi nieta).

2. Decide si es correcto usar **ser** o **estar** con estos adjetivos: enfermo (estar), antipático (ser), cansado (estar).

3. Cuenta de cien en cien *(by hundreds)* de 100 hasta 1.000. (cien, doscientos, trescientos, cuatrocientos, quinientos, seiscientos, setecientos, ochocientos, novecientos, mil)

4. Dime los antónimos de los siguientes adjetivos: limpio (sucio), ordenado (desordenado), nuevo (viejo).

5. Nombra la capital de Ecuador. (Quito)

6. Menciona cinco cosas que podemos leer. (una carta, un libro, una novela, una revista, una tarjeta, un periódico, un poema, un cuento, un examen, etcétera)

7. Explica en inglés la diferencia entre estas dos preguntas: ¿Qué hora es? y ¿Qué tiempo hace? (The first question refers to the time of day; the second to the weather.)

8. Nombra cinco idiomas que se hablan en Europa. (el inglés, el italiano, el francés, el alemán, el portugués, el español, etcétera)

9. ¿Qué asignaturas o cursos se asocian con las siguientes profesiones: médico (la medicina), profesor (la pedagogía), abogado (el derecho)?

10. ¿Cómo se llaman estos días festivos en español: *Thanksgiving* (Día de Acción de Gracias), *Christmas* (Navidad), *Independence Day* (Día de la Independencia)?

11. ¿Cuáles son las formas del verbo **ser en el imperfecto del indicativo? (era, eras, era, éramos, erais, eran)

12. Menciona tres ingredientes principales de la paella. (arroz, pollo, mariscos, azafrán, agua, verduras)

13. Nombra seis deportes. (el vóleibol, el golf, el béisbol, el básquetbol, el tenis, el fútbol, el fútbol americano, la natación)

14. ¿Cuáles son cinco cuartos de una casa? (la sala, la cocina, el comedor, el baño, el dormitorio)

**15. ¿A qué se refieren las siguientes palabras: albergue, hostal, parador, pensión? (Son tipos de alojamiento, similares a un hotel.)

16. Nombra cinco países en Centroamérica. (Guatemala, Honduras, El Salvador, Nicaragua, Costa Rica, Panamá, Belice)

17. Haz una lista de siete frutas. (la naranja, la pera, la manzana, la piña, las uvas, la banana, el tomate, el melocotón, el melón, la sandía, etcétera)

18. Explica qué es la sobremesa. (Es un período de conversación después de la comida.)

**19. Menciona ocho partes del cuerpo humano. (la cabeza, los ojos, la nariz, la boca, los dientes, la garganta, el oído, la oreja, el brazo, la mano, los dedos, la pierna, el pie, el pecho, el estómago, los pulmones, el corazón, la espalda, etcétera)

20. ¿Cómo se llaman las montañas que se encuentran entre España y Francia? (los Pirineos)

¡Vamos a leer!

Viajes

Empieza las vacaciones con buen pie

Si viajas en tren, avión, coche o barco, las técnicas de relajación te ayudarán evitar el estrés del viajero, el cansancio y el "jet lag" o desfase horario. Llegarás más relajada y disfrutarás de tus vacaciones desde el primer momento.

Para aprovechar bien las vacaciones hay que reducir al máximo el estrés del viajero ligado al cambio horario, la incomodidad del medio de transporte y los posibles mareos.

Respira a fondo

Este ejercicio de respiración–relajación puede practicarse en cualquier medio de transporte y será especialmente útil para las personas que se marean o tienen miedo a volar.

- Cierra los ojos, intenta liberarte de cualquier cosa que te apriete en la cintura, estira las piernas apoyándote en los talones y haz tres respiraciones lentas y profundas. Luego concéntrate unos segundos en escuchar tu respiración.

- Poco a poco la respiración se regularizará y se volverá más pausada, armónica y rítmica. Es señal de que estás relajada y haciendo acopio de energía positiva para disfrutar del viaje.

La práctica de este ejercicio tiene las siguientes ventajas:

- Desparecen el ansia, miedo y nerviosismo.
- Se oxigenan mejor la sangre y las células y desaparece el cansancio y agotamiento.
- Aumentan las endorfinas —sustancia que libera el cerebro similar a la morfina— y se siente una agradable sensación de bienestar y de buen humor.

Contra el cansancio

Puedes evitar el cansancio que a menudo provoca el viaje gracias a dos trucos fáciles y efectivos:

- **Aqua para prevenir**
  Bebe mucha agua ya que a más hidratación más rendimiento físico. Por lo tanto, bebe un vaso de agua por cada hora de vuelo o de viaje.

- **Pelota automasaje**
  Incluye en tu equipaje de mano una simple pelota de goma —más pequeña que las de tenis— y se convertirá en tu mejor aliada antiestrés. Puedes hacerla rodar bajo tus pies descalzos, intentando masajear toda la planta del pie.

12-29 Repaso de estrategias. Haz las actividades a continuación mientras lees el texto **"Viajes"**. Trabaja con un(a) compañero(a).

1. **Recognizing format cues.** You can recognize what this text is by *identifying the layout* (title, subtitles, bulleted information). Which of these best describes the text you will be reading?
   a. un artículo de un periódico que describe un accidente aéreo
   b. un artículo de una revista con consejos para los viajeros
   c. una página de un libro de física que explica cómo vuelan los aviones

2. **Skimming and predicting.** Glance over the entire reading; read the *title, subtitles,* and introductory paragraph. By *skimming* in this way, you can gain a general idea of the content and this, in turn, will allow you to *predict* the information that will be presented. Which of the following do you *anticipate* will be the general topic of this selection?
   a. Los psiquiatras explican por qué el "jet lag" es un síntoma que solamente se presenta en personas que viven con mucho estrés.
   b. Unos hombres de negocios cuentan cómo los viajes en avión les causan tanto estrés que muchos de ellos necesitan terapia.
   c. Se explican métodos para prevenir y evitar *(avoid)* el estrés, el cansancio y el "jet lag" cuando viajamos.

3. **Recognizing subdivisions.** You can scan more efficiently for specific information by focusing on the subsections of the article. Write down the subdivisions of this article on a piece of paper. In which section would you expect to find details about the following?
   a. el papel *(role)* del agua durante un viaje en avión
   b. algunos consejos específicos para evitar estar muy cansados después de un viaje
   c. instrucciones de ejercicios de relajación y respiración para combatir *(to fight against)* el estrés de viajar

4. **Scanning.** We often scan in order to find the answers to specific questions without reading the whole written text. Scan the article to find specific details about the following.
   a. ¿Es bueno o malo beber agua durante un viaje? ¿Por qué?
   b. ¿Qué se puede hacer si una persona está ansiosa y nerviosa en el avión?
   c. Y si se siente hormigueo *("antsy" feeling)* en los pies... ¿qué se puede hacer?

5. **Deciphering unfamiliar words.** Apply these strategies: Look for *cognates; guess words from context* (by studying what you understand and making logical predictions); recognize *word families* and recognize *roots and suffixes* (so that you can approximate the meaning of new words that have a familiar base). Now scan the article for the Spanish equivalents of these expressions.
   a. relaxation techniques help prevent stress
   b. [with] this breathing excercise . . . your breathing will slowly become more regular, calm, . . . and rythmic.
   c. nervousness, anxiety, and fear will disappear
   d. endorphins increase . . . and one feels a pleasant sensation of well-being and good humor
   e. two easy and effective tricks
   f. a simple rubber ball—smaller than a tennis ball

6. **Using a bilingual dictionary.** Choose the meaning of the word that best fits within the context of the sentence. Remember these tips: *Identify the part of speech; search for verbs by their infinitive; use context to select an appropriate definition; and check for idiomatic use.* Find these words in the "Pelota automasaje" section and choose from the dictionary entry the appropriate meaning.

---

ro-dar intr. *(girar)* to roll; *(funcionar)* to run; *(revolver)* to rotate; *(caer dando vueltas)* to tumble or fall; FIG. *(vagar)* to ram, wander; *(suceder)* to happen in sucession; CINEM. to shoot, film; ARG. to stumble a horse.

in-ten-tar tr. *(tener intención)* to intend, plan; *(ensayar)* to try, attempt. LAW to institute proceedings.

Un paso más: Cuaderno de actividades

Vamos a escribir: Writing a research paper—in Spanish   Pág. 259
You'll learn some techniques to help with your academic writing in Spanish.
Vamos a mirar: Pág. 260
Vídeo 1: ¿España o EE.UU.?
Watch as a student who has lived and studied in Spain and the U.S. talks about the similarities and differences between the two countries and cultures.
Vídeo 2: Vistas de España

España

Datos esenciales

- **Nombre oficial:** Reino de España
- **Capital:** Madrid
- **Población:** 39.323.000 habitantes
- **Unidad monetaria:** la peseta, el euro
- **Principales industrias:** Exportación de equipos de transporte, productos agrícolas y maquinaria. España es el primer productor mundial de aceite de oliva.
- **De especial interés:** España y Portugal comparten *(share)* la península Ibérica. Al norte, los Pirineos la separan de Francia.
- **Internet:** http://avenidas.heinle.com

206 a.C. La península Ibérica, originalmente habitada por los iberos, celtas, fenicios, griegos y cartaginenses, pasa a manos de los romanos.

1469 Se casan Isabel de Castilla y Fernando de Aragón, uniendo sus reinos y unificando España.

1492 Los Reyes Católicos, Fernando e Isabel, expulsan a los árabes. Cristóbal Colón descubre América a nombre de España.

Un vistazo a la historia

711 Los árabes (moros o musulmanes) del norte de África invaden la península Ibérica.

Personajes de ayer y de hoy

Severo Ochoa, ganador del Premio Nóbel de Medicina y Fisiología en 1959. Nació en 1905. Se interesó desde joven en la biología y estudió las publicaciones del famoso neurólogo español Santiago Ramón y Cajal. Obtuvo su Doctorado en Medicina de la Universidad de Madrid y trabajó en las áreas de bioquímica, fisiología y enzimología en varias instituciones. Por sus estudios de los procesos enzimáticos en la oxidación, síntesis y transformación de energía, recibió, entre otros galardones, la Medalla Neuberg y el Premio Nóbel. Murió en 1993.

Plácido Domingo, conocido tenor y conductor de orquesta. Nació en 1941. Es uno de los tenores más famosos en los anales de la música, con una de las voces más melodiosas y conocidas del mundo. Ha cantado en todos los teatros operáticos famosos del mundo. Ha representado más de ciento catorce papeles en *La Traviata, Otello, Carmen, Tosca, La Bohème,* etcétera. Ha sido ganador de ocho premios "Grammy". Fue fundador de la Ópera de Los Ángeles y hoy en día es el director artístico de la Opera de Washington.

Miguel de Cervantes y Saavedra, autor de la obra maestra de la literatura española, *El ingenioso Hidalgo Don Quijote de la Mancha.* Nació en 1547. Tuvo una vida llena de vicisitudes: fue herido en batalla, capturado por piratas, encarcelado... Vivió en la pobreza viajando por el país y conociendo a fondo cada estrato de la sociedad. La genialidad de su obra yace *(lies)* en la profundidad humana de sus personajes y la autenticidad con que pinta valores *(values)* humanos que transcienden el tiempo y el espacio. Murió en 1616. Su legado *(legacy)* a la literatura mundial fue una joya llena de realismo, filosofía y extraordinaria calidad artística.

Notas culturales de interés

A partir de los Reyes Católicos, con el éxito de la Reconquista, el catolicismo se convirtió en la religión obligatoria y mayoritaria de España. La Inquisición aseguró su protección como religión oficial del país durante siglos. Hoy en día la libertad religiosa y secularización han ampliado *(widened)* las opciones religiosas para los españoles, pero el catolicismo todavía presenta una fuerte influencia cultural. Existe una religión popular, externa, que se manifiesta no necesariamente en la participación activa en la Iglesia, sino en celebraciones de fiestas tradicionales. La Navidad y Semana Santa son de especial colorido. Entre las celebraciones de Semana Santa se destaca la de Sevilla. Las Romerías y las fiestas de los Santos Patrones *(Patron Saints)* de cada pueblo o ciudad duran varios días. Después de la época de la cosecha *(harvest)* hay que celebrar los Sanfermines en Pamplona, las Fallas en Valencia, la Feria de Abril en Sevilla y San Isidro en Madrid.

1936 Estalla la Guerra Civil después de años de dificultades políticas.

1808 Napoleón Bonaparte invade España y nombra rey a su hermano José. El pueblo español se rebela y comienza la Guerra de Independencia.

1939 Se establece la dictadura de Francisco Franco, quien rigió hasta su muerte en 1975.

1975 Se restaura la monarquía de los Borbones. El rey Juan Carlos I se convierte en Jefe del Estado.

1588 En la cumbre de su poder internacional, comienza la decadencia del Imperio español con la destrucción de su Gran Armada a manos de Inglaterra.

¿Qué sabes sobre España?

12-29 *¿Jeopardy* **en español?** Trabaja con un(a) compañero(a). Preparen preguntas para cada una de las siguientes categorías sobre España. Después van a jugar el juego con la clase.

MODELO: Categoría: Música

Respuesta: Tenor que forma la famosa tríada "Los tres tenores" con Plácido Domingo y Luciano Pavarotti.

Pregunta: *¿Quién es José Carreras?*

Categoría	Pregunta 1	Pregunta 2
1. Ciencias		
2. Política		
3. Historia		
4. Tradiciones		
5. Artes		

Appendix A Regular Verbs

Simple Tenses

Infinitive	Present Indicative	Imperfect	Preterite	Future	Conditional	Present Subjunctive	Past Subjunctive	Commands
hablar *to speak*	hablo	hablaba	hablé	hablaré	hablaría	hable	hablara	habla
	hablas	hablabas	hablaste	hablarás	hablarías	hables	hablaras	(no hables)
	habla	hablaba	habló	hablará	hablaría	hable	hablara	hable
	hablamos	hablábamos	hablamos	hablaremos	hablaríamos	hablemos	habláramos	hablad
	habláis	hablabais	hablasteis	hablaréis	hablaríais	habléis	hablarais	(no habléis)
	hablan	hablaban	hablaron	hablarán	hablarían	hablen	hablaran	hablen
aprender *to learn*	aprendo	aprendía	aprendí	aprenderé	aprendería	aprenda	aprendiera	aprende
	aprendes	aprendías	aprendiste	aprenderás	aprenderías	aprendas	aprendieras	(no aprendas)
	aprende	aprendía	aprendió	aprenderá	aprendería	aprenda	aprendiera	aprenda
	aprendemos	aprendíamos	aprendimos	aprenderemos	aprenderíamos	aprendamos	aprendiéramos	aprended
	aprendéis	aprendíais	aprendisteis	aprenderéis	aprenderíais	aprendáis	aprendierais	(no aprendáis)
	aprenden	aprendían	aprendieron	aprenderán	aprenderían	aprendan	aprendieran	aprendan
vivir *to live*	vivo	vivía	viví	viviré	viviría	viva	viviera	vive
	vives	vivías	viviste	vivirás	vivirías	vivas	vivieras	(no vivas)
	vive	vivía	vivió	vivirá	viviría	viva	viviera	viva
	vivimos	vivíamos	vivimos	viviremos	viviríamos	vivamos	viviéramos	vivid
	vivís	vivíais	vivisteis	viviréis	viviríais	viváis	vivierais	(no viváis)
	viven	vivían	vivieron	vivirán	vivirían	vivan	vivieran	vivan

Compound Tenses

Present progressive	estoy / estás / está / estamos / estáis / están	hablando	aprendiendo	viviendo
Present perfect indicative	he / has / ha / hemos / habéis / han	hablado	aprendido	vivido
Present perfect subjunctive	haya / hayas / haya / hayamos / hayáis / hayan	hablado	aprendido	vivido
Past perfect indicative	había / habías / había / habíamos / habíais / habían	hablado	aprendido	vivido

Appendix B Stem-changing Verbs

Infinitive / Present Participle / Past Participle	Present Indicative	Imperfect	Preterite	Future	Conditional	Present Subjunctive	Past Subjunctive	Commands
pensar *to think* e → ie pensando pensado	pienso piensas piensa pensamos pensáis piensan	pensaba pensabas pensaba pensábamos pensabais pensaban	pensé pensaste pensó pensamos pensasteis pensaron	pensaré pensarás pensará pensaremos pensaréis pensarán	pensaría pensarías pensaría pensaríamos pensaríais pensarían	piense pienses piense pensemos penséis piensen	pensara pensaras pensara pensáramos pensarais pensaran	piensa (no pienses) piense pensad (no penséis) piensen
acostarse *to go to bed* o → ue acostándose acostado	me acuesto te acuestas se acuesta nos acostamos os acostáis se acuestan	me acostaba te acostabas se acostaba nos acostábamos os acostabais se acostaban	me acosté te acostaste se acostó nos acostamos os acostasteis se acostaron	me acostaré te acostarás se acostará nos acostaremos os acostaréis se acostarán	me acostaría te acostarías se acostaría nos acostaríamos os acostaríais se acostarían	me acueste te acuestes se acueste nos acostemos os acostéis se acuesten	me acostara te acostaras se acostara nos acostáramos os acostarais se acostaran	acuéstate (no te acuestes) acuéstese acostaos (no os acostéis) acuéstense
sentir *to be sorry* e → ie, i sintiendo sentido	siento sientes siente sentimos sentís sienten	sentía sentías sentía sentíamos sentíais sentían	sentí sentiste sintió sentimos sentisteis sintieron	sentiré sentirás sentirá sentiremos sentiréis sentirán	sentiría sentirías sentiría sentiríamos sentiríais sentirían	sienta sientas sienta sintamos sintáis sientan	sintiera sintieras sintiera sintiéramos sintierais sintieran	siente (no sientas) sienta sentid (no sintáis) sientan
pedir *to ask for* e → i, i pidiendo pedido	pido pides pide pedimos pedís piden	pedía pedías pedía pedíamos pedíais pedían	pedí pediste pidió pedimos pedisteis pidieron	pediré pedirás pedirá pediremos pediréis pedirán	pediría pedirías pediría pediríamos pediríais pedirían	pida pidas pida pidamos pidáis pidan	pidiera pidieras pidiera pidiéramos pidierais pidieran	pide (no pidas) pida pedid (no pidáis) pidan
dormir *to sleep* o → ue, u durmiendo dormido	duermo duermes duerme dormimos dormís duermen	dormía dormías dormía dormíamos dormíais dormían	dormí dormiste durmió dormimos dormisteis durmieron	dormiré dormirás dormirá dormiremos dormiréis dormirán	dormiría dormirías dormiría dormiríamos dormiríais dormirían	duerma duermas duerma durmamos durmáis duerman	durmiera durmieras durmiera durmiéramos durmierais durmieran	duerme (no duermas) duerma dormid (no durmáis) duerman

Appendix C Change of Spelling Verbs

Infinitive Present Participle Past Participle	Present Indicative	Imperfect	Preterite	Future	Conditional	Present Subjunctive	Past Subjunctive	Commands
comenzar (e → ie) to begin z → c before e comenzando comenzado	comienzo comienzas comienza comenzamos comenzáis comienzan	comenzaba comenzabas comenzaba comenzábamos comenzabais comenzaban	comencé comenzaste comenzó comenzamos comenzasteis comenzaron	comenzaré comenzarás comenzará comenzaremos comenzaréis comenzarán	comenzaría comenzarías comenzaría comenzaríamos comenzaríais comenzarían	comience comiences comience comencemos comencéis comiencen	comenzara comenzaras comenzara comenzáramos comenzarais comenzaran	comienza (no comiences) comience comenzad (no comencéis) comiencen
conocer to know c → zc before a, o conociendo conocido	conozco conoces conoce conocemos conocéis conocen	conocía conocías conocía conocíamos conocíais conocían	conocí conociste conoció conocimos conocisteis conocieron	conoceré conocerás conocerá conoceremos conoceréis conocerán	conocería conocerías conocería conoceríamos conoceríais conocerían	conozca conozcas conozca conozcamos conozcáis conozcan	conociera conocieras conociera conociéramos conocierais conocieran	conoce (no conozcas) conozca conoced (no conozcáis) conozcan
construir to build i → y; y inserted before a, e, o construyendo construido	construyo construyes construye construimos construís construyen	construía construías construía construíamos construíais construían	construí construiste construyó construimos construisteis construyeron	construiré construirás construirá construiremos construiréis construirán	construiría construirías construiría construiríamos construiríais construirían	construya construyas construya construyamos construyáis construyan	construyera construyeras construyera construyéramos construyerais construyeran	construye (no construyas) construya construid (no construyáis) construyan
leer to read i → y; stressed i → í leyendo leído	leo lees lee leemos leéis leen	leía leías leía leíamos leíais leían	leí leíste leyó leímos leísteis leyeron	leeré leerás leerá leeremos leeréis leerán	leería leerías leería leeríamos leeríais leerían	lea leas lea leamos leáis lean	leyera leyeras leyera leyéramos leyerais leyeran	lee (no leas) lea leed (no leáis) lean

Appendix C Change of Spelling Verbs (continued)

Infinitive / Present Participle / Past Participle	Present Indicative	Imperfect	Preterite	Future	Conditional	Present Subjunctive	Past Subjunctive	Commands
pagar *to pay* **g → gu before e** pagando pagado	pago pagas paga pagamos pagáis pagan	pagaba pagabas pagaba pagábamos pagabais pagaban	**pagué** pagaste pagó pagamos pagasteis pagaron	pagaré pagarás pagará pagaremos pagaréis pagarán	pagaría pagarías pagaría pagaríamos pagaríais pagarían	**pague pagues pague paguemos paguéis paguen**	pagara pagaras pagara pagáramos pagarais pagaran	paga (no **pagues**) **pague** pagad (no **paguéis**) **paguen**
seguir **(e → i, i)** *to follow* **gu → g before a, o** siguiendo seguido	**sigo** sigues sigue seguimos seguís siguen	seguía seguías seguía seguíamos seguíais seguían	seguí seguiste siguió seguimos seguisteis siguieron	seguiré seguirás seguirá seguiremos seguiréis seguirán	seguiría seguirías seguiría seguiríamos seguiríais seguirían	**siga sigas siga sigamos sigáis sigan**	siguiera siguieras siguiera siguiéramos siguierais siguieran	sigue (no **sigas**) **siga** seguid (no **sigáis**) **sigan**
tocar *to play, touch* **c → qu before e** tocando tocado	toco tocas toca tocamos tocáis tocan	tocaba tocabas tocaba tocábamos tocabais tocaban	**toqué** tocaste tocó tocamos tocasteis tocaron	tocaré tocarás tocará tocaremos tocaréis tocarán	tocaría tocarías tocaría tocaríamos tocaríais tocarían	**toque toques toque toquemos toquéis toquen**	tocara tocaras tocara tocáramos tocarais tocaran	toca (no **toques**) **toque** tocad (no **toquéis**) **toquen**

Appendix D   Irregular Verbs

Infinitive Present Participle Past Participle	Present Indicative	Imperfect	Preterite	Future	Conditional	Present Subjunctive	Past Subjunctive	Commands
andar to walk andando andado	ando andas anda andamos andáis andan	andaba andabas andaba andábamos andabais andaban	**anduve** **anduviste** **anduvo** **anduvimos** **anduvisteis** **anduvieron**	andaré andarás andará andaremos andaréis andarán	andaría andarías andaría andaríamos andaríais andarían	ande andes ande andemos andéis anden	**anduviera** **anduvieras** **anduviera** **anduviéramos** **anduvierais** **anduvieran**	anda (no andes) ande andad (no andéis) anden
*caer to fall **cayendo** **caído**	**caigo** caes cae caemos caéis caen	caía caías caía caíamos caíais caían	caí caíste **cayó** caímos caísteis **cayeron**	caeré caerás caeré caeremos caeréis caerán	caería caerías caería caeríamos caeríais caerían	**caiga** **caigas** **caiga** **caigamos** **caigáis** **caigan**	**cayera** **cayeras** **cayera** **cayéramos** **cayerais** **cayeran**	cae (**no caigas**) **caiga** caed (**no caigáis**) **caigan**
*dar to give dando dado	**doy** das da damos dais dan	daba dabas daba dábamos dabais daban	**di** **diste** **dio** dimos disteis dieron	daré darás dará daremos daréis darán	daría darías daría daríamos daríais darían	**dé** **des** **dé** **demos** **deis** **den**	diera dieras diera diéramos dierais dieran	da (no des) **dé** dad (**no deis**) den
*decir to say, tell **diciendo** **dicho**	**digo** **dices** **dice** decimos decís **dicen**	decía decías decía decíamos decíais decían	**dije** **dijiste** **dijo** **dijimos** **dijisteis** **dijeron**	**diré** **dirás** **dirá** **diremos** **diréis** **dirán**	**diría** **dirías** **diría** **diríamos** **diríais** **dirían**	**diga** **digas** **diga** **digamos** **digáis** **digan**	**dijera** **dijeras** **dijera** **dijéramos** **dijerais** **dijeran**	**di (no digas)** **diga** decid (**no digáis**) **digan**
*estar to be estando estado	**estoy** **estás** **está** estamos estáis **están**	estaba estabas estaba estábamos estabais estaban	**estuve** **estuviste** **estuvo** **estuvimos** **estuvisteis** **estuvieron**	estaré estarás estará estaremos estaréis estarán	estaría estarías estaría estaríamos estaríais estarían	**esté** **estés** **esté** **estemos** **estéis** **estén**	**estuviera** **estuvieras** **estuviera** **estuviéramos** **estuvierais** **estuvieran**	**está (no estés)** **esté** estad (**no estéis**) **estén**

*Verbs with irregular **yo** forms in the present indicative

Appendix D   Irregular Verbs (continued)

Infinitive / Present Participle / Past Participle	Present Indicative	Imperfect	Preterite	Future	Conditional	Present Subjunctive	Past Subjunctive	Commands
haber *to have* habiendo habido	he / has / ha [hay] / hemos / habéis / han	había / habías / había / habíamos / habíais / habían	hube / hubiste / hubo / hubimos / hubisteis / hubieron	habré / habrás / habrá / habremos / habréis / habrán	habría / habrías / habría / habríamos / habríais / habrían	haya / hayas / haya / hayamos / hayáis / hayan	hubiera / hubieras / hubiera / hubiéramos / hubierais / hubieran	
*hacer *to make, do* haciendo hecho	hago / haces / hace / hacemos / hacéis / hacen	hacía / hacías / hacía / hacíamos / hacíais / hacían	hice / hiciste / hizo / hicimos / hicisteis / hicieron	haré / harás / hará / haremos / haréis / harán	haría / harías / haría / haríamos / haríais / harían	haga / hagas / haga / hagamos / hagáis / hagan	hiciera / hicieras / hiciera / hiciéramos / hicierais / hicieran	haz (no hagas) / haga / haced (no hagáis) / hagan
ir *to go* yendo ido	voy / vas / va / vamos / vais / van	iba / ibas / iba / íbamos / ibais / iban	fui / fuiste / fue / fuimos / fuisteis / fueron	iré / irás / irá / iremos / iréis / irán	iría / irías / iría / iríamos / iríais / irían	vaya / vayas / vaya / vayamos / vayáis / vayan	fuera / fueras / fuera / fuéramos / fuerais / fueran	ve (no vayas) / vaya / id (no vayáis) / vayan
*oír *to hear* oyendo oído	oigo / oyes / oye / oímos / oís / oyen	oía / oías / oía / oíamos / oíais / oían	oí / oíste / oyó / oímos / oísteis / oyeron	oiré / oirás / oirá / oiremos / oiréis / oirán	oiría / oirías / oiría / oiríamos / oiríais / oirían	oiga / oigas / oiga / oigamos / oigáis / oigan	oyera / oyeras / oyera / oyéramos / oyerais / oyeran	oye (no oigas) / oiga / oíd (no oigáis) / oigan
poder (o → ue) *can, to be able* pudiendo podido	puedo / puedes / puede / podemos / podéis / pueden	podía / podías / podía / podíamos / podíais / podían	pude / pudiste / pudo / pudimos / pudisteis / pudieron	podré / podrás / podrá / podremos / podréis / podrán	podría / podrías / podría / podríamos / podríais / podrían	pueda / puedas / pueda / podamos / podáis / puedan	pudiera / pudieras / pudiera / pudiéramos / pudierais / pudieran	

*Verbs with irregular **yo** forms in the present indicative

Appendix D Irregular Verbs (continued)

Infinitive / Present Participle / Past Participle	Present Indicative	Imperfect	Preterite	Future	Conditional	Present Subjunctive	Past Subjunctive	Commands
*poner to place, put poniendo puesto	pongo pones pone ponemos ponéis ponen	ponía ponías ponía poníamos poníais ponían	puse pusiste puso pusimos pusisteis pusieron	pondré pondrás pondrá pondremos pondréis pondrán	pondría pondrías pondría pondríamos pondríais pondrían	ponga pongas ponga pongamos pongáis pongan	pusiera pusieras pusiera pusiéramos pusierais pusieran	pon (no pongas) ponga poned (no pongáis) pongan
querer (e → ie) to want, wish queriendo querido	quiero quieres quiere queremos queréis quieren	quería querías quería queríamos queríais querían	quise quisiste quiso quisimos quisisteis quisieron	querré querrás querrá querremos querréis querrán	querría querrías querría querríamos querríais querrían	quiera quieras quiera queramos queráis quieran	quisiera quisieras quisiera quisiéramos quisierais quisieran	quiere (no quieras) quiera quered (no queráis) quieran
reír to laugh riendo reído	río ríes ríe reímos reís ríen	reía reías reía reíamos reíais reían	reí reíste rio reímos reísteis rieron	reiré reirás reirá reiremos reiréis reirán	reiría reirías reiría reiríamos reiríais reirían	ría rías ría riamos riáis rían	riera rieras riera riéramos rierais rieran	ríe (no rías) ría reíd (no riáis) rían
*saber to know sabiendo sabido	sé sabes sabe sabemos sabéis saben	sabía sabías sabía sabíamos sabíais sabían	supe supiste supo supimos supisteis supieron	sabré sabrás sabrá sabremos sabréis sabrán	sabría sabrías sabría sabríamos sabríais sabrían	sepa sepas sepa sepamos sepáis sepan	supiera supieras supiera supiéramos supierais supieran	sabe (no sepas) sepa sabed (no sepáis) sepan
*salir to go cut saliendo salido	salgo sales sale salimos salís salen	salía salías salía salíamos salíais salían	salí saliste salió salimos salisteis salieron	saldré saldrás saldrá saldremos saldréis saldrán	saldría saldrías saldría saldríamos saldríais saldrían	salga salgas salga salgamos salgáis salgan	saliera salieras saliera saliéramos salierais salieran	sal (no salgas) salga salid (no salgáis) salgan

*Verbs with irregular **yo** forms in the present indicative

Appendix D   Irregular Verbs (continued)

Infinitive Present Participle Past Participle	Present Indicative	Imperfect	Preterite	Future	Conditional	Present Subjunctive	Past Subjunctive	Commands
ser *to be* siendo sido	soy eres es somos sois son	era eras era éramos erais eran	fui fuiste fue fuimos fuisteis fueron	seré serás será seremos seréis serán	sería serías sería seríamos seríais serían	sea seas sea seamos seáis sean	fuera fueras fuera fuéramos fuerais fueran	sé (no seas) sea sed (no seáis) sean
*tener *to have* teniendo tenido	tengo tienes tiene tenemos tenéis tienen	tenía tenías tenía teníamos teníais tenían	tuve tuviste tuvo tuvimos tuvisteis tuvieron	tendré tendrás tendrá tendremos tendréis tendrán	tendría tendrías tendría tendríamos tendríais tendrían	tenga tengas tenga tengamos tengáis tengan	tuviera tuvieras tuviera tuviéramos tuvierais tuvieran	ten (no tengas) tenga tened (no tengáis) tengan
traer *to bring* trayendo traído	traigo traes trae traemos traéis traen	traía traías traía traíamos traíais traían	traje trajiste trajo trajimos trajisteis trajeron	traeré traerás traerá traeremos traeréis traerán	traería traerías traería traeríamos traeríais traerían	traiga traigas traiga traigamos traigáis traigan	trajera trajeras trajera trajéramos trajerais trajeran	trae (no traigas) traiga traed (no traigáis) traigan
*venir *to come* viniendo venido	vengo vienes viene venimos venís vienen	venía venías venía veníamos veníais venían	vine viniste vino vinimos vinisteis vinieron	vendré vendrás vendrá vendremos vendréis vendrán	vendría vendrías vendría vendríamos vendríais vendrían	venga vengas venga vengamos vengáis vengan	viniera vinieras viniera viniéramos vinierais vinieran	ven (no vengas) venga venid (no vengáis) vengan
ver *to see* viendo visto	veo ves ve vemos veis ven	veía veías veía veíamos veíais veían	vi viste vio vimos visteis vieron	veré verás verá veremos veréis verán	vería verías vería veríamos veríais verían	vea veas vea veamos veáis vean	viera vieras viera viéramos vierais vieran	ve (no veas) vea ved (no veáis) vean

*Verbs with irregular **yo** forms in the present indicative

Capítulo 1

Paso 1

En la sala de clase

la sala	the classroom
un reloj	a clock
la pizarra	the chalkboard
un borrador	an eraser
una tiza	a piece of chalk
un diccionario	a dictionary
un libro	a book
un bolígrafo	a pen
una mesa	a desk, table
una silla	a chair
la profesora	(female) teacher
un estudiante	a (male) student
una estudiante	a (female) student
una puerta	a door
un calendario	a calendar
una computadora	a computer
una mochila	a bookbag/pack
un disco compacto	a CD (compact disc)
un cartel	a poster
un mapa	a map
una ventana	a window
una grabadora	a tape recorder
un casete	a cassette
un cuaderno	a notebook
una hoja de papel	a sheet of paper
un pupitre	a student desk
un lápiz	a pencil
una computadora	a computer
una impresora	a printer

Expresiones para la clase de español

Abran el libro.	Open your book.
Cierren el libro.	Close your book.
Repitan.	Repeat.
Contesten en español.	Answer in Spanish.
Escuchen.	Listen.
Lean la explicación en la página 4 (cuatro).	Read the explanation on page 4.
Escriban el ejercicio B en la página 5 (cinco).	Write out exercise B on page 5.
¿Comprenden?	Do you understand?
¿Hay preguntas?	Are there any questions?
Vayan a la pizarra.	Go to the board.
Pregúntenle a su compañero(a)...	Ask your classmate.
Trabajen con un(a) compañero(a).	Work with a classmate.

El primer día de clases

¡Hola!	Hi!
Soy Chris Donahue.	I'm Chris Donahue.
Me llamo María Oramas	My name is María Oramas.
Perdón, profesora.	Pardon me (I'm sorry), professor.
No pasa nada.	No problem.
Con permiso.	Excuse me.

Cómo hablar con tu profesor(a)

Más despacio, por favor.	Slow down, please.
Tengo una pregunta.	I have a question.
Repita, por favor.	Please repeat/say that again.
¿En qué página estamos?	What page are we on?
¿Qué dijo Ud.?	What did you say?
Sí.	Yes.
No.	No.
No comprendo.	I don't understand.
No sé.	I don't know.
¿Cómo se dice... ?	How do you say . . . ?
¿Qué quiere decir... ?	What does . . . mean?
Gracias.	Thank you.
De nada.	You're welcome.

Cómo hablar con tus compañeros de clase

Hola. Soy Chris Donahue.	Hi. I'm Chris Donahue.
Me llamo María Oramas	My name is María Oramas.
Mucho gusto, María.	Nice to meet you, María.
Igualmente.	Same here (Likewise).
¿Tienes compañero?	Do you have a partner?
Todavía no.	Not yet.
Sí, ya tengo. Gracias de todas formas.	Yes, I do. Thanks anyway.
¿Quieres trabajar conmigo? con nosotros	Do you want to work with me? with us
¡Sí, cómo no!	Sure, of course.
¿Quién empieza?	Who is going to start?
Empieza tú.	You start.
Empiezo yo.	I'll start.
¿A quién le toca?	Whose turn is it?
Te toca a ti.	It's your turn.
Me toca a mí.	It's my turn.

Paso 2

Para conocer a los compañeros de clase

Hola. Soy Franciso Martín.	Hi. I'm Franciso Martin.
¿Cómo te llamas?	What's your name?
Me llamo Elena Suárez Lagos.	I'm Elena Suarez Lagos.
Mucho gusto.	Nice to meet you.
Igualmente.	Likewise/same here.

Para continuar la conversación con tus compañeros de clase

¿De dónde eres?	Where are you from?
Soy de Acapulco.	I'm from Acapulco.
Nací en México.	I was born in Mexico.
Vivo en Springfield, Illinois, desde hace cinco años.	I've been living in Springfield, Illinois, for five years.
¿Dónde vives?	Where do you live?
Vivo en la calle Azalea. los apartamentos Greenbriar. la residencia Capstone.	I live on Azalea Street. at Greenbriar Apartments. in Capstone Hall.
Eres estudiante aquí, ¿verdad?	You're a student here, aren't you?
Sí, estoy en mi primer año de estudios.	Yes, I'm a freshman/in my first year.
segundo	a sophomore/in my second year
tercer	a junior/in my third year
cuarto	a senior/in my fourth year

Para conocer a los profesores

Me llamo Carmen Acosta. ¿Cómo se llama usted?	My name is Carmen Acosta. What's your name?
Soy Rafael Díaz.	I'm Rafael Diaz.
Encantada (Encantado).	Nice to meet you.
Mucho gusto.	Nice to meet you.

Para continuar la conversación con tu profesor(a)

¿De dónde es usted?	Where are you from?
Soy de España.	I'm from Spain.
Nací en Cuba.	I was born in Cuba.
¿Cuánto tiempo hace que vive aquí?	Have you been living here a long time?
trabaja	working
Muchos años.	Many years.
Solamente unos meses.	Only a few months.

Más datos personales

¿Cuál es tu nombre completo?	What is your full name?
Me llamo Katya Rosati Soto.	I'm Katya Rosati Soto.
¿Cómo se escribe tu nombre de pila?	How do you spell/write your first name?
apellido	last name
Se escribe Ka-a-te-i griega-a.	You spell it K-a-t-y-a.
¿Cuál es tu dirección?	What is your address?
Vivo en la calle Azalea, número 358.	I live at 358 Azalea Street.
los apartamentos Greenbriar, número 6-B	Greenbriar Apartments, number 6-B
la residencia Capstone, número 162	Capstone Hall, number 162
¿Cuál es tu número de teléfono?	What is your telephone number?
Es el 7-54-26-08 (siete, cincuenta y cuatro, veintiséis, cero, ocho).	It's 754-2608.

Paso 3

Cómo saludar a los compañeros

Hola. ¿Cómo estás?	Hi. How are you?
¿Qué tal?	How are you doing?
Muy bien, gracias. ¿Y tú?	Very well, thanks. And you?
Estupendo.	Great.
Así, así.	Okay./So-so.
Adiós. Hasta pronto.	Good-bye. See you soon.
Chao.	See you. / Bye.
Nos vemos.	See you.
Hasta luego.	See you later.

Cómo saludar a los profesores

Buenos días, profesor/profesora. ¿Cómo está usted?	Good morning, professor. How are you?
Buenas tardes	Good afternoon
Buenas noches	Good evening
Estoy bastante bien.	I'm quite well.
un poco cansado	a little tired
Adiós. Hasta mañana.	Good-bye. See you tomorrow.
Hasta pronto.	See you soon.

Cómo espresar algunos estados físicos y emocionales

¿Cómo estás? (familiar)	How are you? (familiar)
¿Cómo está Ud.? (formal)	How are you? (formal)
Estoy...	I'm . . .
enfermo/enferma	sick/ill
contento/contenta	happy
ocupado/ocupada	busy
preocupado/preocupada	worried
enojado/enojada	angry/mad
nervioso/nerviosa	nervous
cansado/cansada	tired
triste	sad
de buen humor	in a good mood
de mal humor	in a bad mood

Capítulo 2

Paso 1

Presentando a la familia y a los amigos

¿Cómo es tu familia?	What's your family like?
¿Cuántos son Uds.?	How many are in your family?
Tengo una familia grande.	I have a large family.
de tamaño mediano	medium-sized
pequeña	small
Somos cinco en mi familia.	There are five in my family.
Tengo dos hermanos.	I have two siblings.
muchos amigos	many friends
Mi tía Felicia vive con nosotros también.	My Aunt Felicia lives with us, too.

Éste es mi papá. Se llama Arturo.	This is my dad. His name is Arturo.
Ésta es mi mamá. Se llama Beatriz.	This is my mom. Her name is Beatriz.
Ésta es mi tía Felicia, la hermana de mi papá.	This is my Aunt Felicia, my dad's sister.
Éste es mi hermano mayor, Carlos. Tiene veinte años.	This is my older brother, Carlos. He's twenty years old.
Ésta es mi hermana menor, Elisa. Tiene diez años.	This is my younger sister, Elisa. She's ten.
Éstos son mis buenos amigos Marcos y Sara.	These are my good friends Marcos and Sara.
Ésta soy yo. Tengo diecisiete años.	This is me. I'm seventeen.

Otros familiares

los abuelos	grandparents
el abuelo	grandfather
la abuela	grandmother
los padres	parents
el padre	father
la madre	mother
los esposos	husband and wife
el esposo	husband
la esposa	wife
los hijos	children
el hijo	son
la hija	daughter
los gemelos	twins

Otros amigos

los novios	engaged couple
el novio	boyfriend/fiancé
la novia	girlfriend/fiancée
unos (buenos) amigos	some (good) friends
un (buen) amigo	a (good) friend (m.)
una (buena) amiga	a (good) friend (f.)
los vecinos	the neighbors
el vecino	the (male) neighbor
la vecina	the (female) neighbor
mis compañeros de clase	my classmates
mi compañero de clase	my (male) classmate
mi compañera de clase	my (female) classmate

Paso 2

¿Qué te gusta hacer en tu tiempo libre?

Me gusta...	I like to . . .
practicar deportes	play sports
el fútbol americano	football
el básquetbol	basketball
el tenis	tennis
mirar la televisión	watch TV
vídeos de películas	movie videos
partidos de fútbol	soccer matches
escuchar la radio	listen to the radio
la música clásica	classical music
la música rock	rock music
navegar el Internet y leer novelas	surf the Internet and read novels
revistas	magazines
periódicos	newspapers

Otros pasatiempos

correr en el parque (por el vecindario, por el campus)	run in the park (around the neighborhood, around campus)
ir al cine (a fiestas, de compras)	go to the movies (to parties, shopping)
pasar tiempo con los amigos (la familia, mi novio[a])	spend time with my friends (my family, my boyfriend/ girlfriend)
bailar	dance

Paso 3

Los estudios

¿Cómo es la vida en la universidad?	What's university life like?
¿Cómo es un día normal?	What's a normal day like?
tomar	to take
Tomo cuatro (tres, cinco) asignaturas este semestre.	I'm taking four (three, five) courses this semester.
asistir	to attend
Asisto a clases por la mañana (por la tarde, por la noche).	I attend class in the morning (in the afternoon/in the evening, at night)
aprender	to learn
Aprendo muchas cosas nuevas (mucho, poco) en clase.	I learn a lot of new things (a lot, little) in class.
comprender	to understand
Comprendo un poco (mucho).	I understand a little (a lot)
estudiar	to study
Estudio en la biblioteca (en mi cuarto).	I study in the library (in my room).
Deber (+ infinitive)	should/ought to (+ infinitive)
Debo estudiar más (menos, todos los días).	I should study more (less, every day).
escribir	to write
Escribo muchas composiciones (muchas cartas).	I write a lot of compositions (a lot of letters).

La vida diaria

vivir	to live
Vivo en el campus (cerca de la universidad, lejos de la universidad).	I live on campus (near the university, far from the university).
comer	to eat
Como en la cafetería (en casa, en restaurantes de comida rápida).	I eat in the cafeteria (at home, in fast-food restaurants).
trabajar	to work
Trabajo en una tienda (en un supermercado, en un hospital, en una oficina).	I work in a store, in a hospital, in an office).
regresar	to return/come back
Regreso a casa tarde (temprano).	I return home late (early).
hablar	to talk/speak
Hablo con mis amigos antes de clase (después de clase).	I talk with my friends before class (after class).
limpiar	to clean
Limpio la casa todas las semanas (con frecuencia, a veces).	I clean my house every week, at times).

Capítulo 3

Paso 1

¿Adónde vas para las vacaciones este año?
¿Qué vas a hacer?

Pienso ir a la playa.	I plan on going to the beach.
Voy a tomar el sol y pasear en barco de vela.	I'm going to sunbathe and go sailing.
Quiero ir a las montañas.	I want to go to the mountains.
Voy a hacer excursiones y acampar.	I'm going to go hiking and camping.
Voy al campo.	I'm going to the country(side).
Voy a cazar y pescar.	I'm going hunt und fish.
Me gustaría hacer un viaje al extranjero.	I'd like to take a trip abroad.
Voy a visitar los museos, ir al teatro y salir a comer.	I'm going to visit museums, go to the theater, and go out to eat.

No voy a ninguna parte.	I'm not going anywhere.
Pienso quedarme en casa.	I plan to stay home.
Voy a descansar.	I'm going to rest.

Otras activitdades

bailar en una discoteca	to dance in a discoteque
ir al parque zoológico	to go to the zoo
ir al acuario	to go to the aquarium
hacer un crucero	to take a cruise
bucear	to go scuba-diving
hacer jet ski	to go jet skiing

Paso 2

Cómo decir la hora

¿Qué hora es?	What time is it?
Perdón, ¿podría decirme la hora?	Excuse me, could you tell me the time?
Es mediodía.	It's noon.
Es la una.	It's one o'clock.
Es la una y media.	It's one thirty.
Son las dos.	It's two o'clock.
Son las dos y cuarto.	It's two fifteen.
Son las cinco.	It's five o'clock.
Son las ocho menos veinte.	It's twenty till eight.
Es medianoche.	It's midnight.

Cómo hablar de horarios

¿A qué hora llega el tren?	What time does the train arrive?
el vuelo	the flight
Llega a la una y diez.	It arrives at ten after one.
¿A qué hora sale el tour?	What time does the tour leave?
la excursión	the excursion
Sale a las tres.	It leaves at three o'clock.
¿A qué hora se abre el banco?	What time does the bank open?
el museo	the museum
Se abre a las nueve y media.	It opens at nine thirty.
¿A qué hora se cierra el restaurante?	What time does the restaurant close?
el café	the café
Se cierra a las once y media.	It closes at eleven thirty.

En la agencia de viajes

El/La agente de viajes	travel agent
El/La turista	tourist
¿En qué puedo servirle?	How may I help you?
Quisiera ir a México.	I want to go to Mexico.
hacer un viaje a Oaxaca	to make a trip to Oaxaca
¿Cómo prefiere viajar?	How do you prefer to travel?
Prefiero viajar por avión.	I prefer to travel by plane.
en tren	by train
¿Qué días hay vuelos?	What days are the flights?
excursiones	excursions
Hay vuelos todos los días.	There are flights every day.
los lunes y miércoles	Mondays and Wednesdays
¿Qué día piensa salir?	What day do you plan on leaving?
volver	returning
Pienso salir el dos de abril.	I plan to leave April 2.
volver	to return
¿Prefiere un billete de ida o de ida y vuelta?	Do you want a one-way or a round-trip ticket?
Quiero un billete de ida.	I want a one-way ticket.
un billete de ida y vuelta	a round-trip ticket
¿Cuánto es?	How much is it?
cuesta	does it cost
El billete de ida cuesta tres mil pesos y el billete de ida y vuelta cuesta seis mil pesos.	The one-way ticket costs 3000 pesos and the round-trip ticket costs 6000 pesos.
¿Cómo quiere pagar?	How do you want to pay?
¿Aceptan tarjetas de crédito?	Do you take credit cards?
cheques de viajero	traveler's checks
Sí. También aceptamos dinero en efectivo, por supuesto.	Yes. We also take cash, of course.

Paso 3

Los números de 100 a 10.500.000

¿Cuánto cuesta la excursión?	*How much does the excursion cost?*
el tour	*the tour*
una habitación doble	*a double room*
Quince mil (15.000) pesos.	*Fifteen thousand pesos.*
100 cien	*one hundred*
101 ciento uno	*one hundred one*
200 doscientos	*two hundred*
300 trescientos	*three hundred*
400 cuatrocientos	*four hundred*
500 quinientos	*five hundred*
600 seiscientos	*six hundred*
700 setecientos	*seven hundred*
800 ochocientos	*eight hundred*
900 novecientos	*nine hundred*
1.000 mil	*one thousand*
5.000 cinco mil	*five thousand*
10.000 diez mil	*ten thousand*
100.000 cien mil	*one hundred thousand*
750.000 setecientos cincuenta mil	*seven hundred fifty thousand*
1.000.000 un millón	*one million*
2.000.000 dos millones	*two million*
10.500.000 diez millones quinientos	*ten million five hundred thousand*

Para conseguir una habitación

¿En qué puedo servirle?	*How may I help you?*
Quiero hacer una reservación.	*I want to make a reservation.*
Quisiera una habitación.	*I would like a room.*
¿Para cuántas personas?	*For how many people?*
Para dos.	*For two.*
¿Para cuándo?	*For when?*
Para el ocho de abril.	*For April 8.*
¿Por cuántos días?	*For how many days?*
Por tres días.	*For three days.*
¿Qué clase de habitación quiere?	*What kind of room do you want?*
Quiero una habitación sencilla.	*I want a single room.*
doble	*double (room)*
con dos camas	*a room with two beds*

Para preguntar sobre la habitación

¿Tiene baño privado?	*Does it have a private bathroom?*
baño completo	*full bath*
agua caliente	*hot water*
ducha	*shower*
Sí, señor(a).	*Yes, sir (ma'am).*
¿A qué hora podemos ocupar el cuarto?	*What time can we check in?*
tenemos que desocupar el cuarto	*do we have to check out*
Pueden ocupar el cuarto a las 12:00.	*You can check in at 12:00.*
Tienen que desocupar el cuarto	*You have to check out*
¿En qué piso está mi habitación?	*What floor is my room on?*
la piscina	*the swimming pool*
el gimnasio	*the gym*
Está en el primer piso.	*It's on the first floor.*
segundo	*second*
tercer	*third*
cuarto	*fourth*
quinto	*fifth*
La llave, por favor.	*The key, please.*
La cuenta	*The bill*
Aquí la tiene.	*Here it is.*

Capítulo 4

Paso 1

Mis parientes

Yo soy Arturo Martínez, y ésta es mi familia.	*I'm Arturno Martinez and this is my family.*
Mi esposa se llama Beatriz.	*My wife's name is Beatriz.*
Tenemos tres hijos: Carlos es el mayor, Elisa es la menor y Dulce es la del medio.	*We have three children: Carlos is the eldest, Elisa is the youngest, and Dulce is in the middle.*
Mi hermana Felicia es soltera.	*My sister Felicia is single.*
Mi hermano Enrique está casado y tiene dos hijos, Claudia y Felipe.	*My brother Enrique is married and has two children, Claudia and Felipe.*
Mi cuñada se llama Ginette.	*My sister-in-law is Ginette.*
Mi sobrina Claudia ya está casada y tiene una hija.	*My niece Claudia is already married and has a daughter.*

Otros familiares

el abuelo/la abuela	*grandfather/grandmother*
el nieto/la nieta	*grandson/granddaughter*
el tío/la tía	*uncle/aunt*
el primo/la prima	*cousin*
el sobrino/la sobrina	*nephew/niece*
el padrastro/la madrastra	*step-father/step-mother*
el hermanastro/la hermanastra	*step-brother/step-sister*
el medio hermano/la media hermana	*half brother/half sister*
el padrino/la madrina	*godfather/godmother*
el suegro/la suegra	*father-in-law/mother-in-law*
el cuñado/la cuñada	*brother-in-law/sister-in-law*

Los animales domésticos

Tenemos varios animales domésticos.	*We have several pets.*
un perro	*a dog*
un gato	*a cat*
unos pájaros	*some birds*
unos peces tropicales	*some tropical fish*
un hámster	*a hamster*

¿Cómo es Gregorio?

Gregorio es alto y delgado.	*Gregorio is tall and thin.*
Tiene el pelo corto y castaño.	*He has short brown hair.*
Tiene los ojos verdes.	*He has green eyes.*
Es simpático e inteligente.	*He is friendly and intelligent.*

¿y la tía Felicia?

Tía Felicia es de estatura mediana. Es gordita.	*Aunt Felicia is of medium height. She is a little plump.*
Tiene el pelo canoso y los ojos castaños.	*She has gray hair and brown eyes.*
Lleva anteojos.	*She wears glasses.*
Es generosa y extrovertida.	*She is generous and outgoing.*

Rasgos físicos

Es alto/alta.	*He/She is tall.*
bajo/baja	*short*
de estatura mediana	*of medium height*
delgado/delgada	*thin/slender*
gordo/gorda	*plump*
joven	*young*
viejo/vieja; mayor	*old; older*
guapo/guapa; bonita	*handsome; pretty*
feo/fea	*ugly*
calvo/calva	*bald*
Tiene barba.	*He has a beard.*
bigote	*moustache*
Lleva gafas/anteojos.	*He/She wears glasses.*
Tiene el pelo negro.	*He/She has black hair.*
rubio	*blond*

castaño	*brown*
rojo	*red*
canoso	*gray*
largo	*long*
corto	*short*
Tiene los ojos verdes.	*He/She has green eyes.*
azules	*blue*
negros	*black*
castaños	*brown*
color miel	*hazel*

La personalidad y el carácter

Es simpático/simpática.	*He/She is nice (friendly).*
antipático/antipática	*disagreeable, unpleasant*
tímido/tímida	*timid, shy*
extrovertido/extrovertida	*outgoing*
amable	*kind*
educado/educada	*polite*
mal educado/mal educada	*rude*
cariñoso/cariñosa	*warm, affectionate*
agradable	*pleasant*
pesado/pesada	*tiresome, annoying*
serio/seria	*serious*
divertido/divertida	*fun (to be with), funny*
bueno/buena	*good*
malo/mala	*bad*
perezoso/perezosa	*lazy*
trabajador/trabajadora	*hardworking*
optimista	*optimistic*
pesimista	*pessimistic*

Los cuartos y los muebles

Acabo de mudarme a una nueva casa.	*I have just moved into a new house.*
aquilar	*rented*
comprar	*bought*
Tiene dos pisos.	*It has two stories.*
cinco cuartos	*five rooms*
En la planta baja, hay una cocina.	*On the ground floor, there is a kitchen.*
un comedor	*a dining room*
una sala	*a living room*
En el primer piso, hay un dormitorio grande.	*On the second floor, there is a large bedroom.*
un baño	*a bathroom*
un dormitorio	*a bedroom*
un baño	*a bathroom*
una sala	*a living room*
una cocina	*a kitchen*
un comedor	*a dining room*
una estufa	*a stove*
una nevera / un refrigerador	*a refrigerator*
un fregadero	*a sink*
un sofá	*a sofa*
un sillón	*an easy chair*
una mesita	*a coffee table*
una alfombra	*a rug*
un estante	*a bookshelf*
un televisor	*a television set*
un cuadro	*a picture*
una mesa	*a table*
unas sillas	*some chairs*
una cama	*a bed*
una lámpara	*a lamp*
una cómoda	*a chest of drawers*
una mesita de noche	*a nightstand*
un lavabo	*a sink*
un inodoro	*a toilet*
una bañera / tina	*a bathtub*
una ducha	*a shower*

Cómo describir las características y condiciones de una casa

Mi casa es nueva.	*My house is new.*
vieja	*old*
cara	*expensive*
barata	*inexpensive*
grande	*big*
de tamaño mediano	*medium-sized*
pequeña	*small*
moderna	*modern*
tradicional	*traditional*
Mi casa está amueblada.	*My house is furnished.*
en buenas condiciones	*in good condition*
en malas condiciones	*in bad condition*
El baño está ordenado.	*The bathroom is neat/tidy.*
desordenado	*messy*
limpio	*clean*
sucio	*dirty*
La mesita está rota.	*The end table is broken.*
El refrigerador está descompuesto.	*The refrigerator is out of order/broken.*

Para indicar relaciones espaciales
¿Dónde está el gato?

Está...	*It is . . .*
en el medio de la cama	*in the middle of the bed*
en la gaveta de la cómoda	*in the dresser drawer*
debajo de la cama	*under the bed*
entre los libros	*between the books*
debajo de la lámpara	*under the lamp*
en las cortinas, a la izquierda del estante	*on the curtains, to the left of the bookshelf*
a la derecha del estante	*to the right of the bookshelf*
delante del clóset	*in front of the closet*
al lado de la computadora	*beside the computer*
en la mochila	*in the backpack*

Paso 3

Los quehaceres domésticos

Normalmente papá cocina la cena.	*Normally, dad cooks dinner.*
el desayuno	*breakfast*
el almuerzo	*lunch*
Mi hermana siempre lava los platos.	*My sister always washes the plates.*
la ropa	*the clothes*
Mi hermanito nunca quiere poner la mesa.	*My little brother never wants to set the table.*
hacer la cama	*make the bed*
A veces mamá tiene que limpiar el garaje.	*Sometimes mom has to clean the garage.*
cortar el césped	*cut the grass*
Yo limpio el polvo de los muebles.	*I dust the furniture.*
También, doy de comer al perro.	*Also, I feed the dog.*

Nuestra rutina

Durante la semana, todos salimos de casa temprano.	*During the week, we all leave the house early.*
tarde	*late*
Pasamos el día en clase.	*We spend the day in class.*
en el trabajo	*at work*
en la oficina	*in the office*
Mis hermanos y yo regresamos a casa antes que mis padres.	*My brothers and sisters and I come home before my parents do.*
después que mis padres	*after my parents do*
Los fines de semana mis hermanos y yo dormimos hasta tarde.	*On weekends, my brothers and sisters and I sleep late.*
hasta las once	*until eleven*
Los sábados, papá trae trabajo a casa y mamá limpia la casa.	*On Saturdays, dad brings work home and mom cleans the house.*

Capítulo 5

Paso 1

El desayuno

Me gusta(n)...	I like . . .
el jugo de naranja	orange juice
el pan tostado	toast
la mantequilla / la margarina	butter/margarine
los huevos (revueltos)	(scrambled) eggs
el cereal	cereal
la mermelada	marmalade/jam
un vaso de leche	a glass of milk
una taza de café con leche y azúcar	a cup of coffee with cream and sugar

El almuerzo

Como / bebo...	I eat/drink . . .
el pollo asado	roasted chicken
una papa / una patata al horno	a baked potato
una copa de vino	a glass of wine
una cerveza	a beer
el maíz	corn
el brócoli	broccoli
las chuletas de cerdo	pork chops
los mariscos	seafood
los camarones	shrimp
la torta	cake

La merienda

Prefiero...	I prefer . . .
una hamburguesa	a hamburger
un sándwich de jamón y queso	a ham and cheese sandwich
una taza de chocolate	a cup of hot chocolate
una taza de té	a cup of tea
las galletas	crackers/cookies
los churros	fritters
el helado	ice cream
una tortilla	an omelet
un vaso de té frío	a glass of iced tea
un refresco	a soft drink/soda/pop

La cena

Me gusta(n)...	I like . . .
la sopa	soup
la ensalada de lechuga y tomate con aderezo	lettuce and tomato salad with dressing
el arroz con frijoles	rice and beans
el flan	caramel custard
el biftec	steak
el panecillo	roll
el pescado a la parilla	grilled fish
unas papas fritas	french fries

En el restaurante

¡Camarero(a)!	Waiter!
Necesito un menú, por favor.	I need a menu, please.
Aquí lo tiene.	Here it is.
¿Cuál es el plato del día?	What is today's special?
Hoy tenemos paella.	Today we have paella.
¿Qué ingredientes tiene la paella?	What's in the paella?
Tiene el pollo, mariscos y arroz.	It has chicken, fish, and rice.
¿Qué me recomienda?	What do you recommend?
Le recomiendo el pollo asado.	I recommend baked chicken.

Para pedir la comida

¿Qué desea pedir?	What would you like to order?
De primer plato, quiero sopa de tomate.	For the first course, I want tomato soup.
De segundo, deseo biftec.	For the second course, I want steak.
Voy a probar el pescado frito.	I'm going to try the fried fish.
¿Y de postre?	And for dessert?
De postre, prefiero helado de chocolate.	For dessert, I prefer chocolate ice cream.
¿Qué desea para beber?	What would you like to drink?
Para beber, quisiera una copa de vino.	To drink, I would like a glass of wine.
¿Necesita algo más?	Do you need anything else?
Por favor, ¿podría traerme un tenedor?	Please, could you bring me a fork?
un cuchillo	a knife
una cuchara	a spoon
una cucharita	a teaspoon
una servilleta	a napkin
la sal	salt
la pimienta	pepper
unos cubitos de hielo	some ice cubes
Por favor, tráigame la cuenta.	Please, bring me the bill.
¡Cómo no!	Of course!
En seguida.	Right away.
¿Está incluida la propina en la cuenta?	Is the tip included in the bill?
No, no está incluida.	No, it's not included.

Paso 2

En el mercado

¿Qué desea Ud.?	What would you like? / How may I help you?
Necesito un kilo de manzanas.	I need a kilo of apples.
bananas / plátanos	bananas
peras	pears
fresas	strawberries
melocotones / duraznos	peaches
una piña	a pineapple
un melón	a melon
una sandía	a watermelon
¿Quiere Ud. algo más?	Would you like anything else?
Me puede dar una botella de agua mineral?	Can you give me a bottle of mineral water?
un paquete de azúcar	a packet of sugar
una bolsa de arroz	a bag of rice
un litro de leche	a liter of milk
un frasco de mayonesa	a jar of mayonnaise
una barra de pan	a loaf of bread
una docena de huevos	a dozen eggs
¿Algo más?	Anything more?
No gracias, eso es todo.	No thanks, that's all.
¿Cuánto le debo?	How much do I owe you?

Paso 3

La nutrición y la salud

Hay que comer una dieta balanceada.	We must (one must) eat a balanced diet.
una variedad de frutas y vegetales	a variety of fruits and vegetables
Es mejor consumir más fibra.	It's better to eat (take in) more fiber.
calcio	calcium
Es preferible consumir menos grasas.	It's preferable to consume less fat.
cafeína	caffeine
calorías	calories
En algunos casos, es aconsejable tomar vitaminas.	In some cases, it is advisable to take vitamins.
suplementos de minerales	mineral supplements
Es importante controlar el nivel de colesterol.	It is important to control one's cholesterol level.
la presión arterial	one's blood pressure

Capítulo 6

Paso 1

La vida de los estudiantes

Me despierto a las ocho.	I wake up at eight o'clock.
bastante temprano	quite early
Me levanto a las ocho y cuarto.	I get up at eight fifteen.
Me ducho y me visto rápidamente.	I shower and dress quickly.
Salgo de casa a las nueve menos cuarto.	I leave the house at a quarter to nine.

Durante el día

Por la mañana asisto a tres clases.	In the morning I attend three classes.
Mi primera clase empieza a las nueve.	My first class begins at nine o'clock.
Por la tarde tengo un laboratorio de química (biología, física) de dos a cuatro.	In the afternoon I have a chemistry (biology, physics) lab from two to four.
Mi última clase del día termina a las cinco y media.	My last class ends at five thirty.

Por la noche

Tengo que estudiar por dos o tres horas todas las noches.	I have to study for two or three hours every night.
No tengo mucho tiempo para divertirme con mis amigos.	I don't have much time to have fun with my friends.
Me acuesto bastante tarde (después de la medianoche, a las dos de la madrugada).	I go to bed pretty late (after midnight, at two in the morning).

Cómo expresar una serie

Primero, tengo mi clase de cálculo.	First, I have my calculus class.
Luego, tengo la clase de historia.	Next, I have history class.
Después, asisto a la clase de antropología.	Afterwards, I attend my anthropology class.
Más tarde, tengo un laboratorio de geología.	Later, I have a geology lab.

Cómo expresar la hora

Por la mañana, debo ir a clases.	In the morning, I must go to class.
Por la tarde, necesito trabajar.	In the afternoon, I need to work.
Por la noche, tengo que estudiar.	At night, I have to study.
Empiezo a trabajar a las dos.	I begin work at two.
Trabajo de dos a cuatro.	I work from two to four.

Cómo expresar el orden.

Antes de trabajar, debo ir a clases.	Before work, I have to go to class.
Después de trabajar, tengo que estudiar.	After work, I have to study.
Mientras trabajo, escucho música.	While I work, I listed to music.

Paso 2

Las asignaturas

¿Qué clases tomas este semestre?	What classes are you taking this semester?
Este semestre tomo estadística, educación física, español e inglés.	This semester I am taking statistics, physical education, Spanish, and Inglish.
¿Cuál es tu carrera?	What is your major?
Todavía no (lo) sé.	I don't know yet.

Estudio pedagogía.	I'm studying education.
periodismo	journalism
negocios/comercio	business
derecho	law
¿En qué año de estudios estás?	What year are you in?
Estoy en mi primer año de estudios.	I'm in my first (freshman) year of studies.
segundo año	second (sophomore) year
tercer año	third (junior) year
cuarto año	fourth (senior) year
¿Qué notas sacas?	What grades do you get?
Saco buenas notas.	I get good grades.
malas notas	bad grades
notas regulares	average grades
¿Cómo son tus clases?	What are your classes like?
Mi clase de informática es fácil.	My computer science class is easy.
economía	economics
difícil	difficult
psicología	psychology
aburrida	boring
interesante	interesting

Otras asignaturas
Lenguas

alemán	German
francés	French
italiano	Italian
japonés	Japanese
ruso	Russian

Humanidades y bellas artes

arte	art
cinematografía	cinematography
fotografía	photography
lingüística	linguistics
literatura	literature
música	music
teatro	theater

Ciencias sociales

antropología	anthropology
ciencas políticas	political science
geografía	geography
historia	history
psicología	psychology
sociología	sociology

Ciencias naturales

astonomía	astronomy
biología	biology
física	physics
geología	geology
química	chemistry

Matemáticas

álgebra	algebra
cálculo	calculus
trigonometría	trigonometry

Estudios profesionales

arquitectura	architecture
criminología	criminal justice
farmacia	pharmacy
ingeniería	engineering
turismo y hotelería	hotel, restaurants, and tourism
trabajo social	social work
medicina	medicine
veterinaria	veterinary science

Cómo pedir y dar opiniones

¿Qué piensas de tus clases este semestre?	What do you think of your classes this semester?
tus profesores	your professors
Me gusta mucho mi clase de ciencias marinas.	I like my marine science class very much.

Me encanta mi clase de historia del arte.	*I love my history of art class.*
Me interesa mucho la clase de teoría de la música.	*I am quite interested in my music theory class.*
Mi profesora de literatura europea es muy dinámica. organizada	*My European literature professor is very dinamic. well-organized*
Las conferencias de historia medieval son fascinantes. maravillosas	*The lectures in medieval history are fascinating.* *awesome*
Los exámenes de bioquímica son muy largos. difíciles	*The biochemistry exams are very long.* *difficult*
Mi profesor de microbiología es desorganizado. demasiado exigente quisquilloso pésimo	*My microbiology professor is disorganized.* *too demanding* *picky* *awful/terrible*

Paso 3

Cómo hablar del pasado: Expresiones temporales

¿Cuándo te graduaste de la escuela secundaria?	*When did you graduate from high school?*
Me gradué hace tres meses. hace dos años en 2001 (dos mil uno)	*I graduated three months ago. two years ago in 2001*
¿Cuándo entraste a la universidad?	*When did you enroll in the university?*
Entré en septiembre. el mes pasado el año pasado	*I enrolled in September. last month last year*
¿Cuándo conociste a tu nuevo(a) compañero(a) de cuarto?	*When did you meet your new roommate?*
Lo (la) conocí la semana pasada. ayer anoche anteayer el fin de semana pasado	*I met him (her) last week. yesterday last night the day before yesterday last weekend*

Capítulo 7

Paso 1

Las vacaciones y las preferencias

Me gusta visitar las ciudades grandes porque se puede pasear por las calles y ver cosas interesantes.	*I like to visit big cities because you can stroll through the streets and see interesting things.*
Me encanta ir las islas tropicales porque se puede hacer surfing y bucear por los arrecifes de coral.	*I love to go to tropical islands because you can surf and dive around the coral reefs.*
Prefiero ir al extranjero porque se puede visitar ruinas antiguas y probar la comida típica.	*I prefer to go abroad because you can visit ancient ruins and try the local food.*
Me encanta hacer ecoturismo porque se puede caminar por el bosque y descender por los ríos en balsa.	*I love ecotourism because you can walk through the forest and go down rivers in a raft.*

Otras actividades

ver exposiciones de arte	*see art exhibits*
ir al ballet y a la ópera	*go to the ballet and the opera*
jugar al golf y al tenis	*play golf and tennis*
hacer tablavela	*go surfing*
visitar los sitios históricos	*visit historic sites*
comprar artesanía en el mercado	*buy handicrafts in the market*
sacar fotos de animales exóticos	*take photographs of exotic animals*
escalar montañas	*climb mountains*

Paso 2

En el banco

Por favor, quisiera cambiar dólares a pesos.	*I'd like to change dollars for pesos, please.*
¿Tiene Ud. cheques de viajero o billetes?	*Do you have traveler's checks or cash/bills?*
Tengo cheques de viajero.	*I have traveler's checks.*
¿A cuánto está el cambio?	*What is the exchange rate?*
Está a nueve pesos el dólar para cheques de viajero.	*It is at nine pesos to the dollar for traveler's checks.*
¿Cuánto es la comisión?	*How much is the commission/ exchange fee?*
Es el uno por ciento.	*It's one percent.*
¿Me permite su pasaporte?	*May I have your passport?*
Aquí lo tiene.	*Here it is.*
Firme aquí... y pase a la caja.	*Sign here . . . and go to the cashier.*

En la oficina de correos

¿Cuánto cuesta mandar esta carta a los Estados Unidos? esta tarjeta postal este paquete este sobre	*How much does it cost to send this letter to the United States? this postcard this package this envelope*
Por correo aéreo, cuesta nueve pesos.	*For airmail, it costs nine pesos.*
Déme cinco estampillas de nueve pesos.	*Give me five nine-peso stamps.*
Aquí las tiene.	*Here they are.*

En la farmacia

Buenos días. ¿Qué desea?	*Good morning. How can I help you?*
Quiero unas aspirinas. unos antiácidos unas tiritas/unas curitas	*I want some aspirin. some antacids some bandaids*
¿Algo más?	*Anything else?*
No, gracias, eso es todo.	*No, thank you, that is all.*
Sí, ¿puede recomendarme algo para la diarrea? una quemadura de sol la tos	*Yes, can you recommend something for diarrhea? a sunburn a cough*
Pruebe estas pastillas. esta crema este jarabe	*Try these tablets. this cream this cough syrup*

Unas diligencias

Perdone, ¿hay un banco cerca de aquí? un correo una farmacia	*Excuse me, is there a bank around here? a post office a pharmacy*
Sí, el banco está en la esquina. el correo al final de esta calle la farmacia Cruz Blanca	*Yes, the bank is on the corner. the post office at the end of this street the Cruz Blanca Pharmacy*
¿Se puede ir a pie?	*Can you go on foot?*
No, está lejos de aquí.	*No, it's far from here.*
No se puede ir a pie. Hay que tomar el metro. el autobús nº 16 un taxi	*You can't go on foot. You have to take the subway. bus No. 16 a taxi*

Pidiendo direcciones

Oiga, ¿dónde está la parada de autobuses?	Say there, where is the bus stop?
el correo	the post office
el Museo de Arqueología	the Museum of Arqueology
la Iglesia de San Juan Bautista	The Church of St. John the Baptist
Está en la esquina.	It's on the corner.
enfrente del restaurante Luigi	in front of Luigi Restaurant
a tres cuadras de aquí	three blocks from here
en la segunda calle a la derecha	on the second street to the right
Por favor, ¿cómo se va al centro comercial?	How do you get to the business center, please?
a la Clínica de la Merced	to the Merced Clinic
a la oficina de turismo	to the tourism office
Vaya a la esquina.	Go to the corner.
Tome la Avenida de la Independencia.	Take Independence Avenue.
Siga derecho por cuatro cuadras.	Continue straight for four blocks.
Doble a la izquierda en la calle República.	Turn left on Republic Street.
Está allá mismo, a mano izquierda.	It's right there, on the left-hand side.

Paso 3
Las partes del cuerpo

la cabeza	head
los ojos	eyes
la nariz	nose
la boca	mouth
los dientes	teeth
la garganta	throat
el cuello	neck
el oído	inner ear
la oreja	outer ear
el hombro	shoulder
el brazo	arm
el codo	elbow
la muñeca	wrist
la mano	hand
los dedos	fingers
la pierna	leg
la rodilla	knee
el pie	foot
los dedos del pie	toes
el pecho	chest
los pulmones	lungs
el corazón	heart
el estómago	stomach
la espalda	back
el tobillo	ankle

Para indicar lo que te duele

¿Qué le pasa? (formal)	What's wrong?
¿Qué te pasa? (familiar)	
Me siento mal.	I feel bad.
peor	worse
mejor	better
Me duele el pecho.	My chest hurts.
Me duelen los pies.	My feet hurt.
Tengo dolor de cabeza.	I have a headache.
garganta	sore throat
estómago	stomachache
Me lastimé la espalda.	I hurt my back.
Me torcí el tobillo.	I twisted/sprained my ankle.

Los síntomas y los análisis

¿Qué tiene?	What do you have?
Tengo tos.	I have a cough.
fiebre	fever
náuseas	nausea

Estoy resfriado(a).	I have a cold.
mareado(a)	I'm dizzy/nauseated
Me corté el pie.	I cut my foot.
Me quemé la espalda el en sol.	My back is sunburned.
Tengo que sacarle unas radiografías.	I have to take some Xrays.
hacerle unos análisis de sangre	do some blood tests

El diagnóstico y los remedios

Ud. tiene la gripe	You have the flue.
un virus	a virus
una fractura	a fracture
una quemadura muy grave	a very serious burn
una infección	an infection
una intoxicación alimenticia	food poisoning
Voy a darle unos puntos.	I'm going to give you some stitches.
ponerle un yeso	put on a cast
ponerle una inyección	give you an injection/shot
Voy a recetarle estos antibióticos.	I'm going to prescribe some antibiotics.
este jarabe para la tos	this cough syrup
una crema	a cream/lotion
Le recomiendo que tome una pastilla cada cuatro horas.	I recommend that you take one pill every four hours.
dos aspirinas cuatro veces al día	two aspirins four times a day

Capítulo 8

Paso 1
¡A disfrutar del tiempo libre!
Para invitar y aceptar una invitación

¿Qué piensas hacer el sábado?	What are you thinking of doing Saturday?
No sé. ¿Quieres ir al cine?	I don't know. Do you want to go to the movies?
al teatro	the theater
al Museo de Arte Moderno	the Museum of Modern Art
a un concierto	a concert
¡Qué buena idea!	What a good idea!
¡Cómo no!	Sure. Why not!
¿Qué película dan?	What movie are they showing?
Dan la película Casablanca.	They are showing the film Casablanca.
¿Qué van a presentar?	What (play) are they presenting?
Van a presentar una obra de García Lorca.	They are going to present a play of Garcia Lorca.
¿Qué exhiben?	What is on exhibit?
Tienen una exposición de Miró.	They have an exhibition of Miró.
¿Quiénes van a tocar?	Who is going to play?
Va a tocar el conjunto Cusco.	The group Cusco is going to play.
¿A qué hora vamos?	What time shall we go?
empieza	does it begin
Vamos a las siete.	Let's go at seven.
Empieza	It begins
La primera función es a las ocho.	The first showing is at eight o'clock.
¿Dónde nos encontramos?	Where shall we meet?
Paso por tu casa a las siete y media.	I'll come by your house at seven thirty.
Te espero en el cine.	I'll wait for you at the movie theater.
el teatro	the theater

Para invitar y declinar una invitación

¿Por qué no jugamos a las cartas esta tarde?	Why don't we play cards this afternoon?
vamos de picnic	we go on a picnic
damos un paseo	we take a walk

Lo siento pero tengo que estudiar.	I'm sorry but I have to study.
No puedo porque estoy cansado(a).	I can't because I am tired.
no sé jugar a eso	I don't know how to play that
tengo otro compromiso	I have another engagement
Bueno, entonces, la próxima vez.	Well, maybe next time.

Un fin de semana divertido

¿Qué tal tu fin de semana?	How was your weekend?
Me divertí mucho.	I had a lot of fun.
muchísimo	a great time
Lo pasé bien.	I had a good time.
muy bien	a very good time
¿Adónde fuiste?	Where did you go?
Fui al campo con un(a) amigo(a).	I went to the country with a friend.
a un concierto	to a concert
al gimnasio	to the gym
a un festival	to a festival
¿Qué hiciste?	What did you do?
Mi amigo(a) y yo vimos una película muy divertida.	My friend and I saw a really funny movie.
escuchamos un conjunto fabuloso	listened to a great band
corrimos y levantamos pesas	ran and lifted weights
vimos mucha artesanía	saw a lot of arts and crafts
¡Qué bien!	How nice!

Un fin de semana regular

¿Cómo pasaste el fin de semana?	How did you spend the weekend?
No hice nada de particular.	I didn't do anything special.
Lo pasé así, así.	It was okay.
mal	awful
fatal	terrible
¿Qué pasó?	What happened?
Me enfermé y no pude salir.	I got sick and couldn't go out.
Tuve que quedarme en casa y terminar un trabajo.	I had to stay at home and finish up some work.
¡Qué lástima!	Too bad!

Paso 2

Las estaciones

¿Cuál es tu estación favorita?	Which is your favorite season?
Me encanta la primavera porque hace buen tiempo.	I love spring because the weather is nice.
el verano	summer
mucho sol	it's sunny
No me gusta mucho el invierno porque nieva constantemente.	I don't like winter much because it snows constantly.
el otoño	autumn
llueve	it rains

El tiempo

¿Qué tiempo hace hoy?	What's the weather like today?
Hace buen tiempo. Hace mucho sol y calor.	It's good weather. It's very hot and sunny.
El día está pésimo. Está lloviendo fuerte.	It's awful out. It's raining hard.
Hace mucho frío. Está nevando.	It's very cold. It's snowing.
Hace mucho viento. Hace fresco y va a llover.	It's very windy. It's cool and is going to rain.

Otras expresiones de tiempo

Hace fresco.	It's cool.
(mucho) calor	(very) hot
(mucho) frío	(very) cold
(mucho) viento	(very) windy
(muy) buen tiempo	(very) nice out
(muy) mal tiempo	(very) bad out
Está lloviendo.	It's raining.
nevando	snowing
despejado	clear
nublado	cloudy
El día está pésimo.	It's an awful day.
fatal	terrible
¿Cuál es la temperatura?	What is the temperature?
Está a veinte grados.	It is twenty degrees.
¿Cuál es el pronóstico para mañana?	What's the forecast for tomorrow?
Va a llover.	It's going to rain.
hacer buen tiempo	to be nice (weather)
nevar	to snow
haber una tormenta	to storm

Los días festivos y las celebraciones

¿Cómo celebras el Día de la Independencia?	How do you celebrate Independence Day?
el Día de Acción de Gracias	Thanksgiving Day
tu cumpleaños	your birthday
Para el Día de la Independencia, vamos a ver un desfile en mi pueblo.	For Independence Day, we go see a parade in my town.
De niño(a), me gustaba ver los fuegos artificiales.	As a child, I liked to see the fireworks.
Para el Día de Acción de Gracias, toda la familia se reúne en mi casa y comemos pavo.	For Thanksgiving, the whole family gets together in my house and we eat turkey.
De niño(a), me gustaba jugar al fútbol americano con mis primos.	As a child, I liked to play football with my cousins.
Para mi cumpleaños, salgo a comer con mi familia.	For my birthday, I go out to eat with my family.
De niño(a), me gustaba apagar las velas en mi pastel de cumpleaños.	As a child, I liked to put out the candles on my birthday cake.

Otros días festivos y celebraciones

Para la Navidad, acostumbramos decorar un árbol y cantar villancicos.	On Christmas, we usually decorate a tree and sing carols.
la Nochebuena	Christmas Eve
dar y recibir regalos	exchange presents
Jánuca	Hannukah
encender las velas del candelabro	light the candles on the menorah
la Noche Vieja	New Year's Eve
brindar con champaña	toast with champagne
el Día del Año Nuevo	New Year's Day
reunirnos con nuestros amigos	get together with our friends
la Pascua Florida	Easter
ir a la iglesia	go to church
Pésaj	Passover
ir a la sinagoga	go to the sinagogue
el Día de las Brujas	Halloween
llevar disfraz	wear a costume
el Día de los Enamorados	Valentine's Day
regalar flores o chocolates	give flowers or chocolates

Paso 3

Cómo contar un cuento

¿Qué me cuentas?	What's new?
¿Sabes lo que pasó?	Do you know what happened?
Déjame contarte lo que pasó.	Let me tell you what happened.
Dime, ¿qué pasó?	Tell me, what happened?
A Carlos se le rompió la pierna.	Carlos broke his leg.

¡No me digas!	*You're kidding!*
¿Cuándo ocurrió?	*When did it happen?*
Esta mañana.	*This morning.*
¿Dónde estaba?	*Where was he?*
Estaba en el campo de fútbol.	*He was at the soccer field.*
¿Cómo fue?	*How did it happen?*
(La hora) Eran las diez.	*(Time) It was ten o'clock.*
(El tiempo) Llovía muchísimo.	*(Weather) It was raining really hard.*
(Los acontecimientos) Carlos jugaba con sus amigos, y cuando iba a marcar un gol, chocó con un jugador del otro equipo.	*(The events) Carlos was playing with his friends, and when he was getting ready to score a goal, he ran into a player from the other team.*
Ay, pobrecito. ¡Qué lástima!	*Oh, the poor thing. What a shame!*

Capítulo 9

Paso 1

En un gran almacén

Por favor, ¿dónde se encuentran los pantalones para hombre?	*Excuse me, where can I find men's trousers?*
las blusas para niñas	*girls' blouses*
los zapatos para mujeres	*women's shoes*
Están en el sótano.	*They are in the basement.*
la planta baja	*on the main floor*
el primer piso	*the first floor*
tercer	*third*
sexto	*sixth*
séptimo	*seventh*
octavo	*eighth*
noveno	*ninth*
décimo	*tenth*

La ropa

un traje	*suit*
una camisa	*shirt*
una corbata	*necktie*
unos calcetines	*socks*
una falda	*skirt*
un vestido	*dress*
unas pantimedias	*pantyhose*
unos vaqueros	*bluejeans*
unos pantalones cortos	*shorts*
una sudadera	*sweatshirt*
un suéter	*sweater*
un cinturón	*belt*
un traje de baño	*bathing suit*
unas sandalias	*sandels*
un abrigo	*overcoat*
un impermeable	*raincoat*
una chaqueta	*jacket*
unas botas	*boots*
unos guantes	*gloves*
una camiseta	*T-shirt*

Los colores y otros detalles

rojo	*red*
rosado	*pink*
anaranjado	*orange*
amarillo	*yellow*
verde	*green*
azul	*blue*
azul marino	*navy blue*
morado	*purple*
blanco	*white*
negro	*black*
gris	*gray*
marrón	*brown*
beige	*beige*

(color) crema	*off-white*
de cuadros	*plaid*
con lunares	*with polka dots*
de rayas	*striped*
estampado	*print*

De compras

¿Lo atienden? La	*Are you being helped?*
Gracias, sólo estoy mirando.	*Thanks, I'm just looking.*
¿Podría mostrarme el suéter que está en el escarparate?	*Could you show me the sweater in the window?*
¿Qué desea?	*May I help you / What would you like?*
Estoy buscando un suéter de lana.	*I'm looking for a wool sweater.*
de algodón	*cotton*
de seda	*silk*
¿De qué color?	*What color?*
Prefiero un suéter verde.	*I prefer a green sweater.*
¿Qué talla lleva Ud.?	*What size do you wear?*
Llevo la talla mediana.	*I wear a medium.*
pequeña	*small*
grande	*large*
extra grande	*extra large*
¿Qué le parece éste?	*What do you think about this one?*
Me parece un poco caro.	*It seems a little expensive to me.*
demasiado formal	*too dressy*
¿Tiene otro más barato?	*Do you have something cheaper/less expensive?*
más sencillo	*simpler*
¿Quiere probarse éste?	*Would you like to try this one on?*
Sí, ¿dónde está el probador?	*Yes, where is the fitting room?*
¿Cómo le queda el suéter?	*How does the sweater fit?*
Me queda bien.	*It fits well.*
mal	*poorly*
¿Tiene una talla más grande.	*Do you have a larger size?*
pequeña	*smaller*
¿Cuánto cuesta?	*How much is it?*
Está rebajado.	*It's on sale.*
Cuesta $40.	*It costs $40.*
Voy a llevármelo.	*I'm going to take it.*
¿Podría envolvermelo en papel de regalo?	*Could you gift wrap it for me?*

Paso 2

En un mercado

En un mercado se puede comprar...	*In a market you can buy . . .*
un paraguas	*an umbrella*
una gorra	*a cap*
unas gafas de sol	*some sunglasses*
una guayabera	*a guayabera*
un bolso de cuero	*a leather pocketbook/handbag*
una billetera	*a wallet*
un plato de cerámica	*a ceramic plate*
un sarape	*a poncho*
una piñata	*a piñata*
un sombrero	*a hat*
unas maracas	*some maracas*
un collar	*a necklace*
un brazalete de plata	*a silver bracelet*
una cadena de oro	*a gold chain*
unos aretes	*some earrings*
un anillo	*a ring*

¡A regatear!

¿Podría mostrarme esos aretes?	*Would you show me those earrings?*
esas maracas	*those maracas*

Aquí los tiene. las	*Here they are.*
¿Cuánto cuestan? valen	*How much do they cost?*
Cuestan cien pesos. Valen	*They cost one hundred pesos.*
¡Qué horror! ¡Qué caros! caras	*How awful! How expensive!*
¿Me puede hacer un desento?	*Would you give me a discount?*
Le doy un desento de veinte pesos. Solamente me tiene que pagar ochenta pesos.	*I'll give you a discount of twenty pesos. You only have to pay me eighty pesos.*
¡Eso es mucho dinero! No le pago más de sesenta pesos.	*That is a lot of money! I won't pay more than sixty pesos.*
¡Es muy poco! No puedo aceptar menos de setenta pesos.	*That is not enough! I cannot accept less than seventy pesos.*
Está bien. Me los llevo. las	*That is fine. I'll take them.*

Paso 3

Más compras

En una tienda de electrónica, se puede comprar...	*In an electronics store, you can buy . . .*
un teléfono celular	*a celular phone*
un beeper	*a beeper*
un radio casete con CD (disco compacto)	*a boombox with CD player*
un radio casete portátil (con audífonos)	*a portable radio/tape player (with headphones)*
una videocasetera / un vídeo	*a VCR*
una cámara	*a camara*
una videocámara	*a videocamara*
un contestador automático	*an answering machine*
En una farmacia o en una droguería, se puede comprar la pasta dentífrica.	*In a pharmacy or drugstore, you can buy toothpaste.*
un cepillo de dientes	*a toothbrush*
el champú	*shampoo*
el acondicionador	*hair conditioner*
el jabón	*soap*
En una papelería, se puede comprar unas tijeras.	*At a stationery store, you can buy some scissors.*
unos rotuladores	*felt-tipped pens*
una grapadora	*a stapler*
una goma de borrar	*an eraser (for pencils)*
unas presillas	*paper clips*
unas fichas	*filing/note cards*
un sacapuntas	*a pencil sharpener*

Capítulo 10

Paso 1

Unos malestares comunes

¿Qué te pasa? Tienes mala cara?	*What's wrong? You don't look well.*
No es nada grave.	*It's nothing serious.*
Es que estoy agotado(a) de tanto trabajar.	*It's just that I'm exhausted from working so much.*
No es nada grave, pero a veces padezco de insomnio porque tengo mucho estrés.	*It's nothing serious, but sometimes I can't sleep (I have insomnia) because I have so much stress.*
Es que no me estoy alimentado bien y no tengo energía para nada.	*It's just that I'm not eating right and I don't have energy for anything.*

Los consejos

Bueno, ¿por qué no te tomas unos días libres?	*Well, why don't you treat yourself to a few days off?*
tratas de descansar más	*try to rest more*
comes comidas más balanceadas	*eat better balanced meals*
dejas de fumar	*stop smoking*
Deberías tomar vitaminas.	*You should take vitamins.*
cuidarte mejor	*take better care of yourself*
ir al médico	*go to the doctor*
Te aconsejo que duermas una siesta.	*I advise you to take a nap.*
no trabajes tanto	*not work so much.*

Las reacciones a los consejos

Tienes razón.	*You're right.*
Es buena idea.	*It's a good idea.*
Bueno, no sé. No estoy seguro(a).	*Well, I don't know. I'm not sure.*

Paso 2

Cómo expresar las buenas noticias

¿Cómo te va?	*How is it going?*
Estoy (muy) orgulloso(a).	*I am (very) proud.*
emocionado(a)	*excited*
alegre	*happy*
encantado(a)	*delighted*
contentísimo(a)	*extremely happy*
¿Sí? Cuéntame qué pasa.	*Yes? Tell me what's going on.*
Acabo de enterarme de que mi hermanita va a tener su primera cita para la fiesta de sus quince.	*I have just found out that my little sister is going to have her first date for her fifteenth birthday party.*
mi mejor amiga se comprometió hace poco y va a casarse	*my best friend recently became engaged and is going to get married*
mi primo está enamorado y va a comprometerse con su novia	*my cousin is in love and is going to get engaged to his girlfriend*
mi hermana mayor está embarazada y voy a ser tío(a)	*my older sister is pregnant and I am going to be an uncle (aunt)*

Cómo reaccionar y continuar la conversación sobre las buenas noticias

¡Ay! ¡Qué buena noticia!	*Oh! What good news!*
¡Cuánto me alegro!	*I am so happy!*
¡Qué sorpresa!	*What a surprise!*
¿Quién va a ser su compañero(a)?	*Who is going to be her date?*
¿Cuándo le dio su novio el anillo de compromiso?	*When did her fiancé give her the engagement ring?*
¿Cuándo es la boda?	*When is the wedding?*
¿Cuándo va a nacer el bebé?	*When is the baby going to be born?*

Cómo expresar las malas noticias

¿Qué hay de nuevo?	*What's up?*
Estoy un poco preocupado(a).	*I'm a little worried.*
triste	*sad*
deprimido(a)	*depressed*
desanimado(a)	*discouraged*
Acabo de recibir malas noticias.	*I just received some bad news.*
Mi hermano y su novia rompieron su compromiso ayer.	*My brother and his girlfriend broke their engagement yesterday.*
Mis tíos están separados.	*My aunt and uncle are separated.*
Mi vecina de al lado se murió anoche.	*My next-door neighbor died last night.*

Cómo reaccionar y continuar a conversación sobre las malas noticias

¡Qué pena!	What a shame!
¡Cuánto lo siento!	I am so sorry!
¡Qué lástima!	What a pity!
¡Ojalá que todo salga bien!	I hope everything turns out well!
¿Es algo permanente o temporal?	Is it something permanent or temporary?
¿Van a divorciarse?	Are they going to get divorced?
¿Cuándo es el velorio?	When is the wake/vigil?

Paso 3

Buenas noticias

¿Qué me cuentas?	What's new?
Acabo de tener una entrevista para un buen puesto.	I've just had an interview for a good job.
una beca	a scholarship
un internado	an internship
Bueno. ¿Cómo te fue?	Well. How did it go?
¿Te lo van a dar?	Are they going to give it to you?
la	
Creo que sí.	I think so.
¡Ojalá que sí!	I hope so!
Es casi seguro.	It's almost certain.

Malas noticias

¿Qué hay de tu vida?	What's new with you?
Nada bueno. No salí bien en la prueba de biología.	Nothing good. I didn't do well on my biology quiz.
Mi compañero(a) de cuarto y yo no nos llevamos bien.	My roommate and I don't get along well.
No tengo suficiente dinero para pagar mis cuentas.	I don't have enough money to pay my bills.
La policía me dio otra multa.	The police gave me another ticket/fine.
Y ¿no puedes pedirle ayuda a tu profesor?	And can't you ask your professor for help?
cambiar de compañero(a) de cuarto	change roommates
pedirles un préstamo a tus padres	ask your parents for a loan
Quizás.	Perhaps/Maybe.
Creo que no.	I don't think so.
Es posible, pero lo dudo.	It's possible, but I doubt it.

Capítulo 11

Paso 1

Las profesiones y las ocupaciones

¿A qué se dedica tu hermano?	What does your brother do?
tu hermana	your sister
Es abogado/abogada.	He/She is an attorney.
Resuelve problemas legales.	He/She resolves legal problems.
Informa a sus clientes sobre sus derechos legales.	He/She informs his/her clients about their legal rights.
Es médico/médica.	He/She is a doctor.
Atiende a sus pacientes.	He/She attends to his/her patients.
Recomienda tratamientos para enfermedades.	He/She recommends treatments for illnesses.
Es hombre de negocios/ mujer de negocios.	He/She is a businessperson.
Dirige una empresa.	He/She directs a business.
Trabaja en equipo.	He/She works on a team.
Es asesor técnico/asesora técnica.	He/She is a technical consultant.

Analiza situaciones y datos.	He/She analyzes situations and data.
Da consejos.	He/She gives advice.
Es periodista.	He/She is a journalist.
Investiga acontecimientos.	He/She investigates events.
Reporta noticias.	He/She reports the news.
Es funcionario público/ funcionaria pública.	He/She is a government employee.
Trata con el público.	He/She deals with the public.
Ayuda a la gente con trámites y papeleo.	He/She helps people with procedures and paperwork.

Otras profesiones y ocupaciones

agente de bienes raíces	real estate agent
agricultor(a)	farmer
ama de casa	housewife
consejero(a)	counselor
contador(a)	accountant
corredor(a) de bolsa	stock broker
dentista	dentist
diplomático(a)	diplomat
director de personal	personnel director
dueño(a) de un negocio	owner of a business
enfermero(a)	nurse
gerente	manager
ingeniero(a)	engineer
maestro(a)	grade-school teacher
obrero(a)	laborer
programador(a)	programmer
psicólogo(a)	psychologist
representante de ventas	salesperson
trabajador(a) social	social worker
veterinario(a)	veterinarian

¿Qué planes tienes para el futuro?

Me gustaría hacer estudios de postgrado.	I would like to go to graduate school.
estudiar medicina	to study medicine
estudiar derecho	to study law
Pienso dedicarme a la investigación científica.	I plan to devote myself to scientific research.
a la política	to politics
al estudio del medio ambiente	to the study of the environment
Espero conseguir un puesto en una compañía multinacional.	I hope to get a job in a multinational company.
trabajar en el área de mercadeo	to work in the area of marketing
poder servir a mi comunidad	to be able to serve the community
Tan pronto como me gradúe, voy a buscarme un buen trabajo.	As soon as I graduate, I'm going to look for a good job.
volver a mi pueblo natal	to return to my home town
mudarme a una ciudad grande	to move to a big city
Cuando tenga seguridad económica, voy a casarme.	When I have economic security, I'm going to get married.
comprar una casa	to buy a house
viajar por el mundo	to travel around the world

Paso 2

¿Qué tipo de trabajo le interesa?

Me gustaría un trabajo con horario flexible.	I'd like a job with a flexible schedule.
de tiempo completo	a full-time job
de medio tiempo	a part-time job
Quiero un puesto que pague bien.	I want a job that pays well.
ofrezca oportunidades de ascenso	offers opportunities for advancement/promotions
no sea rutinario	isn't routine

Prefiero un trabajo que me permita demostrar mi creatividad.	*I prefer a job that allows me to I demonstrate my creativity.*
desarrollar mis habilidades	*to develop my abilities*
contribuir a la sociedad	*to contribute to society*

¿Qué talentos y habilidades tiene?

Soy emprendedor(a).	*I am enterprising.*
cooperador(a)	*cooperative*
imaginativo(a)	*imaginative*
honrado(a)	*honest/honorable*
compasivo(a)	*compassionate*
Sé hablar varios idiomas.	*I know how to speak several languages.*
expresarme bien	*to express myself well*
escribir claramente	*to write clearly*
Puedo trabajar bien bajo presión.	*I can work well under pressure.*
tomar decisiones con facilidad	*make decisions easily*
adaptarme a los cambios	*adapt to change*

Paso 3

¿Dónde trabaja Ud.?

No tengo empleo porque todavía estoy en universidad.	*I'm not employed because I am still attending the university.*

Hace un año que trabajo para un bufete de abogados.	*I've been working for a year for a law fiem.*
como secretario(a) en una firma de contadores	*as a secretary in an accounting firm*
de mensajero(a)	*as a messenger*
como voluntario(a) en un asilo de ancianos	*as a volunteer in a home for the elderly*

¿Qué experiencia tiene?

Tengo experiencia en trabajo de oficina.	*I have experience in office work.*
ventas	*sales*
computadoras	*computers*
construcción	*construction*
He trabajado como salvavidas.	*I have worked as a lifeguard.*
con niños en un campamento de verano	*with children in a summer camp*
de cocinero(a) en un restaurante de comida rápida	*as a cook in a fast-food restaurant*
de niñero(a)	*as a baby-sitter*

Appendix F Pronoun Chart

Subject pronouns

- Subject pronouns identify the topic of the sentence, and often indicate who or what is performing an action.
- Subject pronouns are generally used in Spanish only for clarification or for emphasis.
- The subject pronouns **Ud.** and **Uds.** are often used as a sign of courtesy.
- There is no Spanish equivalent for *it* as the subject of a sentence.

I	**yo**	*we*	**nosotros / nosotras**
you	**tú** / **Usted (Ud.)**	*you (plural)*	**vosotros / vosotras** / **Ustedes (Uds.)**
he	**él**	*they*	**ellos / ellas**
she	**ella**		
it	**Ø**		

Reflexive pronouns

- Reflexive pronouns are used with reflexive verbs such as **despertarse, bañarse** and **divertirse.**
- Reflexive pronouns are often translated into English as *myself, yourself, himself,* etc.
- Sometimes the reflexive meaning is simply understood, or is expressed in other ways.
- The plural reflexive pronouns **nos, os** and **se** may also be used reciprocally, to mean *each other* or *one another.* (Elena y Marta **se** escriben. *Elena and Marta write to each other.*)

(yo)	**me** lavo	*I wash myself*	(nosotros)	**nos** lavamos	*we wash ourselves*
(tú)	**te** lavas	*you wash yourself*	(vosotros)	**os** laváis	*you wash yourselves*
(Ud.)	**se** lava	*you wash yourself*	(Uds.)	**se** lavan	*you wash yourselves*
(él/ella)	**se** lava	*he/she washes him/herself*	(ellos/ellas)	**se** lavan	*they wash themselves*

Indirect object pronouns

- Indirect object pronouns indicate *to whom* or *for whom* something is done. Occasionally, they express the notions *from whom* or *of whom.*
- Indirect object pronouns are placed before a conjugated verb, or attached to an infinitive.
- Indirect object pronouns are used with the verb **gustar** and with similar verbs such as **encantar, importar, interesar, parecer.**
- **Le** and **les** are often used together with proper nouns or equivalent noun phrases. (**Le** escribí una carta **a mi padre.**)
- When used with direct object pronouns, **le** and **les** are replaced by **se.** (**Le** escribí una carta **a mi padre.** → **Se** la escribí ayer.)

to me	**me**	*to us*	**nos**
to you	**te** / **le**	*to you (plural)*	**os** / **les**
to him/her/it	**le**	*to/for them*	**les**

Direct object pronouns

- Direct object pronouns answer the questions *whom* or *what* with respect to the verb. They receive the action of the verb.

- Direct object pronouns are placed before a conjugated verb, or attached to an infinitive.

- Direct object pronouns are placed **after** any other indirect object pronoun or reflexive pronoun. (¿La falda? Mamá me **la** regaló para mi cumpleañós.)

me	**me**	*us*	**nos**
you	**te** / **lo** (masc.) / **la** (fem.)	*you* (plural)	**os** / **los** (masc.) / **las** (fem.)
him, it	**lo**	*them*	**los** (masc.) /
her, it	**la**		**las** (fem.)

Prepositional pronouns

- Prepositional pronouns are used after prepositions such as **de, para, por, con, sin, cerca de,** etc.

- After the preposition **con,** you must use certain special forms to express *with me* (**conmigo**) and *with you* (familiar) (**contigo**).

- Subject pronouns, rather than prepositional pronouns, are used after the propositions **entre** *(between)*, and **según** *(according to).*

mí	**nosotros / nosotras**
ti	**vosotros / vosotras**
Usted (Ud.)	**Ustedes (Uds.)**
él / ella	**ellos / ellas**

Possesive adjectives

- The forms of possessive adjectives look very much like the forms of various kinds of pronouns. These words, however, are always used together with a noun in order to indicate ownership.

- Since these words are adjectives, you must make them agree in number (singular / plural) and gender (masculine / feminine) with the nouns that follow them (For example, **nuestr*as* cas*as***).

my	**mi(s)**	*our*	**nuestro(a) / nuestros(as)**
your	**tu(s)** / **su(s)**	*your*	**vuestro(a) / vuestros(as)** / **su(s)**
his/ her	**su(s)**	*their*	**su(s)**

Written accent marks

In both English and Spanish, a *stressed syllable* is the part of the word that is spoken most loudly and with the greatest force, such as <u>stu</u> - *dent* or *u* - *ni* - <u>ver</u> - *si* - *ty.*

In Spanish, stress generally falls on an easily predictable syllable of the word. Words that *do not* follow these patterns must carry a *written accent mark,* known as **un acento ortográfico** or **un tilde**.

1. Words that end in a consonant other than **-n** or **-s** are stressed on the last syllable. Words that follow this rule do not need a written accent mark:

   co - **mer**   Ba - da - **joz**
   re - **loj**   ciu - **dad**
   ge - ne - **ral**

   Words that *do not* follow this rule need a written accent mark on the stressed syllable:

   ár - bol   Rod - **rí** - guez

2. Words that end in a vowel or in the consonants **-n** or **-s** are stressed on the second-to-last syllable. Most words follow this rule, and therefore do not need a written accent mark:

   ca - sa   e - le - **fan** - tes
   tra - **ba** - jo   **vi** - ven

   Words that *do not* follow this pattern carry a written accent mark on the stressed syllable:

   me - **nú**   al - **bón** - di - gas *(meatballs)*
   Á - fri - ca   na - **ción**
   Ni - co - **lás**

3. In order to apply the previous rule correctly, keep in mind these special vowel combinations:

   - In general, one syllable is formed when the "weak" vowels **i** or **u** are next to the "strong" vowels **a, e,** or **o**. In this case, the stress falls on the second-to-last syllable and no written accent mark is needed.

   gra - cias   **bue** - no

   A written accent mark is used, however, when the stress falls on the **i** or **u** and the vowels are divided into two syllables:

   dí - a   **grú** - a *(crane)*
   ra - **íz** *(root)*

   - The combination of two "strong" vowels — **a, e, o**— is generally divided into two syllables. The stress falls naturally on the second-to-last syllable, and no written accent mark is needed:

   mu - **se** - o   ma - **es** - tro

4. Written accent marks are occasionally used to distinguish two words that are spelled exactly alike but have different meanings:

Without the written accent		With the written accent	
te	*to you*	**té**	*tea*
mi	*my*	**mí**	*me (prepositional pronoun)*
el	*the*	**él**	*he*
tu	*your*	**tú**	*you*

Vocabulario

The vocabulary found in both the Spanish-English and English-Spanish sections contains all words from the end-of-chapter vocabularies (except certain expressions from the **Expresiones útiles**) and some terms from the cultural readings. The meanings provided in this glossary, however, are limited to those used in the contexts of this textbook. Genders of nouns are given only if they are an exception to the **-o** and **-a** endings. The number of the chapter where the vocabulary word or expression first appears is indicated in parentheses after the definition. Spelling changes in stem-changing verbs are indicated in parentheses after the verb given, where appropriate.

The following abbreviations are used in this glossary:

adj.	adjective	**m.**	masculine
conj.	conjunction	**n.**	noun
f.	feminine	**PP**	paso preliminar
form.	formal	**pl.**	plural
inf.	infinitive	**sing.**	singular
inform.	informal	**v.**	verb

A

a *at, to;*
 a la derecha de *to the right of (4);*
 a la izquierda de *to the left of (4);*
 a veces *sometimes (8)*
 a la parrilla *grilled (5)*
abecedario *alphabet (1)*
abierto(a) *open (5)*
abogado(a) *lawyer, attorney (11)*
abrigo *coat (9)*
abrir *to open (3)*
abuelo(a) *grandfather/grandmother (2)*
abundante *abundant (8)*
aburrido(a) *boring (6)*
acabar de (+ inf.) *to have just* (done something) *(4)*
acampar *to go camping (3)*
aceite (m.) de oliva *olive oil (5)*
aceituna *olive (5)*
aceptar *to accept (3)*
acondicionador (m.) *hair conditioner (9)*
aconsejable *advisable (5)*
aconsejar *to advise (10)*
acontecimiento *event (10)*
acostarse (ue) *to go to bed (6)*
acostumbrar *to be in the habit of, to be used to (5)*
actividad (f.) *activity (2)*
actuar *to act (2)*
acuario *aquarium (3)*
acuerdo: estar de acuerdo *to agree (6)*
adaptar *to adapt (11)*
además *in addition, what's more (6)*
aderezo *dressing (5)*
adiós *good-bye (1)*
¿adónde? *where? (8)*
afeitarse *to shave (6)*
agencia de viajes *travel agency (3)*
agente (m.) de bienes raíces *realtor (11)*
agotado(a) *exhausted (10)*
agradable *pleasant, good-natured (4)*
agregar *to add (8)*
agricultor(a) *farmer (6)*
agua (m.) water (5);
 agua mineral *mineral water (5)*
ahora *now (6)*
ahorrar *to save (10)*

ajo *garlic (5)*
al horno *baked (5)*
al lado *next to, beside (4)*
albergue (m.) juvenil *youth hostel (3)*
alegrarse de *to be happy (about something) (10)*
alegre *happy (10)*
alemán (m.) *German (1)*
alfombra *rug (4)*
álgebra (f.) *algebra (6)*
algo *anything, something (4)*
algodón *cotton (9)*
alimentarse *to eat, nourish oneself (10)*
allí mismo *right there (7)*
alma (f.) *soul (7)*
almacén (m.) *department store (9); warehouse;*
 gran almacén *department store (9)*
almorzar (ue) *to eat lunch (5)*
almuerzo *lunch (n.) (4)*
alojamiento *lodging (3)*
alojarse *to be lodged (3)*
alquilar *to rent (4)*
alrededor de *about, around (3)*
alta costura *haute couture (9)*
altitud (f.) *height (7)*
alto(a) *tall (4)*
ama (f.) de casa *housewife (11)*
amable *friendly (4)*
amarillo(a) *yellow (9)*
amenidad (f.) *amenity (3)*
amigo(a) *friend (2)*
amplio(a) *extensive, wide (4)*
amueblado(a) *furnished (4)*
añadir *to add on (4)*
analizar *to analize (11)*
anaranjado(a) *orange (9)*
anfitrión/anfitriona *host/hostess (4)*
anillo *ring (9);*
 anillo de compromiso *engagement ring (10)*
año *year (3)*
anoche *last night (6)*
anteayer *the day before yesterday (6)*
anteojos *eyeglasses (4)*
antes de *before (2)*
antiácido *antacid (7)*
antibiótico *antibiotic (7)*
antiguo(a) *ancient, old (4)*

antipático(a) *disagreeable, unpleasant (4)*
antropología *anthropology (6)*
aparentar *to seem; to pretend (6)*
apariencia *appearance (9)*
apartamento *apartment (1)*
aparte de *aside from, in addition to (5)*
apellido *surname, last name (1)*
aprender *to learn (2)*
aprobado *passing grade (6)*
apropiado(a) *appropriate (9)*
árbol (m.) *tree (2)*
área (m.) *area (11)*
aretes (m.) *earrings (9)*
arquitectura *architecture (6)*
arrecife (m.) de coral *coral reef (7)*
arreglarse *to fix oneself up (6)*
arroz (m.) *rice (5)*
arte (m.) *art (6)*
artesanía *arts and crafts (8)*
artículo *article (7)*
asado(a) *baked (5)*
ascenso *advancement/promotion (11)*
asesor(a) técnico(a) *technical consultant (11)*
así *so, thus, this way;*
 así, así *so-so, okay (1)*
asiento *seat (4)*
asignatura *class (6)*
asilo de ancianos *home for the elderly (11)*
asistencia *attendance (6)*
asistir a *to attend* (classes, etc.) *(2)*
astronomía *astronomy (6)*
atender (ie) *to help (9)*
atún (m.) *tuna (7)*
audífono *headphone (9)*
aunque *although (1)*
autobús (m.) *bus (3);*
 parada de autobuses *bus stop (7)*
avenida *avenue (7)*
avión (m.) *airplane (3)*
ayer *yesterday (6)*
ayuda *help (n.) (10)*
ayudar *to help (11)*
ayuntamiento *town hall (7)*
azúcar (m.) *sugar (5)*
azul *blue (4);*
 azul marino *navy blue (9)*

B

bachillerato *high school college-prep studies (6)*
bailar *to dance (8)*
bajo(a) *short (in height), low (4);*
 planta baja *ground floor (9)*
balanceado(a) *balanced (10)*
ballet (m.) *ballet (7)*
balsa *raft (7)*
bañadera *bathtub (4)*
banana *banana (5)*
bañarse *to bathe, to take a bath (6)*
banco *bank (3); park bench (7)*

baño *bath(room) (3);*
 traje de baño *bathing suit (9)*
barato(a) *inexpensive (4)*
barba *beard (4)*
barco de vela *sail boat (3)*
barra *bar (2); loaf (of bread) (5)*
barrio *district, neighborhood (5)*
basarse *to be based (1)*
básquetbol (m.) *basketball (2)*
bastante *quite, enough (6)*
bautizo *baptism (4)*

bebé (m., f.) *baby (10)*
beber *to drink (5)*
beca *scholarship (10)*
beeper (m.) *pager (9)*
beige *beige (9)*
béisbol (m.) *baseball (8)*
bellas artes (f. pl.) *Fine Arts (6)*
biblioteca *library (2)*
bien (adv.) *well, fine (1)*
biftec (m.) *steak, beef (5)*
bigotes *moustache (4)*

billete (m.) *ticket (3), bill (7)*
billetera *wallet (9)*
biología *biology (6)*
blanco(a) *white (9)*
bloc (m.) *memo/note pad (9)*
blusa *blouse (9)*
boca *mouth (7)*
boda *wedding (10)*
bodega *wine shop (7)*

bolígrafo *pen (PC)*
bolsa *bag, purse (5)*
bolso *pocketbook, handbag (9)*
borrador (m.) *eraser (1)*
bosque (m.) *forest (7)*
bota *boot (9)*
botánica *botany (4)*
botella *bottle (5)*
boutique (f.) *shop (9)*

brazalete (m.) *bracelet (9)*
brazo *arm (7)*
brindar *to make a toast (8)*
bróculi (m.) *broccoli (5)*
bucear *to dive (3); to go snorkeling (7)*
buen(o)(a) *good (4)*
bufete (m.) *law firm (11)*
bulto *bulge (9)*
buscar *to look for (9)*

C

caballo *horse;*
  montar a caballo *to go horseback riding (8)*
cabeza *head (7)*
cada *each, every (8)*
cadena *chain (9)*
café (m.) *coffee (2)*
cafeína *caffeine (5)*
caimán (m.) *alligator (8)*
caja *cashier's; cash register (7)*
calcetín (m.) *sock (9)*
calcio *calcium (5)*
cálculo *calculus (6)*
calendario *calendar (1)*
calidad (f.) *quality (9)*
cálido(a) *warm/hot* (climate) *(9)*
caliente *hot (3)*
calle (f.) *street (2)*
calor: hacer calor *to be hot/warm* (weather) *(8);*
  tener calor *to be hot/warm* (person) *(5)*
caloría *calorie (5)*
calvo(a) *bald (4)*
calzar *to wear, take* (shoe size) *(9)*
cama *bed (3);*
  hacer la cama *to make the bed (4)*
cámara *camera (9)*
camarero(a) *waiter/waitress (5)*
camarón (m.) *shrimp (5)*
cambiar *to change, to exchange (7)*
cambio *change* (n.) *(8); exchange rate (7)*
caminar *to walk (2)*
caminata: hacer caminatas *to go hiking (8)*
camisa *shirt (9)*
camiseta *T-shirt (9)*
campamento *camp (11)*
campo *country(side) (8);*
  campo de fútbol *soccer field (8)*
canción (f.) *song (8)*
candelabro *Menorah, candelabra (8)*
canoso(a) *gray* (hair) *(4)*
cansado(a) *tired (1)*
cantar *to sing (8)*
cara *face (6)*
carácter (m.) *character, personality (4)*
cariñoso(a) *warm, affectionate (4)*
carne (f.) de res *beef (5)*
carnicería *butcher shop (5)*
caro(a) *expensive (4)*
carrera *major* (field of study) *(6); race*
carta *letter (1);*
  cartas *(playing) cards (8)*
cartel (m.) *poster (9)*
casa *house (4)*
casado(a) *married (2)*
casarse *to get married (3)*
casete (m.) *cassette (1)*
casi *almost;*
  casi nunca *almost never (8)*
castaño(a) *brown* (hair, eyes) *(4)*
castillo *castle (3)*
catarata (f.) *waterfall (6)*
catarro *cold* (illness) *(7)*
catedral (f.) *cathedral (7)*
católico(a) *Catholic* (adj.) *(4)*
cazar *to go hunting (3)*
cebolla *onion (5)*
celebración (f.) *celebration (3)*
celebrar *to celebrate (8)*
cena *supper, dinner (4)*
cenar *to eat dinner (4)*
centro *center (3);*
  centro comercial *business district, shopping center (7)*

cepillo de dientes *toothbrush (9)*
cerámica *ceramics (9)*
cerca de *near (4)*
cerdo *pork, pig (5)*
cereal (m.) *cereal (5)*
ceremonia *ceremony (10)*
cerrar (ie) *to close (3)*
cerveza *beer (5)*
césped (m.) *lawn (4)*
champaña *champaigne (8)*
champú (m.) *shampoo (7)*
chao *(good)bye (1)*
charla *lecture; talk, chat* (n.) *(6)*
cheque (m.) de viajero *traveler's check (3)*
chico(a) *boy/girl (4)*
chocar con *to run into (8)*
chuleta *chop, cutlet (5)*
churro *fritter, fried dough (5)*
ciencia *science;*
  ciencias sociales *social sciences (6)*
  ciencias políticas *political science (6)*
  ciencias naturales *natural sciences (6)*
  ciencias marinas *marine science (6)*
científico(a) *scientific (6)*
cierto(a) *true, certain (10)*
cine (m.) *cinema, movie theater (2)*
cinematografía *film-making (6)*
cinta adhesiva *scotch tape (9)*
cinturón (m.) *belt (9)*
cita *date* (appointment) *(10)*
ciudad (f.) *city (5)*
civil *lay, secular (10)*
civilización (f.) *civilization (1)*
claramente *clearly (11)*
clase (f.) *class (2);*
  clase alta *upper class (6);*
  clase baja *lower class (6);*
  clase media *middle class (6);*
  clase social *social class (6)*
clasificar *classify (9)*
cliente (m., f.) *customer, client (4)*
clima (m.) *climate, weather (4)*
clínica *(medical) clinic (7)*
clóset (m.) *closet (7)*
cocina *kitchen, kitchen stove; cuisine (4)*
cocinado(a) *cooked (7)*
cocinar *to cook (4)*
cocinero(a) *cook (11)*
codo *elbow (7)*
coleccionar *to collect (2)*
colegio *elementary or secondary school (6)*
collar (m.) *necklace (9)*
color (m.) *color (9)*
color crema *off-white (9)*
comedor (m.) *dining room (4)*
comer *to eat (2)*
comerciar *to do business (7)*
comercio *business (6)*
comestibles (m.) *groceries;*
  tienda de comestibles *grocery store (5)*
cometer *to make, commit (4)*
comida *food (5)*
¿cómo? *how? (1)*
¡cómo no! *of course! (5)*
comisión (f.) *commission/exchange fee (7)*
cómoda *chest of drawers (4)*
cómodo(a) *comfortable (9)*
compañero(a) *classmate (2); date, escort (10)*
compañía *company (11)*
compartir *to share (3)*
compasivo(a) *compassionate (11)*
complementos de moda *fashion accessories (9)*

completo(a) *complete; full (3)*
complicado(a) *complicated, complex (3)*
composición (f.) *composition (2)*
compositor(a) *composer (8)*
compra *purchase* (n.);
  ir de compras *to go shopping (2)*
comprar *to buy (4)*
comprender *to understand (1)*
comprometerse *to get engaged; to commit oneself (10)*
compromiso *commitment; engagement* (to be married) *(8)*
computadora *computer (1)*
común *common (3)*
comunidad (f.) *community (11)*
con *with*
concepto *concept (1)*
concierto *concert (2)*
concluir *to conclude, end (6)*
condimento *condiment (5)*
condominio *condominium (2)*
conferencia *lecture (6)*
conjunto *(musical) group (8)*
conocer *to be introduced to, to meet, to know (4)*
conseguir (i) *to get, obtain (11)*
consejero(a) *counselor (11)*
consejo *advice (10)*
consistir (de/en) *to consist (of) (3)*
construcción (f.) *construction (11)*
construir *to build (3)*
consumir *to eat, to consume (5)*
contar (ue) *to tell (10); to count (3); to relate/tell* (a story) *(8)*
contentísimo(a) *extremely happy (10)*
contento(a) *happy (1)*
contestador (m.) *automático answering machine (9)*
contestar *to answer (2)*
conveniente *convenient (4)*
conversar *to converse, to talk (5)*
convertir *to convert (3)*
cooperador(a) *cooperative (11)*
copa *goblet, wine glass (5)*
copla *folksong (6)*
corazón (m.) *heart (7)*
corbata *(neck)tie (9)*
corredor(a) *de bolsa stock broker (11)*
correo *post office (7)*
cortar *to cut (4)*
cortarse *to cut onself, to get cut (7)*
corto(a) *short* (in length) *(4);*
  pantalones (m.) cortos *shorts (9)*
cosa *thing (7)*
costar (ue) *to cost (4)*
costumbre (f.) *custom (5)*
cotidiano(a) *daily, everyday (10)*
creatividad (f.) *creativity (11)*
crecer *to grow (5)*
creer *to believe (10)*
crema *cream (5);*
  color crema *off-white (9)*
criminología *criminal justice (6)*
crucero *cruise (3)*
cruzada *crusade (6)*
cuaderno *notebook (1)*
cuadra *(street) block (7)*
cuadro *painting (4)*
  de cuadros *plaid (9)*
¿cuál(es)? *which (one/s)? (1)*
cuando *when (8);*
  ¿cuándo? *when? (2);*

de vez en cuando   *from time to time (8)*
¿cuánto?   *how much? (1);*
   ¿cuántos(as)?   *how many? (1)*
cuarto   *room (3); quart* (measurement), *quarter* (one-fourth) *(5)*
cuarto(a)   *fourth (9);*
   cuarto año   *senior year (1)*

cubito de hielo   *ice cube (5)*
cuchara   *spoon (5)*
cuchillo   *knife (5)*
cuello   *neck (7)*
cuenta   *bill, check (3)*
cuento   *story (8)*

cuero   *leather (9)*
cuerpo   *body (7)*
cuidar   *to take care of;*
   cuidarse   *to take care of oneself (10)*
culantro   *coriander (5)*
cumpleaños (m.)   *birthday (8)*

D

dar   *to give (4);*
   dar un paseo   *to take a walk (2)*
dato   *fact, information (1)*
datos (m.pl.)   *data (11)*
de   *of, from;*
   de algodón   *cotton (9);*
   de cerámica   *ceramic (9);*
   de cuadros   *plaid (9);*
   de estatura mediana   *medium height (4);*
   de ida   *one-way (3);*
   de ida y vuelta   *round-trip (3);*
   de la mañana   A.M. *(3);*
   de la noche   P.M. (night) *(3);*
   de la tarde   P.M. (afternoon) *(3);*
   de lana   *wool (9);*
   de lujo   *luxurious, deluxe (3);*
   de nada   *you're welcome (1);*
   de rayas   *striped (9);*
   de seda   *silk (9);*
   ¿de veras?   *really? (8);*
   de vez en cuando   *from time to time (8)*
debajo de   *under (4)*
deber   *to owe (5);*
   deber (+ inf.)   *ought to, should* (do something) *(4)*
debido a   *due to (9)*
décimo(a)   *tenth (9)*
decir   *to say, to tell (4);*
   querer decir   *to mean (1)*
decisión (f.)   *decision (11)*
decorar   *to decorate (8)*
dedicarse   *to devote oneself, to dedicate oneself (11)*
dedo   *finger (7);*
   dedo del pie   *toe (7)*
deficiente   *deficient (6)*
dejar   *to leave, let (8);*
   dejar de (+ inf.)   *to stop* (doing something) *(10)*
delante de   *in front of (4)*
delgado(a)   *thin (4)*
demasiado(a)   *too, too much (9)*
demostrar (ue)   *to demonstrate/to show (11)*
dentista (m.f.)   *dentist (11)*
departamento   *apartment* (Mexico) *(2); department (11)*

depender (de + noun)   *to depend (on + noun) (5)*
dependiente (m., f.)   *clerk (9)*
deporte (m.)   *sport (8)*
depresión (f.)   *depression (8)*
deprimido(a)   *depressed (10)*
derecha (adj.)   *right (4);*
   derecho (adv.)   *straight ahead (7);*
   a la derecha   *to the right of (4)*
derecho (n.)   *law (6)*
desanimado(a)   *discouraged (10)*
desarrollar   *to develop (3)*
desayunar   *to eat breakfast (5)*
desayuno   *breakfast* (n.) *(4)*
descansar   *to rest (10)*
descender (ie)   *to descend; go down (7)*
descompuesto(a)   *out of order (4)*
descubrir   *to discover (6)*
descuento   *discount* (n.) *(9)*
desear   *to want, to wish for (5)*
desfile (m.)   *parade (8)*
desodorante (m.)   *deodorant (9)*
desordenado(a)   *messy (4)*
desorganizado(a)   *disorganized (6)*
despacio   *slowly (1)*
despedirse (i, i) (de)   *to say good-bye (to) (6)*
despejado(a)   *clear* (weather) *(8)*
despertarse (ie)   *to wake up (6)*
después   *afterwards (6);*
   después de   *after (2)*
destacar   *to emphasize, to highlight (7)*
destacarse   *to stand out (9)*
detrás de   *behind (4)*
día (m)   *day (3);*
   Día (m.) de las Brujas   *Halloween (8);*
   Día de Acción de Gracias   *Thanksgiving (8);*
   Día de los Enamorados   *Valentine's Day (8)*
   Día de la Independencia   *Independence Day (8);*
   Día de la Raza   *Columbus Day (8);*
   Día de los Reyes Magos   *Epiphany (8);*
   día festivo   *holiday (8);*
   todos los días   *every day, daily (2)*
diagnóstico   *diagnosis (7)*

diarrea   *diarrhea (7)*
diccionario   *dictionary (1)*
dicho   *saying (10)*
diente (m.)   *tooth (7)*
dieta   *diet (5)*
difícil   *difficult (6)*
diligencia   *errand (7)*
dinámico(a)   *dynamic (6)*
dinero   *money (3);*
   dinero (en efectivo)   *cash* (n.) *(3)*
diplomático(a)   *diplomat (11)*
dirección (f.)   *address (1)*
director(a) de personal   *personnel director (11)*
dirigir   *to direct (11)*
disco   *record;*
   disco compacto   *compact disk (CD) (2)*
diseñador(a)   *designer (9)*
Disfraz (m.)   *costume (8)*
disfrutar (de)   *to enjoy (8)*
distinto(a)   *different (5)*
diversión (f.)   *entertainment, amusement (2)*
divertido(a)   *fun (to be with), funny (4)*
divertirse (ie, i)   *to have a good time (6)*
dividir   *to divide (8)*
divorciarse   *to get divorced (10)*
doblar   *to turn (7)*
doble   *double (3);*
   habitación (f.) doble   *double room (3)*
docena   *dozen (5)*
doctor(a)   *doctor (2)*
dólar (m.)   *dollar (7)*
doler (ue)   *to hurt (7)*
dolor (m.)   *ache, pain (7)*
domingo   *Sunday (3)*
¿dónde?   *where? (2)*
dormir (ue, u)   *to sleep (4);*
   dormirse (ue, u)   *to fall asleep (6)*
dormitorio   *bedroom (4)*
ducha   *shower* (n.) *(3)*
ducharse   *to take a shower (6)*
dudar   *to doubt (10)*
dueño(a)   *owner (6)*
durar   *to last (10)*

E

economía   *economics (6)*
económico(a)   *economic (11)*
ecoturismo   *eco-tourism (7)*
ecuador (m.)   *ecuator (8)*
edad (f.) media   *middle ages (4)*
educación (f.) física   *physical education (6)*
efectivo: dinero en efectivo   *cash* (n.) *(3)*
ejemplo   *example (4)*
ejercicio   *exercise (1);*
   hacer ejercicio   *to do (physical) exercise (8)*
electivo(a)   *elective* (adj.) *(6)*
embarazada   *pregnant (10)*
emocionado(a)   *excited (10)*
empanada   *turnover (5)*
empezar (ie) (a + inf.)   *to begin (to) (6)*
emprendedor(a)   *enterprising (11)*
en   *in, on, at (4);*
   en buenas (malas) condiciones   *in good (bad) condition (4);*
   en seguida   *right away (5)*
enamorado(a)   *in love (10)*
encantado(a)   *delighted (10)*
encantar   *to like a lot, to love (6)*
encender (ie)   *to light (8)*
encima de   *on top of (4)*

encontrar (ue)   *to find (9)*
encontrarse (ue)   *to be situated (2); to meet*
energía   *energy (10)*
enfadarse   *to get angry (10)*
enfermarse   *to get sick (8)*
enfermedad (f.)   *sickness/illness (7)*
enfermero(a)   *nurse (6)*
enfermo(a)   *sick (1)*
enfrentar   *to face (10)*
enfrente de   *opposite (6)*
enojado(a)   *angry (1)*
ensalada   *salad (5)*
enterarse   *to find out (10)*
entre   *between, among (4)*
entrevista   *interview (10)*
época   *period* (of time), *season (7)*
envolver (ue)   *to wrap (9)*
equipo   *team (6)*
escalar   *to climb (7)*
escaparate (m.)   *store window (9)*
escolar   *school* (adj.) *(6)*
escribir   *to write (2)*
escritor(a)   *writer (11)*
escuchar   *to listen to (1)*
escuela   *school;*

escuela secundaria   *high school (6)*
ese/esa   *that (4)*
esos/esas   *those (4)*
espacio   *space* (n.) *(7)*
espalda   *back* (a part of the body) *(7)*
español (m.)   *Spanish (1)*
especializarse en   *to major, specialize in (6)*
esposo(a)   *husband/wife (2)*
esquiar   *to ski (4)*
esquina   *(street) corner (7)*
estación (f.)   *season* (of the year) *(8); station (3)*
estadística   *statistics (6)*
estampado(a)   *print* (fabric) *(9)*
estampilla   *stamp, postage (7)*
estante (m.)   *(book)shelf (4)*
estar   *to be (1);*
   estar de acuerdo   *to agree (6);*
   estar resfriado(a)   *to have a cold (7)*
estatura   *height;*
   de estatura mediana   *medium height (4)*
este/esta   *this (4)*
estilo   *style* (n.) *(4)*
estómago   *stomach (7)*
estos/estas   *these (4)*
estrella   *star* (n.) *(3)*

estrés (m.) *stress (10)*
estudiante (m., f.) *student (1)*
estudiar *to study (2)*
estudios *studies;*
   hacer estudios de postgrado *to go to graduate school (6)*
estufa *stove (4)*
estupendo *great, terrific (1)*

F

fácil *easy (6)*
facilidad (f.) *facility (11)*
falda *skirt (9)*
faltar *to be short (of something);to be lacking; to be missing (something) (6)*
fama *fame, renown (9)*
familia *family (2)*
farmacéutico(a) *pharmacist (9)*
farmacia *pharmacy, drugstore (7)*
fascinante *fascinating (6)*
¡fatal! *a disaster!, terrible! (8)*
fecha *(calendar) date (3)*
feo(a) *ugly (4)*
festival (m.) *festival (8)*
festivo(a): día festivo *holiday (8)*
fibra *fiber (5)*
ficha *filing/note card (9)*

etiqueta *etiquette (5)*
exacto(a) *exact (3)*
examen (m.) *exam, test (6)*
excursión (f.) *trip, tour (3)*
exhibir *to be on exhibit (8)*
exigente *demanding (6)*
exótico(a) *exotic (7)*

fiebre (f.) *fever (7)*
fiesta *party (2)*
filosofía *philosophy (4)*
fin (m.) *end;*
  fin de semana *weekend (6);*
  por fin *finally (6)*
firma *firm (11)*
firmar *to sign (7)*
flan (m.) *custard (5)*
flexible *flexible (11)*
flor (f.) *flower (4)*
fomentar *to encourage, to foster (5)*
formal *dressy, fancy; formal (9)*
foto(grafía) *photograph (6)*
fractura *fracture (7)*
francés (m.) *French (1)*

experiencia *experience (11)*
exposición (f.) *exhibition (7);*
  exposición (f.) de arte *art exhibit (7)*
expresar *to express (11)*
extender (ie) *to extend, stretch (9)*
extranjero *abroad; (n.) foreigner (3)*
extrovertido(a) *outgoing (4)*

fregadero *kitchen sink (4)*
fresco(a) *fresh (5); cool (weather) (8)*
frijoles (m.) *beans (5)*
frío: tener frío *to be cold (5)*
frito(a) *fried (5)*
fruta *fruit (5)*
fuego *fire;*
  fuegos artificiales *fireworks (8)*
fuente (f.) *fountain (7)*
fumar *to smoke (10)*
función (f.) *function (3); show (8)*
funcionario(a) público(a) *government employee (11)*
fútbol (m.): fútbol (europeo) *soccer (2);*
  fútbol americano *football (2)*
futuro *future (n.) (6)*

G

gafas *eyeglasses (4);*
  gafas de sol *sunglasses (9)*
galleta *cookie, cracker (5)*
galón (m.) *gallon (5)*
gama *range, scale (9)*
ganas: tener ganas de (+ inf.) *to feel like (doing something) (5)*
ganga *bargain (n.) (9)*
garaje (m.) *garage (4)*
garganta *throat (7)*
gazpacho *cold soup made with vegetables (5)*
gemelo(a) *twin (2)*
genealógico(a) *genealogical (2)*
gente (f.) *people (7)*

geografía *geography (6)*
geología *geology (6)*
gerente (m., f.) *manager (11)*
gimnasio *gym (3)*
gobierno *government (11)*
golf (m.) *golf (7)*
golf (m.) *golf (7)*
goma de borrar *eraser (9)*
gordo(a) *fat (4)*
gorra *cap (9)*
grabadora *tape recorder (1)*
gracias *thank you, thanks (1)*
graduarse *to graduate (6)*
gramática *grammar (1)*

gramo *gram (5)*
grande (gran) *big (4);*
  gran almacén (m.) *department store (9)*
grapadora *stapler (9)*
grasa *fat (5)*
grave *serious (illness/symptom) (7); severe (7)*
gripe (f.) *flu (7)*
gris *gray, hazel (eyes) (4)*
guante (m.) *glove (9)*
guapo(a) *good-looking (4)*
guayabera *lightweight shirt with large pockets (9)*
gustar *to like (to be pleasing) (5)*
gusto *pleasure; taste (n.) (1)*

H

habilidad (f.) *ability (11)*
habitación (f.) *room;*
  habitación doble *double room (3);*
  habitación sencilla *single room (3)*
habitante *inhabitant (7)*
hablar *to talk, to speak (2)*
hacer *to do, to make (4);*
  hacer caminatas *to go hiking (8);*
  hacer ejercicios (aeróbicos) *to exercise, to do (aerobic) exercises (4);*
  hacer estudios de postgrado *to go to graduate school (5);*
  hacer la cama *to make the bed (4);*
  hacer jetski *to go jet skiing (3);*
  hacer un pedido *to place an order/request (5);*
  hacer surfing *to go surfing (7);*
  hacer tablavela *to go wind surfing (7);*

  hacer un viaje *to take a trip (3)*
hambre (f.): tener hambre *to be hungry (5)*
hamburguesa *hamburger (5)*
hasta *until (4)*
hay (haber) *there is/there are (1);*
  hay que (+ inf.) *one must, it is necessary to (4)*
helado *ice cream (4)*
herencia *heritage, inheritance (3)*
hermanastro(a) *stepbrother/stepsister (3)*
hermano(a) *brother/sister (2);*
  medio(a) hermano(a) *half brother/sister (3)*
hermoso(a) *beautiful (6)*
hijo(a) *son/daughter;*
  hijos *sons/children (2)*
historia *history (6)*
hoja *piece (of paper) (1); leaf*

hola *hello, hi (1)*
hombre *man;*
  hombre de negocios *businessman (6)*
hombro *shoulder (7)*
honrado(a) *honest/honorable (11)*
horario *schedule (3)*
horrible *horrible (6)*
hotel (m.) *hotel (3)*
hoy *today (3);*
  hoy día *nowadays (6)*
huevo *egg (5)*
humanidades (f. pl.) *Humanities (6)*
humor (m.) *mood;*
  de buen humor *in a good mood (1);*
  de mal humor *in a bad mood (1)*
huracán (m.) *hurricane (8)*

I

ida: de ida *one-way (3);*
  de ida y vuelta *round-trip (3)*
iglesia *church (7)*
igualmente *likewise, same here (1)*
imaginativo(a) *imaginative (11)*
impedir (i, i) *to prevent (9)*
importante *important (5)*
imposible *impossible (10)*
impresionante *impressive (7)*
incluido(a) *included (5)*
incluir *to include (9)*
independencia: Día de la Independencia *Independence Day (8)*
indicar *to indicate (3)*
indígena *indigenous/native (adj.) (2)*

infección (f.) *infection (7)*
influir *to influence (8)*
informar *to inform (11)*
informática *computer science (6)*
informe (m.) *report (8)*
ingeniería *engineering (6)*
ingeniero(a) *engineer (6)*
inglés (m.) *English (1)*
ingrediente (m.) *ingredient (5)*
inodoro *toilet (4)*
insomnio *insomnia (10)*
insultar *to insult (9)*
integrar *to integrate; to make up, compose (2)*
interesante *interesting (6)*
interesar *to interest, arouse interest in (6)*

internado *(medical) internship (10)*
intoxicación (f.) *food poisoning (7)*
inundación (f.) *flood (7)*
investigación (f.) *research (11)*
investigar *to research/to investigate (11)*
invierno *winter (8)*
inyección (f.) *shot (7)*
ir *to go (3);*
  ir a pie *to go on foot (7);*
  ir de compras *to go shopping (8);*
  ir de escaparates *to go window shopping (8);*
  ir de picnic *to go on a picnic (8)*
isla *island (7)*
izquierdo(a) *left (4);*
  ir a la izquierda *to go to the left (4)*

J

jabón (m.) *soap (9)*
jamón (m.) *ham (5)*
Jánuca *Hanukkah (8)*
jarabe (m.) (para la tos) *(cough) syrup (7)*

joven *young (4)*
joyería *jewelry shop/department (9)*
jueves (m.) *Thursday (3)*

jugador(a) *player (8)*
jugar (ue) *to play* (sport, game) *(4)*
jugo *juice (5)*

K

kilo *kilo* (metric pound) *(5)*

laboral *work* (adj.) *(2)*

laboratorio *laboratory (6)*

L

lado: al lado de *next to (4)*
lago *lake (7)*
lámpara *lamp (4)*
lana *wool (9)*
lápiz (m.) *pencil (1)*
largo(a) *long (4)*
lástima *shame, pity (8)*
lastimarse *to hurt oneself; to get hurt (7)*
lavabo *bathroom sink (4)*
lavar *to wash (4);*
   lavarse *to wash (oneself) (6)*
lazo *tie* (n.), *bow (4)*
leche (f.) *milk (5)*
lechería *dairy (5)*
lechuga *lettuce (5)*
lectura *reading* (n.) *(6)*

leer *to read (2)*
lejos *far (7)*
levantar *to lift, raise;*
   levantar pesas *to lift weights (8);*
   levantarse *to get up (6)*
libra *pound* (weight) *(5)*
libre *free, unoccupied (2);*
   tiempo libre *free time (2)*
libro *book (1)*
limpiar *to clean (4)*
limpio(a) *clean* (adj.) *(4)*
línea *line (10)*
lingüística *linguistics (6)*
literatura *literature (6)*
litro *liter (5)*
llamar *to call;*

llamarse *to be called (1)*
llave (f.) *key (3)*
llegada *arrival (3)*
llegar *to arrive (3)*
llevar *to wear (4); to take;*
   llevarse bien (mal) *to get along well (poorly)*
    with someone (10)
llover (ue) *to rain (8)*
lluvia *rain* (n.) *(8)*
lucir *to show off (7)*
luego *then, next, later (6)*
lugar (m.) *place (10)*
lujoso(a) *luxurious (9)*
lunar: con lunares *polka-dotted (9)*
lunes (m.) *Monday (3)*

M

madrastra *stepmother (4)*
madre (f.) *mother (2)*
madrina *godmother (4)*
madrugada *dawn, early morning (6)*
maestro(a) *teacher (11)*
maíz (m.) *corn (5)*
majestuoso(a) *majestic (8)*
mal(o)(a) *bad, poorly (2)*
malestar (m.) *slight illness, discomfort (10)*
mamá *mom (2)*
mamífero(a) *mammal (7)*
mañana *tomorrow; morning (3);*
   de la mañana *a.m. (3);*
   esta mañana *this morning (6);*
   por la mañana *in the morning (6)*
mandado *errand (4)*
manera *way, manner (2)*
mano (f.) *hand (6)*
mantener (ie) *to maintain (4)*
mantequilla *butter (5)*
manzana *apple (5)*
mapa (m.) *map (1)*
maquillarse *to put on make-up (6)*
maracas *maracas (9)*
mareado(a) *dizzy, nauseated (7)*
margarina *margarine (5)*
marino: azul marino *navy blue (9)*
mariscos *shellfish, seafood (5)*
marrón *brown (9)*
martes (m.) *Tuesday (3)*
más... que *more . . . than (4)*
matemáticas *mathematics (6)*
materno(a) *maternal (4)*
matrimonio *marriage (4)*
mayonesa *mayonnaise (5)*

mayor *older, elderly (4)*
mayoría *majority (1)*
mediano(a) *medium, average (4)*
medianoche (f.) *midnight (3)*
medicina *medicine (6)*
médico *doctor, physician (6)*
medio (m.) *ambiente environment (11)*
medio(a) *half;*
   medio(a) hermano(a) *half brother/half sister*
    (4)
mediodía (m.) *noon, midday (3)*
mejor *better (4);*
   a lo mejor *maybe (8)*
mejorar *to improve (5)*
melocotón (m.) /durazno (m.) *peach (5)*
mencionar *to mention (5)*
menor *younger (4)*
menos... que *less . . . than (4)*
mensajero(a) *messenger (11)*
menú (m.) *menu (5)*
mercadeo *marketing (11)*
mercado *market (5)*
merendar (ie) *to have a snack (5)*
merienda *snack, snack time (5)*
mermelada *marmalade (5)*
mes (m.) *month (3)*
mesa *table; teacher's desk (1)*
mesita *coffee table, end table (4);*
   mesita de noche *night table (4)*
metro *subway (8)*
mi(s) *my (2)*
mí *me;*
   mí mismo(a) *myself (6)*
microbiología *microbiology (6)*
miedo: tener miedo *to be afraid/scared (5)*

miembro *member (4)*
mientras *while (5)*
miércoles (m.) *Wednesday (3)*
ministro(a) *minister (10)*
minoría *minority (10)*
mirar *to watch, to look (2)*
mismo(a) *same/self;*
   allí mismo *right there (7);*
   mí mismo(a) *myself (6)*
mochila *book bag, backpack (1)*
moda *fashion (9)*
moderno(a) *modern (4)*
molestar *to bother, to irritate (10)*
molido(a) *ground, crushed (5)*
monasterio *monastery (3)*
monja *nun (8)*
montaña *mountain (3)*
montar *to climb (8); to set up (10);*
   montar a caballo *to go horseback riding (10)*
morado(a) *purple (9)*
morirse (ue, u) *to die (10)*
mostrar (ue) *to show (9)*
mucho(a) *much, a lot, many (1);*
   muchas veces *frequently (8)*
muebles (m.) *furniture (4)*
mujer (f.) *woman (6);*
   mujer de negocios *businesswoman (11)*
multa *ticket, fine (10)*
multinacional *multinational (11)*
multiplicar *to multiply (8)*
mundo *world (2)*
muñeca *wrist (7)*
museo *museum (3)*
música *music (2)*

N

nacer *to be born (1)*
nacimiento *birth (4)*
nada *nothing, (not) anything (4);*
   de nada *you're welcome (1)*
nadar *to swim (8)*
nadie *nobody, no one (4)*
naranja *orange* (n.) *(5)*
nariz (f.) *nose (7)*
náusea *nausea (7)*
Navidad (f.) *Christmas (8)*

necesario(a) *necessary (10)*
necesitar *to need (5)*
negocios *business (6)*
negro(a) *black (4)*
nervioso(a) *nervous (1)*
nevar (ie) *to snow (8)*
nevera *refrigerator (4)*
nieto(a) *grandson/granddaughter (4)*
nieve (f.) *snow* (n.) *(8)*
niña *girl (9)*

niñero(a) *babysitter, nanny (11)*
ningún (ninguno/ninguna) *none, not any, not a*
   single one (4)
ninguna parte *not anywhere, nowhere (3)*
nivel (m.) *level (5);*
   nivel de colesterol *cholesterol level (5)*
noche (f.) *night (1);*
   de la noche *p.m. (3);*
   por la noche *at night (6)*
   Noche Vieja *New Year's Eve (8)*

Nochebuena   *Christmas Eve (8)*
nombre (m.)   *name (1);*
   nombre de pila   *first name (1)*
nota   *grade (6)*
notable   *very good* **(grade)** *(6)*
noticias   *news (10)*

O

o   *or (1)*
obra   *work (3);*
   obra (de teatro)   *play, drama (8)*
obrero(a)   *laborer (11)*
obtenible   *obtainable (4)*
octavo(a)   *eighth (9)*
ocupado(a)   *busy (1)*
ocupar   *to check in* (at a hotel); *to occupy (3)*
ocurrir   *to happen, to occur (3)*
oficial   *official (4)*
oficina   *office (2);*
   oficina de correos   *post office (7)*

oficina de turismo   *tourism information office (7)*
oficio   *occupation, trade (11)*
ofrecer   *to offer (7)*
oído   *inner ear (7)*
oiga   *excuse me* (to get someone's attention) *(7)*
oír   *to hear (5)*
¡ojalá!   *I hope!, I wish! (10)*
ojo   *eye (4)*
onza   *ounce (5)*
ópera   *opera (7)*

novela   *novel (2)*
noveno(a)   *ninth (9)*
novio(a)   *boyfriend/girlfriend (4)*
novio(a)   *fiancé (fiancée) (10)*
nublado(a)   *cloudy (8)*
nuestro(a)(s)   *our (2)*

nuevo(a)   *new (4)*
número   *number (1); size* (shoes) *(9)*
nunca   *never;*
   casi nunca   *almost never (4)*
nutrición (f.)   *nutrition (5)*

oportunidad (f.)   *opportunity (6)*
optimista   *optimistic (4)*
opuesto(a)   *opposite (8)*
ordenado(a)   *neat (4)*
oreja   *ear (7)*
organizado(a)   *organized (6)*
orgulloso(a)   *proud (10)*
origen (m.)   *origin (7)*
oro   *gold (9)*
otoño   *fall, autumn (8)*
otro(a)   *other; another (8)*

P

paciente (m., f.)   *patient (11)*
padecer (de)   *to suffer* (from illness) *(10)*
padrastro   *stepfather (4)*
padre (m.)   *father (2);*
   padres (m.)   *parents (2)*
padrino   *godfather/godparent (4)*
paella   *rice dish with saffron, seafood, chicken (5)*
pagar   *to pay (for) (3)*
página   *page* (n.) *(1)*
país (m.)   *country* (nation) *(4)*
pan (m.)   *bread (5);*
   pan tostado   *toast (6)*
panadería   *bakery (5)*
panecillo   *roll (5)*
pantalones (m.)   *pants, trousers;*
   pantalones cortos   *shorts (9)*
papá (m.)   *dad (2)*
papa   *potato* (Latin America) *(5)*
papel (m.)   *paper (2); role (11);*
   papel de regalo   *wrapping paper (9)*
papeleo   *paperwork (11)*
papelería   *stationer's (9)*
paquete (m.)   *package (5)*
para   *for, in order to (3)*
parada de autobuses   *bus stop (7)*
parador (m.)   *state hotel, inn (3)*
paraguas (m.)   *umbrella (9)*
parecer   *to seem, to think about (9)*
pareja   *couple* (n.) *(10)*
pariente (m.)   *relative (2)*
parque (m.) zoológico   *zoo (3)*
partida   *certificate* (of birth, marriage, etc.) *(4)*
partido   *game (2)*
pasa   *raisin (4)*
pasado mañana   *the day after tomorrow (3)*
pasado(a)   *last (5)*
pasar   *to spend time (2); to happen (6);*
   pasarlo bien   *to have a good time (7)*
pasatiempo   *pastime, hobby (2)*
Pascua Florida   *Easter (8)*
pasear   *to take a walk/ride (3); to stroll (7)*
paseo: dar un paseo   *to take a walk (7)*
paso   *step (1)*
pasta dentífrica   *toothpaste (9)*
Pastel (m.) de cumpleaños   *birthday cake (8)*
pastelería   *pastry shop (5)*
pastilla   *pill, tablet (7)*
patata   *potato* (Spain) *(5)*
paterno(a)   *paternal (4)*
patio   *courtyard (4)*
patriótico(a)   *patriotic (8)*
pavo   *turkey (8)*
pecho   *chest (7)*
pedagogía   *education (6)*
pedido   *order, request* (n.) *(5);*
   hacer un pedido   *to place an order/request (5)*
pedir (i, i)   *to ask for, to order (4)*

peinarse   *to comb one's hair (6)*
peine (m.)   *comb (9)*
película   *movie (2)*
pelo   *hair (4)*
pensar (ie)   *to plan; to think (3)*
pensión (f.)   *boardinghouse (3)*
peor   *worse (4)*
pequeño(a)   *small, little (4)*
perdón   *excuse me (3)*
perdone   *excuse me (7)*
perfume (m.)   *perfume (9)*
perfumería   *perfume shop/department (9)*
periódico   *newspaper (2)*
periodismo   *journalism (6)*
período   *period* (of time) *(3)*
permanente   *permanent (10)*
permiso   *permission (4)*
pero   *but* (conj.) *(2)*
personalidad (f.)   *personality (4)*
pesa: levantar pesas   *to lift weights (8)*
pesado(a)   *tiresome, annoying (4); heavy*
Pésaj   *Passover (8)*
pescadería   *fish shop (5)*
pescado   *fish* (caught) *(5)*
pescar   *to go fishing (3)*
pésimo(a)   *terrible, awful (6)*
picadillo   *ground beef dish with olives and raisins (5)*
picante   *spicy, hot (5)*
picnic: ir de picnic   *to go on a picnic (8)*
pie (m.)   *foot (7);*
   ir a pie   *to go on foot (7)*
piel (f.)   *fur, leather, skin (9)*
pierna   *leg (7)*
pimienta   *black pepper (5)*
piña   *pineapple (5)*
piñata   *piñata (9)*
piscina   *swimming pool (3)*
piso   *floor* (level) *(3); apartment* (Spain) *(4)*
pizarra   *chalkboard (PP)*
pizza   *pizza (5)*
placer (m.)   *pleasure (2)*
plan (m.)   *plan (6)*
planta   *floor (9); plant* (n.) *(4);*
   planta baja   *ground floor (9)*
plata   *silver (9)*
plátano   *banana, plantain (5)*
plato   *dish, plate (5);*
   primer plato   *first course (5);*
   segundo plato   *second course (5)*
playa   *beach (8)*
plaza   *plaza, square (7)*
¡pobrecito(a)!   *poor thing! (8)*
población (f.)   *population (3)*
poco(a)   *(a) little, not much, few (1)*
poder (ue)   *to be able, can (3)*
poeta/poetisa   *poet (8)*
policía   *police (10)*
político(a)   *political;*

   ciencias políticas   *political science (6)*
pollo   *chicken (5)*
poner   *to put; to turn on; to set* (the table) *(4);*
   ponerse   *to put on (6)*
por   *for, by, through (2);*
   por costumbre   *customarily (7)*
   por favor   *please (1);*
   por fin   *finally (6);*
   por la mañana   *in the morning (2);*
   por la noche   *at night (2);*
   por la tarde   *in the afternoon (2);*
   ¿por qué?   *why? (2)*
porque   *because (2)*
posible   *possible (10)*
postre (m.)   *dessert (4)*
practicar   *to practice; to play* (a sport) *(2)*
precio   *price* (n.) *(3)*
preferible   *preferable (5)*
preferido(a)   *favorite (5)*
preferir (ie, i)   *to prefer (4)*
pregunta   *question* (n.) *(2)*
preguntar   *to ask (1)*
prenda (de vestir)   *article of clothing (9)*
preocupado(a)   *worried, concerned (1)*
preocuparse   *to worry (10)*
preparar   *to prepare (4)*
presentar   *to present, to introduce (8)*
presillas (f. pl.)   *paper clips (9)*
presión (f.)   *pressure;* arterial blood pressure (5)
préstamo   *loan* (n.) *(10)*
primavera   *spring* (season) *(8)*
primero(a)   *first (3);*
   primer plato   *first course (5)*
primo(a)   *cousin (4)*
prisa: tener prisa   *to be in a hurry (5)*
privado(a)   *private (3)*
probador (m.)   *dressing room (9)*
probar (ue)   *to taste, to try (5);*
   probarse (ue)   *to try on (7)*
productos lácteos   *dairy products (5)*
profesión (f.)   *profession (5)*
profesor(a)   *professor/teacher (1)*
programa (m.)   *program, show (2)*
programador(a)   *programmer (11)*
prohibir   *to forbid, to prohibit (10)*
promover   *to promote (8)*
pronto   *soon (2)*
propina   *tip (5)*
propio(a)   *own, one's own (8)*
próximo(a)   *next (8)*
prueba   *quiz* (n.) *(10)*
pueblo natal   *hometown (11)*
pueblo   *(group of) people (2); town (7)*
puerta   *door (1)*
puesto   *booth (5); job, position (10)*
pulguero   *flea market (9)*
pulmón (m.)   *lung (7)*
punto   *point, dot (1); stitch (7)*
pupitre (m.)   *student desk (1)*

Q

¿qué? *what? (1)*
quedar *to fit (9);*
  quedarse *to stay, to remain (8)*
quehaceres (m.) *household chores (4)*
quemadura del sol *sunburn (7)*

quemarse *to get burned (7)*
querer (ie) *to want (3);*
  querer decir *to mean (1)*
queso *cheese (5)*
¿quién(es)? *who? (2)*

quinto(a) *fifth (3)*
quisquilloso(a) *picky (6)*
quitarse *to take off (6)*
quizás *perhaps, maybe (6)*

R

rabino *rabbi (10)*
radio (f.) *radio (2)*
radio casete (m.) *boombox (9);* **radio casete portátil** *portable radio/tape player ("walk man") (9)*
radiografía *x-ray (7)*
rato *a while (5)*
rayas: de rayas *striped (9)*
razonable *reasonable (3)*
reaccionar *to react (10)*
rebajado(a) *on sale, reduced (9)*
receta *recipe (2); prescription (7)*
recetar *to prescribe (7)*
recibir *to receive (8)*
recinto universitario *university campus (6)*
recomendar (ie) *to recommend (5)*
recursos *resources (4)*
refresco *(soft) drink (5)*
refrigerador (m.) *refrigerator (4)*

regalar *to give (as a present) (8)*
regalo *present, gift (8)*
regatear *to bargain, to haggle (over a price) (9)*
regla *rule (4); ruler (4)*
regresar *to return (3)*
regular *average, so-so (6)*
religioso(a) *religious (8)*
reloj (m.) *clock (1); wristwatch (9)*
relojería *watch shop, department (9)*
repetir (i) *to repeat, to have another helping of food (5)*
repetir *to repeat (1)*
reportar *to report (11)*
representante (m. f.) de ventas *sales representative (11)*
reservación (f.) *reservation (3)*
resfriado: estar resfriado(a) *to have a cold (7)*
residencia *residence, dormitory (1)*
resolver (ue) *to resolve (11)*

respuesta *response, answer (n.) (1)*
restar *to subtract (8)*
restaurante (m.) *restaurant (2)*
reunirse *to get together; to reunite (8)*
revista *magazine (2)*
revuelto(a) *scrambled (5)*
río *river (7)*
rodilla *knee (7)*
rojo(a) *red (4)*
romper *to break (10)*
ropa *clothes (4)*
rosado(a) *pink (9)*
roto(a) *broken (4)*
rotuladores (m.pl.) *felt tipped pens (9)*
rubio(a) *blond(e) (4)*
ruinas *ruins (7)*
rutinario(a) *routine (11)*

S

sábado *Saturday (3)*
saber *to know* (information) *(4)*
sabiduría *wisdom (10)*
sabroso(a) *delicious (8)*
sacapuntas (m.) *pencil sharpener (9)*
sacar *to get a grade; to take out (6);*
  sacarle *to take (7);*
  sacar fotos *to take photographs (7)*
saco *jacket, sports coat (9)*
sal (f.) *salt (5)*
sala *room; living room (4);*
  sala de clase *classroom (1)*
salida *departure (3); exit*
salir *to leave, to go out* (on a social occasion) *(3);*
  salir bien (mal) *to do well (poorly) (10)*
Salón (m.) de la Fama *Hall of Fame (8)*
salsa *sauce (5)*
salud (f.) *health (5)*
saludar *to greet (5)*
saludo *greeting (1)*
salvavidas (m.f.) *lifeguard (11)*
sandalia *sandal (9)*
sandía *watermelon (5)*
sangre (f.) *blood (7)*
sarape (m.) *poncho (9)*
sazonar *to season (5)*
seco(a) *dry (10)*
secretario(a) *secretary (11)*
sed: tener sed *to be thirsty (5)*
seda *silk (9)*
seguir (i, i) *to follow, to continue (4)*
según *according to (4)*

segundo(a) *second (3);*
  segundo plato *second course (5)*
seguridad (f.) *security (11)*
seguro(a) *sure, certain; safe (10)*
sello *(postage) stamp (7)*
semana laboral *work week (2)*
semana *week (3);*
  fin (m.) de semana *weekend (4)*
sencillo(a) *simple (9);*
  habitación (f.) sencilla *single room (3)*
señor (Sr.) (m.) *Mr. (1)*
señora (Sra.) *Mrs. (1)*
señorita (Srta.) *Miss (1)*
sentir (ie, i) *to feel (7); to regret, to be sorry (10)*
separado(a) *separated (10)*
séptimo(a) *seventh (9)*
ser *to be (1)*
serio(a) *serious (4)*
servicial *attentive, helpful (7)*
servilleta *napkin (5)*
servir (i, i) *to serve (4)*
sexto(a) *sixth (9)*
sicología *psychology (6)*
sicólogo(a) *psychologist (6)*
siesta *nap (n.) (10)*
siglo *century (3)*
significado *meaning (6)*
silla *chair (1)*
sillón (m.) *easy chair (4)*
simpático(a) *nice (4)*
sin embargo *however, nevertheless (2)*

sinagoga *synagogue (8)*
sino *but* (conj.) *(6)*
sistema (m.) *system (1)*
sitio histórico *historic site (7)*
situación (f.) *situation (11)*
sobremesa *after-dinner conversation (5)*
sobrenatural *supernatural (10)*
sobresaliente *outstanding (6)*
sobretodo *above all (6)*
sobrino(a) *nephew/niece (4)*
sociedad (f.) *society (11)*
sofá (m.) *sofa (4)*
sol (m.) *sun (7)*
solamente (sólo) *only (3)*
soltero(a) *single* (unmarried) *(2)*
sopa *soup (5)*
sorprendente *surprising (6)*
sorprender *to surprise (10)*
sospechoso(a) *suspicious (9)*
sótano *basement (9)*
su(s) *his, her, their, your (1)*
sucio(a) *dirty (4)*
sudadera *sweatshirt (9)*
sueño: tener sueño *to be sleepy (5)*
suerte (f.) *luck (8)*
suéter (m.) *sweater (9)*
suficiente *enough (10)*
supermercado *supermarket (5)*
suplementos de minerales *mineral supplements (5)*
suspendido *failing grade (6)*

T

taciturno(a) *taciturn (6)*
taco *taco (2)*
talla *size* (clothing) *(9)*
tamaño *size (9)*
tampoco *neither (6)*
tan... como *as . . . as (4)*
tanto(a)(s)... como *as much (many) . . . as (4)*
tarde (f.) *afternoon;*
  de la tarde *p.m. (3);*
  esta tarde *this afternoon (6);*
  por la tarde *in the afternoon (6)*
tarjeta *card (3);*
  tarjeta de crédito *credit card (3);*

  tarjeta postal *postcard (7)*
taxi (m.) *taxi (7)*
taza *cup (5)*
té (m.) *tea (5)*
teatro *theater (3)*
técnico(a) *technical (5)*
teléfono *telephone (2);*
  teléfono celular *cell phone (9)*
televisión (f.) *television (1)*
televisor (m.) *T.V. set (4)*
tema (m.) *topic, subject (2)*
temperatura *temperature (8)*
temporal *temporary (10)*
temprano *early (4)*

tenedor (m.) *fork (5)*
tener *to have (2);*
  tener calor *to be hot/warm (2);*
  tener cuidado *to be careful (2);*
  tener frío *to be cold (2);*
  tener ganas de (+ inf.) *to feel like* (doing something) *(2);*
  tener hambre *to be hungry (2);*
  tener miedo *to be afraid/scared (2);*
  tener prisa *to be in a hurry (2);*
  tener (ie) que (+ inf.) *to have to* (do something) *(2);*
  tener razón *to be right (2);*
  tener sed *to be thirsty (2);*

tener sueño *to be sleepy (2)*
tenis (m.) *tennis (2)*
teoría *theory (6)*
tercer(o)(a) *third (3)*
terminar *to end, to finish, to be over (6)*
tiempo *time; weather (2);*
   tiempo libre *free time (2);*
   de medio tiempo *part-time (11);*
   de tiempo completo *full-time (11)*
tienda *store (n.) (9);*
   tienda de comestibles *grocery store (5)*
tierra *land (n.) (8)*
tijeras (f. pl.) *scissors (9)*
tímido(a) *shy (4)*
tina *bathtub (4)*
tío(a) *uncle/aunt (4)*
típico(a) *local, typical (7)*
tirita *band-aid (7)*
tiza *chalk (1)*

tobillo *ankle (7)*
tocar *to play (a musical instrument); to touch (6)*
todavía *yet, still (6)*
todo *all, everything (5);*
   todos los días *every day (2)*
tomar *to take; to drink (2);*
   tomar el sol *to sunbathe (3);*
   tomar lugar *to take place (5)*
tomate (m.) *tomato (5)*
torcer (ue) *to twist, to sprain (7)*
torta *cake (5)*
tortilla *omelet (Spain/Cuba) (4); flour tortilla (Central America/Mexico) (5)*
tos (f.) *cough (7)*
tostado(a) *toasted;*
   pan tostado *toast (7)*
tour (m.) *tour (3)*
trabajador(a) *social social worker (11)*
trabajar *to work (2)*

trabajo *work (n.) (6);*
   trabajo de oficina *office work (11)*
   trabajo social *social work (6)*
tradicional *traditional (4)*
traer *to bring (4)*
traje (m.) *suit; dress (9);*
   traje de baño *bathing suit (9)*
trámite (m.) *procedure/formality (11)*
transición *transition (6)*
tratamiento *treatment (11)*
tratar con *to deal with (11)*
tratar de *to try to (10)*
tratarse *to treat oneself (10)*
tren (m.) *train (3)*
trigonometría *trigonometry (6)*
triste *sad (1)*
tropical *tropical (8)*
tu(s) *your (1)*

U

u *or (4)*
último(a) *last (6)*

un poco de *a little of (2)*
universidad (f.) *university (2)*

útil *useful (5)*
uva *grape (5)*

V

vacaciones (f.) *vacation (8)*
valer *to be worth (3)*
vaqueros *jeans (9)*
variado(a) *varied (5)*
variar *to vary (6)*
variedad (f.) *variety (5)*
vaso *(drinking) glass (5)*
vecino(a) *neighbor (2)*
vela *candle (8)*
velorio *wake, vigil (10)*
vendedor(a) *salesman (woman) (11)*
venir (ie) *to come (4)*
ventana *window (1)*
ver *to see (4)*
verano *summer (8)*
verdad (f.) *truth (10)*

verde *green (4)*
verdura *vegetable (5)*
vestido *dress (n.) (9)*
vestirse (i, i) *to get dressed (6)*
veterinaria *veterinary science (6)*
vez (f.) *time (8);*
   a veces *sometimes (8);*
   de vez en cuando *from time to time (8)*
viajar *to travel (2)*
viaje (m.) *trip (3)*
vídeo *video (9)*
videocámara *video camera/camcorder (9)*
videocasetera *VCR (9)*
viejo(a) *old (4)*
viento *wind (8)*

viernes (m.) *Friday (3)*
vigilar *to monitor, to watch out for (5)*
villancico *Christmas carol (8)*
vino *wine (5)*
virus (m.) *virus (7)*
visitar *to visit (4)*
vitamina *vitamin (5)*
viudo(a) *widower/widow (4)*
vivir *to live (2)*
vóleibol (m.) *volleyball (8)*
voluntario(a) *volunteer (11)*
volver (ue) *to return (4)*
vuelo *airplane flight (3)*
vuelta: de ida y vuelta *round-trip (3)*
vuestro(a)(s) *your (2)*

Y

y *and (2)*
ya que *given that, since (5)*

yeso *cast (7)*

yogur (m.) *yogurt (5)*

Z

zapáto *shoe (9)*

zona *zone (8)*

Vocabulario

The vocabulary found in both the Spanish-English and English-Spanish sections contains all words from the end-of-chapter vocabularies (except certain expressions from the **Expresiones útiles**) and some terms from the cultural readings. The meanings provided in this glossary, however, are limited to those used in the contexts of this textbook. Genders of nouns are given only if they are an exception to the -o and -a endings. The number of the chapter where the vocabulary word or expression first appears is indicated in parentheses after the definition. Spelling changes in stem-changing verbs are indicated in parentheses after the verb given, where appropriate.

The following abbreviations are used in this glossary:

adj.	adjective	**m.**	masculine
conj.	conjunction	**n.**	noun
f.	feminine	**PP**	paso preliminar
form.	formal	**pl.**	plural
inf.	infinitive	**sing.**	singular
inform.	informal	**v.**	verb

A

A.M. *de la mañana (3)*
ability *habilidad* (f.) *(11)*
about (around) *alrededor de (3)*
above: above all *sobretodo (6)*
abroad *extranjero (7)*
abundant *abundante (8)*
accept *aceptar (3)*
according to *según (4)*
ache *(n.) dolor* (m.) *(7)*
act *(v.) actuar (4)*
activity *actividad* (f.) *(2)*
adapt *(v.) adaptar (11)*
add *agregar (8);*
  to add on *añadir (4)*
addition: in addition *además (6);*
  in addition to *aparte de (5)*
address *(n.) dirección* (f.) *(11)*
advancement/promotion *ascenso (11)*
advice *consejo (10)*
advisable *aconsejable (5)*
advise *(v.) aconsejar (10)*
affectionate *cariñoso(a) (4)*
afraid: to be afraid *tener miedo (5)*
after *después de (6);*
  after-dinner conversation *sobremesa (4)*
afternoon *tarde* (f.); *(1)*
  in the afternoon *por la tarde (2);*
  this afternoon *esta tarde (6)*
afterwards *después (6)*
agree *estar de acuerdo (6)*

ahead: straight ahead *derecho (4)*
airplane *avión* (m.) *(3)*
algebra *álgebra* (m.) *(6)*
all *todo (5)*
alligator *caimán* (m.) *(8)*
almost *casi;*
  almost never *casi nunca (8)*
alphabet *abecedario (1)*
although *aunque (2)*
amenity *amenidad* (f.) *(3)*
among *entre (4)*
analize *(v.) analizar (11)*
ancient *antiguo(a) (4)*
and *y (1)*
anger *(v.) enfadar (10)*
angry *enojado(a) (2)*
ankle *tobillo (7)*
annoying *pesado(a) (4)*
another *otro(a) (8)*
answer *(n.) respuesta (1)*
answer *(v.) contestar (1)*
answering machine *contestador* (m.) *automático (9)*
anthropology *antropología (6)*
antibiotic *antibiótico (7)*
anything *algo (5)*
apartment *apartamento (2); departamento* (Mexico) *(4); piso* (Spain) *(4)*
appearance *apariencia (9)*
apple *manzana (5)*

appropriate *apropiado(a) (9)*
aquarium *acuario (3)*
architecture *arquitectura (7)*
area *área* (m.) *(11)*
arm *(n.) brazo (7)*
around *alrededor de (3)*
arrival *llegada (2)*
arrive *llegar (3)*
art exhibit *exposición* (f.) *de arte (7)*
art *arte* (m.) *(6);*
  arts and crafts *artesanía (9)*
article *artículo (1);*
  article of clothing *prenda (de vestir) (9)*
as much (many) ... as *tanto(a)(s)... como (4)*
aside from *aparte de (5)*
ask *preguntar (1);*
  ask for *pedir (i, i) (4)*
asleep: to fall asleep *dormirse (ue, u) (6)*
aspirin *aspirina (7)*
astronomy *astronomía (6)*
at *a*
attend *(classes, etc.) asistir a (2)*
attendance *asistencia (6)*
attentive, helpful *servicial (7)*
attorney *abogado(a) (11)*
aunt *tía (4)*
autumn *fall* (season) *(8)*
avenue *avenida (7)*
average *(adj.) regular (6)*
awful *pésimo(a) (8)*

B

baby *(n.) bebé* (m., f.) *(10)*
babysitter, nanny *niñero(a) (11)*
back *(a part of the body) espalda (7)*
bad *mal(o)(a) (2)*
bag *(n.) bolsa (5)*
baked *al horno (5); asado(a) (5)*
bakery *panadería (5)*
balanced *balanceado(a) (10)*
bald *calvo(a) (4)*
ballet *ballet* (m.) *(7)*
banana *plátano, banana (5)*
band-aid *tirita (7)*
bank *banco (3)*
baptism *bautizo (4)*
bar *barra (1)*
bargain *(n.) ganga (9)*
bargain *(v.) regatear (9)*
baseball *béisbol* (m.) *(8)*
based: to be based *basarse (1)*
basement *sótano (9)*
basketball *básquetbol* (m.) *(2)*
bath(room) *baño (3)*
bath: to take a bath *bañarse (6)*
bathe *bañarse (6)*

bathing suit *traje* (m.) *de baño (9)*
bathroom sink *lavabo (4)*
bathtub *bañera, tina (4)*
be *estar, ser (2);*
  be able *(v.) poder (ue) (3)*
  be happy *(v.)* **(about something)** *algrarse de (10)*
  be lacking *(v.) faltar (6)*
  be missing (something) *(v.) faltar (6)*
  be short (of something) *(v.) faltar (6)*
beach *(n.) playa (8)*
beans *frijoles* (m.) *(5)*
beard *barba (4)*
beautiful *hermoso(a) (7)*
because *porque (2)*
bed *cama (3);*
  to go to bed *acostarse (ue) (6);*
  to make the bed *hacer la cama (4)*
bedroom *dormitorio (4)*
beef *carne* (f.) *de res (5)*
beer *cerveza (5)*
before *antes de (6)*
begin (to) *empezar (ie) (a + inf.) (6)*
behind *detrás de (4)*

beige *beige (9)*
believe *creer (10)*
belt *(n.) cinturón* (m.) *(9)*
bench *(park) banco (7)*
better *mejor (4)*
between *entre (4)*
big *gran(de) (4)*
bill *(n.) cuenta (3)*
biology *biología (6)*
birth *nacimiento (4)*
birthday *cumpleaños* (m.) *(8);* **birthday cake** *pastel* (m.) *de cumpleaños (8)*
black *negro(a) (4);*
  black pepper *pimienta (5)*
block *(street) cuadra (7)*
blond(e) *rubio(a) (4)*
blood *sangre* (f.) *(7)*
blouse *blusa (9)*
blue *azul (4),*
  navy blue *azul marino (9)*
boardinghouse *pensión* (f.) *(3)*
body *cuerpo (7)*
book *libro (1);*
  book bag *mochila (1)*

A-34 English-Spanish Glossary

boombox   *radio* (m.) *casete (9)*
boot *(n.)*   *bota (9)*
booth   *puesto (5)*
boring   *aburrido(a) (6)*
born: to be born   *nacer (1)*
botany   *botánica (4)*
bother *(v.)*   *molestar (10)*
bottle *(n.)*   *botella (5)*
boy   *chico (4)*
boyfriend   *novio (2)*
bracelet   *brazalete* (m.) *(9)*
bread   *pan* (m.) *(5)*
break *(v.)*   *romper (10)*

C

caffeine   *cafeína (5)*
cake   *torta (5)*
calcium   *calcio (5)*
calculus   *cálculo (6)*
calendar   *calendario (1)*
call *(v.)*   *llamar;*
  to be called   *llamarse (1)*
calorie   *caloría (5)*
camera   *cámara (9)*
camp   *campamento (11)*
camping: to go camping   *acampar (8)*
can *(v.)*   *poder (ue) (3)*
candle   *vela (8)*
cap   *gorra (9)*
card   *tarjeta (3);*
  credit card   *tarjeta de crédito (3);*
  playing cards   *cartas (8);*
  postcard   *tarjeta postal (7)*
care: to take care of   *cuidar;*
  to take care of oneself   *cuidarse (10)*
careful: to be careful   *tener cuidado (7)*
cash   *(dinero) en efectivo (3);*
  cash register   *caja (7)*
cassette (tape)   *casete* (m.) *(1)*
cast   *yeso (7)*
castle   *castillo (3)*
cathedral   *catedral* (f.) *(7)*
Catholic *(adj.)*   *católico(a) (4)*
celebrate *(v.)*   *celebrar (8)*
celebration   *celebración* (f.) *(4)*
cell phone   *teléfono celular (9)*
center *(n.)*   *centro (3);*
  shopping center   *centro comercial (7)*
century   *siglo (3)*
ceramics   *cerámica (9)*
cereal   *cereal* (m.) *(5)*
ceremony   *ceremonia (10)*
certain   *seguro(a) (10)*
certificate   *certificado (4);*
  certificate *(of birth, marriage, etc.) partida (4)*
chain *(n.)*   *cadena (9)*
chair   *silla (1);*
  easy chair   *sillón* (m.) *(4)*
chalk   *tiza (1)*
chalkboard   *pizarra (1)*
champaigne   *champaña (8)*
change *(n.)*   *cambio (7)*
character   *carácter* (m.) *(4)*
check   *cheque* (m.);
  check *(in restaurant) (n.)   cuenta (3);*
  to check in *(at a hotel)   ocupar (3);*
  traveler's check   *cheque de viajero(a) (3)*
cheese   *queso (5)*
chest   *pecho (7);*
  chest of drawers   *cómoda (4)*
chicken   *pollo (5)*

breakfast *(n.)*   *desayuno (4);*
  to eat breakfast   *desayunar (6)*
bring   *traer (4)*
broccoli   *bróculi* (m.) *(5)*
broken   *roto(a) (4)*
brother   *hermano (2);*
  half-brother   *medio hermano (4)*
brown   *marrón (9);*
  brown *(hair, eyes)   castaño(a) (4)*
build *(v.)*   *construir (7)*
bulge   *bulto (9)*
bus *(n.)*   *autobús* (m.) *(3);*
  bus stop   *parada de autobuses (7)*

children   *hijos (2)*
cholesterol level   *nivel* (m.) *de colesterol (5)*
chop *(pork, etc.)   chuleta (5)*
chores *(household)   quehaceres* (m.) *(4)*
Christmas   *Navidad* (f.) *(8);*
  Christmas carol   *villancico (8)*
  Christmas Eve   *Nochebuena (8)*
church   *iglesia (7)*
cinema   *cine* (m.) *(8)*
city   *ciudad* (f.) *(5)*
civilization   *civilización* (f.) *(2)*
class   *clase* (f.) *(1); asignatura (6)*
  lower class   *clase baja (6);*
  middle class   *clase media (6);*
  upper class   *clase alta (6)*
classify   *clasificar (9)*
classmate   *compañero(a) (de clase) (2)*
classroom   *sala de clase (1)*
clean *(adj.)   limpio(a) (4)*
clean *(v.)   limpiar (4)*
clear *(weather)   despejado(a) (8)*
clearly   *claramente (11)*
clerk   *dependiente* (m., f.) *(5)*
client   *cliente* (m., f.) *(4)*
climate   *clima* (m.) *(4)*
climb *(v.)   escalar (7); montar (8)*
clinic *(medical)   clínica (7)*
clock   *reloj* (m.) *(1)*
close *(adj.)***: close friend**   *amigo(a) (2)*
close *(v.)   cerrar (ie) (3)*
closet   *clóset* (m.) *(4)*
clothes   *ropa (4)*
clothing: article of clothing   *prenda (de vestir) (9)*
cloudy   *nublado(a) (8)*
coat *(n.)   abrigo (9)*
coffee   *café* (m.) *(5);*
  coffee table   *mesita (4)*
cold *(illness) (n.)   catarro (7)*
cold   *frío(a) (8);*
  to be cold   *tener frío (5);*
  to have a cold   *estar resfriado (7)*
collect   *coleccionar (2)*
color *(n.)   color* (m.) *(9)*
Columbus Day   *Día de la Raza (8)*
comb   *peine* (m.) *(9)*
comb: to comb one's hair   *peinarse (6)*
come *(v.)   venir (ie) (4)*
comfortable   *cómodo(a) (9)*
commission/exchange fee   *comisión* (f.) *(7)*
commitment   *compromiso (10)*
common   *común (3)*
community   *comunidad* (f.) *(11)*
compact disk (CD)   *disco compacto (1)*
company   *compañía (11)*
compassionate   *compasivo(a) (11)*

business   *comercio, negocios (6);*
  business district   *centro comercial (7);*
  businessman   *hombre de negocios (11);*
  businesswoman   *mujer de negocios 11);*
  to do business   *comerciar (7)*
busy   *ocupado(a) (1)*
but *(conj.)   pero (2); sino (6)*
butcher shop   *carnicería (5)*
butter   *mantequilla (5)*
buy *(v.)   comprar (4)*
by   *por (1)*

complete   *completo(a) (3)*
complicated   *complicado(a) (3)*
composer   *compositor(a) (8)*
composition   *composición* (f.) *(2)*
computer   *computadora (1);*
  computer science   *informática (6)*
concept   *concepto (1)*
concerned   *preocupado(a) (1)*
concert   *concierto (2)*
conclude   *concluir (6)*
condiment   *condimento (5)*
condominium   *condominio (2)*
consist (of)   *consistir (de/en) (3)*
construction   *construcción* (f.) *(11)*
convenient   *conveniente (4)*
convert *(v.)   convertir (3)*
cook *(v.)   cocinar (4)*
cook   *cocinero(a) (11)*
cooked   *cocinado(a) (7)*
cookie   *galleta (5)*
cool *(weather)   fresco(a) (8)*
cooperative   *cooperador(a) (11)*
coral reef   *arrecife* (m.) *de coral (7)*
coriander   *culantro (5)*
corn   *maíz* (m.) *(5)*
corner *(street)   esquina (7)*
cost *(v.)   costar (ue) (3)*
costume   *disfraz* (m.) *(8)*
cotton   *algodón* (m.) *(9)*
cough   *tos* (f.) *(7);*
  (cough) syrup   *jarabe* (m.) *(para la tos) (7)*
counselor   *consejero(a) (10)*
count *(v.)   contar (3)*
country (nation)   *país* (m.) *(4)*
country(side)   *campo (8)*
couple *(n.)   pareja (10)*
course: first course   *primer plato (5);*
  second course   *segundo plato (5)*
courtyard   *patio (4)*
cousin   *primo(a) (4)*
cracker   *galleta (5)*
crafts: arts and crafts   *artesanía (9)*
cream   *crema (5)*
creativity   *creatividad* (f.) *(11)*
credit card   *tarjeta de crédito (3)*
criminal justice   *criminología (6)*
cruise   *crucero (3)*
crusade   *cruzada (6)*
cup   *taza (5)*
custard   *flan* (m.) *(5)*
custom   *costumbre* (f.) *(5)*
customarily   *por costumbre (7)*
customer   *cliente* (m., f.) *(4)*
cut *(v.)   cortar (4)*
cut onself, to get cut *(v.)   cortarse (7)*
cutlet   *chuleta (5)*

D

dad   *papá* (m.) *(2)*
daily   *cotidiano(a) (10)*
dairy   *lechería (5);*

dairy products   *productos lácteos (5)*
dance *(v.)   bailar (8)*
data   *datos* (m., pl.) *(11)*

date *(appointment)   cita (10);*
  date *(calendar)   fecha (3);*
  date *(person) (n.)   compañero(a) (10)*

daughter *hija (2)*
dawn *madrugada (6)*
day *día* (m.) *(1);*
    Columbus Day *Día de la Raza (8);*
    every day *todos los días (2);*
    Independence Day *Día de la Independencia (8)*
    Halloween *Día* (m.) *de las Brujas (8);*
    Valentine's Day *Día de los Enamorados (8)*
day after tomorrow *pasado mañana (3)*
day before yesterday *anteayer (6)*
deal *(v.)* **with** *tratar con (11)*
decision *dcisión* (f.) *(11)*
decorate *decorar (8)*
deficient *deficiente (6)*
degree *grado (8)*
delicious *sabroso(a) (8)*
delighted *encantado(a) (10)*
demanding *exigente (6)*
demonstrate/to show *(v.)* *demostrar (ue) (11)*
dentist *dentista* (m., f.) *(11)*
deodorant *deodorante* (m.) *(9)*
department *departamento (11);*
department store *gran almacén* (m.) *(9);*
    jewelry department *joyería (9);*
    perfume department *perfumería (9);*
    watch department *relojería (9)*
departure *salida (3)*
depend (on + *noun***)** *depender (de* + noun*) (5)*
depressed *deprimido(a) (10)*
depression *depresión* (f.) *(8)*

descend; go down *(v.)* *descender (ie) (7)*
designer *diseñador(a) (9)*
desk: student's desk *pupitre* (m.) *(1);*
    teacher's desk *mesa (1)*
dessert *postre* (m.) *(4)*
develop *desarrollar (3)*
devote oneself, to dedicate oneself *(v.)*
    dedicarse (11)
diagnosis *diagnóstico (7)*
diarrhea *diarrea (7)*
dictionary *diccionario 1)*
die *(v.)* *morirse (ue, u) (10)*
diet *dieta (5)*
different *distinto(a) (5)*
difficult *difícil (6)*
dining room *comedor* (m.) *(4)*
dinner *cena (4)*
diplomat *diplomático(a) (11)*
direct *(v.)* *dirigir (11)*
dirty *sucio(a) (4)*
disagreeable *antipático(a) (4)*
disaster *desastre* (m.)*;*
    a disaster! *¡fatal! (8)*
discomfort *malestar* (m.) *(10)*
discount *(n.)* *descuento (9)*
discouraged *desanimado(a) (10)*
discover *descubrir (6)*
dish *(n.)* *plato (4)*
disorganized *desorganizado(a) (6)*

district *barrio (5);*
    business district *centro comercial (7)*
dive *(v.)* *bucear (3)*
divide *dividir (8)*
divorced: to get divorced *divorciarse (10)*
dizzy *mareado(a) (7)*
do *hacer (4);*
    to do business *comerciar (7);*
    to do (physical) exercise *hacer ejercicio (4);*
    to do (something) for a living *dedicarse a (11);*
    to do well (poorly) *salir bien (mal) (10)*
doctor *(n.)* *doctor(a), médico* (m.) *(6)*
dollar *dólar* (m.) *(7)*
door *puerta (1)*
dormitory *residencia (1)*
double *doble (3);*
    double room *(in hotel)* *habitación* (f.) *doble (3)*
doubt *(v.)* *dudar (9)*
dozen *docena (5)*
dress *(n.)* *vestido (9);*
    to get dressed *vestirse (i, i) (6)*
dressing *(for salads)* *aderezo (5);*
    dressing room *probador* (m.) *(9)*
dressy *formal (9)*
drink *(v.)* *tomar (2), beber (5)*
dry *seco(a) (10)*
due to *debido a (9)*
dynamic *dinámico(a) (6)*

E

each *cada (8)*
ear *oreja (7);*
    inner ear *oído (7)*
early *temprano (6);*
    early morning *madrugada (6)*
earrings *aretes* (m.) *(9)*
Easter *Pascua (8)*
easy *fácil (6);*
    easy chair *sillón* (m.) *(4)*
eat, nourish *(v.)* **oneself** *(v.)* *alimentarse (10)*
eat, to consume *(v.)* *consumir (5)*
eat *comer (2), alimentarse (10);*
    to eat breakfast *desayunar (5);*
    to eat dinner *cenar (4);*
    to eat lunch *almorzar (ue) (5)*
economic *económico(a) (11)*
economics *economía (6)*
eco-tourism *ecoturismo (7)*
education *pedagogía (6)*
egg *huevo (5)*
eighth *octavo(a) (9)*
elbow *codo (7)*
elderly *mayor (4)*
elective *(adj.)* *electivo(a) (6)*

elementary (or secondary) school *colegio (6)*
end *(n.)* *fin* (m.)*;*
    weekend *fin de semana (2);*
    end table *mesita (4);*
end *(v.)* *concluir, terminar (6)*
energy *energía (10)*
engagement *compromiso (10);*
    engagement ring *anillo de compromiso (10)*
engineer *ingeniero(a) (11)*
engineering *ingeniería (6)*
English *inglés* (m.) *(1)*
enjoy *disfrutar (de) (8)*
enough *suficiente (10)*
enterprising *emprendedor(a) (11)*
entertainment, amusement *diversión* (f.) *(2)*
environment *medio* (m.) *ambiente (11)*
Epiphany *Día de los Reyes Magos (8)*
equator *ecuador (5)*
eraser *borrador* (m.) *(1); goma de borrar (9)*
errand *diligencia (7)*
errand *mandado (4)*
etiquette *etiqueta (5)*
event *acontecimiento (10)*
every *cada (8);*

every day *todos los días (2)*
everything *todo (5)*
exact *exacto(a) (3)*
exam *examen* (m.) *(6)*
example *ejemplo (4)*
exchange *(v.)* *cambiar (7)*
exchange rate *cambio (7)*
excited *emocionado(a) (10)*
excuse me *perdón (3), perdone (7); (to get someone's attention) oiga (7)*
exercise *(n.)* *ejercicio (1);*
    to do (physical) exercise *hacer ejercicio (2)*
exhausted *agotado(a) (10)*
exhibit: to be on exhibit *exhibir (8)*
exhibition *exposición* (f.) *(8)*
exotic *exótico(a) (7)*
expensive *caro(a) (4)*
experience *experiencia (11)*
express *(v.)* *expresar (11)*
extend *extender (ie) (9)*
extensive *amplio(a) (4)*
extremely happy *contentísimo(a) (10)*
eye *ojo (4)*

F

face (n.) *cara (6)*
face (v.) *enfrentar (10)*
facility *facilidad* (f.) *(11)*
fact (information) *dato (1)*
failing grade *suspendido (6)*
fall (season) *otoño (8)*
fall asleep *(v.)* *dormirse (ue, u) (6)*
fame *fama (9);*
    Hall of Fame *Salón* (m.) *de la Fama (8)*
family *familia (2)*
far *lejos (7)*
farmer *agricultor(a) (6)*
fascinating *fascinante (6)*
fashion *moda (9);*
    fashion accessories *complementos de moda (9)*
fat *gordo(a) (4)*
fat *(n.)* *grasa (5)*
father *padre* (m.) *(2)*

favorite *preferido(a) (5)*
feel *(v.)* *sentirse (ie, i) (10);*
    to feel like (doing something) *tener ganas de (+ inf.) (5)*
festival *festival* (m.) *(8)*
fever *fiebre* (f.) *(7)*
few: a few *poco(a) (1)*
fiancé (fiancée) *novio(a)(10)*
fiber *fibra (5)*
fifth *quinto(a) (3)*
filing/note card *ficha (9)*
film-making *cinematografía (6)*
finally *por fin (6)*
find *(v.)* *encontrar (ue) (9)*
find out *enterarse (10)*
Fine Arts *bellas artes* (f., pl.) *(6)*
fine *multa (10)*
finger *dedo (7)*
finish *(v.)* *terminar (6)*

fire *fuego (8)*
fireworks *fuegos artificiales (8)*
firm *firma (11)*
first *primer(o)(a) (3);*
    first course *primer plato (5);*
    first name *nombre de pila (1)*
fish *pescado (5);*
    fish shop/department *pescadería (5)*
fish *(v.)* *pescar (8)*
fit *(v.)* *quedar (9)*
fix oneself up *(v.)* *arreglarse (6)*
flea market *pulguero (9)*
flexible *flexible (11)*
flight (airplane) *vuelo (3)*
flood *inundación* (f.) *(7)*
floor (level) *piso (3); planta (9);*
    ground floor *planta baja (9)*
flower *(n.)* *flor* (f.) *(4)*
flu *gripe* (f.) *(7)*

folksong *copla (6)*
follow *(v.) seguir (i, i) (4)*
food *comida (5);*
  food poisoning *intoxicación (f.) (7);*
  food, groceries *comestibles (m.) (5)*
foot *pie (m.) (7);*
  to go on foot *ir a pie (7)*
football *fútbol (m.) americano (2)*
for *por/para (2)*
forbid *prohibir (10)*
foreign *extranjero(a) (6)*
forest *bosque (m.) (7)*

G

gallon *galón (m.) (5)*
game *partido (2)*
garage *garaje (m.) (4)*
garlic *ajo (5)*
genealogical *genealógico(a) (2)*
geography *geografía (8)*
geology *geología (6)*
German *alemán (m.) (1)*
get, obtain *(v.) conseguir (i) (11)*
  to get along well (poorly) with someone
    llevarse bien (mal) (10);
  to get burned *quemarse (7);*
  to get divorced *divorciarse (10);*
  to get dressed *vestirse (i, i) (6);*
  to get engaged *comprometerse (10);*
  to get married *casarse (10);*
  to get sick *enfermarse (8);*
  to get together *reunirse (8);*
  to get up *levantarse (6)*
gift *regalo (8)*
girl *chica (4); niña (9)*
girlfriend *novia (2)*
give *(v.) dar (4); (as a present) regalar (8)*
given that *ya que (5)*
glass: drinking glass *vaso;*
  wine glass *copa (5)*
glove *guante (m.) (9)*

H

habit: to be in the habit of *acostumbrar (5)*
haggle *(over a price) regatear (9)*
hair *pelo (4);*
  hair conditioner *acondicionador (m.) (9)*
half *medio(a) (4);*
  half-brother *medio hermano (4);*
  half-sister *media hermana (4)*
Hall of Fame *Salón (m.) de la Fama (8)*
ham *jamón (m.) (5)*
hamburger *hamburguesa (5)*
hand *(n.) mano (f.) (6)*
handbag *bolso (9)*
Hanukkah *Jánuca (8)*
happen *(v.) pasar (7); ocurrir (8)*
happy *contento (2), alegre (10);*
  extremely happy *contentísimo(a) (10);*
  to make happy *alegrar (10)*
haute couture *alta costura (9)*
have *(v.) tener (2);*
  to have a cold *estar resfriado(a) (7);*
  to have a good time *divertirse (ie, i) (6),*
    pasarlo bien (8);
  to have a snack *merendar (ie) (5);*
  to have just *(done something) acabar de*
    (+ inf.) (4);
  to have to *tener (ie) que (+ inf.) (2)*

I

I hope! *¡ojalá! (10)*
ice cream *helado (5)*
ice cube *cubito de hielo (5)*
imaginative *imaginativo(a) (11)*
important *importante (5)*

fork *tenedor (m.) (5)*
fountain *fuente (f.) (7)*
fourth *cuarto(a) (9)*
fracture *fractura (7)*
free *(unoccupied) libre (2);*
  free time *tiempo libre (2)*
French *(person) (n.) francés (m.) (1)*
frequently *muchas veces (8)*
fresh *fresco(a) (5)*
Friday *viernes (m.) (3)*
fried *frito(a) (5)*
friend *amigo(a);*

go *ir (2);*
  to go camping *acampar (8);*
  to go hiking *hacer caminatas (8);*
  to go horseback riding *montar a caballo (8);*
  to go hunting *cazar (3)*
  to go jet skiing *hacer jetski (3)*
  to go on a picnic *ir de picnic (8);*
  to go on foot *ir a pie (7);*
  to go shopping *ir de compras (8);*
  to go surfing *hacer surfing (7)*
  to go to bed *acostarse (ue) (6);*
  to go to graduate school *hacer estudios de*
    postgrado (6);
  to go to the left of *ir a la izquierda (de) (4);*
  to go wind surfing *hacer tablavela (7)*
  to go window shopping *ir de escaparates (8)*
godfather *padrino (4)*
godmother *madrina (4)*
godparents *padrinos (4)*
gold *oro (9)*
golf *golf (m.) (7)*
good *bueno(a) (4)*
good-bye *adiós (1);*
  to say good-bye *despedirse (i, i) (6)*
good-looking *guapo(a) (4)*
government *gobierno (2);*
  government employee *fruncionario(a)*

head *(n.) cabeza (7)*
headphone *audífono (9)*
health *salud (f.) (5)*
hear *(v.) oír (5)*
heart *corazón (m.) (7)*
height *altitud (f.) (7);*
  medium height *de estatura mediana (4)*
hello *hola (1)*
help *(n.) ayuda (10)*
help *(v.) atender (ie) (9), ayudar (11)*
her *su(s) (1)*
heritage *herencia (4)*
hi *hola (1)*
high school *escuela secundaria (6);*
  high school college-prep studies *bachillerato*
    (6)
hiking: to go hiking *hacer caminatas (8)*
his *su(s) (1)*
historic site *sitio histórico (7)*
history *historia (6)*
hobby *pasatiempo (2)*
holiday *día festivo (8)*
home for the elderly *asilo deancianos (11)*
hometown *pueblo natal (11)*
honest/honorable *honrado(a) (11)*

impossible *imposible (10)*
impressive *impresionante (7)*
improve *(v.) mejorar (5)*
in *en (4);*
  in addition *además (6);*

friendly *amable (4)*
fritter *(fried dough) churro (5)*
from time to time *de vez en cuando (8)*
fruit *fruta (5)*
fun *(to be with) divertido(a) (4)*
function *función (f.) (3)*
funny *divertido(a) (4)*
fur *piel (f.) (9)*
furnished *amueblado(a) (4)*
furniture *muebles (m.) (4)*
future *(n.) futuro (6)*

  público(a) (11)
grade *(school letter grade) nota (6);*
  failing grade *suspendo (6);*
  passing grade *aprobado (6);*
  to get a grade *(in school) sacar (6)*
graduate *(v.) graduarse (6)*
gram *gramo (5)*
grammar *gramática (2)*
granddaughter *nieta (4)*
grandfather *abuelo (4)*
grandmother *abuela (4)*
grandson *nieto (4)*
grape *uva (5)*
gray *gris (4);*
  gray *(hair) canoso(a) (4)*
great! *¡estupendo! (2)*
green *verde (4)*
greet *(v.) saludar (5)*
greeting *saludo (2)*
grilled *a la parilla (5)*
groceries *comestibles (m.) (5)*
grocery store *tienda de comestibles, bodega (5)*
ground *(crushed) (adj.) molido(a) (5);*
  ground floor *planta baja (9)*
group: musical group *conjunto (8)*
grow *crecer (5)*
gymnasium *gimnasio (8)*

horrible *horrible (6)*
horse *caballo;*
  to go horseback riding *montar a caballo (8)*
host/hostess *anfitrión/anfitriona (4)*
hostel, youth *albergue (m.) juvenil (3)*
hot *cálido(a) (climate) (3); caliente (object)*
  (3); picante (spicy) (5);
  to be hot *(person) tener calor (5);*
  to be hot *(weather) hacer calor (8)*
hotel *hotel (m.) (3)*
house *casa (4);*
  boardinghouse *pensión (f.) (3)*
household chores *quehaceres (m.) (4)*
housewife *ama (m.) de casa (11)*
how? *¿cómo? (2);*
  how many? *¿cuántos(as)? (2);*
  how much? *¿cuánto? (2)*
however *sin embargo (2)*
Humanities *humanidades (f., pl.) (6)*
hungry: to be hungry *tener hambre (2)*
hurricane *huracán (m.) (8)*
hurry: to be in a hurry *tener prisa (2)*
hurt *(v.) doler (ue) (7);*
  hurt oneself; to get hurt *(v.) lastimarse (7)*
husband *esposo (2)*

in front of *delante de (4);*
in good (bad) condition *en buenas (malas)*
  condiciones (4);
in order to *para (3);*
in the afternoon *por la tarde (2);*

in the morning *por la mañana (2)*
include *(v.)* *incluir (3)*
included *incluido(a) (5)*
independence: Independence Day *Día de la Independencia (8)*
indicate *indicar (3)*
indigenous *indígena (2)*
inexpensive *barato(a) (4)*
infection *infección* (f.) *(7)*

influence *(v.)* *influir (8)*
inform *(v.)* *informar (11)*
ingredient *ingrediente* (m.) *(5)*
inhabitant *habitante (7)*
inheritance *herencia (4)*
inner ear *oído (7)*
insomnia *insomnio (10)*
insult *(v.)* *insultar (9)*

integrate *integrar (2)*
interest *(v.)* *interesar (6)*
interesting *interesante (6)*
internship (medical) *internado (10)*
interview *entrevista (10)*
introduced: to be introduced *conocer (4)*
irritate *molestar (10)*
island *isla (7)*

J

jacket *chaqueta (9);* **(sports coat)** *saco (9)*
jeans *vaqueros (9)*

jewelry shop/department *joyería (9)*
journalism *periodismo (6)*

juice *jugo (5)*

K

key *(n.)* *llave* (f.) *(3)*
kilo *(metric pound)* *kilo (5)*
kitchen *cocina (4);*

kitchen sink *fregadero (4)*
knee *rodilla (7)*
knife *(n.)* *cuchillo (5)*

know *(information)* *(v.)* *saber (7);*
to know *(someone)* *conocer (4)*

L

laboratory *laboratorio (6)*
laborer *obrero(a) (11)*
lake *lago (7)*
lamp *lámpara (4)*
land *(n.)* *tierra (8)*
last *(adj.)* (past) *pasado(a) (6);* (final) *último(a) (6);*
last night *anoche (6)*
last *(v.)* *durar (10)*
later *luego (6)*
law *(study of)* *derecho* (n.) *(6);*
law firm *bufete* (m.) *(11)*
lawn *césped* (m.) *(4)*
lawyer *abogado(a) (11)*
learn *aprender (2)*
leather *cuero, piel (9)*
leave *(go out)* *salir (3)*
lecture *(n.)* *conferencia (6)*
left *(adj.)* *izquierdo(a) (4);*
to the left of *a la izquierda de (4)*

leg *pierna (7)*
less . . . than *menos... que (4)*
let *(allow)* *dejar (8)*
letter *carta (2)*
lettuce *lechuga (5)*
level *nivel* (m.) *(6)*
library *biblioteca (2)*
lifeguard *salvavidas* (m., f.) *(11)*
lift *(v.)* *levantar;*
lift weights *levantar pesas (8)*
light *(v.)* *encender (ie) (8)*
like *(to be pleasing)* *(v.)* *gustar (5);*
to like *(a lot)* *encantar (6)*
likewise *igualmente (1)*
line *línea (10)*
linguistics *lingüística (6)*
listen to *(v.)* *escuchar (2)*
liter *litro (5)*
literature *literatura (6)*
little *pequeño(a) (4);*

a little *un poco (2)*
live *(v.)* *vivir (1)*
living room *sala (4)*
loaf *(of bread)* *barra (5)*
loan *(n.)* *préstamo (10)*
local *típico(a) (7)*
lodge: to be lodged *alojarse (3)*
lodging *alojamiento (3)*
long *(adj.)* *largo(a) (4)*
look for *(v.)* *buscar (10)*
love *(v.)* *encantar, querer (ie) (9)*
love *amor* (m.); **in love** *enamorado(a) (10)*
low *(height)* *bajo(a) (4)*
lower class *clase baja (6)*
luck *suerte* (f.) *(8)*
lunch *(n.)* *almuerzo (4);*
to eat lunch *almorzar (ue) (4)*
lung *pulmón* (m.) *(7)*
luxurious *de lujo (3), lujoso(a) (9)*

M

magazine *revista (2)*
maintain *(v.)* *mantener (ie)(5)*
majestic *Majestuoso(a) (8)*
major *(field of study)* *(n.)* *carrera (6)*
major (in) *(v.)* *especializarse (en) (6)*
majority *mayoría (2)*
make a toast *(v.)* *brindar (8)*
make *(v.)* *hacer (3);*
to make happy *alegrar (10);*
to make the bed *hacer la cama (4)*
mammal *mamífero(a) (7)*
man *hombre* (m.) *(6);*
businessman *hombre de negocios (6)*
manager *gerente* (m., f.) *(6)*
many *mucho(a) (1)*
map *(n.)* *mapa* (m.) *(1)*
maracas *maracas (9)*
margarine *margarina (5)*
market *(n.)* *mercado (5)*
marketing *mercadeo (11)*
marmalade *mermelada (5)*
marriage *matrimonio (4)*
married *casado(a) (2);*
to get married *casarse (10)*
maternal *materno(a) (4)*
mathematics *matemáticas (6)*
maybe *a lo mejor (8); quizás (10)*
mayonnaise *mayonesa (5)*

mean *(v.)* *querer decir (1)*
meaning *significado (6)*
medicine *medicina (6)*
medium *mediano(a) (4);*
medium height *de estatura mediana (4)*
meet *(someone)* *conocer (4)*
member *miembro (4)*
memo/note pad *bloc* (m.) *(9)*
Menorah *candelabro (8)*
mention *mencionar (5)*
menu *menú* (m.) *(5)*
messenger *mensajero(a) (11)*
messy *desordenado(a) (4)*
microbiology *microbiología (6)*
middle: middle ages *edad media (4);*
middle class *clase media (6)*
midnight *medianoche* (f.) *(3)*
milk *(n.)* *leche* (f.) *(5)*
mineral supplements *suplementos de minerales (5)*
mineral water *agua* (m.) *mineral (5)*
minister *ministro(a) (10)*
minority *minoría (10)*
Miss *señorita (Srta.) (1)*
modern *moderno(a) (4)*
mom *mamá (2)*
monastery *monasterio (3)*
Monday *lunes* (m.) *(3)*

money *dinero (3)*
monitor *(v.)* *vigilar (5)*
month *mes* (m.) *(3)*
mood *humor* (m.);
in a bad mood *de mal humor (1);*
in a good mood *de buen humor (1)*
more *más;*
more . . . than *más... que (4);*
what's more *además (6)*
morning *mañana (3);*
in the morning *por la mañana (6);*
this morning *esta mañana (6)*
mother *madre* (f.) *(2)*
mountain *montaña (8)*
moustache *bigotes (4)*
mouth *boca (7)*
movie *película (2);*
movie theater *cine* (m.) *(2)*
Mr. *señor (Sr.)* (m.) *(1)*
Mrs. *señora (Sra.) (1)*
much *mucho(a) (1)*
multinational *multinacional (11)*
multiply *multiplicar (8)*
museum *museo (3)*
music *música (2)*
musical group *conjunto (8)*
my *mi(s) (1)*
myself *mí mismo(a) (11)*

N

name *nombre* (m.) *(1);*
last name *apellido (1)*

nap *(n.)* *siesta (10)*
napkin *servilleta (5)*

native *(adj.)* *indígena (2)*
nausea *náusea (7)*

nauseated   *mareado(a) (7)*
navy blue   *azul marino (9)*
near(by)   *cerca de (4)*
neat   *ordenado(a) (4)*
necessary   *necesario(a) (10);*
   it is necessary *(to do something)   hay que (+ inf.) (4)*
neck   *cuello (7)*
necklace   *collar (m.) (9)*
necktie   *corbata (9)*
need *(v.)   necesitar (5)*
neighbor   *vecino(a) (2)*
neighborhood   *barrio (5)*
neither   *tampoco (6)*
nephew   *sobrino (4)*
nervous   *nervioso(a) (1)*
never   *nunca;*

almost never   *casi nunca (4)*
nevertheless   *sin embargo (2)*
New Year's Eve   *Noche (f.) Vieja (8)*
new   *nuevo(a) (4)*
news   *noticias (4)*
newspaper   *periódico (2)*
next   *luego (6); próximo(a) (8);*
   next to   *al lado de (4)*
nice   *simpático(a) (4)*
niece   *sobrina (4)*
night   *noche (f.) (2);*
   at night   *por la noche (2);*
   last night   *anoche (6);*
   night table   *mesita de noche (4)*
ninth   *noveno(a) (9)*
no one   *nadie (4)*
nobody   *nadie (4)*

none   *ningún (ninguno/ninguna) (4)*
noon   *mediodía (m.) (3)*
nose   *nariz (f.) (7)*
not any   *ningún (ninguno/ninguna) (8)*
not much   *poco(a) (2)*
note pad   *bloc (m.) (9)*
notebook   *cuaderno (1)*
nothing   *nada (4)*
novel   *novela (2)*
now   *ahora (6)*
nowadays   *hoy día (6)*
nowhere, not anywhere   *ninguna parte (3)*
number   *número (1)*
nun   *monja (8)*
nurse   *enfermero(a) (6)*
nutrition   *nutrición (f.) (5)*

O

O.K.   *Está bien. (9)*
obtainable   *obtenible (4)*
occupation   *oficio (6)*
of   *de;*
   of course!   *¡cómo no! (5)*
offer *(v.)   ofrecer (5)*
office work   *trabajo de oficina (11)*
office   *oficina (2)*
official   *oficial (4)*
off-white   *color crema (9)*
old   *antiguo(a) (3); viejo(a) (4)*
older   *mayor (4)*
olive   *aceituna (5);*
   olive oil   *aceite (m.) de oliva (5)*
omelet *(Spain/Cuba)   tortilla (4)*
on   *en (4);*

on sale   *rebajado(a) (9);*
   on top of   *encima de (4)*
one-way   *de ida (3)*
onion   *cebolla (5)*
only   *solamente (sólo) (3)*
open *(adj.)   abierto(a) (7)*
open *(v.)   abrir (3)*
opera   *ópera (7)*
opportunity   *oportunidad (f.) (6)*
opposite *(adj.)   enfrente de (7); opuesto(a) a (8)*
optimistic   *optimista (4)*
or   *o (2); u (4)*
orange *(adj.)   anaranjado(a) (9)*
orange *(n.)   naranja (5)*
order *(n.)   pedido (5);*

in order to   *para (3);*
   out of order   *descompuesto(a) (4);*
   to place an order   *hacer un pedido (5)*
order *(v.)   pedir (i, i) (5)*
organized   *organizado(a) (6)*
origin   *origen (m.) (7)*
other   *otro(a) (8)*
ought *(to do something)   deber (+ inf.) (4)*
ounce   *onza (5)*
our   *nuestro(a)(s) (2)*
out of order   *descompuesto(a) (4)*
outgoing   *extrovertido(a) (4)*
outstanding   *sobresaliente (6)*
owe   *deber (5)*
owner   *dueño(a) (6)*

P

P.M.   *(afternoon) de la tarde (3); (night) de la noche (3)*
package   *paquete (m.) (5)*
page *(n.)   página (1)*
pager   *beeper (m.) (9)*
pain *(n.)   dolor (m.) (7)*
painting   *cuadro (4)*
pants   *pantalones (m.)*
paper   *papel (m.) (1);*
   piece of paper   *hoja (1)*
paper clips   *presillas (f., pl.) (9)*
paperwork   *papeleo (11)*
parade   *desfile (m.) (8)*
parents   *padres (m.) (2)*
party *(n.)   fiesta (2)*
passing grade   *aprobado (6)*
Passover   *Pésaj (8)*
pastime   *pasatiempo (2)*
pastry shop   *pastelería (5)*
paternal   *paterno(a) (4)*
patient   *paciente (m., f.) (7)*
patriotic   *patriótico(a) (8)*
pay (for)   *pagar (3)*
peach   *melocotón (m.), durazno (5)*
pen   *bolígrafo (1)*
pencil sharpener   *sacapuntas (m.) (9)*
pencil   *lápiz (m.) (1)*
people *(group of)   gente (f.) (7)*
pepper *(black)   pimienta (5)*
perfume   *perfume (m.) (9);*
   perfume shop/department   *perfumería (9)*
perhaps   *quizás (6)*
period   *período (3);*
   period *(of time)   época (7)*
permanent   *permanente (10)*
permission   *permiso (4)*
personality   *personalidad (f.) (4), carácter (4)*
personnel director   *director(a) de personal (11)*
pharmacist   *farmacéutico(a) (9)*
pharmacy   *farmacia (7)*

philosophy   *filosofía (4)*
photograph   *foto(grafía) (6)*
physical education   *educación (f.) física (6)*
physician   *médico, doctor(a) (9)*
picky   *quisquilloso(a) (6)*
piece (of paper)   *hoja (1)*
pill   *pastilla (7)*
piñata   *piñata (9)*
pineapple   *piña (5)*
pink   *rosado(a) (9)*
pizza   *pizza (5)*
place *(n.)   lugar (m.) (10)*
place *(v.):* **to place an order/request**   *hacer un pedido (5)*
plaid   *de cuadros (9)*
plan *(n.)   plan (m.) (6)*
plan *(v.)   pensar (ie) (3)*
plantain   *plátano (5)*
plate   *dish (4)*
play *(drama) (n.)   obra (de teatro) (8)*
play *(v.):* **to play** *(a musical instrument)   tocar (6);* **to play** *(sport, game) practicar (2), jugar (ue) (4)*
player   *jugador(a) (8)*
pleasant   *agradable (4)*
please   *por favor (1)*
pleasure   *placer (m.); (taste) gusto (1)*
pocketbook   *bolsa (5), bolso (9)*
poet   *poeta/poetisa (8)*
point *(n.)   punto (1)*
police   *policía (10)*
political   *político(a);*
   political science   *ciencias políticas (6)*
polka-dotted   *con lunares (9)*
poncho   *sarape (m.) (9)*
pool *(swimming)   piscina (3)*
poor thing!   *¡pobrecito(a)! (8)*
poorly: to do poorly   *salir mal (10)*
population   *población (f.) (3)*
pork   *cerdo (5)*

portable radio/tape player ("walkman")   *radio (m.) casete portátil (9)*
position *(job)   puesto (10)*
possible   *posible (10)*
post office   *correo (7); oficina de correos (7)*
postcard   *tarjeta postal (7)*
poster   *cartel (m.) (9)*
potato   *(Latin America) papa (5); (Spain) patata (5)*
pound *(weight)   libra (5)*
practice *(v.)   practicar (2)*
prefer   *preferir (ie, i) (4)*
preferable   *preferible (10)*
preferred   *preferido(a) (5)*
pregnant   *embarazada (10)*
prepare   *preparar (4)*
prescribe   *recetar (7)*
prescription   *receta (7)*
present *(n.)   regalo (8)*
present *(v.)   presentar (8)*
pressure; arterial blood pressure   *presión (f.) (5)*
prevent   *impedir (i, i) (9)*
price *(n.)   precio (3)*
print (fabric)   *estampado(a) (9)*
private   *privado(a) (3)*
procedure/formality   *trámite (m.) (11)*
profession   *profesión (f.) (6)*
professor   *profesor(a) (1)*
program *(n.)   programa (m.) (2)*
programmer   *programador(a) (11)*
proud   *orgulloso(a) (10)*
psychologist   *sicólogo(a) (6)*
psychology   *sicología (6)*
purchase *(n.)   compra (9)*
purple   *morado(a) (9)*
purse   *bolso (5), bolsa (9)*
put   *poner (4);*
   to put on   *ponerse (6);*
   to put on make-up   *maquillarse (6)*

Q

quality   *calidad* (f.) *(9)*
quart *(measurement)*   *cuarto (5)*

quarter *(one-fourth)*   *cuarto (5)*
question *(n.)*   *pregunta (1)*

quite   *bastante (6)*
quiz *(n.)*   *prueba (10)*

R

rabbi   *rabino (10)*
race *(n.)*   *carrera (2)*
radio   *radio* (f.) *(2)*
raft   *balsa (7)*
rain *(n.)*   *lluvia (8)*
rain *(v.)*   *llover (ue) (8)*
raise *(v.)*   *levantar (8)*
raisin   *pasa (9)*
range *(n.)*   *gama (9)*
rate (exchange)   *cambio (7)*
react *(v.)*   *reaccionar (10)*
read *(v.)*   *leer (2)*
reading *(n.)*   *lectura (6)*
really?   *¿de veras? (8)*
realtor   *agente* (m.) *de bienes raíces (11)*
reasonable   *razonable (3)*
receive *(v.)*   *recibir (8)*
recipe   *receta (2)*
recommend *(v.)*   *recomendar (ie) (5)*
record *(n.)*   *disco*
red   *rojo(a) (4)*

refrigerator   *refrigerador* (m.), *nevera (4)*
regret *(v.)*   *sentir (ie, i) (10)*
relative *(n.)*   *pariente* (m.) *(4)*
religious   *religioso(a) (8)*
remain *(v.)*   *quedarse (5)*
rent *(v.)*   *alquilar (4)*
repeat *(v.)*   *repetir (i) (5)*
report *(n.)*   *informe* (m.) *(8)*
report *(v.)*   *reportar (11)*
request *(n.)*   *pedido (5)*
research *(n.)*   *investigación* (f.) *(8)*
research/to investigate *(v.)*   *investigar (11)*
reservation   *reservación* (f.) *(3)*
residence   *residencia (1)*
resolve *(v.)*   *resolver (ue) (11)*
resources   *recursos (4)*
response   *respuesta (2)*
rest *(v.)*   *descansar (2)*
restaurant   *restaurante* (m.) *(2)*
return *(v.)*   *regresar (3), volver (ue) (4)*
rice   *arroz* (m.) *(5);*

right   *derecha* (adj.) *(4);*
   right away   *en seguida (5);*
   right there   *allí mismo (7);*
   to be right   *tener razón (2)*
ring *(n.)*   *anillo (10)*
river   *río (7)*
role   *papel* (m.) *(6)*
roll *(n.)*   *panecillo (5)*
room   *habitación* (f.) *(3); cuarto (4); sala (4);*
   classroom   *sala de clase (1);*
   dining room   *comedor* (m.) *(4);*
   double room *(in a hotel)*   *habitación doble (3);*
   dressing room   *probador* (m.) *(9);*
   roommate   *compañero(a) de cuarto (2);*
   single room *(in a hotel)*   *habitación sencilla (3)*
round-trip   *de ida y vuelta (3)*
routine   *rutinario(a)(11)*
rug   *alfombra (4)*
ruins   *ruinas (7)*
rule   *regla (4)*
run into   *chocar con (8)*

S

sad   *triste (2)*
safe   *seguro(a) (2)*
sail boat   *barco de vela (3)*
salad   *ensalada (5)*
sales representative   *representante* (m., f.) *de ventas (11)*
salesclerk   *vendedor(a) (6)*
salt *(n.)*   *sal* (f.) *(5)*
same   *mismo(a);*
   at the same time   *al mismo tiempo (10);*
   same here   *igualmente (1)*
sandal   *sandalia (9)*
Saturday   *sábado (3)*
sauce   *salsa (5)*
save *(v.)*   *ahorrar (10)*
say   *decir (4);*
   to say good-bye (to)   *despedirse (i, i) (de) (6)*
saying   *refrán* (m.), *dicho (10)*
scared: to be scared   *tener miedo (5)*
schedule *(n.)*   *horario (3)*
scholarship   *beca (10)*
school (n.) *escuela;* (adj.) *escolar (6);*
   to go to graduate school   *hacer estudios de post-grado (6)*
science   *ciencia*
scientific   *científico(a) (5)*
scissors   *tijeras* (f., pl.) *(9)*
scotch tape   *cinta adhesiva (9)*
scrambled   *revuelto(a) (5)*
seafood   *mariscos (5)*
season *(of the year)*   *estación* (f.) *(8)*
season *(v.)*   *sazonar (5)*
seat   *asiento (4)*
second   *segundo(a) (3);*
   second course   *segundo plato (5)*
secretary   *secretario(a) (11)*
secular   *civil (10)*
security   *seguridad* (f.) *(11)*
see *(v.)*   *ver (4)*
seem *(v.)*   *parecer (9)*
senior year   *cuarto año (1)*
separated   *separado(a) (10)*
serious   *serio(a) (4);* (illness) *grave (7)*
serve *(v.)*   *servir (i, i) (5)*
set: to set *(the table)*   *poner (4);*
   to set up   *montar (10)*
seventh   *séptimo(a) (9)*

shame   *lástima (8)*
shampoo   *champú* (m.) *(7)*
share *(v.)*   *compartir (3)*
shave *(v.)*   *afeitarse (6)*
shelf *(for books)*   *estante* (m.) *(4)*
shellfish   *mariscos (5)*
shirt   *camisa (9);*
   loose shirt with large pockets   *guayabera (8)*
shoe   *zapato (9)*
shop   *boutique* (f.) *(9);*
   butcher shop   *carnicería (5);*
   fish shop   *pescadería (5);*
   jewelry shop   *joyería (9);*
   pastry shop   *pastelería (5);*
   perfume shop   *perfumería (9);*
   watch shop   *relojería (9)*
shopping: shopping center   *centro comercial (7);*
   to go shopping   *ir de compras (2)*
short   *bajo(a)* (in height) *(4); corto(a)* (in length) *(4)*
shorts   *pantalones* (m.) *cortos (9)*
shot   *inyección* (f.) *(7)*
shoulder   *hombro (7)*
show *(n.)*   *función* (f.) *(8)*
show *(v.)*   *mostrar (ue) (9);*
   to show off   *lucir (7)*
shower *(n.)*   *ducha (3);*
   to take a shower   *ducharse (6)*
shrimp   *camarón* (m.) *(5)*
shy   *tímido(a) (4)*
sick   *enfermo(a) (2);*
   to get sick   *enfermarse (7)*
sickness   *enfermedad* (f.) *(7)*
sign *(v.)*   *firmar (7)*
silk   *seda (9)*
silver *(n.)*   *plata (9)*
simple   *sencillo(a)*
sing *(v.)*   *cantar (8)*
single *(unmarried)*   *soltero(a) (2);*
   single room (in a hotel)   *habitación* (f.) *sencilla (3)*
sink: bathroom sink   *lavabo (4);*
   kitchen sink   *fregadero (4)*
sister   *hermana (2);*
   half-sister   *media hermana (4)*
situated: to be situated   *encontrarse (ue)*
situation   *situación* (f.) *(11)*

sixth   *sexto(a) (9)*
size *(n.)*   *tamaño/talla (9);*
   size *(of shoes)*   *número (9)*
ski *(v.)*   *esquiar (8)*
skin *(n.)*   *piel* (f.) *(9)*
skirt   *falda (9)*
sleep *(v.)*   *dormir (ue, u) (4)*
sleepy: to be sleepy   *tener sueño (2)*
slight illness   *malestar* (m.) *(10)*
slow   *despacio (1)*
small   *pequeño(a) (4)*
smoke *(v.)*   *fumar (10)*
snack (time)   *merienda (5)*
snow *(n.)*   *nieve* (f.) *(8)*
snow *(v.)*   *nevar (ie) (8)*
so   *así;*
   so-so   *regular (6)*
soap   *jabón* (m.) *(9)*
soccer   *fútbol (europeo) (2);*
   soccer field   *campo de fútbol (8)*
social class   *clase social (6)*
social sciences   *ciencias* (f., pl.) *sociales (6);*
   political science   *ciencias políticas (6);* natural sciences   *las ciencias naturales (6);*
   marine science   *las ciencias marinas (6)*
social work   *trabajo social (6)*
social worker   *trabajador(a) social (11)*
society   *sociedad* (f.) *(11)*
sock *(n.)*   *calcetín* (m.) *(9)*
sofa   *sofá* (m.) *(4)*
soft drink   *refresco (5)*
some *(adj.)*   *algún (alguno/alguna) (4)*
something   *algo (4)*
sometimes   *a veces (4)*
son   *hijo (2)*
song   *canción* (f.) *(8)*
soon   *pronto (1)*
sorry: to be sorry   *sentir (ie, i) (10)*
soul   *alma* (m.) *(7)*
soup   *sopa (5)*
space *(n.)*   *espacio (7)*
Spanish   *español* (m.) *(1)*
speak *(v.)*   *hablar (2)*
specialize (in)   *especializarse (en) (6)*
spend *(v.) (time)*   *pasar (4)*
spicy   *picante (5)*
spoon   *cuchara (5)*

sport *deporte* (m.) *(8)*
sprain *(v.)* *torcer (ue) (7)*
spring *(season)* *primavera (8)*
square *(plaza)* *plaza (7)*
stamp *(postage)* *estampilla, sello (7)*
stand out *(v.)* *destacarse (9)*
stapler *grapadora (9)*
star *(n.)* *estrella (3)*
station *estación* (f.) *(3)*
stationer's *papelería (9)*
statistics *estadística (6)*
stay *(v.)* *quedarse (8)*
steak *biftec* (m.) *(5)*
step *paso* (n.)
stepbrother *hermanastro (4)*
stepfather *padrastro (4)*
stepmother *madrastra (4)*
stepsister *hermanastra (4)*
still *todavía (6)*
stitch *punto (7)*
stock broker *corredor(a) de bolsa (11)*
stomach *(n.)* *estómago (7)*
stop *(v.) (doing something)* *dejar de (+ inf.)*

T

T.V. set *televisor* (m.) *(4)*
table *mesa (1)*;
  coffee table/end table/night table/small table
    mesita (4);
  to set the table *poner la mesa (4)*
tablet *pastilla (7)*
taciturn *taciturno(a) (6)*
taco *taco (2)*
take *(v.)* *tomar (2)*;
  to maintain *mantener (4)*
  to encourage, to foster *fomentar (5)*
  to go for a walk *pasear (7)*
  to maintain *mantener (4)*
  to promote *promover (8)*
  to take a shower *ducharse (6)*;
  to take a trip *hacer un viaje (3)*;
  to take a walk *dar un paseo (8)*;
  to take care of oneself *cuidarse (10)*;
  to take off *quitarse (6)*;
  to take out *sacar (6)*;
  to take place *tomar lugar (5)*
  to take a walk/ride *pasear (3)*
  to take photographs *sacar fotos (7)*
talk *(n.)* *charla (6)*
talk *(v.)* *hablar (2); conversar (5)*
tall *alto(a) (4)*
tape: cassette tape *casete* (m.) *(1)*;
  tape recorder *grabadora (1)*
taste *(n.)* *gusto (4)*
taste *(v.)* *probar (ue) (5)*
taxi *(n.)* *taxi* (m.) *(7)*
tea *té* (m.) *(2)*
teacher *maestro(a) (11); profesor(a) (1)*
team *(n.)* *equipo (5)*
technical *técnico(a) (5)*;
  technical consultant *asesor(a) técnico(a)*
    (11)
telephone *teléfono (1)*
television *televisión* (f.) *(2)*
tell *(v.)* *decir (4); (a story) contar (ue) (8)*
temperature *temperatura (8)*
temporary *temporal (10)*
tennis *tenis* (m.) *(2)*
tenth *décimo(a) (9)*
terrible *pésimo(a) (8)*;
  terrible! *¡fatal! (8)*

U

ugly *feo(a) (4)*
umbrella *paraguas* (m.) *(9)*
uncle *tío (4)*
under *debajo de (4)*

(10)
store *(n.)* *tienda (9)*;
  department store *gran almacén* (m.) *(9)*;
  grocery store *bodega (5)*;
  store window *escaparate* (m.) *(9)*
story *cuento (9)*
stove *estufa, cocina (4)*
straight ahead *derecho* (adv.) *(7)*
street *calle* (f.) *(2)*
stress *estrés* (m.) *(10)*
striped *de rayas (9)*
stroll *(v.)* *pasear (7)*
student *estudiante* (m., f.) *(1)*;
  student desk *pupitre* (m.) *(1)*
studies *estudios*
study *(v.)* *estudiar (2)*
style *(n.)* *estilo (4)*
subject *tema* (m.) *(2)*
subtract *restar (8)*
subway *metro (7)*
suffer *(v.) (from illness)* *padecer (10)*
sugar *azúcar* (m.) *(5)*
suit *(n.)* *traje* (m.) *(9)*

terrific! *¡estupendo! (2)*
test *examen* (m.) *(6)*
thank you/thanks *gracias (1)*
Thanksgiving *Día* (m.) *de Acción de Gracias*
  (8)
that *ese/esa (4)*
theater *teatro (8)*;
  movie theater *cine* (m.) *(8)*
their *su(s) (1)*
then *luego (6)*
theory *teoría (6)*
there is/are *hay (haber) (1)*
these *estos/estas (4)*
thin *delgado(a) (4)*
thing *cosa (7)*
third *tercer(o)(a) (3)*
thirsty: to be thirsty *tener sed (2)*
this *este/esta (4)*;
  this afternoon *esta tarde (6)*;
  this morning *esta mañana (6)*
those *esos/esas (4)*
throat *garganta (7)*
through *por (7)*
Thursday *jueves* (m.) *(3)*
ticket *billete* (m.) *(3); multa (10)*
tie *(n.)* *lazo (4)*;
  (neck)tie *corbata (9)*
time *tiempo (2)*;
  at the same time *al mismo tiempo (10)*;
  free time *tiempo libre (2)*;
  from time to time *de vez en cuando (8)*;
  sometimes *a veces (8)*;
  (1st, 2nd, 3rd, ...) time *vez* (f.) *(8)*;
  to have a good time *divertirse (ie, i) (6) /*
    pasarlo bien (8)
  part-time *de medio tiempo (11)*;
  full-time *de tiempo completo (11)*
tip *(n.)* *propina (5)*
tired *cansado(a) (1)*
tiresome *pesado(a) (4)*
toast *(n.)* *pan tostado (5)*
today *hoy (3)*
toe *dedo del pie (7)*
toilet *inodoro (4)*
tomato *tomate* (m.) *(5)*
tomorrow *mañana (1)*

understand *comprender (1)*
university *universidad* (f.) *(1)*;
  university campus *recinto universitario (6)*
unoccupied (free) *libre (2)*

summer *verano (8)*
sun *sol* (m.) *(7)*
sunbathe *tomar el sol (8)*
sunburn *quemadura del sol (7)*
Sunday *domingo (3)*
sunglasses *gafas de sol (9)*
supermarket *supermercado (5)*
supernatural *sobrenatural (10)*
supper *cena (4)*
sure *seguro(a) (6)*
surname *apellido (1)*
surprise *(v.)* *sorprender (10)*
surprising *sorprendente (6)*
suspicious *sospechoso(a) (9)*
sweater *suéter* (m.) *(9)*
sweatshirt *sudadera (9)*
swim *(v.)* *nadar (8)*
swimming pool *piscina (3)*
swimsuit *traje* (m.) *de baño (9)*
synagogue *sinagoga (8)*
syrup *(cough)* *jarabe* (m.) *(para la tos) (7)*
system *sistema* (m.) *(1)*

too (much) *demasiado(a) (9)*
tooth *diente* (m.) *(6)*
toothbrush *cepillo de dientes (9)*
toothpaste *pasta dentífrica (7)*
top: on top of *encima de (4)*
topic *tema* (m.) *(2)*
tortilla *(flour)* *tortilla (Central America/Mexico)*
  (5)
touch *(v.)* *tocar (6)*
tour *(n.)* *tour* (m.) *(3); excursión (3)*
tourist information office *oficina de turismo*
  (7)
town *pueblo (2)*;
  town hall *ayuntamiento (7)*
trade *(occupation)* *oficio (6)*
traditional *tradicional (4)*
train *(n.)* *tren* (m.) *(3)*
transition *transición (6)*
travel *viajar (3)*;
  travel agency *agencia de viajes (3)*
traveler *viajero(a)*;
  traveler's check *cheque* (m.) *de*
    viajero (3)
treat *(v.) oneself* *tratarse (10)*
treatment *tratamiento (11)*
tree *árbol* (m.) *(4)*
trigonometry *trigonometría (6)*
trip *(n.)* *viaje* (m.) *(3); excursión* (f.) *(3)*;
  to take a trip *hacer un viaje (3)*
tropical *tropical (8)*
trousers *pantalones* (m.) *(9)*
true *cierto(a) (10)*
truth *verdad* (f.) *(10)*
try *(v.)* *tratar (10); probar (5)*;
  to try on *probarse (ue) (9)*;
  to try to *tratar de (10)*
T-shirt *camiseta (9)*
Tuesday *martes* (m.) *(3)*
tuna *atún* (m.) *(7)*
turkey *pavo (8)*
turn *(v.)* *doblar (7)*;
  turn on *poner (4)*
turnover *empanada (5)*
twin *gemelo(a) (2)*
twist *(v.)* *torcer (ue) (7)*
typical *típico(a) (7)*

unpleasant *antipático(a) (4)*
until *hasta (4)*
upper class *clase alta (6)*
useful *útil (5)*

V

vacation *vacaciones* (f.) (8)
varied *variado(a)* (5)
variety *variedad* (f.) (4)
vary *variar* (6)
VCR *videocasetera* (9)
vegetable *verdura* (5)

very good *(grade)* *notable* (6)
veterinary science *veterinaria* (6)
video camera/camcorder *videocámara* (9)
video *vídeo* (9)
vigil *(n.)* *velorio* (10)

virus *virus* (m.) (7)
visit *(v.)* *visitar* (4)
vitamin *vitamina* (10)
volleyball *vóleibol* (m.) (8)
volunteer *voluntario(a)* (11)

W

waiter/waitress *camarero(a)* (5)
wake *(n.)* *velorio* (10)
wake up *(v.)* *despertarse* (ie) (6)
walk *(n.)* *caminata;*
    to take a walk *dar un paseo* (8)
walk *(v.)* *caminar* (7)
wallet *billetera* (9)
want *(v.)* *desear* (5); *querer* (ie) (3)
warehouse *almacén* (m.) (9)
warm *(adj.)* *cálido(a)* (climate) (9);
    to be warm *(person)* *tener calor* (2);
    to be warm *(weather)* *hacer calor* (8)
wash *(v.)* *lavar* (4);
    to wash (oneself) *lavarse* (6)
watch *(n.)* *reloj* (m.) (9)
watch *(v.)* *mirar* (2);
    watch out *(v.)* **for** *vigilar* (5)
watch shop/department *relojería* (9)
water *agua* (5)
waterfall *catarata* (6)
watermelon *sandía* (5)
way *manera* (2)
wear *(v.)* *llevar* (4);
    to wear *(shoe size)* *calzar* (9)
weather *(n.)* *clima* (m.) (4)
wedding *boda* (10)

Wednesday *miércoles* (m.) (3)
week *semana* (3);
    weekend *fin* (m.) *de semana* (6)
welcome: you're welcome *de nada* (1)
well *bien* (adv.) (1);
    to do well *salir bien* (10)
what? *¿qué?* (1)
what's more *además* (6)
when *cuando* (conj.) (8);
    when? *¿cuándo?* (2)
where? *¿dónde?* (2); *¿adónde?* (8) (2)
which (one/s)? *¿cuál(es)?* (1)
while *mientras* (5);
    a while *un rato* (6)
white *blanco(a)* (9)
who? *¿quién(es)?* (2)
why? *¿por qué?* (2)
wide *amplio(a)* (4)
widow *viuda* (4)
widower *viudo* (4)
wife *esposa* (2)
wind *viento* (8)
window *ventana* (1);
    to go window shopping *ir de escaparates* (9)
wine *vino* (5);
    wine glass *copa* (5);

wine shop *bodega* (5)
winter *invierno* (8)
wisdom *sabiduría* (10)
wish: I wish! *¡Ojalá!* (10);
    to wish for *desear* (5)
with *con*
woman *mujer* (f.) (6);
    businesswoman *mujer de negocios* (11)
wool *lana* (9)
work *(adj.)* *laboral* (2)
work *(n.)* *trabajo* (6); (of art) *obra* (3)
work *(v.)* *trabajar* (2)
work week *semana laboral* (2)
world *mundo* (1)
worried *preocupado(a)* (2)
worry *(v.)* *preocuparse* (10)
worse *peor* (4)
worth: to be worth *valer* (3)
wrap *(v.)* *envolver* (ue) (9)
wrapping paper *papel* (m.) *de regalo* (9)
wrist *muñeca* (7)
wristwatch *reloj* (m.) (9)
write *escribir* (2)
writer *escritor(a)* (6)

X

x-ray *radiografía* (7)

Y

year *año* (1)
yellow *amarillo(a)* (9)
yesterday *ayer* (6)
yet *todavía* (6)

yogurt *yogur* (m.) (5)
you're welcome *de nada* (1)
young *joven* (4)

younger *menor* (4)
your *tu(s), su(s), vuestro(a)(s)* (1)
youth hostel *albergue* (m.) *juvenil* (3)

Z

zone *zona* (8)

zoo *parque* (m.) *zoológico* (3)

Index

Photo Credits

Unless specified below, all photos in this text were selected from the Heinle & Heinle Image Resource Bank.

Photos provided by authors:
pp. 14, 58, 76, 102, 146, 198, 240, 249, 288, 340, 394, 440, 488, 530

p. 3 © Fernando Botero, courtesy, Marlborough Gallery, NY; **p. 5** (bottom) © Catherine Kamow/CORBIS; **p. 41** (left) © CORBIS, (center) © Bettmann/CORBIS, (right) Organization of American States (OAS); **p. 47** © Scala/Art Resource, NY; **p. 53** © Reuters NewMedia Inc./CORBIS; **p. 56** (top left) ©AFP/CORBIS, (top right) © Mitchell Gerber/CORBIS, (bottom left) © Duomo/CORBIS, (bottom right) © Kimberly White/Reuters-Getty Images; **p. 78** © Allsport Photography; **p. 83** (top left) © Bettmann/CORBIS, (top center) © Reuters NewMedia Inc./CORBIS, (top right) courtesy of U.S. House of Representatives; **p. 93** Fundación Galería de Arte Nacional, Caracas, Venezuela; **p. 109** Jeffrey W. Meyers/Stock Boston; **p. 129** (top left) © Bettmann/CORBIS, (top center) © Bettmann/ CORBIS, (top right) © Héctor García/Reuters-Getty Images, (bottom) © Liba Taylor/CORBIS; **p. 135** © Scala/Art Resource; **p. 144** (left) © AFP/CORBIS, (second from left) © Ken Goff/TimePix, Inc., (second from right) ©Reuters NewMedia Inc./CORBIS, (right) © Jim Lake/CORBIS; **p. 173** (top left) © Bettmann/CORBIS, (top center) © Bettmann/CORBIS, (top right) © AFP/CORBIS, (bottom) © Yann Arthus-Bertrand/CORBIS; **p. 174** © Tom Carroll/Index Stock Imagery; **p. 185** © Alte Pinakothek, Munich Germany/A.K.G., Berlin/Superstock; **p. 202** © Tim Thompson/CORBIS; **p. 225** (top left) © Bettmann/ CORBIS, (top center) © Colita/CORBIS, (top right) © Jacques M. Chenet/CORBIS, (bottom) © Brian A. Vikander/CORBIS; **p. 231** courtesy of La Pinacoteca, Municipalidad de Lima, Perú; **p. 267** (top center) © Bettmann/CORBIS, (top right) © CORBIS; **p. 277** Museo de Bellas Artes/

Kactus Foto/Supersock; **p. 321** (top left) © Reuters/Getty Images, (top center) courtesy of U.S. District Court, Central District of California, (top right) © Bettmann/CORBIS, (bottom) © Papilio/CORBIS; **p. 327** © Wolfgang Dietze, Collection of Paula Maciel Benecke and Norbert Benecke, Aptos, CA; **p. 336** © Martin Rogers/CORBIS; **p. 343** © Galen Rowell/CORBIS; **p. 344** © Scott Smith/Index Stock Imagery; **p. 348** © Martin Rogers/CORBIS; **p. 365** (left) AP/Wide World, (second from left) © Bettmann/CORBIS, (second from right) AP/Wide World, (right) © Bettmann/CORBIS; **p. 366** (left) AP/Wide World, (second from left) © Bettmann/CORBIS, (second from right) AP/Wide World, (right) © Bettmann/CORBIS; **p. 371** (top left) © Bill Gentile/CORBIS, (top center) courtesy of Quince Duncan, (top right) © AFP/CORBIS; **p. 383** Giraudon/Art Resource, NY; **p. 393** (left) AP/Wide World, (right) AP/Wide World; **p. 423** (top left) © Shelly Gazin/CORBIS, (top center) Pix, Inc./TimePix, (top right) courtesy of Fundación Simón I. Patiño, (bottom) © Kevin Schafer/ CORBIS; **p. 429** Salvador Dalí Museum, St. Petersburg, FL/ Superstock, © 2002 Salvador Dalí, Gala-Salvador Dalí Foundation/ Artists Rights Society (ARS), NY; **p. 467** (top left) © Bettmann/ CORBIS, (top right) © CORBIS, (top right) © Martha Swope/ TimePix, Inc., (bottom) © Sophie Basouls/ CORBIS; **p. 477** © Scala/Art Resource, NY; **p. 481** (top left) © Nubar Alexanien/ CORBIS, (top right) © Ron Sachs/CORBIS, (bottom) © Steve Alan/Getty Images; **p. 485** © AFP/CORBIS; **p. 513** (top left) © Reuters NewMedia Inc./CORBIS, (top center) © Mitchell Gerber/CORBIS, (top right) © Jeffery Salter/TimePix, Inc., (center) © Kelly-Mooney Photography/CORBIS, (bottom) © Owen Franken/CORBIS; **p. 519** © Francis G. Mayer/CORBIS; **p. 551** (top right) © Rosmi Duaso/TimePix, Inc.; **p. 561** (top left) © Bettmann/CORBIS, (top center) © Abilio Lope/CORBIS, (top right) © CORBIS, (bottom) © Marcelo del Pozo/Reuters/TimePix, Inc.

Text Credits

p. 42 "Canto Negro" reprinted from *Nicolás Guillén—Obra Poética 1920–1958*, Instituto Cubano del Libro, 1972, and Smithsonian/Folkways Recordings, Rockville, MD; **p. 86** "Las tarjetas de crédito" from *Imagen*, Casiano Communications, San Juan; **p. 88** "El efecto invernadero" courtesy of *Clara*, Barcelona; **p. 100** reprinted courtesy of Editorial Televisa, Mexico City; **p. 106** courtesy of Alta Velocidad Española, RENFE, Madrid; **p. 111** reprinted with permission from Viajes Marsans, Madrid; **p. 127** "La Cotica Guía Nacional de Turismo de la República Dominicana" courtesy of Ediciones LARC, Santo Domingo; **p. 171** "Una tortuga en casa" courtesy of *Clara*, Barcelona; **p. 178** "La manipulación genética" courtesy of *Clara*, Barcelona; **p. 181** *De supermercado a laboratorio* is based on **Vino, geografía y música,** *National Geographic en español*, May 1998; **p. 189** "Desayuno" from *Quo*, Madrid; **p. 317** "Planifica tus vacaciones" article courtesy of *Imagen*, Puerto Rico; **p. 318** from *The Larousse Spanish Dictionary*, Havas Education & Reference, Paris; **p. 362** "Alegria inoportu-

na" reprinted with permission from *Tú*, Editorial Televisa, Mexico City; **p. 368–369** "Selena" courtesy of *Éxito*, the Spanish weekly published by *The Chicago Tribune*; **p. 374** *Más que una música, una manera de ser* is based on **Por encima de todo, un estilo de vida,** *Muy especial*, No. 36, July/August 1998; **p. 377** *Nuestros mejores amigos* is based on **Vivir con mascotas,** *Muy interesante*, July 1998; **p. 387** "El Corte Inglés: Preciados Callao" courtesy of El Corte Inglés, Madrid; **p. 413** "Me roban la ropa" reprinted with permission from *Tú*, Editorial Televisa, Mexico City; **p. 420** courtesy of *Buena Vida*, Puerto Rico; **p. 438** "Los enemigos de la memoria" courtesy of *Clara*, Barcelona; **p. 470** "A tamaño sobrenatural" from *Newton*, Ediservicios M2000 del Grupo Unidad Editorial; **p. 472** *Contienda de divisas* is based on **La guerra de las tres monedas,** *Muy interesante*, July 1998; **p. 510** "La mejor preparación" courtesy of Lisa Torres and Associates, Miami and *Éxito*, the Spanish weekly published by *The Chicago Tribune*; **p. 557** "Viajes" courtesy of *Clara*, Barcelona

España

MAR CANTÁBRICO

FRANCIA

Avilés • Gijón
• La Coruña
Santiago de • Oviedo
Compostela PRINCIPADO
Lugo • DE ASTURIAS
GALICIA
León
• Pontevedra

Santander
Bilbao San Sebastián
CANTABRIA
PAÍS
VASCO Pamplona
PIRINEOS
COM. FORAL
DE NAVARRA
ANDORRA

• Vigo
Braga •
Oporto •

CASTILLA Y LEÓN
Palencia
Zamora • R. Due Valladolid
Burgos •
LA RIOJA
Sistema Ibérico
ARAGÓN
R. Ebro Zaragoza
CATALUÑA
Lérida
Barcelona •
Tarragona

PORTUGAL

Salamanca
Sierra de Guadarrama
Segovia
COMUNIDAD DE
MADRID
Ávila • ★ Madrid

MAR
MEDITERRÁNEO

MENORCA

Coimbra •

R. Tajo
Cáceres •
Toledo •

MALLORCA
ISLAS
BALEARES Palma de
Mallorca

EXTREMADURA
Mérida •
R. Guadian
Badajoz •
CASTILLA-LA MANCHA

R. Júcar
Albacete •
Valencia •
COMUNIDAD
VALENCIANA
EIVISSA (IBIZA)

FORMENTERA

oa
bal

R. Guadalquivir
Almadén •
Ciudad Real •
Sierra Morena
Linares •
Córdoba •
Jaén •
ANDALUCÍA

Alicante •
Murcia •
REGIÓN
DE MURCIA
Cartagena •

Sevilla •
Granada •
Sierra Nevada
Huelva •
Málaga •
Almería •
Jerez de la
Frontera
Cádiz •

ISLAS CANARIAS
Santa Cruz
de la Palma
LA PALMA
Tenerife •
GOMERA SANTA
CRUZ
GRAN CANARIA
LANZAROTE
Arrecife
FUERTEVENTURA
Las Palmas •
Puerto
del
Rosario

OCÉANO
ATLÁNTICO
Algeciras •
Tánger •
Estrecho de Gibraltar
Ceuta (Esp.)

Melilla (Esp.)

MARRUECOS

★ Malabo
ÁFRICA
GUINEA
ECUATORIAL
CAMERÚN

GABÓN

0   50   100   150 millas
0   50   100   150   250 kilómetros

América del Sur

MAR CARIBE

Barranquilla
Cartagena
Maracaibo
★ Caracas
Port of Spain
TRINIDAD Y TOBAGO

R. Orinoco

Medellín
Manizales
★ Bogotá
Cali
COLOMBIA

VENEZUELA

Georgetown ★
GUYANA
Paramaribo ★
SURINAM
Cayenne ★
GUAYANA FRANCESA

OCÉANO ATLÁNTICO

★ Quito
Guayaquil
ECUADOR
Iquitos
PERÚ

ECUADOR

R. Amazo

Manaus

Belem

Cajamarca

R. Madeira

Machu Picchu

BRASIL

Recife

★ Lima
Ayacucho
Cuzco

BOLIVIA

Arequipa
L. Titicaca
★ La Paz
Sucre

★ Brasilia

Arica
Potosí

Belo Horizonte

Iquique

OCÉANO PACÍFICO

Antofagasta

PARAGUAY

São Paulo
Santos

Rio de Janeiro

Salta
Asunción ★

CHILE

Tucumán

R. Paraná

Porto Alegre

R. Uruguay

Córdoba
Mendoza
Valparaíso
★ Santiago

Rosario

Río de la Plata

URUGUAY
★ Montevideo

Buenos Aires ★
La Plata

Concepción

ARGENTINA

Bahía Blanca

TRÓPICO DE CAPRICORNIO

Puerto Montt

CORDILLERA DE LOS ANDES

Los países de habla española

| 0 | 200 | 400 | 600 | 800 millas |

| 0 | 200 | 400 | 600 | 800 kilómetros |

ISLAS MALVINAS

Punta Arenas

TIERRA DEL FUEGO
Cabo de Hornos

Strecho de Magallanes